Oldenbourg

Internet – Intranet – Extranet

Potentiale im Unternehmen

von
Torsten Horn

Oldenbourg Verlag München Wien

Die Deutsche Bibliothek - CIP-Einheitsaufnahme

Horn, Torsten:
Internet – Intranet – Extranet : Potentiale im Unternehmen / von
Torsten Horn. – München ; Wien : Oldenbourg, 1999
  ISBN 3-486-25129-5

© 1999 Oldenbourg Wissenschaftsverlag GmbH
Rosenheimer Straße 145, D-81671 München
Telefon: (089) 45051-0, Internet: http://www.oldenbourg.de

Lektorat: Margarete Metzger / Birgit Zoglmeier
Herstellung: Rainer Hartl
Umschlagkonzeption: Kraxenberger Kommunikationshaus, München
Gedruckt auf säure- und chlorfreiem Papier
Gesamtherstellung: R. Oldenbourg Graphische Betriebe GmbH, München

Inhalt

1 Was macht die Faszination des Internets und Intranets aus?

Internet, Multimedia, World Wide Web - sind das nur modische Schlagwörter? Wieso sieht man selbst in Fernsehwerbespots schon Internet-Adressen? Ist Surfen im World Wide Web Zeitverschwendung? Wie profitieren Unternehmen von Internet und Intranet?

Jeder, der heute Telefon und Fax als selbstverständlich voraussetzt, wird in Zukunft nicht ohne Internet-Anschluß auskommen können. Die E-Mail-Adresse oder WWW-Homepage-Adresse auf der Visitenkarte mag heute noch als modischer Schnickschnack abgetan werden, bald wird sie für viele wichtiger als die Fax-Nummer sein. Das Internet wird die anderen Medien nicht verdrängen, aber viele Aufgaben lassen sich per Internet einfacher und schneller erledigen und andere neue Möglichkeiten bietet nur das Internet. Kennen Sie ein Großunternehmen, egal aus welcher Sparte, welches noch nicht im World Wide Web präsent ist?

Dieses Buch erklärt die wichtigsten technischen Möglichkeiten, die das Internet und Intranet bietet, und die sich daraus ergebenden Nutzungsmöglichkeiten. Diese gehen weit über einfache E-Mail-Kommunikation oder Selbstdarstellungen auf Homepages hinaus. Die Auseinandersetzung mit den Optionen ist notwendig und lohnend.

Die Faszination über den spielend leichten Zugriff auf weltweite Ressourcen erzeugt beinahe das Gefühl einer Kulturrevolutionen. Vielen erscheint die freie Kommunikation sowohl im weltweiten Internet als auch im firmeninternen Intranet als Mittel zur Demokratisierung und Chancengleichheit.

Unternehmen haben andere Erwartungen. Sie betreiben Selbstdarstellung und Marketing über das Internet und bei einigen ist es bereits Absatzkanal. Andere verbinden ihre entfernten Niederlassungen oder Geschäftspartner per Extranet oder Telekooperation, was früher auf Grund inkompatibler Schnittstellen oder zu hoher Verbindungskosten ausschied. Wieder andere nutzen die hohen Einsparpotentiale des Intranets mit seinen offenen Strukturen und den damit verbundenen Möglichkeiten wie etwa Informations-Management, Groupware, Workflow und Optimierung von Geschäftsprozessen. Die Entwicklungen im Intranet sind zwar weniger spektakulär als im Internet, aber für Unternehmen oft von größerer Bedeutung.

Auch der private Nutzer wird sich lieber seine neue Arbeitsstelle im Internet per gezielter Recherche suchen, als jede Woche unüberschaubar viele unsortierte Stellenanzeigen in Tageszeitungen zu bearbeiten. Nirgendwo sonst ist das Informationsangebot größer als im Internet. Wer eine Bekanntschaft in Übersee hat, wird begeistert sein, Gespräche per Internet-Telefonie zum Ortstarif führen zu können. Noch spannender wird dies, wenn zusätzlich

zum Ton auch Bilder übertragen werden, was schon heute möglich ist. Wer seinem entfernten Geschäftspartner etwas auf dem Computerbildschirm zeigen will, kein Problem,
über das Internet kann er Programme zum Zugriff freigeben, die auf seinem Rechner ablaufen, aber deren Tastatur- und Mauseingabe (vorübergehend) vom entfernten Rechner
gesteuert werden und deren Bildschirmausgabe außer auf seinem auch auf dem entfernten
Rechner sichtbar wird.

Zugegebenermaßen befindet sich noch vieles im Entwicklungsstadium, aber es ist ein auf-
regender Prozeß, die Fortschritte live mitzuerleben. Und es gibt bereits viele stabile und
nutzbringende Anwendungen.

Ist das Internet nicht viel zu unsicher? Die Zeitschriften sind voll mit Berichten über
Sicherheitslücken im Internet. Es sind in der Vergangenheit tatsächlich einige Fehler
begangen worden und es wird auch in Zukunft immer wieder erfolgreiche Einbrüche durch
Hacker geben. Trotzdem sind wirklich entstandene finanzielle Schäden durch von außen
eindringende Hacker erheblich seltener als durch vorsätzliche „Einbrüche" der eigenen
Firmenmitarbeiter oder durch unerlaubte Weitergabe geheimer Daten. Hundertprozentigen
Schutz kann es nicht geben, aber mit der richtigen Sicherheitsstrategie und modernen Verschlüsselungstechniken heben Sie Ihre Sicherheit auf ein Niveau, das deutlich höher ist, als
bei vielen alltäglichen Vorgängen, etwa beim Bezahlen im Restaurant per Kreditkarte.

Ist Web-Marketing sinnvoll? Web-Marketing ist preiswerter als Werbung über konventionelle Medien, ist räumlich und zeitlich unbegrenzt, ist stets aktuell, kann wahlfreie Infor-
mationstiefe bieten, kann multimediale Elemente enthalten, kann auf Zielgruppen fokussiert werden, ermöglicht direkte Interaktion, ermöglicht direktes Verkaufen und der Erfolg
ist sehr genau kontrollierbar.

Kann man im Internet auch Geld verdienen? Diese Frage wird oft verneint, aber erste Projekte beweisen schon jetzt das Gegenteil, wie besonders die Computer-Hersteller Dell, der
Router-Hersteller Cisco und der CPU-Produzent Intel beweisen. Alle drei erwirtschaften
jeder nur über das Internet über zehn Millionen Dollar pro Tag. Aber die eigentliche Faszination liegt nicht in solchen Großprojekten begründet, sondern viel mehr darin, daß auch
kleine Unternehmen und sogar jeder einzelne, wenn er es nur geschickt genug anstellt, die
Möglichkeit und Chance hat, sich weltweit zu präsentieren und etwas zu bewegen. Ein solches Medium hat es bislang nicht gegeben. Ein gerne zitierter Spruch lautet: Nicht die Großen fressen die Kleinen, sondern die Schnellen die Langsamen. Die Zukunft vieler Firmen
im Wettbewerb wird sich im Internet entscheiden.

Eine Bemerkung zu den in diesem Buch abgedruckten Internet-Adressen

In diesem Buch finden Sie sehr viele URLs von interessanten Web-Seiten. Allerdings ist
das Internet ständig in Bewegung. Täglich werden Web-Sites aufgelöst und es entstehen
neue. Wenn Sie die hier genannten URLs ausprobieren wollen, und unter der angegebenen
Adresse gibt es die genannte Seite nicht mehr, dann sollten Sie nur die Domain-Adresse
eingeben und probieren, ob Sie von dort aus zur gewünschten Web-Seite eine Verzwei-
gungsmöglichkeit angeboten kommen. Oft ist nämlich die gesuchte Seite nur innerhalb der
Web-Site verschoben worden. Updates und aktuelle Ergänzungen finden Sie auch auf der
zum Buch gehörenden Web-Seite

   http://www.oldenbourg.de/cgi-bin/rotitel?T=25129.

2 Was ist WWW, Internet, Intranet und Extranet?

Die hier nur kurz vorgestellten Begriffe werden in späteren Kapiteln vertieft.

Internet

Das Internet ist ein weltweiter Verbund vieler Millionen Rechner, die über das Netzwerkprotokoll TCP/IP (Transmission Control Protocol / Internet Protocol) miteinander vernetzt sind. Es ist nicht hierarchisch organisiert oder zentral verwaltet. Wenn man eine Verbindung zum Internet (über einen Internet-Provider) hat, kann man auf Dienste oder Daten anderer Rechner zugreifen. Wenn man Server-Dienste installiert, kann man Dienste oder Daten für andere Teilnehmer zur Verfügung stellen. Die Verbindung des Rechners zum örtlichen Internet-Provider erfolgt in der Regel über eine Telefonleitung (Wählverbindung oder Standleitung). Der Internet-Provider verfügt über leistungsfähige Breitbandleitungen zum weltweiten Verbund.

Das Deutsche NIC (Network Information Center) bietet auf seiner Web-Site http://www.nic.de einige Statistiken zum Internet. Dem kann man zum Beispiel entnehmen, daß sich die Zahl der Internet-Teilnehmer in den letzten Jahren jedes Jahr fast verdoppelt hat. Laut dem Marktforschungsinstitut Dataquest und auch dem Medienbericht der Bundesregierung gab es 1998 weltweit über 100 Millionen Abonnenten von Internet- und Online-Diensten, also etwa halb so viele wie es Handy-Mobiltelefonbenutzer gab. Ebenso verdoppelt sich die Zahl der anbietenden Hosts und der registrierten Domain-Namen. 1998 waren es 40 Millionen Hosts (Internet-Rechner mit eigener IP-Adresse) und 3 Millionen Domains (in Deutschland: 5 Millionen Hosts und 200.000 Domains). Der weltweite Datenverkehr verdoppelt sich sogar in noch kürzerer Zeit, das amerikanische Wirtschaftsministerium spricht von nur 100 Tagen.

Die stürmische Entwicklung des Internets zeigt sich auch in seiner Entstehungsgeschichte. Erste Ansätze gab es zwar schon 1969 mit der Verbindung von wenigen Computern zum ARPANet (Advanced Research Project Agency Network), doch wurde erst 1982 auf das Internet-typische TCP/IP-Protokoll umgestellt. Das europaweite Netz entstand sogar erst 1992 mit der Gründung des Ebone (European Backbone). Und den heute bekanntesten Internet-Dienst, das WWW, gibt es erst seit 1993. Seit 1997 werden über die Telefonnetze mehr Internet-Daten transportiert als Telefongespräche geführt.

WWW, Web-Browser, HTML, HTTP

WWW steht für World Wide Web (weltweite Vernetzung), oft auch nur Web genannt. Das WWW wird über Betrachterprogramme, sogenannte Web-Browser, benutzt und stellt den grafisch orientierten Multimedia-Teil des Internets dar. Außer Texten können Bilder, Sound und Videos übertragen werden. Das wichtigste Feature im WWW sind die Hyperlinks. Dies sind in der Web-Seite eingebettete besonders markierte (z.B. unterstrichene) Textpassagen oder Bilder, über die auf andere WWW-Seiten verwiesen und verzweigt werden kann. Ein einfaches Anklicken dieser Hyperlinks genügt, um eine Verbindung zu einem anderen möglicherweise am anderen Ende der Welt sich befindenden Web-Server aufzubauen und von dort ein Dokument zu laden. Web-Seiten sind in HTML kodiert und werden über HTTP übertragen. HTML bedeutet Hypertext Markup Language und ist eine Beschreibungssprache (Formatierungsbefehle) für Web-Seiten. HTTP bedeutet Hypertext Transfer Protocol und ist das Übertragungsprotokoll für HTML-Seiten.

Der größte Durchbruch des Internets gelang, als die ersten grafisch orientierten Web-Browser aufkamen. Der bekannteste wurde der Netscape Navigator von Marc Andreessen. Erst die einfachen Benutzeroberflächen der Web-Browser machen das Internet einer breiten Benutzung zugänglich. Nicht nur Insider können damit umgehen, auch Schüler oder technisch ungeübte Personen nutzen es.

Da das WWW den attraktivsten Internet-Dienst darstellt und am meisten Aufmerksamkeit auf sich zieht, werden manchmal die Begriffe WWW und Internet durcheinandergebracht. Dann wird vom Internet gesprochen, obwohl nur das WWW gemeint ist. Internet beinhaltet aber außer dem WWW noch viele andere Dienste.

Internet-Adressen

Domains sind weltweit eindeutige Namen, die als wichtigster Teil der Internet-Adresse fungieren. Größere Firmen legen Wert auf einen eigenen Domain-Namen, zum Beispiel „microsoft.com" für Microsoft und „oldenbourg.de" für den Oldenbourg Konzern. Kleinere Firmen sammeln sich manchmal zu mehreren unter einer gemeinsamen Domain. Private Homepages werden fast immer unter der Domain des Internet-Providers geführt. Ein Domain-Name kostet Gebühren, die an das NIC bezahlt werden müssen.

Die Domain-Namen bestehen aus zwei Teilen: Der letzte Teil ist die Top-Level-Domain (TLD). Sie besteht aus nur wenigen Buchstaben. In den USA übliche Kürzel sind: .com für kommerzielle Firma, .net für Internet-Provider, .org für nicht-kommerzielle Organisation, .edu für Bildungseinrichtung, .mil für militärische Institutionen und .gov für Regierungsbehörden. Außerhalb der USA wird meistens die Länderkennung benutzt, zum Beispiel .de für Deutschland. Eine Liste aller länderspezifischen Top-Level-Domains (ISO 3166 Country Codes) finden Sie beim RIPE (ftp://ftp.ripe.net/iso3166-countrycodes).

Der erste Teil des Domain-Namens, die Second-Level-Domain, ist der eigentliche Name, zum Beispiel der Firmenname oder eine beliebige Abkürzung. Unter einer Top-Level-Domain kann eine Second-Level-Domain nur genau einmal vergeben werden, der Domain-Name muß weltweit eindeutig sein. Unterhalb der Second-Level-Domain kann noch weiter strukturiert werden.

Bei E-Mail-Adressen wird dem Domain-Namen ein Bezeichner für die adressierte Person (z.B. ein Kürzel oder der vollständige Name) und das @-Zeichen vorangestellt. Die E-Mail-Adresse von Marc Andreessen könnte also typischerweise Marc.Andreessen@ netscape.com, Andreessen@netscape.com oder ma@netscape.com lauten. Er hätte auch die Freiheit, weniger naheliegende Bezeichner zu wählen. Die E-Mail-Adresse des Autors dieses Buches lautet Torsten.Horn@gmx.de.

Bei Adressen von Web-Seiten ist dem Domain-Namen durch einen Punkt getrennt meistens noch ein Bezeichner für den Rechner vorangestellt. Oft wird das berühmte www für WWW-Server verwendet, zum Beispiel bei www.microsoft.com. So können auch Sub-Domains definiert werden oder verschiedene Rechner unterschieden werden, wie etwa bei ftp.oldenbourg.de. Um das Übertragungsprotokoll auszuwählen, kann man es mit „://" getrennt voranstellen. Im WWW wird HTTP verwendet, es könnte aber auch FTP oder NEWS sein. Wenn Sie http://www.oldenbourg.de in Ihren Web-Browser tippen, wird Ihnen der Begrüßungstext des Web-Servers vom Oldenbourg Konzern angezeigt. Über ftp://ftp.oldenbourg.de würden Sie zum FTP-Server gelangen. Diese weltweit eindeutigen Internet-Adressen werden URL (Uniform Resource Locator) genannt. In dem ersten Beispiel verweist sie auf die Homepage (erste Begrüßungsseite) der Web-Site vom Oldenbourg Konzern. Eine Web-Site ist eine Ansammlung vieler Web-Seiten. Über Schrägstriche getrennt können Sie am Ende solcher URLs Unterverzeichnisse und direkte Dateinamen angeben. Dann erhalten Sie andere Web-Seiten der Web-Site. Da Web-Seiten in HTML kodiert sind, ist die Dateiendung häufig .html oder .htm. Ein Beispiel wäre http://www.oldenbourg.de/verlag/allgemein/titelsuche.htm. Zusätzlich kann dahinter entweder ein Sprungziel innerhalb des Dokuments (#Anker) oder es können Parameter angefügt sein, wie zum Beispiel bei http://www.oldenbourg.de/cgi-bin/rotitel?T=25129. Die allgemeine Syntax lautet:

    Protokoll://Rechnername.Domainname[:Port]/Pfad/Datei[#Anker][?Parameter].

Der Verbindungsaufbau zu einem Server im Internet erfolgt aber nicht über den Domain-Namen, sondern über eine Nummer, die dem Rechner zugeteilt wurde. Diese Rechneradresse oder IP-Nummer (Internet-Protokoll-Nummer, z.B. 195.30.255.15) ist ebenfalls weltweit eindeutig. Um den Rechner zu erreichen, müssen die URLs zu IP-Nummern umgewandelt werden. Diese Arbeit erledigen DNS-Server (Domain Name System) bei Ihrem Internet-Provider (oder übergeordneten Servern). Das Domain Name System ist ein weltweit verteiltes System von jeweils für eine Domain zuständigen Name Servern.

E-Mail, Newsgroups

Im Internet werden viele Dienste zur Verfügung gestellt. Die bekanntesten sind E-Mail, Newsgroups und WWW.

E-Mail bedeutet elektronische Post. Textpassagen und beliebige Dateien können auf elektronischem Weg an einen anderen Teilnehmer (oder gleichzeitig an viele Teilnehmer) mit Internet-Anschluß verschickt werden. E-Mails werden zeitversetzt (asynchron) gelesen. Der Empfänger muß nicht sofort erreichbar sein. Er liest seine E-Mails, wenn er Zeit hat.

Die Newsgroups (News-Gruppen) des Usenet sind elektronische Diskussionsforen. Es gibt viele Tausend Newsgroups, die sich jeweils mit einem speziellen Thema beschäftigen. Jeder kann die einzelnen schriftlichen Beiträge mitlesen und selbst eigene Beiträge beisteuern. Wird in einer passenden Newsgroup eine Frage gestellt, ist die Chance gut, innerhalb weniger Tage eine kompetente Antwort zu bekommen.

Intranet

Im Gegensatz zum allgemein zugänglichen öffentlichen Internet ist das Intranet auf das interne Firmennetzwerk begrenzt. Dies kann sich auf das lokale Netzwerk (LAN, Local Area Network) beschränken, das kann auch ein weltumspannendes, aber privat genutztes Netzwerk sein (WAN, Wide Area Network). Bei kleineren Unternehmen wird das Intranet nur über die eigene hausinterne Netzwerkverkabelung betrieben. Bei global agierenden Unternehmen werden zusätzlich auch die verschiedenen Standorte zu einem großen Intranet gekoppelt. Zur Überbrückung größerer Entfernungen kann eine eigene Verbindung (etwa eine gemietete Standleitung) im Einsatz sein, oder die Daten werden gemeinsam mit fremden Daten über das öffentliche Internet übertragen (I-VPN, Virtual Private Network per Internet). Letzteres „Netz im Netz" ist wesentlich preiswerter als eine eigene Standleitung, erfordert aber zusätzliche Techniken, um das private Intranet zuverlässig vom öffentlichen Datenverkehr zu trennen und vor externen Zugriffen zu schützen (z.B. durch Tunneling-Protokolle in Firewalls). Verschlüsselungstechniken stellen dabei die Vertraulichkeit sicher.

Im Intranet werden übliche Techniken des Internets eingesetzt, also E-Mails, News und das TCP/IP-Protokoll und darauf basierende Anwendungen, wie WWW-Browser und HTML-Dokumente mit Hyperlinks. Der Einsatz der Internet-Technik im Intranet beruht auf pragmatischen, wirtschaftlichen Erwägungen. Die bisherigen proprietären Systeme und Protokolle werden durch einfache, bedienbare und herstellerunabhängige Technologien ersetzt, und es werden die erweiterten Möglichkeiten der Informationsaufbereitung und Darstellung genutzt.

Extranet

Das Extranet erweitert das Intranet für bestimmte ausgewählte externe Partner. Es ist nicht wie das öffentliche Internet allgemein zugänglich, aber auch nicht wie das private Intranet völlig abgeschottet. Die Verbindungen werden über das öffentliche Internet hergestellt, sind aber nur für autorisierte Teilnehmer offen. Dabei wird nicht Zugang zum gesamten Intranet gewährt, sondern nur zu klar abgegrenzten zielgruppenspezifischen Teilbereichen.

Einfacher Zugang zum Extranet kann über Web-Browser erfolgen, anspruchsvollere Anwendungen werden für geschlossene Benutzergruppen mit VPNs realisiert.

Hauptzweck des Extranets ist die Einbeziehung von bekannten Geschäftspartnern, also die Business-to-Business-Kommunikation. Bei einigen Extranets ist die Anmeldung nur für einzelne bestimmte Personen möglich, bei anderen werden Arbeitsgruppen oder Computersysteme gekoppelt. Vielleicht können autorisierte Besucher auf einige sonst nicht zugängliche Dokumente oder Systeme zugreifen. So kann der Zugang zu bestimmten Anwendungen, wie etwa Bestellsysteme, gewährt werden. Oder es werden für genau diese Person relevante Daten gezeigt, wie etwa der Lieferstatus einer Bestellung. Bei sicherer Authentifizierung und Autorisierung können auch Computersysteme zum automatisierten Datenaustausch zwischen den Warenwirtschaftssystemen etwa per EDI (Electronic Data Interchange) gekoppelt werden.

3 Einfache Internet-Nutzung, Internet-Dienste, WWW

Wie bekomme ich als Einzelperson zum Beispiel von zu Hause Anschluß ans Internet?

Wie werden Mitarbeiter einer Firma ans Internet gekoppelt?

Welche Dienste und Kommunikationsmöglichkeiten bietet das Internet?

Welches Equipment und welche Programme werden benötigt, um die Dienste zu nutzen?

Diese Fragen werden im folgenden behandelt.

3.1 Computer, Betriebssystem und Software

Was ist der beste Rechner fürs Internet? Ein NC (Netzwerk-Computer), ein NetPC, ein Windows- oder OS/2-PC, ein Mac oder ein Unix-Rechner?

Es gibt keinen „besten" Rechner. Alle diese und auch andere Rechner und Betriebssysteme sind geeignet, wenn bestimmte Mindestvoraussetzungen erfüllt sind:

- Der Rechner und das verwendete Betriebssystem müssen den Betrieb des gewünschten Internet-Programms (meistens E-Mail-System und Web-Browser) ermöglichen.

- Sie müssen einen Internet-Provider finden, der für Ihr Betriebssystem eine Anbindungsmöglichkeit bietet oder eine Zugangs-Software zur Verfügung stellt.

- Der Rechner muß eine Verbindung zum Telefonnetz über ein Modem oder einen ISDN-Adapter haben, entweder im Rechner eingebaut, am Rechner angeschlossen oder über ein lokales Netzwerk (LAN) verfügbar.

Diese Grundvoraussetzungen lassen sich mit nahezu jeder Hardware und jedem Betriebssystem erreichen.

Windows-PC

Die meisten Internet-Surfer bedienen sich eines PCs (Personal Computer) mit Intel-CPU (Central Processing Unit vom Hersteller Intel, z.B. Pentium) und dem Betriebssystem (Basis-Software) Microsoft Windows 98 oder Windows NT. Diese Standardkonfiguration ist nicht besser oder schlechter als andere Rechnerarchitekturen, aber auf Grund des mit Abstand höchsten Verbreitungsgrades wird sie überall als erste unterstützt und soll hier etwas genauer betrachtet werden.

Jeder für Windows geeignete Rechner kann auch für den Internet-Zugang verwendet werden, wenn er über ein Modem oder einen ISDN-Adapter direkt oder über ein LAN mit einem ISP (Internet Service Provider) verbunden wird. Unter Windows 95/98 werden Sie zu jedem ISP Zugang bekommen. Hat man höhere Ansprüche an die Multimedia-Fähigkeiten und will topaktuell ausgestattet sein, dann sollte man auf folgende Eigenschaften achten: ATX-Format, PCI- und AGP-Steckplätze, mindestens 32 MByte RAM, leise Festplatte, CD-ROM-Laufwerk, vollduplexe Soundkarte plus Lautsprecher, ISDN-Karte (bzw. Modem), AGP-Grafikkarte (1024 x 768 Pixel bei 32768 Farben mit 85 Hz), 17"-Monitor (69 kHz für 1024 x 768 mit 85 Hz), gute Tastatur, gute Maus, USB-Anschluß (Universal Serial Bus, wird serielle und parallele Schnittstelle ablösen).

Es ist keine notwendige Voraussetzung, aber durchaus von Vorteil, wenn der Rechner den von Microsoft aufgestellten Bedingungen des „PC 98 Hardware Design Guides" (http://www.microsoft.com/hwdev/winlogo) entspricht (oder sogar schon den neuen PC-99-Spezifikationen). Auf die dafür zusätzlich zu den oben genannten Kriterien notwendigen Standards kann hier nicht genauer eingegangen werden.

Diese etwa 2500,- DM kostende Beispielkonfiguration für einen sinnvoll ausgestatteten professionell genutzten Rechner ist natürlich nicht für jedermann passend. Dem Schüler reicht ein halb so teurer Rechner (z.B. mit kleinerem Monitor), der ebenso Internet-tauglich ist, während der Power-User das Doppelte ausgibt, um höhere Performance zu erzielen.

Ein ISDN-Adapter hat natürlich nur bei einem ISDN-Anschluß Sinn, sonst brauchen Sie ein Modem (bzw. im LAN eine Netzwerkkarte). Ob Sie einen Drucker, einen Scanner oder eine Videokamera benötigen, hängt von Ihren weiteren Anwendungen ab. Im professionellen Einsatz können noch andere Komponenten notwendig sein, etwa zur Vernetzung mehrerer Rechner (LAN), zur zuverlässigen Datensicherung, und weitere Software, zum Beispiel ein Textverarbeitungsprogramm oder ein Office-Paket.

NetPC, NC (Network Computer)

Der Begriff NC wurde vom Oracle-Chef Ellison geprägt und von Sun aufgegriffen. Gemeint ist ein netzwerkfähiger Computer, der zur Nutzung im Internet oder Intranet geeignet ist, ansonsten aber auf das notwendigste reduziert ist. Er soll einen Web-Browser beinhalten und sich alle weitere Software über das Netz laden. Ursprünglich war ein Gerätepreis von nur 500 Dollar angepeilt. Noch wichtiger für Intranets in Unternehmen sind aber die Kosteneinsparungen in der Administrierung. Hierauf wird im Kapitel „Warum Intranet ?" ab Seite 261 näher eingegangen.

Diese NCs können mit beliebigen CPUs ausgestattet sein und brauchen nicht Windows als Betriebssystem. Die Kompatibilität wird über Internet-Protokolle und Web-Browser erreicht. Suns Tochter JavaSoft (http://www.javasoft.com) entwickelt mit JavaOS ein neues besonders für solche NCs geeignetes Betriebssystem. Auch das JOS Project (http://www.jos.org) will ein „Java based Operating System" (JOS) erstellen. Übrigens können auf NCs auch Windows-Applikationen betrieben werden, wie im Kapitel „Windows-Applikationen auf NCs mit Citrix WinFrame/MetaFrame" ab Seite 293 beschrieben ist.

Um dem Argument der zu teuren Administrationskosten in Netzwerken mit Windows-PCs entgegenzutreten, stellen Microsoft und Intel einen neuen PC mit einer Intel-CPU und einer neuen speziellen Windows-Version vor, den sie NetPC nennen. „Zero-Administration Windows" (ZAW) wird versprochen, was über erweiterte Verwaltungsfunktionen erreicht werden soll, wie etwa DMI (Desktop Management Interface).

Wenn in der Werbung von Discountern die Begriffe NC und NetPC verwendet werden, sollte man genau hinsehen. Manchmal sind es nur abgespeckte normale Intel-PCs. Im Extremfall enthalten sie weder ein Modem noch eine Netzwerkkarte und können so weder im Internet noch im LAN verwendet werden.

Wer braucht NCs oder NetPCs? Sind wir nicht froh, die Zeit der an Großrechnern angeschlossenen Terminals hinter uns zu haben?

Der Privatnutzer zu Hause will keinen NC oder NetPC haben. Er will seinen Rechner an seine Bedürfnisse anpassen können und das Laden von Programmen über das Internet kommt wegen der geringen Übertragungsrate schon gar nicht in Frage. Der Entwicklungs-Ingenieur ebensowenig, er braucht besonders leistungsfähige Systeme, freie Konfigurationsmöglichkeiten und vielleicht auch besondere Hardware-Erweiterungen. Aber es gibt viele in LANs oder Intranets eingebundene Arbeitsstationen in Büros, in der Verwaltung, im Lager und anderen Bereichen, wo auf Grund der schnellen LAN-Verbindung Programme über das Netz geladen werden können und kein Bedarf an Programmen auf der eigenen Festplatte oder besonderen Modifikationen besteht. Hier können die NCs oder NetPCs die hohen Administrationskosten erheblich reduzieren und die Bedienung vereinfachen.

In einer vielleicht etwas zu optimistischen Studie prognostizierte das Marktforschungsinstitut IDC (International Data Corp.) den Bestand an NCs für das Jahr 2000 auf 20 Prozent.

Internet-Terminal

Öffentlich zur Verfügung gestellte Computer, mit denen im Internet (oder in einem eingeschränkten Intranet) gesurft werden kann, etwa als Informationszentrale oder in Internet-Cafes, werden auch Internet-Terminal genannt.

Die Rechner müssen einfach bedienbar sein, bei Bedienfehlern robust bleiben und dem Benutzer nicht zuviel Manipulation am Rechner ermöglichen. Als Betriebssystem wird häufig Linux oder Windows eingesetzt. In jedem Fall muß dem Benutzer der Zugriff auf das Dateisystem verwehrt werden. Als Web-Browser sollte Netscape Navigator oder Microsoft Internet Explorer verwendet werden. Die Terminals sollten mechanisch robust sein. Wasserdichte Tastaturen nehmen auch schon mal verschütteten Kaffe nicht übel. Wer ganz sicher gehen will, setzt für öffentlichen Betrieb konzipierte professionelle Terminals ein, etwa von Com.unit (http://www.cut.de).

Software

Um Internet-Dienste nutzen zu können, benötigen Sie zusätzlich zum Betriebssystem für Ihren Computer als normaler Anwender einen Web-Browser (siehe Kapitel „WWW-Browser", Seite 50), eine E-Mail-Software (siehe Kapitel „E-Mail, News, Chat, ICQ", Seite 39) und die Zugangs-Software, um Kontakt zu Ihrem Internet-Provider herstellen zu können. In der Regel erhalten Sie diese Standard-Software kostenlos von Ihrem Internet-

Provider, wenn die entsprechenden Komponenten nicht schon in Ihrem Betriebssystem enthalten sind.

3.2   Anschluß über Modem oder ISDN

Analog-Modem (V.34 und V.90)

Der im analogen Telefonnetz derzeit meistens noch übliche Standard V.34plus erlaubt Modems eine Datenübertragungsrate bis zu 33.600 bit/s. Diese Übertragungsrate ist allerdings nur bei einwandfreien Verbindungen möglich. Bei Störungen schalten die Modems automatisch auf kleinere Datenraten zurück. Modems mit niedrigeren Datenübertragungsraten sollten nicht mehr gekauft werden, es sei denn, man wollte sie ausschließlich für einfache Anwendungen wie zum Beispiel Homebanking verwenden.

Die Grenzen der analogen Übertragungskapazität lassen sich anhand der Leitungseigenschaften und der Kombination aus Nyquist- und Shannon-Theorem bestimmen. Aus der Bandbreite von 4 kHz ergibt sich mit dem Nyquist-Theorem die maximal verzerrungsfrei übertragbare Schrittgeschwindigkeit. Mit dem Shannon-Theorem kann dann berechnet werden, bei welchem Verhältnis von Signal- zu Rauschpegel wie viele Bits pro Sekunde darin kodiert werden können. Bei üblichen Rauschabständen von 30 bis 35 dB kommt man etwa auf die genannten 33.600 bit/s.

Höhere Übertragungsraten kann man nur erreichen, wenn spezielle Eigenschaften der Vermittlungsrechner ausgenutzt werden können. Seit 1997 verbreiten sich immer mehr Modems mit 56 kbit/s Übertragungsleistung auf analogen Telefonleitungen, die zuerst von Rockwell (http://www.nb.rockwell.com) und der von 3Com übernommenen US Robotics (http://x2.usr.com, http://www.3Com.com) hergestellt wurden. Anfangs hieß das verwendete Verfahren bei Rockwell K56flex und bei US Robotics x2. Diese beiden ersten proprietären Verfahren waren trotz großer Ähnlichkeit nicht kompatibel. Anfang 1998 konnte man sich auf einen gemeinsamen ITU-Standard (International Telecommunications Union) unter dem Namen V.90 einigen.

Diese V.90-Modems machen sich zu Nutze, daß auch analoge Telefonsignale in den modernen digitalen Vermittlungsstellen digitalisiert werden. Sie werden 8000 mal pro Sekunde abgetastet und in digitale Werte zwischen 0 und 255 umgesetzt (8bit-Analog/Digital-Wandlung). 8 bit mal 8000 pro Sekunde entsprechen 64 kbit/s. Die neuen Modems sind an diese Abtastrate genau angepaßt und nutzen so die maximal mögliche Bandbreite voll aus. Abzüglich einiger Steuerinformationen bleiben 56 kbit/s Übertragungsbandbreite übrig, also deutlich mehr als mit den normalen V.34plus-Modems mit 33,6 kbit/s. Diese Technik ist aber nur einsetzbar, wenn der gesamte Kommunikationsweg ab der ersten Vermittlungsstelle digitalisiert ist und wenn die Gegenstelle ein speziell angepaßtes Gegenstück besitzt, wie es zum Beispiel bei Internet-Providern möglich ist. Direkte Kommunikation zwischen solchen Modems ist in der 56-kbit/s-Betriebsart nicht möglich. Nur beim Download können die 56 kbit/s genutzt werden, also bei der Übertragung vom Provider zum Anwender. In umgekehrter Richtung bleibt es bei 33,6 kbit/s.

Auch werden die 56 kbit/s nur bei optimaler Verbindungsqualität erreicht, wie es sie in der Praxis so gut wie nie gibt. Sehr gute Verbindungen erlauben 52 kbit/s, im Durchschnitt sind 48 kbit/s realistisch. Dies spiegelt sich auch bei den Datenübertragungsraten von Internet-Providern wieder. Während mit V.90-Modems bis zu 4,4 KByte/s übertragen werden, sind es bei ISDN bis zu 7,4 KByte/s.

ISDN-Telefonnetz

Das digitale ISDN-Telefonnetz (Integrated Services Digital Network) bietet höhere Daten-übertragungsraten als die analogen Modems. Bei Benutzung eines ISDN-B-Kanals können 64 kbit/s übertragen werden, bei Kanalbündelung (2 B-Kanäle) sogar 128 kbit/s. Außerdem ist die Übertragungsqualität stabiler und der Verbindungsaufbau erfolgt in wenigen Sekunden. Wer über einen ISDN-Anschluß verfügt, sollte also statt Analog-Modems digitale ISDN-Karten oder ISDN-Terminal-Adapter einsetzen.

Die Telekom bietet unterschiedliche ISDN-Anschlußarten.

Das D-Kanal-Protokoll regelt den Verbindungsaufbau. Früher wurde in Deutschland der nationale FTZ-Standard 1TR6 verwendet. Heute wird nur noch der internationale ETSI-Standard Euro-ISDN mit dem DSS1-Protokoll verwendet.

Der normale Mehrgeräteanschluß (MGA) wird im privaten sowie im SOHO-Bereich (Small Office, Home Office) eingesetzt. Er bietet drei Rufnummern (MSN, Multiple Subscriber Number) und erlaubt über den S0-Bus den direkten Anschluß bis zu acht digitaler ISDN-Endgeräte, wie ISDN-Telefone und ISDN-PC-Karten, aber auch den Anschluß von Telefonanlagen (TK-Anlagen). Analoge Geräte, wie herkömmliche Telefone oder die üblichen G3-Faxgeräte können nur über a/b-Adapter angeschlossen werden oder an entsprechende analoge Ausgänge der Telefonanlage. Der Anlagenanschluß dagegen wird in Firmen eingesetzt. Endgeräte können nicht direkt angeschlossen werden, es muß auf jeden Fall eine Telefonanlage eingesetzt werden. Dafür können mehr als zwei B-Kanäle einge-richtet werden und es besteht die Möglichkeit zur Durchwahlfähigkeit.

Der normale Basisanschluß bietet einen D-Kanal (mit 16 kbit/s), der nur zur Signalisierung dient, und zwei B-Kanäle zu je 64 kbit/s, die unabhängig voneinander oder auch zusammen (gebündelt) benutzt werden können (S0-Bus). Der S2M-Primärmultiplexanschluß dagegen stellt 30 B-Kanäle zu je 64 kbit/s zur Verfügung. Gebündelt ergeben sich knapp 2 Mbit/s Datenübertragungsrate. Es können aber genausogut 30 Telefongespräche parallel geführt werden.

Außerdem bietet die Telekom mit der Wahl zwischen Einfach-, Standard- und Komfort-anschluß gestaffelte Dienstleistungen an.

Darüber hinaus gibt es noch weitere Optionen. Statt Wählleitungen können Standleitungen belegt werden. Die Verbindung von Firmenniederlassungen kann besonders hohe Daten-übertragungsraten erfordern, die zum Beispiel mit B-ISDN (Broadband-ISDN) in ATM-Übertragungstechnik (Asynchronous Transfer Mode) mit 34 Mbit/s, 155 Mbit/s oder sogar 622 Mbit/s möglich sind.

Deutschland ist das Land mit der höchsten Dichte verlegter ISDN-Anschlüsse. Den zweit-größten ISDN-Markt stellt Japan dar, die USA folgen erst an dritter Stelle. Anfang 1998 waren 3,6 Millionen Basisanschlüsse und 55.000 Primärmultiplexanschlüsse von der deutschen Telekom geschaltet. Insgesamt gibt es in Deutschland 44 Millionen Telefon-anschlüsse und 17 Millionen angeschlossene Haushalte. Weltweit gibt es 800 Millionen Hauptanschlüsse.

ISDN-Adapter

Es gibt interne ISDN-Karten, die als PC-Erweiterungskarte in den Rechner eingebaut werden, und es gibt externe ISDN-Adapter (ISDN-Terminal-Adapter), die mit eigenem Gehäuse und Netzteil ausgestattet sind und an die serielle Schnittstelle angeschlossen werden (oder neuerdings manchmal auch an USB oder den parallelen Druckeranschluß). Interne ISDN-Karten werden bei der Installation oft als Netzwerkkarten eingebunden. Externe ISDN-Adapter werden meistens wie Modems behandelt und können häufig mit herkömmlichen Modem-AT-Befehlen gesteuert werden.

Einfache passive ISDN-Karten mit Software-G3-Fax (14,4 kbit/s) und Eurofiletransfer-Software (EFT, ISO 8208) sind für weniger als 150,- DM zu bekommen. Bei der Hardware gibt es kaum Unterschiede, aber um so größer sind die Unterschiede in der Software-Ausstattung. Falls ein anderes Betriebssystem als Windows 98 benutzt werden soll, muß darauf geachtet werden, ob es dafür Treiber gibt. Dies ist leider nicht einmal für Windows NT immer gewährleistet. Während passive ISDN-Karten für den Privatbenutzer oder auf Einzelplatzrechnern völlig ausreichen, werden im professionellen Bereich, in Netzwerken und zur Kopplung von LANs aktive ISDN-Adapter eingesetzt, die durch einen eigenen Prozessor den Rechner weniger belasten. Die in Deutschland bekanntesten Hersteller für ISDN-Karten sind AVM (http://www.avm.de), Eicon Diehl (http://www.diehl.de), ELSA (http://www.elsa.de), Hypercope (http://www.hypercope.de), ITK / Digi International (http://www.itk.de, http://www.digieurope.com) und Teles (http://www.teles.de).

Die Software-Schnittstelle (API) für interne ISDN-Karten ist CAPI (Common ISDN Application Programming Interface) oder NDIS bzw. ANDIS ([Advanced] Network Device Interface Specification).

Beim CAPI (http://www.capi.org) muß zwischen den inkompatiblen 1.x- und 2.x-Versio-nen unterschieden werden. CAPI 1.x (CAPI.DLL) ist eine 16-bit-Implementierung, die ursprünglich für das veraltete nationale 1TR6-Protokoll entwickelt wurde, während CAPI 2.x in 16 bit (CAPI20.DLL) und 32 bit (CAPI2032.DLL) alle ISDN-Dialekte gut unter-stützt. Früher gab es häufig das Dilemma, daß moderne Web-Browser eine 32-bit-Version erwarten, aber es einige Online-Dienste gab, deren Anschluß nur über 16-bit-Software lief. Auch mußte außerdem auf Windows-Rechnern darauf geachtet werden, daß nicht ein DOS-TSR-CAPI-Treiber eingesetzt wurde (der verbraucht über 100 KByte des kostbaren DOS-Speichers unterhalb 1 MByte), sondern eine VxD-CAPI-DLL. Mittlerweile sind solche Probleme selten geworden. Unter Novell NetWare bzw. IntranetWare ist CAPI als NLM (Network Loadable Module) realisiert.

Einige neuere ISDN-Karten unterstützen den bislang hauptsächlich für Modems, aber seit CAPI 2.0 Second Edition auch für ISDN eingesetzten Kompressionsstandard V.42bis. Sofern die Gegenstelle ebenfalls diesen Standard unterstützt, können damit Dateien schneller übertragen werden, allerdings nur Dateien, die nicht schon komprimiert vorliegen, wie etwa GIF- oder JPEG-Bilder. V.42bis lohnt sich deshalb weniger beim Internet-Anschluß, aber sehr bei RAS-Zugriffen (Remote Access).

NDIS (Network Device Interface Specification) ist eine Standardschnittstelle (von Microsoft, IBM und 3Com definiert) für Netzwerkkartentreiber und ISDN-Karten. Anders als das unter Windows als Protokoll eingebundene CAPI Subsystem (CSS) wird NDIS als WAN-Miniport als Netzwerkkarte aufgeführt. Während im europäischen Markt bislang CAPI dominiert, wird in den USA eher NDIS bevorzugt. Die NDIS-Entwicklung ist noch nicht abgeschlossen, die derzeitige NDIS-Version kann noch nicht mit Voice-Anwendungen (z.B. Anrufbeantworter) oder Fax-Programmen betrieben werden.

Zur Datenübertragung können unterschiedliche Protokolle Verwendung finden. Das ältere V.110 ermöglicht nur 38.400 bit/s. Erst V.120, X.75 und HDLC (High Level Data Link Control) erschließen die vollen 64.000 bit/s. In Deutschland wird für Internet-Zugänge meistens HDLC eingesetzt, außer bei AOL und CompuServe, die X.75 benötigen.

Außerdem sollte der ISDN-Adapter Eurofiletransfer (EFT, ISO 8208) zur Dateiübertragung und per Software simuliertes, analoges G3-Fax unterstützen.

Neuerdings bietet DOSCH & AMAND (http://www.dosch-amand.de) den ersten ISDN-Adapter an, der ohne Kabelverbindung auskommt. Eine DECT-Basisstation (Digital Enhanced Cordless Telephony), an der übliche schnurlose DECT-Telefonmobilteile (per GAP, Generic Access Profile) betrieben werden können, bietet zusätzlich MMAP (Multimedia Access Profile), worüber Datendienste mit 64 kbit/s betrieben werden können. Die Basisstation wird an ISDN angeschlossen und versorgt im Umkreis bis zu 40 m bis zu acht schnurlose Mobilteile und im PC eingebaute ISDN-Adapter.

Internet-Zugang per Modem oder ISDN

Der Zugang zu den großen Online-Diensten (z.B. T-Online, AOL, CompuServe) erfolgt in der Regel über deren proprietäre Software. Dies hat den Vorteil der meistens einfachen Installation, kann aber sehr nachteilig sein, wenn keine Freiheit bei der Wahl des Web-Browsers besteht. Eventuell kann nur ein 16-bit-Browser verwendet werden, der vielleicht nur JavaScript unterstützt, aber kein Java. Viele andere Browser-Weiterentwicklungen bleiben versperrt.

Anders ist dies bei den lokalen PoPs (Point of Presence) der überregionalen Internet-Provider (z.B. UUNET oder Nacamar). Hier reichen normalerweise die von den üblichen Betriebssystemen (z.B. Windows, OS/2 oder Linux) zur Verfügung gestellten Hilfsmittel aus, um einen Zugang einzurichten. Diese Betriebssysteme bieten auch Methoden, um den Einwählvorgang zu automatisieren. Gute PoPs erklären genau die einzelnen Schritte der Installation für verschiedene Betriebssysteme.

Die wichtigsten Daten für die Einwählprozedur muß der Provider zur Verfügung stellen. Dies sind Rufnummer, Benutzername, Paßwort, die vom Einwählpunkt unterstützten Standards und Protokolle, die Namen der News- und Mail-Server und die IP-Adressen des Name- und eventuell Proxy-Servers. Die eigene IP-Nummer wird meistens dynamisch bei der Anmeldung vergeben. Unter Windows erfolgen diese Eintragungen im DFÜ-Netzwerk und unter den Eigenschaften von TCP/IP unter Systemsteuerung/Netzwerk, bei anderen Betriebssystemen an analogen Stellen.

Analoge Modems handeln mit der Gegenstelle automatisch ein Übertragungsverfahren aus, welches beide unterstützen, zum Beispiel V.34 (V.34-Modems unterstützen diverse Standards mit unterschiedlichen Datenraten).

Bei ISDN ist das anders. Hier muß vorher bekannt sein, welches ISDN-Protokoll benutzt werden soll, zum Beispiel X.75 oder HDLC (High Level Data Link Control).

Auf eine zustande gekommene Verbindung setzt dann PPP oder SLIP auf. Wenn die Wahl zwischen dem älteren SLIP (Serial Line Internet Protocol) und dem moderneren PPP (Point to Point Protocol) besteht, sollte letzteres gewählt werden. Es bietet bessere Möglichkeiten zur Protokollierung des Verbindungsaufbaus, schließt die Authentifizierung via CHAP gleich ein und erkennt Übertragungsfehler besser.

Unter Windows 95/98 ist die Internet-Zugangs-Software im DFÜ-Netzwerk integriert (Datenfernübertragung). Falls noch nicht installiert, läßt es sich im Windows-Setup unter Verbindungen auch nachträglich laden. Analoge Modems und externe ISDN-Adapter werden in der Windows-Systemsteuerung unter Modem konfiguriert. Interne ISDN-Karten dagegen werden in der Systemsteuerung als Netzwerkkarte eingebunden. Bei Windows 95 wird für ISDN-Karten das Acotec-CAPI-Subsystem installiert. Bei Windows 98 werden ISDN-Karten mit Hilfe des ISDN Wizard als Netzwerkkarte eingerichtet. Bei PPP-Verbindungen sollten normalerweise keine erweiterten Optionen eingeschaltet werden und nur das TCP/IP-Protokoll aktiviert sein.

Unter Windows NT läuft der Internet-Zugang über RAS (Remote Access Service). RAS greift auf die separat via Systemsteuerung auszuführende Modem-Installation (TAPI) zurück. Interne ISDN-Karten dagegen werden als Netzwerkkarte eingebunden. Da es mit Windows NT einige Einschränkungen gibt (oft kein CAPI, unter bestimmten Umständen keine Skriptsprache, ...), muß die Einsatzmöglichkeit mit dem Hersteller des ISDN-Adapters und dem Internet-Provider sichergestellt werden.

Unter OS/2 Warp muß mit Selective Install for Networking das Protokoll TCP/IP installiert werden. Über den Dialer im Ordner Internet/Modem können SLIP- und PPP-Zugänge für Modems und externe ISDN-Adapter eingerichtet werden. Für SLIP wird ein Rexx-Skript benötigt. Interne ISDN-Karten werden von OS/2 bislang nicht direkt unterstützt, aber das Shareware-Programm ISDNpm bietet für ISDN-Karten mit OS/2-CAPI einen Dialer mit SLIP und PPP.

Linux hat die Unterstützung interner ISDN-Karten bereits im Kernel integriert (isdn4linux). Externe ISDN-Adapter werden wie Modems behandelt. Die Netzwerkmodule müssen installiert werden. SLIP, Multilink PPP, MS-CHAP und CBCP (Callback Control Protocol) werden unterstützt. Bei der PPP-Konfiguration helfen EzPPP und Wvdial.

3.3   Anschluß über ADSL, GSM, Funk, Satellit oder TV-Kabel

ADSL / xDSL über POTS

Auch bei herkömmlichen Telefonanschlüssen (POTS, Plain Old Telephone Service) gibt es neue Entwicklungen. ADSL-Adapter (Asymmetric Digital Subscriber Line, G.DMT, ITU G.992.1) brechen radikal mit bisherigen Vorstellungen, welche Datenübertragungsraten über die existierenden normalen analogen Telefonleitungen möglich sind, nämlich über

8 Mbit/s Downstream und 768 kbit/s Upstream. Wie ist das möglich? Natürlich nicht mit den normalen Vermittlungsrechnern. Aber speziell darauf eingerichtete Vermittlungsstellen (DSL Access Multiplexer, DSL-AM) sollen in Zukunft solche Dienste ermöglichen, allerdings darf der Telefonanschluß höchstens fünf Kilometer vom Vermittlungsrechner entfernt sein. In Deutschland sind die Voraussetzungen für ADSL recht gut, da die durchschnittliche Entfernung bis zum Vermittlungsknoten 1,7 km beträgt und 90 Prozent der Strecken kürzer als 5 km sind. Bei den Entfernungen spielt außerdem der Querschnitt des Kupferkabels eine große Rolle. Erste Praxistests sind bereits erfolgreich abgeschlossen. Seit 1999 betreibt die Telekom T-DSL genannte ADSL-Netze in 40

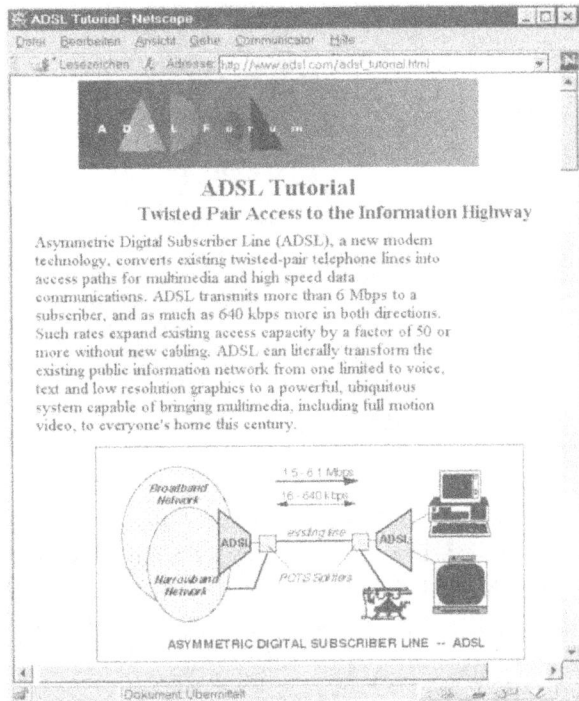

deutschen Städten und Ballungszentren (http://www.telekom.de/angebot/bba). T-DSL soll Privatkunden 1,5 Mbit/s und Geschäftskunden bis zu 8 Mbit/s bieten. Bis 2003 sollen 80 Prozent der Geschäfts- und 50 Prozent der Privatkunden erreicht werden können.

ADSL-Verbindungen lassen sich nur zu bestimmten Anbietern wie zum Beispiel Internet-Providern herstellen. Einfache direkte Wählverbindungen in ADSL-Geschwindigkeit zu anderen ADSL-Teilnehmern sind nicht möglich. Dazu muß nach wie vor das V.34-Modem oder die ISDN-Verbindung herhalten.

Übrigens ersetzt ADSL nicht die bisherigen Dienste POTS oder ISDN. Diese Dienste bleiben auch nach einer Umstellung auf ADSL erhalten und können gleichzeitig parallel über das gleiche Kabel genutzt werden. Für POTS wird die entsprechende Bandbreite im Basisband freigehalten, so daß selbst bei Stromausfall weiterhin analoge Telefone benutzt werden können (falls ein passiver Splitter im Einsatz ist). Bei ISDN kann entweder auch entsprechende Bandbreite freigehalten werden, oder ISDN wird durch den ADSL-Umsetzer beim Kunden als einer der ADSL-Kanäle extrahiert. Nicht alle ADSL-Adapter kommen mit ISDN klar und noch weniger mit dem deutschen ISDN. Orckit Communications bietet ADSL-Adapter, die mit dem deutschen ISDN kooperieren können. ISDN überträgt insgesamt 144 kbit/s (D-Kanal plus zweimal B-Kanal). Viele ausländische ISDN-Systeme verwenden den 2B1Q-Leitungscode, der zwei Bit in ein vierstufiges (quaternäres) Symbol umsetzt und 80 kHz benötigt. Die deutsche Telekom verwendet 4B3T, bei dem vier Bit auf drei dreiwertige (ternäre) Symbole abgebildet werden und benötigt 120 kHz.

Weitere Informationen finden Sie beim ADSL Forum (http://www .adsl.com), bei TeleChoice/ xDSL.com (http://www.xdsl.com) und bei der UAWG (Universal ADSL Working Group, http:// www.uawg.org).

Letztere initiiert mit G.Lite, auch U-ADSL oder UDSL (Universal ADSL) genannt, einen abge-speckten ADSL-Standard (ITU G.992.2), der zwar nur 1,5 Mbit/s Download und 128 kbit/s Upload ermöglicht, aber dafür besser standardisiert und preiswerter ist, da er ohne Splitter (Frequenzwei-che) auskommt. Compaq stellte auf der Comdex 1998 die ersten Serien-PCs mit G.Lite-Adapter vor. Der implementierte Lucent-Chip unterstützt zusätzlich zu G.Lite auch V.90. Auch Dell und andere bieten mittlerweile entsprechende PCs.

Außer ADSL gibt es noch andere xDSL-Varianten. Die Tabelle zeigt die Unterschiede:

	SDSL / HDSL	ADSL	VDSL
Name	Single Line / High Data Rate Digital Subscriber Line	Asymmetric Digital Subscriber Line	Very High Data Rate Digital Subscriber Line
Download max.	ca. 2 Mbit/s	ca. 8 Mbit/s	ca. 50 Mbit/s
Upload max.	ca. 2 Mbit/s	ca. 0,8 Mbit/s	ca. 2 Mbit/s
Entfernung max.	ca. 3 km	ca. 5 km	ca. 1 km
POTS im Basisband	nein	ja	ja
ISDN im Basisband	nein	nein	ja
Bemerkung	möglicher E1-Ersatz	Testphase	Planungsphase

Das ursprüngliche HDSL (High Data Rate Digital Subscriber Line) benötigt zwei Adern-paare (4 Drähte), HDSL2 und die anderen DSL-Varianten nur eins. HDSL2 ist vom ANSI standardisiert und eher für den amerikanischen Markt konzipiert. Es könnte mit 1,5 Mbit/s das dort übliche T1 ersetzen. SDSL berücksichtigt eher europäische Gegebenheiten und könnte mit 2,3 Mbit/s das hier übliche E1 ablösen. SDSL kann sowohl mit Single Line Digital Subscriber Line (nur ein Adernpaar) als auch mit Symmetrical Digital Subscriber Line (in beide Richtungen gleiche Übertragungsrate) übersetzt werden.

Datenübertragung über Stromnetze

Es gibt diverse Versuche, das Netz der Starkstromleitungen auch für Datenübertragungen mit zu nutzen. Die Vorteile wären die große Verbreitung und die ständige Zugriffsmöglichkeit ähnlich einer Standleitung. Auf Grund der vielen Störungen auf den Stromleitungen ist die Nutzung zur Datenübertragung ein schwieriges Unterfangen und die Realisierung noch recht ungewiß. Erschwerend wirken die umstrittenen sehr strengen Bestimmungen des Fernmelderechts und des CENELEC (Comité Européen de Normalisation Electrotechnique), welche die erlaubte Bandbreite auf 148 kHz und den maximalen Sendepegel auf 5 mW begrenzen (Standard EN 50065). Im Nahbereich bis zu 500 m meldet die bayerische PolyTrax (http://www.polytrax.com) unter Beachtung dieser Vorschriften erste Erfolge mit Datenübertragungsraten von 27 kbit/s. Es wird versucht, die Übertragungsrate auf 144 kbit/s zu steigern. Nortel und Norweb haben mit ihrem DPL 1000 auch auf längeren Strecken sogar schon 1 Mbit/s übertragen können (in beide Richtungen), allerdings unter Mißachtung der strengen Vorschriften. Diese Gesamtübertragungskapazität müssen sich außerdem alle ca. 200 am Ortsnetztrafo gemeinsam angeschlossenen Haushalte teilen. Eine Kooperation der Energie Baden-Württemberg AG (EnBW, http://www.enbw.de), Norweb (United Utilities PLC, http://www.norweb.co.uk), Nortel Dasa Network Systems (Northern Telecom, http://www.nortelnetworks.com, http://www.nortel-dasa.de) und Tesion Communicationsnetze Südwest (http://www.tesion.de) führt unter dem Namen Digital PowerLine ein Pilotprojekt in Baden-Württemberg durch. Der gerne verwendete Slogan „Internet aus der Steckdose" ist bei diesem Projekt allerdings irreführend. Der Internet-Anschluß endet beim Stromzähler, hausintern ist eine eigene Verkabelung notwendig. Die Berliner Bewag (Berliner Kraft und Licht AG, http://www.bewag.de) strebt in ihrem Projekt DüNE (Datenübertragung über Niederspannungs-Energienetze) aber auch die Weiterleitung tatsächlich bis zu jeder Steckdose im Haus an und das sogar bei Transferraten bis in den zweistelligen Mbit/s-Bereich. Dazu soll nur ein Adapter notwendig sein, der einfach in die Steckdose gesteckt wird und einen RJ-45-Anschluß enthält, worüber der PC über ein normales Ethernet-Netzwerkkabel (10Base-T) angeschlossen wird.

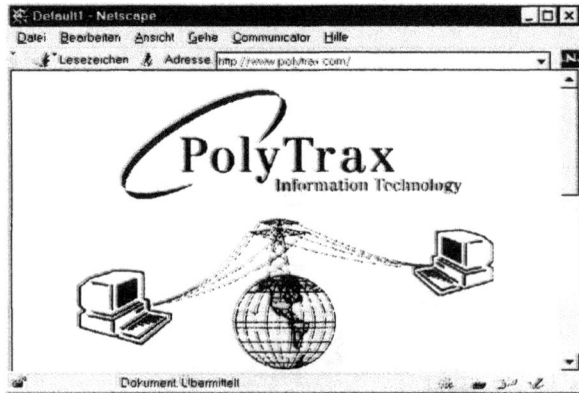

GSM-Mobilfunknetz, Datenfunknetze

GSM (Global System for Mobile Communications) ist das digitale Mobilfunknetz für D-/E-Netz-Handies. Es wurde seit 1982 von der CEPT (Conference of European Posts and Telegraphs) geplant und 1990 von der ETSI (European Telecommunications Standards Institute, http://www.etsi.fr) standardisiert und eingeführt. Von den weltweit über 200 Millionen Handies arbeiten über 90 Millionen nach GSM.

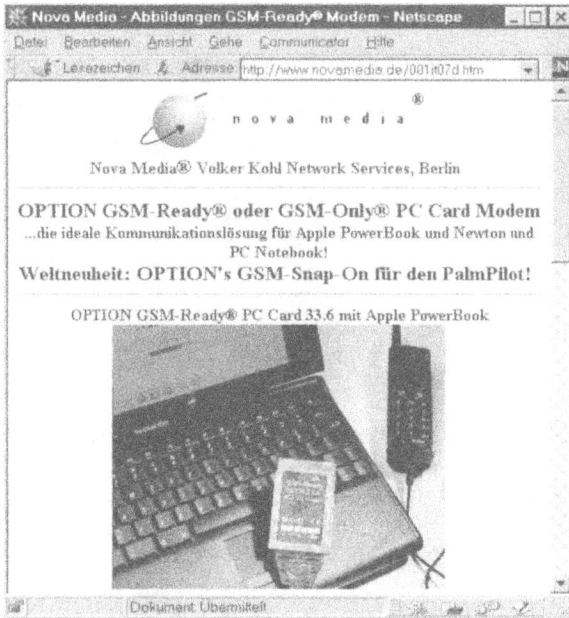

Spezielle Modems ermöglichen außer dem normalen Sprechkontakt (komprimiert auf 14,4 kbit/s) auch Datenübertragung, allerdings nur bis zu einer Datenübertragungsrate von 9,6 kbit/s.

PC-Cards für die Datenübertragung im GSM-Mobilfunk bietet zum Beispiel Nova Media (http://www.novamedia.de) ab 400,- DM an. Datenübertragung, Faxen und die Übertragung von SMS-Nachrichten werden geboten. Der Hayes-kompatible Befehlssatz schafft Anbindung zu gängigen Kommunikationsprogrammen, spezielle GSM-Treiber werden nicht benötigt. Psion Dacom PLC. (http://www.psiondacom.com) bietet Kombi-PC-Cards an, die V.34-Modem, Fax und GSM vereinen. Bei allen PC-Cards ist zu beachten, daß sie nur mit bestimmten Handies kombiniert werden können.

Die genannte Datenübertragungsrate von 9,6 kbit/s ist für viele Anwendungen zu gering. Über verschiedene Ansätze wird eine Erhöhung angestrebt.

HSCSD (High Speed Circuit Switched Data Service) will ab 1999 mehrere GSM-Datenkanäle per TDMA (Time Division Multiple Access) bündeln, wobei auch asymetrische Verbindungen mit zum Beispiel 43 kbit/s Download und 14 kbit/s Upload denkbar sind. HSCSD ist als verbindungsorientiertes Protokoll besonders für Echtzeitanwendungen wie etwa Videokonferenzen geeignet.

GPRS (General Packet Radio Service) soll ab 2000 Handies um durchgängig aktive IP-Dienste erweitern, ohne einen teuren Sprachkanal zu belegen. So ist man ständig per E-Mail erreichbar. Diese paketvermittelnde Verbindung ist besonders für Internet-Anwendungen geeignet. Die Datenübertragungsrate läßt sich von 9 bis 171 kbit/s staffeln.

UMTS (Universal Mobile Telecommunications System) wird derzeit als möglicher Nachfolger für GSM gehandelt. UMTS ist von der ETSI vorgeschlagen. Außer Sprachtelefonie soll es Datenübertragungsraten von bis zu 114 kbit/s mobil und 2 Mbit/s stationär bieten und sämtliche Leistungsmerkmale des ISDN-Netzes enthalten. Sowohl verbindungsorientierte (z.B. für Videokonferenzen) als auch paketvermittelnde Verbindungen (z.B. für IP-Dienste wie Internet) werden möglich. Der größte Vorteil von UMTS ist aber die international einheitliche Standardisierung. Ein und dasselbe Gerät soll weltweit funktionieren, in Europa, USA, Japan und anderswo. Die Einführung ist für das Jahr 2002 anvisiert.

Das GSM-Handy wird normalerweise nur als Übertragungsmedium eingesetzt. Die Daten (etwa Web-Seiten) werden zum Laptop weitergeleitet und dort angezeigt. Um das Handy als eigenständige Kommunikationseinheit einsetzen zu können, die über SMS hinausreicht und auch die Nutzung von IP-Diensten ermöglicht, sind neue Standards erforderlich. Ericsson, Motorola und Nokia haben mit WAP (Wireless Application Protocol, http://www.wapforum.org) ein Schichtenmodell definiert, um die Entwicklung von der Funkschnittstelle unabhängiger Anwendungen zu er-

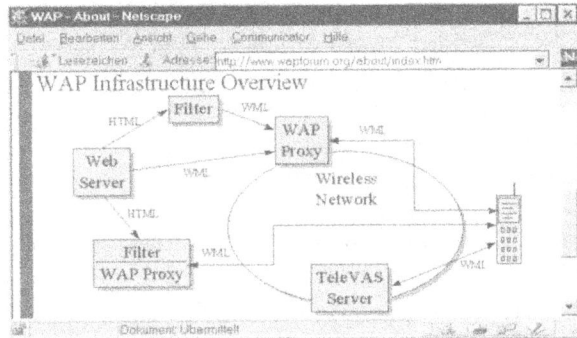

möglichen, die die kleinen nur wenige Textzeilen umfassenden Displays der Handies optimal nutzen. Da HTTP und HTML zu aufwendig sind, werden sie durch HDTP (Handheld Device Transport Protocol), HDML (Handheld Device Markup Language) und WML (Wireless Markup Language) ersetzt. Zukünftige Mikro-Browser im Handy sollen die interaktive Abfrage von E-Mails, Adressen, Terminen, Lieferstatus, Börsenkursen und anderen Daten sowie das Starten von Transaktionen und auch den gesicherten Zugang zu Firmen-Intranets („Mobile Intranet") ermöglichen. Nokia stellte 1999 mit dem Modell 7110 das erste WAP-fähige Handy vor, mit einer Display-Größe von 65 x 96 Pixeln.

Will man nicht das kostspielige GSM-Mobilfunknetz nutzen, kommen auch andere speziell für das Internet eingerichtete Funknetze in Frage. Im Großraum von San Francisco etwa kann man mit dem Ricochet-Funkmodem von Metricom Inc. (http://www.ricochet.net) für 30 Dollar pro Monat ohne zusätzliche Telefongebühren zeitlich unbegrenzt und vor allem örtlich ungebunden surfen. Anfangs betrug die Datenübertragungsrate nur etwa 30 kbit/s, mittlerweile gibt es Systeme mit 128 kbit/s. Auch in Deutschland gibt es erste Projekte, so das pro Sender mehrere Kilometer weit reichende Wireless Metropolitan Area Network (WIMAN) von Altvater Airdata Systems GmbH & CO. KG aus Bad Rappenau (http://www.altvater.com, http://www.wiman.net). Auch Mitglieder des Individual Network experimentieren mit standleitungsähnlichen Anbindungen per Funk (https://www.iks-jena.de/mitarb/lutz/verein/funknetz).

Datenübertragung per Satellit

Satelliten-Decoder („Information Skyway") können hohe Datenübertragungsraten bieten, allerdings bislang meistens nur in eine Richtung. Der Rückkanal erfolgt per Telefonleitung. An eine normale Satellitenschüssel wird ein spezieller Receiver angeschlossen, der die Daten zu einer Steckkarte im Rechner überträgt. Bislang wird dieser Service vorwiegend für Großkunden angeboten, also hauptsächlich Internet-Provider.

In letzter Zeit verstärken sich die Bemühungen, auch den Rückkanal per Satellit zu realisieren, damit die kostspielige zusätzliche Telefonleitung für den Rückkanal entfallen kann. Sogenannte VSAT-Systeme (Very Small Apperture Terminals) bestehen aus einer etwa einen Meter großen Satellitenschüssel und einem speziellen Zusatzgerät, das außer dem Empfang auch Datenversand ermöglicht. Der Download soll bis zu 34 Mbit/s und der Upload bis zu 256 kbit/s bei 2 Watt Sendeleistung betragen. Die irländische Firma Armstrong Space Communications plant, solche Systeme für wenige Tausend DM anzubieten. Ab 1999 wollen Astra-Net, Eutelsat und New Media diese Technik in Pilotprojekten testen.

Die Satelliten werden auf Grund ihrer Umlaufbahnhöhe in drei Gruppen eingeteilt. In der geostationären Umlaufbahn in 36.000 km Höhe (GEO-Systeme) werden nur drei Satelliten benötigt, um nahezu jeden Punkt auf der Erde zu erreichen, wie etwa Inmarsat zeigt. Nachteilig sind die wegen der großen Entfernung notwendigen großen Antennen und Sendeleistungen und die langen Signallaufzeiten auf Grund der Zeitverzögerung durch die lange Übertragungsstrecke. Schnelle interaktive Anwendungen sind über GEO-Satelliten nicht möglich.

In etwa 10.000 km Höhe kreisende Satellitensysteme, wie zum Beispiel das ab 2000 geplante ICO Global Communications (http://www.ico.com), werden MEOs genannt (Middle Earth Orbit). Hierbei werden 10 Satelliten für eine vollständige Abdeckung benötigt.

Zukünftig werden besonders die LEOs (Low Earth Orbit) an Bedeutung gewinnen. Deren Satelliten rasen mit Geschwindigkeiten von etwa 25.000 km pro Stunde in erdnahen Umlaufbahnen zwischen 700 und 2000 km Höhe. Mindestens 40 Satelliten müssen im Einsatz sein. Motorola etwa investierte 4 Milliarden Dollar in das Iridium-Projekt (http://www.iridium.com), um seit Ende 1998 mit 66 LEO-Satelliten in 780 km Höhe jeden Winkel der Erde zu erreichen. Globalstar (http://www.globalstar.com) von Loral und Qualcomm plant mit 48 LEO-Satelliten in 1400 km Höhe ähnliches für das Jahr 2000. Beide Projekte sind prädestiniert für Telefondienste, aber auch Datenübertragung wird ermöglicht. Eine bessere Eignung zu Computer-Datenübertragungen und vor allem wesentlich schnellere und preiswertere Datenübertragungen verspricht das gigantische Projekt Teledesic von Microsoft, McCaw und Motorola („Internet-in-the-Sky", http://www.teledesic.com). Es soll allerdings erst 2003 in Betrieb gehen. Für 9 Milliarden Dollar sollen 288 Satelliten in 700 km Höhe positioniert werden und Daten zu 25 cm kleinen Satellitenschüsseln funken. Eine Datenübertragung von einem GByte soll weniger als absolut konkurrenzlose 20,- DM kosten.

DirecPC (http://www.direcpc.com) von Hughes Network Systems ist das in Deutschland bekannteste bereits real existierende Satelliten-Angebot. Es benutzt den in 36.000 km Höhe kreisenden Satelliten Eutelsat II der European Telecommunications Satellite Organization (http://www.eutelsat.org). Turbo Internet (http://www.lorenzen.de) ist ein

Paket zum Empfang von DirecPC und beinhaltet für 2000,- DM eine 60-cm-Satelliten-schüssel, eine Adapterbox, eine PC-Steckkarte und Software. Geboten werden 400 kbit/s bei Kosten von ca. 1,50 DM pro MByte Daten plus die üblichen Gebühren an den Internet-Provider. Der Rückkanal erfolgt per Telefonleitung.

Am Astra-Net (http://www.astra-net.com) der European Satellite Multimedia Services ist die Deutsche Telekom beteiligt. Astra-Net liefert mit sechs Satelliten 400 Kbit/s oder sogar bis zu 38 Mbit/s über einen Satellitenempfänger an einen PC mit DVB-Karte (Digital Video Broadcasting).

TV-Kabelnetz-Modems

Ebenfalls schnell sind Anschlüsse über TV-Kabelnetz-Modems. 40 Mbit/s Downstream und 2 Mbit/s Upstream wären kein Problem. Das CableSurfer-Modem von Motorola ist ein Beispiel, weitere Hersteller sind 3Com, Bay Networks / Nortel, Cisco, ELSA und Zenith. Noch kosten Kabelmodems etwa 1000,- DM, bei Standardisierung und höheren Stückzahlen wird der Preis auf 400,- DM sinken. Die hohe Übertragungsrate steht allerdings nicht jedem einzelnen zur Verfügung, alle Nutzer einer Knotenstelle (meistens mehrere Hundert) teilen sich die Bandbreite (ähnlich wie in einem LAN).

Erste Probeinstallationen für TV-Kabelnetz-Modems gibt es seit fünf Jahren in den USA (Cox@home, http://www.cox.com/CoxatHome) und seit zwei Jahren in Deutschland in München (KMS CyberCity, http://www.cablesurf.de).

Während frühere Koaxialnetze meistens eine Bandbreite von 47 bis 450 MHz boten, können moderne Hybrid-Fiber-Coax-Netze (HFC) 5 bis 862 MHz übertragen. Davon reicht der schmale Bereich von 5 bis 30 MHz (in einigen Netzen bis 65 MHz) für den Upstream (Rückkanal), der weitaus größere Bereich wird für TV und den Downstream belegt. Leider fehlt noch eine Standardisierung, aber daran arbeiten verschiedene Gremien, wie etwa IEEE 802.14 und CableLabs (Cable Television Laboratories Inc., http://www.opencable.com) mit OpenCable und MCNS-DOCSIS (Multimedia Cable Network System - Data-Over-Cable Service Interface Specification).

Kabelanschlüsse hätten den Vorteil, daß sie ständig betriebsbereit sein könnten, ähnlich einer Standleitung. Die Abrechnung könnte nach übertragenem Datenvolumen erfolgen. In Deutschland ist die Situation für TV-Kabelnetz-Modems etwas schwieriger, da nur bei 10 Prozent der deutschen TV-Kabelnetze der Rückkanal implementiert ist. Aber bei

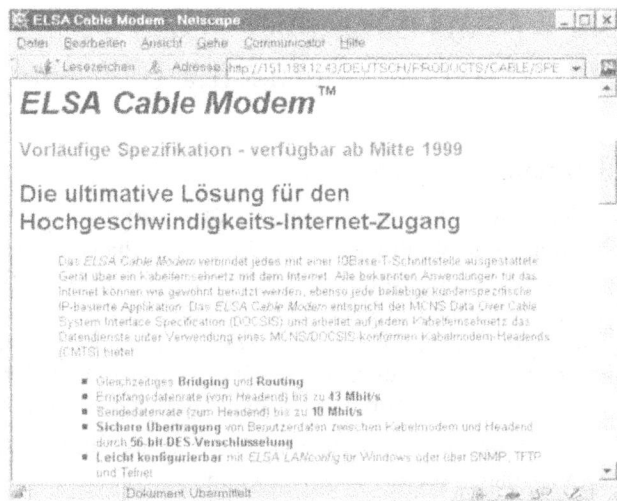

70 Prozent aller angeschlossenen Haushalte könnte der Rückkanal mit wenig Aufwand nachgerüstet werden, wenn der Wille vorhanden wäre und die Telekom nicht ADSL per Telefonleitung bevorzugen würde. Allerdings ist das Telefonnetz natürlich verbreiteter als das TV-Kabelnetz. Am Telefonnetz sind weltweit 800 Millionen Teilnehmer angeschlossen, am Kabelfernsehnetz nur 210 Millionen. In Deutschland sind aber immerhin mehr als die Hälfte aller Haushalte mit dem TV-Kabelnetz verbunden. Das Marktforschungsinstitut Ovum rechnet für das Jahr 2000 mit weltweit 4,5 Millionen Internet-Anschlüssen per TV-Kabelnetz. Weitere Informationen finden Sie bei KMS (http://www.cablesurf.de), tr@nsnet Internet Service (http://www.kabelmodem.de) und im nächsten Abschnitt.

3.4   Anschluß über WebTV, Set-Top-Boxen, Internet-Fernseher oder Intercast

Internet übers Fernsehen

In den USA wie in Deutschland verfügen 98 Prozent aller Haushalte über einen Fernseher, aber nur 30 bis 40 Prozent über einen PC. Nun sollen neue im Fernseher integrierte Erweiterungen oder neue an den Fernseher angeschlossene Set-Top-Boxen die Fernseher Internet-tauglich machen, um auch denen, die keinen PC besitzen, Web-Zugang zu verschaffen und das Internet im Wohnzimmer einzuführen. Insgesamt, also inklusive der nicht Internet-fähigen Geräte, soll es laut IDC (International Data Corp.) 1999 weltweit bereits 6 Millionen installierte Set-Top-Boxen geben und werden für 2002 sogar 55 Millionen erwartet.

Für professionelle Anwender ist Internet über Fernseher keine Alternative. Wer Internet-Zugang über „richtige" PCs gewohnt ist, für den wird Internet über Fernseher nur eine Notlösung sein. Möglicherweise gibt es nicht akzeptable Einschränkungen bei der Wahl des Internet-Providers oder des Web-Browsers. Gewisse neue technische Möglichkeiten eines „richtigen" Internet-Zugangs bleiben außen vor. SSL und JavaScript funktionieren manchmal, Java dagegen meistens nicht. Beim E-Mail können häufig keine angehängten Attachments empfangen werden. Newsgroups, Chat und Shockwave können oft nicht genutzt werden. Es gibt häufig keine Möglichkeit, etwas auszudrucken. Die Bildqualität ist deutlich schlechter als mit „richtigen" Computer-Monitoren, die eine Auflösung von 800 x 600, 1024 x 768 oder mehr Bildpunkten bieten. Fernseher sollten eigentlich eine mit in einfachsten Computern eingesetzten VGA-Bildschirmadaptern vergleichbare sichtbare Auflösung von etwa 640 x 480 Bildpunkten zeigen, aber durch begrenzte Bandbreiten der Analogtechnik, Interlaced-Darstellung im Zeilensprungverfahren, fehlende Bildstabilität und notwendige Flickerfilter wird die effektive Auflösung auf Werte von etwa 400 x 240 reduziert. Interessanter wäre Internet über Fernseher, wenn sich irgendwann das zukünftige digitale HDTV (High Definition Television) durchsetzen könnte.

Aber im Wohnzimmer kann Internet über Fernseher durchaus seine Berechtigung haben. Die Installation und Bedienung ist wesentlich einfacher. TV-Zuschauer, die sich nie einen PC kaufen würden, können zumindest an Teilbereichen des Webs teilnehmen. Besonders Homebanking und Online Shopping wird erheblich profitieren.

Set-Top-Box von WebTV

Spätestens seit Microsoft 1997 Web-
TV (http://www.webtv.com) übernommen hat, macht diese Technik auf sich
aufmerksam. Die von WebTV entwickelte Set-Top-Box wird von Phi-
lips, Sony und Mitsubishi gefertigt und
wurde bereits über 700.000 mal verkauft.

Die WebTV-Set-Top-Box wird an den
Fernseher und an die Telefonsteckdose
angeschlossen. Über das Telefonnetz
wählt sich die Set-Top-Box bei Bedarf
über einen der 2600 Einwählknoten in
das WebTV-eigene Netzwerk ein und
übermittelt die Web-Seiten zum
Fernseher, der sie darstellt. Das
WebTV-eigene Netzwerk stellt besondere Inhalte zur Verfügung, die an die
geringere Bildschirmauflösung und
den Interlaced-Betrieb (Zeilensprung-
Verfahren) der Fernseher angepaßt
sind. Der Übergang zum Internet ist nur über das WebTV-Netzwerk möglich. Die Steuerung erfolgt über einen Infraroteingang mit einer üblichen TV-Fernbedienung oder wahlweise mit einer drahtlosen Tastatur. Über Erweiterungen können per Online Shopping
bestellte Waren über Kreditkarten oder SmartCards bezahlt werden. Die WebTV-Set-Top-
Box kostet 300 Dollar, die laufenden Gebühren an den WebTV-Provider betragen 25
Dollar monatlich.

WebTV ist für professionelle Anwender aus den schon genannten Gründen keine Alternative. Die Bildqualität ist zu schlecht, die Einschränkungen durch das WebTV-Netzwerk
sind nicht akzeptabel und es muß der mitgelieferte speziell angepaßte Web-Browser
benutzt werden, der nicht alle neuen technischen Möglichkeiten bietet. Insbesondere fehlt
die Unterstützung für Java.

Set-Top-Boxen und Internet-Fernseher mit Anschluß per Telefonleitung

Internet-Fernseher bieten ähnliche Funktionen wie die Kombination aus normalem Fernseher und einer Set-Top-Box. Einige moderne Geräte haben das nötige Equipment bereits im
Fernseher integriert, so daß keine zusätzliche Set-Top-Box benötigt wird. Teilweise sind
auch komplette PCs integriert. Wie bei WebTV werden meistens spezielle Web-Browser
verwendet, die an die schlechtere Bildqualität angepaßt sind und stark vereinfachte Menü-
funktionen bieten. Anders als bei WebTV besteht bei einigen Anbietern immerhin eine
Auswahlmöglichkeit aus wenigstens ein paar vorgegebenen Internet-Providern. Die Anbindung ans Internet erfolgt über Modem oder ISDN über die normale Telefonleitung. Die
Zugangsdaten werden meistens auf SmartCards gespeichert. Die monatliche Gebühr liegt

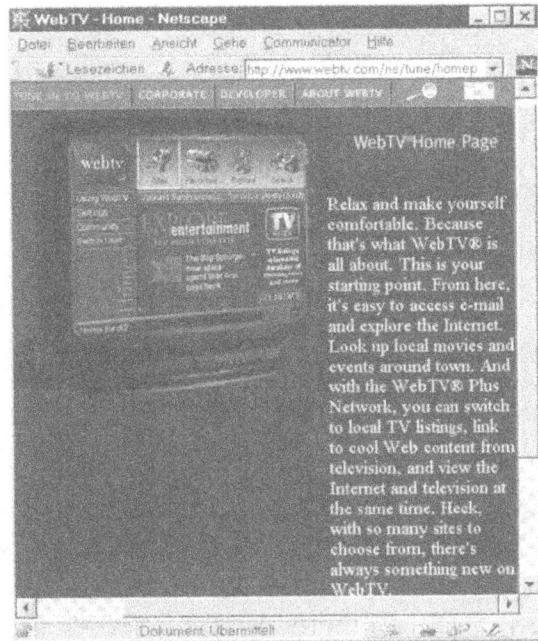

bei etwa 30,- DM. Die Bedienung kann über eine einfache
Fernbedienung oder wahlweise
auch über eine Infrarot-
Tastatur erfolgen.

Einfache Set-Top-Boxen kosten 800,- DM (z.B. Grundig
WebBox, http://www.grundig
.de/produkte/digital/webbox.ht
ml). Eine komplette Kommunikationszentrale bietet die
Schneider Surfstation (http://
www.surfstation.de) zu 1400,-
DM. Bei sehr einfacher Bedienung werden außer dem Internet-Zugang viele weitere Funktionen geboten, wie Freisprechtelefon, Anrufbeantworter, Fax, E-Mail, SMS- und Pager-
Versand sowie das Abspielen von Musik-CDs. Übliche PC-Steckverbindungen erlauben
weitere Erweiterungen.

Ist alles im Fernseher integriert und auch ein leistungsfähiger PC enthalten, werden 6000,-
DM fällig (z.B. Loewe Xelos @media, http://www.loewe.de).

Wie WebTV sind auch die Set-Top-Boxen nur für einfache Anwendungen geeignet. Außer
der geringen Auflösung mangelt es oft an Unterstützung von Newsgroups, Chat, Java-
Applets, Shockwave-Darstellungen und 3D-Wiedergabe. Selbst einfache Animationen im
QuickTime- oder AVI-Format funktionieren häufig nicht.

Set-Top-Boxen mit Kabelanschluß

Der große US-Kabelnetzbetreiber TCI
Tele-Communications Inc. (http://
www.tci.com) will 1999 Set-Top-
Boxen anbieten, die mit Windows CE
von Microsoft und gleichzeitig Perso-
nalJava von Sun Microsystems arbeiten. Diese Boxen sollen zu einem
Preis von ca. 300 Dollar interaktives
digitales Fernsehen, High-Quality-
Video und -Sound, Internet-Telefonie,
E-Mail und Internet-Zugang bieten.
Dabei soll vollständig auf inter-
operable Standards gesetzt werden,
wie sie vom OpenCable-Projekt der
CableLabs (Cable Television Laboratories Inc., http://www.opencable
.com) vorgesehen sind. OpenCable
soll konform zu DOCSIS (Data-Over-
Cable Service Interface Specification) werden.

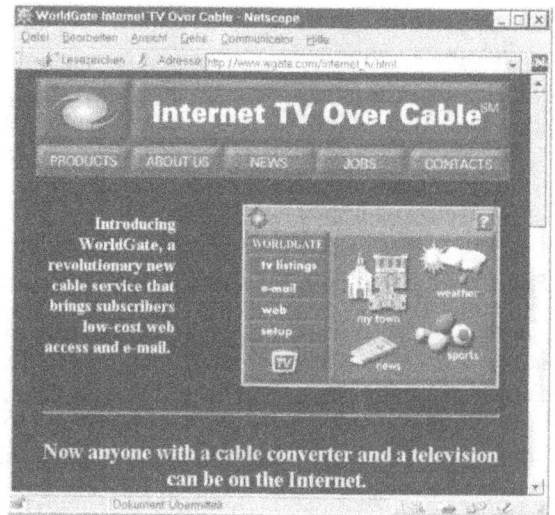

WorldGate (http://www.wgate.com) hat einen Kabel-Konverter vorgestellt, der an Pay-TV-fähige TV-Kabel mit integriertem Rückkanal angeschlossen wird. Solche TV-Kabel sind in Deutschland leider noch selten, aber in den USA recht verbreitet. WorldGate will einen vollwertigen Internet-Zugang über das TV-Kabel in beide Richtungen realisieren, der ohne zusätzlichen Telefonanschluß auskommt. Es soll eine Bandbreite von 20 Kbit/s erreicht werden.

Intercast

Seit der Berliner IFA 1997 bietet das ZDF als erster europäischer TV-Sender Web-Seiten nach der von Intel entwickelten Intercast-Technologie.

Der Begriff Intercast ist eine Wortkonstruktion aus Internet und Broadcast. Die Fernsehsendeanstalt produziert Informationen im HTML-Format, die bestimmte Programme ergänzen und deren Informationsgehalt vertiefen. Diese vorselektierten Informationen werden in der horizontalen Austastlücke der Fernsehsendung mit dem Programm übertragen (gepusht). Die Intercast-Technologie ist eine Punkt-zu-Mehrpunkt-Verbindung, gesendet wird von einem Sender gleichzeitig zu zahlreichen Empfängern.

Die Intercast-Software ermöglicht es, die zusätzlich zum Fernsehprogramm gesendeten HTML-Informationen zu empfangen. Benötigt werden ein PC, eine PC-TV-Tuner-Karte, Windows 98 und der Intercast-Viewer. Der PC muß entweder an das Fernsehkabelnetz, die Fernsehantenne oder an den Satellitenempfänger angeschlossen sein. Anders als beim WebTV wird kein Anschluß an das Telefonnetz und kein Zugang zu einem Internet Service Provider benötigt, da alle Informationen über das Fernsehsignal übertragen werden. Der Intercast-Viewer teilt den Monitor in zwei Bereiche: In einem Fenster ist das Fernsehbild zu sehen, in einem weiteren wird eine Media Library angelegt, über die die abgelegten Internet-Seiten aufrufbar sind.

Über Intercast lassen sich also nur bestimmte vom Sender vorgegebene HTML-Seiten anzeigen. Eigentlich ist Intercast lediglich eine modernisierte Version des schon lange bekannten Videotextes mit verbesserter optischer Darstellung. Man bekommt also keinen Anschluß ans Internet, freie Informationsbeschaffung im Internet ist nicht möglich. Nur das Datenformat entspricht dem im Internet üblichen HTML.

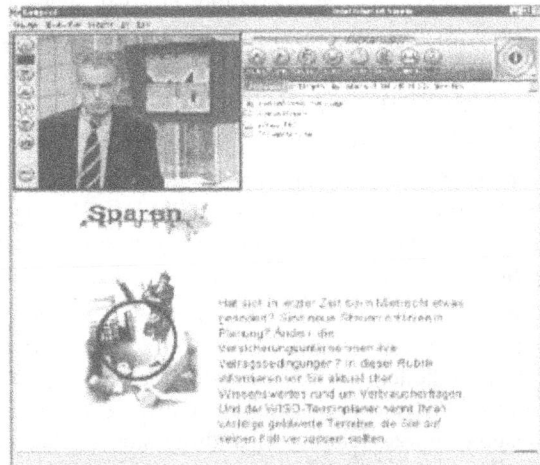

Genaue technische Details finden Sie bei Intel (http://www.intel.com/deutsch/intercast und http://www.intel.com/deutsch/pr/archive/releases/intercast_technology.htm) und beim ZDF (http://www.zdfmsn.de).

3.5   Anschluß im LAN über Router

Während beim Einzelplatzrechner der Zugang zum Internet über einen im Rechner einge-bauten oder am Rechner angeschlossenen ISDN-Adapter oder ein Modem erfolgt, wird der Zugang mehrerer Anwender im lokalen Netzwerk (LAN) günstiger über einen zentralen Router oder ein zentrales Gateway durchgeführt. Alle am LAN angeschlossenen Rechner haben dann Zugriff auf das Internet (oder andere Online-Dienste).

Dies hat diverse Vorteile:

* Es wird nur eine Telefonleitung belegt (bei größeren Firmen ist dies eine Standleitung).

* Dieser eine Zugang kann leichter administriert und überwacht werden.

* Eine Firewall, die unerlaubte Zugriffe sperrt, ist leichter implementierbar.

* Über IP-Masquerading, einer speziellen Form von Adreßübersetzung (NAT, Network Address Translation), können alle Anwender mit eigenen lokalen IP-Nummern versorgt werden (internes Class-B-Netz), obwohl nur eine offizielle IP-Nummer im Internet angemeldet wird (SUA, Single User Account).

Für netzwerkweiten Internet-Zugang reicht es übrigens nicht aus, ein Modem oder einen ISDN-Adapter per Modem- oder ISDN-Sharing allen im LAN zur Verfügung zu stellen. Sobald ein Anwender auf den Adapter zugreift, ist er nämlich für alle anderen gesperrt. Für gleichzeitigen Internet-Zugang ist ein Router erforderlich.

Diese Router-Funktionalität kann entweder in einem Rechner per Software eingerichtet werden oder in einem eigenständigen Hardware-Router zur Verfügung gestellt werden. Beide Einheiten werden zwischen das LAN (z.B. Ethernet) und den ISDN-Anschluß (zum Internet-Provider) geschaltet. Normalerweise ist die Hardware-Lösung der Software-Lösung vorzuziehen. Grundsätzliche Erläuterungen finden Sie auch im Kapitel „Telekooperation, Fernzugriff, LAN-Kopplung, Extranet" ab Seite 239. Vergessen Sie bei Internet-Zugängen nicht das Thema Sicherheit. Beachten Sie die Kapitel „Sicherheit im Netz" ab Seite 333 und „Firewall" ab Seite 347.

Übrigens müssen Sie bei LAN-Anbindungen zuerst mit Ihrem Internet Provider klären, ob dies bei Ihrem Internet-Zugang überhaupt gestattet ist. Zum Beispiel dürfen private Accounts nicht für kommerzielle Zwecke benutzt werden und nicht übertragbare Accounts dürfen nur von genau einer ganz bestimmten Person genutzt werden.

Wenn Sie die Befürchtung haben, die Mitarbeiter Ihrer Firma surfen während der Arbeits-zeit nur zum Zeitvertreib im Internet, können Sie den Zugriff eingrenzen. Smart Filter (früher WebTrack) von Secure Computing Corp. (http://www.securecomputing.com) etwa ermöglicht die Beschränkung der über das Internet abrufbaren Informationen. Sie können zum Beispiel den Zugriff auf URLs verhindern, die erfahrungsgemäß nur privat genutzt werden oder auf URLs mit kriminellen oder jugendgefährdenden Inhalten. Smart Filter kennt bereits 60.000 solcher URLs und aktualisiert täglich diese Liste. Ähnliche Dienste auch besonders zum Schutz von Kindern leistet CyberSitter von Solid Oak Software (http://www.solidoak.com).

Software-Router (Proxy-Server)

Wenn man von der erforderlichen Arbeitszeit absieht, ist bei geringen Ansprüchen die preiswerteste Möglichkeit, um zu einem Router zu kommen, einen einfachen Rechner um eine Netzwerkkarte (z.B. Ethernet) und eine ISDN-Karte (bzw. Modem) aufzurüsten. DOS-Router-Programme wie KA9Q oder PC-Route übertragen IP-Pakete zwischen Ethernet-Segmenten. Die ISDN-Karte erscheint durch TSR-Hilfsprogramme wie ISPA als Netzwerkkarte. ISPA setzt auf CAPI auf und simuliert einen Ethernet-Pakettreiber. KA9Q, PC-Route, ISPA und weitere Hilfestellungen finden Sie unter ftp://ftp.gwdg.de/pub/msdos/comm/isdn bzw. http://home.t-online.de/home/hanewin.

Ebenso lassen sich mit Linux nahezu kostenlose Systeme einrichten. Die üblichen Distributionen (wie z.B. SuSE) enthalten bereits alles notwendige.

Wesentlich komfortabler sind allerdings Windows-Programme. Sie bieten viel Funktionalität und sind auch in größeren LANs noch beherrschbar. Allerdings muß die Konfiguration sehr genau geprüft werden, damit keine Sicherheitslöcher entstehen, über die Hacker Zugriff auf die Rechner im LAN bekommen oder die Spammer als Relais benutzen, um E-Mails unter falschem Namen zu verbreiten. Einige Router können Adapter-Pools verwalten, so daß mehrere ISDN-Karten (bzw. Modems) parallel genutzt werden können.

Meistens sind diese Programme als Proxy-Server ausgeführt. Proxy bedeutet wörtlich übersetzt Stellvertreter. Stellvertretend für den Anwender stellen sie die Internet-Verbindung her und übernehmen zusätzlich zum reinen Routing weitere Funktionen:

- Kontrollfunktion: In einem Proxy kann genau definiert werden, welcher Mitarbeiter wann Zugriff auf welche Internet-Dienste bekommt. Eventuell können auch bestimmte Extranet-Verbindungen zu bekannten Geschäftspartnern eingerichtet werden.

- Firewall-Funktionalität: Proxies können so eingerichtet werden, daß sie nur ihre eigene IP-Adresse nach außen weitergeben (NAT, Network Address Translation). So bleiben die Rechner im Intranet für die Außenwelt verborgen (IP Hiding). Außerdem können bestimmte Protokolle geblockt werden. Bei korrekter Konfiguration können gewisse Firewall-Funktionen übernommen werden (falsche Konfiguration kann allerdings leicht das Gegenteil bewirken).

- IP-Adressen: Durch IP-Masquerading reicht eine öffentliche IP-Adresse für viele interne Nutzer.

- Beschleunigung: Proxies speichern oft gefragte Web-Seiten in einem Cache-Speicher, um schon mal geladene Internet-Seiten im Wiederholungsfall schneller liefern zu können und die Netzbelastung zu minimieren.

Anders als Hardware-Router sind Proxy-Server meistens nicht transparent. Dies kann ein Nachteil sein. Alle Clients und alle Internet-Anwendungen müssen für die Nutzung des Proxies entsprechend konfiguriert sein, und dies für jeden zu nutzenden Dienst. Bei üblichen Web-Browsern ist dies kein Problem, aber einfache Tools, wie etwa das Kommandozeilenprogramm FTP.exe von Windows, funktionieren vielleicht gar nicht.

In sehr großen Unternehmensnetzen werden auch leistungsfähige Software-Router eingesetzt, die das LAN mit dem Internet verbinden. Einige Möglichkeiten sind im Kapitel
„Connectivity mit Windows und NetWare" ab Seite 251 vorgestellt. Damit sollte man
jedoch vorsichtig operieren. Über professionelle Firewalls (wie sie im Kapitel „Firewall"
ab Seite 347 vorgestellt werden) und weitere Maßnahmen muß dann die Sicherheit vor
Angriffen von außen hergestellt werden. Dies ist nicht zu verwechseln mit den einfachen
Routing-Funktionen, die etwa Windows NT anbietet. Über letztere sollte man wegen des
hohen Sicherheitsrisikos keinesfalls das LAN direkt ans Internet anbinden. Die hier vorgestellten Proxy Server und ISDN Internet Access Router mit Filtermöglichkeiten bieten
dagegen brauchbare Sicherheitsoptionen.

Die bekanntesten vier Proxy-Server sind Microsoft Proxy Server, Netscape Proxy Server,
Deerfield WinGate Pro und Ositis WinProxy. Unter Unix ist auch Squid
(http://squid.nlanr.net) recht beliebt.

- Der Microsoft Proxy Server (http://www.microsoft.com/proxy, 1000 Dollar) ist der
  leistungsfähigste und umfangreichste der hier vorgestellten Proxies. Er benötigt als einziger die Windows-NT-Server-Version, die Windows-NT-Workstation-Version reicht
  nicht.

- Der Netscape Proxy Server (http://www.netscape.com, 1000 Dollar) ist der einzige der
  hier vorgestellten Proxies, der außer unter Windows NT auch auf diversen Unix-Syste-
  men betrieben werden kann und der Viren-Scanner einbinden kann. Allerdings
  beherrscht er ebenfalls als einziger nicht die E-Mail-Protokolle POP3/SMTP und das
  News-Protokoll NNTP.

- WinGate Pro von Deerfield Com-
  munic. (http://www.wingate.com,
  http://www.deerfield.com/wingate)
  ist recht preiswert und einer der
  bekanntesten Proxies. WinGate
  bietet ein IPX-to-IP-Gateway und
  einen SOCKS-5-Dienst für
  SOCKS-kompatible Anwendungen
  (Sockets Secure). Die Konfiguration von WinGate war bislang eher
  umständlich, die neue Version soll
  einfacher zu bedienen sein.

- WinProxy von Ositis Software
  (http://www.winproxy.com, http://
  www.ositis.com) kostet für drei
  Benutzer 60 Dollar, für mehr Benutzer 300 Dollar. WinProxy läuft
  unter Windows 98, Windows NT
  und Windows NT Server, ist sehr
  flexibel und eines der am leichte-
  sten installier- und konfigurierba-
  ren Programme. WinProxy kommt

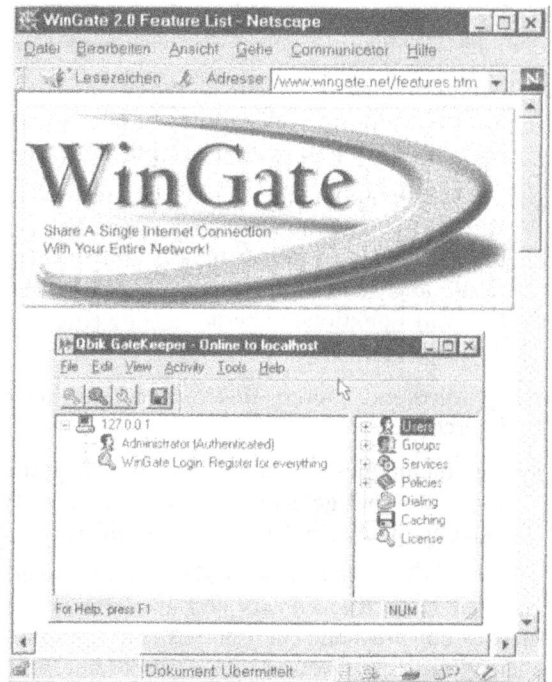

sowohl mit Standleitungen als auch mit Wählverbindungen zurecht und akzeptiert feste wie auch dynamisch vergebene IP-Adressen. WinProxy stellt bei Anforderung automatisch eine Verbindung zum Internet-Provider her und beendet sie nach Inaktivität wieder. WinProxy bietet den größten Umfang an übertragenen Protokollen, wie HTTP, FTP, DNS, SMTP, POP3, IMAP4, NNTP, RealAudio und SOCKS 4.

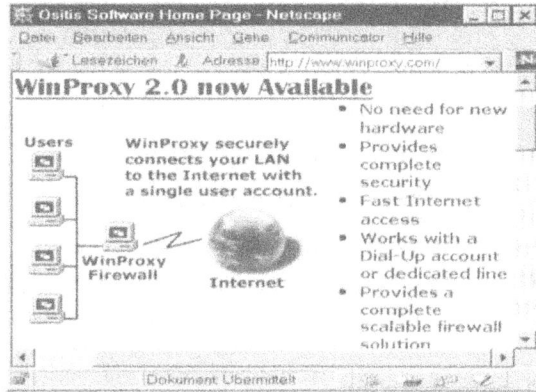

Hardware-Router (ISDN Internet Access Router)

Die in Europa wichtigsten Hersteller von Hardware-Routern zur Anbindung übers ISDN sind:

- Cisco Systems Inc. (http://www.cisco.com),
- BinTec Communications GmbH (http://www.bintec.de),
- Bay Networks Inc. / Nortel (http://www.nortelnetworks.com),
- Ascend Communications Inc. / Lucent (http://www.ascend.com),
- ZyXEL Communications Inc. (http://www.zyxel.com),
- ELSA AG (http://www.elsa.de),
- Shiva Corp. (http://www.shiva.com).

Die Preise für einfache Router beginnen unter 1.000,- DM, aufwendige Router kosten mehrere 10.000,- DM.

Neuerdings gibt es sogenannte Internet Access Router, die mehrere Funktionen kombinieren und besonders leicht administrierbar sind. Sie vereinen einen Router mit ISDN- und LAN-Anschluß, Dial-on-Demand, Short Hold, Stac-Kompression, eine Firewall mit NAT-Adreßübersetzung und Filterregeln und einen DHCP-Server zur dynamischen Vergabe interner IP-Adressen. Einige bieten darüber hinaus noch weitere Funktionalität, wie etwa Budget-Kontrolle, Protokollfunktionen, Spoofing, Tunneling, Verschlüsselung, LAN-CAPI, LAN-Fax, a/b-Adapter für analoge Endgeräte,

interne TK-Anlagen-Funktionalität, CTI-Unterstützung, Ethernet-Hub, SNMP oder sogar ein Postoffice in Form eines SMTP/POP3-Servers. Die Administrierung erfolgt oft über einen beliebigen Web-Browser. Solche Geräte gibt es für wenig mehr als 1000,- DM:

- LANCOM 2000 Office von ELSA (http://www.elsa.de),
- BinGO! Plus von BinTec (http://www.bintec.de),
- DI von D-Link (http://www.dlink.de) und
- Prestige von ZyXEL (http://www.zyxel.com).

Weitere Hardware wird in den Kapiteln „Spezielle Hardware für Remote Access" ab Seite 255 und „PoP-Infrastruktur" ab Seite 256 genannt.

3.6   Kommunikationsformen im Internet

Das folgende Kapitel beschreibt eher einfache Varianten der Kommunikationsformen im Internet, wie E-Mail, News, IRC, Web-Chat und ICQ. Aufwendigere Verfahren folgen in späteren Kapiteln.

	Zeitversetzt	synchron
definierte kleine Teilnehmergruppe	E-Mail	Talk / Telefonie
undefinierte große Teilnehmergruppe	News	Chat / Conferencing

Die Kommunikationsformen können nach verschiedenen Kriterien gegliedert werden. Obige Tabelle unterscheidet nach der Größe der Teilnehmergruppe und zwischen entweder zeitversetzter (asynchroner) oder direkter gleichzeitiger (synchroner) Kommunikation. Andere Unterscheidungskriterien wären die angesprochenen Sinne, also schriftlich, akustisch oder visuell in einer Videokonferenz. Auch nach der Anwendung und Zielsetzung, wie etwa Marketing, Mobilität, Telekooperation, Groupworking, Application Sharing, medizinischer Eingriff oder einfach nur Spaß, könnte differenziert werden. Selbst die Datenübertragungstechnik spielt eine Rolle, im schnellen LAN gibt es andere Möglichkeiten, als über eine Internet-Verbindung über einen langsamen Modem-Anschluß.

Das WWW (World Wide Web) ist in dieser Tabelle nicht aufgeführt, da es hier nicht eingeordnet werden kann. Es kann im Prinzip für alle genannten Möglichkeiten zur Interaktion und Kommunikation die Grundlage bilden, meistens sogar mit weiter ausgebauter multimedialer Unterstützung. Auf die Möglichkeiten des WWW wird in späteren Kapiteln eingegangen.

Aufwendige Möglichkeiten der Kommunikation und Zusammenarbeit werden später in den Kapiteln „Internet-Telefonie, Videokonferenz, Application Sharing, Fax" ab Seite 223, „Telekooperation, Fernzugriff, LAN-Kopplung, Extranet" ab Seite 239, „E-Mail im Intranet" ab Seite 271 und „Groupware und Intranet-Suites" ab Seite 274 besprochen.

3.7 E-Mail, News, Chat, ICQ

Grundsätzliches zu E-Mail

E-Mail ist eine der wichtigsten und schon am längsten genutzten Anwendungen im Internet. Täglich werden viele Milliarden E-Mails übermittelt. 1996 wurden in den USA erstmalig mehr elektronische E-Mails per Internet als herkömmliche Briefe per Post befördert. E-Mails sind Textdateien, die elektronisch verschickt werden. Zusätzlich können Binärdateien als Anhang mit versendet werden. Die Form einer E-Mail-Adresse, nämlich das berühmte Name@Domain, wurde bereits im Kapitel „Was ist WWW, Internet, Intranet und Extranet?" ab Seite 11 beschrieben.

Vorteile von E-Mail gegenüber anderen Kommunikationsformen sind:

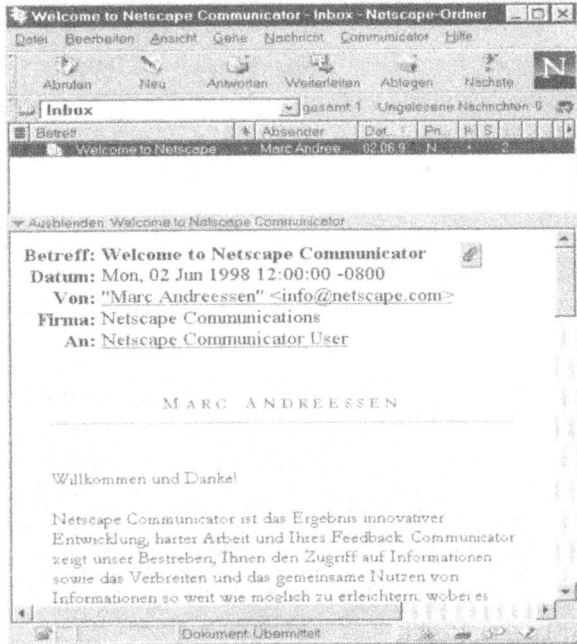

- E-Mails werden zeitversetzt geschrieben und gelesen. E-Mails kann man jederzeit senden, auch wenn der Empfänger telefonisch nicht erreichbar wäre (z.B. wegen der Zeitverschiebung zur USA).

- Der Empfänger wird nicht durch einen Telefonanruf unterbrochen, sondern holt sich seine E-Mail-Post, wenn er Zeit hat.

- E-Mails können gleichzeitig an viele Adressaten geschickt werden.

- Zum Versenden oder Empfangen von E-Mails braucht der Arbeitsplatz nicht verlassen zu werden.

- Der Mitarbeiter hat sowohl die gesendeten als auch die empfangenen E-Mails gleich in seinem Rechner und kann sie bequem in strukturierten Ablagen speichern oder ohne Aufwand an andere Mitarbeiter weiterleiten.

- An E-Mails können Dateien oder Multimedia-Objekte angehängt werden.

- E-Mail-Kontakt verläuft häufig unbürokratischer und weniger formell als Briefkontakt.

- E-Mails können leicht und spontan durch einen Besuch Ihrer Web-Seiten ausgelöst werden (wenn es Absender und Empfänger wollen).

- E-Mail-Datenaustausch kann automatisiert werden und Geschäftsprozesse unterstützen (EDI).

- E-Mails können verschlüsselt und digital unterschrieben werden.

- E-Mails erreichen ihr Ziel schneller als Briefpost.

- E-Mails benötigen kein ständig eingeschaltetes Faxgerät und verbrauchen kein Papier.

Auf den Einsatz von E-Mail speziell im Intranet wird im Kapitel „E-Mail im Intranet" ab Seite 271 eingegangen.

Clients für E-Mail

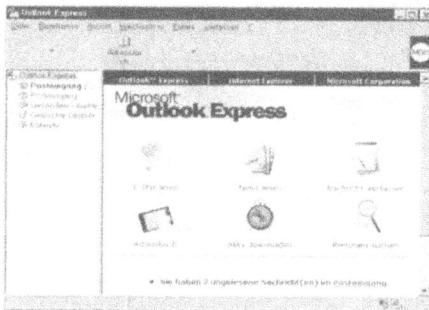

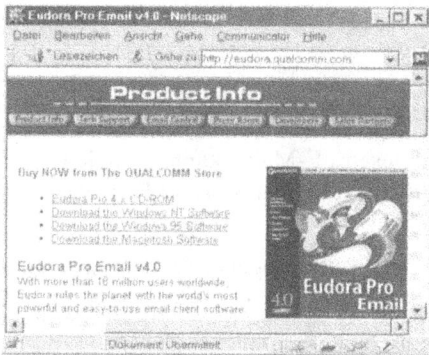

E-Mails können über spezielle Hilfsprogramme gelesen und geschrieben werden. Für den normalen Anwender reicht der Funktionsumfang der mit WWW-Browsern mitgelieferten E-Mail-Komponente. Die kostenlosen E-Mail-Komponenten Outlook Express (zum Microsoft Internet Explorer) und Messenger (zum Netscape Communicator) verfügen schon über erweiterte Features. Sie können nicht nur mit einfachen Texten kommunizieren, sondern auch mit Links versehene Texte oder sogar HTML-Seiten versenden und empfangen. Eingehende E-Mails können automatisch sortiert abgelegt werden, oder E-Mails eines bestimmten Absenders können automatisch gelöscht werden (z.B. weil von dort nur Werbung kommt). Beide erleichtern die Bedienung durch gute Integration in den Web-Browsern und beherrschen die im folgenden erklärten Standards MIME und IMAP4. Unter Windows ist Outlook Express besonders beliebt, während Messenger auch auf anderen Betriebssystemen funktioniert.

Der Klassiker unter den E-Mail-Programmen ist Eudora (http://www.eudora.com) von Qualcomm (http://www.qualcomm.com). Eudora Mail Light ist Freeware, die kommerzielle Version heißt Eudora Pro Mail. Ähnlich beliebt ist das kostenlose Pegasus (http://www.pegasus .usa.com). Pegasus war eines der ersten E-Mail-Programme, das Verschlüsselung und digitales Unterschreiben ohne externes Zusatzprogramm ermöglichte.

Bei der Konfiguration des E-Mail-Programms muß auf die korrekte Eingabe des POP3- und

SMTP-Servers geachtet werden. Für T-Online zum Beispiel lauten sie pop.btx.dtag.de und mailto.btx.dtag.de.

Tips zum Umgang mit E-Mail

Damit keine Probleme beim E-Mail-Kontakt entstehen, empfiehlt es sich, auf folgende Regeln zu achten:

- Bei Erstkontakten oder Kontakten zu Personen, bei denen Sie nicht so genau die Fähig-keiten dessen E-Mail-Providers und -Clients kennen, sollten Sie besonders im Header (also im Adressen/Absender/Betreff-Bereich), aber auch im eigentlichen E-Mail-Text, deutsche Umlaute (ä, ö, ü), das ß und andere Sonderzeichen meiden. Beschränken Sie sich auf den 7-bit-ASCII-Zeichensatz. Andernfalls erreicht Ihre E-Mail den Adressaten vielleicht nur verstümmelt. Noch längst nicht alle E-Mail-Gateways und E-Mail-Reader geben die Sonderzeichen korrekt weiter.

- Ebenso kann es günstiger sein, keine Formatierungen zu verwenden. Einige E-Mail-Programme erlauben Textformatierungen, wie fett, farbig, Tabellen, HTML u.a., oder das direkte Einbetten von Bildern und Sound in den E-Mail-Text. Dies funktioniert allenfalls innerhalb eines homogenen E-Mail-Bereiches, zum Beispiel innerhalb eines bestimmten Online-Anbieters. Sobald die E-Mail über Gateways weitergereicht werden muß, gehen die Formatierungen verloren oder machen den Text sogar unleserlich. Setzen Sie auch nicht eine bestimmte Schriftart beim Empfänger voraus. Wenn Sie einen Text in Spalten anordnen und der Empfänger hat eine Proportionalschrift einge-stellt, wird er den Text nicht verstehen.

- Beachten Sie, daß E-Mails und E-Mail-Anhänge von einigen E-Mail-Gateways und Internet-Providern nur bis zu einer bestimmten Maximalgröße weitergeleitet werden. Ein gängiger Wert ist 2 MByte, bei einigen Online-Diensten liegt die Grenze bei 1 MByte. Komprimieren Sie angehängte Dateien mit PkZip oder WinZip.

- Wenn Sie auf eine bestimmte E-Mail reagieren, eröffnen Sie nicht ein neues E-Mail-Gespräch, sondern verwenden Sie die Antworten- oder Reply-Funktion Ihres E-Mail-Programms, möglichst unter Beibehaltung des alten Betreff-Textes (Subject). Viele Leute bekommen täglich über hundert E-Mails. Dann ist es eine große Erleichterung, wenn das E-Mail-Programm zusammengehörige E-Mails automatisch nach Thema sor-tieren kann.

- Beschränken Sie sich möglichst ohne große Umschweife auf das Wesentliche. E-Mails sollten eher knapp sein. Ausführliche Berichte oder Beschreibungen werden nicht so gerne als E-Mail gelesen.

- E-Mail-Kontakte sind meistens weniger formell als Schriftverkehr. Seien Sie nicht überrascht, wenn Sie jemand mit Vornamen und Du anredet, häufig wird auch bei unbekannten Personen das Du verwendet, in Newsgroups fast ausschließlich. Allerdings sollten Sie im geschäftlichen Bereich lieber den formelleren Ton beibehalten.

- Diskussionen in einer größeren Gruppe per E-Mail können sehr konstruktiv sein. Sie können aber auch manchmal dazu führen, daß sich jemand provoziert fühlt und meint, er müsse etwas klarstellen, besonders weil ja viele andere mitlesen (wenn die E-Mail gleichzeitig an viele geht). Dabei kann man sich leicht im Tonfall vergreifen. Vermeiden Sie Emotionen, dafür ist der E-Mail-Kontakt ungeeignet. Kontroversen müssen mündlich besprochen werden. Schreiben Sie in E-Mails nur etwas, was Sie auch dann vertreten können, wenn Sie den angesprochenen Personen real gegenüber stehen würden.

Bei E-Mail-Kontakten wie in Newsgroups werden gerne Abkürzungen verwendet. Sie fördern den lockeren Umgangston. Beispiele:

:-(	☹	schade
;-)	☺	ironisch oder lustig gemeint
<g>,<bg>	grin, big grin	Grins, breites grinsen
AFAIK	as far as I know	soviel ich weiß
ASAP	as soon as possible	so bald wie möglich
BTW	by the way	übrigens
CU	see you	Gruß
FYI	for your information	zu Deiner/Ihrer Information
IMHO	in my humble opinion	meiner bescheidenen Meinung nach
ROTFL	rolling on the floor laughing	vor Lachen auf dem Boden rollen

Die Gefühle ausdrückenden Gesichtersymbole, wie :-(und ;-), werden auch Emoticon (Emotion + Icon) genannt.

Technische Details zu E-Mail

E-Mails können im Internet laut Spezifikation in RFC 822 nur als ASCII-Text mit 7 bit pro Zeichen übertragen werden. RFC bedeutet Request for Comment, so werden die Internet-Standards bezeichnet (siehe http://rfc.fh-koeln.de/rfc.html, ftp://ftp.denic.de/pub/rfc, http://www.ietf.org). Um Texte mit Umlauten oder um Binärdateien als E-Mail-Anhang (Attachment) zu versenden, müssen die 8-bit-Daten vor dem Versand in 7-bit-Daten konvertiert werden. Während dazu früher besonders im Unix-Bereich die UU-Kodierung verwendet wurde (Uuencode und Uudecode, UU steht für Unix-to-Unix), ist heute MIME (Multipurpose Internet Mail Extensions, RFC 1341 und 1521) der weitgehend anerkannte Standard. MIME verwendet als Kodierverfahren Base64. Falls Sie eine MIME-kodierte E-Mail bekommen, Ihr E-Mail-System aber MIME noch nicht unterstützt, können Sie die E-Mail als Datei mit der Endung .B64 (als Kennzeichnung für Base64) abspeichern und mit einem MIME-fähigen Programm dekodieren, zum Beispiel mit dem kostenlosen Wincode von Snappy (http://www.zdnet.de/download/library/de0OB-wc.htm), mit StuffIt Expander von Aladdin Systems Inc. (http://www.aladdinsys.com), mit Xfer Pro von Sabasoft (http://www.shareware.com) oder mit WinZip von Nico Mak Computing Inc. (http://www.winzip.com).

Vorteilhaft ist, wenn Ihr Internet-Provider für den E-Mail-Verkehr die standardisierten Protokolle POP3 und SMTP verwendet. POP3 (Post Office Protocol Version 3) dient zum Empfang und SMTP (Simple Mail Transport Protocol) zum Versand von E-Mails. Nur dann sind Sie frei in der Wahl des E-Mail-Programms. In Zukunft werden die Internet-Provider zunehmend auch das modernere IMAP4-Protokoll (Internet Message Access Protocol 4, RFC 1730, http://www.imap.org) anbieten. Dieses Mail-Server-Protokoll erlaubt die Verwaltung der E-Mails auf dem Mail-Server. So wird der Zugriff auf die Mails von verschiedenen Rechnern an verschiedenen Orten und von unterwegs aus erleichtert. Insbesondere Network Computer (NC) ohne eigene Festplatte werden ebenfalls in die Lage versetzt, die Mails zu lesen und zu bearbeiten.

Wer vermeiden will, daß seine vertrauliche E-Mail möglicherweise unterwegs mitgelesen wird, kann sie verschlüsseln. Näheres zu Verschlüsselungstechniken erfahren Sie im Kapitel „Verschlüsselung" ab Seite 341. Recht häufig wird die Freeware PGP (Pretty Good Privacy) von Phil Zimmermann verwendet (http://www.nai.com, http://pgp.de, http://www .de.pgp.net). Um PGP komfortabel von Windows aus benutzen zu können, empfiehlt es sich, Windows-Frontends wie PowerPGP (http://home.rochester.rr.com/powerpgp) oder WPGP (http://www.panix.com/~jgostl/wpgp) einzusetzen. Speziell für Microsoft Exchange und Outlook ist CryptoEx von Glück&Kanja (http://www.glueckkanja.de) besonders beliebt. Für den Export vorgesehene PGP-Versionen auf amerikanischen Web-Servern unterliegen den US-Exportbestimmungen und bieten nicht volle Schlüssellänge. Eine PGP-Version mit voller Schlüssellänge bekommen Sie aber völlig legal bei der norwegischen The International PGP Home Page von Ståle Schumacher (http://www.pgpi.com).

Neuerdings gibt es E-Mail-Clients (z.B. Netscape Messenger und Microsoft Outlook Express), die S/MIME (Secure MIME, RFC 1521) anbieten. S/MIME erweitert den MIME-Standard um Verschlüsselungstechniken und digitale Unterschriften. Es gibt Bestrebungen, S/MIME zu standardisieren. Allerdings könnte auch OpenPGP das Rennen machen.

Um S/MIME zum Signieren oder Verschlüsseln benutzen zu können, ist ein digitales Zertifikat erforderlich. Ein solches gibt es zum Beispiel bei VeriSign (http://www.verisign .com) für 10 Dollar pro Jahr. Den öffentlichen Schlüssel des Zertifikats verteilt man, indem man anderen eine signierte Nachricht schickt. Den öffentlichen Schlüssel eines anderen zertifizierten Partners erhält man, wenn dieser eine signierte E-Mail sendet. Da S/MIME anders als andere Verfahren weitgehend standardisiert ist, können verschlüsselte E-Mails zwischen E-Mail-Programmen unterschiedlicher Hersteller ausgetauscht werden.

Wer seine E-Mail anonym verschicken will, kann sich diverser Remailer bedienen, zum Beispiel Anonymous Email (http://anonymous.to) oder WWW-Remailer (http://www .replay.com/remailer/anon.html). Um auch beim WWW-Surfen nicht erkannt zu werden, kann die IP-Adresse verheimlicht werden, zum Beispiel mit Anonymous Surfing Proxy (http://www.anonymizer.com).

Falls man die gleiche E-Mail datenbankgesteuert an viele Personen oder Kunden gleichzeitig verschicken will (bitte kein Spamming!), kann man Bulk Mailer oder Electronic Mailing List Services benutzen, wie etwa Majordomo (http://www.cis.ohio-state.edu/~barr/ majordomo-faq.html) für kleinere Projekte und Listserv von L-Soft (http://www.lsoft.com/ listserv.stm) für größere Projekte. Sollen die E-Mails datenbankgesteuert personalisierte Teile enthalten (ähnlich Serienbriefen), bieten sich dbMail von Mach5 Software (http://www.mach5.com/dbmail) und MailKing von Revnet Systems Inc. (http://www .mailking.com) an.

Spezielle E-Mail-Dienste

Meistens wird der E-Mail-Dienst des Internet-Providers genutzt. Es kann aber gute Gründe geben, entweder zusätzlich oder ausschließlich einen anderen E-Mail-Dienst zu nutzen. Die wichtigsten Eigenschaften solcher Dienste sind:

*   Forwarding (Weiterleitung).

    Wenn Sie keine eigene Domain-Adresse haben, sondern Ihre E-Mail-Adresse Provider-abhängig ist (z.B. Mein-Name@t-online.de), sollten
Sie unbedingt über einen Forwarding-Dienst eine neutrale dauerhafte E-Mail-Adresse einrichten (z.B. MeinName@gmx.de). Vielleicht wollen oder müssen Sie später mal Ihren Internet-Provider wechseln. Dann würde Ihre E-Mail-Adresse ungültig und beim neuen Provider bekommen Sie eine neue, aber andere E-Mail-Adresse. Briefpapier und Visitenkarten müssen geändert werden und alle Korrespondenzpartner müssen informiert werden. Haben Sie dagegen eine Umleitung eingerichtet, ändert sich Ihre E-Mail-Adresse nicht und für Sie eingehende Nachrichten werden automatisch an Ihren aktuellen Account weitergeleitet. Sie müssen lediglich den Forwarding-Dienst auf die neue E-Mail-Adresse umkonfigurieren.

*   POP3-Postfach.

    Falls Ihr Internet-Provider kein vollwertiges POP3-Postfach anbietet (wie z.B. manche Online-Dienste), oder falls Sie von unterwegs aus über einen fremden Internet-Account an Ihre E-Mail-Post kommen wollen, was bei einigen Internet-Providern (z.B. T-Online) aus Sicherheitsgründen nicht möglich ist, sollten Sie einen zusätzlichen POP3-Dienst einrichten. Dann können Sie mit einem beliebigen E-Mail-Client über einen beliebigen Internet-Account von überall aus etwa mit Ihren Laptop Ihre Post lesen und Anhänge bearbeiten.

*   E-Mail per Web.

    Wollen Sie von unterwegs aus ohne Laptop E-Mails empfangen und senden, bietet sich ein Web-basierender E-Mail-Dienst an. Dann reicht ein in jeder größeren Stadt vorhandenes Internet-Café und ein beliebiger Web-Browser, um über das WWW per E-Mail zu korrespondieren. Allerdings ist meistens weder Verschlüsselung noch der Versand angehängter Dateien oder das Abspeichern empfangener E-Mails möglich.

Solche Dienste sind meistens kostenlos und finanzieren sich über Werbung. Die besten Dienste sind:

*   GMX Global Message Exchange (http://www.gmx.net) (besonders vielseitig, deutsch),

*   USA.NET NET@DDRESS (http://www.netaddress.com) (guter Web-Client),

- Yahoo! (http://mail.yahoo.com) (guter Web-Client, aber kein POP3).

Für den Zugang von unterwegs auf die eigenen E-Mails gibt es auch noch weitere Möglichkeiten, wie sie in den Kapiteln „Internet-Fax und Unified Messaging" ab Seite 235 und „Mobiler Außendienst" ab Seite 243 erläutert werden. Falls Ihr Unternehmen eine der im Kapitel „Groupware und Intranet-Suites" ab Seite 274 genannten Groupware-Lösungen einsetzt, kann hierüber meistens auch von extern auf die eigene E-Mail zugegriffen werden.

Wenn Sie die genaue E-Mail-Adresse des Empfängers vergessen haben, können Sie sie mit etwas Glück in den im Kapitel „WWW-Suchmaschinen, WWW-Kataloge" / „Spezialisierte Sucher und Verzeichnisse" ab Seite 56 genannten Internet-E-Mail-Adreß-Suchern aufspüren, wie zum Beispiel MESA, Yahoo!/Four11, Bigfoot und IAF. Yahoo!/Four11 alleine hat schon über 13 Millionen Adressen gespeichert.

Übrigens können Sie E-Mails bis zu 160 Zeichen Länge auch an SMS-taugliche Handies schicken. Der Short Messaging Service ist über New Evolution Technologies (http://www.tech.de), CompuServe (http://www.sms.compuserve.de), Vector (http://www2.vector.de/sms.htm), MTN (http://www.mtn.co.za/sms/secure/normal.html) und andere erreichbar. Noch komfortabler geht es über das Shareware-Programm D-Mail Lite von Advanced Computing Brilla (http://www.brilla.com, 40,- DM). D-Mail Lite kann außer SMS auch alle anderen in Deutschland verfügbaren Pager (Funkrufempfänger) erreichen, wie Cityruf, D1, D2, E-Plus, Omniport, Quix, Scall, Skyper und TeLMI.

Spamming

Kommerzielle Werbung per elektronischem Massenversand an viele Adressaten (Spamming), entweder per E-Mail oder in News-Gruppen, ist sehr lästig und zu Recht verpönt. Falls man per E-Mail mit unerwünschter Werbung belästigt wird (UCE, Unsolicited Commercial E-Mail), kann es helfen, mit folgendem Text zu drohen: „By US Code Title 47, Sec. 227(a)(2)(B), a computer/modem/printer meets the definition of a telephone fax machine. By Sec. 227(b)(1)(C), it is unlawful to send any unsolicited advertisement to such equipment. By Sec.227(b)(3)(C), a violation of the aforementioned section is punishable by action to recover actual monetary loss, or $500, whichever is greater, for each violation. - I will report any further violations from your site, which I get knowledge of to abuse@postoffice.us.". Hilft das nicht, sollten Sie sich beim Internet-Provider oder Mail-Server des Absenders über den Absender beschweren, meist unter abuse@... oder auch unter postmaster@... erreichbar. Wenn das alles nicht hilft, können Sie Mails von bekannten Spammern auch automatisch ausfiltern und ungelesen löschen, etwa mit dem Spam-Killer von Novasoft (http://www.spamkiller.com). Weitere Tips gegen Werbe-E-Mails finden Sie unter http://www.cauce.org und http://spam.abuse.net. Während es in den USA bereits ein Gesetz zu diesem Thema gibt, ist die Rechtslage in Deutschland leider noch nicht völlig geklärt. Allerdings gab es bereits erste Gerichtsverfahren zu diesem Thema. Das Landgericht Traunstein (Az: 2HKO 3755/97) hat einer Internet-Agentur per einstweiliger Verfügung Massenwerbung per E-Mail untersagt und damit die Rechtsprechung des Bundesgerichtshofes zur wettbewerbswidrigen Telefaxwerbung (§ 823, Absatz 1 BGB) fortgesetzt. Auch das Landgericht Hamburg (Az: 312 O 579/97) und das Landgericht Berlin (Az: 16 O 201/98 bzw. 16 O 301/98) verboten in ähnlichen Fällen das Versenden von Werbe-E-Mails.

News

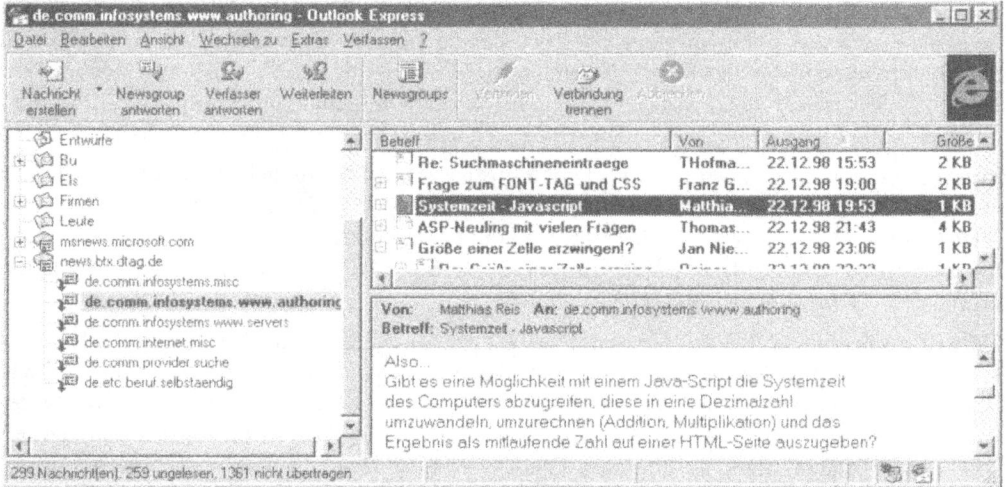

Newsgroups sind Diskussionsforen. Die Summe der öffentlichen Newsgroups wird Usenet genannt. Es gibt über 25.000 verschiedene Newsgroups. Täglich wird über 1 GByte an News produziert. Der Transport der News geschieht über das NNTP-Protokoll (Network News Transfer Protocol, RFC 977).

Newsgroups können über spezielle Hilfsprogramme (News-Reader) verfolgt werden. Unter Windows findet besonders das kostenlose Outlook Express von Microsoft zunehmend Anhänger wegen seiner Universalität und Bedienerfreundlichkeit. Es verfügt über gute Offline-Funktionen, kann mehrere Server parallel einbinden und enthält einen integrierten Mail-Client. Ebenso sehr verbreitet ist das im Netscape Communicator integrierte Collabra, das neben Windows auch unter anderen Betriebssystemen genutzt werden kann. Sehr beliebt sind auch Free Agent und Forte Agent (beide unter http://www.forteinc.com) und Gravity von MicroPlanet Inc. (http://www.microplanet.com).

Zu Beginn müssen Sie Ihren News-Reader konfigurieren. Sie müssen Ihren Vor- und Zunamen ohne deutsche Umlaute oder Sonderzeichen, Ihre E-Mail-Adresse und einen News-NNTP-Server (Foren-Server) eingeben. Viele moderne News-Reader ermöglichen das Versenden von News im HTML-Format, was aber in den meisten Newsgroups sehr unbeliebt ist. Wählen Sie deshalb (etwa unter Nachrichten Senden oder Nachrichten-eigenschaften) als Message-Format nicht HTML, sondern „Nur-Text". Weiter sollten Sie als Nachrichtensendeformat für 8-bit-Zeichen die MIME-Kodierung „Quoted Printable" einstellen. Beim Microsoft Outlook Express finden Sie alle diese Einstellungen unter „Extras" / „Optionen" und beim Netscape Collabra unter „Bearbeiten" / „Einstellungen" / „Mail und Foren".

Wichtig ist, daß als News-Server ein leistungsfähiger Server eingetragen ist, der schnellen Zugriff und möglichst viele Newsgroups bietet (mindestens 10.000 verschiedene). Es sollte möglichst der Newsgroups-Server des Internet-Providers benutzt werden, über den der Internet-Zugang erfolgt. Der Newsgroups-Server zum Beispiel für T-Online ist news.btx.dtag.de und für CompuServe news.compuserve.com. Es können auch andere

```
Geistervariablen in CGI-Skript - de.comm.infosystems.www.authoring - Netscape-Diskussion    _ □ ×

Datei  Bearbeiten  Ansicht  Gehe  Nachricht  Communicator  Hilfe

  Abrufen    Neu    Antworten  Weiterleiten  Ablegen   Nächste   Drucken  Sicherheit  Markieren  N

  de.comm.infosystems.www ▾            Nachrichten insgesamt: 1850  Ungelesene Nachrichten: 1825

  Betreff                              Absender      Datum              Priorität
  HTML-Generatoren identifizieren ?    Bernd Stor...  Di 01:00
  Text zeilenweise einblenden          Thomas A...   Di 14:59
  Links links?                         Dirk Groen...  Di 21:00
  Tabelleninhalt NICHT zentrieren?     Dirk Groen...  Di 21:13
  andere OS?                           Milan Gue...   Di 23:11
    Re: andere OS?                     Pascal Gi...   Mi 00:40
  Ausblenden: Geistervariablen in CGI-Skript

  ich habe ein Problem mit einem CGI-Skript:
  Zu Hause (Win95, Omnihttp 1.1, Perl 5.002) lauft alles supa, auf dem
  Web-Server (Linux 5.x, Apache 1.?) beobachte ich folgendes:
  Erster Aufruf skript.pl ohne Parameter: ok
  Aufruf skript.pl?action=liste: ok
  Aufruf skript.pl?action=liste2&kategorie=99: ok

  dann kommts:
  Rucksprung zu skript.pl?action=liste (per href-link)
  => Es wird wieder skript.pl?action=liste2&kategorie=99 aufgerufen
  Als debug Info lass ich mir den Query-Buffer und die Variablen anzeigen,
  ud siehe da:

  Dokument: Übermittelt
```

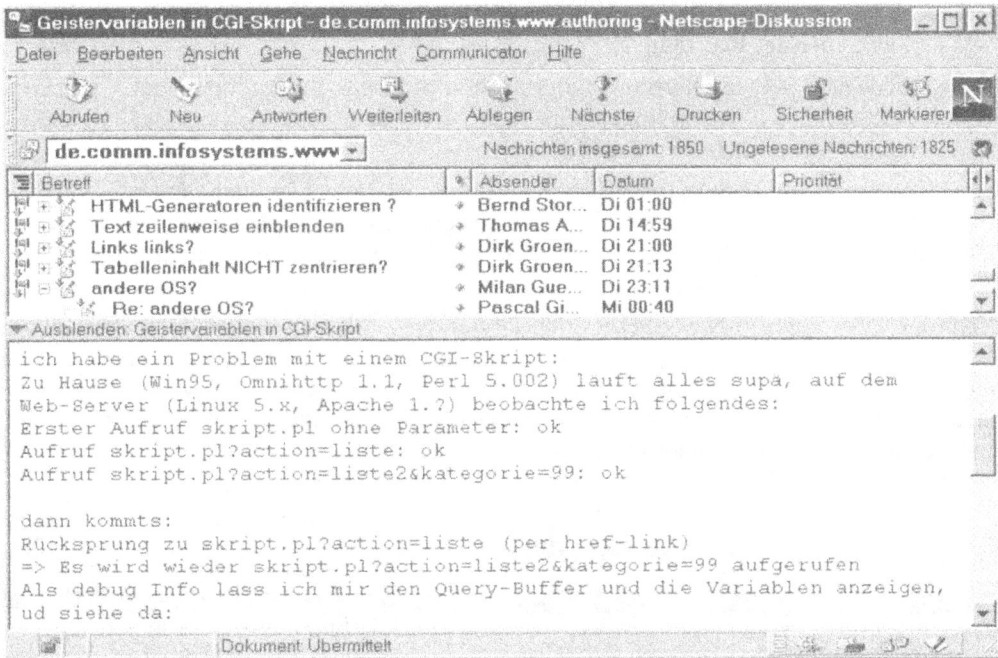

Newsgroups-Server versucht werden, allerdings bieten nur wenige Schreibrechte für externe Gäste. Man kann dann zwar die News lesen, aber selbst keine News posten. Deja News (http://www.dejanews.com) und Reference.com/Sift Inc. (http://www.reference.com) wollen nach eigenen Angaben alle Newsgroups dieser Erde per Web-Browser offerieren, inklusive Posting-Möglichkeit.

Newsgroups sind ein sehr hilfreiches Informationsmittel. Wird in der passenden Newsgroup eine Frage gestellt, ist die Chance gut, innerhalb weniger Tage eine kompetente Antwort zu bekommen. Aber auch das einfache Mitlesen (als „Lurker") ist oft sehr informativ. Die Themen reichen von technisch orientierten oder Computer-spezifischen bis hin zu sozialen oder philosophischen Inhalten, es gibt kaum etwas, wozu es keine Newsgroup gäbe.

Beispiele sind Newsgroups, die sich mit Internet-Providern, Web-Servern oder mit der Gestaltung von Web-Sites beschäftigen, etwa news:de.comm.provider.suche, news:de.comm.infosystems.www.servers und news:de.comm.infosystems.www.authoring. Das de bedeutet, daß in diesen Newsgroups deutsch gesprochen wird, und comm steht für Kommunikation. Andere Kürzel sind: comp für Computer, sci für Wissenschaft, soc für Soziales, rec für Freizeit/Hobby, misc für verschiedenes und alt für unterschiedliches/alternatives.

Die News-Server speichern immer nur aktuelle Nachrichten, die höchstens wenige Wochen alt sind, ältere Gespräche werden gelöscht. Wer in älteren News-Beständen recherchieren will, sollte sich Deja News (http://www.dejanews.com) ansehen.

Falls Sie sich an den Gesprächen beteiligen wollen, beachten Sie unbedingt die Netiquette-Regeln, wenn Sie nicht mit Protest-Mails (Flames) überschüttet werden wollen (sogar ein

Ausschluß kann drohen). Netiquette ist ein Kunstwort aus Network Etiquette, dies sind in FAQs erklärte Internet-Benimmregeln.

FAQs (Frequently Asked Questions) sind Sammlungen häufig gestellter Fragen und Antworten. Allgemeine FAQs finden Sie zum Beispiel unter news:de.newusers.infos, news:de.answers oder news:comp.answers.

Falls Sie eine neue Diskussionsgruppe im Usenet einrichten wollen, müssen Sie eine festgelegte Prozedur einhalten (Request for Discussion an news:de.admin.news.announce und Call for Votes), wie es etwa bei Astel (http://www.rewi.hu-berlin.de/~gerlach/dni/ einrichtung.html) beschrieben ist.

Wenn Sie Ihren eigenen News-Server (NNTP-Server) einrichten wollen, zum Beispiel zur Zwischenspeicherung der externen Newsgroups im Intranet und zum Hinzufügen eigener nur intern genutzter Newsgroups, dann kommt außer den Netscape- und Microsoft-Servern häufig nDaemon von IntegratedServices (http://isgbr.com, http://www.is-web.com) zum Einsatz. Auf spezielle Intranet-Diskussionsforen wird auch im Kapitel „Groupware und Intranet-Suites" auf Seite 274 eingegangen.

IRC, Web-Chat, 3D-Chat, Buddy-Chat, ICQ

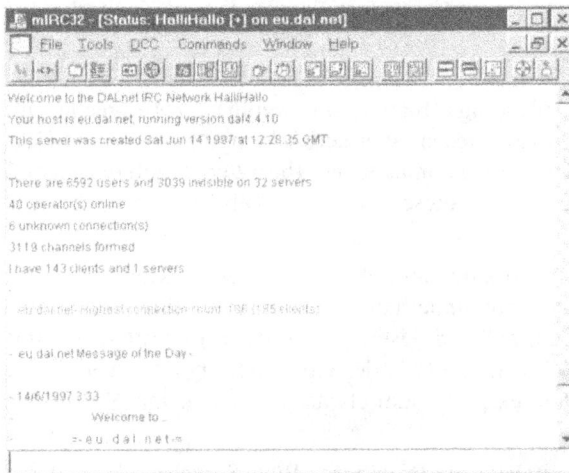

IRC (Internet Relay Chat) sind Diskussionsforen, in denen live online die schriftlichen Beiträge der anderen Teilnehmer sofort sichtbar werden. Über 30.000 Teilnehmer zählen die vielen Tausend Kanäle täglich. IRC-Channels (oder Kanäle) sind Online-Konferenzräume, die jeweils einem bestimmten Thema gewidmet sind. Jeder Chat-Nutzer kann weitere Kanäle aufmachen. Über DCC (Direct Client to Client) können auch Zweiergespräche geführt werden und Dateien ausgetauscht werden. Um mitzumischen, wird ein IRC-Client (Chat-Steuerprogramm) gestartet, der die Verbindung zum IRC-Server herstellt. Unter Windows wird besonders gerne der IRC-Client mIRC von mIRC Co. Ltd. (http://www.mirc.co.uk) benutzt. Die neuen Versionen der Web-Browser Netscape Communicator und Microsoft Internet Explorer enthalten ebenfalls ein IRC-Modul.

Eine erste Übersicht über das IRC-Angebot finden Sie bei Yahoo! (http://dir.yahoo.com/ Computers_and_Internet/Internet/Chat/IRC) oder über die Chat-Suchmaschine ChatSet von Web.de (http://chat.web.de). Die zwei größten IRC-Netzwerke sind EFNet (http://www .efnet.org) und Undernet (http://www.undernet.org), aber auch IRCnet und DALnet sind recht bekannt. Die wichtigsten deutschen IRC-Server sind: de.undernet.org, irc.informatik .rwth-aachen.de, irc.fu-berlin.de, irc.uni-erlangen.de, sokrates.informatik.uni-kl.de, irc.rz

.uni-karlsruhe.de, irc.informatik.tu-muenchen.de, irc.uni-paderborn.de, irc.informatik.uni-rostock.de und irc.rus.uni-stuttgart.de.

Eingefleischte Chatter (besonders Unix-Freunde) werden pures IRC bevorzugen, andere freuen sich über die einfachere Bedienung des Web-Chat. Darüber kann mit anderen Lesern einer Web-Seite kommuniziert werden. Es muß kein IRC-Client installiert werden. Anfangs wurden beim Web-Chat Plug-Ins benötigt, heute wird meistens ein Java-Applet geladen, so daß der normale Web-Browser reicht und der Benutzer nichts installieren muß. Die bekanntesten Web-Sites mit Web-Chat sind Yahoo! Chat (http://chat.yahoo .com), Excite Chat (http://www .excite.com/communities), Pro Sieben (http://www.pro-sieben.de/chat) und Metropolis (http://www.metropolis.de). Weitere finden Sie bei Webchat / 21TORR GmbH (http://www.webchat.de) aufgelistet.

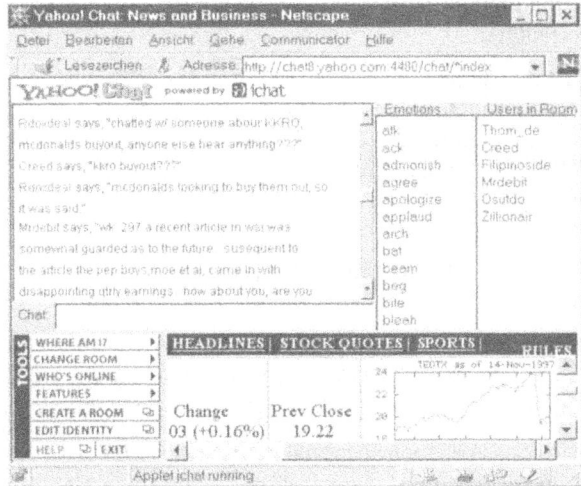

Beim grafischen Comic-Chat werden die Chatter durch Comic-Figuren repräsentiert. Die eingetippten Texte erscheinen in Sprechblasen. Comic-Chat basiert oft auf der Chat-Engine V-Chat von Microsoft.

Beim 3D-Chat wird wie beim IRC mit vielen Teilnehmern gleichzeitig per Tastatur und Bildschirm kommuniziert. Allerdings bewegt man sich als Avatar (selbsterstellte oder ausgewählte Phantasiefigur) in dreidimensionalen Kunstwelten (in VRML kodiert). Kostproben finden Sie unter blaxxun interactive (http://www.blaxxun.de), Electric Communities (http://www.communities.com) und Active Worlds (http://www.activeworlds.com).

In den bisher genannten Chat-Formen stößt man in der Regel zum einen auf Gruppen von Chattern und zum anderen auf unbekannte Personen. Will man dagegen vorwiegend mit wenigen Bekannten chatten, empfiehlt sich Buddy-Chat (wörtlich: Plauderei mit Freunden). Dies ist ein Internet-Dienst, der automatisch meldet, wenn Bekannte gleichzeitig online sind, und direkten Chat ermöglicht. Die bekanntesten Buddy-Chats sind ICQ von Mirabilis/AOL (http://www.icq.com), Instant Messenger / Buddy-List von AOL (http://www.aol .com) und PowWow von Tribal Voice (http://www.tribal.com).

Besonders ICQ erfreut sich bei über 16 Millionen Teilnehmern größter Beliebtheit. ICQ soll „I seek you" assoziieren (und wird auch so ausgesprochen). Vielleicht sind Ihnen schon die ICQ-Teilnehmernummern (UIN, Universal Identifikation Number) in E-Mail- oder News-Signaturen aufgefallen, über die sich Bekannte identifizieren. Die Kontaktaufnahme und der Austausch von Notes erfolgen über einen ICQ-Server, der hauptsächlich den Clients die IP-Nummer der Gegenstelle zur Verfügung stellt. Für Chat und Filetransfer wird eine direkte TCP-Verbindung zwischen den PCs aufgebaut. Etwas kritisch sind mögliche Sicherheitslücken. Die Einstellungen unter Security/Privacy sollten gut überlegt sein.

Eine weitere Chat-Form ist im Kapitel „Videochat, einfache Videokonferenz" ab Seite 227 erläutert.

Chat-Gruppen sind sehr vielfältig. Es gibt viele, die sich sehr ernst mit definierten Themen beschäftigen und viele, die einfach nur Spaß machen. Allerdings gibt es leider gerade im Chat-Bereich viele anstößige Anmache auch in nicht dafür vorgesehenen Gruppen, die das Chatten allgemein etwas in Verruf gebracht hat.

3.8   WWW-Browser

Wie schon im Kapitel „Was ist WWW, Internet, Intranet und Extranet?" ab Seite 11 erläutert, steht WWW für World Wide Web (weltweite Vernetzung), oft auch nur Web genannt, und beinhaltet den grafisch orientierten Multimedia-Teil des Internets.

Um das Angebot an gestalteten Texten, Bildern, Sound, Videos und Hyperlinks nutzen zu können, muß auf dem Rechner des Anwenders ein WWW-Browser, auch Web-Browser genannt, installiert sein. Technisch ausgedrückt, ist dies ein Programm, welches HTML-kodierte Dateien (Hypertext Markup Language) über das auf das Internet-TCP/IP-Protokoll (Transmission Control Protocol / Internet Protocol) aufsetzende HTTP-Protokoll (Hypertext Transfer Protocol, RFC 2068) anfordern, empfangen, interpretieren und anzeigen kann.

Eine der wichtigsten Eigenschaften des WWW ist, daß man sich, wenn der Internet-Zugang einmal eingerichtet ist, eben nicht mehr mit den gerade genannten technischen Einzelheiten beschäftigen muß. Das englische Verb browse bedeutet: „sich umsehen". Der Web-Browser gestattet ein einfaches „Sich Umsehen" im Web. Über die Eingabe von Internet-Adressen (http://www...) oder über markierte Hyperlinks, die einfach nur angeklickt werden müssen, wird von einem zum nächsten Web-Dokument navigiert.

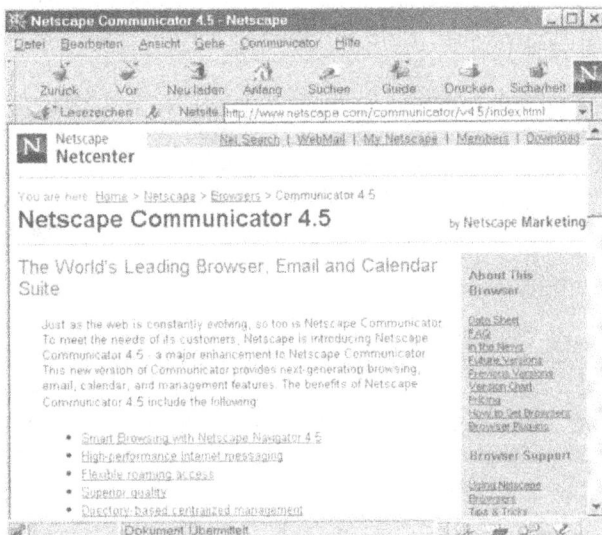

Der Konkurrenzkampf zwischen Netscape und Microsoft um den besten WWW-Browser als Schlüsselprodukt zum Internet-Markt hat zu zwei nahezu gleichwertigen und sehr brauchbaren Web-Browsern geführt. Dagegen verblassen alle anderen Browser zunehmend, obwohl sie in Spezialanwendungen durchaus ihre Berechtigung haben können.

Netscapes Communicator/Navigator (http://www.netscape .com) und Microsofts Internet Explorer (http://www.microsoft.com) bieten beide E-Mail, News-Reader, IRC, HTTP, FTP, SSL, JavaScript, Java, VRML, Audio/Video, Internet-Telefonie, Gruppenarbeitstools (Whiteboard), Plug-In-Unterstützung und weitere mittlerweile im WWW übliche Funktionen.

Der Netscape Navigator ist für viele unterschiedliche Betriebssysteme (z.B. Mac und Unix) erhältlich. Realaudio-Dienste werden über LiveAudio und Videos über LiveVideo ausgeführt.

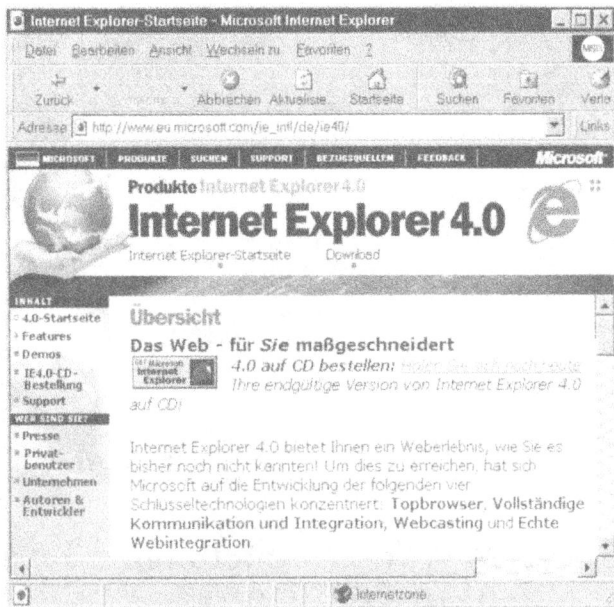

Microsoft wirbt für seinen Internet Explorer besonders mit den ActiveX-Objekten (Internet-taugliche OLE-Controls) und der Programmiersprache VBScript (Visual Basic Script). Audio und Video werden über ActiveMovie dargestellt. Ab der Explorer-Versionen 4 und der Windows-Version 98 kann der Web-Browser in das Windows-98-Betriebssystem integriert werden. Dann können im Windows-Explorer direkt Web-Seiten wie im Web-Browser angewählt und dargestellt werden oder als Bildschirmhintergrund gewählt werden.

Laut Browserwatch liegt der Marktanteil von Netscape bei knapp 60 Prozent, der von Microsoft bei etwa 40 Prozent und alle anderen Browser zusammen teilen sich die übrigen wenigen Prozente.

Bis zur angekündigten Übernahme von Netscape durch AOL wurde der Navigator gerne bevorzugt, um Microsoft nicht auch noch im Internet eine Monopol-Stellung zu ermöglichen. Microsoft wurde 1998/99 in Gerichtsprozessen beschuldigt, Mitbewerber wie Netscape unfair zu verdrängen.

Aus technischer Sicht sind beide Browser gleichwertig einsetzbar, wenn nicht eine der speziellen Funktionen den Ausschlag gibt. Auch ist die Bedienung beider Programme ähnlich einfach. Die Benutzung anderer Browser birgt das Risiko, daß viele schon existierende Internet-Web-Seiten nicht mehr korrekt dargestellt werden, weil sie neue erweiterte Features der beiden Marktführer nutzen.

Es muß beachtet werden, daß nur die 32bit-Versionen alle neuen Features bieten. Möglicherweise unterstützen 16bit-Versionen zwar JavaScript, aber meistens kein Java. Leider funktioniert der standardmäßig installierte Internet-Zugang einiger Online-Dienste nur mit einem 16bit-Browser.

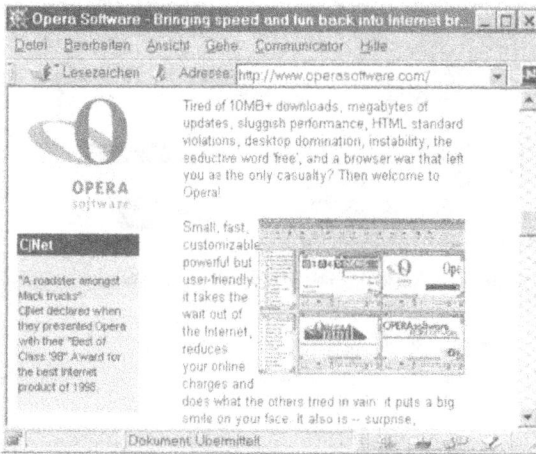

Als einzige nennenswerte Alternative macht der norwegische Web-Browser Opera von Opera Software (http:// www.operasoftware.com) auf sich aufmerksam. Er ist schneller und benötigt nur ein Zehntel der Megabytes der großen Boliden. Außerdem kann er mit 128-Bit-SSL-Verschlüsselung aufwarten, da er nicht den amerikanischen Exportbestimmungen unterliegt. Die neueste Version unterstützt CSS1 (Cascading Style Sheets). Java-Unterstützung muß allerdings per Plug-In von Sun nachgerüstet werden (http://java.sun.com/products/plugin).

3.9   WWW-Erweiterungen (Java, Skripts, Plug-Ins, ActiveX)

Vergleich zwischen Java-Applets, Skriptsprachen, Plug-Ins und ActiveX-Controls

Java-Applets, Skriptsprachen, Plug-Ins und ActiveX-Controls sind verschiedene Techniken, um den Web-Browser um neue Fähigkeiten zu erweitern oder um zu geladenen Web-Seiten besondere Funktionen anzubieten. Alle diese Technologien haben Ihre spezifischen Vor- und Nachteile.

Ein wichtiger Unterschied ist, daß Plug-Ins und ActiveX-Controls nur einmal geladen werden und dann auf der Festplatte des Anwenders gespeichert bleiben, um bei Bedarf zur Verfügung zu stehen. Sie funktionieren nur auf bestimmten Zielsystemen (keine Plattformunabhängigkeit) und sie sind oft mehrere Megabytes groß. Sie haben volle Kontrolle über den Rechner, was einerseits mächtige Programme ermöglicht, andererseits auch zu Sicherheitsrisiken führen kann. Die ActiveX-Controls haben eingebaute Signaturen (Microsofts Authenticode), die sicherstellen können, daß das ActiveX-Control unverfälscht übertragen wurde. So kann zwar der Autor identifiziert werden, aber Sicherheit gegen Virenangriffe oder Hackereinbrüche bedeutet dies nicht zwangsläufig. Die von Netscape eingeführten Plug-Ins werden von vielen Web-Browsern unterstützt. Microsofts ActiveX-Controls werden bislang vorwiegend vom Microsoft Internet Explorer benutzt (jedenfalls ohne weitere Hilfsmittel, wie dem Plug-In ScriptActive von NCompass Labs Inc., http://ncompasslabs.com).

Java-Applets sind Java-Programme, die jedesmal aktuell zur Benutzung über das Internet oder Intranet geladen werden und über den Browser ausgeführt werden. Java ist eine von Sun Microsystems entwickelte Programmiersprache, die besonders gut geeignet ist, Applets zu erstellen, die mit Web-Browsern auf dem Client-Rechner ausgeführt werden. Diese

Java-Applets sind hardware- und plattformunabhängig, können also auf unterschiedlichsten Rechnern und Betriebssystemen benutzt werden, sofern es Java-Support gibt (bislang meistens über die benutzten Web-Browser realisiert). Der Browser überwacht die Java-Applets und stellt sicher, daß keine unerlaubten Zugriffe auf den Rechner erfolgen können. Java wird sowohl von Netscapes als auch von Microsofts Web-Browsern unterstützt und entwickelt sich zum neuen Programmierstandard besonders bei Internet-Anwendungen.

Sun hat ab Java Version 1.1 mit den Jar-Archiven eine Technik eingeführt, die Java-Applets zertifizierbar macht, ähnlich wie der Authenticode-Mechanismus für ActiveX-Controls, um ihnen dann ebenfalls Zugriff auf Rechnerressourcen zu erlauben (Object Signing). Während bei ActiveX-Controls nur entweder eine komplette Ablehnung oder die Erlaubnis zum beliebigen Zugriff auf alle Rechnerressourcen möglich ist („alles oder nichts"), können bei Jar-Archiven den Java-Applets auch differenzierte Rechte eingeräumt werden, zum Beispiel der Zugriff auf genau eine weitere Internet-URL. So könnte etwa ein Börsenticker auf http://www.quote.com zugreifen, aber ansonsten keine weiteren Rechte erhalten.

Die Skriptsprachen JavaScript und VBScript sind direkt im HTML-Code integriert und können nur einfache Aufgaben lösen. Während bei Java-Applets und ActiveX-Controls nur ein Verweis in der HTML-Datei steht, befindet sich bei JavaScript und VBScript das ganze Programm in der HTML-Datei. JavaScript wird mit leichten Unterschieden sowohl vom Netscape Navigator als auch vom Internet Explorer verstanden, VBScript nur vom Internet Explorer.

	JavaScript	Java-Applet	Plug-In	ActiveX-Control
Verbreitung (und Unterstützung durch Web-Browser)	sehr hoch	hoch	mittel	niedrig
Hardware- und plattformunabhängig	ja	ja	nein	nein
immer aktuelle Software	ja	ja	nein	nein
Sicherheit ist durch Programmiersprache gewährleistet	weitgehend	ja	nein	nein
andere Applikationen können ausgeführt werden, Programm hat volle Kontrolle über den Rechner	nein	nein	ja	ja
anspruchsvolle Wiedergabetechniken, z.B. effektive Wiedergabe von Datenströmen (wie Audio/Video)	nein	mittel	gut	gut

JavaScript wird sehr häufig verwendet, auch Java-Applets sind oft im Einsatz. Außer den schon im Web-Browser vorinstallierten Plug-Ins werden weitere Plug-Ins zunehmend weniger geladen. Noch seltener werden zusätzlich zu den im Internet Explorer vorinstallierten ActiveX-Controls weitere ActiveX-Controls installiert (außer für besondere Intranet-Lösungen). VBScript hat kaum noch Bedeutung.

Weitere Möglichkeiten und Hilfsmittel zur Erstellung solcher Erweiterungen sind im Kapitel „Interaktivität, Programmierung mit Java, JavaScript, ActiveX, VBScript" ab Seite 134 beschrieben.

Plug-Ins

Ein Plug-In ist eine Zusatz-Software für Web-Browser, die nachträglich im Browser installiert wird, um den Browser um multimediale oder andere Eigenschaften zu erweitern. Ein Plug-In kann in Ganzseitendarstellung, eingebettet oder versteckt in Erscheinung treten. Der Acrobat Viewer zum Beispiel benutzt die ganze Browser-Seite zur Darstellung, ein Video-Player wird als eingebettetes Fenster sichtbar und ein Audio-Player kann unsichtbar (aber hörbar) ablaufen. Einige Plug-Ins werten die empfangenen Daten als Datenstrom. Sie warten nicht bis zum Ende der Datenübertragung, sondern starten sofort die Wiedergabe. Zum Beispiel RealAudio spielt Audiodateien direkt online ab.

Beim Netscape Navigator können Sie sich übrigens die installierten Plug-Ins anzeigen lassen, indem Sie statt einer URL „about:plugins" eingeben.

Die meisten Plug-Ins lassen sich in eine der folgenden Gruppen einordnen:

- Einfache Viewer zum Anzeigen proprietärer Dateiformate, zum Beispiel spezielle Textformatierungen oder Grafikformate.

- Audio- und Video-Player zur Wiedergabe von Sound und Video.

- 3D- und Virtual-Reality-Module zur Darstellung von Animationen, 3D-Objekten und 3D-Welten.

- Clients, die nicht nur eine Anzeige, sondern auch eine Bearbeitung ermöglichen.

Eines der bekanntesten Beispiele für Plug-Ins ist Acrobat Reader von Adobe (http://www .adobe.com). Er stellt PDF-Dateien (Portable Document Format, Adobe-Acrobat-Format) dar. Das sind vollständig formatierte und gesetzte Texte.

KeyView von Verity (http://www.keyview.com) und Quick View Plus von Inso Corp. (http://www.inso.com) stellen WinWord-Texte dar und geben über 200 Grafikformate, wie CDR, CGM, EPS, BMP und TIFF, wieder. Der DWG/DXF-Viewer (http://www.softsource .com) zeigt AutoCAD-Dateien.

Shockwave (http://www.macromedia.com), ebenfalls ein sehr bekanntes Plug-In, ist ein Player für Multimedia-Web-Präsentationen, die mit dem Director von Macromedia gestaltet wurden. Animationen, Sound und Videos werden dargestellt. Auch von Macromedia ist Flash, welches vektorbasierte Animationen bietet, die mit besonders wenig Speicherplatz auskommen.

Plug-Ins für MP3 (MPEG 1 Audio Layer-3) und der Real-Audio Player von RealNetworks (http://www.realaudio .com) sind die bekanntesten Plug-Ins für Sound-Wieder-

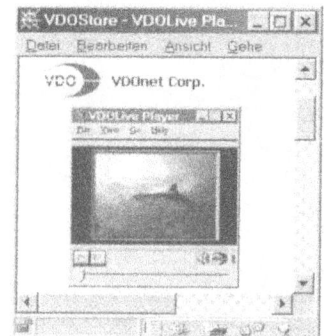

gabe. Bei schnellen ISDN-Anbindungen wird gute Stereo-Qualität
erreicht. RealVideo, auch von
RealNetworks, zeigt Videos.

VDOnet (http://www.clubvdo.net)
gilt als der Erfinder des Videostreams, bei dem der Anwender
nicht erst auf den kompletten
Download eines Videos warten
muß, bis die ersten Bilder erscheinen. Früher präsentierte ARD-
aktuell (http://www.tagesschau.de)
Nachrichten-Videos per VDOnet,
neuerdings wird RealVideo eingesetzt.

3D-Welten werden mit VRML
(Virtual Reality Modeling Language) dargestellt. Die bekanntesten Plug-Ins sind Cosmo Player
von Silicon Graphics (http://
cosmosoftware.com), WorldView
von Intervista/Platinum (http://
www.intervista.com) und Viscape
von Superscape (http://www.su-
perscape.com).

MetaFrame von Citrix Systems
(http://www.citrix.com) kann als
Plug-In im Web-Browser betrieben
werden. MetaFrame ist eine
Windows-Zugriffs-Software, die
Windows-NT-Server um die
Fähigkeit erweitert, gleichzeitig
mehreren MetaFrame-Web-Clients
das Arbeiten mit Windows-
Anwendungen über das Inter- oder
Intranet zu ermöglichen und dies
auch auf Rechnern, die selbst nicht
für Windows geeignet sind, zum
Beispiel auf NCs (Netzwerk-
Computer).

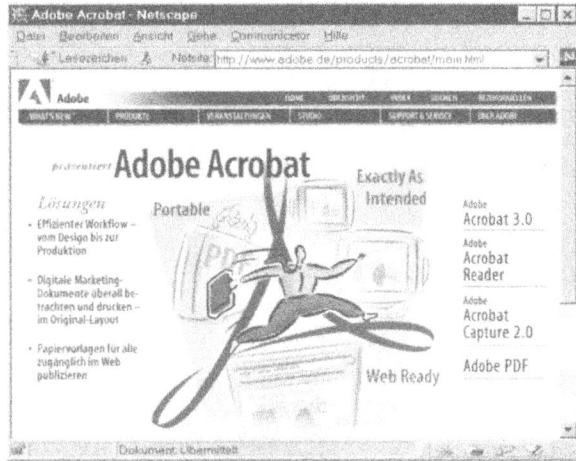

3.10   WWW-Suchmaschinen, WWW-Kataloge

Hierarchische, thematische Web-Kataloge (Verzeichnisse)

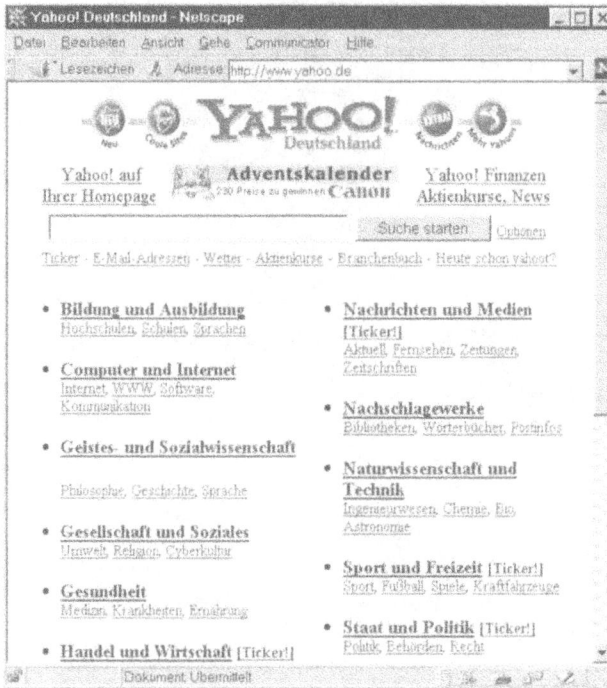

Web-Kataloge, auch Verzeichnisse genannt, sind nach Themen sortierte und in hierarchischen Suchbäumen strukturierte Listen von Hyperlinks. Wie in dem Inhaltsverzeichnis eines Buches kann ein Thema oder eine Rubrik ausgewählt werden. Besonders für Anfänger bieten diese redaktionell betreuten Listen sehr gute Einstiegsmöglichkeiten. Web-Kataloge sind immer dann einzusetzen, wenn man noch keine so genaue Vorstellung über die konkreten zu suchenden Web-Seiten hat oder wenn man sich auch für das Umfeld eines bestimmten Themas interessiert. Wenn man ganz konkrete Stichworte weiß, die auf der gesuchten Web-Seite sein müssen, dann sind immer die im nächsten Kapitel vorgestellten Web-Suchmaschinen vorzuziehen. Sie sind viel flexibler und finden erheblich mehr passende Web-Seiten.

Der mit Abstand bekannteste Web-Katalog ist Yahoo!. Er war einer der ersten und zählt immer noch zu den besten Web-Katalogen. Yahoo! gehört mit AOL zu den meistbesuchten Web-Sites (noch vor Netscape, Microsoft, AltaVista und GeoCities) und kann die unglaubliche Menge von vielen Millionen Besuchern und 160 Millionen PageImpressions pro Tag für sich verbuchen. Der nächstbeliebteste Katalogdienst ist Excite. In Deutschland sind auch Dino und Web.de recht bekannt. Die URLs lauten:

- Yahoo! (http://www.yahoo.de)
- Excite (http://www.excite.de)
- Infoseek (http://www.infoseek.com)
- Dino (http://www.dino-online.de)
- Web.de (http://www.web.de)

Web-Suchmaschinen

WWW-Suchmaschinen sind Programme, die es ermöglichen, Web-Seiten zu finden, auf denen bestimmte Stichworte vorkommen. Viele WWW-Suchmaschinen bieten noch diverse weitere Suchoptionen, die über die einfache Stichwortsuche hinausgehen.

Man erreicht diese WWW-Suchmaschinen, indem man in seinem Web-Browser deren URL eingibt. Die Web-Seite der WWW-Suchmaschine bietet dann ein Eingabefeld an, in dem das oder die Stichworte und weitere Suchoptionen eingegeben werden können. Natürlich kann die WWW-Suchmaschine nicht erst dann, wenn der Benutzer seine Stichworte eingegeben hat, anfangen, die über 300 Millionen existierenden Web-Seiten nach den Stichworten zu durchsuchen. Dafür würde sie viele Wochen benötigen. Die Suchmaschine verfügt statt dessen über eine große Datenbank, in der sie laufend mögliche Stichworte sehr vieler Web-Seiten sammelt. Die Robots (auch Spider genannt) der Suchmaschinen prüfen ständig weltweit möglichst viele Web-Sites auf neue oder veränderte Web-Seiten. Trifft dann eine Suchanfrage ein, sucht die Suchmaschine in ihrer Datenbank und liefert in wenigen Sekunden das Suchergebnis zurück.

Solche WWW-Suchmaschinen sind ein sehr beliebtes Hilfsmittel. Gemessen an indizierten Web-Seiten führen AltaVista, Excite und HotBot. Diese Dienste haben jeweils Stichworte von ca. 100 Millionen Web-Seiten gespeichert und werden viele Millionen Mal pro Tag angefordert. Zu Spitzenzeiten müssen also in jeder Sekunde viele Hundert Anfragen gleichzeitig bearbeitet werden. Für jede Anfrage muß die Datenbank durchsucht werden und es muß mit einer neu erstellten HTML-Seite geantwortet werden. Da kann man sich leicht ausmalen, welche Rechnerleistung eingesetzt werden muß, um diese Aufgabe zu bewältigen. AltaVista berichtet unter http://www.altavista.digital.com/av/content/about_ our_technology.htm über die eingesetzte Technik. Demzufolge sind drei AlphaStation

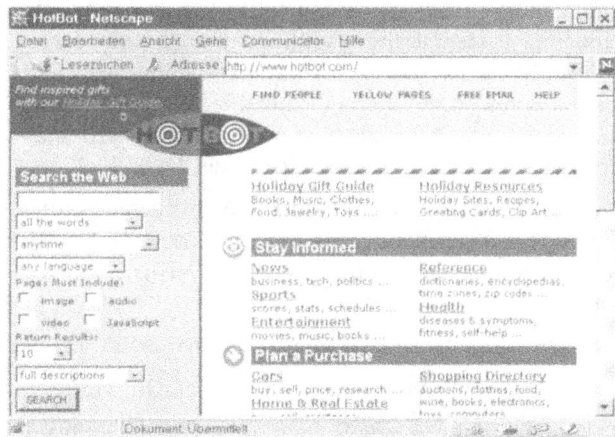

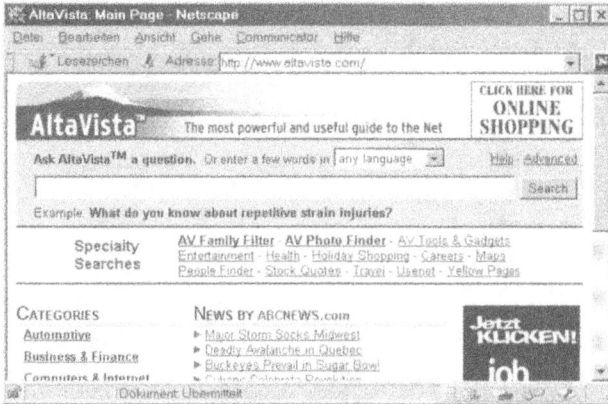

500/333s nur damit beschäftigt, die Suchanfragen anzunehmen. Der Anschluß ans Internet erfolgt mit einer Bandbreite von 100 Megabit pro Sekunde. Sechzehn Server vom Typ AlphaServer 8400 5/300 mit jeweils 6 Gigabyte RAM übernehmen die eigentliche Datenbankrecherche. Jeder dieser Index-Server enthält einen kompletten Web-Index. In diesen 60 GByte großen Datenbanken wird in weniger als einer Sekunde der Suchbegriff gefunden. Auf einer weiteren AlphaServer 4100 5/300 läuft der Such-Robot, der seine Ergebnisse an den Web-Indexer, ein AlphaServer 4100 5/300, weitergibt.

Wer finanziert die WWW-Suchmaschinen? Alle WWW-Suchmaschinen zeigen Werbeeinblendungen. Da die Suchmaschinen sehr häufig besucht werden, betragen die Werbeeinnahmen mehrstellige Millionenbeträge pro Jahr (alleine Yahoo! kassierte 1996 20 Millionen Dollar, 1997 70 Millionen Dollar und 1998 200 Millionen Dollar). Die Kunden zahlen fünfstellige Beträge, um ihre Werbung wenige Wochen in den bekannten Suchmaschinen plazieren zu dürfen. AltaVista wird außerdem von Compaq gesponsert. Es demonstriert die Leistungsfähigkeit der DEC-Alpha-Rechner.

Die bekanntesten und beliebtesten Web-Suchmaschinen sind AltaVista, Excite, HotBot und Lycos. AltaVista kommt täglich auf über 30 Millionen Seitenansichten (PageViews) für 18 Millionen einzelne Internet-Benutzer (Visits). Weltweit gibt es über 1000 Suchmaschinen. Die wichtigsten URLs sind:

- AltaVista (http://www.altavista.com): liefert sehr viele Treffer

- Excite (http://www.excite.de): brauchbare Treffer

- Fireball (http://www.fireball.de): findet deutschsprachige Web-Seiten

- HotBot (http://www.hotbot.com): sehr gute Treffergenauigkeit und brauchbare Treffer

- Infoseek (http://www.infoseek.com): bietet besonders aktuelle Informationen

- Lycos (http://www.lycos.de): guter deutscher Sucher

- Yahoo! (http://www.yahoo.de): eher bekannt als Web-Katalog

Bei fast allen Suchmaschinen können mehrere Worte eingegeben werden und eine UND/ODER-Verknüpfung definiert werden. Die Syntax erfahren Sie über einen Hilfe-Button. Bei AltaVista kann die Suche durch folgende Präfixe oder Optionen genauer spezifiziert werden:

klein	Kleinschreibung: ohne Beachtung von Groß/Kleinschreibung
Groß	nur „Groß" wird gesucht, aber weder „groß" noch „GROß"

+	dieses Wort muß enthalten sein
-	dieses Wort darf nicht vorkommen
"... ..."	Suche nach Wortkombination inkl. Leerzeichen in Anführungszeichen
...*	nur Wortanfang wird vorgegeben
title:	dieses Wort muß im Titel vorkommen
url:	dieses Wort muß in der URL enthalten sein
link:	nach diesem Hyperlink suchen
host:	nur auf dem genannten Server suchen
host:*.de	nur auf *.de-Server suchen

Beispiele:

+groupware +workflow -"lotus notes"

sucht nach Seiten über Groupware UND Workflow, aber ohne Lotus Notes,

+link:www.MeineDomain.de -host:www.MeineDomain.de

sucht nach Web-Seiten, die einen Verweis auf einen bestimmten Server beinhalten, aber nicht auf diesem Server sind

Bei einigen deutschen Web-Suchmaschinen (meistens mit Endung .de) kann eine besondere Unterstützung für deutschsprachige Anwender eingestellt werden, zum Beispiel, daß die Interaktion in deutsch erfolgt oder daß sie nur auf deutschen Web-Servern oder nur nach deutschsprachigen Web-Seiten suchen. Fireball etwa identifiziert deutsche Web-Seiten nicht durch die Top-Level-Domain .de (was häufig irreführend ist), sondern untersucht wirklich die Sprache des Textes.

MetaGer, MetaCrawler und ProFusion sind Multi-Searcher:

- MetaGer (http://meta.rrzn.uni-hannover.de): guter deutscher Multi-Sucher

- MetaCrawler (http://www.metacrawler.com): guter Multi-Sucher

- ProFusion (http://www.profusion.com): guter Multi-Sucher

Multi-Searcher sind eigentlich keine eigenständigen Suchmaschinen, sondern die Multi-Sucher reichen Suchanfragen (inklusive UND/ODER-Verknüpfungen) automatisch an verschiedene Suchdienste weiter und stellen die gesammelten Ergebnisse nach Ausfilterung von Doppelnennungen übersichtlich dar. Dies erleichtert die Recherche schwieriger Suchbegriffe oder kann, falls der Multi-Searcher über einen intelligenten Bewertungsalgo-

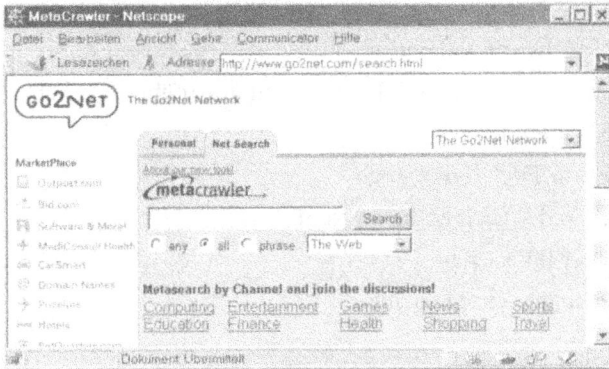

rithmus verfügt, zu relevante-
ren Ergebnissen führen. Meta-
Ger benutzt nur deutsche
Suchmaschinen (Dino, Web,
Flipper, Yahoo!, Crawler, Hot-
list, Netguide) und ist für
deutschsprachige Inhalte besonders geeignet. MetaCrawler
ist internationaler ausgerichtet.

PC-Multisucher sind Verwal-
tungsprogramme für Suchmaschinen, die lokal auf dem PC
laufen. Mit die besten sind
WebFerret von FerretSoft (http://www.ferretsoft.com/netferret) und WebSeeker von Fore-
Front Group (http://www.ffg.com). Weitere Beispiele sind WebCompass von Quarterdeck
(http://webcompass.quarterdeck.com) und Internet FastFind von Symantec (http://www
.symantec.com). Sie verfeinern die Arbeitsweise der Web-Multisucher. Sie können ebenfalls mehrere Web-Suchmaschinen betreiben und die Ergebnisse sammeln. Darüber hinaus
können sie auf Wunsch die gefundenen URLs automatisch laden, damit sie anschließend
offline betrachtet werden können oder um eine Volltextsuche zu ermöglichen. PC-Multisucher haben gegenüber den Web-Multisuchern den Vorteil, daß sie die ersten Suchergeb-
nisse sofort anzeigen können, sobald der erste Sucher seine Ergebnisse meldet, während die
Web-Multisucher warten müssen, bis der letzte Sucher fertig ist.

AltaVista bietet übrigens einen netten Marketing-Gag. Unter http://babelfish.altavista
.digital.com/cgi-bin/translate können Sie einzelne Sätze oder auch ganze Web-Seiten
automatisch übersetzen lassen. AltaVista bedient sich hierzu der Übersetzungs-Software
des französischen Herstellers Systran. Dabei können Sie zwischen sechs Sprachen wählen,
von denen oder zu denen Sie übersetzen lassen wollen. Bei kurzen Phrasen mag es einen
ernsthaften Nutzen geben, aber zumindest bei technischen Texten dient dieser Service eher
der Belustigung, wenn etwa Zip File zu Reißverschlußdatei übersetzt wird.

Relevanz der Suchergebnisse

Natürlich kann man nicht davon ausgehen, daß Web-Sucher wirklich alle Web-Seiten
durchforsten können. Dies ist aus verschiedenen Gründen nicht möglich. Zum Beispiel
haben die ständig das Web durchforstenden Robots der Suchmaschinen einen Zyklus von
mehreren Wochen bis zu Monaten, obwohl zum Beispiel AltaVista jeden Tag 6 Millionen
Seiten schafft. Einzelne in der Datenbank der Suchmaschine eingetragene Daten können
also in der Aktualität einige Wochen zurückliegen, was im Internet einer Ewigkeit gleich-
kommt. Ein kurzzeitiger Ausfall des zu überprüfenden Servers gerade dann, wenn dieser
überprüft werden soll, kann diese Situation verschärfen. Web-Seiten mit Frames, Web-
Seiten mit kurzfristigem Verfallsdatum und dynamisch aus Datenbankinhalten auf Grund
von getätigten Eingaben kreierte Web-Seiten können normalerweise gar nicht einbezogen
werden. Ebenso werden Web-Seiten oder ganze Web-Sites von den Robots nicht gefunden,
wenn es keine Links auf sie gibt.

Warum liefern verschiedene Web-Sucher verschiedene Ergebnisse bei gleichen Suchbegriffen? Einige Sucher extrahieren lediglich Schlagworte aus dem Titel und den Meta-Tags der HTML-Seite, andere untersuchen den ganzen Text, wieder andere bewerten hervorgehobene Wörter oder häufigere Wörter stärker. Außerdem sind die jeweiligen Robots zu unterschiedlichen Zeitpunkten auf den zu untersuchenden Servern unterwegs.

Aber lassen Sie sich durch diese Einschränkungen nicht täuschen: Normalerweise ist das Problem der Suchmaschinen nämlich nicht, daß einzelne Seiten nicht beachtet werden, sondern daß aus zu vielen Treffern relevante ausgefiltert werden müssen. Letzteres erfüllen Excite und HotBot am treffsichersten.

Neue Suchmaschinen

Es sind neue Suchmaschinen in Arbeit, die gezielter suchen sollen. Was nützt dem Anwender, wenn AltaVista 60.000 Treffer für eine Suchanfrage findet, davon aber nur wenige wirklich relevant sind? Die Eingabeverfahren müssen verfeinert werden, damit klarer definiert werden kann, ob eine Hamburger-Bude in Japan oder ein japanisches Restaurant in Hamburg gesucht ist. Erste Ansätze zeigt der Suchdienst Excite (http://www.excite.de). Wird hier bei einem Treffer, der dem Ziel am nächsten kommt, „Ähnliche Sites" bzw. „More Like This" angeklickt, wird mit Hilfe künstlicher Intelligenz die Zahl der Treffer auf möglichst ähnliche eingeschränkt. Das Rechercheprogramm Echosearch (http://www .iconovex.com) befragt verschiedene Web-Suchdienste und analysiert dann ebenfalls mit Hilfe künstlicher Intelligenz die Ergebnisse.

Eine neue Technik namens Hits will Web-Seiten anhand der auf sie verweisenden Hyperlinks beurteilen. Zum einen erlaubt die Zahl der Hyperlinks eine Gewichtung, da auf interessante Seiten naturgemäß besonders viele Links zeigen. Zum anderen wird eine gewisse Sinnerfassung ermöglicht, die gerade bei mehrdeutigen Suchbegriffen eine Eingrenzung erleichtert, da nur Angebote ähnlicher Thematik untereinander vernetzt sind.

Spezialisierte Sucher und Verzeichnisse

Außer den genannten allgemeinen Suchern und Katalogen gibt es noch spezialisierte Dienste:

- Spezialsuchmaschinen für bestimmte klar abgegrenzte Themen suchen:
  Beaucoup von Madden (http://www.beaucoup.com),
  Search.com von CNET Inc.
  (http://www.search.com) und
  Sleuth von Internet Business Connection (http://www.isleuth.com),

- E-Mail-Adressen oder Personen im Web suchen:
  MESA MetaEmailSearchAgent
  (http://mesa.rrzn.uni-hannover.de),
  Yahoo! People Search / Four11
  (http://people.yahoo.com),
  Bigfoot (http://de.bigfoot.com),
  IAF Internet Address Finder

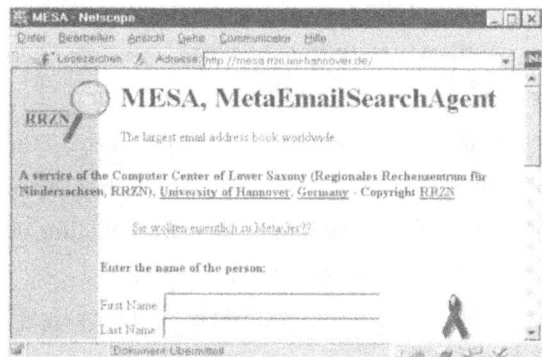

(http://www.iaf.net),
Whois-Dienst des InterNIC
(http://rs.internic.net/cgi-
bin/whois),
M.I.T. Internet Whois Servers
(ftp://rtfm.mit.edu/pub/whois/
whois-servers.list) und
WhoWhere?
(http://www.whowhere.com),

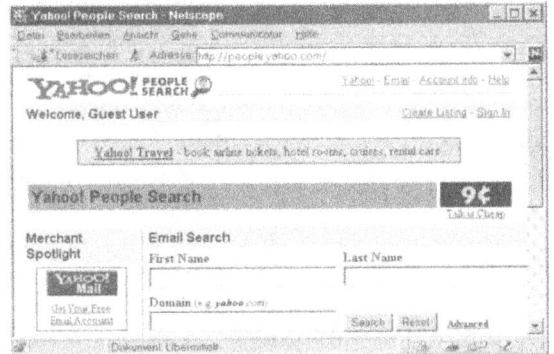

- Deja News
  (http://www.dejanews.com) und
  Reference.com/Sift Inc.
  (http://www.reference.com) suchen in Newsgroups,

- WWW-Server in Deutschland vom DFN-CIS (http://www.entry.de) listet Server auf,

- Filez (http://www.filez.com) sucht Software (zum Download).

3.11 Nachrichtenticker, Push-Dienste, individualisiertes Web-Casting

Einfache Nachrichtenticker listen täglich neu aktuelle Informationen auf. Als Computer-orientierte Nachrichtenticker seien genannt:

- Heise News-Ticker (http://www.heise.de/newsticker),

- Computerwoche News (http://www.computerwoche.de/info-point/top-news),

- ZDNet News (http://www.zdnet.de),

- Information Week (http://www.informationweek.de) und

- CNet.com (http://www.cnet.com).

Ein vielfältiges Angebot weltweiter allgemeiner Nachrichten bieten zum Beispiel:

- Yahoo! Ticker (http://www.yahoo.de/schlagzeilen),

- Web.de (http://seite1.web.de),

- ARD-aktuell (http://www.tagesschau.de und http://www.tagesthemen.de),

- Spiegel Online (http://www.spiegel.de),

- Süddeutsche Zeitung (http://www.sueddeutsche.de/aktuell),

- Rheinische Post online (http://rp-online.de/topnews/aktuell.shtml),

- Berliner Zeitung (http://www.BerlinOnline.de/aktuelles/aktueller_ticker),

- CNN Online (http://www.cnn.com),

- MSNBC (http://www.msnbc.com/news) und

- ABC News (http://www.abcnews.com).

Einige Web-Dienste versuchen die Informationsflut des Internet durch individualisierte Informationsangebote einzugrenzen. Der Benutzer wählt aus, welche Informationsarten ihn besonders interessieren. Vielleicht interessieren ihn Sportereignisse ebensowenig wie der Wetterbericht von New York. Statt dessen würde er lieber die Wetterprognose seines Wohnorts oder Urlaubsorts erfahren, gezielt Nachrichten der Telekommunikationsbranche lesen oder die Aktienkurse bestimmter Firmen verfolgen. Diese ausgewählten Nachrichten bekommt er dann täglich oder sogar ständig aktualisiert auf seinen Bildschirm. Für diese Dienste, die die Daten nicht erst bei Abruf (Pull) liefern, sondern selbständig anliefern, wurden die Begriffe Web-Casting und Push-Technologie geprägt. Einige Nachrichtendienste sind als Bildschirmschoner ausgeführt. Je nach Dienst können gleich entsprechende Hyperlinks eingebaut sein, über die genauere Informationen bezogen werden können oder die auf die Homepages der entsprechenden Firmen verweisen.

Beispiele für Push-Server oder individualisierte Nachrichtendienste sind:

- Pointcast Network (http://www.pointcast.de),

- Infoseek (http://infoseek.go.com) und

- Marimba Castanet (http://www.marimba.com).

Besonders der Pionier Pointcast erfreut sich steigender Beliebtheit (1,2 Millionen Nutzer). Kanäle (Channels), wie beispielsweise Industries, Companies, News, Techweb oder New York Times, und darunter noch bestimmte Schwerpunktthemen können abonniert werden und werden dann automatisch selektiv empfangen. Die Informationen werden von renommierten Diensten wie CNN, New York Times, Pathfinder, Techweb, Wall Street Journal, Wired und ZD Net bezogen.

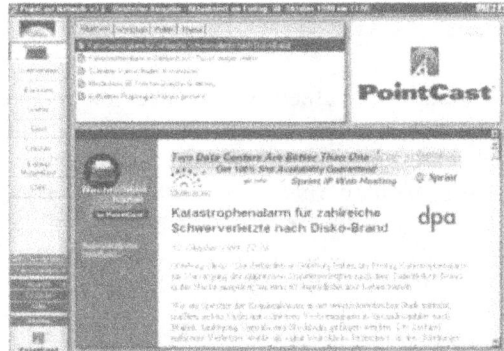

Der in Java programmierte Push-Server Castanet von Marimba erinnert schon fast an ein Fernsehprogramm. Der auch Transmitter genannte Internet-Server bietet verschiedene Kanäle an, die laufend Informationen senden. Will man Kanäle empfangen, muß man einen sogenannten Empfänger (Tuner) auf seinem Rechner installieren und die gewünschten Kanäle abonnieren. Aber Castanet kann nicht nur fortlaufend Informationen senden, sondern auch selbständig Programme transportieren und auf dem Client-Rechner installieren. Dies kann zum Beispiel für automatische Updates ausgenutzt werden. Netscape, Microsoft und Lotus haben besondere Unterstützung der Castanet-Technik angekündigt.

Die neuen Versionen der beiden Web-Browser Netscape Communicator und Microsoft Internet Explorer sind für Push-Dienste vorbereitet. Bei Netscape dient hierfür das Netcaster-Modul, während Microsoft versucht, CDF (Channel Definition Format) als Standard zu etablieren.

Eigentlich sind beides keine „echten" Push-Dienste, da in Wirklichkeit jeder Client seine Informationen einzeln selbst abholt. Nur weil dies automatisiert ist (z.B. durch Abruf in regelmäßigen Abständen), erscheinen die Dienste so, als ob die Informationen ohne zutun gesendet würden. Dem Ideal des „echten" Push-Dienstes näher kommt der vom IETF (Internet Engineering Task Force) initiierte IP-Multicast-Standard. Dabei werden die Informationen wirklich nur einmal gesendet und können von einer großen Gruppe von Empfängern gleichzeitig empfangen werden. Insbesondere für Echtzeitdaten (Streams) wie etwa Live-Übertragungen ist diese Technik interessant. Multicast wurde erstmalig im M-Bone (Multicast-Backbone) im DFN-Netz zwischen den Universitäten realisiert und wird seit September 1997 vom UUNET angeboten.

Die Push-Dienste zogen 1997 sehr viel Aufmerksamkeit auf sich. Aber bereits 1998 gerieten sie fast schon wieder in Vergessenheit. Viele Anwender zogen es doch vor, ihre Informationen aktiv selbst zu suchen, was zu einem starken Run auf die sogenannten Portale führte, die als Einstiegsseite Unterstützung und viele hilfreiche weiterführende Hyperlinks anbieten. Die bekanntesten Portale sind Netcenter von Netscape (http://www.netcenter.com) und die im Kapitel „WWW-Suchmaschinen, WWW-Kataloge" ab Seite 56 genannten Kataloge, wie etwa Yahoo!

3.12   Weitere Hilfsprogramme und Internet-Dienste

Internet-Tools schießen wie Pilze aus dem Boden. Hier können nur einige wenige aufgezählt werden. Es gibt im Internet Sammlungen und Übersichten zu solchen Tools. Die bekannteste ist Tucows (The Ultimate Collection Of Winsock Software, http://www.tucows.com). Weitere finden Sie unter http://www.shareware.com, http://www.download.com, http://www.software.de, http://www.winfiles.com, http://win95site.de, http://www.top-network95.de und http://www.kostenlos.de. Plug-Ins werden auch unter http://browserwatch.internet.com/plug-in.html angeboten.

Web-Site-Analysatoren

Wenn man sich auf fremden Web-Sites zurechtfinden will (weil man vielleicht eine bestimmte Web-Seite sucht), dann helfen Tools, die die Struktur eines Servers grafisch darstellen, wie etwa AOLPress (http://aolpress.com).

WWW-Offline-Reader

Offline-Reader lesen selbständig voreingestellte Web-Seiten und speichern Sie auf der Festplatte. Dies kann auch automatisiert zu einer vorgegebenen Zeit, zum Beispiel nachts, geschehen. Sie bleiben nur solange wie nötig online. Danach kann man in Ruhe die Kopien lesen, ohne daß weitere Verbindungskosten fällig werden. Offline-Reader gibt es viele, hier sollen nur wenige Beispiele genannt werden.

Net Attache von Tympani (http://www.tympani.com) ist eines der bekanntesten und besonders für den privaten Einsatz geeignet. Recht beliebt sind auch Teleport Pro von Tennyson Maxwell (http://www.tenmax.com), Anawave WebSnake von AnaServe Inc. (http://www.anaserve.com) und Web Downloader von Chernavin (http://www.saransk.sitek.net/pages/

arny). WebWhacker von ForeFront Group (http://www.bluesquirrel.com) bietet viele Konfigurationsmöglichkeiten. AutoWinNet (http://www.AutoWinNet.com) bietet darüber hinaus noch weitere Funktionen, die ähnlich einer Batchsprache voreingestellt werden können.

Für einfache Anwendungen kann auch die im Microsoft Internet Explorer integrierte Abonnement-Funktion ausreichen. Damit können ebenfalls Web-Seiten automatisch geladen und später offline gelesen werden.

Web-Änderungsmelder, Web-Agenten

Werden Nachrichtendienste oder andere Web-Seiten mit einem Web-Änderungsmelder kombiniert, wird automatisch jede Änderung gemeldet.

Persönliche intelligente Web-Agenten wollen noch einen Schritt weitergehen. Sie können etwa als lokaler Proxy-Server implementiert sein. Sie untersuchen selbständig Web-Seiten nach vorgegebenen Kriterien (z.B. auf Änderung, wie die Web-Änderungsmelder). Sie versuchen darüber hinaus, sich an die Bedürfnisse des Anwenders anzupassen und aus dem Benutzerverhalten (Click-Stream-Analyse) Voraussagen abzuleiten, welche weiteren Web-Seiten ebenfalls interessant sein könnten. Solche Web-Agenten sind zum Beispiel: WBI Web Browser Intelligence von IBM (http://www.networking.ibm.com/iag/iaghome.html), Wisewire (http://www.wisewire.com) und Firefly (http://www.firefly.com).

Wissenschaftlich formuliert müssen „intelligente Agenten" kontinuierlich drei Funktionen ausführen: Sie nehmen ihre sich verändernde Umgebung wahr, sie interpretieren ihre Wahrnehmungen und sie handeln, um ihre Umgebung zu verändern. Anders als normale Programme sollen Agenten intelligent sein und in einer nicht vorhersehbaren Umgebung operieren, autonom schlußfolgern und handeln können. Diesem hohen Anspruch werden die genannten Web-Agenten allerdings noch nicht gerecht.

Noch weniger erfüllen Agenten diesen Anspruch, die lediglich als Schnäppchenjäger kommerzielle Preise vergleichen und billige Online-Shopping-Angebote ausfiltern, wie etwa BargainFinder, Jango, Junglee, Quando und WebShopper. Bei solchen Agenten ist sehr kritisch zu untersuchen, ob wirklich vergleichbare Preise (z.B. mit oder ohne Mehrwertsteuer, Versandkosten und Service) zur Geltung kommen und wie die Auswahl der untersuchten Web-Sites zustande kommt. Einige Agenten durchforsten nur Angebote von Händlern, die eine monatliche Gebühr entrichten.

FTP

Mit FTP wird einerseits ein Protokoll zur Dateiübertragung im Internet bezeichnet (File Transfer Protocol), andererseits kann mit FTP auch ein Hilfsprogramm gemeint sein, das eine solche Dateiübertragung durchführt. Außerdem gibt es auch noch eine Firma, die sich FTP Software nennt.

FTP-Hilfsprogramme werden vom normalen Anwender nur selten benötigt, da das Kopieren von Dateien meistens über Schaltflächen auf WWW-Seiten ausgelöst wird. Selbst auf FTP-Servern kann man sich per normalem Web-Browser einloggen und darin navigieren. Als URL wird dann nicht http://... sondern ftp://... eingegeben.

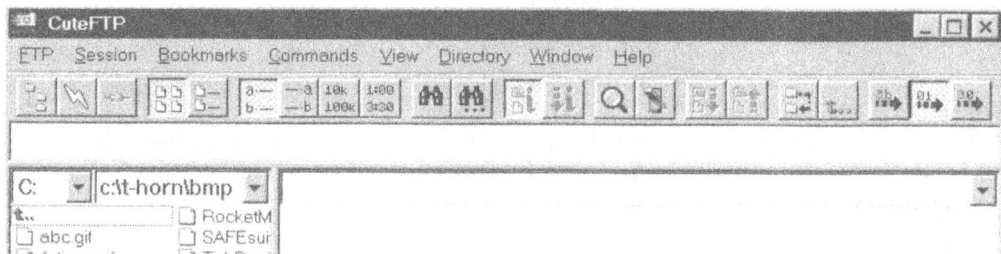

Für den selteneren FTP-Upload, also das Kopieren von Dateien vom Anwender zum Server, werden gerne FTP-Client-Programme verwendet, wie zum Beispiel CuteFTP von GlobalScape (http://www.cuteftp.com), FTP Explorer von FTPx Corp. (http://www.ftpx.com) oder WS_FTP von Ipswitch Inc. (http://www.ipswitch.com). Kaum jemand weiß, daß auch der Netscape Navigator FTP-Upload kann. Wenn Sie als URL ftp://<Benutzername>@<domain> eingeben, fragt der Browser nach dem Paßwort. Per „Datei"/„Seite übertragen..." oder per Drag & Drop werden Dateien transferiert. Für einzelne Aktionen oder gleichartige sich wiederholende Batch-gesteuerte Prozeduren mag auch ein in vielen Betriebssystemen enthaltenes rudimentäres Tool genügen, etwa das im Windows enthaltene FTP.exe.

Archie, Gopher, WAIS

Diese Dienste haben auf Grund der komfortableren Möglichkeiten des WWW nicht mehr die Bedeutung, die sie früher einmal hatten.

Archie ist ein Internet-Suchdienst für per FTP ladbare Dateien. Ein bekannter Archie-Server ist zum Beispiel das ArchiePlexForm der TH Darmstadt (http://archie.th-darm-stadt.de). Bei FTP Search / Lycos (http://ftpsearch.lycos.com) finden Sie einen kostenlosen Archie-Service über das WWW.

Gopher ist ein textorientiertes Informationssystem im Internet, welches seine Daten in einer hierarchischen Baumstruktur sortiert darstellt, obwohl die Daten weltweit verteilt sind. Gopher erlaubt Volltextrecherche.

WAIS (Wide Area Information Server) ist ein weltweites Datenbanksystem mit Suchfunktion. WAIS erlaubt Volltextrecherche.

Telnet, Ping, Finger, WinIPcfg, IPconfig, Netstat, Tracert, Traceroute, TracePlus, Looking Glass

Telnet ermöglicht den Login in einen entfernten über das Internet erreichbaren Rechner über ein Terminal-Programm. Je nach Zugriffsrechten können dort Dateioperationen durchgeführt und Programme gestartet werden.

Ping verschickt Datenpakete mit der Anweisung, sie unmittelbar zurückzusenden. Damit kann eine Netzwerkverbindung kontrolliert werden und Rückschlüsse auf die Verbindungsgeschwindigkeit sind möglich.

Über das Dienstprogramm Finger erhält man Informationen über einen anderen Benutzer an einem angegebenen System, falls dort der Finger-Dienst installiert ist. Die zurückgelieferten Informationen hängen vom Remote-System ab.

WinIPcfg.exe ist ein Windows-98-Programm, welches die eigene IP-Adresse und andere Daten der TCP/IP-Konfiguration anzeigt. IPconfig.exe leistet das gleiche unter Windows NT.

Das Programm Netstat.exe listet den Status der aktuellen TCP/IP-Verbindungen auf. „Netstat -a 10" aktualisiert die Anzeige alle 10 Sekunden. Mit „Netstat -s" erhalten Sie eine Statistikübersicht. Weitere Parameter finden Sie zum Beispiel unter Windows entweder in der Windows-Hilfe oder in der DOS-Box mit „Netstat -?" erklärt. Ähnliche, aber deutlich komfortablere Tools sind TCPView von Russinovich (http://www.sysinternals.com) und X-NetStat von Fresh Software Inc. (http://www.arez.com/fs/xns).

Je nach Platform kann mit dem Tracert-, Tracerte- oder Traceroute-Kommando verfolgt werden, über welche Stationen die Internet-Verbindung zustandekommt. Unter Windows 98 geht man dazu in die DOS-Box und gibt Tracert und dahinter die Web-Adresse ein. Zum Beispiel für Microsoft würde der Befehl „Tracert www .microsoft.com" lauten. Dann werden die Stationen einzeln aufgelistet. Über weitere Parameter sind Timeouts und anderes einstellbar. Unter Windows bekommen Sie eine Erklärung zum Tracert-Kommando entweder in der Windows-Hilfe oder in der DOS-Box mit „Tracert -?".

Statt dem im Betriebssystem enthaltenen Trace-Kommando können Sie auch spezielle Web-Dienste in Anspruch nehmen, etwa das EBS Looking Glass von Ebone Inc. (http://www.ebone.net/looking-glass) oder das DE-CIX Looking Glass von IntraNet (http://www.intra.de/de-cix/decix.html).

Wenn Sie den gesamten Datenverkehr überwachen und jedes einzelne per HTTP übertragene Paket samt Inhalt angezeigt bekommen wollen, können Sie dies mit TracePlus32 Web Detective von SST Systems Software Technology Inc. (http://www.sstinc.com/ webanal.html). Allerdings werden Sie schnell in der Datenflut ertrinken, so daß dieses Tool nur während der Entwicklung eigener Web-Angebote nützlich ist oder wenn Sie einen konkreten Verdacht auf einen Hackerangriff gegen Ihren Rechner hegen. Ähnliches gilt für den NetSniffer von Assert (http://www.assert.ee/netsniffer).

NsLookUp ist ein Diagnose-Hilfsprogramm unter Windows NT. Es zeigt Informationen von DNS-Servern an (Domain Name System).

Wenn Sie zu einer bestimmten Web-Site wissen wollen, auf was für einer Server-Software sie betrieben wird, können Sie dies über Netcraft (http://www.netcraft.com/cgi-bin/Survey/whats) erfahren.

4   Internet-Provider
(Zugang und Web-Space)

Der Zugriff auf das Internet erfolgt über Anbieter von Zugangspunkten, die Internet Service Provider oder abgekürzt ISP genannt werden. Ein reiner ISP (z.B. UUNET oder Nacamar) bietet nur Internet-Dienstleistungen. Online-Dienste (z.B. T-Online, AOL, CompuServe) stellen darüber hinaus weitere eigene Inhalte und Dienste zur Verfügung. Die örtlichen Anschlußpunkte der ISPs werden lokale PoPs (Point of Presence) genannt. Wenn die Möglichkeit besteht, eine Firma im Internet zu präsentieren, spricht man von einem IPP (Internet Presence Provider) oder Web-Space-Anbieter.

Während sich die Online-Dienste mehr an den Privatnutzer wenden, sollten sich Firmen eher mit lokalen ISPs bzw. IPPs in Verbindung setzen, insbesondere wenn eigene Web-Server eingesetzt werden sollen.

Die Internet Provider stellen die Verbindung zu den schnellen übergeordneten Internet-Backbones her, über die die Daten quer durch Deutschland oder bis ins Ausland verschickt werden. Große Backbone-Netzbetreiber (auch NSP für Network Service Provider genannt) sind Ebone, ECRC, Telekom, UUNET, Vebacom und WIN (deutsches Wissenschaftsnetz, nicht für kommerzielle Nutzung).

4.1   Wie finde ich Internet-Provider, lokale PoPs und Web-Space-Anbieter

Wie finde ich lokale Internet-Provider

Während Ihre Web-Site durchaus bei einem IPP (Internet Presence Provider) in Übersee gelagert sein darf (mit FTP-Zugang), was nicht immer empfehlenswert, aber durchaus machbar ist, muß Ihr Internet-Zugang entweder über eine Standleitung oder über einen lokalen ISP (Internet Service Provider) erfolgen, der im City-Bereich mit Ortsgesprächs-tarif telefonisch erreichbar ist. Sonst werden Ihre Telefonkosten ins exorbitante steigen. Das muß nicht unbedingt genau Ihr Wohnort sein, auch umliegende Städte und Gemeinden können dazu gehören. Ein Blick in die Broschüre „Preisinformation Teil 1 - Verzeichnis der Vorwahlen und Tarifbereiche" der Telekom kann sich lohnen.

Die größeren Internet-Provider locken mit für den Kunden per Ortsgesprächtarif bundesweit erreichbaren Internet-Zugängen. Um dies zu realisieren gibt es zwei Techniken.

Entweder der Provider richtet in jedem der etwa 220 Netze, innerhalb derer per Ortsgesprächstarif telefoniert werden kann, einen Einwählpunkt ein. Diese teure Infrastruktur können sich zur Zeit nur Telekom und AOL leisten, allerdings vermietet die Telekom ihr bundesweites Zugangsnetz auch an andere Anbieter (z.B. an COMCITY). Oder alternativ werden die Anrufe zu weniger Niederlassungen per 0180-Nummer weitergeleitet. Damit nur möglichst wenige Verbindungen teurer als mit Ortsgesprächstarif notwendig werden, sind dabei etwa 25 über Deutschland verteilte Einwählpunkte nötig. So arbeitet zum Beispiel Nacamar.

Es gibt verschiedene Wege, lokal erreichbare Anbieter von Internet-Diensten aufzuspüren.

Sie können die im Kapitel „Vergleich überregionaler Internet-Provider für Internet-Zugang" ab Seite 76 genannten Provider kontaktieren. Viele überregionale Provider bieten auf ihrer Web-Site ein Karte Deutschlands, wo sie ihren Wohnort anklicken können und dann die nächstgelegenen Einwählpunkte bzw. PoPs genannt bekommen.

Viele Städte sind bereits im WWW vertreten, meistens mit dem Stadtnamen als Domain-Adresse, also zum Beispiel http://www.aachen.de für Aachen. Auf deren Web-Site finden sich oft Verweise auf lokale Partnerfirmen oder Annoncen lokaler PoPs. Sie können auch in der örtlichen Tageszeitung Annoncen lokaler PoPs suchen.

Es gibt diverse Web-Seiten, die sich nur damit beschäftigen, Internet-Provider zu untersuchen oder Listen von PoPs zur Verfügung zu stellen. Beispiele sind:

- c't (http://www.heise.de/ct/provider),
- Uni Trier (http://www.uni-trier.de/infos/PoP-DE-Orte.html),
- BuBiS (http://www.internet-provider.org),
- Regionales Provider-Verzeichnis (http://www.rpv.net),
- Vanselow (http://www.providerliste.com) und
- Suchdienst von Sander-Beuermann (http://www-cache.rrzn.uni-hannover.de/such-prov.html),

wo Sie Ihren Ortsnamen, die Postleitzahl oder die Telefonvorwahl eingeben und eine Liste lokaler PoPs erhalten. Es können lokale ISPs (Internet Service Provider) oder IPPs (Internet Presence Provider) erfragt werden. Alternativ (falls kein WWW-Anschluß, sondern nur E-Mail-Anschluß vorhanden ist) können Sie auch eine E-Mail an such-prov@pcdis.rrzn.uni-hannover.de senden, in der Sie als Subject entweder Ortsnamen, Postleitzahl oder Telefonvorwahl angeben. Dann bekommen Sie die Antwort per E-Mail. Aber Vorsicht: Solche Listen machen einen vollständigen Eindruck, aber sie sind es nicht. Es gibt fast überall noch weitere nicht in den Listen genannte Anbieter. Der gleiche Autor (Sander-Beuermann) bietet übrigens auch einen Fragen&Antworten-Text (FAQ) zum Thema „Internet-Zugänge in Deutschland" unter http://www.rrzn.uni-hannover.de/inet-zu-de.html. Weitere Web-Seiten zu diesen Themen finden Sie bei

- Mecklermedia (http://thelist.internet.com/country/Germany.html) und
- Lux (http://www.dpunkt.de/produkte/lux/isp.html).

Eine der wichtigsten Hilfen zur Beurteilung von Providern sind News-Gruppen, zum Beispiel

- news:de.comm.provider.suche.

Wenn Sie einen optimalen Provider suchen, wird Ihnen nichts anderes übrig bleiben, als mehrere der genannten Wege einzuschlagen. Ein späterer Wechsel des Providers ist mit Zeitaufwand und Kosten verbunden und kann eine Änderung Ihrer E-Mail-Adresse bedeuten, die Sie vielleicht schon per Visitenkarte oder Briefbogen an viele Kunden verteilt haben.

Wie finde ich Web-Space-Anbieter

Listen deutscher Web-Space-Anbieter finden Sie bei

- NetScouts (http://www.webhostlist.de) und

- InfoStar (http://www.infostar.de/webprovider).

Eine sehr lange Liste internationaler Anbieter mit teilweise noch günstigeren Angeboten finden Sie bei

- Chapman (http://www.budgetweb.com/budgetweb).

Ebenso finden Sie IPPs bei

- Lux (http://www.dpunkt.de/produkte/lux/ipp.html).

Eine sehr wichtige Informationsquelle sind die diversen News-Gruppen, zum Beispiel

- news:de.comm.infosystems.www.servers.

Kostenlosen Web-Space (normalerweise nicht gewerblich nutzbar) finden Sie über

- Up2Day Telekommunikation (http://www.kostenlos.de).

Einige sehr preiswerte Web-Space-Anbieter sind im Kapitel „Vergleich preiswerter Web-Space-Anbieter" ab Seite 79 aufgelistet.

4.2   Wie beurteile ich Internet-Provider

Wie beurteile ich Internet-Zugangsanbieter und lokale PoPs

Weltweit gibt es über 2000 Internet-Provider mit jeweils vielen PoPs, alleine in Deutschland sind es über 1000 PoPs. Beachten Sie, daß ihr PoP per Ortstarif erreichbar sein muß (außer bei Standleitungen). Bei der Suche nach dem optimalen Provider bzw. PoP darf nicht nur auf den Preis geschaut werden. Andere Kriterien sind mindestens ebenso wichtig:

- Wenn Sie nicht sehr schnell den Spaß am Surfen verlieren wollen, dann ist eine der wichtigsten Voraussetzungen optimale Performance. In Deutschland ist das ISDN-Netz flächendeckend verbreitet. Ihr ISP sollte also nicht nur einen ISDN-Anschluß anbieten, sondern auch die Daten mit ISDN-Geschwindigkeiten liefern können. Spitzenübertragungsleistungen von über 7 KByte/s und durchschnittliche Werte von über 5 KByte/s über verschiedene Tageszeiten und URLs sollten mindestens erreicht werden. Die Geschwindigkeit kann mit einem Test-Account beim lokalen PoP geprüft werden. Übertragen Sie dazu verschiedene Dateien über FTP und lassen Sie sich nicht durch zwischengespeicherte Zugriffe aus einem Proxy-Cache täuschen. Auch das Windows-98-Hilfsprogramm Tracert kann bei der Beurteilung der Zugriffszeit helfen. Vielleicht finden Sie sogar einen Provider, der Analysen nach der IETF-Empfehlung Framework for IP Performance Metrics (RFC 2330) anbietet, die für eine einheitliche Bewertung von Performance-Messungen sorgen soll.

- Fragen Sie den Provider nach seiner Anbindung an das DE-CIX (Deutsche Commercial Internet Exchange Association). Das DE-CIX in Frankfurt ist der wichtigste zentrale deutsche Internet-Austauschknoten zwischen Internet-Backbone-Netzen. Bei fehlender Alternative oder bei weniger als 2 Mbit/s Bandbreite zum DE-CIX kommt es schnell zu Engpässen und die Datenpakete müssen eventuell den Umweg über die USA nehmen. Sie können sich auch beim DE-CIX (http://www.eco.de/DECIX) über Ihren Provider erkundigen.

- Fragen Sie nach einem Internet-Zugang mit vollem IP-Routing. Auf jeden Fall benötigen Sie WWW, FTP, E-Mail und News. Fragen Sie, ob Telnet-Zugriff möglich ist oder ob es Einschränkungen beim Zugang zu News-Gruppen, Chat-Angeboten oder Internet-Telefonie gibt.

- Prüfen Sie, ob die Internet-Anbindung zum Provider die Benutzung der 32bit-Version entweder des Netscape Navigators oder des Microsoft Internet Explorers erlaubt.

- Vorteilhaft ist, wenn Ihr Internet-Provider für den E-Mail-Verkehr die standardisierten Protokolle POP3 (oder IMAP4) sowie SMTP verwendet. POP3 (Post Office Protocol Version 3) dient zum Empfang und SMTP (Simple Mail Transport Protocol) zum Versand von E-Mails. Nur dann sind Sie frei in der Wahl des E-Mail-Programms.

- Wenn der Internet-Provider Roaming anbietet, kann man auch von anderen Zugangspunkten auf das Internet zugreifen. Dies kann im Außendienst oder für mobile Geschäftsleute wichtig sein.

- Falls Sie keinen privaten Anschluß suchen, sondern Ihre Firma an das Internet anbinden wollen, ist die Zuverlässigkeit und das Eingehen auf Ihre Vorstellungen von Bedeutung. Fragen Sie schon jetzt nach den Preisen für Standleitungsanbindungen, auch wenn Sie das vorerst noch nicht planen.

- Falls Sie vielleicht später Extranets einrichten wollen, fragen Sie jetzt schon Ihren Provider, inwieweit er dies unterstützen kann. Falls Sie Ihr LAN an ein anderes LAN koppeln wollen oder VPNs (Virtual Private Networks) einrichten wollen (z.B. über das in Windows NT integrierte PPTP, Point to Point Tunneling Protocol), müssen Sie klären, ob dies mit Ihrem Provider möglich ist.

- Einige Programme erwarten eine feste, immer gleiche IP-Nummer. Falls Sie darauf angewiesen sind, fragen Sie Ihren Provider, ob Sie eine solche feste IP-Nummer bekommen können (eventuell mit zusätzlichen Gebühren) oder ob die IP-Nummer bei jedem Einloggen dynamisch neu vergeben wird. Wenn Sie einen Server einrichten wollen, benötigen Sie auf jeden Fall feste IP-Nummern.

- Während bei geschäftlicher Nutzung eine volumenabhängige Berechnung fair ist, ist sie für den privaten Nutzer schlecht überschaubar und kaum kalkulierbar. Der private Wenignutzer sollte zeitabhängige Tarife mit geringer Grundgebühr und der etwas häufiger Surfende sollte Pauschal-Tarife wählen.

- Wenn Sie kritische Anwendungen betreiben und eine hohe Zuverlässigkeit benötigen, müssen Sie über ein Service Level Agreement (SLA) eine garantierte Dienstqualität vereinbaren. Allerdings werden Sie nur wenige Provider finden, die sich darauf einlassen.

Weitere Kriterien finden Sie auf diversen Web-Seiten, zum Beispiel bei Sander-Beuermann (http://www.rrzn.uni-hannover.de/good-provider-faq.html).

Die Performance der Zugangs-Provider ist sehr wichtig. Mit analogen V.34plus-Modems (33,6 kbit/s) könnten theoretisch fast 4 KByte pro Sekunde übertragen werden, mit digitalen ISDN-Adaptern (64 kbit/s) sogar fast 8 KByte pro Sekunde. Wie Untersuchungen von Zeitschriften (z.B. c't vom Heise-Verlag und andere) belegen, bleiben die wirklich erreichbaren durchschnittlichen Übertragungsleistungen jedoch hinter diesen Maximalwerten zurück. Nach diesen Studien bilden DFN, Nacamar, T-Online (mit PPP), UUNET (früher EUnet) und VIAG Interkom oft die Spitzengruppe. Mit ISDN bieten sie durchschnittliche Werte von 6 KByte/s über verschiedene Tageszeiten und URLs sowie Spitzenübertragungsleistungen bis über 7,4 KByte/s (analog: 3 KByte/s / 4,4 KByte/s). Schlechter schneiden AOL, CompuServe, Germany.net und Primus-Online (früher Metronet) ab mit ca. 4 KByte/s über ISDN (ca. 2 KByte/s analog). Den absoluten Tiefpunkt stellten die alten Datex-J-Zugänge von CompuServe und der alten T-Online-Software dar mit nur 2 KByte/s über ISDN (1 KByte/s analog).

Bei Billiganbietern (wie etwa callisto germany.net) müssen die gebotenen Leistungen genau geprüft werden. Billiganbieter ermöglichen oft keinen direkten Zugriff auf das Internet, sondern nur Zugang über Proxy-Rechner. Während HTTP und WWW fast immer unterstützt werden, kann FTP senden, Telnet, News, der Zugang zu Chat-Angeboten oder Internet-Telefonie eingeschränkt oder unmöglich sein. Insbesondere ist die durchschnittlich erreichbare Übertragungsleistung häufig zu gering und es werden manchmal viele Einwählversuche benötigt um eine freie Leitung zu bekommen. Bei Kontakten zu Web-Sites außerhalb Deutschlands wird man eventuell durch lästige Werbeeinblendungen unterbrochen. E-Mails können Einschränkungen unterliegen, wie etwa fehlende POP3-Unterstützung, maximal 1 MByte Anhang und zu kurze Lagerung im Postfach. Professionelles Arbeiten ist so nicht möglich. Ein „Feldweg" läßt kein zügiges Arbeiten zu, selbst die sogenannte „Datenautobahn" ist oft noch zu langsam. Man sollte sich vorher in den gängigen News-Gruppen (z.B. news:de.comm.provider.suche) informieren, ob über den jeweiligen Internet-Provider schon Beschwerden eingelaufen sind.

Wie beurteile ich Internet Presence Provider und Web-Space-Anbieter

Während der PoP für Ihren Internet-Zugang per Ortstarif erreichbar sein muß, spielt dies beim IPP oder Web-Space-Anbieter keine Rolle. Häufig werden amerikanische IPPs gewählt, weil Internet-Dienste in den USA noch immer bei schnellerer Anbindung zu geringeren Kosten angeboten werden. Auch hier gilt, daß nicht nur auf den Preis geschaut werden darf. Bei geschäftlichen Vorhaben ist die Zuverlässigkeit und das Eingehen auf Ihre Vorstellungen von Bedeutung.

- Falls Sie Web-Space suchen, finden Sie Kriterien zur Auswahl im Kapitel „Web-Site auf dem Rechner eines Providers" ab Seite 89.

- Falls Sie einen eigenen Web-Server betreiben wollen, beachten Sie die Hinweise im Kapitel „Eigener Web-Server entweder beim Provider oder lokal" ab Seite 91.

4.3   Online-Dienste T-Online, AOL und CompuServe

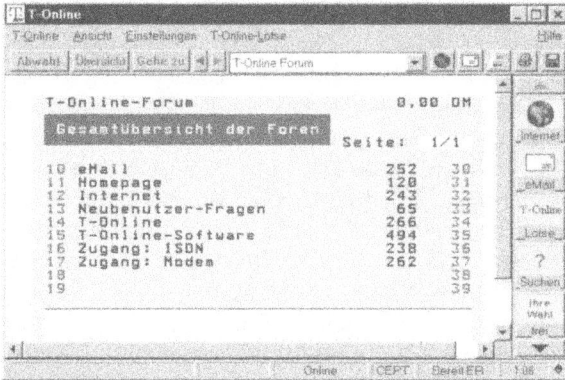

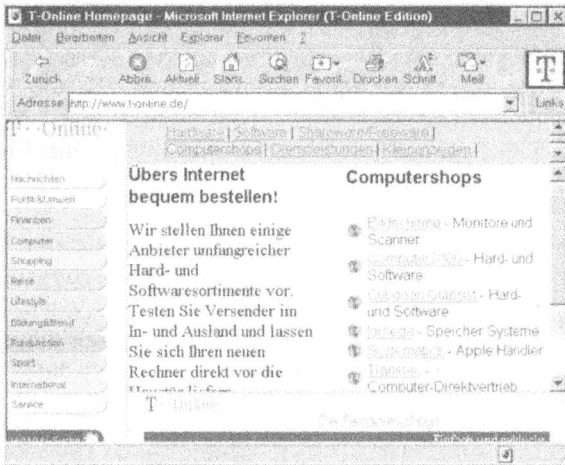

T-Online (Telekom) war lange Zeit der einzige Anbieter für Homebanking-Dienste. Dadurch ist T-Online der Online-Dienst mit den meisten deutschen Teilnehmern geworden, nämlich 2,8 Millionen, die sich 100 Millionen Mal pro Monat über T-Online ins Internet einwählen. T-Online ist deutschsprachig, ist bundesweit zum Ortstarif erreichbar und benutzte lange die 16bit-Netscape-Navigator-Version 2.01 (mit JavaScript, aber ohne Java). Seit 1997 sind auch moderne 32bit-Browser installierbar. Außer dem Internet-Zugang werden BTX-Angebote nach dem veralteten CEPT-Standard und dem KIT-Standard geboten. Die Performance des Internet-Zugangs von T-Online war bis Sommer 1997 mit Abstand am unteren Ende der Skala, sowohl über analoge Modems, als auch über ISDN. Seit Sommer 1997 sind alle 220 Zugänge auf direkte PPP-Internet-Zugänge erweitert worden, was die Geschwindigkeit erheblich verbesserte. Falls Sie ohne den T-Online-Dekoder direkt über den PPP-Zugang Anschluß suchen, sollten Sie sich die Tips bei Rommel ansehen (http://home .t-online.de/home/albert.rommel). POP3/SMTP und NNTP werden unterstützt. Seit 1999 gibt es zwei Neuerungen: Mit Hilfe von iPass Inc. (http://www.ipass.com) wird von 2500 Einwählpunkten in 150 Ländern aus die Einwahl in T-Online ermöglicht (Roaming). Als Ergänzung dazu ist mit WebMail auch der Zugang zu E-Mail per Web-Browser über eine SSL-Verbindung mit Datenverschlüsselung möglich.

AOL (America Online) ist mit 16 Millionen Teilnehmern (ohne die CompuServe-Mitglieder) der mit Abstand weltweit größte Online-Dienst. Zu Spitzenzeiten sind bis zu 900.000 Benutzer gleichzeitig online. In Deutschland gibt es 800.000 Kunden (ebenfalls ohne die CompuServe-Mitglieder), die durchschnittlich sieben Stunden pro Monat online gehen. Die vielen Internet-Einwählpunkte bieten akzeptable Performance. Die Einwahl kann nur über den proprietären AOL-Client erfolgen. Lange Zeit konnten nur 16-bit-Browser eingesetzt werden. Unter Windows NT ist dies noch immer so. Das E-Mail-Protokoll ist noch immer proprietär, weder POP3/SMTP noch NNTP werden geboten. Ungelesene E-Mails werden nach wenigen Wochen automatisch gelöscht. Alle Datenpakete nehmen ihren Weg über die USA, auch wenn Sie aus Deutschland auf einen deutschen Server zugreifen. Die zusätzlich zum Internet-Zugang angebotenen Inhalte sind überwiegend im Consumer-Bereich angesiedelt.

CompuServe ist der älteste Online-Dienst. Im September 1997 wurde CompuServe von AOL und World-Com übernommen. Der Consumer-Online-Dienst CompuServe Interactive (CSI) ging an AOL, die Netzwerk-Tochter CompuServe Interactive Services, die 1200 Geschäftskunden bedient, ging an WorldCom. Weltweit hat CompuServe ca. 2 Millionen Teilnehmer, in Deutschland sind es 300.000. Seit Ende 1996 ist CompuServe ähnlich wie T-Online flächendeckend über DT-Online (früher Datex-J) erreichbar, allerdings zu höheren Gebühren. Lange gab es nur 18 direkte Einwählpunkte, seit 1999 sind es 64 und zusätzlich kann man sich über UUNET einloggen. Erst seit 1998 wird POP3/SMTP geboten. NNTP fehlt noch, ist aber für die nahe Zukunft angekündigt. Wie bei AOL nehmen alle Datenpakete ihren Weg über die USA, auch wenn Sie aus Deutschland auf einen deutschen Server zugreifen. Die zusätzlich zum Internet-Zugang angebotenen Inhalte sind überwiegend technischer Natur. Vor der Übernahme durch AOL hat CompuServe für Firmen weitergehende Netzwerkdienstleistungen, wie ATM, GSM, Groupware und Firewalls, angeboten.

Eine wichtige Eigenschaft des Internet ist, daß es auf vielen unterschiedlichen Plattformen funktioniert. Leider gibt es immer noch Online-Dienste mit proprietärer Einwählprozedur, die nur über spezielle Software möglich ist, welche es nur für wenige Betriebssysteme gibt oder welche zum Beispiel unter Windows NT nur den Einsatz der 16-bit-Browser ermöglicht. Dadurch werden dem Anwender viele interessante technische Neuerungen vorenthalten. Wenn der Einsatz der 32bit-Ausführung und aktuellen Version entweder des Net-

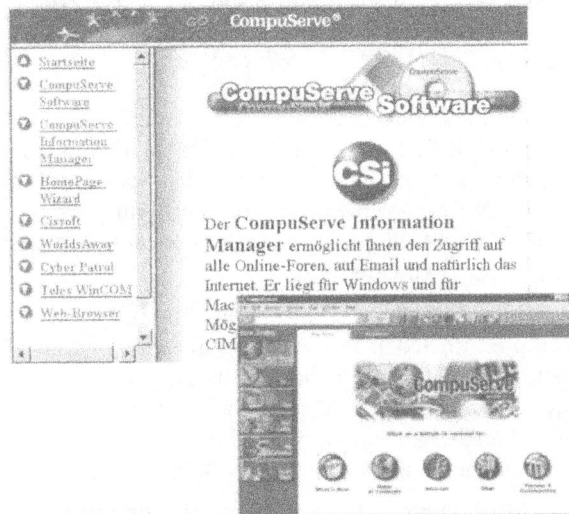

scape Navigators/Communicators oder des Microsoft Internet Explorers nicht möglich sein sollte, muß genau geprüft werden, ob Java, JavaScript, Plug-Ins, ActiveX, VRML, Chat, Internet-Telefonie und zukünftige Erweiterungen unterstützt werden. Dabei sollte man sich nicht mit Hinweisen auf Zeitschriften-Artikel abspeisen lassen, wie man die vorgesehene Einwählprozedur austrickst, um doch einen modernen Browser benutzen zu können, sondern es sollte auf vollständigen Support einer soliden stabilen Lösung durch den Provider bestanden werden.

Ein Vorteil der großen Online-Dienste ist, daß Roaming häufiger unterstützt wird (das Einwählen über andere Zugangspunkte, z.B. von unterwegs aus).

4.4   Vergleich überregionaler Internet-Provider für Internet-Zugang

In den folgenden beiden Tabellen sind sowohl Provider aufgelistet, die Internet-Zugang anbieten (ISP, Internet Service Provider), als auch Anbieter, die keinen Internet-Zugang anbieten, aber geschäftlich nutzbaren Speicherplatz (Web-Space) auf einem Internet-Web-Server für Ihre Web-Präsenz zur Verfügung stellen (IPP, Internet Presence Provider). In der ersten Tabelle liegt der Schwerpunkt auf dem Internet-Zugang. Die zweite Tabelle listet Web-Space-Anbieter auf.

Die Internet-Provider haben sehr unterschiedliche Gebührenstrukturen. Alle Nebenkosten komplett für jeden Provider aufzulisten, würde einen Vergleich wegen der dadurch entstehenden Datenmenge nahezu unmöglich machen. Da die einzelnen Beträge zudem auch von vielen Umständen abhängen, wurde auf deren Auflistung verzichtet. Um einen Vergleich zu ermöglichen wurden statt dessen mehrere Beispielkonfigurationen berechnet. Alle Kosten und Nebenkosten für ein Jahr sind summiert und als monatliche Kosten aufgelistet.

Die hier abgedruckten Preisangaben sind nur für grobe Abschätzungen geeignet. Sie geben den Stand von Anfang 1999 wieder. Sie differieren je nach Ort, lokalem PoP, Zugangstageszeit, Online-Anschluß (Modem/ISDN/Standleitung), Transfermenge, Tarif und anderer Umstände. Alle Preise sind ständigen Änderungen unterworfen. Letztendlich müssen Sie sich selbst auf Ihre Bedürfnisse bezogen aktuell informieren.

Soweit möglich (nicht alle Provider reden freizügig über ihre Preispolitik) wurden folgende Preise ermittelt:

1. ca. Kosten für 5 Stunden privater ISDN-Zugang in DM pro Monat (ganztägige Nutzungsmöglichkeit, Nutzung vorwiegend abends),

2. ca. Kosten für 50 Stunden privater ISDN-Zugang (ganztägig) in DM pro Monat,

3. ca. Kosten in DM pro Monat für geschäftliche 10-MByte-Web-Site mit max. 500 MByte/Monat Transfer, mit eigenen CGI-Skripts (Common Gateway Interface) und mit eigener Domain (.de oder .com, inklusive der DE-NIC- bzw. InterNIC-Gebühren),

4. ca. Kosten für Standleitungsanschluß mit 64 kbit/s und 1 GByte/Monat in DM pro Monat.

Werden einmalige Gebühren erhoben, sind sie hier auf ein Jahr verteilt berechnet. Es wurde ISDN-Anschluß vorausgesetzt. Für den Internet-Zugang wurde ganztägliche Nutzungs-möglichkeit, aber hauptsächlich abendliche Nutzung angenommen. Die Telefongebühren bis zum PoP sind nicht enthalten. In der dritten Spalte ist die URL eingetragen, ob Roa-ming möglich ist, also das Einwählen über andere Zugangspunkte (z.B. von unterwegs aus) und eventuell weitere Bemerkungen. Bei einigen Providern ist auch der Backbone-Betrei-ber genannt.

Provider, Stadt, Telefon	5h/Mon. / 50h/Mon., Web-Space / Standl.	URL, Anmerkungen
1&1 Internet 56410 Montabaur 02602-1600-00	13,- / 31,-	http://www.1und1.de, (Nacamar-Backbone, 220 Einwählpunkte)
AOL (America Online) 20459 Hamburg 040-361590 0180-5313164	20,- / 114,-	http://germany.web.aol.com, weltweit größter Online-Dienst, Consumer-orientiert, kein volles IP-Routing, Roaming, (MediaWays-Backbone)
BusinessOnline AG 10117 Berlin 030-285381-0	15,- / 25,- 63,- / 700,-	http://www.poweronline.net, http://www.bo-ag.net
COMCITY Onl. Serv. 24143 Kiel 0431-70299-0	29,- / 64,-	http://www.comcity.de, (Telekom-Backbone, 220 Einwählpunkte)
COM.DESIGN 13355 Berlin 030-210090-0	25,- / 25,- 87,- / -	http://www.go-on.net, http://name.de
CompuServe GmbH 82008 Unterhaching 0130-3732, 089-6657-0	17,- / 145,- 77,- / -	http://www.compuserve.de, technikorien-tierter Online-Dienst, Roaming, (AOL und WorldCom, Telekom-Backbone)
CPS Halbauer 10319 Berlin 030-51009736	20,- / 20,- 15,- / -	http://www.halbauer.de, http://www.netdiscount.de
Cybernet Int.Dienstl. 81929 München 089-99315-0	31,- / 151,- - / 800,-	http://www.cybernet-ag.net, Roaming
DFN-WiNShuttle 10707 Berlin 030-884299-41	17,- / 70,-	http://www.shuttle.de, http://www.dfn.de, Roaming, nur für Studenten/Universitäten/ Bildungseinrichtungen, ...
Easynet DV 91052 Erlangen 09131-89670	31,- / 31,-	http://www.easynet.de

... Fortsetzung	5h/Mon. / 50h/Mon., Web-Space / Standl.	URL, Anmerkungen
germany.net callisto 60596 Frankfurt 069-633989-0	0,- / 0,- (356,-) 640,- / 1840,-	http://www.germany.net, Werbeunterbrechungen (Ad-Break), kein volles IP-Routing (nur Proxy), Roaming, (o.tel.o)
GINKO Internet-Kom. 52064 Aachen 0241-28801	10,-(21-8h) / 0,42/MB - / 4300,-	http://www.ginko.net
IBM Global Network 71139 Ehningen 07034-15-2008	27,- / 45,-	http://www.ibm.com/globalnetwork, http://www.ibm.net, Roaming
IN Individ. Netw. e.V. 26121 Oldenburg 0441-9808556	39,- / 39,-	http://www.individual.net, Verein nur für Privatpersonen
IPF.NET 60325 Frankfurt 069-17084-0	17,- / 134,- - / 1415,-	http://www.ipf-online.de, http://www.ipf.net Roaming
IVM GmbH 53498 Waldorf 0228-9864069	35,- / 35,- - / 1520,-	http://home.ivm.de http://www.ivm.net
IS Internet Srv. Netsurf 21079 Hamburg 040-766291623	35,- / 35,-	http://www.netsurf.de, http://www.maz.net, (früher MAZ), (Telekom-Backbone)
miknet Int. Bas. Serv. 60313 Frankfurt 069-920785-0	39,- / 39,-	http://www.mik.net, (Telekom-Backbone)
MobilCom 24822 Schleswig 0180-52044	77,- inklusive Telefongebühr aber nur 19-7h	http://www.mobilcom.de, Tarif eventuell ersetzt durch 0,06DM/Minute inklusive Telefongebühr
Nacamar 63303 Dreieich 06103-9901-0	42,- / 42,- 391,- / 2500,-	http://www.nacamar.de, Roaming
Okay.net Cybermedia 60435 Frankfurt 069-9543230	25,- / 25,-	http://www.okay.net, (IPF-Backbone)
Primus-Online (früher Metronet) Köln	21,- / 143,-	http://www.primus-online.de, kein volles IP-Routing (nur Proxy), Roaming

... Fortsetzung	5h/Mon. / 50h/Mon., Web-Space / Standl.	URL, Anmerkungen
Sub-Netz e.V. 76045 Karlsruhe 0721-699478	40,- / 40,-	http://www.sub.net, Verein hauptsächlich für E-Mail und News
T-Online (Telekom) Darmstadt 0800-3301000	21,- / 156,- (zukünftig eventuell 0.06DM/Minute inkl. Telefongebühr)	http://www.t-online.de, http://www.dtag.de, Online-Dienst mit den meisten deutschen Teilnehmern, deutschsprachig, Home-banking, Roaming, (Telekom-Backbone)
UUNET Deutschland 44227 Dortmund 0231-972-00	19,-(20-8h) / 137,- 236,- / -	http://www.de.uu.net, (früher EUnet), Roaming
VIAG Interkom 90345 Nürnberg 0800-1090000	15,- / 150,-	http://www.viaginterkom.de, http://www.planet-interkom.de
Voss Net Com. GmbH 28199 Bremen 0421-5376-0	10,- / 29,-	http://www.vossnet.de

4.5 Vergleich preiswerter Web-Space-Anbieter

Anders als die vorherige Tabelle listet die folgende Tabelle Anbieter, die keinen Internet-Zugang anbieten, aber geschäftlich nutzbaren Speicherplatz (Web-Space) auf einem Inter-net-Web-Server für Ihre Web-Präsenz zur Verfügung stellen (IPP, Internet Presence Provi-der). Es sind nur besonders preiswerte Web-Space-Anbieter aufgeführt, die vor allem für kleinere Web-Präsenzen geeignet sind.

Auch hier gilt wieder, daß die abgedruckten Preisangaben höchstens für grobe Abschätzun-gen geeignet sind und Sie sich letztendlich selbst auf Ihre Bedürfnisse bezogen informieren müssen. Um einen Vergleich zu ermöglichen, wurde wieder auf die Aufzählung aller möglichen Tarife und Nebenkosten verzichtet und statt dessen nur eine Beispielkonfigura-tionen berechnet. Alle Kosten und Nebenkosten für ein Jahr sind summiert und als monatli-che Kosten aufgelistet.

Die genannten Preise entsprechen dem dritten Preis der vorherigen Tabelle, also die Kosten in DM pro Monat für eine geschäftliche 10-MByte-Web-Site mit max. 500 MByte/Monat Transfer, mit eigenen CGI-Skripts (Common Gateway Interface) und mit eigener Domain. Nach Möglichkeit ist der Preis sowohl mit einer amerikanischen .com-Domain (inklusive InterNIC-Gebühren) als auch mit einer deutschen .de-Domain (inklusive DE-NIC-Gebüh-ren) ermittelt. Genauso wie in obiger Tabelle sind auch hier einmalige Gebühren auf ein Jahr verteilt berechnet. In der dritten Spalte ist die URL eingetragen und sind weitere Leistungsmerkmale aufgeführt.

Provider, Stadt, Telefon	10MB-Web-Space, eigene Domain, CGI	URL, weitere Leistungsmerkmale
3W-SERVICE Int. Sol. 41846 Wassenberg 02432-939933	36,- (.de)	http://www.w3w.de (20MB, CGI, POP3)
BALTICom 22527 Hamburg 040-5408487	34,- (.com) 34,- (.de)	http://balticom.com (10MB, CGI, POP3)
beinhart.com 17192 Waren/Müritz 03991-733016	26,- (.com) 27,- (.de)	http://www.beinhart.com (10MB, CGI, POP3, Statistik)
COMPUSHOP 95028 Hof 09281-141990	31,- (.com) 40,- (.de)	http://www.cshost.com (10MB, CGI, POP3, FrontPage, Statistik)
Conactive Intern. Serv. 94253 Bischofsmais 030-45482902	38,- (.com) 38,- (.de)	http://www.conactive.com (10MB, CGI, POP3, FrontPage, Statistik)
CPS Halbauer 10319 Berlin 030-51009736	15,- (.de)	http://www.halbauer.de, http://www.netdiscount.de (Webhostlist) (10MB, CGI, POP3, FrontPage, Statistik)
Eva Marbach Software 79108 Freiburg 07667-912300	24,- (.com) 31,- (.de)	http://eva-marbach.net http://www.bubis.com (10MB, CGI, POP3)
FFS.net GbR 78021 Villingen-Schw. 0171-1936332	29,- (.com) 35,- (.de)	http://www.ffs.net (10MB, CGI, POP3)
GEDIS Internet Service 42781 Haan 0800-0433848	37,- (.de)	http://www.gedis.de (10MB, CGI, POP3, FrontPage)
InterMedia Datend. 09599 Freiberg 03731-698970	32,- (.com) 34,- (.de)	http://www.imdd.de (10MB, CGI, POP3)
KPNet Kürschn./Polley 58239 Schwerte 09264-8516	15,- (.com) 17,- (.de)	http://www.ruhrtal.com (10MB, CGI, POP3, FTP-Server, FrontPage, Statistik)
Lauhoff Web-Service 48161 Münster 0251-8724459	37,- (.com) 40,- (.de)	http://www.lauhoff.net (10MB, CGI, POP3, FrontPage, Statistik)
Netz-WG 90108 Nürnberg 0800-1638994	33,- (.de)	http://www.netz-wg.de (50MB, CGI, POP3)

... Fortsetzung	10MB-Web-Space, eigene Domain, CGI	URL, weitere Leistungsmerkmale
Online 24 / Nettools 63584 Gründau 06058-910418	32,- (.de)	http://www.online24.de, http://www.nettools.de (20MB, CGI, POP3, FrontPage, Statistik)
Trident Internet Serv. Dayton, Ohio	51,- (.com)	http://www.trident.org (150MB, CGI, POP3, FrontPage)
UBEX NetService 58455 Witten 02302-760267	29,- (.de)	http://www.ubex.net (10MB, CGI, POP3, FrontPage)
Webidee Internet Solut. 44787 Bochum 0234-686366	13,- (.de)	http://www.webidee.net (10MB, CGI, POP3, Statistik)
Web-Mad Webmark., 41562 Kaarst 02131-791890-0	39,- (.com) 42,- (.de)	http://www.tor3.de (40MB, CGI, POP3, FrontPage, Statistik)
Webspace-Service 61184 Karben 06039-95537	30,- (.de)	http://www.webspace-service.net (10MB, CGI, POP3)
Wyneken & Schäfer 35037 Marburg 06421-682810	32,- (.com) 24,- (.de)	http://www.hostweb.de (10MB, CGI, POP3)

5 Web-Präsenz, Einbindung einer Web-Site ins Internet

5.1 Planung der Internet-Präsenz

Der Aufbau einer professionellen Web-Präsenz ist komplexer als anfangs meistens vermutet wird. Während zu Beginn der Planungsphase eher die technischen Probleme im Vordergrund stehen, kommt es im weiteren Verlauf häufig zu Reibungsverlusten, weil diverse unterschiedliche Bereiche betroffen sind und Kompetenzen und Verantwortlichkeiten nicht genügend koordiniert worden sind. Begegnen kann man dem, indem früh genug Verantwortungsbereiche festgelegt werden. Dazu gehören:

- Definition der Ziele und Festlegung des Kostenrahmens (Geschäftsführung)
- Erstellung des Pflichtenheftes (Vertrieb, Produkt-Management, Marketing, EDV/IT-Abteilung, Projektleiter)
- Technische Ausführung und Wartung (EDV/IT-Abteilung)
- Inhalt, Formulierungen (Produkt-Management, Vertrieb)
- Gestaltung, Layout, Corporate Identity (Marketing)
- Rechtliche Prüfung (Jurist)
- Pflege, Updates, Erfolgskontrolle, Feedback beobachten (Produkt-Management)
- Support-Foren, News-Gruppen, E-Mails beantworten (Support, Service)

Insbesondere sollte der Leistungsumfang klar sein. Wichtige Kernfragen, die vor der Realisierung geklärt sein müssen, sind:

- Soll das Projekt mit internen Mitarbeitern realisiert werden?
- Soll erst klein angefangen werden und mit der Zeit ausgebaut werden oder soll sofort die Maximallösung installiert werden?
- Wollen Sie Ihre Web-Site bei einem Web-Space-Anbieter unterbringen oder soll ein eigener Web-Server eingerichtet und gewartet werden?
- Sollen über das Internet Geschäfte mit Online-Bezahlung abgewickelt werden, ist eine Datenbankanbindung erforderlich?

Weitere die Planungsphase betreffende Punkte finden Sie im Kapitel „Wie wird die Web-Präsenz geplant?" ab Seite 176.

5.2   Externe Beratung und Unterstützung

Viele Firmen können und wollen nicht alle Bereiche selbst abdecken. Der Bedarf an externer Beratung (Consulting) ist sehr groß, wie auch eine Langzeitstudie der Dekra Akademie und Studien von Diebold und vom Ifo-Institut bestätigen. Anlaufunterstützung bis hin zur kompletten Unternehmensberatung und Geschäftsprozeßoptimierung ist ein aktuelles Thema, wobei von einfacher Beratung bis zum Outsourcing (auch Outtasking oder Operational Services genannt) alles gefragt ist.

Die Internet Akademie in Berlin (http://www.akademie.de) hat sich zum Ziel gesetzt, kleine bis mittlere Unternehmen mit höchstens 250 Beschäftigten beim Einsatz von Internet-Technologien im Betrieb (Intranet), beim Aufbau und Ausbau einer professionellen Internet-Präsenz, bei der Einrichtung eigener Web-Server und bei der Einführung von Electronic Commerce kostenlos zu beraten und in Kompaktkursen zu unterstützen.

Jede Menge Werbeagenturen bieten ihre Dienste an, um aus Ihren Bildern, Grafiken und Texten ansprechende Web-Seiten zu gestalten. Vorzugsweise sollten Sie lokale Agenturen beauftragen. Oft entstehen beim persönlichen Kontakt neue, gute Ideen. Allerdings sind die Kosten manchmal höher, als bei globalen Discountern, bei denen Web-Seitengestaltung für etwa 60,- DM pro DIN-A4-Seite oder 100,- DM pro Arbeitsstunde erhältlich sind. Laut Global Online und der Fachzeitschrift Horizont sind die umsatzstärksten deutschen Online-Agenturen die Berliner Pixelpark Multimedia (http://www.pixelpark.com) mit einem Jahresumsatz von 17 Millionen DM und 120 Mitarbeitern, I-D Gruppe aus Essingen (http://www.idgruppe.de) mit 12

Millionen DM und 85 Mitarbeitern und Concept! aus Wiesbaden (http://www .concept.com) mit 9 Millionen DM und 60 Mitarbeitern.

Während groß angelegte IT-Projekte eher an bekanntere IT-Dienstleister vergeben werden, haben auch zunehmend kleinere Beraterfirmen oder einzelne Berater eine Chance. Berater können etwa über das Beraternetz (http://www.beraternetz.de) vermittelt werden. Besonders preisgünstige Angebote professioneller freiberuflicher Anbieter finden Sie häufig über die Newsgroup news:de.markt.arbeit.angebote. Die 25 größten DV-Beratungs- und Software-Unternehmen listet die Lünendonk-Liste (http://www.luenendonk.de) alljährlich auf. In Europa sind IBM, Cap Gemini und SNI Marktführer für IT-Dienstleistungen. Ebenfalls sehr bekannt sind Debis, Digital, Hewlett-Packard und Compunet.

Falls Sie eine Richtschnur brauchen, wieviel Informationstechnologie kosten darf: Strassmann, ein amerikanischer Berater im Weißen Haus, kommt in seinem Buch „The squandered Computer" zu dem Ergebnis, daß erfolgreiche Unternehmen im Schnitt etwa ein bis zwei Prozent ihres Umsatzes in ihre IT investieren. In der Startphase größerer Projekte sind die Kosten auch erheblich darüber.

5.3   Eigener Domain-Name

Der Domain-Name ist der wichtigste Teil der Internet-Adresse (URL, Uniform Resource Locator). Domain-Namen sind weltweit eindeutige Namen. Größere Firmen legen Wert auf einen eigenen Domain-Namen, zum Beispiel „microsoft.com" für Microsoft. Kleinere Firmen sammeln sich manchmal zu mehreren unter einer gemeinsamen Domain. Private Homepages werden fast immer unter der Domain des Internet-Providers geführt. 1998 gab es 3 Millionen registrierte Domain-Namen.

Domain-Namen werden vom NIC (Network Information Center) vergeben und verwaltet und es müssen jährlich Gebühren an das NIC bezahlt werden.

* DE-NIC (http://www.nic.de) vergibt deutsche Domains (Endung .de) und

* InterNIC (http://www.internic.net) und Network Solutions Inc. (http://www.worldnic.com) vergeben internationale Domains (z.B. für kommerzielle Firmen mit der Endung .com).

Bei der URL http://www.Firma.de wäre Firma.de der Domain-Name. Dieser Domain-Name inklusive dem Punkt und der Top-Level-Domain („.de"/ „.com") darf maximal 26 Zeichen lang sein und nur Buchstaben, Zahlen und Bindestriche enthalten, aber zum Beispiel keine Umlaute und kein ß. Weiteres finden Sie auch bei IntraNet (http://www.intra.de) bzw. InterNIC (http://rs.internic.net/help). Eine Liste

aller länderspezifischen Top-Level-Domains (ISO 3166 Country Codes) finden Sie beim RIPE (ftp://ftp.ripe.net/iso3166-countrycodes).

Vor Beantragung Ihrer Domain müssen Sie prüfen, ob Ihr gewünschter Name noch frei ist. Dies können Sie beim

* DE-NIC (http://www.nic.de/Domains/reservedDomains.html) für deutsche .de-Domains und beim

* InterNIC (http://rs.internic.net/cgi-bin/whois) für internationale Domains, zum Beispiel .com-Domains.

Lassen Sie Ihren Domain-Namen als Marke eintragen, zumindest für Verlagserzeugnisse, Software, Beratungs- und Service-Dienstleistungen sowie für Ihre Produkte. Bevor Sie Ihren Domain-Namen anmelden, müssen Sie eine Kennzeichenrecherche veranlassen, um sich vor Schadenersatzansprüchen eines eventuellen Markeninhabers zu schützen (auch dann, wenn der Markeninhaber keine Domain registriert hat).

Die deutschen .de-Domain-Namen sind teurer als die amerikanischen .com-Domain-Namen. Während amerikanische .com-Domains 35 Dollar pro Jahr kosten (genauer: 70 Dollar für die ersten zwei Jahre), liegen die Preise für deutsche .de-Domains zwischen 100,- DM und über 300,- DM pro Jahr. Bei .de-Domains lohnt sich deshalb ein Preisvergleich bei in Frage kommenden Internet-Providern und der beim DE-NIC genannten Mitglieder des IV-DENIC (Interessenverbund Deutsches Network Information Center, http://www.nic.de/iv-denic.html). Fast alle Internet Provider bieten de-Domains deutlich preiswerter an als die Inkassostelle des DE-NIC.

Falls Sie bei der Anmeldung des Domain-Namens die Wahl haben, die Anmeldung per einfacher E-Mail, per Identifikation mit Paßwort oder per PGP-verschlüsselter E-Mail durchzuführen, müssen Sie unbedingt eine der letzteren beiden Möglichkeiten wählen. Per einfacher E-Mail angemeldete Domains können nämlich ebenfalls per einfacher E-Mail auch wieder abgemeldet werden, wobei dann nur die E-Mail-Absenderadresse zur Identifikation herangezogen wird. Diese ist aber leicht fälschbar (Spoofing), so daß jemand ohne Ihr Wissen Ihren Domain-Namen abmelden und für sich verwenden kann, was tatsächlich schon vorgekommen ist.

Wenn Sie Ihren Internet-Provider damit beauftragen, Ihren Domain-Namen für Sie anzumelden, stellen Sie sicher, daß er auf Ihren Namen eingetragen wird, damit er auch bei einem eventuellem Provider-Wechsel weiterhin Ihnen gehört. Spätestens nach der Anmeldung können Sie dies unter den oben genannten NIC-Adressen prüfen: Dort muß unter Ihrer Domain Ihr Name als „Administrative Contact" bzw. „admin-c" eingetragen sein.

Wollen Sie Ihre Domain selbst anmelden, müssen Sie einen Name Server angeben können. Ist Ihnen dieser Dienst bei Ihrem Provider zu teuer, bietet Granite Canyon Group (http://soa.granitecanyon.com) seinen kostenlosen Public DNS Service an.

Falls Ihnen ein echter Domain-Name zu teuer ist, die URL der eigenen Homepage aber nicht gefällt, etwa weil sie zu lang und umständlich zu tippen ist, dann können Sie sich bei einigen Dienstleistern eine neue kürzere URL besorgen, die einfach nur eine Redirektion auf Ihre wirkliche URL bewirkt. Bei Cordes (http://www.adr.de) würde diese URL etwa lauten http://www.adr.de/<MeinName>, bei V3 Redirect Services (http://come.to) http://come.to/<MeinName> und bei IC Group Pobox (http://www.pobox.com) beispielsweise http://pobox.com/~<MeinName>. Einen ähnlichen Dienst bietet die Firma bmp.de an. Unter http://www.xtel.de können Sie Ihre (sowieso bekannte) Telefonnummer und Ihre URL eintragen. Anschließend sind Sie unter http://www.tel.de/<Telefonnummer> erreichbar (statt <Telefonnummer> muß die Telefonnummer eingegeben werden).

5.4 Kosten einer Web-Präsenz

Die Frage nach den Kosten einer Web-Präsenz kann man nicht pauschal beantworten. Folgende Szenarien sollen eine grobe Vorstellung vermitteln:

	mögliche monatliche Kosten einer Web-Präsenz		
	einfachste Web-Präsenz	kleine Web-Site	lokaler Web-Server
auf zwei Jahre umgelegte Startkosten, Einrichtungsgebühren, Hardware, Software, Beratung, Gestaltung	50,-	300,-	3000,-
Zeitaufwand für regelmäßige Pflege	100,-	600,-	2000,-
Designer für Gestaltungsänderungen	50,-	300,-	1000,-
Provider-Gebühr inkl. NIC für eigene Domain	50,-	200,-	2000,-
Standleitung	-	-	1000,-
Summe pro Monat	250,-	1400,-	9000,-

Verzichtet man auf einen eigenen Domain-Namen und berücksichtigt nicht die eigene Arbeitszeit, lassen sich die genannten 250,- DM pro Monat durchaus unterschreiten. Andererseits gibt es nach oben fast gar keine Grenze, insbesondere wenn komplizierte Datenbankverknüpfungen und aufwendige Web-Einkaufsmärkte realisiert werden sollen. Kamenz vom ProfNet Institut für Internet-Marketing setzt für einen ordentlichen Online-Auftritt 20.000,- bis 50.000,- DM pro Jahr an. Der Fachverband Informationstechnik im VDMA und ZVEI schätzen die Kosten einer Internet-Präsenz eines mittelständischen Unternehmens einschließlich Datenbankanbindung auf mehr als 100.000,- DM pro Jahr. Laut EMS (Gruner+Jahr Electronic Media Service) investierten 1998 40 Prozent der 500 größten werbetreibenden Unternehmen Deutschlands mehr als 200.000,- DM in ihren Web-Auftritt. Bei Großunternehmen sind es mehr als 500.000,- DM pro Jahr.

In Deutschland werden die Kosten für die Herstellung einer Web-Seite mit 100,- bis 150,- DM pro Stunde veranschlagt. In den USA ist etwa die Hälfte üblich. Ein ähnliches Verhältnis gilt für die Server- und Provider-Kosten.

Viele Provider berechnen ihre Gebühren abhängig vom übertragenen Datenvolumen. Um dies abschätzen zu können, müßte bekannt sein, wie viele Nutzer sich auf das Web-Angebot stürzen werden. Während die Spitzenreiter (AOL, Yahoo!, AltaVista, Netscape, Microsoft und GeoCities) auf viele Millionen Besucher pro Tag kommen, wird die realistische Abrufzahl für normale Web-Sites eher bei einigen Tausend Lesern pro Monat liegen. Bei einem einigermaßen interessanten Angebot muß noch mit dem Abruf einiger Folgeseiten gerechnet werden. Multipliziert man diese Zahlen mit der Größe durchschnittlicher Web-Seiten (ca. 40 KByte) kommt man auf ein übertragenes Datenvolumen von etwa 100 MByte pro Monat.

5.5   Verschiedene Arten einer Web-Präsenz

Der Funktionsumfang einer Web-Site kann sehr unterschiedlich ausfallen. Mögliche Abstufungen sind:

- Reine Präsenz der Firma auf statischen Web-Seiten. Kommunikation erfolgt konventionell über angegebene Postadresse, Telefon oder Fax.

- Der Kunde kann einen E-Mail-Hyperlink anklicken und per E-Mail Kontakt knüpfen oder eine Anfrage formulieren.

- Ein Web-Formular ermöglicht die bequemere Eintragung aller wichtigen Daten und vielleicht die Auswahl aus einer Liste vordefinierter Optionen, woran Interesse besteht.

- Der Benutzer erhält ein Informationsangebot, zum Beispiel einen News-Ticker oder Börsendaten. Die Finanzierung erfolgt entweder durch Bannerwerbung oder durch ein Abonnement und Zugang über Paßwort.

- Der Kunde kann aus einem Warenkatalog Waren auswählen und bestellen. Bezahlt wird per Nachnahme oder Rechnung.

- Der Kunde kann Waren bestellen und über das Internet bezahlen. Bezahlung erfolgt über Kreditkarte. Sicherheit wird durch SSL (Secure Sockets Layer) oder SET (Secure Electronic Transaction) gewährleistet.

- Der Kunde (oder Geschäftspartner) bekommt Zugang zu bestimmten definierten Intranet-Bereichen, etwa über Paßwörter oder durch eine Extranet-Verbindung.

Abhängig vom gewünschten Funktionsumfang muß eine passende Anbindung der Web-Site an das Internet gewählt werden. Die üblichen Möglichkeiten zur Einbindung eines Web-Site-Angebots in das Internet sind:

- Kostenlose private Homepage (nicht kommerziell),

- Web-Site auf dem Rechner eines Providers (Web-Space-Hosting),

- eigener Web-Server beim Provider (Server-Hosting) und

- eigener Web-Server in der eigenen Firma (über Standleitung).

Diese Optionen werden in den folgenden Kapiteln beschrieben.

5.6 Kostenlose private Homepage

Während Firmen für Ihre WWW-Homepage oder Web-Site eine monatliche Gebühr zu entrichten haben, können nicht-kommerzielle private Home-pages an vielen Stellen kostenlos ins Internet gestellt werden.

Falls Sie über einen der großen Online-Dienste, wie T-Online, AOL oder CompuServe, ange-schlossen sind, können Sie über diesen Online-Dienst eine Homepage einrichten. Auch andere Internet-Provider bieten diesen Service.

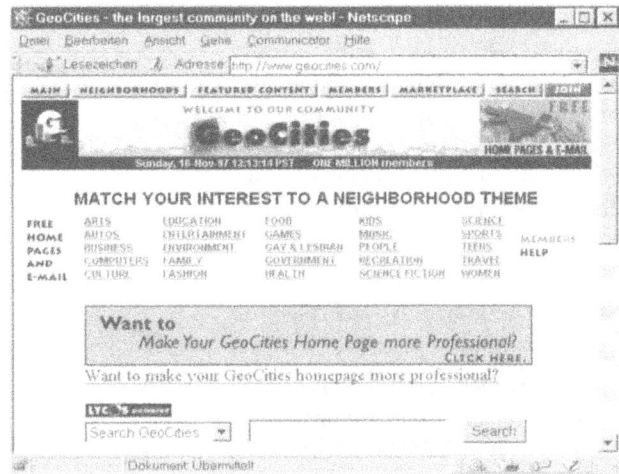

Andernfalls gibt es auch viele andere Anbieter eines solchen kostenlosen Dienstes, die bekanntesten sind GeoCities von Yahoo! (http://www.geocities.com), Tripod von Lycos (http://www.tripod.de), Crosswinds Internet Communications Inc. (http://www.crosswinds .net) und FortuneCity Inc. (http://www.fortunecity.com). Die größeren haben viele Millio-nen Mitglieder. Bei BuBiS (http://www.home4u.net) und Krausemann (http://privat .schlund.de/hpbazar) finden Sie Listen weiterer Möglichkeiten.

Allerdings sind diese kostenlosen Homepages durch viele Einschränkungen limitiert, wodurch sie für kommerzielle Nutzung nicht geeignet sind (was in der Regel auch nicht gestattet ist). Die Internet-Adresse lautet zum Beispiel http://home.t-online.de/home/ <name>, http://members.aol.com/<name> oder http://ourworld.compuserve.com/<name>. Eigene Domains sind nicht möglich. Die maximale Speicherkapazität liegt meistens bei 10 MByte (z.B. T-Online und AOL). Während sich Client-seitige Funktionen wie Frames, Java-Applets und Client Side Image Maps einbinden lassen, sind Server-seitige Funktionen wie E-Mail-Weiterleitung, die Ausführung von CGI-Skripts, Server Side Image Maps oder eine Datenbankanbindung in der Regel nicht möglich. Besonders störend sind bei einigen Diensten Werbeeinblendungen.

5.7 Web-Site auf dem Rechner eines Providers

Es gibt diverse Anbieter von relativ günstigem Web-Space, der auch geschäftlich genutzt werden kann. Viele Discounter bieten Web-Space für weniger als 50,- DM pro Monat. Beispiele und Verweise auf Listen im Web finden Sie im Kapitel „Vergleich preiswerter Web-Space-Anbieter" ab Seite 79.

Bei Billig-Angeboten steht der Server oft in den USA, was bei einfachen Web-Sites kein Nachteil sein muß. Ihre Web-Site ist dabei mit vielen anderen Web-Sites gemeinsam auf

einem Server-Rechner unterge-
bracht. Man spricht dann auch von
virtuellen Servern oder virtual
Hosts. Während beim bisherigen
Standard HTTP 1.0 jeder Server
eine eigene IP-Nummer brauchte,
bietet das neue HTTP 1.1 sogar die
Möglichkeit, verschiedene virtuelle
Hosts auf einem Rechner unter
einer IP-Adresse zusammenzufassen, wodurch die Preisgestaltung
günstiger ausfallen kann.

Sie müssen unbedingt auf folgende
Punkte achten:

- Stellen Sie vertraglich sicher,
  daß Ihr Domain-Name Ihnen
  gehört und daß Sie ihn mitneh-
  men und weiter benutzen können, wenn Sie den Provider
  wechseln wollen. Für die Domain muß beim NIC Ihr Name
  als „Administrative Contact"
  bzw. „admin-c" eingetragen sein.

- Sie brauchen genügend Speicherplatz (mindestens ausbaufähig auf 10 MByte) und
  genügend freie Übertragungskapazität (mindestens ausbaufähig auf 500 MByte pro
  Monat).

- Wenn Ihre Kunden nicht sehr schnell den Zugang zu Ihrem Web-Server meiden sollen,
  dann ist eine der wichtigsten Voraussetzungen optimale Performance. Leider ist die Performance eines IPPs schwer einzuschätzen. Ein IPP mit T3-Verbindung (30 Mbit/s)
  braucht nicht schneller als ein IPP mit T1-Anbindung (1,5 Mbit/s) zu sein, wenn sich zu
  viele Kunden auf der Leitung drängeln. Selbst wenige Kunden sind keine Garantie für
  Staufreiheit, wenn sich auch nur ein Großkunde darunter befindet oder vielleicht mehrere Anbieter mit Realaudio oder Live-Videokameras. Testen Sie schon vorhandene
  Web-Seiten. Noch besser, falls möglich: Übertragen Sie Dateien per FTP. Falls Sie über
  einen normalen ISDN-Zugang testen, und Ihr Internet-Provider über genügend Bandbreite verfügt, sollten mindestens Spitzenübertragungsleistungen von 7 KByte/s und
  durchschnittliche Werte von 5 KByte/s über verschiedene Tageszeiten erreicht werden.
  Falls Sie von einem schnelleren Zugang aus testen können, sollten die genannten Übertragungsraten überschritten werden. Lassen Sie sich nicht durch zwischengespeicherte
  Zugriffe aus einem Proxy-Cache täuschen. Das Windows-98-Hilfsprogramm Tracert
  kann dabei helfen, festzustellen, wo der Flaschenhals bei langsamen Übertragungsraten
  sitzt. Vielleicht finden Sie sogar einen Provider, der Analysen nach der IETF-Empfehlung Framework for IP Performance Metrics (RFC 2330) anbietet, die für eine einheitliche Bewertung von Performance-Messungen sorgen soll.

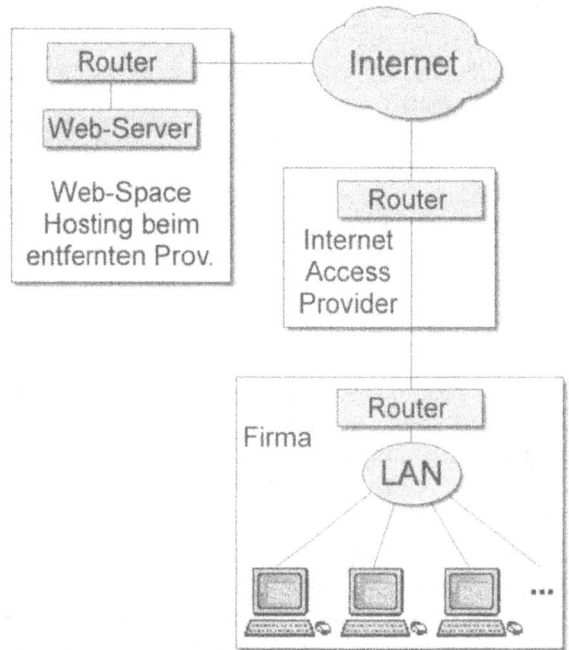

- Wenn Sie kritische Anwendungen betreiben und eine hohe Zuverlässigkeit benötigen, bestehen Sie auf einer verbindlichen Garantie für eine hohe Verfügbarkeit, zum Beispiel 99 Prozent. Fragen Sie nach garantierten Zeiten für den Rückruf und die Fehlerbehebung bei Problemanfragen und nach 24-Stunden-Support auch nachts. Sie werden allerdings nur wenige Provider finden, die sich auf ein Service Level Agreement (SLA) für garantierte Dienstqualität einlassen.

- Falls Sie irgend etwas anderes vorhaben, außer einfache Web-Seiten abzulegen, falls Sie zum Beispiel ein E-Mail-Postfach brauchen, CGI-Skripte oder Telnet nutzen wollen, FrontPage-Erweiterungen und Statistiken benötigen, einen FTP-Server oder Realaudio einrichten wollen oder die Verbindungen per SSL sichern wollen, müssen Sie für jeden einzelnen Dienst prüfen, ob Ihr IPP dies unterstützt und Sie müssen für jeden solcher Dienste mit zusätzlichen Kosten rechnen.

- Sie müssen Ihre Dokumente jederzeit, beliebig oft und ohne zusätzliche Kosten über FTP-Zugang updaten können.

- Der Provider muß aussagekräftige Zugriffsstatistiken zur Verfügung stellen.

- E-Mails müssen weitergereicht werden.

- Es muß die Möglichkeit geben, Rückmeldungen über CGI-Skripte per E-Mail oder Fax zu bekommen.

- Falls Sie sensible Daten übertragen wollen, zum Beispiel Kreditkartendaten, brauchen Sie einen SSL Secure-Server.

- Dynamisch aus Datenbankinhalten erzeugte Web-Seiten sind nur realisierbar, wenn eine Datenbank zur Verfügung steht.

- Die Web-Site kann nur umständlich oder gar nicht mit Ihrer Firmen-internen Datenbank verbunden werden.

Bevor Sie eines der Billig-Angebote annehmen, lassen Sie sich von einem lokalen Anbieter erklären, welchen Service er darüber hinaus bietet und was in seinen vielleicht höheren Gebühren enthalten ist. Oft werden die Folgekosten und der Pflegeaufwand einer Web-Site unterschätzt.

Wenn Sie anspruchsvollere Anwendungen auf dem Web-Server fahren wollen, sollten Sie in jedem Fall einen lokalen Internet-Provider wählen. Die monatlichen Gebühren sind dann zwar höher, aber die Beratung durch den Fachmann vor Ort macht sich schnell bezahlt.

Sie können lokale Internet-Provider mit den Methoden ausfindig machen, die im Kapitel „Wie finde ich Internet-Provider, lokale PoPs und Web-Space-Anbieter" ab Seite 69 beschrieben sind.

5.8 Eigener Web-Server entweder beim Provider oder lokal

Ein eigener Web-Server-Rechner kann entweder beim Internet-Provider (Web-Server-Hosting) oder in der eigenen Firma stehen. Im letzteren Fall wird er über Wähl- oder

Standleitung an den Internet-Provider angeschlossen. Informationen zu Web-Servern
finden Sie im folgenden Kapitel „Web-Server-
Software für das Internet oder Intranet".

Ein Web-Server im Haus hat folgende Vorteile:

- Falls nicht nur von außen, sondern auch von
  innerhalb der Firma sehr viele Zugriffe auf
  den Server erfolgen, kann ein eigener Web-
  Server im Haus Vorteile haben.

- Die Anbindung an die Unternehmensdaten-
  bank wird erleichtert, dynamische Web-
  Seiten und Realtime-Verknüpfungen sind
  möglich.

- Sensible Daten können vielleicht besser
  kontrolliert werden.

- Komplizierte Anwendungen wie Web-
  Warenhäuser oder der Zugang auf bestimmte Bereiche des internen Intranets für
  externe Kunden oder Geschäftspartner sind
  leichter einzurichten und zu kontrollieren.

Die Nachteile sind:

- Es fallen zusätzliche Kosten für Server-
  Hardware und -Software und insbesondere
  für Einrichtung und Administration an.

- Die Betriebsfähigkeit muß auch nachts und
  am Wochenende sichergestellt werden.

- Die Sicherheit gegen Eindringlinge muß
  ständig kontrolliert werden.

- Falls der Server auch mit dem internen
  LAN (oder Intranet) gekoppelt ist, wird eine
  Firewall benötigt. Die Firewall muß instal-
  liert, administriert und kontrolliert werden.

- Der Internet-Provider verlangt für den
  Anschluß des eigenen Web-Servers erheblich höhere Gebühren als für einfachen
  Web-Space oder einen virtuellen Web-Server beim Provider.

- Eine Standleitung mit 64 kbit/s reicht bei
  durchschnittlichem Web-Angebot und Kundenverhalten für ca. 500 Anfragen pro
  Stunde. Eine solche Standleitung kostet bei
  der Telekom je nach Entfernung zwischen

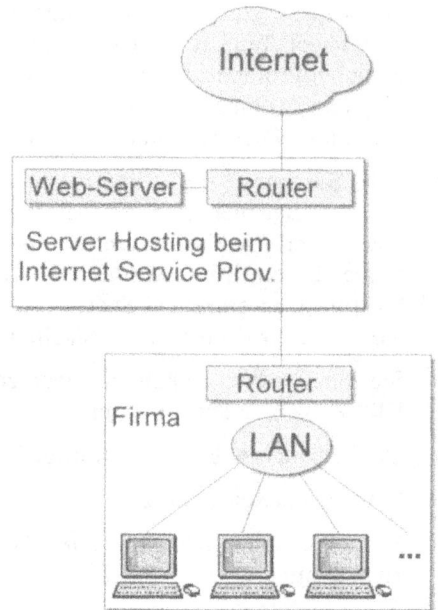

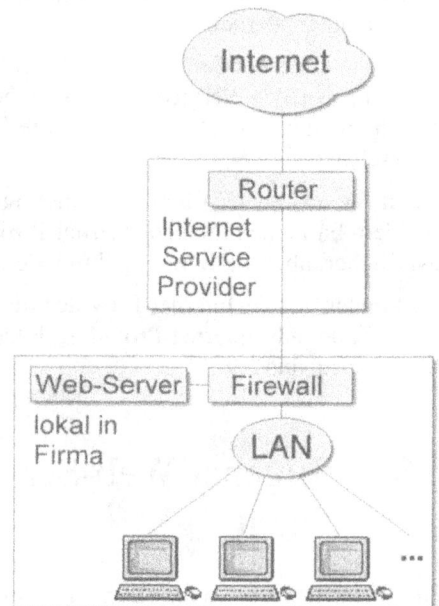

450,- und 1000,- DM pro Monat plus 4000,- DM einmalige Einrichtungsgebühr.

Falls es nur darum geht, dynamisch Web-Seiten aus Datenbankinhalten zu erzeugen, ist es günstiger, die Datenbank ebenfalls beim Internet-Provider zu installieren. Diese Datenbank kann dann regelmäßig zum Beispiel nachts oder auch spontan bei Bedarf mit einer entsprechenden Datenbank in der eigenen Firma über das Internet abgeglichen werden, was natürlich gute Replikationsmechanismen erforderlich macht, damit es keine Konflikte gibt und damit möglichst wenig Daten übertragen werden müssen.

Die Verwaltung und Aktualisierung von Server-Daten kann problemlos über FTP, Telnet oder noch komfortabler über Site-Management-Tools wie zum Beispiel FrontPage erfolgen (wenn der Provider dies erlaubt). Dies alleine ist kein Grund für einen Web-Server in der eigenen Firma.

5.9 Web-Server-Software für das Internet oder Intranet

Der Begriff Web-Server ist nicht eindeutig. Es kann das komplette Rechnersystem inklusive Hardware, Betriebssystem und Server-Software gemeint sein. Es kann aber auch nur die Server-Software gemeint sein.

Server-Plattform und Netzanbindung

Die Rechner-Hardware für Web-Server sollte ähnlichen Ansprüchen genügen, wie im Kapitel „Server-Rechner und Cluster-Lösungen" ab Seite 321 für LAN-Server ausgeführt ist.

Alle üblichen im Kapitel „Netzwerkbetriebssystem" ab Seite 323 genannten Betriebssysteme kommen in Frage, wenn die gewünschte Server-Software darauf lauffähig ist.

Während ein Intranet-Server mit dem LAN verbunden ist (siehe Kapitel „Nutzung des Intranets und Extranets", Seite 261), benötigt ein Internet-Server einen Anschluß zum Internet-Provider, zum Beispiel über ISDN oder über eine Standleitung (siehe Kapitel „Anschluß im LAN über Router", Seite 34 und Kapitel „Internet-Provider (Zugang und Web-Space)", Seite 69).

Ist der Server sowohl mit dem Internet als auch mit dem LAN verbunden, muß das LAN durch eine zwischengeschaltete Firewall geschützt werden (siehe Kapitel „Firewall", Seite 347).

Web-Server-Software

Die folgende Tabelle listet eine Auswahl der bekanntesten Web-Server auf (Server-Software). Die genannten Features entsprechen dem derzeitigen Stand, neuere Versionen bieten vielleicht schon mehr. Zu einem vollständigen Server werden außer dem WWW-Server meistens auch ein FTP-Server, ein Mail-Server und ein News-Server benötigt.

Die benutzten Abkürzungen und Begriffe werden an anderen Stellen erklärt. Sie können sie auch im „Glossar" ab Seite 365 nachschlagen.

Web-Server	unterstützte Betriebssysteme	Features	Sicherheitsstandards, Programmierung
Apache (+ SSL), www.apache.org www.apache-ssl.org	fast alle Unix-Varianten, Windows NT	virtuelle Server	SSL, eigene Zertifizierung, CGI, SSI
Microsoft, IIS Internet Information Server, www.microsoft.com/iis	Windows NT Server	virtuelle Server, SNMP, Management über Web-Browser, Datenbankanbindung	SSL, CGI, ASP, JScript, ISAPI, SSI, ODBC, SQL, DCOM
Netscape, Enterprise Server, www.netscape.com	Windows NT, Sun Solaris, SGI Irix, IBM AIX, HP-UX	virtuelle Server, SNMP, Management über Web-Browser	SSL, eigene Zertifizierung, CGI, Java, NSAPI, SSI, ODBC, CORBA
O'Reilly, WebSite Professional, www.ora.com	Windows NT, Windows 98	virtuelle Server, Datenbankanbindung	SSL, S-HTTP, CGI, ASP, Java, ISAPI, SSI, WS-API, ODBC, SQL
IBM, Internet Connection Secure Server, www.ibm.de	Windows NT, IBM AIX, OS/2 Warp	Proxy, Management über Web-Browser, DB2-Datenbankanbindung	SSL, S-HTTP, eigene Zertifizierung, CGI, Java, NSAPI, SSI, ICAPI, CICS, DB2
Novell, NetWare Web Server, www.novell.de	NetWare	NDS-Anbindung	SSL, CGI, Java, LCGI, RCGI
Oracle, Web Applicat. Server, www.oracle.com	Windows NT, Unix	virtuelle Server, Management über Web-Browser, Oracle-Datenbnkanb.	SSL, Java, WRB, PL/SQL, CORBA, Transaction Processing
The Internet Factory, Commerce Builder Pro, www.aristosoft.com	Windows NT, Windows 98, Unix	virtuelle Server, Proxy, Management über Web-Browser, Datenbankanbindung	SSL, eigene Zertifizierung, CGI, ISAPI, SSI, SMX, ODBC, SQL

Mögliche Kriterien zur Auswahl des geeigneten Web-Servers sind:

- einfache und übersichtliche Administrierbarkeit (z.B. über SNMP),
- Administrierbarkeit aus der Ferne (z.B. über Web-Browser) kann wichtig sein,
- schnelle Programmierschnittstelle (CGI ist zu langsam),
- schnelle Anbindung an die vorhandene Datenbank, möglichst offen für verschiedene Datenbanken,

- effektive Sicherheitsmechanismen (zumindest SSL),
- trotz aktiver Sicherheitsmechanismen gute Performance,
- Einsatzmöglichkeit auf bevorzugtem Betriebssystem oder bevorzugter Hardware-Architektur.

Laut Netcraft (http://www.netcraft.com/survey) und laut SiteMetrics (http://www.site-metrics.com/newsreleases) ist der auf Unix basierende und als Public-Domain erhältliche Apache Web Server (http://www.apache.org) am weitesten verbreitetet. SSL (Secure Sockets Layer) für Apache finden Sie bei Laurie (http://www.apache-ssl.org), bei Red Hat Software Inc. (http://www.red-hat.de) und beim Stronghold Apache SSL US der C2Net Software Inc. (http://www.c2.net). Java für Apache finden Sie bei The Java Apache Projekt (http://java.apache.org).

An zweiter und dritter Stelle folgen die Web-Server von Microsoft und Netscape. Die höchste Steigerungsrate kann der Microsoft IIS Internet Information Server für Windows NT für sich verbuchen. Die Zahlen im einzelnen:

	laut Netcraft	laut SiteMetrics
Apache	53 %	36 %
Microsoft	23 %	28 %
Netscape	5 %	19 %
Summe andere	19 %	17 %

Zur Performance gibt es Studien mit unterschiedlichen Ergebnissen. Die Standard Performance Evaluation Corp. (http://www.specbench.org) untersucht regelmäßig mit SPECweb96, welche Web-Server die schnellste Performance bieten. Dabei liegen zur Zeit unter Unix betriebene Rechner mit den CPUs Alpha, PA-RISC, RS64-2, Pentium II Xeon und UltraSPARC II in Führung. Auf PCs mit Intel-CPUs werden in anderen Studien häufig die Windows-NT-Versionen der Netscape Server und der Microsoft IIS Internet Information Server als besonders schnell ausgewiesen. Aber die Meßergebnisse sind nicht einheitlich, schon die Meßverfahren variieren. Gängige Meßwerte auf üblichen Plattformen sind ein Durchsatz von über 10 Mbit/s, über 200 Verbindungen mit HTML-Transfer pro Sekunde und eine durchschnittliche Antwortzeit von höchstens wenigen Zehnteln Sekunden. Dynamisch aus Datenbankinhalten erzeugte Web-Seiten reduzieren die Performance erheblich. Beim Microsoft IIS Internet Information Server sinkt die Geschwindigkeit bei Benutzung des ISAPI-Interfaces etwa auf die Hälfte und bei Benutzung der CGI-Schnittstelle sogar auf ein Zehntel des ursprünglichen Wertes.

Die beiden Web-Server Microsoft IIS Internet Information Server und O'Reilly WebSite Professional sind am einfachsten und übersichtlichsten zu bedienen.

Die beiden Web-Server Microsoft IIS Internet Information Server und The Internet Factory Commerce Builder Pro benutzen die Benutzer- und Gruppen-Verwaltungsfunktionen von Windows NT. Der Novell NetWare Web Server benutzt die NDS (NetWare Directory Services) vom Novell-NetWare-Betriebssystem. In beiden Fällen wird die Administration erleichtert.

Der Einsatz von Sicherheitsmechanismen, wie SSL (Secure Sockets Layer), reduziert zwar die Performance, trotzdem sollte jeder Web-Server Möglichkeiten zur Verschlüsselung, Fehlerkorrektur und Echtheitsverifizierung bieten.

Der Einsatz von SSL erfordert Zertifikate. Im Internet muß dazu eine Zertifizierungslizenz eines Drittunternehmens (z.B. VeriSign oder DFN-PCA) zu mehreren Hundert Dollar pro Jahr gekauft werden. Im Intranet ist dies nicht notwendig, aber nicht alle Web-Server können eine eigene Zertifizierung erstellen.

Dem Novell NetWare Web Server fehlt eine Möglichkeit der einfachen Kommunikation mit Nicht-NetWare-Datenbanken.

Der Oracle Web Server und dessen Hilfsprogramme arbeiten nur mit Oracle-Produkten reibungslos zusammen und sollten auch nur mit Oracle Datenbanken kombiniert werden. Oracles Datenbanken lassen sich allerdings gut mit Internet-Diensten einsetzen. Zum Beispiel können so ohne großen Aufwand dynamisch Web-Seiten erzeugt werden. Der neue Oracle Web Application Server ist besonders auf Datenintegrität und Zuverlässigkeit getrimmt, beherrscht Transaction Processing und basiert auf CORBA.

Die komfortabelste Datenbankanbindung bieten der Microsoft IIS Internet Information Server und O'Reilly WebSite Professional mit ASP (Active Server Page). Allerdings ist dies eine proprietäre Technik.

Der Microsoft IIS Internet Information Server und der Oracle Web Server sind besonders für Business-Applikationen und -Transaktionen geeignet. Der Microsoft IIS Internet Information Server beinhaltet eine gute Suchmaschine.

Wer virtuelle Server (virtual Hosts), also mehrere eigenständige Server mit eigener Domain auf einem Rechner, einrichten will, sollte einen Web-Server einsetzen, der den HTTP-Standard in der neuen Version 1.1 bietet. Dies vereinfacht und standardisiert den Betrieb virtueller Server und bietet die Möglichkeit, verschiedene virtuelle Hosts auf einem Rechner unter einer IP-Adresse zusammenzufassen.

Auch für hier nicht genannte Rechnerarchitekturen gibt es Web-Server, zum Beispiel den Quarterdeck Webstar für Apple Macintosh Rechner. Weitere Informationen finden Sie auch bei Mecklermedia Corp. (http://webcompare.internet.com).

Viele Hilfs-Software für Server können Sie vom Internet laden. Preiswerter kann jedoch der Kauf einer CD sein, zum Beispiel der CD Internet Server Tools vom Thomson Verlag, die diverse Freeware und Shareware enthält, wie WWW-, FTP-, Mail- und News-Server und weitere Hilfsprogramme. Wichtig bei CDs: Sie müssen aktuell sein. Weitere Tools, etwa zum Web-Site-Management, finden Sie im Kapitel „Programme zur Erstellung und Gestaltung von Web-Seiten" ab Seite 111 beschrieben.

Auf Web-Server für geschäftliche Transaktionen und elektronische Marktplätze wird im Kapitel „Web-Server für Online Shopping und Electronic Commerce" ab Seite 210 eingegangen. Web Application Server und Groupware-Server sind im Kapitel „Groupware und Intranet-Suites" ab Seite 274 beschrieben.

Die zwei wahrscheinlich kleinsten Web-Server der Welt wenig größer als eine Streichholzschachtel haben das Wearables Lab der Universität Stanford (http://wearables .stanford.edu) und die Aachener Gesytec (http://gipsy.gesytec.de) entwickelt. Ersterer betreibt die Server-Software von Apache unter Linux auf einer AMD-486SX-CPU und verbraucht ca. 1 Watt. Der Web-Server von Gesytec basiert auf einem DIMM-PC und arbeitet unter Windows CE.

6 Erstellung von Web-Seiten und Einbindung im Server

6.1 Richtlinien zur Gestaltung von Web-Seiten

Im World Wide Web finden Sie viele sehr ansprechend gestaltete Web-Seiten, aber auch ebenso viele schlecht designte. Was macht den Unterschied aus? Vieles ist Geschmacksache und muß abhängig von der Zielgruppe unterschiedlich bewertet werden. Aber einige allgemeine Regeln zum Web-Publishing lassen sich durchaus formulieren. Beachten Sie auch die Anregungen im Kapitel „Auf welchen Elementen basiert erfolgreiches Web-Marketing?" ab Seite 177.

Sehen Sie sich einige Web-Sites an und stellen Sie fest, welche Eigenschaften Ihnen wichtig erscheinen und Web-Sites interessant machen. Achten Sie auf ein angenehmes Erscheinungsbild, kurze Ladezeit und ob Sie schnell zur gesuchten Information finden. Viele brauchbare Tips zur Web-Seitengestaltung finden Sie im Netscape Web-Designer-Guide (http://www.netscape.com/assist/net_sites/index.html), im Microsoft Site Builder Workshop (http://www.microsoft.com/workshop), bei CNET Inc. (http://builder.cnet.com), Web-Schrift (http://www.suxess.co.at/webschrift), David Siegel (http://www.killersites.com), Jakob Nielsen (http://www.useit.com), Vincent Flanders (http://www.webpagesthatsuck.com), GVU (Graphics, Visualization, & Usability Center, http://www.gvu.gatech.edu) und nicht zuletzt in News-Gruppen, etwa news:de.comm.infosystems.www.authoring.

Die Erstellung von Web-Seiten hat zwei Aspekte: Sowohl die gestalterische Ästhetik als auch die technische Seite muß stimmen.

Mögliche Richtlinien zur inhaltlichen und ästhetischen Gestaltung

- Die erste Begrüßungsseite sollte einen Überblick über die gebotenen Inhalte präsentieren. Die einzelnen Rubriken/Themen sollten klar und verständlich gekennzeichnet sein. Oft reicht dazu nicht nur ein Wort oder ein Bild, sondern es muß ein Satz hinzugefügt werden.

- Sorgen Sie für Übersichtlichkeit und nicht zu viele Verschachtelungen. Der Anwender soll schnell zum Ziel finden, sonst verliert er die Lust.

- Reservieren Sie auf jeder Web-Seite Ihrer Site einen immer gleich positionierten (möglichst oben links) und immer gleich aussehenden Bereich (eventuell farblich abgesetzt) für eine leicht verständliche Navigationsleiste. Es sollte leicht erkennbar sein, wo man sich befindet und wohin man noch verzweigen kann.

- Rechnen Sie auch mit Quereinsteigern. Viele Anwender werden eine Ihrer Web-Seiten per Suchmaschine entdecken und so nicht über die erste Homepage, sondern direkt auf irgendeine untergeordnete Seite gelangen. Auch dann sollte die Site-Struktur noch deutlich erkennbar sein.

- Bei Web-Seiten, die nicht komplett auf eine Bildschirmseite passen, sollten die ersten Zeilen einen schnell erfaßbaren Überblick bieten, eventuell in Form einer kurzen Zusammenfassung.

- Berichten Sie nicht langatmig über die Firmenchronik, sondern kommen Sie schnell zur Sache. Wecken Sie Interesse und erklären Sie, wie der Besucher von Ihrer Web-Site profitieren kann.

- Die Web-Seiten sollten immer wieder neu gestaltet werden, damit sie dynamischer wirken und wiederholt besucht werden. Vermeiden Sie auf jeden Fall nicht mehr aktuelle Daten (z.B. Veranstaltungshinweise der vorletzten Woche).

- Behalten Sie trotz häufiger Änderungen Ihrer Web-Seiten auf möglichst allen Seiten ein bestimmtes Ihrer Corporate Identity (CI) entsprechendes einheitliches Erscheinungsbild bei, um durch den Wiedererkennungseffekt Ihren Bekanntheitsgrad zu steigern.

- Seriöses und ruhigeres Outfit kommt oft besser an als allzu poppig gestaltetes. Die Seite soll interessant, aber nicht marktschreierisch wirken.

- Verwenden Sie nicht zu große Grafiken, sonst dauert der Bildaufbau zu lange. Eventuell hat der Anwender sowieso Grafikdarstellung abgeschaltet.

- Testen Sie Schwarz/Weiß-Grafiken statt bunter Bilder. Sie wirken oft künstlerischer (und benötigen weniger Speicherplatz).

- Durch Bilder illustrierte Textpassagen bleiben besser im Gedächtnis. Achten Sie darauf, daß nicht unwichtige Details, sondern nur wichtiges so hervorgehoben wird (es sei denn, das Bild ist zur Erklärung eines Sachverhaltes notwendig).

- Seien Sie sparsam mit Animationen (sich bewegenden Bildern). Bewegte Objekte und andere Eye-Catcher ziehen die Aufmerksamkeit an, was dazu führen kann, daß man sich kaum auf den Text konzentrieren kann und ihn eventuell nur unwillig oder gar nicht liest.

- Die Hintergrund-Bitmap muß zurückhaltend sein, der darüberliegende Text muß leicht lesbar bleiben.

- Verlassen Sie sich nicht darauf, daß die Web-Seite beim Anwender exakt genauso aussieht wie bei Ihnen. Verschiedene Web-Browser interpretieren HTML-Kommandos unterschiedlich und der Anwender kann durch Einstellungen verschiedene Darstellungen erzwingen (z.B. durch Ändern der Fontgröße).

- Sichtbare Tabellen wirken oft etwas steif. Testen Sie Tabellen ohne sichtbare Rahmenlinien.

- Fließtext in sehr breiten Zeilen (breiter als ca. 13 cm oder 70 Zeichen) liest sich schwerer („Bleiwüste"). Deshalb verwenden Zeitschriften mehrspaltigen Satz. Bei der Darstellung von HTML-Seiten kann der Benutzer die Fontgröße frei wählen und ist die Bildschirmgröße nicht bekannt, weshalb eine Begrenzung der Breite von Fließtext (etwa durch Tabellen) umstritten ist.

- In der Drucktechnik und auch in der Kunst etablierte Regeln haben im Web weniger Relevanz. Hier ist meistens gute Platzausnutzung und Übersichtlichkeit wichtiger. Wenn mit diesen Zielen vereinbar, schaden diese konventionellen Regeln auch nicht.

- Listen Sie Hyperlinks nicht ohne Erklärung auf, sondern verraten schon vorher, wozu ein Anklicken nützlich sein kann (sonst endet es schnell im Frust). Vermeiden Sie „geheimnisvolle" Hyperlinks, die sich erst nach Anklicken (und warten) erklären.

- Sehen Sie einfache Möglichkeiten für ein Feedback vor, möglichst per Formularfeld.

- Sorgen Sie für klare Impressums-Angaben auf Ihren Web-Seiten. Auf eventuelle AGBs oder andere Geschäftsbedingungen muß deutlich verwiesen werden. Beachten Sie die Vorgaben im Kapitel „Rechtliche Aspekte" ab Seite 192.

Mögliche Richtlinien zur Technik

- Die Gesamtgröße aller für eine HTML-Seite benötigten Dateien (also inklusive der Grafiken) sollte möglichst deutlich kleiner als 50 KByte sein, sonst dauert der Download zu lange. Es kursiert sogar die Behauptung, jedes Kilobyte über 10 KByte würde 1 Prozent der Leser kosten.

- Eine HTML-Seite sollte nicht aus zu vielen einzelnen kleinen Dateien bestehen. Jede Extradatei benötigt Zeit für einen erneuten Verbindungsaufbau. Benachbarte Grafiken sollten zu einer Datei zusammengefügt werden.

- Versehen Sie eingebundene Grafiken mit Größenangaben in Pixeln, damit der Web-Browser die Seite schneller darstellen kann („width=... height=...").

- Versuchen Sie, mit den 216 Farben der Standardpalette der üblichen Browser auszukommen, damit Ihre Web-Site auch bei Darstellung mit nur 256 Farben (8 bpp) gut aussieht. Verwenden Sie für die RGB-Werte nur 00, 33, 66, 99, CC und FF (hex). Oder laden Sie die entsprechende Palettendatei in Ihr Bildbearbeitungsprogramm, etwa von Netscape (http://developer.netscape.com) oder für Paint Shop Pro von Jasc (http://www .jasc.com/netpal.zip).

- Testen Sie bei jeder Grafik, ob sie besser in GIF oder in JPEG komprimierbar ist. Für Schwarz/Weiß-Bilder, Skizzen und einfache Bilder ist GIF gut geeignet, für Fotos, realitätsnahe Bilder und Bilder mit Farbverläufen ist JPEG günstiger.

- Sowohl GIF als auch JPEG bieten die Möglichkeit des progressiven Bildaufbaus. Das Bild wird schon während der Datenübertragung aufgebaut (es tut sich etwas auf dem Bildschirm).

- Kleine Animationen können relativ ressourcensparend im GIF-Format (GIF89a) erstellt werden (es muß nicht immer Java sein).

- Viele Surfer schalten die Darstellung der Grafik in ihrem Web-Browser ab, um einen schnelleren Seitenaufbau zu erreichen. Fügen Sie hierfür Texte ein, die dann statt der Grafiken gezeigt werden („alt=..."). Ihre Web-Seite sollte auch im Textmodus gut aussehen. Insbesondere müssen alle Hyperlinks auch im Textmodus erreichbar und verständlich sein.

- Falls Sie Tabellen verwenden, achten Sie besonders penibel darauf, daß die Tags in der richtigen Reihenfolge geschlossen werden: also das zuletzt geöffnete zuerst.

- Überlegen Sie sich den Einsatz von Frames genau. Frames können mehr Übersichtlichkeit bieten, sie haben aber auch Nachteile. Das aktuelle Fenster kann nicht als Bookmark/Favorite gespeichert werden und wird nicht im History-Stapel berücksichtigt, die Frame-Web-Seiten werden von Suchmaschinen nicht berücksichtigt, die Zurücktaste führt manchmal zu unerwarteten Ergebnissen, Plug-Ins haben manchmal Schwierigkeiten, das Ausdrucken klappt nicht immer, die Ladezeit wird erheblich verlängert, Frames schränken den nutzbaren Bildschirmbereich ein, der Benutzer ist irritiert, wenn er nicht mit den Cursor-Tasten Scrollen kann, weil er sich unbemerkt im falschen Frame-Fenster befindet, Frames funktionieren nur auf den neuesten Browsern fehlerfrei und Zugriffsstatistiken werden schwierig. Falls Sie Frames implementieren: Berücksichtigen Sie mit <NOFRAMES> Browser ohne Frames-Unterstützung.

- Falls Sie Java, JavaScript, VBScript oder ActiveX einsetzen wollen, bedenken Sie, daß viele Benutzer diese Optionen abgeschaltet haben und auch nicht einschalten wollen, wegen der damit verbundenen Unsicherheit. Außerdem bieten einige Browser hierfür gar keine Unterstützung. In vielen Fällen kann der Einsatz trotzdem sinnvoll sein, aber bauen Sie Ihre Web-Seite so auf, daß bei fehlender Unterstützung ein erklärender Hinweis erscheint.

- Erwarten Sie nicht, daß jeder Benutzer beliebige Plug-Ins installieren will. Falls Sie Plug-Ins benötigen (etwa Macromedia Shockwave), erklären Sie, wo dieses Plug-In bezogen werden kann (oder stellen es selbst zur Verfügung).

- Bei größeren Web-Sites sollte eine interne Volltext-Suchmaschine nicht fehlen, die nur die Web-Seiten Ihrer Site durchsucht. Oft erinnert man sich an bestimmte Ausdrücke, weiß aber nicht mehr auf welcher Web-Seite der Text stand.

- Wenn möglich, sollten die allerneuesten Features der neuesten Web-Browser-Generation noch nicht verwendet werden. Viele Web-Nutzer sind durch Ihren Internet-Provider auf ältere Browser-Versionen festgelegt.

- Die Web-Seite muß auf jeden Fall mit den beiden wichtigsten Browsern Netscape Navigator und Microsoft Internet Explorer einwandfrei darstellbar sein, möglichst nicht nur in der neuesten, sondern auch mit der vorherigen Version. Verwenden Sie möglichst keine über HTML 3.2 und keinesfalls über HTML 4 hinausgehenden Befehle. Die HTML-Spezifikation finden Sie beim W3-Consortium (W3C, http://www.w3.org/MarkUp).

- Schauen Sie sich Ihre Web-Seite mit verschiedenen im Browser einstellbaren Fontgrößen und mit verschiedenen Bildschirmauflösungen (zumindest 640 x 480 und 1024 x 768) an. Falls Sie Tabellen mit absoluten Größenangaben versehen: Machen Sie die Tabelle nicht breiter als 600 Pixel, damit sie bei 640 x 480 noch vollständig sichtbar ist. Vertikales Scrollen wird akzeptiert, aber horizontales Scrollen ist sehr lästig.

- Falls Sie eingerichtet haben, daß E-Mails an Sie verschickt werden können, oder falls Sie Formulare verwenden, testen Sie dies, möglichst von einem fremden Rechner aus.

- Überprüfen Sie auch alle eingebauten Hyperlinks immer wieder sporadisch, vielleicht hat sich eine URL geändert. Führen Sie diese Tests über einen echten Online-Zugang durch, und stellen Sie sicher, daß nicht noch Verweise auf Ihre lokale Festplatte enthalten sind, worauf der Anwender keinen Zugriff hätte.

- Sie können auch eine automatische Syntaxprüfung durch spezielle Web-Programme durchführen lassen. Dazu müssen Sie auf deren Web-Seite die eigene URL eingeben. Bei einfachen Tests bekommen Sie die Antwort sofort, bei besonders ausgiebigen Tests bekommen Sie die Antwort nach mehreren Stunden per E-Mail. Je nach Programm werden alle Links auf Gültigkeit überprüft, die HTML-Syntax auf fehlerhafte Tags oder nicht dem Standard entsprechende Erweiterungen gecheckt und es kann die Performance Ihres Servers getestet werden. Solche Dienste bieten zum Beispiel der HTML Validation Service vom W3C (http://validator.w3.org), NetMechanic von Monte Sano Software LLC (http://www.netmechanic.com) und Weblint von Neil Bowers (http://www.cre.canon.co.uk/~neilb/weblint).

- Der in Web-Seiten verwendete Zeichensatz sollte normalerweise ISO 8859-1 entsprechen. Dann dürfen etwa deutsche Umlaute (ä, ö, ü) enthalten sein. Puristen bevorzugen den reinen 7-bit-ASCII-Zeichensatz. Dann müssen nicht nur alle Sonderzeichen (ß, &, §, °, <, >), sondern auch alle Umlaute in Ihrer HTML-Seite durch sogenannten Entities umschrieben werden. Statt Ä wird Ä verwendet. Börse wird Börse geschrieben. So können Sie die korrekte Wiedergabe auf jeder Hardware, jedem Betriebssystem und unter allen Landessprachen sicherstellen. Sehr praktisch zum Einfügen kleiner Zwischenräume kann der Nonbraking-Space   sein. Weitere Sonderzeichen der ISO-8859-1-(Latin-1)-Tabelle finden Sie zum Beispiel bei Ramsch (http://www.uni-passau.de/~ramsch/iso8859-1.html).

- Falls Ihre Web-Site dynamisch erzeugte Web-Seiten beinhaltet (etwa per CGI oder aus Datenbankinhalten) oder aus anderen Gründen sich die Web-Seite bald ändern wird, sollten Sie ein Verfallsdatum angeben. Sonst wird die Seite in Proxy-Servern oder auch im Web-Browser beim Client im Cache-Speicher zwischengespeichert und beim zweiten Aufruf nicht erneut von Ihrem Web-Server geladen, obwohl sich der Inhalt vielleicht schon geändert hat. Mit dem Kommando <META HTTP-EQUIV="PRAGMA" CONTENT="NO-CACHE"> können Sie die Zwischenspeicherung komplett unterbinden. Besser ist, mit <META HTTP-EQUIV="EXPIRES" CONTENT="Datum_im_ GMT_Format"> ein bestimmtes Verfallsdatum zu definieren. Statt Datum_im_GMT_ Format muß das nach RFC 850 korrekt formatierte Datum stehen (z.B. „Wed, 17 Mar 1999 08:21:57 GMT"). Nutzen Sie ein solches Verfallsdatum nur, wenn es Sinn macht. Einige Suchmaschinen-Robots ignorieren nämlich Web-Seiten mit Verfallsdatum.

- Stellen Sie sicher, daß Ihre Web-Seite von automatisierten Robots und Spidern korrekt erfaßt wird, damit Ihre Web-Site über Suchmaschinen auffindbar ist. Dazu gehört insbesondere auf der ersten Homepage sowohl der Eintrag sinnvoller Stichwörter als auch eine prägnante Kurzbeschreibung. Beides wird über Meta-Tags im Header eingebunden. Leider sehen dies einige sonst sehr sinnvolle HTML-Editoren nicht vor, so daß diese Einträge von Hand nachträglich hinzugefügt werden müssen. Informationen über Meta-Tags finden Sie außer beim W3-Consortium (W3C, http://www.w3.org) auch bei den Vancouver Webpages (http://vancouver-webpages.com/META). Ein vollständiger Header könnte folgendermaßen aussehen:

```
<!DOCTYPE HTML PUBLIC "-//W3C//DTD HTML 3.2 Final//EN">
<HTML>
<HEAD>
<META HTTP-EQUIV="CONTENT-TYPE"
  CONTENT="text/html;CHARSET=iso-8859-1">
<META NAME="KEYWORDS"
  CONTENT="Stichwort1,Stichwort2,Stichwort3">
<META NAME="DESCRIPTION"
  CONTENT="Kurzbeschreibung">
<META NAME="AUTHOR"
  CONTENT="Mein Name">
<TITLE>Titelzeile</TITLE>
</HEAD>
<BODY>
....
</BODY>
</HTML>
```

6.2   Einige einfache HTML-Interna

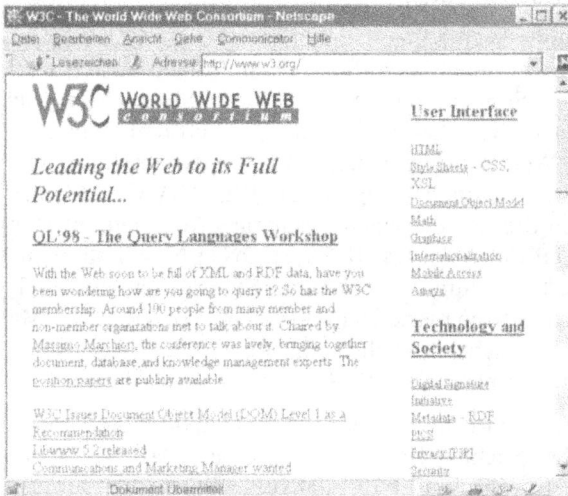

Web-Seiten sind in HTML kodiert. HTML bedeutet Hypertext Markup Language und ist eine Beschreibungssprache für Web-Seiten. 1992 erfand Berners-Lee vom CERN (Conseil Europeén pour la Recherche Nucléaire) HTML. Seit 1994 hat das W3C (World Wide Web Consortium) die Weiterentwicklung und Standardisierung von HTML übernommen. Aktuell benutzt wird in der Regel die Version HTML 3.2. Die Ende 1997 verabschiedete Version HTML 4 wurde bis 1999 von keinem Web-Browser vollständig unterstützt.

Per HTML wird vorwiegend die logische Struktur der Web-Seite und die Bedeutung der einzelnen Elemente definiert. Der Web-Browser behält viel Gestaltungsspielraum, um diese logische Struktur zu interpretieren und in eine sichtbare Darstellung umzusetzen (rendern). Die eigentliche Formatierung kann also bei verschiedenen Web-Browsern und bei verschiedenen Benutzereinstellungen sehr unterschiedlich aussehen.

Wenn man die im Kapitel „Programme zur Erstellung und Gestaltung von Web-Seiten" ab Seite 111 genannten Programme (z.B. FrontPage) benutzt, braucht man sich normalerweise nicht mit HTML-Internas herumzuplagen. Wer es dennoch genau wissen will, sollte sich vor allem die Originalpublikationen ansehen:

- W3-Consortium (W3C, http://www.w3.org/MarkUp) und

- Wilbur-Reference der Web Design Group (WDG, http://www.htmlhelp.com).

HTML-Einführungen in deutsch finden Sie bei

- Münz (http://www.teamone.de/selfhtml) und

- Partl (http://www.boku.ac.at/htmleinf).

Eine FAQ und ein Diskussionsforum zu HTML bieten

- Klier (http://www.franken.de/users/tychen/faq/htmlfaq.html) und

- Schlüters HTML Tag List (http://utopia.knoware.nl/users/schluter/doc/tags/index.html).

Anhand eines kurzen Beispiels soll gezeigt werden, wie die prinzipielle Struktur von HTML-Seiten funktioniert. Das folgende Beispiel ist ein komplettes HTML-Dokument. Sie können es abtippen, als Datei zum Beispiel mit dem Namen first.htm speichern und in Ihren Browser laden. Es werden kurze Texte angezeigt. Die beiden Hyperlinks können Sie anklicken. Der erste verzweigt wirklich auf die Microsoft-Homepage, der zweite versucht eine E-Mail an MeinName@MeineFirma .de zu verschicken. Wenn Sie hier eine gültige E-Mail-Adresse einsetzen, können Sie so wirklich E-Mails versenden. Damit der Verweis auf Mein-Bild.gif funktioniert, müssen Sie eine GIF-Datei mit diesem Namen bereitstellen bzw. einen korrekten Dateinamen einfügen.

```
<HTML>
<HEAD>
<TITLE>Meine erste HTML-Seite</TITLE>
</HEAD>
<BODY>
<H1>Hallo !</H1>
<HR>
So wird <B>Fettdruck</B> eingeschaltet.<BR><P>
<A HREF="http://www.microsoft.com">
Klick mich an (Microsoft-Web-Site) !</A><BR><P>
<A HREF="mailto:MeinName@MeineFirma.de" title="Test-Mail">
```

```
Schick mir eine E-Mail !</A><BR><P>
<IMG SRC="MeinBild.gif" ALT="Leider fehlt MeinBild.gif">
<HR>
</BODY>
</HTML>
```

Selbst komplizierte HTML-Konstrukte wie etwa Tabellen lassen sich relativ einfach implementieren. Sie können die folgenden Zeilen zum Beispiel vor das abschließende </BODY> in obigem Beispiel einfügen:

```
<TABLE BORDER=2>
<CAPTION>Obstbestand</CAPTION>
<TR><TH>Menge</TH><TH>Artikel</TH></TR>
<TR><TD>12</TD><TD>Bananen</TD></TR>
<TR><TD>23</TD><TD>Birnen</TD></TR>
</TABLE>
```

Sie können auch eine neue Tabelle innerhalb einer Tabellenzelle plazieren. Dadurch bekommen Sie erweiterte Gestaltungsmöglichkeiten, beispielsweise können Sie Absatzüberschriften farbig hinterlegen.

Die zwischen spitze Klammern (<...>) gesetzten HTML-Befehle werden Tag genannt (wörtlich: „Auszeichnung"). Einige weitere besondere Schlüsselworte sind:

<FORM>   für Eingabeformulare,

<FRAME>   für Frames,

<EMBED>   für Plug-In-Objekte,

<SCRIPT>   für JavaScript und VBScript,

<APPLET>   für Java-Applets,

<OBJECT>   für ActiveX-Controls und

<META>   für unsichtbare Anweisungen.

6.3   Eingabefelder und einfache Formulare in Web-Seiten

Viele Web-Sites beinhalten mindestens eine Seite, in der Eingaben getätigt werden können. Darüber kann die Eingabe des Namens, der Kreditkartennummer oder eines beliebigen freien Textes in einem Eingabefeld erfolgen, das kann auch eine Auswahl aus einer Liste oder das Ankreuzen einer Checkbox bedeuten.

Eingabefelder oder ganze Eingabeformulare können sehr einfach in Web-Seiten implementiert werden. Der Empfang und die Auswertung der gesendeten Daten können auf sehr unterschiedliche Art und Weise erfolgen.

Eine aufwendige Methode wäre die Realisation als Java-Applet (oder ActiveX-Control). Solche Programmodule haben den Vorteil, daß schon auf der Client-Seite diverse Vorarbeiten geleistet werden können, zum Beispiel eine brauchbare Hilfestellung bei fehlerhaften Eingaben und eine Plausibilitätsprüfung, bei der nicht nur ein Check der eingegebenen Daten auf Minimal- und Maximalwerte erfolgt, sondern auch Abhängigkeiten der Daten untersucht werden können. Auch kann ein peppigeres Outfit erzeugt werden. Nachteilig sind der höhere Aufwand und daß nur Anwender Java-kompatibler Browser erreicht werden und auch die nur mit eingeschalteter Java-Unterstützung.

In den meisten Fällen werden Eingabeformulare mit den einfachen Hilfsmitteln realisiert, die die HTML-Sprache zur Verfügung stellt.

Sie brauchen sich nicht mit der internen Funktionsweise von HTML-Forms, CGI oder Perl zu beschäftigen. Die im Kapitel „Programme zur Erstellung und Gestaltung von Web-Seiten" ab Seite 111 genannten Programme (z.B. FrontPage) oder auch PolyForm von O'Reilly&Associates (http://polyform.ora.com) ermöglichen die bequeme Erstellung interaktiver Web-Seiten, die über Forms Eingaben entgegen nehmen, diese verarbeiten und entsprechende Ausgaben produzieren.

Trotzdem soll hier anhand eines kurzen Beispiels gezeigt werden, wie einfach es ist, Eingabefelder in HTML-Seiten einzufügen. Das folgende Beispiel ist ein komplettes HTML-Dokument. Sie können es abtippen, als Datei zum Beispiel mit dem Namen form.htm speichern und in Ihren Browser laden:

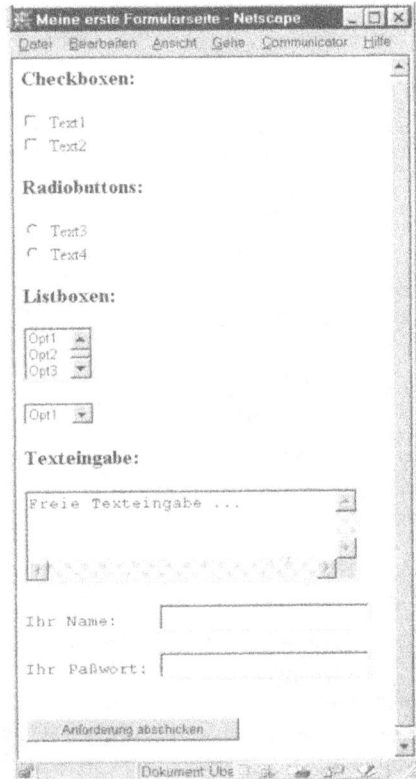

```
<HTML>
<HEAD>
<TITLE>Meine erste Formularseite</TITLE>
</HEAD>
<BODY>
<FORM action="/cgi-bin/MeinProgramm.exe" method="post">
<H3>Checkboxen:</H3>
<INPUT type=checkbox name="Cb1" value="X1"> Text1<BR>
```

```
<INPUT type=checkbox name="Cb2" value="X2"> Text2<P>
<H3>Radiobuttons:</H3>
<INPUT type=radio name="Ra" value="O1"> Text3<BR>
<INPUT type=radio name="Ra" value="O2"> Text4<P>
<H3>Listboxen:</H3>
<SELECT name="Se1" size=3 multiple>
<option>Opt1 <option>Opt2 <option>Opt3 <option>Opt4
</SELECT><P>
<SELECT name="Se2" size=1>
<option>Opt1 <option>Opt2 <option>Opt3 <option>Opt4
</SELECT><P>
<H3>Texteingabe:</H3>
<TEXTAREA name="Te" cols=30 rows=3>Freie Texteingabe ...
</TEXTAREA>
<PRE>
Ihr Name:   <INPUT type=text name="Name" size=20><BR>
Ihr Pa&szlig;wort: <INPUT type=password name="PW" size=20><BR>
</PRE>
<INPUT type=submit value="Anforderung abschicken">
</FORM>
</BODY>
</HTML>
```

Der mit „<form ..." beginnende Formular-Header definiert wesentliche Eigenschaften des Formulars.

Mit „action=..." wird festgelegt, was nach der Submit-Funktion (also nach dem Ausfüllen) passieren soll. action="mailto:MeinName@MeineFirma.de?subject=MeinSubject" würde beim Netscape-Browser die eingetragenen Daten per E-Mail verschicken. Leider funktioniert letzteres nicht mit dem Microsoft-Browser bis zur Version 3.0, weshalb diese Methode ausscheidet und man auf einen Server angewiesen ist, der die Abarbeitung der Eingaben in einem Programm auf dem Server ermöglicht (z.B. über CGI, etwa mit Wind-Mail von GeoCel Int., http://www.geocel.com/windmail). Falls Ihnen Provider mit CGI-Unterstützung zu teuer sind, können Sie übrigens auch den kostenlosen Dienst anderer Anbieter für diesen Zweck benutzen, zum Beispiel den CWAK-Mail-Service (http://www.cwak.com/mailservice).

Das hier vorgesehene action="/cgi-bin/MeinProgramm.exe" würde auf dem Server das Programm MeinProgramm.exe starten. Dies kann eine ausführbare Datei oder auch ein Skript (etwa in Perl) sein. Die vom Benutzer in das Formular eingetragenen und vom Browser zum Web-Server zurückgeschickten Daten werden auf der Server-Seite über vom eingesetzten Web-Server bereitgestellte Schnittstellen (wie etwa CGI, ISAPI, NSAPI) an MeinProgramm.exe übergeben. Weiteres hierzu finden Sie im Kapitel „Server-seitige Schnittstellen CGI, ISAPI, SSI, PHP, ColdFusion, ASP, Servlets" ab Seite 154. Mein-

Programm.exe kann die Daten auswerten und zum Beispiel mit einer neuen Web-Seite antworten.

method="post" (oder alternativ method="get") beschreibt die Art der Parameterübergabe (Stdin-Interface bzw. Umgebungsvariable). Zwischen method="post" und dem >-Zeichen könnte man noch ein enctype="application/x-www-form-urlencoded" einfügen, um das Protokoll des Datenstroms zu definieren. Allerdings wird das alternative enctype="text/plain" leider nicht von allen Browsern korrekt umgesetzt.

Weiter sind Checkboxen, Radiobuttons, Listboxen und Texteingabefelder eingefügt.

Vielleicht haben Sie sich schon mal gefragt, warum etwa bei vielen Suchmaschinen die Eingabe der Suchwörter mit einer Betätigung der Return-Taste abgeschlossen werden kann, was sehr praktisch ist, während in vielen anderen Web-Formularen dies nicht ausreicht. Dort muß dann eine Submit-Schaltfläche betätigt werden. Der Unterschied ist einfach: Nur wenn es außer (beliebig vielen) Checkboxen, Radiobuttons und Listboxen genau ein einziges Feld für freie Texteingabe gibt, reicht die Return-Taste.

Genauere und weitergehende Erklärungen zu den HTML-Befehlen finden Sie unter den im Kapitel „Einige einfache HTML-Interna" ab Seite 104 genannten Adressen.

6.4 Interne Suchmaschine

Bei größeren Web-Sites sollte eine interne Volltext-Suchmaschine nicht fehlen, die nur die Web-Seiten Ihrer Site durchsucht. Oft erinnert man sich an bestimmte Ausdrücke, weiß aber nicht mehr auf welcher Web-Seite der Text stand.

Drei grundsätzlich verschiedene Ansätze sind möglich:

- Volltextsuche in Echtzeit. Ein auf dem Web-Server installiertes Programm durchsucht bei jeder Suchanfrage alle Web-Seiten nach den Stichworten. Dies wird seltener benutzt, da es nur bei kleineren Web-Sites sinnvoll ist, meistens zu wenige Optionen ermöglicht und in der Regel keine Wertung erlaubt, je nachdem, ob das Stichwort im Titel, in Meta-Tags oder anders hervorgehoben vorkommt (Ranking).

- Local File Indexing. Programme, die meistens lokal auf dem Web-Server installiert sind, die zu bestimmten Zeitpunkten (z.B. nachts) alle HTML-Dateien in bestimmten Verzeichnissen durchsuchen und Indexdateien erstellen und bei Suchanfragen nur in diesen Indexdateien nachsehen.

- Remote Spider Indexing. Programme, die sowohl lokal auf dem Web-Server installiert sein können als auch von anderen (auch entfernten) Rechnern aus gestartet werden können, die ebenso Indexdateien erstellen und bei Suchanfragen nur in diesen Indexdateien nachsehen, aber die nicht Dateien in Verzeichnissen durchsuchen, sondern statt dessen alle Web-Seiten einer Web-Site durchsuchen, auf die von einer Start-Web-Seite und von allen weiteren Web-Seiten aus per Hyperlink verwiesen wird.

Anders als Local File Indexing bietet Remote Spider Indexing folgende Vorteile:

- Es werden nur wirklich erreichbare Web-Seiten erfaßt auf die tatsächlich ein Hyperlink verweist. Per Paßwort geschützte Seiten werden nicht gelesen.

- Server-seitige Veränderungen, etwa dynamisch zur Laufzeit per SSI oder ASP (z.B. aus Datenbankinhalten) erzeugte Bestandteile, werden mit indiziert.

- Anweisungen an die Spider (auch Robots genannt) in der Datei robot.txt auf dem Web-Server werden berücksichtigt. Darin können bestimmte Web-Seiten von der automatischen Erfassung ausgeschlossen werden.

Eine weitere Unterscheidung betrifft die Programmumgebung beziehungsweise die Software-Schnittstelle. Die Sucher laufen vielleicht nur unter Windows oder Unix oder erwarten Unterstützung für Java, Perl oder ISAPI.

Ein recht universelles und preiswertes Suchwerkzeug ist Cybotics Search Engine von Cybotics Technologies Ltd. (http://www.cybotics.com). Da es als Java Servlet implementiert ist, kann es auf nahezu jedem Web-Server betrieben werden, es muß nur Java-Support eingerichtet sein. Allerdings ist es weniger für sehr große Web-Sites geeignet.

Besonders leistungsfähige und auch für sehr große Web-Sites geeignete Suchwerkzeuge sind AltaVista Search Intranet (http://altavista.software.digital.com/search), Netscape Compass Server (http://home.netscape.com/compass) und Infoseek Ultraseek Server (http://software.infoseek.com/products/ultraseek/ultratop.htm).

Unter Unix (z.B. Linux) kann auch das kostenlose ht://Dig der The ht://Dig Group (http://www.htdig.org) eingesetzt werden. Allerdings ist es schwieriger zu konfigurieren.

In Intranets kann der Microsoft Index Server (http://www.microsoft.com/ntserver) besonders interessant sein, da außer HTML-Dateien auch Office-Formate durchsucht werden.

Eventuell sind auch Suchmaschinen sinnvoll, die Suchanfragen in Satzform erlauben, wie es Ask Jeeves Inc. (http://www.askjeeves.com) demonstriert.

6.5   DHTML, CSS, XML

Neuerdings ziehen einige über HTML 3.2 hinausgehende und teilweise in der Version HTML 4 standardisierte Erweiterungen die Aufmerksamkeit auf sich.

DHTML (Dynamic Hypertext Markup Language, dynamisches HTML) bietet bessere Möglichkeiten zur Web-Seitengestaltung als einfaches HTML. Auch sich dynamisch verändernde oder sich bewegende Elemente werden realisierbar, etwa durch einfache an <IMG>- oder <A>-Tags angehängte Rollover-Funktionen. Wesentlich weitergehende Objektorientierung verspricht DOM (Document Object Model, http://www.w3.org/DOM).

Ein wesentlicher Bestandteil von DHTML ist die Einbettung von CSS (Cascading Style Sheets, http://www.w3.org/Style). CSS ermöglichen Ebenentechnik (Layer), die genaue Positionierung von Elementen und die Definition von Formatvorlagen für HTML-Seiten.

XML (Extensible Markup Language) wurde Anfang 1998 vom W3C (World Wide Web Consortium) als Standard verabschiedet (http://www.w3.org/xml). XML ist ebenso wie HTML eine Untermenge von SGML (Standard Generalized Markup Language, ISO 8879) und könnte der Nachfolger von HTML werden. XML ist sehr flexibel und als Metasprache um eigene Definitionen und Tags erweiterbar. Es ist hervorragend zur strukturierten Speicherung von Informationen geeignet. XML beschreibt vor allem die Informationsart und (anders als HTML) nicht das Aussehen. Letzteres wird über das Layout beschreibende Formatierungsvorschriften definiert, wie etwa XSL (Extensible Style Language). RDF (Resource Description Framework) soll die Semantik der Formatanweisungen standardisieren und uneinheitliche Darstellungen von XML-Formatanweisungen vermeiden.

Erste XML-Anwendungen könnten SMIL (Synchronized Multimedia Integration Language, für Multimedia-Präsentationen), PGML (Precision Graphics Markup Language, skalierbare und in HTML-Seiten editierbare Vektorgrafiken) und MathML (komplexe mathematische Ausdrücke in editierbarer Form in Web-Seiten) werden.

Viele dieser Neuerungen sind für die Zukunft sehr sinnvoll. Besonders XML wird große Bedeutung erlangen. Das Marktforschungsunternehmen Zona Research geht sogar so weit, zu prognostizieren, XML würde den Austausch von Geschäftsinformationen ähnlich revolutionieren, wie das Telefon, und erwartet den kommerziellen Durchbruch recht bald. Leider verbietet sich der Einsatz dieser Neuerungen zur Zeit allerdings noch, weil bislang die wenigsten Web-Browser damit klarkommen. Selbst die Marktführer Netscape und Microsoft unterstützen in ihren neuesten Web-Browsern die Erweiterungen noch entweder gar nicht oder zumindest sehr unterschiedlich. Zudem benutzen viele Surfer ältere Browser-Versionen. Mitte 1998 waren etwa die Hälfte noch auf dem Stand der 3er-Versionen, obwohl es schon länger neuere Versionen gab.

6.6 Programme zur Erstellung und Gestaltung von Web-Seiten

Konverter

Verschiedene Wege führen zur HTML-Seite. Der mühsamste Weg ist, mit einem normalen ASCII-Editor den Text inklusive der HTML-Formatierung direkt hinzuschreiben. Dies wird nur der Fachmann machen, der besondere Kniffe und Tricks einsetzen will. Normalerweise wird so höchstens eine sehr einfache Seite erstellt oder der letzte Feinschliff durchgeführt.

Etwas Erleichterung bieten einfache Konverter-Tools. Zum Beispiel TXT2HTML erzeugt aus einfachen ASCII-Texten HTML-Texte. Dabei können nur wenige Stilmittel erkannt und entsprechend umgesetzt werden, zum Beispiel Unterstreichungen, Aufzählungen und Tabellen. RTFtoHTML (http://www.sunpack.com/RTF/rtftohtml_overview.html) kann schon etwas anspruchsvollere Formatierungen von RTF (Rich-Text-Format) nach HTML konvertieren. Fett, kursiv, Unterstreichung, Überschrift, Aufzählung und Tabelle werden umgesetzt, eingebettete Grafiken werden in Hyperlink-verknüpfte Dateien ausgelagert. Unter http://www.w3.org/Tools/Filters.html sind weitere Filter aufgezählt.

Mehr Komfort bieten die in neueren Versionen der üblichen Office-Pakete integrierten HTML-Ausgabefunktionen. Hier wird mit den normalen Programmen (z.B. Textverarbeitung) wie bisher auch gearbeitet und gestaltet und das Ergebnis als HTML-Datei gespeichert. Diese HTML-Ausgabefunktionen können integriert sein oder als zusätzlicher Aufsatz funktionieren. Für sein Office-95-Paket (Word, Excel, PowerPoint, Access) bietet Microsoft zum Beispiel den Internet Assistant als Aufsatz an, während im Microsoft Office

97 HTML-In- und Export gleich eingebunden ist, sogar das Laden von und Speichern auf FTP-Servern ist möglich.

HTML-Editor

Die Erstellung einfachster Web-Seiten kann mit den in den Web-Browsern integrierten Editoren versucht werden, also mit dem Composer vom Netscape Communicator oder dem FrontPage Express vom Microsoft Internet Explorer (nicht zu verwechseln mit dem „richtigen" FrontPage). Allerdings stößt man dabei recht schnell an Grenzen. In beiden fehlen viele wichtige HTML-Elemente und der Composer kann nicht einmal Eingabefelder und Formulare einrichten.

Professionelles Arbeiten ist nur mit dedizierten Produkten möglich. Ein für Web-Publishing geeigneter HTML-Editor muß nicht nur Texte und Bilder anordnen können, er muß auch mit animierten GIF-Bildern, realitätsnahen JPEG-Bildern, Eingabefeldern, Listboxen, Tabellen, Frames, Plug-Ins und vielem anderen umgehen können. Das wichtige Web-Site-Management darf nicht vergessen werden.

*   Derzeit recht verbreitet bei Web-Autoren und Web-Administratoren ist Microsofts FrontPage (http://www.micro-soft.com/frontpage oder http://www.microsoft.com/germany/office/frontpage, 350,- DM). FrontPage ist ein Publishing-Werkzeug, das keine HTML- oder Programmierkenntnisse erfordert. FrontPage hat einen großen Funktionsumfang und einfache Bedienung. Der Editor ist leicht zu bedienen und bietet diverse Assistenten, die auch die Gestaltung kompliziert formatierter Seiten, Tabellen,
    Frames, clickable Image Maps und Formulareingabe (auch ohne CGI-Skripte) unterstützen. Java-Applets, JavaScript, Visual Basic Script oder ActiveX-Controls können eingebunden werden und der HTML-Code kann direkt editiert werden (mit farblicher Tag-Unterscheidung). Über WebBot-Module (Bots) können in Web-Seiten dynamische Objekte integriert werden, die aktualisiert oder ausgeführt werden, sobald jemand auf die Seite zugreift, und die das Erscheinungsbild der HTML-Seite verändern. WebBots ermöglichen auch die Integration von Volltextsuche, Dialogboxen und Diskussionsgruppen. Über den IDC (Internet Database Connector) können Echtzeitanfragen an ODBC-Datenbanken integriert werden. Microsoft FrontPage ist nicht nur ein HTML-Editor, sondern bietet auch eine integrierte Projektverwaltung (Site-Management), was besonders in größeren Web-Sites wichtig ist. FrontPage kann auch alle im HTML-Code eingetragenen Links automatisch auf ihre Richtigkeit prüfen. Die fertige Web-Site kann mit FrontPage vom Entwicklungsrechner auf einen entfernten am Internet angebunde-

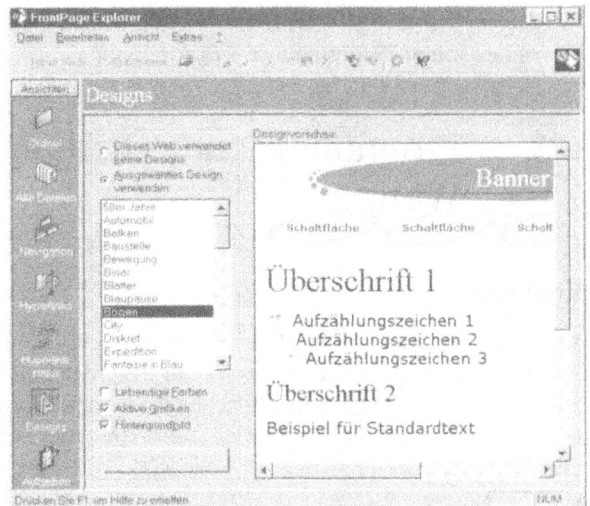

nen Web-Server übertragen werden. Die Team-Entwicklung wird unterstützt und Zugangsbeschränkungen für einzelne Seiten können definiert werden. Allerdings kommen einige der besonderen Vorteile von FrontPage nur dann zum Zuge, wenn der benutzte Web-Server spezielle FrontPage-Erweiterungen unterstützt. Dies bieten aber immer mehr Server.

• Die bekannteste Konkurrenz zu FrontPage stellt NetObjects Fusion von NetObjects (http://www.netobjects.com, 600,- DM) dar. NetObjects Fusion ist wie FrontPage ein Layout-orientierter Web-Editor. Wie in einem DTP-Programm werden Bilder und Texte plaziert. Für die gesamte Web-Site geltende Grundstrukturen und Stilvorlagen können definiert werden. Java, JavaScript und Cascading Stylesheets werden unterstützt. Allerdings ist der resultierende HTML-Code für manuelle Nachbearbeitung wenig geeignet, da zu unübersichtlich. Datenbankanbindungen können etwa per ColdFusion eingerichtet werden. Wie bei FrontPage ist auch hier Site-Management integriert.

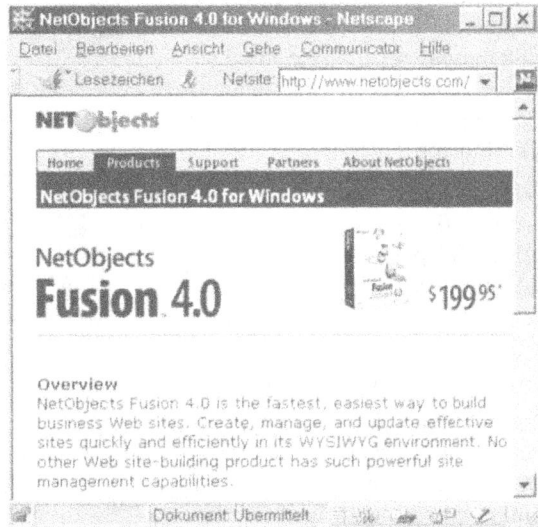

Während FrontPage und NetObjects Fusion eher Layout-Werkzeuge sind und man damit weniger mit HTML-Code in Berührung kommt, gibt es auch Tools, deren Schwerpunkt bei der direkten Manipulation des HTML-Codes liegt. Diese Arbeitsweise bedingt eine etwas längere Einarbeitungszeit, ermöglicht dem Fachmann aber exaktere Kontrolle und effektiveren Code. Diese Arbeitsweise besonders unterstützende Editoren sind:

• Dreamweaver von Macromedia (http://www.dreamweaver.com, 600,- DM),

• HomeSite von Allaire (http://www.allaire.com/products/homesite, 250,- DM) und

• HotDog Professional von Sausage Software (http://www.sausage.com, 300,- DM).

Solche Tools unterstützen das Editieren durch farbliche Syntaxmarkierung (Syntax-Highlighting), sich automatisch öffnende Listen der anwendbaren Parameter bei Eingabe von HTML-Tags, HTML-Validator, Link-Checker, Rechtschreibprüfung und weiterer Hilfsfunktionen. Besonders Dreamweaver erfreut sich zunehmender Beliebtheit und

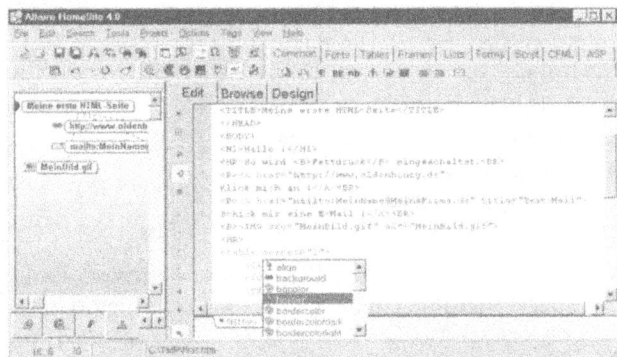

enthält außerdem das zweitbeliebteste Programm, nämlich HomeSite. Dreamweaver zeigt eine grafische Site-Map, integriert Templates, ermöglicht visuelle Entwicklung, bietet exzellente Tabellenfunktionen, läßt bestehenden Code unangetastet und unterstützt Datenbankanbindungen etwa per ColdFusion.

Viele Tips zum Web-Publishing finden Sie im WWW, zum Beispiel beim W3-Consortium (W3C, http://www.w3 .org) oder CIO Communication (http://www.cio.com/Web-Master/wm_authoring.html).

Programme zur Bildbearbeitung, Multimedia-Autorensysteme und weitere Programme finden Sie in den folgenden Kapiteln.

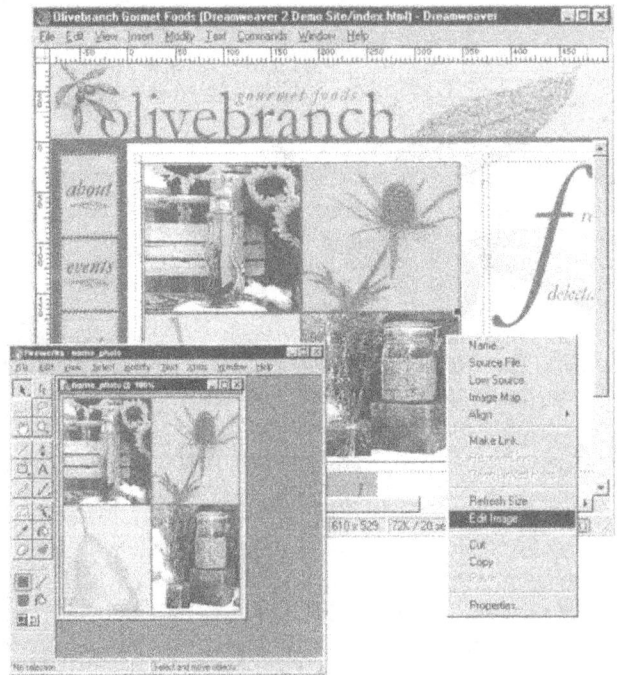

Web-Site-Management und Web-Seiten-Prüfer

Web-Site-Management beinhaltet eine übersichtliche Verknüpfungsdarstellung der verschiedenen HTML-Seiten, Überprüfung aller Links auf ihre Richtigkeit, komfortable Verschiebung von Dateien bzw. Links, Agenten und Logging. Ohne solche Hilfsmittel verliert man in größeren Web-Sites die Übersicht und baut Fehler ein. Diese Programme ermöglichen auch den Update ganzer Web-Sites, die auf entfernten Servern residieren.

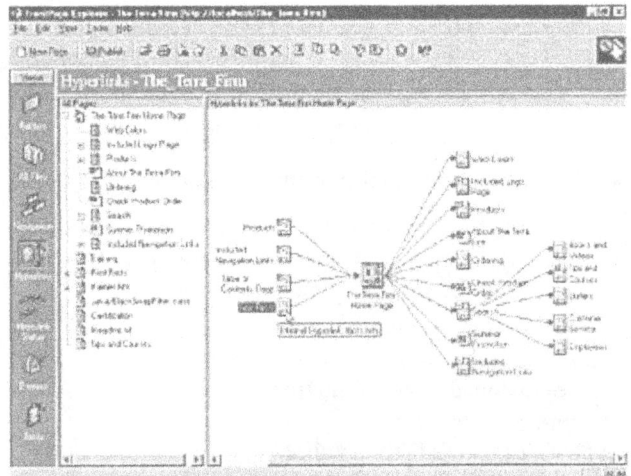

- Die bereits erwähnten Programme Microsoft FrontPage und NetObjects Fusion bieten außer Web-Publishing auch gleich ein ausgefeiltes Web-Site-Projekt-Management.

Wenn es Ihnen um die Überprüfung Ihrer Web-Site geht, sollten
Sie sich den CSE HTML Validator
von AI Internet Solutions (http://
www.htmlvalidator.com) ansehen.
Alternativ bieten sich auch spezielle Online-Dienste an, auf deren
Web-Seite Sie Ihre URL eingeben
können. Je nach Programm werden
alle Links auf Gültigkeit überprüft,
die HTML-Syntax auf fehlerhafte
Tags oder nicht dem Standard entsprechende Erweiterungen gecheckt und es kann die Performance Ihres Servers getestet werden. Solche Dienste bieten zum
Beispiel:

- HTML Validation Service vom
  W3C (http://validator.w3.org),

- NetMechanic von Monte Sano
  Software LLC
  (http://www.netmechanic.com)
  und

- Weblint von Neil Bowers
  (http://www.cre.canon.co.uk/~neilb/weblint).

Wollen Sie nur Ihre Hyperlinks überprüfen, bieten sich Link-Checker an (meistens auf Perl
basierend):

- Webxref (http://zoutmijn.bpa.nl/rick/Web/Webtools.html) und

- Linklint (http://www.goldwarp.com/bowlin/linklint).

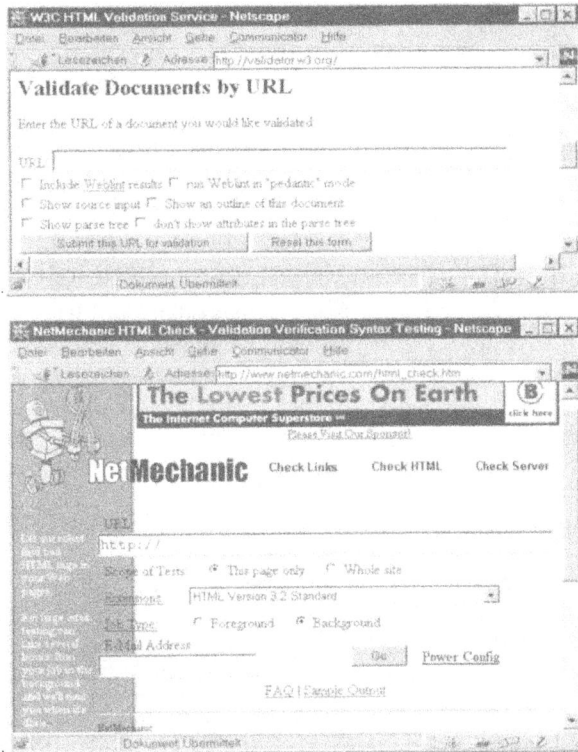

6.7   Bilderstellung, Bildbearbeitung

Digitale Fotokamera

Digitale Fotokameras belichten nicht Filme, sondern speichern das Bild direkt in digitaler
Form. Das Ergebnis kann sofort in den Rechner übertragen und benutzt werden. Der
Bildspeicher von 1 MByte bis über 100 MByte reicht je nach Größe und gewählter Bild-
auflösung meistens für 15 bis 120 Bilder. Die Auflösung des CCD-Chips kann 320 x 240
bis über 3000 x 2000 Pixel bei Farbtiefen von 24 oder 30 bpp betragen. Die Preise liegen
zwischen 400,- und 50.000,- DM. Für das Web-Publishing reichen normalerweise Fotokameras mit einer Auflösung von 640 x 480 Bildpunkten in der Preisklasse um die 1000,-
DM. Neuerdings gibt es auch qualitativ hochwertige digitale Spiegelreflexkameras mit

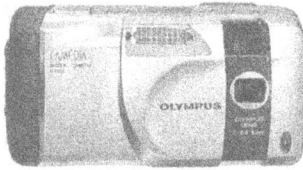

Zoom-Objektiv für weniger als 3000,- DM. Die bekanntesten Hersteller solcher Geräte sind Olympus, Kodak, Epson, Minolta und Sanyo.

Die Möglichkeit der sofortigen Verfügbarkeit des elektronischen Bildes ist der größte Vorteil dieser digitalen Fotokameras. Ist man darauf nicht angewiesen, ist die herkömmliche Methode bei besserer Qualität (noch) preiswerter, bei der die Bilder mit einer normalen Fotokamera aufgenommen werden und in einem Scanner digitalisiert werden.

Wollen Sie Ihre digitalen Bilder auch auf Papier ausdrucken, gibt es derzeit zwei dafür besonders prädestinierte und konkurrenzlos preiswerte Farbdrucker, nämlich den Stylus Color und den Stylus Photo, beide von Epson (http://www.epson-deutschland.de). Wichtig ist hierbei die Wahl einer geeigneten Papiersorte.

Scanner

Scanner sind Geräte, die Bild- oder Textvorlagen auf Papier in eine elektronische Form umsetzen. Bilder werden als Bitmap gespeichert, Texte können wahlweise auch über OCR-Software (Optical Character Recognition) in eine Textdatei konvertiert werden (mit einer Fehlerrate von wenigen Prozent).

In der Werbung für Scanner werden gerne hohe Auflösungswerte angepriesen, die durch Interpolation errechnet werden. Wirklich relevant sind aber nur die reellen physikalischen Auflösungswerte.

Einfache DIN-A4-Flachbett-Scanner mit 600 dpi Auflösung, 24 bpp Farbtiefe und Twain-Schnittstelle gibt es für unter 300,- DM. Anspruchsvollere DIN-A4-Flachbett-Scanner mit 1200 dpi Auflösung kosten ca. 1000,- DM. DIN-A3-Scanner sind für ca. 10.000,- DM zu bekommen. Bekannte Scanner-Hersteller sind Hewlett-Packard (http://www.hewlett-packard.de), Umax (http://www.umax.com) und Agfa (http://www.agfa.de).

Unbedingt geprüft werden muß, ob es für das gewünschte Betriebssystem Treiber gibt. Mit einem TWAIN-Modul wird es unter Windows 98 keine Probleme geben, aber schon Windows NT oder OS/2 werden oft nicht unterstützt, bei anderen Betriebssystemen oder Rechnerarchitekturen kann es noch schwieriger werden.

Dimension 3D-Systems GmbH (http://www .dimension3d.de) bietet für 6000,- DM einen 3D-Scanner an. Eine Digitalkamera erfaßt das sich auf einem Drehteller drehende Objekt. Eine automatische Bildanalyse speichert die 3D-Daten.

Grafiktablett

Wenn Sie jemals versucht haben, nicht eine technische Konstruktion, sondern eine Frei-

handzeichnung mit der Maus zu zeichnen, werden Sie schnell feststellen, daß dies nahezu unmöglich ist. Spätestens beim Versuch, künstlerisch zu malen, werden Sie aufgeben.

Deutlich im Vorteil sind da Grafiktabletts mit elektronischen Stiften. Während die ähnlichen Digitalisiertabletts für besonders genaues technisches Konstruieren gedacht sind, bilden Grafiktabletts natürliches Malen nach. Die Stifte sind leicht und genau zu führen und können druckempfindlich und abhängig von der Stiftneigung reagieren, wie beispielsweise beim UltraPad von WACOM Computer Systems GmbH (http://www.wacom.de). Allerdings können diese Eigenschaften nur mit geeigneter Software genutzt werden, die diese Grafiktabletts kennt. Dies lernen aber immer mehr Programme wie zum Beispiel Painter von MetaCreations (http://www.metacreations.com), Photoshop von Adobe (http://www .adobe.com), Photo-Paint von Corel (http://www.corel.com) und PhotoImpact mit Webextensions von Ulead (http://www.ulead.com). Insbesondere Painter bietet viele dem Künstler vertraute Hilfsmittel, damit kann sogar dem Aquarell-Künstler Konkurrenz entstehen. Die entstehenden Bilderdateien können direkt verwendet werden oder mit beliebigen anderen Programmen nachbearbeitet werden.

Vorgefertigte Bilder, fertige animated GIFs und Videos

Bilder müssen nicht immer selbst erstellt oder aufgenommen werden.

Natürlich gibt es im WWW viele Web-Sites mit kostenlosen Bildern, allerdings kann dies wegen der Übertragungsgebühren teurer werden als der Kauf einer CD. Größere Software-Händler verkaufen CDs mit vielen Tausend farbigen Cliparts ab ca. 30,- DM. Die Mega Gallery von Corel (http://www.corel.com, 110,- DM) bietet über 100.000 fertige lizenzfreie Cliparts und Fotos.

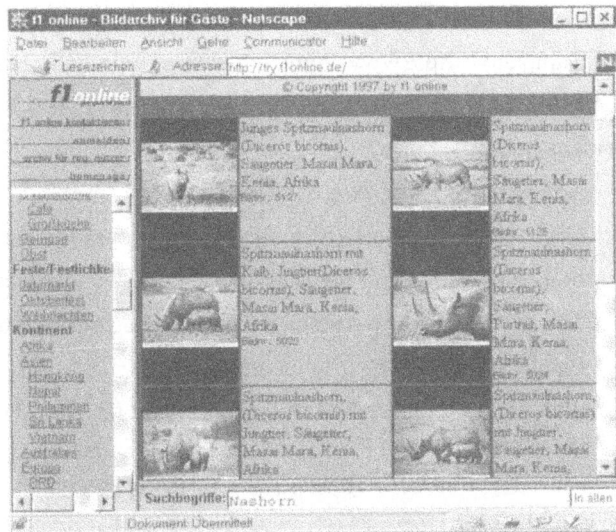

Fertige professionelle Agentur-Photos in Layout-Qualität kann man sich im Internet besorgen. Viele Tausend Bilder werden angeboten. Erweiterte Suchfunktionen bieten Schlagwortsuche und Suche nach bestimmten Farben, Formen und Motiven. Das Suchen ist meistens kostenlos, das Laden kann etwa 35,- DM pro Bild kosten. Beispiele:

- F1 Online (http://www.f1online.de),
- RealTimeImage (http://www.RealTimeImage.de),
- Corbis (http://www.corbis.com) und
- The Stock Solution (TSS, http://www.tssphoto.com).

Auch viele Sammlungen von GIF-Icons, Cliparts, Backgrounds und Buttons finden Sie im
Internet, etwa bei:

- Icon Browser von Vecchia
  (http://www.cli.di.unipi.it/iconbrowser/icons
  .html),

- Clipart.com (http://www.clipart.com),

- Clip Art Connection
  (http://www.clipartconnection.com),

- Web Communications
  (http://www.webcom.com/html/icons.html)
  und

- GAD Interactive (http://www.gadweb.com).

Bewegte Bilderfolgen (Animated GIFs) können Sie sich ansehen unter:

- Alchemy Mindworks (http://www.mindworkshop.com/alchemy/gcsdemo.html),

- Tom´s Gallery (http://www.multimedia.de/bittner/gallery.htm),

- Zampano (http://www.zampano.com/gifanim/galerie/index.html) und

- MMMM (http://www.teleport.com/~cooler/MMMM/index.html).

Videos finden Sie unter:

- ARD-aktuell (http://www.tagesschau.de),

- Cable News Network (http://www.cnn.com/video_vault),

- Sony Music (http://www.sonymusic.com/music/audiovideo.html),

- Jesse's Movies (http://www.uslink.net/~edgerton) und

- Phade Software (http://www.mpeg1.de).

Quellen für kostenloses Material nennt Ihnen Up2Day Telekommunikation
(http://www.kostenlos.de).

Beachten Sie immer die jeweiligen Copyright-Rechte!

Bildformate GIF, JPEG und PNG

Die im Internet wichtigsten Dateiformate zum Transfer von Bildern und Grafiken sind GIF,
JPEG und in Zukunft vielleicht auch PNG. Alle drei speichern Bilder komprimiert.

Solange die Web-Browser ohne weitere Hilfsmittel nur GIF und JPEG darstellen können,
sollte man sich möglichst auf diese Formate beschränken.

- GIF speichert bis 256 Farben, ist gut geeignet für eher einfache Grafiken, für transpa-
  rente Bilder oder um kleine Animationen zu erstellen (siehe auch Kapitel „Bewegung,
  Animation, Web-Cam, Video, Multimedia, 3D, VRML" ab Seite 124).

- JPEG (Joint Photographic Experts Group) speichert bis 16,7 Millionen Farben Truecolor und ist gut geeignet für realitätsnahe Fotos und detailreiche Bilder zum Beispiel mit Farbverläufen. Die Kompressionsrate kann eingestellt werden. Je höher die Kompression ist, um so mehr Details gehen verloren. JPEG bietet weder Transparenz noch Animation.

- PNG (Portable Network Graphics) ist ein neues vom W3C verabschiedetes Grafikformat. Wie bei GIF wird verlustfrei komprimiert, weshalb PNG wie GIF hauptsächlich für einfache Grafiken geeignet ist. Anders als bei GIF können beliebige Farbtiefen gespeichert werden, allerdings werden Truecolor-Fotos längst nicht so effektiv komprimiert wie bei JPEG (aber immerhin besser als mit dem bei Druckprofis beliebten TIFF-Format). PNG bietet keine Animation, aber Transparenz. Die Transparenz kann über einen sogenannten Alpha-Kanal sogar dosiert werden. Dadurch können Bildbereiche nicht nur völlig durchsichtig, sondern auch halb durchsichtig dargestellt werden, wodurch weiche Übergänge und sehr realistische Schatteneffekte möglich werden. PNG kann zusätzlich zur Grafik Schlüsselwörter und Text speichern, um die Suche in Archiven zu unterstützen. Allerdings wird PNG bislang noch nur von wenigen Web-Browsern direkt unterstützt und kann nur mit zusätzlichen Plug-Ins bzw. ActiveX-Controls betrachtet werden. Einer der Gründe für die Entwicklung von PNG war, daß GIF etwas ins Gerede gekommen war, da der verwendete LZW-Kompressionsalgorithmus auf einem Patent der Firma Unisys basiert. Die Entwickler von Software, die GIF-Bilder erzeugen oder darstellen kann, müssen Lizenzgebühren bezahlen. Aber das Integrieren von GIF-Bildern auf der Web-Seite ist davon unberührt.

Alle drei Formate bieten die gerade im Internet sinnvolle Option, während des Ladens schon eine grobe Vorschau zu präsentieren. GIF-Bilder müssen dazu im interlaced Format und JPEG-Bilder mit progressivem Bildaufbau gespeichert werden. PNG bietet mit dem Adam7-Verfahren ein noch früheres Erkennen des Bildes.

Weitere Formate, wie etwa die fraktale Bildkompression von Iterated Systems, FlashPix von Live Picture, Kodak und Microsoft und Vektorgrafiken von Acrobat, Corel und Autodesk haben in Teilbereichen deutliche Vorteile, aber sind zu wenig verbreitet. Sie sollten nur verwendet werden, wenn die besonderen Features wirklich benötigt werden.

Programme zur Bilderstellung und Bildbearbeitung

Für CAD-Konstruktionen (Computer Aided Design) im Maschinenbau und bei Architekten ist der Einsatz teurer CAD-Programme mit Vektorgrafik, wie

- AutoCAD von Autodesk Inc. (http://www.autodesk.com),

- MegaCAD von Just in Time Software GmbH (http://www.megacad.com) oder

- MicroStation von Bentley Systems Inc. (http://www.bentley.com),

unabdingbar. Mit ergänzenden Spezialerweiterungen werden 10.000,- DM schnell überschritten. Solche Programme werden von Ingenieuren und Technikern eingesetzt. Einen Vergleich der wichtigsten 3D-CAD-Programme finden Sie bei der Zeitschrift Industrie Management (http://www.iit.tu-cottbus.de/indman/cad).

Um Grafiken und technische Zeichnungen zum Beispiel für Dokumentationen oder Handbücher zu erstellen ist

- CorelDraw von Corel (http://www.corel.com, 900,- DM)

das professionelle Vektorgrafik-Zeichenprogramm der Wahl. Auch in der Werbebranche und als Allround-Paket ist es sehr beliebt. Für weniger Anspruchsvolle reicht vielleicht auch das deutlich preiswertere

- Windows Draw von Micrografx (http://www.micrografx.com, 100,- DM).

Während der Schwerpunkt der Vektorgrafik mehr im konstruktiven Bereich liegt, wird zur Nachbearbeitung und im gestalterischen Bereich eher Bitmap-orientierte Pixelgrafik eingesetzt.

Professionelle Bildbearbeiter wie Grafiker, Layouter, Werbe- und Web-Designer werden nicht auf den

- Photoshop von Adobe (http://www.adobe.com, 1600,- DM)

verzichten wollen. Photoshop ist das anerkanntermaßen beste Bildretusche- und Montagepro-gramm. Die Ebenentechnik ist ungeschlagen flexibel und leistungsfähig. Alle üblichen Manipulationen werden professionell durchgeführt, wie Skalieren, Verzerren, Rotieren, Transformieren, Farbraumkonvertierung, Gammakorrekturen, Farbmanipulationen. Effektfilter, mehrfarbige Farbverläufe mit transparenten Bereichen, Weich-/Scharfzeichnen, Retuschieren, Hilfslinien, PNG (Portable Network Graphics), Progressive JPEG, ... Zusätzlich ist Adobes Photoshop durch Plug-Ins um viele weitere Spezialfilter erweiterbar.

Wer nicht hauptberuflich mit Bildbearbeitung beschäftigt ist, der muß nicht unbedingt mit dem umfangreichen Adobe Photoshop beginnen. Im Gegenteil, er würde wahrscheinlich sogar schlechtere Ergebnisse erzielen. Um Photoshop sinnvoll einsetzen zu können, ist eine mehrmonatige Einarbeitungszeit und tägliche Anwendung notwendig. Andere ebenfalls sehr leistungsfähige Programme sind leichter erlernbar. Dazu gehören zum Beispiel

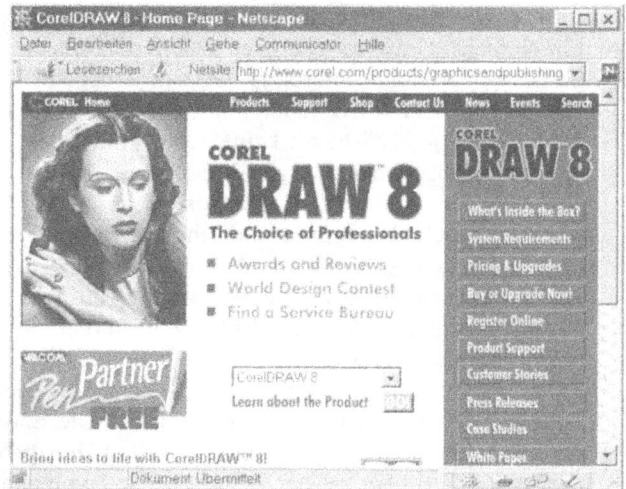

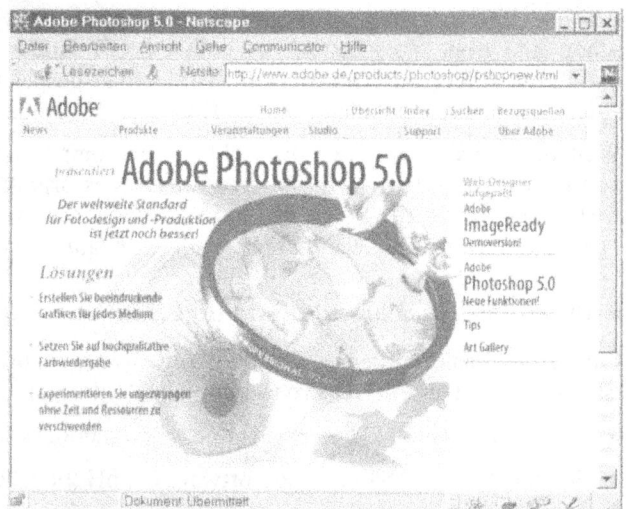

- Photo-Paint von Corel
  (http://www.corel.com,
  800,- DM) und

- Picture Publisher aus
  Windows Draw Professio-
  nell von Micrografx
  (http://www.micrografx
  .com, 250,- DM).

Besonders Picture Publisher
wird als Allround-Talent immer beliebter. Sowohl Internet-
Publisher als auch Print-Profis
finden alles, was sie brauchen.
Ebenentechnik mit vielseitigen
Montagetechniken, hochwertige Korrekturmöglichkeiten
inklusive guter Tonwert-
korrektur und viele Effekte wie
Gegenlichtreflexe, Beleuch-
tungsfilter oder 3D-Texte etwa
aus Stahl gehören zum Reper-
toire. Vorschauen für JPG und
GIF sind möglich und GIF-
Animationen lassen sich erstellen. Die in der Druckvor-
stufe wichtige CMYK-Separa-
tion ist enthalten. Und das alles
bei leicht zu erlernender Bedienung.

Auch der preiswerte

- Paint Shop Pro von Jasc
  (http://www.jasc.com,
  Lakies, 200,- DM)

ist eine gute Alternative. Paint Shop Pro bietet trotz des günstigen Preises alle wichtigen Malwerkzeuge und Bildbearbeitungsfunktionen, wie Farbkorrektur, Farbverläufe, Über-blenden, Colorieren, Verzerrer, Effektfilter, weiche Kanten, Weichzeichnen, Schärfen, Glanzlichter, Schattenautomatik, Rotieren, Leinen- oder Holzuntergründe, Projektion auf Kugel oder Zylinder und 3D-Schaltflächen. Neueste Versionen bieten auch Ebenentechnik. Speziell für Web-Designer sind Funktionen wichtig, wie Farbtiefenreduktion, Grafikfor-matkonvertierung, PNG, Progressive JPEG und GIF inklusive Interlacing und Transparenz. Schwächen zeigt Paint Shop Pro bei Tonwertkorrektur, Farbverläufen und Textfunktionen.

Ein besonders für Web-Designer geeignetes Bildbearbeitungsprogramm ist

- PhotoImpact mit Webextensions von Ulead (http://www.ulead.com, 350,- DM).

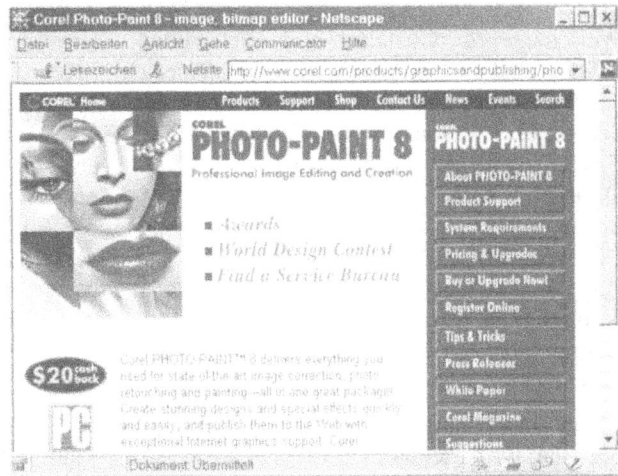

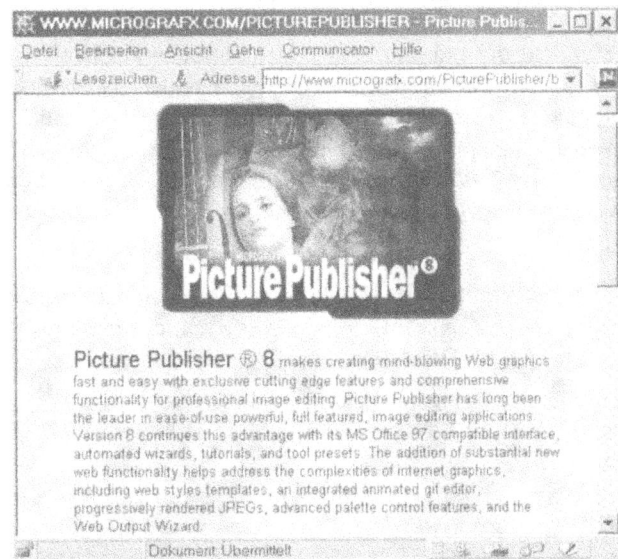

PhotoImpact hat zwar nicht so viele Mal- und Zeichenwerkzeuge, aber mit die besten Werkzeuge für Gestalter von Web-Seiten. PhotoImpact bietet einfach zu benutzende Effekte und Filter-Presets, die aus Galerien (Effekt-, Stile-, Texturen- und Füllmustergalerie) ausgewählt werden, durch Ebenentechnik beliebige Verschiebung sich überlagernder Objekte, besondere Textfunktionen zum Beispiel mit Bezierkurvenumrissen und 3D-Tiefe, vielfältige Flächenfülloptionen, Farbverläufe, Textur-Projektion, Wasser- und Ölfarben, Weich-/Scharfzeichnen, Tonwertkontrolle, Verzerrer, Fischaugenlinse, 3D-Schaltflächen, Web-Effekte, Hintergrund-Design (mit Kachelung), HTML-Funktionen, Clickable Map, JPEG-Komprimierung, transparentes GIF, GIF-Animator, ... Vorzüglich sind die auch einzeln erhältlichen Komponenten SmartSaver zur Bildkompression und GIF-Animator zur Erstellung sich bewegender Bilder. Bisherige Versionen von PhotoImpact zeigten lediglich beim im Web weniger wichtigen Farbmanagement und bei CMYK-Bildbearbeitung Lücken, die jedoch in der neuesten Version behoben werden sollen.

Leider deckt keines der genannten Programme wirklich alles ab. Auch bei den oben genannten Programmen ist es kein Fehler, mehrere einsetzen zu können. Gerade für das Web-Design entstehen ständig neue Tools und es werden immer wieder neue besondere Effekte erfunden, die nur mit Spezialprogrammen realisiert werden können. Bis andere Programme nachgezogen haben, ist gerade dieser Effekt nicht mehr modern. Die Kreativität scheint grenzenlos zu sein. Dem Web-Designer bleibt nichts anderes übrig, als außer den oben genannten Brot-und-Butter-Programmen auch einige zusätzliche weitere Spezialprogramme für besondere Effekte einzusetzen.

Die bekanntesten Beispiele für Spezialeffekte sind

- Kai's Power Tools (KPT), Power Goo, Super Goo und Soap von MetaCreations (http://www.metacreations.com, Softline, 300,- DM / 100,- DM / 100,- DM).

Sie bieten aufgerollte Ecken, Effektlinsen, Filter, Wirbel, Verschmelzung (Fusion), fraktale Strukturen, Bildverformer/-verzerrer, Morphing, ...

Ein besonders für natürliches und künstlerisches Malen prädestiniertes Programm ist

- Painter von MetaCreations (http://www.metacreations.com, 700,- DM).

Kein anderes Programm bietet derart viele verschiedene vordefinierte Pinsel, Maltechniken und Kreativfunktionen in so guter Wiedergabequalität. Dicke Ölfarbe, schillernder Ölfilm, Chrom, Quecksilber, flüssiges Metall, Feuer, Glühen und Staub werden konkurrenzlos perfekt dargestellt. Die neueste Version bietet Kodak Color Management und erlaubt die Nachbearbeitung von Scans und Fotos (Kratzer entfernen, Weichzeichnen, Farbwerte ändern). Allerdings fehlen diverse klassische Bildbearbeitungsfunktionen.

Die größte Stärke der

- Corel WebMaster Suite von Corel (http://www.corel.com, 400,- DM)

liegt in den beigefügten über 8000 fertigen lizenzfreien Cliparts. Als HTML Authoring Tool bietet es wesentlich weniger als Microsofts FrontPage. Es lassen sich Web-Seiten mit Texten, Bildern und virtueller Realität gestalten. Animationen können über animierte GIFs oder Java-Applets erstellt werden.

Die Einstellung der optimalen Parameter zur Speicherung von Bildern im GIF- oder JPEG-Format ist nicht immer ganz einfach, hat aber großen Einfluß auf die Bildqualität und die im Web wichtige Dateigröße. Das beste Tool zur Bestimmung der optimalen GIF/JPEG-Parameter ist der im PhotoImpact mit Webextensions von Ulead enthaltene aber auch einzeln erhältliche

- Ulead SmartSaver (http://www.webutilities.com).

Die Einstellungen lassen sich komfortabel vornehmen und in einem Preview sofort beurteilen.

Für den Gebrauch im Web sollten größere GIF-Bilder immer im interlaced Format bzw. JPEG-Bilder mit progressivem Bildaufbau gespeichert werden. Dadurch werden auch bei geringerer Datenübertragungsrate im Web schon während des Ladevorgangs schemenhafte Bildinhalte sichtbar und die Wartezeit auf das vollständige Bild erscheint kürzer. Diverse Programme erlauben die nachträgliche Wandlung von GIF-Bildern in interlaced GIF-Bilder (z.B. Paint Shop Pro). Alternativ kann auch über den Lowsrc-Parameter zuerst eine vorläufige schnell ladbare Übersichtsgrafik und erst danach das genauere mehr Speicherplatz und damit mehr Übertragungszeit beanspruchende Bild geladen werden. Beispiel: <img src=BildGenau.jpg lowsrc=BildGrob.gif>. Die beiden Bilder sollten die gleichen Maße haben.

Um die Urheberrechte an Ihrem Bild sicherzustellen, können Sie es mit einem unsichtbaren Copyright-Vermerk versehen. Dies verhindert zwar nicht die Verwendung durch andere, aber im Streitfall kann der Erzeuger nachgewiesen werden. Dafür werden einige Pixel geringfügig im Farbton verändert, um eine unsichtbare Signatur (Creator-ID als Wasserzeichen) in das Bild einzufügen.

- PictureMarc von Digimarc (http://www.digimarc.com)

ist die derzeit hierfür beste Software. Selbst einige Bildmanipulationen übersteht die Signatur, erst bei heftigen Änderungen geht sie verloren. PictureMarc ist als Plug-In für Adobes Photoshop, mit CorelDraw und mit Micrografx Graphics Suite erhältlich.

Clickable Image Map

Clickable Image Maps sind Grafiken, in denen bestimmte Bereiche als Hyperlink angeklickt werden können. Es können mehrere Bereiche für unterschiedliche Verweise definiert werden. Die Erzeugung von Clickable Image Maps wird von guten HTML-Editoren (wie z.B. Microsoft FrontPage) direkt unterstützt.

Bei Clickable Image Maps muß stets beachtet werden, daß viele Web-Nutzer Grafiken abschalten. Alle Hyperlinks sollten deshalb zusätzlich auch in Textform vorhanden sein.

Früher übermittelte der Web-Browser die Mausposition zum Server, und dort wurden über CGI-Skripte die Mauskoordinaten mit Tabellenwerten verglichen (Server-basierte Image Map). Neuerdings werden Client Side Image Maps bevorzugt. Dabei werden die Mauskoordinaten im Web-Browser ausgewertet. Das hat drei Vorteile: Es entsteht weniger Zeitverlust, da die Auswertung keinen neuerlichen Verbindungsaufbau zum Server benötigt, die Maus-Cursor-Form ändert sich beim Überfahren der „heißen" Bereiche in der Grafik und die Browser-Statuszeile kann die Ziel-URL direkt anzeigen, noch bevor geklickt wird. Ob Ihr HTML-Editor Client Side Image Maps verwendet, erkennen Sie daran, ob er in dem <img ...>-Tag für das Bild ein usemap=... einfügt. Im <map>-Tag werden die Koordinatenbereiche definiert. Dabei können Rechtecke, Polygone und Kreise verwendet werden.

Beispiel:

```
<img src=bild.gif usemap=#arealist>
<map name=arealist>
<area shape=rect coords=100,150,120,170 href="seite1.html">
<area shape=circle coords=50,70,20 href="seite2.html">
<area shape=poly coords=10,15,20,30,60,70,90,90 href="seite3.html">
</map>
```

6.8 Bewegung, Animation, Web-Cam, Video, Multimedia, 3D, VRML

Automatischer Wechsel der HTML-Seite, automatischer Start von Sound u.a.

Zwischen <head> und <title> kann über das <meta ...>-Tag bestimmt werden, daß nach einer festgelegten Zeit eine weitere URL aufgerufen wird. Dies kann eine Sound-Datei sein, eine Grafikdatei oder eine andere HTML-Seite. Zum Beispiel wird über

```
<meta http-equiv="refresh" content="5; url=seite2.html">
```

nach 5 Sekunden die URL seite2.html geladen. Darüber könnte man eine beliebig lange Abfolge immer wieder neuer Seiten programmieren. Allerdings sollte man solche Optionen mit Bedacht verwenden. Wenn dem Web-Surfer nicht klar ist, wie er den Vorgang kontrollieren oder abbrechen kann, wird er Ihre Web-Site meiden.

Laufschriften, wabblige Schriften

Für einfache Effekte wie Laufschriften oder wabblige Schriften gibt es ein reichhaltiges Angebot an fertigen Java-Applets und JavaScript-Beispielen, die man sich zum Beispiel von Menai Corporation Gamelan (http://www.gamelan.com, http://www.developer.com/directories) downloaden und in seine Web-Seite einbinden kann. Durch Parameter können sie an den jeweiligen Einsatz angepaßt werden.

Variierende Bilder, Bilderfolgen-Animation, Mini-Filmchen

Animationen werden erzeugt, indem die die Abfolge darstellenden Bilder einzeln erstellt und dann in einer Datei gemeinsam gespeichert und durch spezielle Befehle im Control Block verknüpft werden, zum Beispiel Loop für eine sich wiederholende Schleife oder Delay für die Verweildauer der Bilder. Es kann auch ein Bild über die Web-Seite bewegt werden, indem das erste größere Bild in der GIF-Datei den gesamten Hintergrundbereich darstellt, über den sich das kleinere Bild bewegen soll und dann von dem kleineren zu bewegenden zweiten Bild (mit transparentem Hintergrund) nur laufend die Koordinaten geändert werden.

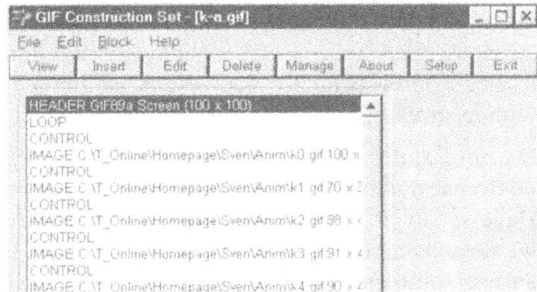

Holen Sie sich Anregungen für Ihre eigenen Animationen unter den im Kapitel „Bilderstellung, Bildbearbeitung" ab Seite 115 genannten Web-Sites für Animated GIFs.

Wenn Sie weitere Informationen zum GIF-Format suchen, sollten Sie sich den GIF-Guide von Zampano (http://www.zampano.com/gifanim/index.html) ansehen.

Normalerweise brauchen Sie aber kein spezielles Fachwissen für solche Animationen. Viele der im Kapitel „Bilderstellung, Bildbearbeitung" ab Seite 115 genannten Programme (z.B. PhotoImpact mit Webextensions von Ulead) unterstützen Sie bei der Erstellung.

Das klassische Tool zur Erstellung einfacher aber wirkungsvoller Animationen ist das GIF Construction Set for Windows (GifCon) von Alchemy Mindworks (http://www.mindwork-shop.com/alchemy/gifcon.html oder http://www.mindworks.com). Viele der animierten GIF89a-Bilder (Multi-Image-GIF-Bilder) im WWW beruhen hierauf.

Ähnlich brauchbar ist der Ulead GIF Animator von Ulead (http://www.ulead.com).

Auch für den Macintosh gibt es ähnliche Programme, etwa GIFmation von BoxTop Software Inc. (http://www.boxtopsoft.com). Unter Unix können Sie WhirlGif von Kevin Kadow (http://www.msg.net/utility/whirlgif) einsetzen.

Kompliziertere Animationen können Sie mit Java-Applets bewerkstelligen. Auch hier gilt wieder: Prüfen Sie, ob es bei Gamelan (http://www.gamelan.com, http://www.developer .com/directories) vielleicht schon fertige Applets für Ihren Zweck gibt.

Live-Bilder per Web-Cam

Mit Web-Cam wird eine an das Web angeschlossene Kamera bezeichnet, deren Bilder über das Internet per Web-Browser betrachtet werden können. Übliche Lösungen verwenden einfache, am PC anschließbare digitale Kameras, denen in regelmäßigen Abständen (z.B. alle paar Sekunden) Bilder entnommen werden, welche eine spezielle Web-Cam-Software per FTP-Upload zum Web-Server schickt, der es innerhalb einer HTML-Seite zur Verfügung stellt.

Solche Web-Cam-Software liegt einigen Web-Kameras schon bei, sonst muß eines der vielen im Internet erhältlichen universellen Programme eingesetzt werden, etwa LiveCam von Tranquilli (http://www.nikos.com/livecam), pjWebCam von Roberts (http://www .homeusers.prestel.co.uk/cherryjam/webcam.html), Webcam32 von Kolban (http://www .kolban.com/webcam32) oder WebMedia von der Uni Ulm (http://www-vs.informatik.uni-ulm.de/soft/wv).

Die im Kapitel „Videochat, einfache Videokonferenz" ab Seite 227 beschriebenen Video-konferenzsysteme setzen beim Anwender einen speziellen Client voraus (z.B. NetMeeting). Dagegen sollen Web-Cam-Bilder im Web-Browser ohne Zusatzmodule laufend angezeigt werden. Damit der Browser beim Betrachter in den entsprechenden Intervallen das Bild neu aufbaut, muß die HTML-Seite ein Meta-Tag enthalten:

    <meta http-equiv="refresh" content="5">

Alternativ können auch die im Kapitel „Nachrichtenticker, Push-Dienste, individualisiertes Web-Casting" ab Seite 62 genannten Push-Dienste installiert werden.

Beispiele für Web-Cam-Installationen sind:

- Trojan Coffee Machine (erste Web-Cam, http://www.cl.cam.ac.uk/coffee/coffee.html),

- Interactive Model Railroad (http://ernst.informatik.uni-ulm.de:81/rr/gui2) und

- Zugspitze (http://www.zugspitze.de/kamera.htm).

Web-Cam	Anschluß	Auflösung	Weitwinkel, Zoom	über Internet fernsteuerbar
Axis 200+ www.axis.com	TCP/IP Ethernet	704 x 576 2 JPEG/s	- 2fach	ja
Boeder ChatCam www.boeder.com	Windows 9x PCI-Karte	768 x 576 ...30 fps	60 Grad -	-
Logitech QuickCam Pro www.logitech.de	Win9x/NT, Mac Par. oder USB	640 x 480 4...30 fps	- -	-
Philips PCA 645 VC www.pc.be.philips.com	Win 9x, (Mac) USB	352 x 288 15...24 fps	- -	-
Winnov Sony LSX-PT1 www.winnov.de	Win 9x/NT PCI-Karte	512 x 582 ...30 fps	30 Grad 3fach	ja

Einfachste Kameras haben manchmal nur eine Auflösung von 176 x 144 Pixeln. Für Web-Cam-Anwendungen besser geeignet sind Kameras mit höherer Auflösung, etwa 352 x 288 oder 768 x 567 Pixeln. Einige verfügen über Weitwinkelobjektive oder sogar ein Zoom. Für bestimmte Anwendungen kann auch die Fernsteuerbarkeit per Internet wichtig sein. Einfache Kameras kosten unter 300,- DM, per Internet fernsteuerbare mit Zoom über 1000,- DM. Besonders leicht zu implementieren ist die AXIS 200+, die als eigenständiger Web-Server fungiert.

Audio

Anfang 1998 gab es über 300.000 Web-Seiten mit streaming Audio oder Video. RealAudio Player von RealNetworks (http://www.realaudio.com) war bislang das bekannteste Plug-In für Sound-Wiedergabe. Neue Versionen versprechen bei schnellen ISDN-Anbindungen gute Stereo-Qualität.

Neuerdings bekommt RealAudio zunehmend Konkurrenz durch das derzeit beste und effektivste Verfahren zur Komprimierung von Musik, nämlich durch das am Institut für Integrierte Schaltungen (IIS) der Fraunhofer Gesellschaft (http://www.iis.fhg.de/amm) entwickelte MP3 (MPEG 1 Audio Layer-3). Bei MP3 (http://mp3.com) finden Sie entsprechende Titel und Verweise auf MP3-Player (für Windows zum Beispiel Winamp und WPlay). GoldWave (http://www.goldwave.com) wandelt MP3 nach WAV. Die Tabelle zeigt die für bestimmte Qualitätsniveaus notwendigen Datenübertragungsraten.

Tonqualität / Bandbreite		mit MP3 erforderliche Datenübertragungsrate
Telefon	mono 3 kHz	8 kbit/s
Mittelwellen-Radio	mono 8 kHz	30 kbit/s
UKW-Radio	stereo 11 kHz	60 kbit/s
CD	stereo > 15 kHz	120 kbit/s

Video und Live-Video

Als der Erfinder des Videostreams, bei dem der Anwender nicht erst auf den kompletten Download eines Videos warten muß, bis die ersten Bilder erscheinen, gilt

- VDOnet (http://www.clubvdo.net).

Früher präsentierte ARD-aktuell (http://www.tagesschau .de) Nachrichten-Videos per VDOnet, neuerdings wird

- RealVideo von RealNetworks (http://www.real.com)

eingesetzt. Es bietet die beste Videoqualität und ist am meisten verbreitet.

- NetShow von Microsoft (http://www.microsoft.com/windows/windowsmedia)

produziert Videos für den Windows Media Player. Der Encoder arbeitet mit den Codecs MPEG 4, H.263, Truemotion und VDOnet. Der Media Player versteht ASF (Advanced Streaming Format), RealVideo, MPEG und QuickTime.

- QuickTime von Apple (http://www.apple.com/quicktime)

bietet derzeitig noch kein echtes Streaming, was sich erst mit der nächsten Version ändern soll.

Vorgefertigte Videos können alle
diese Systeme abspielen. Einige,
zum Beispiel RealVideo und Net-
Show, können mit entsprechenden Servern (auch Medien-Server
genannt) außerdem Live-Videos
übertragen. Unter den genannten
URLs finden Sie entsprechende
Server, Systeme zur Erzeugung
von vorgefertigten Videodateien
und die beim Client notwendigen
Plug-Ins zum Anzeigen der Videos.

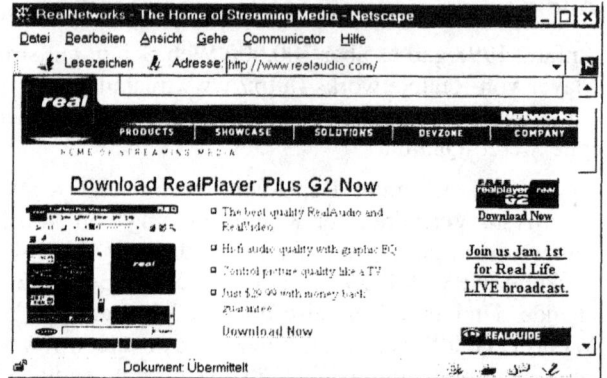

Während das Abspielen von Videos bis zu MPEG-1-Qualität (SIF-Auflösung mit 352 x
288 Pixeln) mittlerweile komplett per Software funktioniert, wird sowohl zum Abspielen
von MPEG-2-Videos (in CCIR-PAL-Auflösung mit 720 x 567 Pixeln) als auch zur Erzeugung in Echtzeit von MPEG-1- und erst recht MPEG-2-Videos noch Hardwarebeschleu-
nigung benötigt. Ein relativ preiswerter MPEG-Echtzeit-Digitalizierer für MPEG 1 ist der
an den Parallelport anzuschließende Dazzle von LA Vision (http://www.la-vision.com,
450,- DM). MPEG-2-Videokompression in Echtzeit ist mit MVCast von VisionTech
(http://www.visiontech-dml.com, 4600,- DM) möglich, welches als PCI-Karte für Win-
dows-NT- und Sun-Rechner Audio- und PAL-Videosignale (auch im 16:9-Bildformat) in 3
bis 16 Mbit/s MPEG 2 umsetzt.

Video und Multimedia-Wiedergabe mit Java (ohne Plug-Ins)

Die Wiedergabe anspruchsvoller
Videos und Multimedia-Anima-
tionen erfordert normalerweise
die vorherige Installation des
passenden Plug-Ins oder ActiveX-Controls (z.B. Shockwave). Immer mehr Surfer sind
aber nicht bereit, Plug-Ins auf
ihrem Rechner zu installieren.
Sollen trotzdem Multimedia-
Sequenzen abgespielt werden,
kann

• Emblaze Technologie von
  GEO Interactive
  (http://www.geo.co.il, http://www.uk.emblaze.com)

helfen. Damit können Animationen, Audio- und Videosequenzen erzeugt werden, die über
ein nur 60 KByte großes Java-Applet abgespielt werden. Animationen bis 128 x 96 Pixeln
werden mit 15 Frames pro Sekunde wiedergegeben. Während die Darstellungsqualität bei
Animationen gut ist, ist sie bei Videos nicht ganz so optimal wie bei RealVideo. Anders als

bei den im letzten Abschnitt vorgestellten RealVideo und NetShow gibt es für Emblaze keinen Server, mit dem Live-Videos übertragen werden könnten.

Ähnliche Java-Applets bieten mittlerweile auch

- Macromedia mit dem Director Export Xtra for Java (http://www.macromedia.com/ software/director/java), mit dem Shockwave-Filme als Java-Applet gespeichert werden, und

- IBM mit dem im HotMedia integriertem Video-Java-Applet (http://www.software.ibm .com/net.media).

Multimedia-Autorensysteme, Animationen

Multimedia-Autorensysteme dienten zuerst der Produktion von Multimedia-CDs. Neuerdings wird Multimedia auch im Internet zunehmend interessant, obwohl die beschränkte Bandbreite nicht alle Features wie mit CDs erlaubt.

Director Shockwave Internet Studio von Macromedia (http:// www.macromedia.com, 2900,- DM) ist der unangefochtene Marktführer für Multimedia-Entwicklung für CD-ROM, Internet und Intranet. Gerade für Entwicklungen für das Internet ist der Director besonders interessant geworden, seitdem über normale Web-Browser abspielbare Shockwave-Applets möglich wurden. Shockwave-Applets werden mit dem Afterburner-Xtra hergestellt, der die Multimedia-Sequenz sehr stark komprimiert und damit Internet-tauglich macht. Ein Xtra ist eine Erweiterung der Funktionalität des Directors, die über eine definierte Schnittstelle in C/C++ programmiert werden kann. Außerdem stellt der Director die Skriptsprache Lingo zur Verfügung, mit der schwie-

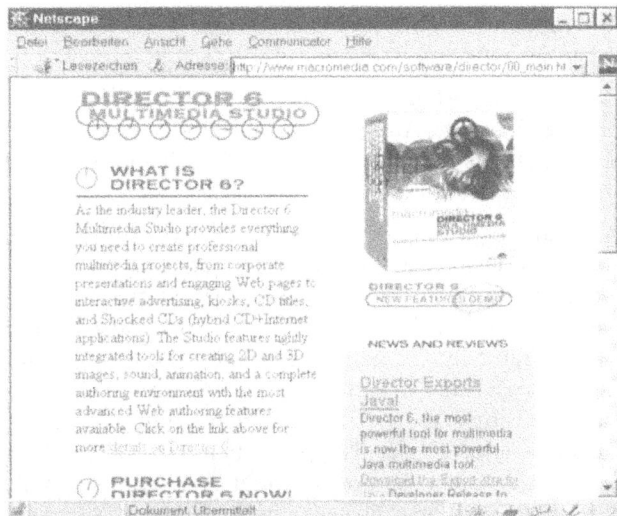

rigere Teile des Multimedia-Geschehens gesteuert werden können. Lingo unterstützt auch spezielle im Internet einsetzbare Kommandos wie zum Beispiel GoToNetPage. Einfache Vorgänge werden durch Einträge und Mausklicks bestimmt. Der Director versucht, wie ein Filmstudio zu erscheinen. Es gibt ein Darstellerfenster, welches die Mediaelemente enthält, ein Drehbuchfenster, welches die Abfolge definiert und eine Bühne, auf der das Ergebnis sichtbar wird.

Authorware, ebenfalls von Macromedia (4700,- DM), ist eines der leistungsfähigsten Autorensysteme zur Erstellung von Multimedia-CBT-Software (Computer Based Training, Computer-unterstütztes Lernen). Authorware läßt sich hervorragend mit dem Director zusammen einsetzen. Auch kann das Ergebnis ebenfalls mit dem Afterburner-Xtra zu einem Shockwave-Applet komprimiert werden, inklusive aller Interaktionsmöglichkeiten, und ist dadurch ebenfalls für Internet-Anwendungen geeignet. Authorware kann leicht ohne Programmierkenntnisse benutzt werden, da es mit visueller Icon-Technik bedient wird.

Das Attain Learning System von Macromedia (10.000,- DM) kombiniert Authorware mit Dreamweaver Attain als Produktionswerkstatt für multimediale Inhalte sowie mit Pathware für die Planung, Administration und Bereitstellung von CBT-Kursen über einen Web-Server. Dieses komplette und komplexe Tool-Set für CBT-Anwendungen deckt alle Bereiche des Telelearning ab.

Wer auf einige Eigenschaften wie etwa Formulare verzichten kann und insbesondere Wert auf kleine Dateigröße und schnelle Ladegeschwindigkeit im Internet legt, sollte Flash von Macromedia (600,- DM) testen. Flash ist ein Werkzeug zum Erstellen von Grafiken und Animationen speziell fürs Web. Entlang einer Zeitleiste lassen sich entweder einzelne Bilder Frame-by-Frame hintereinander setzen oder mittels automatischer Berechnung von Zwischenschritten (Tweening) auch flüssige Bewegungsabläufe eingeben. Da die Bilder nicht als Bitmap, sondern vektororientiert gespeichert werden, lassen sie sich beliebig ohne Qualitätsverluste oder Treppenkanten vergrößern. Eingebettete Audiodateien werden als Stream behandelt, der Sound startet also sofort, es muß nicht erst die komplette Datei geladen sein. Der Web-Anwender muß analog zu Shockwave ebenfalls ein passendes Plug-In geladen haben, welches es leider noch nicht für alle Betriebssysteme gibt.

ToolBook von Asymetrix (http://www.asymetrix.com) ist auch ein bekanntes Multimedia-Autorensystem. Fünf verschiedene Produkte stehen zur Verfügung. Der Publisher (2100,- DM) konkurriert zu Macromedia Director Multimedia Studio. Der Instructor (4200,- DM)

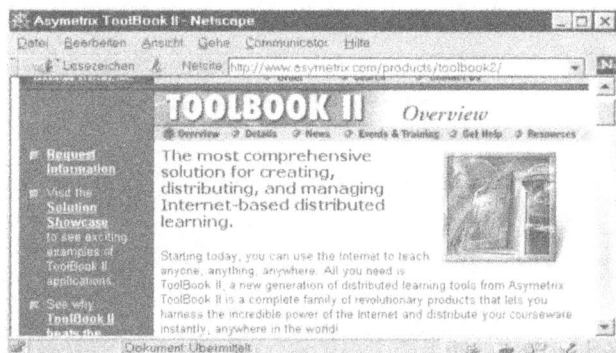

konkurriert als CBT-Autorensystem zu Macromedia Authorware. Der Librarian (10.000,- DM) dient als CBT-Verwaltungstool auf Web-Servern. Neuron ist ein kostenloses Plug-In, über das ToolBook-Programme über übliche Web-Browser abgespielt werden können. Desktop (100,- DM) ist ein Bundle aus Neuron und dem Netscape Navigator.

3D, VR, VRML

VRML (Virtual Reality Modeling Language, ausgesprochen: „Wörml") ist eine 3D-Beschreibungssprache, die auf Open Inventor 3-D von SGI (Silicon Graphics, http://www.sgi.com) basiert. Sie ermöglicht die Übertragung von 3D-Szenen über das Internet per ASCII-Datei. Im Web-Browser ist nicht nur die Betrachtung von statischen 3D-Bildern, sondern auch die Bewegung in 3D-Welten in Echtzeit möglich, was auch mit VR (Virtual Reality) bezeichnet wird. Man kann sich in eine frei wählbare Richtung bewegen, um etwas herum gehen, durch Türen gehen und Aktionen auslösen. Eine VRML-Szenenbeschreibung beinhaltet Geometrien, Materialien, Texturen, Videoeinblendungen, Transformationen, Lichtquellen, Dunst, Kollisionserkennung, Geräusche und den Standpunkt des Betrachters.

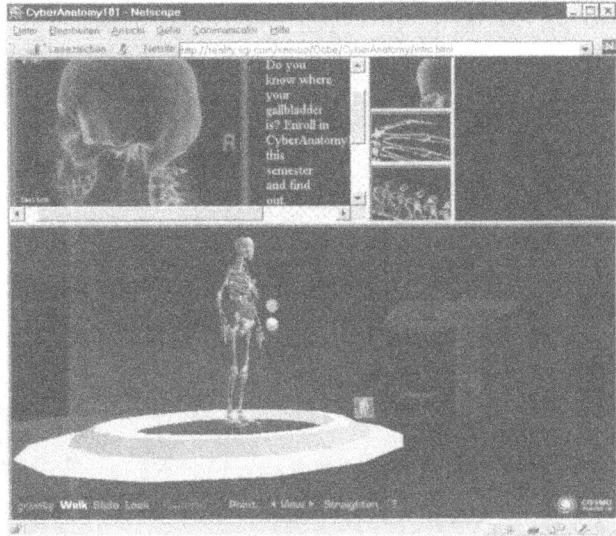

Die Einsatzbereiche für VRML sind derzeit allerdings noch recht beschränkt. Das Navigieren in einem virtuellen 3D-Supermarkt ist wesentlich unbequemer als das Blättern durch herkömmliche Web-Seiten und einfache GIF-Bilder zeigen die angebotenen Produkte anschaulicher als ungenaue 3D-Darstellungen.

Kommerzielle VRML-Anwendungen sind deshalb noch selten. Ein frühes Beispiel ist die virtuelle Messe Virtex (http://www.virtex.co.uk, siehe auch Kapitel „Virtuelle Messen im Internet" ab Seite 198). Das Fraunhofer-Institut für Arbeitswirtschaft und Organisation (IAO) plant zusammen mit Partnern einen VR-Shop (http://www.vr-shop.iao.fhg.de).

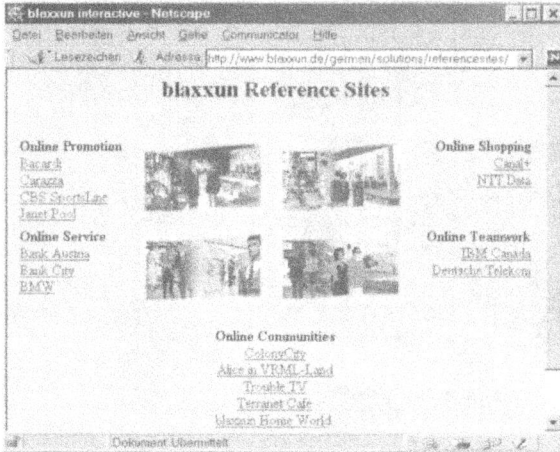

Besonders die deutsche Firma blaxxun interactive (http://www.blaxxun.de) propagiert Online Communities, in denen die Besucher miteinander interagieren können. Silicon Graphics, blaxxun interactive, ParaGraph International und Sony Corporation wollen die Kompatibilität zwischen Multiuserfähigen VRML-Welten über die Living-Worlds-Initiative standardisieren (http://www.vrml.org/WorkingGroups/living-worlds).

VRML Version 2.0 ist als VRML97 von der ISO (International Standards Organization) und der IEC (International Electrotechnical Commission) als Standard akzeptiert worden (ISO/IEC 14772). Informationen über den VRML-Standard finden Sie bei der VAG und beim VRB (VRML Architecture Group bzw. VRML Review Board, http://www.web3d.org/vag) oder bei Silicon Graphics (http://cosmosoftware.com/developer/handbook). 3D-Site (http://www.3dsite.com) bietet Tools, Konverter und Beispiele zu VRML.

Die bekanntesten VRML-Viewer sind der im Netscape Communicator enthaltene

* Cosmo Player von Silicon Graphics (http://cosmosoftware.com),

der im Microsoft Internet Explorer enthaltene

* WorldView von Intervista / Platinum Technology Inc. (http://www.intervista.com)

und der als Plug-In erhältliche

* Viscape von Superscape (http://www.superscape.com).

Die bekanntesten VRML-Entwicklungsumgebungen sind

* V-Realm Builder von Ligos (http://www.ligos.com),

* VRT von Superscape (http://www.superscape.com),

* WorldUp von EST (http://www.est-kl.com) und

* Cosmo Suite von SGI (http://cosmosoftware.com).

Cosmo 3D von SGI bietet ein C++-API für plattformunabhängiges interaktives 3D-Web und unterstützt VRML und Java 3D. Cosmo Create 3D ist ein Drag&Drop-Autorenwerkzeug für VRML und Animationen. Cosmo GL ist eine OpenGL-Erweiterung als Basis-Renderer für Cosmo 3D.

Diese VRML-Entwicklungsumgebungen sind prädestiniert zur Erstellung dreidimensionaler Welten, die in Echtzeit durchwandert werden können, aber sind oft weniger oder gar nicht geeignet zur Erstellung von realistisch aussehenden 3D-Elementen. Das können die großen 3D-Programme besser und alle wichtigen bieten mittlerweile auch gute VRML-Exportfilter. Die bekanntesten sind Alias/Wavefront von SGI (http://www.aw.sgi.com), Softimage von Softimage/Microsoft (http://www.softimage.com), 3D Studio Max von Kinetix/Autodesk (http://www.ktx.com), trueSpace von Caligari (http://www.caligari.com) und Ray Dream von MetaCreations (http://www.metacreations.com).

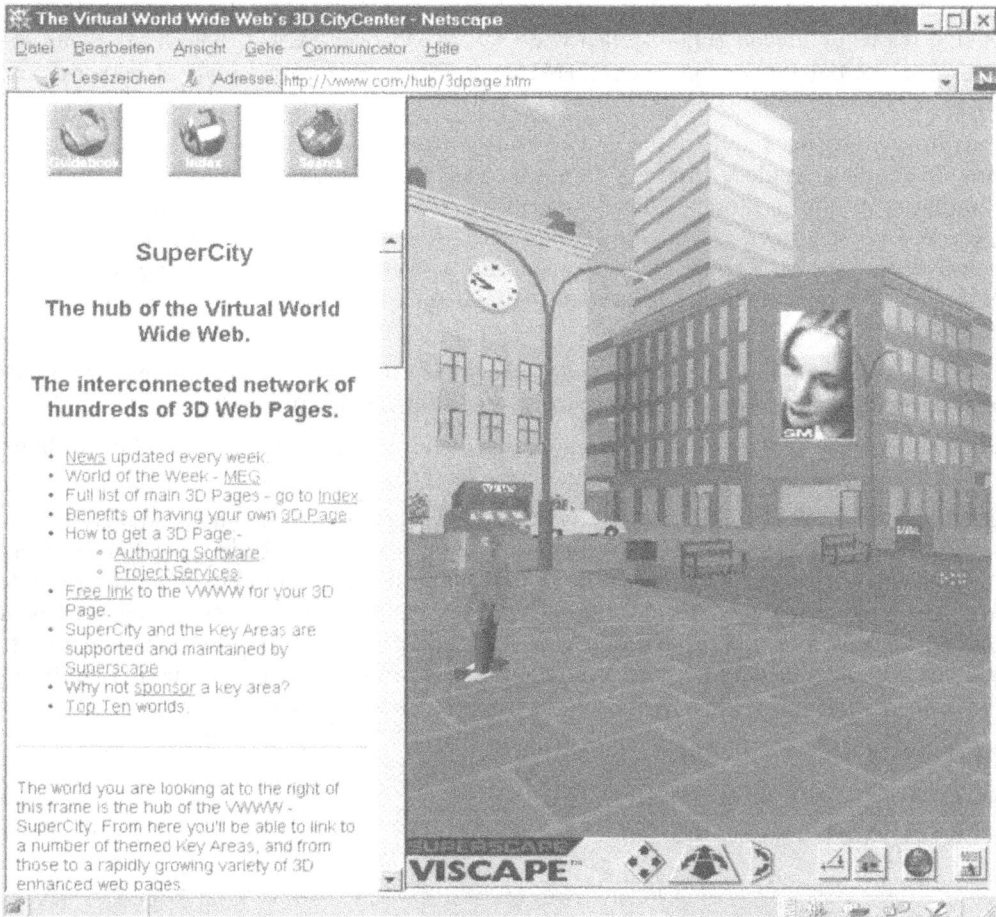

6.9   Interaktivität, Programmierung mit Java, JavaScript, ActiveX, VBScript

Interaktivität

Die simpelste Form der Interaktivität ist, auf der Web-Seite seine E-Mail-Adresse anklick-bereit zu hinterlegen. Die nächste Stufe sind einfache Web-Formulare, wie sie im Kapitel „Eingabefelder und einfache Formulare in Web-Seiten" ab Seite 106 beschrieben sind. Hierzu reichen einfache Schnittstellen wie CGI, ISAPI oder NSAPI. Allerdings bleibt die primitive Formularverwaltung von HTML weit hinter dem zurück, was man sonst von Benutzeroberflächen gewohnt ist.

Eine dritte Stufe der Interaktivität und erhebliche Komfortsteigerung kann mit Erweiterungen durch Java-Applets, ActiveX-Controls oder Skriptsprachen erreicht werden. Eine Einführung in die grundsätzlichen Unterschiede dieser Techniken finden Sie im Kapitel „WWW-Erweiterungen (Java, Skripts, Plug-Ins, ActiveX)" ab Seite 52 und auf Sicherheitsaspekte wird im Kapitel „Sicherheitslücken in Web-Browsern und Betriebssystemen" ab Seite 352 hingewiesen. Im folgenden wird auf für den Programmierer relevante Details eingegangen.

Ebenfalls wichtig sind in diesem Zusammenhang die im Kapitel „Entwicklungssysteme für Web-Datenbankanbindungen" ab Seite 163 vorgestellten Hilfsmittel.

Sie könnten auch andere Arten der Kommunikation ermöglichen, etwa indem Sie auf Ihrem Server Diskussionsforen, IRC oder Web-Chat einrichten.

Bei allen den Möglichkeiten, die über einfaches HTML hinausgehen und besondere Eigenschaften des Web-Browsers voraussetzen, müssen Sie allerdings bedenken, daß Sie nicht mehr jeden Web-Surfer erreichen. Einige sind durch ihren Internet-Provider auf spezielle Web-Browser festgelegt, die die geforderten Eigenschaften nicht bieten. Andere haben Sicherheitsbedenken und schalten deshalb jegliche Java- und ActiveX-Unterstützung ab. Wählen Sie möglichst verbreitete Verfahren. Die wichtigsten Verfahren und der prozentuale Anteil von Web-Seiten, auf denen sie eingesetzt werden, sind:

- JavaScript: ca. 3 Prozent
- Java: ca. 1 Prozent
- Shockwave: unter 0,1 Prozent
- ActiveX: unter 0,1 Prozent
- VBScript: unter 0,03 Prozent

IRC, Web-Chat

Wie bereits im Kapitel „E-Mail, News, Chat, ICQ" ab Seite 39 erläutert wurde, bedeutet IRC (Internet Relay Chat) textbasiertes chatten über spezielle Clients, während das einfachere Web-Chat über normale Web-Browser benutzt wird. Hier soll nur kurz Chat-Server-Software vorgestellt werden:

- Der führende kommerzielle IRC-Server ist der nur für Unix erhältliche Global Stage von Quarterdeck.

- Ein bekannter, auf vielen Plattformen (auch Windows NT) lauffähiger und nahezu beliebig ausbaubarer Server für Web-Chat ist Rooms von ichat Inc. (http://www.ichat .com). Er wird auch bei einem der bekanntesten Web-Chat-Dienste eingesetzt, nämlich bei Yahoo! Chat (http://chat.yahoo.com).

- Für eher kleinere Chat-Server auf Windows-NT-Systemen ist Expressions von eShare Technologies Inc. (http://www.eshare.com) besser geeignet, da es leichter zu installieren und administrieren ist.

- Weitere Anbieter für Web-Chat sind Volano (http://www.volano.com), ComPro (http://www.compro.com) und WebChat Communications Inc. (http://pages.wbs.net).

- Java-Sourcen und Komponenten für Web-Chat finden Sie bei Gamelan (http://www .gamelan.com), ZDNet (http://www.zdnet.de) und Bergmann (http://www.java.seite .net).

Skriptsprachen JavaScript, JScript, ECMAScript und VBScript

- JavaScript ist eine von Netscape entwickelte Skriptsprache, deren Syntax etwas an das „echte" Java erinnert, die aber sonst nichts mit Java zu tun hat (http://developer.netscape.com/docs/manuals/communicator/jsguide4).

- JScript heißt die JavaScript-Version von Microsoft (http://msdn.microsoft.com/scripting/jscript).

- ECMAScript ist die von der ISO standardisierte Version von JavaScript (http://www.ecma.ch/stand/ECMA-262.htm).

- VBScript (Visual Basic Script) ist eine von Microsoft entwickelte Skriptsprache, die eine Untermenge des bekannten Visual Basic und Visual Basic for Applications (VBA) darstellt (http://msdn.microsoft.com/scripting/vbscript).

Während bei Java-Applets und ActiveX-Controls nur ein Verweis in der HTML-Datei steht, ist bei JavaScript und VBScript das ganze Programm direkt in der HTML-Seite eingebettet. Java-Applets werden vom Programmierer zunächst compiliert (übersetzt), Skriptsprachen dagegen bieten einen einfachen Weg, kleine Programmierungen direkt im HTML-Quelltext vorzunehmen. Weniger anspruchsvolle Aufgaben können so einfach und ohne Aufwand erledigt werden.

Ein Nachteil dieser Methode ist, daß der Source-Code (Quelltext) beim Empfänger leicht im Web-Browser sichtbar gemacht werden kann. Der Empfänger könnte die Programmieridee kopieren und ebenfalls in seinen Web-Seiten verwenden.

JavaScript wird von nahezu jedem modernen Web-Browser verstanden (allerdings unterscheiden sich leider die Netscape- und Microsoft-Dialekte geringfügig). VBScript wird fast nur im Microsoft Internet Explorer benutzt und ist deutlich weniger verbreitet.

Für einfache Anwendungen braucht man den Quellcode nicht unbedingt selbst zu erfinden. Viele fertige Skripte finden Sie bei Gamelan. Eventuell reichen leichte Änderungen, um Ihre Aufgabenstellung zu lösen.

Für weitere Informationen sollten Sie sich ansehen:

- Gamelan (http://www.gamelan.com, http://www.developer.com/directories),

- Netscapes JavaScript-Guide
  (http://developer.netscape.com/docs/manuals/communicator/jsguide4),

- die Beschreibung von Münz (http://www.teamone.de/selfhtml),

- JavaScript by Voodoo (http://www.webconn.com/java/javascript/intro/jslinks.htm),

- JavaScript Planet (http://www.geocities.com/SiliconValley/7116),

- die Newsgroup news:de.comp.lang.javascript und

- die FAQ zu dieser Newsgroup von Mintert
  (http://www.mintert.com/javascript/de.comp.lang.javascript.html).

JavaScript und VBScript werden über das „<SCRIPT ....>"-Tag in HTML-Dokumente integriert (<SCRIPT LANGUAGE="JavaScript"> bzw. <SCRIPT LANGUAGE ="VBS">). Der Skriptcode sollte für Browser, die die Skriptsprache nicht verstehen, als Kommentar getarnt werden, indem er zwischen <!-- und //--> gesetzt wird.

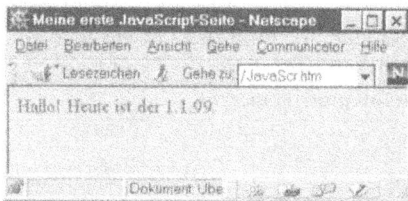

Anhand eines kurzen Beispiels soll gezeigt werden, wie die Einbettung von JavaScript-Programmen funktioniert. Das folgende Beispiel ist ein komplettes HTML-Dokument. Sie können es abtippen, als Datei zum Beispiel mit dem Namen javascr.htm speichern und in Ihren Browser laden. Es zeigt das aktuelle Datum an.

```
<HTML>
<HEAD>
<TITLE>Meine erste JavaScript-Seite</TITLE>
</HEAD>
<BODY>
<SCRIPT LANGUAGE="JavaScript">
<!--
document.bgColor = "#CCCC99"
document.fgColor = "red"
document.write( "Hallo!" )
d = new Date()
document.write( " Heute ist der "
  + d.getDate() + "."
  + (d.getMonth()+1) + "."
  + d.getYear() + "." )
//-->
</SCRIPT>
```

```
</BODY>
</HTML>
```

Ein zweites kurzes JavaScript-Beispiel soll zeigen, wie dynamisch auf Mausbewegungen reagiert werden kann. Sobald sich der Mauszeiger über dem Hyperlink (hier der Text „Netscape") oder über dem mit der gleichen URL verknüpften Bild (hier „img src="ButtonOff.gif ...") befindet, wechselt das Bild von ButtonOff.gif nach ButtonOn.gif. Voraussetzung ist natürlich, daß Sie zwei verschiedene (aber gleich große) Bilder mit diesen Namen zur Verfügung stellen. Bitte beachten Sie genau die letzten Zeichen in den „onMouse...=..."-Zeilen: zuerst ein einzelnes Hochkomma ('), dann ein doppeltes Hochkomma (").

```
<HTML>
<HEAD>
<TITLE>Meine zweite JavaScript-Seite (kurze Version)</TITLE>
</HEAD>
<BODY>

<A HREF="http://www.netscape.com"
onMouseOver = "document.imgNetscape.src='ButtonOn.gif'"
onMouseOut  = "document.imgNetscape.src='ButtonOff.gif'">
<img src="ButtonOff.gif" name="imgNetscape" border=0 align=left>
Netscape</A>

</BODY>
</HTML>
```

Im folgenden ist das gleiche Beispiel in einer längeren Fassung implementiert. Dies kann Sinn machen, wenn Sie in den Funktionen vielleicht kompliziertere Aktionen tätigen wollen.

```
<HTML>
<HEAD>
<TITLE>Meine zweite JavaScript-Seite (lange Version)</TITLE>

<SCRIPT LANGUAGE="JavaScript">
<!--
if( document.images )
{
  imgOn = new Image()
```

```
  imgOn.src = "ButtonOn.gif"
  imgOff = new Image()
  imgOff.src = "ButtonOff.gif"
}
function FktImgOn( img )
  { if( document.images ) img.src = imgOn.src; }
function FktImgOff( img )
  { if( document.images ) img.src = imgOff.src; }
//-->
</SCRIPT>


</HEAD>
<BODY>


<A HREF="http://www.netscape.com"
onMouseOver = "FktImgOn(document.imgNetscape); return true"
onMouseOut  = "FktImgOff(document.imgNetscape)">
<img src="ButtonOff.gif" name="imgNetscape" border=0 align=left>
Netscape</A>


</BODY>
</HTML>
```

Programmiersprache Java, Java-Applets

Java bedeutet wörtlich übersetzt Kaffee (oder Tass' Kaff'). Java soll das Internet beleben. Außerdem trinken Programmierer viel Kaffee.

Java ist eine von Sun Microsystems entwickelte Programmiersprache. Java-Applets sind in Java programmierte Programme, die mit Web-Browsern über das Internet oder Intranet geladen werden und über Web-Browser auf dem Client-Rechner ausgeführt werden. Diese Java-Applets sind Hardware- und plattformunabhängig, können also auf unterschiedlichsten Rechnern und Betriebssystemen benutzt werden, sofern es Java-Support gibt. Dieser Java-Support wird bislang über die benutzten Internet-Browser realisiert (z.B. Netscape Navigator oder Microsoft Internet Explorer). In

Zukunft könnte Java in Betriebssystemen direkt implementiert werden. Bei Suns Tochter JavaSoft wird das neue Betriebssystem JavaOS als reines Java-Betriebssystem entwickelt. Auch das JOS Project (http://www.jos.org) will ein „Java based Operating System" (JOS) erstellen. Außerdem will Sun spezielle für Java besonders geeignete CPUs herstellen (picoJava und microJava, http://www.sun.com/embedded).

Java ist offiziell erst seit 1995 verfügbar. Um die zukünftige Bedeutung von Java zu unterstreichen, verbreitete Sun schon ein Jahr später, also 1996, folgende Zahlen: Angeblich sollte es schon damals über 100.000 Web-Seiten mit Java geben, ca. 200.000 ernsthafte Java-Programmierer weltweit, 60 Universitäten weltweit mit Java-Lehrgängen und über 150 Bücher über Java. 1997 zählte IBM schon 400.000 Java-Programmierer weltweit. 1998 kamen Studien zu dem Ergebnis, daß es mit mittlerweile 700.000 Java-Programmierern schon halb so viele Java-Programmierer wie Windows-Programmierer gibt.

Java bietet eigentlich nichts wirklich neues. Es ist ein abgespecktes C++. Dennoch steckt in Java ein großes Potential. Durch die Verbindung von Java mit dem Internet besteht Hoffnung auf vermehrte Standardisierung, wirklicher Plattformunabhängigkeit, bessere Unterstützung verteilter Systeme, objektorientierte Verarbeitung im Client/Server-Verbund und verstärkte Bemühungen um sichere Systeme. Die viel weitergehende Standardisierung als bei C++ oder anderen Programmiersprachen auch der Application Interfaces und Klassenbibliotheken kann für Vereinheitlichung und dadurch für weite Verbreitung sorgen. Gerade für Geschäftsprozesse kann Java wichtig werden, weil es wie HTML plattformunabhängig ist, aber anders als HTML transaktionsfähig operieren kann. Die Kommunikation mit relationalen Datenbanken ist einfacher und der Umweg über den Flaschenhals HTTP-Server und das CGI-Interface ist nicht nötig. Java eignet sich also nicht nur für in Web-Browsern angezeigte Java-Applets, sondern auch sowohl für den embedded Bereich etwa in SmartCards sowie für anspruchsvolle Datenbankanwendungen, Workflow/DMS, betriebswirtschaftliche Software (ERP, Enterprise Resource Planning) und Bank- und E-Commerce-Anwendungen.

Besonders hervorzuheben ist das im Gegensatz zu ActiveX-Controls abstufbare Sicherheitskonzept des Object Signing von Jar-Archiven, wie es im Kapitel „WWW-Erweiterungen (Java, Skripts, Plug-Ins, ActiveX)" ab Seite 52 erläutert wird. Einfache Java-Applets unterliegen strengen Einschränkungen: Sie können nicht mit anderen Internet-Servern kommunizieren, außer mit dem, von dem sie geladen wurden und sie haben keinen Zugang

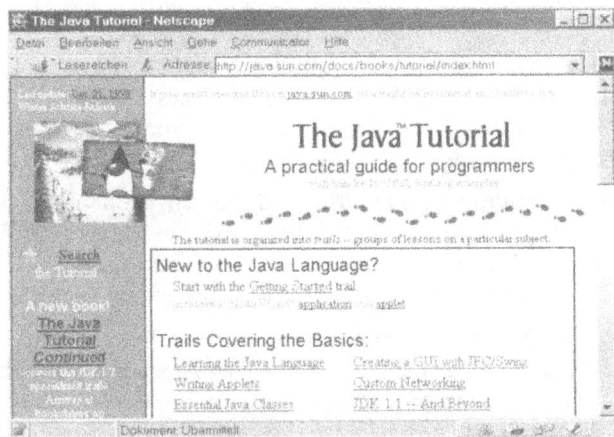

zum lokalen Dateisystem und zu den meisten Rechner-Ressourcen. Signierten Jar-Archiven können dagegen bestimmte einzelne Rechte eingeräumt werden. Um ein Jar-Archive zu signieren, ist ein Zertifikat einer Certification Authority (CA) erforderlich. Thawte Consul-

ting (http://www.thawte.com), in Deutschland über EasternGraphics GmbH (http://www
.easterngraphics.com) vertreten, verlangt für ein Zertifikat einmalig 200 Dollar plus jährlich
100 Dollar.

Für einfache Anwendungen braucht man nicht unbedingt selbst in Java zu programmieren. Viele fertige Java-Applets kann man sich von Gamelan (http://www.gamelan.com oder http://www.developer.com/directories) downloaden und in seine Web-Seite einbinden. Durch Parameter können sie an den jeweiligen Einsatz angepaßt werden.

Die beste Unterstützung rund um Java findet sich natürlich im Web. Hier sollen nur wenige Beispiele der unzähligen sich mit Java befassenden Web-Sites herausgegriffen werden. An erster Stelle stehen die URLs von Sun und JavaSoft, http://www.sun.com/java, http://java.sun.com, http://www.javasoft.com und http://java.sun.com/docs/books/tutorial.html. Fast ebenso berühmt ist die schon erwähnte Web-Site http://www.gamelan.com, da es die vollständigste Sammlung von Java-Applets im Internet darstellt. Eine deutschsprachige Einführung zu Java bietet Partl (http://www.boku.ac.at/javaeinf). Bei Mercury Technologies (http://www.mercury.com/java-tutor) finden Sie ein Online Tutorial. IBM (http://www.ibm.com/java/education/intro) bietet einen Java-Kurs. JavaWorld (http://www.javaworld.com) ist ein Internet-Magazin, das sich nur mit Java beschäftigt. Eine Zusammenfassung wichtiger Newsgroup-Beiträge zu Java bietet Mentor Software Solutions (http://www.mentorsoft.com). Außer den englischsprachigen sich mit Java beschäftigenden Newsgroups gibt es mit news:de.comp.lang.java auch eine deutschsprachige. Auch die Java User Group Deutschland (http://www.java.de) bietet Unterstützung. Weitere deutsche Java User Groups sind bei Sun aufgelistet (http://java.sun.com/aboutJava/jug/usergroups.html).

Zur Java-Programmierung wird ein Java-Compiler oder besser noch eine integrierte Entwicklungsumgebung (IDE, Integrated Developer Environment) oder ein RAD-Tool (Rapid Application Development) benötigt.

- Der Klassiker ist das JDK (Java Development Kit) von Sun, dem Erfinder von Java. Das JDK kann von http://java.sun.com/products/jdk geladen werden. Es stellt allerdings nur rudimentäre Hilfsmittel zur Verfügung. Als interessantes Versuchsprojekt gibt es von SunSoft die in Java programmierte auf einem Web-Browser basierende Entwicklungsumgebung Java Workshop (http://www.sun.com). Allerdings bietet sie nicht die Geschwindigkeit und den Komfort anderer integrierter Entwicklungsumgebungen. Zur Programmierung von JavaBeans wird zusätzlich zum JDK auch das BDK (Beans Development Kit) benötigt.

- Visual J++ von Microsoft (http://msdn.microsoft.com/visualj, 200,- DM) war die erste und lange Zeit eine der besten professionellen integrierten Entwicklungsumgebungen für Java mit ausführlicher Java-Dokumentation, effektivem Hilfesystem und diversen Assistenten (Wizards). Visual J++ ist Microsofts Visual C++ sehr ähnlich, kann Dialoge und Menüs aus Visual C++ übernehmen und ist ebenso in das Microsoft Visual Developer Studio integriert. Visual J++ bietet JIT (Just-in-Time-Compiler) und einen Multi-Threading-fähigen grafischen Debugger. Als Besonderheit besteht die Möglichkeit, Java-Programme über eine Schnittstelle mit ActiveX-Controls und COM-Objekten zu koppeln. Java-Programme können die Dienste von COM-Objekten nutzen und umgekehrt kann sich eine Java-Klasse wie ein COM-Objekt verhalten. Während alle anderen Java-Tools als Integrationsplattform für Komponenten und Bibliotheken auf JavaBeans setzen, fehlt die JavaBeans-Unterstützung bei Visual J++ komplett. Weiter fehlt Unterstützung für JDK 1.1 (und 1.2), JFC, Swing, Jar, RMI, Servlets und JDBC. Bei Beschränkung auf Windows als Zielsystem ist Visual J++ ein brauchbares Entwicklungssystem, zur Entwicklung plattformunabhängiger Java-Programme ist es kaum geeignet. Selbst wenn man die Windows-spezifischen Erweiterungen, wie etwa die WFC und die genannte Einbindung von ActiveX und COM, vermeidet, sind die Programme nur beschränkt auf anderen Systemen nutzbar. Zum Beispiel ist das Ergebnis der Dialoggestaltung mit dem Layout-Manager für X-Window nicht zu gebrauchen. Was für Windows-Entwicklungen sinnvoll ist, nämlich die Gestaltung von Dialogen im Resourcen-Editor, ist unter Java lästig, da anschließend umständlich konvertiert werden muß. Hier fehlt ein GUI-Editor und Two-Way-Editing, wie es die Konkurrenzprodukte bieten.

- Visual Café von Symantec (http://cafe.symantec.com, Stand. 200,- / Prof. 700,- / Database 2000,- DM) ist eine RAD-Entwicklungsumgebung mit intuitiver Bedienung und gehört zusammen mit Inprise JBuilder und IBM VisualAge for Java zu den derzeit stärksten Java-Entwicklungsumgebungen. Ein leistungsfähiger grafischer GUI-Builder zur Oberflächengestaltung (Form-basiertes Entwickeln) und viele fertige JavaBeans in einer Component-Library etwa zur Multimedia-Wiedergabe und anderer Aufgaben werden geboten. Two-Way-Entwicklung und visuelle Darstellung der Klassenabhängigkeiten erleichtern die Arbeit. JIT-Compiler und Multi-Threading-fähiger grafischer Debugger sind vorhanden. JDK 1.1.7, JFC (Java Foundation Classes), Swing, JNI (Java Native Interface), Jar-Archive, Signed Applets, JavaBeans und Servlets werden vollständig unterstützt, neuere JDK-Versionen können per Plug-In nachgerüstet werden. Die Database Edition enthält zur Datenbankanbindung die Middleware DB-Anywhere und bietet JDBC sowie direkte Anbindung an Oracle, Informix, Sybase und Microsoft SQL. Außer einwandfrei portablen Java-App-

lets können auch native Windows-Programme und Windows-DLLs erzeugt werden, die
ohne virtuelle Java-Maschine lauffähig sind.

- VisualAge for Java von IBM (http://www.software.ibm
.com/ad/vajava, Prof. 200,- / Enterprise 4150,- DM) ist
in der teuren Enterprise-Version besonders bei häufigem beruflichen Einsatz, für die Software-Entwicklung
im Team und für große Projekte geeignet. Alle Dateien
und Quelltexte eines Projekts werden nicht direkt auf
der Festplatte, sondern zusammen in einer Repository-
Datenbank gespeichert, welche Versionsverwaltung beinhaltet. Allerdings erfordert VisualAge höheren Einar-
beitungsaufwand und ist deshalb nicht für gelegentlichen Einsatz geeignet. Der komfortable GUI-Builder unterstützt die interaktive Erzeugung von event-gesteuerten Verknüpfungen, allerdings ohne automatische Two-Way-Bearbeitung. VisualAge bietet
sehr gute Integration von JavaBeans und Datenbanken, unterstützt JDK 1.1.6, JFC,
Swing, Jar und Servlets vollständig und bietet Anbindung an den Transaktionsmonitor
CICS.

- JBuilder von Borland/Inprise (http://www.inprise.com/jbuilder,
Standard 200,- / Prof. 1600,- / Client/Server 5000,- DM) ist
eine RAD-Entwicklungsumgebung für Java und ermöglicht sowohl die direkte Programmierung als auch auf ähnliche Weise
wie Borlands Delphi das Zusammenfügen bereits existierender
Komponenten (JavaBeans). Der RAD-Ansatz ist besonders
ausgeprägt. Two-Way-Entwicklung bezieht sich hier nicht nur
auf den GUI-Designer, sondern auch auf andere Ansichten.
JBuilder ist sowohl zur Erstellung kleinerer Java-Applets als
auch großer unternehmensweiter Client/Server- und Multi-
Tier-Anwendungen geeignet. JDK 1.1.6, JFC, Swing, Jar-Archive, JavaBeans, Servlets,
relationale Datenbanken und JDBC werden unterstützt und es gibt einen Wizard für
EJB (Enterprise JavaBeans). Die besonderen Stärken von JBuilder sind die Programmierung portabler Datenbankanbindungen und der Verknüpfung verteilter Komponenten per CORBA (Common Object Request Broker Architecture).

- Jamba von Aimtech/Asymetrix (http://www.aimtech.com, 500,- DM) ist ein Authoring-
Werkzeug für Java. In gewisser Weise könnte man es mit Microsofts Visual Basic oder
Borlands Delphi vergleichen. Es setzt keine Programmierkenntnisse voraus. Die Pro-
grammierung erfolgt nicht durch Eingabe von Code, sondern funktioniert ähnlich der
Zusammenstellung einer Präsentation oder Multimedia-Sequenz. Mit der Maus werden
Objekte in das Programmfenster gezogen. Objekte sind zum Beispiel Schaltflächen,
Textboxen, Auswahlfelder, Bilder oder Audiodateien. In einem Eigenschaftseditor wer-
den die Attribute der Objekte eingestellt. Eine To-Do-Liste verbindet Ereignisse mit
Aktionen. Über Schnittstellen zu CGI, Java und JavaScript können Parameter übergeben und andere Programme gestartet werden. Während Jamba für den Nicht-Program-
mierer eine der besten Möglichkeiten ist, um zu Web-Seiten mit eigenen Java-Programmen zu kommen, bedeutet Jamba für einen Programmierer wenig Erleichterung.
Im Gegenteil, diverse Einschränkungen erschweren eine weitergehende anspruchsvol-

lere Programmierung. Besonders nachteilig im Internet ist die resultierende Programmgröße. Programme benötigen dadurch unnötig lange Ladezeiten.

- Wer ein noch einfacher und intuitiver zu bedienendes Authoring-Werkzeug sucht, sollte sich Hyperwire von Kinetix/Autodesk (http://www.ktx.com, 500,- DM) ansehen. Wie bei Jamba können ohne Programmierkenntnisse Multimedia-Präsentationen, ereignisgesteuerte Abläufe und Formulare (inklusive E-Mail-Versand) generiert werden. Allerdings fehlt anders als bei Jamba noch eine Datenbankanbindung, die aber für die nächste Version angekündigt ist.

Im Zusammenhang mit Java-Programmierung werden gerne diverse Abkürzungen verwendet:

- JBC bedeutet Java Byte Code. Dies ist der maschinenunabhängige Maschinensprachen-Befehlssatz eines Java-Programms (.class-Datei). Wird von der JVM beim Anwender ausgeführt.

- JVM bedeutet Java Virtual Machine. Dies ist die den Hardware-unabhängigen JBC des Java-Programms ausführende Einheit. Zur Zeit sind dies Software-Emulationen, die entweder die Befehle der JBC-Befehlsfolge einzeln interpretieren (Java-Interpreter, langsame Programmausführung) oder alternativ die JBC-Befehlsfolge per JIT vorbereiten und dann ausführen (schnellere Programmausführung). Es werden aber Betriebssysteme und sogar CPUs entwickelt, die den Java-Code direkt ausführen können.

- JIT bedeutet Just-in-Time-Übersetzung. Die Hardware-unabhängigen Java-Applets (JBC) werden nicht einfach dem Interpreter (z.B. der Java Virtual Machine im Web-Browser) übergeben, sondern vor der Ausführung in einem Compiler übersetzt und so an die vorhandene Hardware angepaßt. Dadurch laufen sie mit erheblich besserer Performance ab.

- AWT bedeutet Abstract Window Toolkit. Java.awt ist eine Sammlung von Java-Klassen, die zur Erstellung grafischer Programmoberflächen und zur Fensterverwaltung benötigt werden. Allerdings stehen nur rudimentäre einfache Elemente zur Verfügung.

- JFC (Java Foundation Classes, http://java.sun.com/products/jfc) ist die im neuen JDK (Java Development Kit) ab Java 2 integrierte Java-Klassenbibliothek für Programmierer. JFC ermöglicht Drag & Drop und enthält das neue Swing Set, mit dem die Programmierung von plattformunabhängigen Benutzeroberflächen deutlich komfortabler ist, als es mit dem AWT möglich war. JFC ist die gemeinsame Weiterentwicklung von Sun, Netscape und IBM der ursprünglich von Netscape in ONE integrierten weniger erfolgreichen IFC (Internet Foundation Classes). Microsoft (http://www.microsoft.com/java) hat ein drittes konkurrierendes Modell, nämlich die WFC (Windows Foundation Classes, früher AFC, Application Foundation Classes). Allerdings ist sie sehr umstritten wegen Ihrer zu engen Bindung an Windows.

- ONE bedeutet Open Network Environment. Dies ist Netscapes Vorschlag für einen Standard für netzzentrische Software-Entwicklung (distributed Client/Server). ONE vereint IFC, HTML, Java, JavaScript und IIOP (Internet Inter-ORB Protocol), welches CORBA-Objekte (Common Object Request Broker Architecture) Kommunikation über das Internet ermöglicht.

- RMI (Remote Method Invocation) ermöglicht Netzwerk-Kommunikation zu Java-Komponenten auf anderen (auch entfernten) Rechnern, also den Aufruf von Java-Klassen und die Benutzung von JavaBeans in anderen virtuellen Maschinen.

- JavaBeans ist eine Komponententechnik für wiederverwendbare objektorientierte Java-Programmodule mit Daten (Eigenschaften) und Funktionen (Methoden), die Ereignisse (Events) senden können oder auf solche reagieren können. JavaBeans ist ein Framework (Software-Gerüst) aus Java-Klassen. Mit JavaBeans ist Datenaustausch per Zwischenablage, Drag & Drop für Objekte und die Speicherung von Objekten möglich. JavaBeans ist mit OLE vergleichbar und wie bei OLE sind die weitreichenden Sicherheitsvorkehrungen von Java nicht mehr aktiv. Über Bridges sollen Java-Komponenten mit ActiveX-Objekten und OpenDoc-Containern zusammenarbeiten können. IBM bietet eine große Bibliothek an JavaBeans und mit dem Migration Assistant aus dem Web-Runner Toolkit der IBM-Tochter Taligent ein Konvertierungs-Tool zur Umwandlung von ActiveX-Controls in JavaBeans (http://www.software.ibm.com/vadd, http://www.taligent.com). Weiteres zu JavaBeans erfahren Sie bei JavaSoft (http://java.sun.com/beans) und finden Sie im Kapitel „Verteilte Anwendungen mit JavaBeans, CORBA und OLE/COM" ab Seite 148.

- Jini (Java Intelligent Network Infrastructure) ist eine auf Java und RMI basierende Technologie von Sun zur einfachen Integration verschiedener Geräte im Netzwerk (http://www.sun.com/jini).

- JNI (Java Native Interface) regelt den Aufruf plattformspezifischer Funktionen.

- Java 3D (http://java.sun.com/products/java-media/3D) ist eine von Sun Microsystems in Kooperation mit Intel, SGI und Apple definierte Schnittstelle zur 3D-Programmierung, die vor allem eine plattformunabhängige, aber auch eine einfachere Erstellung von 3D-Software erlauben soll, als OpenGL von SGI oder Direct3D von Microsoft.

Zurück zu Java: Im folgenden soll an einem einfachen Beispiel die prinzipielle Funktionsweise von Java-Applets demonstriert werden. Die Java-Syntax wird hier nicht erklärt, dies würde zu weit führen (siehe dazu die oben genannten URLs). Wenn Sie in C++ programmieren können, wird Ihnen aber vieles auf Anhieb bekannt vorkommen. Falls Sie einen Java-Compiler installiert haben (Sie können sich das oben erwähnte kostenlose JDK laden), können Sie die folgenden Zeilen abtippen, unter dem Namen FirstHello.java als Java-Source-Datei speichern und compilieren:

```
import java.applet.Applet;
import java.awt.Graphics;
import java.awt.Font;
import java.awt.Color;

public class FirstHello extends Applet
{
String s;
Font f = new Font( "Helvetica", Font.BOLD, 48 );
```

```
Color c = new Color( 255, 0, 0 );

public void init()
{
s = getParameter( "Zeichenkette" );
}

public void paint( Graphics g )
{
g.setFont( f );
g.setColor( c );
g.drawString( s, 50, 60 );
}

}
```

Der Java-Compiler javac.exe erzeugt die Datei FirstHello.class. Dies ist das fertige Applet. Um es anzuzeigen, müssen Sie es in ein HTML-Dokument einbinden. Java-Applets werden über „<APPLET ....>" in HTML-Dokumente integriert. Tippen Sie die folgenden Zeilen ab, speichern Sie sie als Datei mit dem Namen FirstHello.html und laden Sie diese Datei in Ihren Java-fähigen Web-Browser (achten Sie darauf, daß der Java-Support nicht abgeschaltet ist):

```
<HTML>
<HEAD>
<TITLE>Anzeige meines ersten Java-Applets</TITLE>
</HEAD>
<BODY>
<H3>Ausgabe meines ersten Java-Applets:</H3>
<APPLET CODE="FirstHello.class" WIDTH=250 HEIGHT=80>
<PARAM NAME="Zeichenkette" VALUE="Hallo !">
<BR>Bitte Java-Support einschalten !<BR>
</APPLET>
</BODY>
</HTML>
```

Dieses Beispiel demonstriert den Aufruf eines Java-Applets über „<APPLET ....>" und die Parameterübergabe über „<PARAM ...>". „NAME=..." ist der Bezeichner des zu übergebenden Parameters und „VALUE=..." definiert den Inhalt, hier den Text „Hallo !". Über weitere „<PARAM ...>"-Anweisungen könnten weitere Parameter übergeben werden. Ohne das Java-Applet neu compilieren zu müssen, können Sie die Funktion des Applets im HTML-Dokument steuern. Bei diesem einfachen Beispiel können Sie den darzustellenden Text vorgeben anstatt ihn im Applet fest kodieren zu müssen. Die Steuerung könnte auch dynamisch durch JavaScript erfolgen.

ActiveX-Controls, OCX

Die grundsätzliche Arbeitsweise von ActiveX-Controls wurde schon im Kapitel „WWW-Erweiterungen (Java, Skripts, Plug-Ins, ActiveX)" ab Seite 52 erläutert. ActiveX ermöglicht es, vom Server geladene Programme auf dem Client auszuführen. Es basiert auf in Web-Seiten eingebundenen Internet-fähigen OCX/OLE-Controls (Object Linking and Embedding) und den Standards COM/DCOM ([Distributed] Component Object Model). ActiveX definiert, wie verteilte Programmobjekte miteinander arbeiten. ActiveX war ursprünglich ein reiner Microsoft-Standard, nur über den Microsoft Internet Explorer nutzbar und nur in Windows vertreten. Seit der Übergabe an die Open Group soll es ein unabhängiger offener Standard werden. Es gibt erste Ansätze, ActiveX auch auf andere Betriebssysteme zu portieren, zum Beispiel portiert die Darmstädter Software AG COM/DCOM auf Sun Workstations. OLE steht in Konkurrenz zu CORBA (Common Object Request Broker Architecture) und ActiveX-Controls konkurrieren mit Java-Applets. Es gibt allerdings mehr Web-Browser mit Java-Support als mit Unterstützung für ActiveX-Controls. Hinweise zu Sicherheitsaspekten finden Sie im Kapitel „Sicherheitslücken in Web-Browsern und Betriebssystemen" ab Seite 352.

ActiveX-Controls können in C++, Java oder Visual Basic CCE erstellt werden. Die Einbindung in HTML-Seiten kann einfach mit dem Microsoft Control-Pad oder dem Microsoft Visual InterDev erfolgen. Auf Ihrem Rechner installierte ActiveX-Controls können Sie sich mit dem Freeware-Tool Active XCavator von Cognitronix (http://www.winmag.com/software/xcavate.htm) auflisten lassen.

Informationen zu ActiveX und ActiveX-Controls zum downloaden finden Sie zum Beispiel unter:

- http://www.microsoft.com/com,
- http://www.microsoft.com/msdownload,
- http://www.activex.de,
- http://browserwatch.internet.com/activex.html und
- http://www.netmastersllc.com.

ActiveX-Controls werden über „<OBJECT ....>" in HTML-Dokumente integriert. Zum Beispiel:

```
<OBJECT CLASSID="...." ID="MyControl" TYPE="application/x-object"
    DATA="http://www.mycompany.com/test.avi"
    CODE="http://www.mycompany.com/mycontrol.ocx">
<PARAM NAME="Checked", VALUE="TRUE">
<PARAM NAME="Text", VALUE="Flipper">
</OBJECT>
```

Damit Ihre Applikation auch mit anderen Browsern als nur dem Microsoft Internet Explorer benutzt werden kann, sollten Sie außer dem ActiveX-Control möglichst auch ein ähnlich funktionierendes Plug-In auf Ihrer Web-Seite anbieten. Die gleichzeitige alternative Einbettung dieser beiden konträren Technologien in den HTML-Code geschieht durch Verschachtelung:

```
<OBJECT ....[ActiveX-Control]>
<PARAM NAME=....>
<EMBED ....[Plug-In]>
</EMBED>
</OBJECT>
```

Plug-Ins

Ein Plug-In ist eine Zusatz-Software für Web-Browser, die nachträglich im Browser installiert wird, um den Browser um multimediale oder andere Eigenschaften zu erweitern. Unter Windows werden diese Plug-Ins als DLL-Datei in das Web-Browser-Plug-In-Verzeichnis plugins kopiert. Dort abgelegte DLLs werden automatisch an Hand ihres MIME-Typs bestimmten Datentypen zugeordnet und registriert. MIME (Multipurpose Internet Mail Extensions) ist ein Standardprotokoll zur Beschreibung eines Dateitypes (wird auch bei E-Mail verwendet). Diese DLLs können dann bei Bedarf geladen werden. Ein Plug-In kann in Ganzseitendarstellung, eingebettet oder versteckt in Erscheinung treten. Der Acrobat Viewer zum Beispiel benutzt die ganze Browser-Seite zur Darstellung, ein Video-Player wird als eingebettetes Fenster sichtbar und ein Audio-Player kann unsichtbar (aber hörbar) ablaufen. Einige Plug-Ins akzeptieren die empfangenen Daten als Datenstrom. Sie warten nicht bis zum Ende der Datenübertragung, sondern starten sofort die Wiedergabe. Zum Beispiel RealAudio spielt Audiodateien direkt online ab.

Die meisten Plug-Ins lassen sich in eine der folgenden Gruppen einordnen:

- Einfache Viewer zum Anzeigen proprietärer Dateiformate, zum Beispiel spezielle Textformatierungen oder Grafikformate.

- Audio- und Video-Player zur Wiedergabe von Sound und Video.

- 3D- und Virtual-Reality-Module zur Darstellung von Animationen, 3D-Objekten und 3D-Welten.

- Clients, die nicht nur eine Anzeige, sondern auch eine Bearbeitung ermöglichen.

Plug-In-Beispiele finden Sie im Kapitel „WWW-Erweiterungen (Java, Skripts, Plug-Ins, ActiveX)" ab Seite 52.

Plug-Ins werden über „<EMBED ....>....</EMBED>" in HTML-Dokumente integriert.

Zur Programmierung von Plug-Ins müssen Sie sich das Netscape-Plug-In-SDK laden (Software Development Kit). Genaueres finden Sie bei Netscape (http://home.netscape .com/eng/mozilla/3.0/handbook/plugins). Eine speziell an den Compiler Microsoft Visual C++ angepaßte Beschreibung finden Sie unter Science.org (http://computers.science.org/ netscape/plug-ins).

6.10   Verteilte Anwendungen mit JavaBeans, CORBA und OLE/COM

Sowohl bei Web-Servern als auch bei der Steuerung von Geschäftsprozessen sind Sicherheit und Skalierbarkeit von großer Bedeutung. Transaction Server, Client/Server-Technik, das Drei-Schichten-Modell (getrennte Datenbank-, Anwendungs- und Präsentationsebene) und insbesondere die Skalierbarkeit erfordern Kommunikation zwischen verteilten Modulen.

Moderne Programmiersprachen wie Java oder C++ sind objektorientiert (OOP, Object Oriented Programming). Dadurch wird die mehrfache Verwendung oder Wiederverwendung von Software-Modulen gefördert (Komponententechnik). Universell einsetzbare Grundbausteine mit definierten Schnittstellen werden in einem Rahmenprogramm vereint und genutzt. Die Komponenten beinhalten Daten (Eigenschaften, Properties) und Funktionen (Methoden) und können Ereignisse (Events) senden oder auf solche reagieren. Allerdings geht die Objektorientierung der Programmiersprachen nur soweit, daß die Komponenten nur durch eine Programmierung in der ursprünglichen Sprache genutzt werden können.

Objektmodelle wie CORBA (Common Object Request Broker Architecture) oder OLE (Object Linking and Embedding) gehen einen Schritt weiter. Software-Komponenten sollen uneingeschränkt verwendbar sein. Sie sollen von anderen Rechnern mit anderen CPUs unter fremden Betriebssystemen aufrufbar sein, unabhängig von der verwendeten Programmiersprache.

Die Kommunikation zwischen solchen verteilten Objekten geschieht über eine zentrale Vermittlungsstelle. Bei OLE ist diese Basis die COM/DCOM-Registrierung ([Distributed] Component Object Model), bei CORBA ist es ein ORB (Object Request Broker). Diese Zentrale muß unabhängig von der Hardware, den Betriebssystemen, den Netzwerkprotokollen, den Datenbanken und Programmiersprachen Verknüpfungen ermöglichen.

*   ActiveX/OLE (Object Linking and Embedding) ist ein proprietärer Standard von Microsoft und findet vorwiegend auf Windows-Rechnern Verwendung. Allerdings versucht Microsoft die Grundlage von OLE (nämlich COM/DCOM) zum offenen Standard zu machen. OCX-Controls bauen auf COM/DCOM und den OLE-Services auf. ActiveX-Controls sind eine Weiterentwicklung der OCX-Controls für das Internet. Die

Netzwerk-Kommunikation zu COM/DCOM-Objekten auf anderen Rechnern erfolgt über RPC (Remote Procedure Call).

- CORBA (Common Object Request Broker Architecture, http://www.omg.org/corba) ist ein von der OMG (Object Management Group) im Zuge der OMA (Object Management Architecture) geschaffener offener Standard, der von vielen Firmen gemeinsam erarbeitet wurde. Es wurden ca. 8000 CORBA-Lizenzen verkauft. Erst ab der CORBA-Version 2.0 können Objekte aus CORBA-Implementierungen verschiedener Hersteller über das GIOP (General Inter-ORB Protocol) miteinander kommunizieren. Eine Spezialisierung des GIOPs ist das IIOP (Internet Inter-ORB Protocol), das Kommunikation über Internet-Verbindungen per TCP/IP ermöglicht.

- JavaBeans stellt die jüngste Entwicklung der Komponententechnik dar. JavaBeans ist ein Framework aus Java-Klassen. Mit JavaBeans ist Datenaustausch per Zwischenablage, Drag & Drop für Objekte und die Speicherung von Objekten möglich. JavaBeans können auch außerhalb von Container-Applikationen laufen. Anders als ActiveX-Komponenten müssen JavaBeans-Komponenten nicht vor ihrer Benutzung registriert werden, was die Flexibilität deutlich erhöht und dynamischere Systeme ermöglicht. Durch die integrierte Introspection und Reflection ist keine plattformspezifische Registry und kein separates Repository erforderlich. Alle Informationen sind direkt in der JavaBeans-Klasse enthalten. Komponenten können zur Laufzeit spontan per DII (Dynamic Invocation Interface) geladen werden. IBM bietet eine große Bibliothek an JavaBeans und ein Konvertierungs-Tool zur Umwandlung von ActiveX-Controls in JavaBeans. Über Bridges sollen Java-Komponenten mit ActiveX-Objekten und OpenDoc-Containern zusammenarbeiten können. Die Netzwerk-Kommunikation zu Komponenten auf anderen Rechnern erfolgt über Java RMI (Remote Method Invocation) von JavaSoft oder CORBA IIOP von der OMG. RMI funktioniert nur, wenn sowohl das Client- als auch das Server-Objekt in Java programmiert sind (und benötigt deshalb keine IDL), CORBA IIOP dagegen funktioniert zwischen beliebigen Programmiersprachen, ist aber komplexer. Sun liefert ab Java 2 eine Java IDL und einen CORBA-Broker aus und unterstützt IIOP. Für Datenbankzugriffe bietet sich JDBC (Java DataBase Connectivity) an.

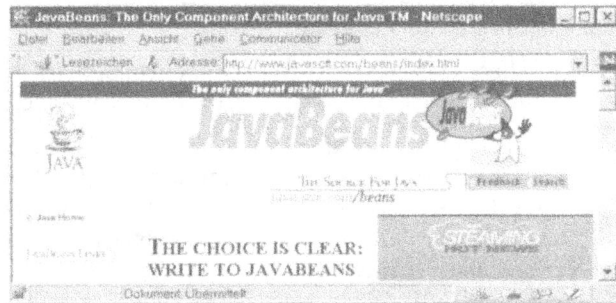

- Während JavaBeans eher auf der Client-Seite laufen, sind Enterprise JavaBeans (EJB) eher auf der Server-Seite angesiedelt. Enterprise JavaBeans bieten erweiterte Funktionalität, wie Multiuser-Fähigkeiten und Ressourcen-Management. JavaBeans wurden von Sun entwickelt, Enterprise JavaBeans dagegen von IBM. Trotz der ähnlichen Namen unterscheiden sich die Konzepte etwas.

Die technischen Unterschiede zwischen OLE und CORBA sind nicht so groß, wie oft behauptet wird, da die Ziele sehr ähnlich sind. Die Identifikation von Objekten ist sehr unterschiedlich: CORBA benutzt einen hierarchischen Namensraum, der sich auch in bestehende Directory Services abbilden läßt, OLE/DCOM dagegen registriert eindeutige Objektnummern (UUID). Die IDLs (Interface Description Language) beider Systeme gleichen sich, da sie beide von OSFs DCE abstammen (Distributed Computing Environment der Open Software Foundation). Manche ORBs bieten die Möglichkeit, CORBA-Objekte als OLE-Objekte anzusprechen. Obwohl OLE proprietären Charakter hat und vorwiegend unter Windows Verwendung findet, wurde bislang OLE bessere Chancen als CORBA eingeräumt. Dies liegt zum einen an der Marktmacht Microsofts, aber es gibt auch pragmatische Gründe. OLE ist in der Windows-Welt schon seit längerem im Einsatz und so vielen Entwicklern vertraut. Außerdem können leistungsfähige ORBs recht teuer sein und sind komplizierter im Einsatz.

Die bekanntesten Java-ORBs sind JOE von SunSoft, Orbix Web von Iona Technologies und VisiBroker von Visigenic.

- JOE (Java Object Environment) von SunSoft ist in Java programmiert und verbindet Java-Applets über das WWW mit anderen entfernten Objekten.

- Iona Technologies konnte schon 1993 mit Orbix die erste vollständige CORBA-Implementierung vorstellen, welche mittlerweile auf 20 verschiedene Plattformen portiert wurde. Orbix Web als Weiterentwicklung von Orbix ist ein CORBA-2.0-konformer Java-ORB, der IIOP-Kommunikation unterstützt. Auch zu OLE/COM-Objekten können Verbindungen hergestellt werden. Außerdem gehört Orbix zu den schnellsten CORBA-konformen ORBs. Iona plant die baldige Fertigstellung des OrbixCOMet Desktop, der außer CORBA auch Microsofts COM gleichermaßen unterstützen soll. OrbixCOMet soll kompatibel zum Standard „COM/CORBA interworking Part B" werden und sowohl IIOP als auch DCOM unterstützen.

- VisiBroker von Visigenic ist ebenfalls ein CORBA-2.0-konformer Java-ORB und unterstützt auch IIOP.

- Auch für Linux gibt es neuerdings ORBs. Das KDE-Projekt (K Desktop Environment) verwendet den frei verfügbaren MICO, während beim zweiten Linux-Desktop Gnome ORBit im Einsatz ist.

Netscape bündelt den VisiBroker ORB mit seinem Enterprise Server. Auf der Client-Seite ist Netscapes LiveConnect um IIOP-Unterstützung erweitert worden. Dies erhöht die Basis CORBA-fähiger Desktops, so daß CORBA auch kommerziell interessant werden könnte. LiveConnect ist ein Verbindungs-Layer aus Netscapes ONE-Architektur zur Interaktion zwischen HTML, Plug-Ins, Java-Applets und JavaScript.

6.11 Client/Server, Three-Tier, Zustandsinformationen, Transaktionen

Bevor man eine Web-Datenbankanbindung programmiert, sollte man sich über die prinzipiellen Architekturen im klaren sein und einige Begriffsbestimmungen kennen.

Client/Server

Client/Server (auch C/S genannt) bedeutet Kunde/Dienstleistungsanbieter. Die Ein- und Ausgaberoutinen einer Anwendung laufen auf den Arbeitsplätzen ab (Client, z.b. Web-Browser oder SQL-Abfrage-Frontend), die Verarbeitung der Daten findet im Server statt (z.B. Web-Server oder RDBMS).

Die wichtigsten Client/Server-Anwendungen sind die großen Datenbanken (RDBMS, Relational Database Management System) und die kaufmännischen Standard-Software-Pakete (ERP, Enterprise Resource Planning). Auch Groupware ist in der Regel in Client/Server-Architektur implementiert. Weitere Anwendungen werden im Kapitel „Java-Client/Server-Applikationen im Intranet" ab Seite 290 vorgestellt.

Internet und Intranet erzwingen geradezu Client/Server-Technik, da hier die Anwender noch deutlicher vom Dienstleistungsanbieter getrennt sind.

Obwohl Client/Server-Technik schon lange gefordert wurde, war sie bislang nicht besonders beliebt und auch nicht so erfolgreich, wie erwartet. Bisherige Client/Server-Techniken sind teuer, kompliziert und unübersichtlich. Häufig befand sich auf der Server-Seite lediglich eine Datenbank und auf der Client-Seite nicht nur die Benutzerschnittstelle, sondern auch die Anwendungslogik (Fat Client), was hohen Wartungsaufwand bedeutet.

Die neuen Internet-Techniken werden diese Situation gründlich ändern. Erst durch das Internet wird eine allgemein anerkannte und akzeptierte Standardisierung von Protokollen und Dateiformaten erreicht. Zusätzlich steht mit den Web-Browsern ein flexibles, standardisiertes und überall vorhandenes Frontend zur Verfügung. Erst durch diese wichtigen Voraussetzungen können die Entwicklungen auf das Wesentliche fokussiert werden und die Vorteile, wie bessere Skalierbarkeit, leichtere Wartbarkeit und schnellere Entwicklungen mit Komponententechnologien, kommen zum Tragen. Weitere Vorteile werden im Kapitel „Warum Intranet ?" ab Seite 261 aufgezählt.

Der neueste Trend sind Java-Client/Server-Applikationen. Die wichtigsten Vorteile sind Benutzerfreundlichkeit, Plattformunabhängigkeit, einfache zentrale Administration, automatisches Update für alle Stationen und effektive Lizenzverwaltung.

Three-Tier-Architektur

Größere Client/Server-Anwendungen werden meistens nicht mehr in reiner Zwei-Ebenen-Architektur (Two-Tier-Architektur) des klassischen Client/Server-Konzeptes betrieben, sondern in Drei-Ebenen-Architektur (Three-Tier-Architektur). Dabei wird nicht nur zweigeteilt, sondern es werden die drei Aufgabenbereiche Präsentation, Applikation und Datenbank getrennt: Die Benutzerschnittstelle beim Client kommuniziert mit dem Server für die Anwendungslogik, der auf einen anderen Server zur Datenhaltung zugreift. So sind schlankere Clients möglich (Thin Client) und es wird bessere Stabilität und Skalierbarkeit erreicht.

Große betriebswirtschaftliche Anwendungen wie etwa SAP R/3 werden vorwiegend im Drei-Schichten-Modell realisiert. Aber auch bei kleineren Aufgaben bietet diese Architektur Vorteile:

*   Flexibilität und Offenheit. Definierte Schnittstellen zwischen den Schichten gewährleisten eine Austauschbarkeit der Anwendungen der jeweiligen Schicht. Zum Beispiel

kann die Präsentationsschicht wahlweise etwa durch einen Web-Browser oder durch spezielle Clients erfolgen. Oder wenn die Datenbank nicht mehr ausreicht, wird sie einfach durch eine andere ersetzt.

- Skalierbarkeit und Performance. Die Aufgaben können auf mehrere Server verteilt werden. Dadurch können auch hohe Leistungsanforderungen erfüllt werden. Die drei Schichten sollten auf verschiedenen Rechnern laufen. Zusätzlich können zum Beispiel auch innerhalb der Datenbankschicht mehrere Server eingesetzt werden.

- Betriebssicherheit, System-Management, Überwachung. Durch die Trennung der drei Schichten auf verschiedene Rechner laufen die Applikationen stabiler und stören sich nicht gegenseitig. Die Konfiguration und die Wahl des Betriebssystems kann exakt auf die Anwendung abgestimmt werden. Die Überwachung ist einfacher.

- Autorisierung. Eine Benutzerverwaltung ist leichter einfügbar.

Zustandsloses HTTP-Protokoll

Konsistente Datenbankanbindungen übers Web bedingen immer ein Problem: HTTP ist ein zustandsloses Protokoll, aber im Datenbankbereich (besonders bei geschäftlichen Transaktionen) ist sitzungsorientiertes Arbeiten Voraussetzung. Wenn Sie übers Web eine Anfrage an den Web-Server schicken und eine Antwort erhalten, ist dieser Vorgang damit für den Web-Server abgeschlossen. Jede folgende Verbindungsaufnahme wird wie eine neue Anfrage behandelt, die nicht im Zusammenhang mit vorherigen steht. Wenn Sie aber etwa in einem Online Shop Waren Ihrem Einkaufskorb hinzufügen, darf der Web-Server natürlich nicht vergessen, welche Waren Sie schon vorher hinzugefügt haben. Er muß also Clients bei erneuten Anfragen wiedererkennen und sich ihren „Zustand" merken.

Um Zustandsinformationen zu speichern, gibt es verschiedene Verfahren. Die wichtigsten sind:

- Cookies,

- Hidden Form Fields (kundenspezifische Metainformationen),

- Speicherung per JavaScript in einem übergeordnetem Frame-Fenster und

- Java-Applet.

Cookies

Normalerweise haben in HTML kodierte Web-Seiten keine Schreibrechte auf dem Client-Rechner. Eine Ausnahme sind Cookies. Um Clients wiedererkennen zu können, können die Web-Browser Netscape Navigator und Microsoft Internet Explorer nach Aufforderung durch den Web-Server auf dem Client-Rechner in der Datei Cookies.txt oder im Unterverzeichnis mit dem Namen Cookies Benutzereinstellungen oder Daten speichern. Diese Daten werden Cookies genannt (Kekse). Beim nächsten Verbindungsaufbau fragt der Web-Server nach schon gespeicherten Cookies und kann so etwa über bestimmte vorher vergebene Kundennummern den Client wiedererkennen.

Dieses Wiedererkennen ist in vielen Bereichen sinnvoll und notwendig, wie das Beispiel mit dem Warenkorb zeigt. Leider werden aber nicht immer nur aus Kundensicht sinnvolle

Daten gespeichert, sondern manchmal auch darüber hinausgehende etwa für Marketing-Zwecke verwertbare Informationen, zum Beispiel welche Web-Seiten oder Produkte besonderes Interesse fanden. Durch diesen datenschutzrechtlich bedenklichen und die Anonymität aufhebenden Mißbrauch sind Cookies etwas in Mißkredit gekommen und einige Anwender erlauben nicht mehr die Speicherung von Cookies.

HFF (Hidden Form Fields)

Hidden Form Fields sind Elemente von Web-Seiten, die anstelle von Cookies verwendet werden, um Benutzer wiederzuerkennen bzw. Benutzerdaten und Zustandsinformationen zu speichern.

Diese Hidden Form Fields sind versteckt im HTML-Code der Web-Seite vorhanden. Sie werden vom Browser nicht angezeigt, es sei den, der Benutzer würde sich den Quellcode der Web-Seite ansehen.

Vorteile der Hidden Form Fields sind, daß sie mit jedem Browser funktionieren, den Benutzer nicht beeinträchtigen und vom Benutzer nicht (wie Cookies) abgelehnt werden können. Für einfache Anwendungen sind Hidden Form Fields durchaus brauchbar.

Allerdings muß sehr davor gewarnt werden, sicherheitsrelevante Authentifizierung auf Hidden Form Fields aufzubauen. Hidden Form Fields lassen sich leicht durch Hacker manipulieren. Weiteres zu Sicherheitslücken durch Hidden Form Fields finden Sie bei der Sicherheitsberatungsfirma MSC Miora Systems Consulting Inc. (http://www.miora.com).

Zustandsinformationen im übergeordneten Frame

Ein bei einfachen Anwendungen mögliches Vorgehen benutzt JavaScript und Frames. Um etwa einen Warenkorb einzurichten, fügen untergeordnete Frame-Fenster mit den bestellbaren Produkten einer im Haupt-Frame angelegten Variable die bestellten Waren hinzu, etwa mit dem JavaScript-Kommando: parent.shoppingcart += 'weitereBestellungen'. Diese Lösung ist plattformunabhängig und benötigt keine Cookies. Nachteilig ist: Der Browser muß Frames und JavaScript unterstützen sowie JavaScript-Support eingeschaltet haben, und bei einem Reload der Web-Seite gehen alle Zustandsinformation verloren. Letzteres könnte man erschweren, indem der Shop über window.open() in einem separaten Browser-Fenster ohne Browser-Toolbar gestartet wird.

Transaktionen

Eine Transaktion ist eine meistens geschäftliche oder datenbankorientierte komplette Verarbeitungsfolge, die entweder ganz oder gar nicht ausgeführt wird. Beim Transaction Processing (TP) wird bei mehrstufigen Prozessen die Integrität eines vollständigen Datenverarbeitungsvorgangs gewährleistet. Erst wenn alle Einzelprozesse erfolgreich durchgeführt wurden, wird die Transaktion gültig. Andernfalls werden alle Einzelaktionen rückgängig gemacht (Rollback).

Transaction Processing ist wichtig zum Beispiel bei Geldbewegungen, Buchungsprozessen, EDI (Electronic Data Interchange), Electronic Commerce, Online Shopping und bei den im Kapitel „Web-Server für Online Shopping und Electronic Commerce" ab Seite 210 vorgestellten Systemen.

Transaction Processing wird meistens in speziellen Transaction Servern oder Transaktionsmonitoren realisiert. Die wichtigsten sind BEA Tuxedo und M3 (40 % Marktanteil), IBM Customer Information Control System (CICS, 20 % Marktanteil), NCR Top End (15 % Marktanteil) und Microsoft Transaction Server (MTS).

Das im Web benutzte HTTP-Protokoll ist ein zustandsloses Protokoll. Wenn Sie übers Web eine Anfrage an den Web-Server schicken und eine Antwort erhalten, ist dieser Vorgang damit für den Web-Server abgeschlossen. Jede folgende Verbindungsaufnahme wird wie eine neue Anfrage behandelt, die nicht im Zusammenhang mit vorherigen steht. Bei geschäftlichen Transaktionen ist sitzungsorientiertes Arbeiten Voraussetzung. Bis die Transaktion abgeschlossen ist, muß der Server den Client während der gesamten Kommunikation eindeutig erkennen und sich seinen „Zustand" merken.

Gerade für Geschäftsprozesse kann deshalb Java wichtig werden, weil es wie HTML plattformunabhängig ist, aber anders als HTML transaktionsfähig operieren kann.

Auf der Server-Seite werden die Transaktionssysteme neuerdings tauglich für Komponententechnik, indem Sie CORBA und/oder DCOM unterstützen. Die OMG (Object Management Group) hat speziell hierfür mit OTS (Object Transaction Services) einen neuen Standard geschaffen. OTS definiert Schnittstellen, die ein transaktionstauglicher ORB (Object Request Broker) unterstützen muß.

6.12   Server-seitige Schnittstellen CGI, ISAPI, SSI, PHP, ColdFusion, ASP, Servlets

Im Kapitel „Eingabefelder und einfache Formulare in Web-Seiten" ab Seite 106 wurde gezeigt, wie einfach Formulare in HTML erstellt werden können. Wenn der Anwender in einer Web-Seite ein Formular ausfüllt, dann werden die Eintragungen an den Web-Server geschickt, der sie auswerten muß. Der Web-Server sollte dem Anwender (Client) immer eine neue HTML-Seite zurückschicken, um anzuzeigen, daß die Eintragungen erfolgreich entgegengenommen worden sind. Je nach Funktion kann diese HTML-Seite das vom Anwender gewünschte Ergebnis enthalten. Oder die Eintragungen werden zur weiteren Verwertung weitergereicht, zum Beispiel in Form einer E-Mail oder eines Faxes. Bei anspruchsvolleren Anwendungen besteht eine direkte Verknüpfung mit einer Datenbank, zum Beispiel zur Auftragsannahme.

Damit so etwas funktioniert, muß auf der Server-Seite eine Schnittstelle existieren, die die Eintragungen entgegennimmt, ein Programm auf dem Server zur Auswertung startet und gegebenenfalls eine Aktion ausführt und eine neu erstellte HTML-Seite zum Client zurückschickt.

CGI

Die bekannteste Schnittstelle ist CGI (Common Gateway Interface). Nur CGI ist auf wirklich jedem Web-Server verfügbar, andere Interfaces werden nur von bestimmter Server-Software geboten. Befindet sich Ihre Web-Site nicht auf einem eigenen Web-Server, sondern ist bei einem Internet-Provider integriert, dann werden Sie außer CGI kaum weitere Schnittstellen nutzen können, und selbst CGI muß vom Internet-Provider freigeschaltet werden, damit Ihre Web-Site es nutzen kann. Dies ist oft mit höheren Gebühren verbunden.

CGI ist eine Programmierschnittstelle für Web-Server (keine Programmiersprache). Parameter vom Client (dem Browser), zum Beispiel aus HTML-Formularen, können über Umgebungsvariablen (Environment) oder über die Standard-Eingabe (Stdin-Interface) an ein CGI-Programm auf dem Server übergeben werden, welches dann auf dem Server ausgeführt wird.

Zur Erledigung kleinerer Aufgaben werden meistens in Perl geschriebene CGI-Skripts auf dem Server eingesetzt. Perl (Practical Extraction and Report Language, http://www.perl .org, http://www.perl.com) ist eine Interpreter-Skript-Programmiersprache, die besonders unter Unix verwendet wird. Es lassen sich aber ebensogut andere Programmiersprachen mit CGI verbinden, zum Beispiel Python, TCL, C/C++ oder Java. Größere Projekte werden meistens in C/C++ programmiert.

Im einfachsten Fall erzeugt das CGI-Skript dann eine Datei, die die in dem Formular vom Anwender eingetragenen Daten enthält und die über ein Hilfsprogramm automatisch per E-Mail oder Fax verschickt wird. Genausogut können aber auch komplexe Geschäftsvorgänge und Transaktionen angestoßen werden. Einfache Hilfsprogramme zur Erzeugung der E-Mail sind zum Beispiel wSendmail (http://davecentral.com/cgimail2.html) und cgiemail (http://web.mit.edu/wwwdev/cgiemail). Die Aufbereitung der empfangenen E-Mails ist mit Hilfsprogrammen wie etwa WebParse möglich (http://www.informatik.com/webparse .html).

Unsauber oder unsicher programmierte CGI-Skripte könnten zu einem Sicherheitsloch werden. Viele Fragen zu diesem Thema sind in Steins WWW Security FAQ beantwortet (http://www.w3.org/Security/Faq/www-security-faq.html).

Falls Sie selbst in die CGI-Programmierung einsteigen wollen, finden Sie Einführungen und Beispiele bei

- NCSA (National Center for Supercomputing Applications, http://hoohoo.ncsa.uiuc.edu/cgi),

- Matt's Script Archive Inc. (http://www.cgi-resources.com und http://www.worldwidemart.com/scripts),

- Marshall (http://www.jmarshall.com/easy/cgi/german),

- Wiese (http://www.xwolf.com) und

- Münz (http://www.teamone.de/selfhtml/te.htm).

Dynamisch aus Datenbankinhalten erzeugte Web-Seiten reduzieren die Performance erheblich. Als erste grobe Schätzung muß man bei Verwendung von CGI mit einer Reduzierung der Performance des Web-Servers im Vergleich zu statischen HTML-Seiten um

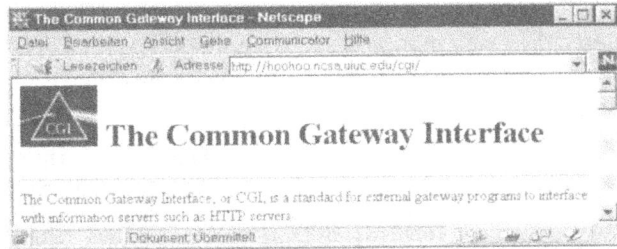

den Faktor 10 ausgehen. Modernere Alternativen, wie FastCGI, ISAPI oder NSAPI, reduzieren die Performance dagegen nur um etwa den Faktor 2.

FastCGI

FastCGI ist eine Spezifikation von Open Market (http://www.openmarket.com). Es funktioniert ähnlich wie CGI, aber erheblich schneller (ca. Faktor 5). Anders als bei CGI wird bei FastCGI nicht für jede Anfrage ein neuer Prozeß gestartet, sondern es läuft als persistenter Prozeß. Requests gelangen in eine Warteschlange und werden in einer Schleife abgearbeitet, Verbindungen zu Datenbanken müssen nur einmal initialisiert werden. Anders als ISAPI/NSAPI läuft FastCGI in einem eigenen isolierten Prozeßraum und kann sogar auf andere Rechner ausgelagert werden.

Besonderer Schwerpunkt von FastCGI ist weitestgehende Kompatibilität zu CGI. Es können weiterhin nahezu beliebige Skript- und Programmiersprachen Verwendung finden. Existierende CGI-Skripte oder C-Programme müssen nur sehr geringfügig modifiziert werden, um sie unter FastCGI statt CGI zu betreiben. Viele Web-Server werden unterstützt, wie Apache und die von Netscape und Microsoft, etwa über Fast.Serv von Fast Engines (http://www.fastserv.com).

ISAPI, NSAPI

Da CGI langsam ist und den Web-Server belastet, wurden modernere Alternativen entwickelt, wie Microsofts ISAPI (Internet Services Application Programming Interface) und Netscapes NSAPI (Netscape Server Application Programming Interface). Diese C-Schnittstellen bieten bei geringerer Web-Server-Belastung bessere Performance. Allerdings sind es auf nur wenigen Web-Servern verfügbare, proprietäre Schnittstellen und es können keine zum Beispiel in Perl programmierte Skripte verwendet werden. Da sie im Prozeßraum des Servers laufen, können kleine Programmierfehler den Server zum Absturz bringen.

SSI, PHP/FI

Server-seitige Programme können auch über SSI (Server Side Includes) aufgerufen werden. Dies ist eine im Server bereitgestellte Ergänzung zum HTML-Befehlssatz. SSI-Befehle sind in normalen HTML-Dateien als Kommentar enthalten und ermöglichen auf einfache Weise die Erweiterung der vom Server versendeten Web-Seiten um dynamisch erzeugte Zusätze. So können leicht einfache dynamische Änderungen von HTML-Seiten, etwa dem Einfügen von Besucherzählern, Datum und Uhrzeit oder von nützlichen Dateien, realisiert werden. Beispiele für in einem HTML-Dokument integrierte SSI-Statements:

```
<!-- #echo var="DATE_LOCAL" -->
<!-- #include file "MeinHeader.html" -->
<!-- #exec cgi="/cgi-bin/MeinProgramm.pl" -->
```

Damit der Server weiß, welche HTML-Dateien er vor dem Versand nach SSI-Kommandos durchsuchen muß, wird meistens eine besondere Dateinamenserweiterung vereinbart, etwa .shtml statt .html (nicht zu verwechseln mit S-HTTP oder HTTPS).

Die Server-seitige SSI-Unterstützung muß mit Bedacht eingesetzt werden. Kann der Anwender etwa eine Eintragung in ein Gästebuch machen und dieser Eintrag wird an eine HTML-Seite angehängt, so könnten böswillige als SSI-Kommando formulierte Eintragungen Schaden anrichten.

Weitere Informationen zu SSI finden Sie zum Beispiel bei Münz (http://www.teamone.de/selfhtml).

PHP3 und PHP/FI (Personal/Professionell Homepage Construction Kit / Form Interpreter) ist ebenso eine Server-seitig interpretierte Skriptsprache. Allerdings ist PHP deutlich komplexer als SSI. Mit PHP lassen sich performantere Anwendungen erstellen und sind Datenbankanbindungen zum Beispiel an mSQL, MySQL und Sybase möglich. Als Dateinamenserweiterung wird häufig .phtml verwendet. Weitere Informationen finden Sie beim PHP Development Team (http://www.php.net) und bei TCX (http://www.tcx.se).

ColdFusion

Eine verbreitete Möglichkeit zur Erzeugung dynamischer Web-Seiten mit Datenbankanbindung bietet der Applikations-Server ColdFusion von Allaire (http://www.allaire.com). ColdFusion läuft als Preprozessor und verwendet die leicht erlernbare Skript-sprache ColdFusion Markup Language (CFML). Diverse HTML-Editoren unterstützen ColdFusion, wie etwa HomeSite, Dreamweaver und Fusion. Die neueste Version bietet generischen Datenaustausch per XML unter Berücksichtigung der Datenbeschreibungsspezifikation WDDX (Web Distributed Data Exchange), um Daten mit Anwendungen anderer Hersteller austauschen zu können. ColdFusion ermöglicht Lastverteilung auf mehrere Server (Load Balancing) und unterstützt Oracle, Sybase, OLE-DB, ODBC, CORBA und XML. ColdFusion bietet ähnliche Funktionalität wie ASP.

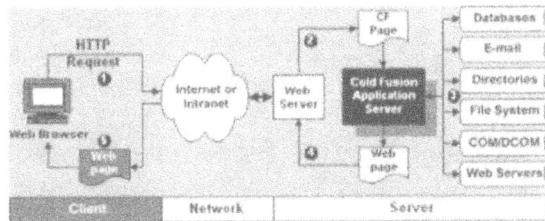

ASP, JSP

Um Web-Seiten vor dem Versand dynamisch anzupassen und um aktuelle Daten zu ergänzen, propagiert Microsoft für seinen Internet Information Server ASP. ASP bedeutet Active Server Page und ermöglicht Server-seitiges Scripting und die unkomplizierte Einbindung eigener Server-Applikationen. ASP kann mit dem Microsoft Visual InterDev einfach implementiert werden. Anders als bei normalen HTML-Seiten, die vom Web-Server unverändert verschickt werden, werden ASP-Seiten vor dem Versand bearbeitet. Die Server-seitige Script-Engine führt den in der .ASP-Datei enthaltenen mit „<%" beginnenden Script-Code aus. Dies können zum Beispiel mehrere in einer While-Schleife eingebundene SQL-Queries an eine ODBC-Datenbank sein, aber auch beliebige andere OLE-Server mit Automation-Schnittstelle können angezapft werden. Die Ergebnisse ersetzen den ASP-Script-Code in der .ASP-Datei und es entsteht eine normale HTML-Datei mit den aktuellen Daten, die verschickt wird. Auf der Server-Seite ist hierfür zwar die spezielle ASP-Unterstützung notwendig, aber der Anwender auf der Client-Seite (Web-Browser) merkt von alledem nichts, da er eine mit jedem beliebigen Web-Browser darstellbare Web-Seite bekommt.

Informationen über ASP finden Sie außer bei Microsoft (http://www.microsoft.com) auch bei ActiveServerPages.com (http://www.activeserverpages.com) und beim ASP Developer Network der BitShop Inc. (http://www.aspdeveloper.net).

Vergleichbar mit Microsofts Active Server Pages sind die Techniken JSP (Java Server Pages), auch Server-Side Java Scripting genannt, und Apples WebObjects. Allerdings sind beide weniger verbreitet.

Servlets

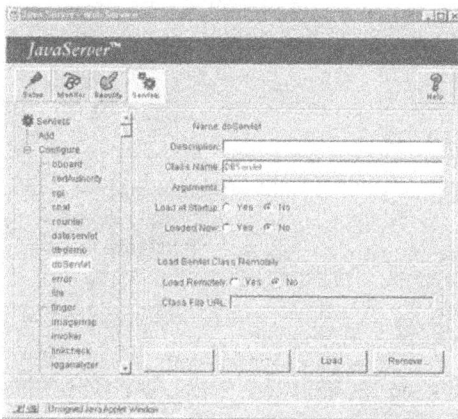

Servlets (Server Applets) sind Java-Programme, die anders als normale Java-Applets nicht im Browser beim Client, sondern auf dem Web-Server laufen.

Servlets können die gleiche Funktionalität wie CGI-Skripte und SSI-Befehle bieten. Servlets bieten zwei Vorteile. Zum einen sind sie plattformunabhängig, was zwar auf der Server-Seite weniger interessant ist, als auf der Client-Seite, aber auch hier Vorteile bietet, falls eine Anwendung von einem System auf ein anderes portiert werden soll. Zum anderen sind sie stabiler und schneller als übliche CGI-Prozesse, da sie speicherresident geladen werden. Außerdem ist die Programmiersprache Java ideal für Netzwerkprogrammierung geeignet und hat alle wichtigen Internet-Protokolle implementiert. Skalierung ist über verteilte Servlets, CORBA und JDBC möglich.

Zur Programmierung von Servlets wird das JSDK (Java Servlet Development Kit, http://java.sun.com/products/servlet) oder das JavaServer-Toolkit (http://jserv.javasoft .com) benötigt.

Servlets können auf speziellen Java-Web-Servern wie Sun Java Web Server (http://java.sun.com/products/java-server), W3C Jigsaw (http://www.w3.org/Jigsaw) und Novocode NetForge (http://www.novocode.com) direkt ausgeführt werden. Aber auch die üblichen Web-Server von Apache, Netscape und Microsoft können Servlets ausführen, wenn entweder das Sun Server Development Kit oder die IBM Servlet Engine installiert ist.

C/C++

Während Software-Module, die über das Internet verschickt werden, gerne in Java programmiert werden, damit sie auf beliebigen Rechnern lauffähig sind, kann die Serverseitige Programmierung in einer Hardware-abhängigen Programmiersprache erfolgen. Als heute üblicherweise verwendete Programmiersprache hat sich C++ durchgesetzt. Basic, Pascal, Fortran und Cobol verlieren an Bedeutung. C++ vereint hohe Ausführungsgeschwindigkeit mit moderner Objektorientierung und ist für fast alle Rechnerarchitekturen verfügbar (während die entstehenden Programme nur mit genau einer Hardware-Architektur und einem Betriebssystem lauffähig sind). Gegenüber Java hat C++ (noch) die Vorteile, daß es ausgereift ist und eine wesentlich höhere Ablaufgeschwindigkeit bietet. C++ ist bei der ISO standardisiert. Es gibt weltweit ca. 1,5 Millionen C++-Programmierer. Weitere Informationen zu C++ finden Sie beim Erfinder von C++, Bjarne Stroustrup (http://www.research.att.com/~bs).

Die bekanntesten C++-Entwicklungsumgebungen sind Microsoft Visual C++, IBM VisualAge C++, Powersoft Power++ und Borland C++.

- Wenn als Web-Server der Microsoft Internet Information Server Verwendung findet, bietet sich die Verwendung des im Microsoft Visual Developer Studio integrierten Microsoft Visual C++ an, da dessen Klassenbibliothek MFC (Microsoft Foundation Classes) direkte Unterstützung für den IIS und für ISAPI enthält. Über ATL (ActiveX Template Library) wird die Erzeugung von ActiveX-Komponenten vereinfacht.

- IBM VisualAge C++ enthält Unterstützung für SOM (Systems Object Model). Das ist IBMs Implementierung des CORBA-Standards (Common Object Request Broker Architecture). Damit können verteilte Anwendungen erstellt werden.

- Power++ von Powersoft/Sybase ist die derzeit ausgereifteste RAD-Entwicklungsumgebung (Rapid Application Development), die C++-Code erzeugt. Es vereinfacht die Programmentwicklung durch Komponententechnik und unterstützt CGI, ISAPI, NSAPI, ActiveX, Netscape Plug-Ins, Java und Komponenten des Powersoft 4GL PowerBuilder.

- C++ Builder von Borland/Inprise ist ebenfalls eine RAD-Entwicklungsumgebung. Er ähnelt Borlands Delphi, aber erzeugt statt Pascal C++-Code. Die professionelle Client/Server-Version beinhaltet SQL-Treiber.

Im Internet finden Sie viele Tips für C-Programmierer, zum Beispiel bei Salminens Programmer's Oasis (http://www.netti.fi/~simos/oasis).

Damit Server-seitige Programmierung nicht zum Sicherheitsloch wird, empfiehlt sich die Lektüre der Hinweise bei Stein (http://www.w3.org/Security/Faq/www-security-faq.html).

6.13 Architekturen von Web-Datenbankanbindungen

Wird eine Datenbank mit einem Web-Server (Intra- oder Internet) verbunden, können ohne großen Aufwand aus Datenbankinhalten dynamisch WWW-Seiten generiert werden. Dadurch sinkt der Aufwand für die Wartung und Pflege und die Fehleranfälligkeit von HTML-Dateien. Anstelle vieler statischer HTML-Dateien werden einige Prozeduren in der Datenbank gepflegt, die die Inhalte aufbereiten. Zum Beispiel müssen bei Änderungen von Preislisten in 10 verschiedenen Sprachen nicht 10 HTML-Dateien geändert werden, sondern nur ein Wert in der Datenbank, und selbst das läßt sich leicht automatisieren. Es können auch personalisierte Inhalte präsentiert werden. Zum Beispiel könnte automatisch HTML-2 statt HTML-3 gewählt werden, je nach den Fähigkeiten des Browsers, den der Anwender benutzt. Die Datenbank kann die Eingaben speichern, auswerten, weitergeben und entsprechende Aktionen veranlassen. Es können auch Transaktionen ausgelöst werden und Warenwirtschaftssysteme gesteuert werden.

Bitte beachten Sie die Begriffsbestimmungen im Kapitel „Client/Server, Three-Tier, Zustandsinformationen, Transaktionen" ab Seite 150.

Vergleich der wichtigsten im Web benutzten Datenbankschnittstellen

Drei wichtige Schnittstellenarten, die in Web-Servern zur Anbindung an Datenbanken verwendet werden, benutzen CGI, ISAPI/NSAPI und JDBC. Es gibt noch viele weitere Varianten, die aber meistens vom Prinzip her einer der genannten drei Gruppen ähneln. Jede Schnittstelle hat ihre spezifischen Vor- und Nachteile, wie die Tabelle zeigt. Die einzelnen Punkte werden in den folgenden Abschnitten erläutert.

	CGI	ISAPI / NSAPI	JDBC
Verbreitung	sehr gut	mittel	(noch) seltener
Programmiersprache	alle	vorwieg. C/C++	Java
Portabilität	gut	schlecht	gut
Java-fähiger Client	nicht nötig	nicht nötig	erforderlich
Server-Performance	schlecht	gut	gut
Ladegeschwindigkeit	gut	gut	schlechter
Benutzerfreundlich	weniger	weniger	mehr
Zustandsinformation	umständlich	umständlich	einfach

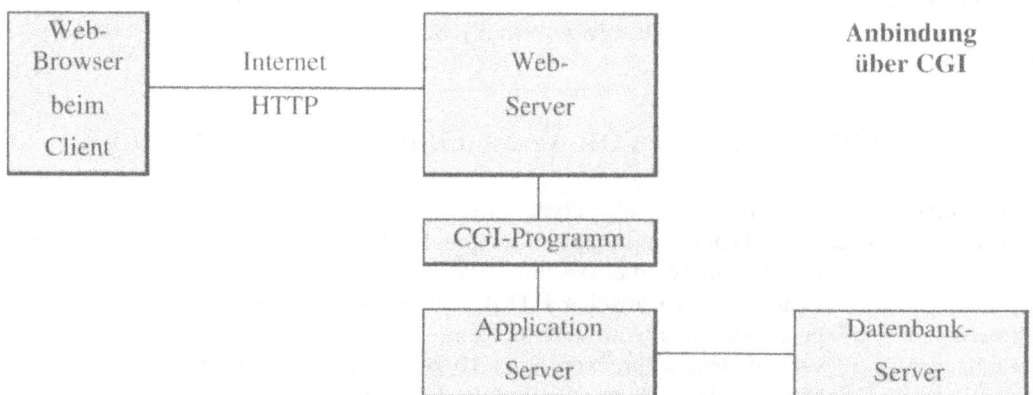

Die herkömmliche Programmierung von Web-Datenbankanbindungen benutzt die CGI-Schnittstelle (Common Gateway Interface). CGI ist auf jedem Web-Server verfügbar und kann mit jeder Programmiersprache bedient werden, was die Verbreitung sehr gefördert hat. Für einfache kleine Anwendungen ist CGI ausreichend, bei größeren Anwendungen oder bei vielen gleichzeitig zu bedienenden Clients zeigt CGI Nachteile.

Jede Datenbankanfrage startet einen eigenen CGI-Prozeß, wodurch unnötig Ressourcen vergeudet werden und viel Performance verloren geht. Um nicht auch noch für jede Anfrage einen Einlogvorgang beim Datenbank-Server auszulösen, kann ein Application Server zwischengeschaltet werden, der die Verbindung zur Datenbank über mehrere Anfragen hinweg aufrecht erhält.

Die Wiedererkennung von Clients zur Speicherung von Zustandsinformationen wird bei CGI meistens über beim Client hinterlegte Cookies bewerkstelligt.

ISAPI / NSAPI

ISAPI (Internet Services Application Programming Interface) und NSAPI (Netscape Server Application Programming Interface) sind proprietäre Erweiterungen der Web-Server von Microsoft bzw. Netscape, die allerdings auch von einigen anderen Herstellern unterstützt werden. Anders als bei CGI-Programmen läuft hiermit das eingebundene Programm im Prozeßraum des Servers und verwendet gemeinsame Daten- und Kommunikationsressourcen. Dies hat den Vorteil der im Vergleich zu CGI wesentlich verbesserten Performance (etwa Faktor 5), aber den Nachteil der weniger sauber voneinander getrennten Prozesse. Die Programmierung ist schwieriger und insbesondere können fehlerhafte Programmteile zu Abstürzen des gesamten Web-Servers führen. Besteht der hinzugefügte Programmteil nur aus möglichst wenigen Gateway-Funktionen und wird die Hauptarbeit einem nachgeschalteten Application Server überlassen, kann letzeres Risiko allerdings deutlich minimiert werden.

Die Wiedererkennung von Clients zur Speicherung von Zustandsinformationen muß wie bei CGI gelöst werden.

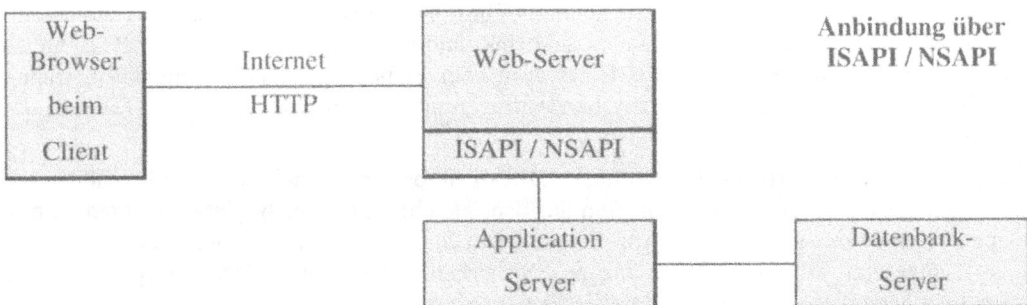

JDBC

JDBC (Java DataBase Connectivity) ist die modernste der genannten Varianten. Dementsprechend konnte sie sich auch bislang am wenigsten in der Praxis bewähren. Sie hat aber gute Zukunftsaussichten, da sie einige Vorteile bietet.

Die JDBC-Schnittstelle basiert wie Microsofts ODBC (Open Data Base Connectivity) auf dem SQL CLI (Call Level Interface). JDBC-Treiber erfüllen zumindest den ANSI-SQL92 Entry Level.

Der größte Nachteil (außer der noch geringeren Verbreitung) ist, daß der Client einen Java-fähigen Web-Browser benötigt und Java-Support eingeschaltet haben muß. Zu Beginn der Sitzung wird das Java-Applet zum Client übertragen und koordiniert von da an den Sitzungsprozeß. Damit ist ein wichtiges Problem gelöst, nämlich das der Zustandsinformation. Da das Java-Applet während der gesamten Sitzung aktiv ist, kann es alle Zwischeninformationen (wie etwa den Warenkorbinhalt) speichern. Zudem kann es, da es ja beim Client läuft, sofort auf fehlerhafte Eingaben eingehen, ohne daß diese erst zum Server geschickt würden und von dort auf Grund des Fehlers eine Fehlermeldung zurückgeschickt werden müßte. Außer Fehlerbehandlung kann es auch viele andere Berechnungen und Aufgaben durchführen und interaktiv vielleicht auf Grund der getätigten Eingaben weitere erforderliche Informationen erfragen. Dies alles kann ohne Kommunikation über langsame Internet-Verbindungen und ohne Beteiligung des Web-Servers geschehen. Der Kunde muß zwar zu Beginn eine etwas längere Ladezeit für das Java-Applet hinnehmen, aber dann kann die Arbeit wesentlich flüssiger und angenehmer verlaufen. Java stellt auch mehr Mittel zur Gestaltung der Oberfläche zur Verfügung als HTML, was der Benutzerfreundlichkeit zu Gute kommt.

Erste Ansätze Java-basierter Datenbankanbindungen wurden in zweistufiger Two-Tier-Architektur gelöst und entsprachen dem klassischen Client/Server-Konzept. Auf der Client-Seite wird hierbei ein datenbankspezifischer Treiber benötigt, und über ein datenbankspezifisches Protokoll spricht der Client direkt die Datenbank auf dem Web-Server an.

Neuerdings wird die dreistufige Three-Tier-Architektur bevorzugt. Sie steht für höhere Portabilität und stellt außer der Java-Fähigkeit keine weiteren Anforderungen an den Client. Es wird weder ein vorinstallierter Datenbanktreiber auf dem Client-Rechner benötigt, noch muß ein solcher Treiber zusammen mit dem Java-Applet heruntergeladen werden. Der Client bleibt schlank, was auch als Thin Client bezeichnet wird. Die Datenbankanfragen vom Client werden über die datenbank- und plattformunabhängige JDBC-Schnittstelle abgewickelt. Erst das JDBC-Gateway im Server beinhaltet die Datenbank-Abfragelogik, erzeugt die datenbankspezifischen Anfragen und kommuniziert mit dem Datenbank-Server.

Der Web-Server und der Host-seitige JDBC-Teil brauchen zwar nicht miteinander zu kommunizieren, aber müssen trotzdem auf dem gleichen Rechner betrieben werden, damit auch normale unsignierte Java-Applets (mit dem Status „untrusted", nicht vertrauenswürdig) eingesetzt werden können, die aus Sicherheitsgründen nur Verbindungen zu dem Rechner herstellen können, von dem sie geladen wurden.

Diese Architektur läßt sich zum Beispiel mit Produkten wie DataDirect SequeLink Java Edition von INTERSOLV (http://www.intersolv.com/datadirect/sequelinkjava/frameset-_dd_seql-java.html) realisieren. Weitere Treiber finden Sie bei Sun (http://java.sun.com/products/jdbc/jdbc.drivers.html).

Die in der Zeichnung dargestellten zwei Verbindungen vom Client zum Server sollen die beiden verschiedenen Protokolle verdeutlichen. Physikalisch werden beide über die gleiche Internet-Verbindung geführt.

Client- Web- Browser	HTTP	Web- Server	Anbindung über Java und JDBC
Java- Applet	JDBC	JDBC- Gateway	Datenbank- Server

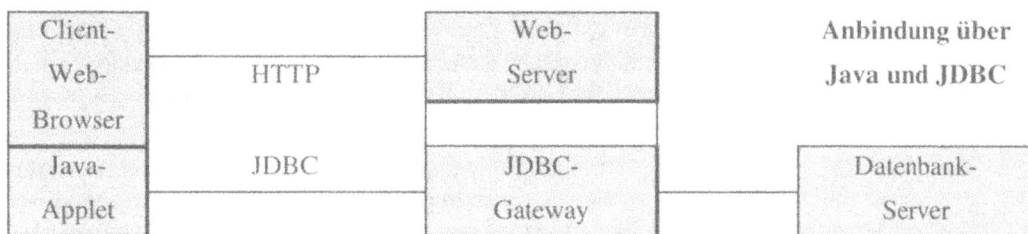

6.14 Entwicklungssysteme für Web-Datenbankanbindungen

Einfache Datenbankverknüpfungen können schon mit der im Microsoft Office enthaltenen Datenbank Access erstellt werden. Access erlaubt die dynamische Erzeugung von HTML-Seiten abhängig von Datenbankinhalten und läßt sich mit dem Microsoft Internet Information Server über den IDC (Internet Database Connector) verbinden.

Für anspruchsvollere Aufgaben muß ein angepaßtes Werkzeug verwendet werden. Die meisten der im Kapitel „Interaktivität, Programmierung mit Java, JavaScript, ActiveX, VBScript" ab Seite 134 genannten Entwicklungsumgebungen für Java unterstützen die Erzeugung dynamischer Web-Seiten und Datenbankanbindung. Weitere besonders spezialisierte Entwicklungsumgebungen:

- JavaSoft versucht, mit JDBC (Java DataBase Connectivity) eine einheitliche Schnittstelle für Zugriffe auf relationale SQL-Datenbanken einzuführen. JDBC vereinfacht die Entwicklung portabler Anwendungen. Bei JavaSoft (http://java.sun.com/products) kann JDBC inklusive Dokumentation geladen werden.

- Mit Visual InterDev bietet Microsoft (http://msdn.microsoft.com/vinterdev) ein visuelles Entwicklungswerkzeug an. Die Entwicklungsumgebung ähnelt der von Microsoft Visual C++ und Visual J++ und ist ebenso in das Microsoft Visual Developer Studio integriert. Visual InterDev erlaubt die Erstellung professioneller dynamischer Web-Seiten mit Datenbankanbindung zum Beispiel an ODBC-kompatible Datenbanken (Open Data Base Connectivity), wie etwa Microsoft SQL-Server, Oracle, Informix, Sybase und andere. Beim Aufruf einer Web-Seite durch den Client werden über spezielle Tags in dieser HTML-Seite Skripte auf dem Server gestartet, die weitere Anwendungen aufrufen können und je nach Client, je nach dessen Eingaben und abhängig von Datenbankinhalten unterschiedlich reagieren können und auf verschiedene Informationsbedürfnisse mit speziell angepaßten live erzeugten Web-Seiten antworten können. Perl, Visual Basic Script, JavaScript, Java, ActiveX, Active Server Pages (ASP), Active Data Objects (ADO) und FrontPage Server Extensions werden unterstützt. Zum Lieferumfang gehören ein Bildbearbeitungsprogramm und ein Kompositions- und Editierprogramm für Multimedia-Dateien.

- dbWeb von Microsoft ist eine Erweiterung für den Microsoft Internet Information Server, um auf ODBC-Datenbanken zugreifen zu können. Durch Schemata wird definiert, wie Datenbankinhalte in HTML überführt werden. Unterstützt wird dies durch die im Kapitel „Server-seitige Schnittstellen CGI, ISAPI, SSI, PHP, ColdFusion, ASP, Servlets" ab Seite 154 vorgestellten Active Server Pages (ASP) und durch Active Scripting.

- LiveWire Pro von Netscape ist eine Entwicklungsumgebung für Web-Server von Netscape, mit der komplette Online-Anwendungen mit Datenbankanbindung realisiert werden können. Dazu werden JavaScript-Programme mit HTML-Dokumenten kombiniert und mit dem LiveWire-Compiler in einen Zwischencode übersetzt, den der Server interpretiert und so die Web-Seiten generiert. Die Datenbankzugriffe organisiert Live-Wire einheitlich unabhängig von den Eigenheiten der verwendeten Datenbank. Unterstützt werden Informix, Oracle, Sybase und alle ODBC-konformen Datenbanken.

- IntraBuilder von Borland/Inprise (http://www.inprise.com/intrabuilder) ist ein Point&Click-RAD-Entwicklungstool (Rapid Application Development) für Datenbankanbindungen über Web-Seiten. Zusammen mit HTML und JavaScript können Dialoge und individuelle Ein- und Ausgabemasken erstellt werden. Formulare werden in Komponententechnik zusammengestellt. Eigenschaften und Reaktionen auf Ereignisse werden im Editor behandelt oder durch Skripts gesteuert. Das Ergebnis liegt sowohl als Formular als auch als JavaScript-Code vor und kann in beiden Formen weiter bearbeitet werden (Two Way Tool). Über ODBC (Open Data Base Connectivity) oder BDE (Borland Database Engine) werden Verbindungen zu Datenbanken (z.B. im Flat File Format wie bei dBase oder Paradox) geknüpft. Die Profiversion gestattet auch den Zugriff auf SQL-Datenbanken und es kann über CGI, ISAPI und NSAPI mit Servern kommuniziert werden.

- Beim Oracle Web Application Server, der auf dem Oracle RDBMS Server basiert, erfolgt die Anbindung über Cartridges. Cartridges bieten eine schnellere Web-Anbindung als CGI und erlauben die Definition abstrakter Datentypen. Data-Cartridges können Objekte mit beliebigen Datenstrukturen einschließlich darauf operierender Methoden in relationalen Tabellen speichern. Es gibt Cartridges für Java-Einbindung, Perl, LiveHTML für SSI, Anbindung an andere ODBC-RDBMS-Datenbanken und insbesondere die PL/SQL Cartridge für die Abbildung von HTML-Statements in PL/SQL-Funktionen, um dynamische Web-Seiten direkt aus der Datenbank generieren zu können.

Neuerdings entstehen 4GL-Systeme (Fourth Generation Language) zur Erstellung von Frontends für Client/Server-Datenbanken, die besonders auf das Internet und die Programmiersprache Java zugeschnitten sind. Zum Beispiel der Web Developer von Centura Software (http://www.centurasoft.com) basiert komplett auf Java und der entstehende 4GL-Code wird automatisch in Java umgewandelt. Es kann sowohl auf nicht-relationale Daten wie Lotus Notes oder E-Mail als auch auf relationale Datenbanken wie SQLBase, IBM DB2, Oracle, Sybase, Informix oder über ODBC zugegriffen werden.

Weitere datenbankspezifische Anbindungen, Middleware- und Frontend-Entwicklungssysteme und die Datenbanken selbst finden Sie im Kapitel „Datenbanken, RDBMS, ORDBMS, OODBMS, Frontends" ab Seite 296.

6.15 Content Management Systeme

Content Management Systeme (CMS) erleichtern die Organisation von Inhalten und Informationen und die Publikation im Web. Wichtig ist dabei die Trennung von Inhalt und Gestaltung sowie des Erstellungs- und Publikationsprozesses.

Viele der großen Zeitschriften, wie Focus, Stern und TV Today, nutzen vorgefertigte Publishing Systeme als Basis für ihren Online-Auftritt, um die Effizienz zu erhöhen und die Produktionszeiten dynamischer Web-Sites zu verkürzen.

Die Erstellung, Aufbereitung, Änderung, Aktualisierung und Präsentation von Inhalten und Informationen wird häufig von verschiedenen Personen durchgeführt. CMS kontrolliert alle Schritte des Publikationsprozesses, bietet Freigabemechanismen, erleichtert die Arbeit durch vordefinierte Templates (Schablonen) und Ein- und Ausgabemasken, erlaubt die Erstellung von HTML-Seiten ohne HTML-Kenntnisse und sorgt für ein einheitliches Erscheinungsbild (CI, Corporate Identity).

Bei der Publikation wird zwischen Staging und On-The-Fly-Generierung der Web-Seiten unterschieden. Beim Staging werden per CMS erzeugte statische HTML-Seiten oder ganze Web-Sites auf dem Web-Server gespeichert. Auch statische HTML-Seiten können in kurzen Intervallen (täglich oder sogar stündlich) aktualisiert werden. Statisch bedeutet lediglich, daß sie beim Abruf fertig zur Verfügung stehen. Bei der On-The-Fly-Generierung werden die Web-Seiten dynamisch aus Datenbankinhalten zusammengesetzt. Dann können sie noch aktueller sein oder auf Grund bestimmter Parameter unterschiedlich erzeugt und speziell angepaßt werden. Allerdings ist hierfür eine Middleware zur Anbindung des Web-Servers an die Datenbank erforderlich und es kommt zu deutlichen Performance-Einbußen.

Die beiden bekanntesten Content Management Systeme für das Web-Publishing sind

- HexBase Publishing System von HexMac Software Systems (http://www.hexmac.com) und

- Web Publishing System von GoLive Systems / Adobe (http://www.golive.com).

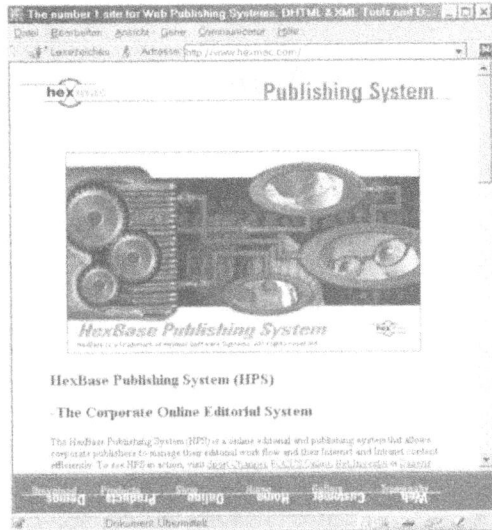

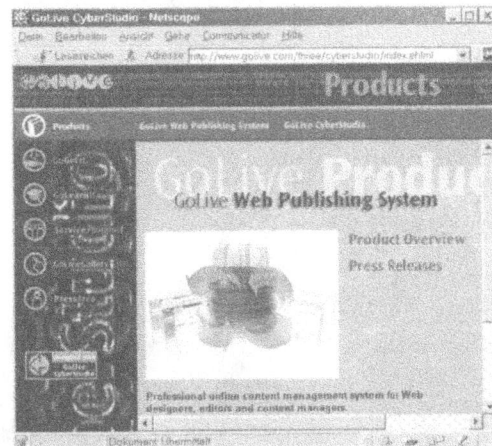

7 Marketing über das Internet

7.1 Funktionieren Marketing und Werbung über das Internet?

Die kommerzielle Nutzung des Internets (WWW) beschränkt sich zur Zeit noch meistens auf den Einsatz als Marketing-Instrument, während die Nutzung als Absatzkanal noch weniger verbreitet ist. Firmendarstellungen und Produktinformationen sind die Schwerpunkte. Gut gemachte Web-Sites sind lohnende Marketing-Instrumente, wie diverse Studien belegen. Die Kosten für das Internet-Angebot sind niedriger als die dadurch (oft indirekt) bedingten zusätzlichen Einnahmen.

Gibt es ausreichend viele Internet-Nutzer?

Es werden jährlich ca. 100 Millionen neue PCs gekauft. Die Verkaufszahlen sind damit in der gleichen Größenordnung wie die von Fernsehern. Im Medienbericht der Bundesregierung wird davon ausgegangen, daß ab dem Jahr 2000 weltweit mehr PCs als Fernsehgeräte verkauft werden. Die neuen Modelle sind häufig bereits ohne Nachrüstung vorbereitet für Multimedia und Internet. Der durchschnittliche Internet-Nutzer verbringt mehr Zeit am Computer als vor dem Fernseher. Laut dem Marktforschungsinstitut Dataquest und auch dem Medienbericht der Bundesregierung gab es 1998 weltweit über 100 Millionen Abonnenten von Internet- und Online-Diensten, also etwa halb so viele wie es Handy-Mobiltelefonbenutzer gab. Laut Studien sowohl von Diebold als auch von GfK nutzten 1998/99 alleine in Deutschland 8 Millionen Menschen (15 % der 14- bis 59-jährigen) mit steigender Tendenz regelmäßig Internet- und Online-Dienstleistungen. An durchschnittlichen Wochentagen sind 3 Millionen Deutsche online.

Laut GfK wird das Internet durchschnittlich jeden Tag eine halbe Stunde genutzt. Es gibt etwa gleichviel Benutzer, die über einen privaten Zugang kommen, als Nutzer, die übers Büro, die Uni oder andere Einrichtungen kommen.

Zeitschriften wie der Spiegel (http://www.spiegel.de) oder Focus (http://www.focus.de), die es ja vorrangig als Papierausgabe gibt, verzeichnen in der Internet-Online-Version über zwei Millionen Seitenabrufe pro Monat.

Wer sind die Internet-Nutzer?

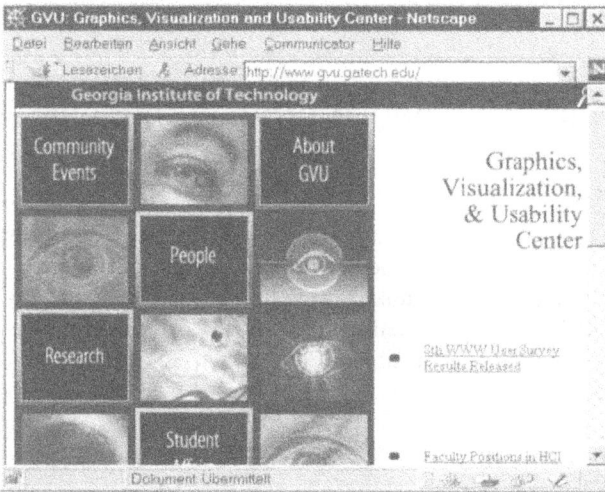

Es gibt viele Studien über die Benutzergruppen des Internets. In den USA sind die des GVU (Graphics, Visualization, & Usability Center, http://www.gvu.gatech.edu/user_surveys) und in Deutschland die des W3B (http://www.w3b.de) und der GfK Medienforschung (Gesellschaft für Konsumforschung, http://www.gfk.cube.net) sehr bekannt. Bei ISF (http://internet-shop.de/stati) finden Sie weitere Untersuchungen aufgelistet. Laut W3B sind die meisten Internet-Nutzer männlich, im Durchschnitt 35 Jahre alt, oft Angestellte, Studenten oder Akademiker und häufig mit Computern oder Informationstechnologie beschäftigt. Dies sind alles keine überraschenden Neuigkeiten, aber lassen Sie sich nicht täuschen: Dies bedeutet nicht, daß die Internet-Nutzer NUR männlich und 35 Jahre alt sind. Verschiedene Studien kommen zu unterschiedlichen Ergebnissen. In Deutschland wird der Anteil der Frauen meistens auf etwa 33 Prozent geschätzt, in den USA dagegen höher (z.B. vom GVU). Untersuchungen der amerikanischen Business Week kommen auf 40 Prozent. Und das Durchschnittsalter trifft in etwa auch auf die Gesamtheit der Bevölkerung zu, wenn auch mit einer flacheren Verteilungskurve. Aber laut Business Week sind mittlerweile 44 Prozent der Internet-Benutzer mindestens 40 Jahre alt.

Der signifikanteste Unterschied zum normalen Bevölkerungsdurchschnitt scheint das hohe Bildungsniveau der Internet-Nutzer zu sein, etwa 60 Prozent haben das Abitur erfolgreich absolviert (normaler Bevölkerungsdurchschnitt: 27 Prozent). Allerdings weitet sich die Nutzung des Internets auf immer größere Bevölkerungsgruppen aus, so daß auch diese Differenz schrumpft.

Selbst das Einkommen der Internet-Anwender wurde ermittelt. Nach einer Analyse des Marktforschers Nielsen aus dem Jahr 1995 verdienten amerikanische Internet-Anwender vereinfacht dargestellt 50 Prozent mehr als andere Amerikaner, nämlich im Mittel 60.000 Dollar statt 40.000 Dollar pro Jahr. Die GfK hat auch für Deutschland noch 1998 ein überdurchschnittlich hohes Einkommen ermittelt. 70 Prozent würden über ein Haushaltsnettoeinkommen von über 4.000,- DM verfügen, 20 Prozent sogar über mehr als 6.000,- DM, etwa doppelt so viele wie im normalen Bevölkerungsdurchschnitt.

Was suchen die Internet-Nutzer?

Es wird ernsthaft im World Wide Web nach Informationen gesucht. Gute und ausreichend genaue Produktbeschreibungen können die Attraktivität von Produkten beträchtlich steigern. Wenn sie auch noch nicht so oft übers Internet verkauft werden, so werden doch Vorentscheidungen beeinflußt. Laut einer Untersuchung des Marktforschungsunternehmens @plan nutzt in den USA jeder vierte Surfer Online Shopping.

Laut W3B sind besonders ausführliche und qualitativ hochwertige Informationen über Produkte, Dienstleistungen und Unternehmen gefragt:

- 63 % wollen Produkt- und Dienstleistungsinformationen abrufen,
- 40 % suchen Firmeninformationen,
- 57 % lesen regelmäßig Online-Zeitschriften,
- der Verkauf über das Internet ist noch nicht so stark vertreten, aber immerhin haben 65 % der Befragten angegeben, daß sie in naher Zukunft per Online Shopping einkaufen wollen.

Auch in der Untersuchung des GfK steht die ernsthafte Nutzung im Vordergrund. Allerdings wird nach anderen Kriterien eingeteilt:

- 37 % nutzen E-Mail,
- 33 % suchen (kostenlose) Informationen,
- 10 % recherchieren in kostenpflichtigen Datenbanken,
- 23 % nutzen Homebanking und
- 33 % wollen Unterhaltung.

Laut NOP Research sind die Hauptgründe für die Internet-Nutzung Hilfen im Beruf, Computer-Käufe, Reisebuchungen und die Suche nach Stellenangeboten. Bereits 45 Prozent der Befragten nutzen das Netz als Informationsquelle vor dem Kauf eines Produkts:

- 80 % suchen nach aktuellen Nachrichten und Produktinformationen,
- 66 % wollen Software downloaden,
- 44 % wollen Unterhaltung mit anderen Nutzern und

- 33 % suchen aktuelle Aktienkurse.

Wie beurteilen Unternehmen ihre Erfahrungen mit ihrem Internet-Auftritt?

In der Studie „Betriebliche Internet-Nutzung in der Bundesrepublik Deutschland" (http:// viadrina.euv-frankfurt-o.de/wi-www/aktuelles.html) befragte Prof. Kurbel viele Hundert Unternehmen über ihre Erfahrungen im Web-Marketing. Trotz vieler Anfangsschwierigkeiten bezeichnete die Mehrheit ihr Engagement als profitabel. Als Nutzeffekte wurden angegeben:

- Image-Verbesserung,

- neue Geschäftspartner, neue Märkte,

- verbesserter Kunden-Service, schnelleres Reagieren auf Kundenwünsche,

- höhere Kundenzufriedenheit und stärkere Kundenbindung.

Wird Werbung im Internet beachtet? Wird in Internet-Werbung investiert?

Ja. Bei einer Werbeaktion der Zigarettenmarke West, bei der sich Teilnehmer melden sollten, haben sich 60 Prozent per Telefon und fast 40 Prozent über das Internet angemeldet, obwohl außer im Internet ebenso in konventionellen Medien geworben wurde. Während Fernsehwerbung sehr breit gestreut wirken muß, kann Werbung im Web zielgerichteter erfolgen.

Besonders werbewirksam in Szene gesetzte Aktionen wie etwa die Schachpartie Garri Kasparows gegen IBMs Superrechner Deep Blue im Mai 1997 oder die Marslandung der Pathfinder-Sonde im Juli 1997 sind wahre Publikumsmagneten und werden über mehrere Tage viele Millionen mal pro Tag per Internet aufgerufen. Dies hört sich imposant an, ist aber für die großen Suchmaschinen (z.B. Yahoo! und AltaVista) oder prominente Web-Sites (etwa von Netscape, Microsoft, AOL, GeoCities und eBay) normaler Alltag. Sie verzeichnen das ganze Jahr über jeden Tag ähnlich viele Zugriffe.

Würde Internet-Werbung nicht beachtet, würde nicht soviel dafür ausgegeben werden. Der amerikanische Web-Katalogdienst Yahoo! kassierte von seinen etwa 2000 Anzeigenkunden 1996 20 Millionen Dollar, 1997 70 Millionen Dollar und 1998 200 Millionen Dollar. Der deutsche Stern Online hat 1997 eine Million DM mit Werbung verdient. Laut EMS (Gruner+Jahr Electronic Media Service) haben alleine die 500 größten werbetreibenden Unternehmen Deutschlands 1998 40 Millionen DM in Internet-Werbung investiert. eco (Electronic Commerce Forum e.V., http://www.eco.de) schätzt den 1998 in Deutschland ausgegebenen gesamten Etat für Online-Werbung auf 200 Millionen DM. Microsoft bezahlte für seine Werbeeinblendung auf der deutschen T-Online-Seite einen zweistelligen Millionenbetrag, was den damals größten Einzeletat für Online-Werbung im Internet in Europa darstellte. Der amerikanische Cowles/Simba Information Service und auch Hambrecht & Quist schätzen die weltweiten Ausgaben für Bannerwerbung für 1996 auf 100 bis 300 Millionen Dollar. Laut IAB (Internet Advertising Bureau) sollen es 1997 eine Milliarde Dollar gewesen sein. Das US-Marktforschungsunternehmen Forrester Research erwartet im Jahr 2001 Werbeeinnahmen von 4 Milliarden Dollar.

Allerdings sind die Werbeeinnahmen im Internet im Vergleich zur amerikanischen Presse oder zum Fernsehen mit jeweils jährlich etwa 40 Milliarden Dollar noch gering. Laut EMS betrugen die Ausgaben für Online-Werbung in Deutschland 1998 noch weniger als ein Prozent des gesamten Werbeetats, wohl mit steigender Tendenz. Am meisten investieren Banken, Finanzdienstleister und Computer- und Telekommunikationsunternehmen in Internet-Werbung.

Ist Werbung über das Internet teuer?

Die monatlichen Betriebskosten (Hardware/Software, Leitungsgebühren, Personalkosten) eines einfachen WWW-Servers mit einem Durchsatz von 500 MByte pro Monat können mit ca. 1000,- DM angesetzt werden. Diverse Outsourcing-Dienstleister bieten einen solchen Service für Konditionen in dieser Größenordnung. Angenommen, die durchschnittliche Seitengröße betrage 25 KByte, dann wären dies 20.000 Seiten Information, also 0,05 DM pro aktiv abgeholter Seite. Dies ist sicherlich nicht zu teuer.

Ist der Erfolg kontrollierbar?

Jeder Web-Server speichert in Log-Dateien die Aktivitäten seiner Besucher. Die Informationen beinhalten, welche Seiten wie oft besucht werden, auf welchen Seiten der Besuch beginnt und endet, auf welche Seiten in welcher Reihenfolge weiter verzweigt wird, wie lange sich die Benutzer Zeit nehmen, aus welcher Region die Besucher stammen und vieles mehr. Per komfortabler Software werden die Log-Dateien ausgewertet und der Erfolg des Web-Angebots statistisch aufbereitet, analysiert und grafisch präsentiert.

Die Besucherfrequenz wird in

* Hits,

* PageImpressions (oder PageViews) und

* Visits

gezählt. Die Zahl der Hits meint die Summe aller Leseanforderung auf jedes einzelne Teil (Text, Grafiken, ...) einer Web-Seite und ist deshalb imposant hoch, aber ziemlich nutzlos. Eine seriöse Statistik wertet nur die PageImpressions (früher PageViews genannt), also die Anzahl der Abrufe einer (kompletten) Web-Seite, und die Visits, womit die Anzahl der Besuche auf einem Web-Server gemeint ist. In Zukunft soll eine weitere Maßeinheit dazu kommen, nämlich die

* AdImpressions.

Diese für Werbeträger wichtige Abrechnungsgröße soll ein Maß für die Zahl der potentiellen Sichtkontakte mit einem Werbebanner sein. Allerdings muß die genaue einheitliche Meßmethode noch definiert werden.

Da früher manchmal nach unterschiedlichen Maßstäben die Besucherfrequenzen gemessen wurden und dadurch schwer zu vergleichen waren, haben sich einige Medienverbände, wie AGOF (Arbeitsgemeinschaft Online-Forschung), BDZV (Bundesverband Deutscher Zeitungsverleger, http://www.bdzv.de), DMMV (Deutscher Multimedia-Verband, http://www.dmmv.de), IVW (Informationsgemeinschaft zur Feststellung der Verbreitung von Werbeträgern e.V., http://www.ivw.de), und VDZ (Verband Deutscher Zeitschriftenverleger, http://www.vdz.de und http://www.pz-online.de), auf verbindliche Meßmethoden für PageImpressions und Visits geeignet, die beim IVW (http://www.ivw.de/verfahren/index.html) erklärt werden. So sind brauchbare und vergleichbare Grundlagen zur Beurteilung der Werbemaßnahmen möglich. Als Ergebnis finden Sie beim VDZ (http://www.pz-online.de/pmonl-cgi/mreichw2/onlreich.pl) eine Datenbank aktueller Visits, PageImpressions, IVW-Zahlen und viele weitere Informationen wichtiger Medien.

Mit IVW und VDZ konkurriert das Internet Advertising Bureau (IAB, http://www.iab.net). Es mißt die Werbewirkung nach US-Standards und veröffentlicht die Ergebnisse ebenfalls in einer Datenbank (unter http://www.on-ad.com).

Wird über das Internet Umsatz getätigt?

Daley stellt in der amerikanischen Regierungsstudie mit dem Titel „The Emerging Digital Economy" (http://www.ecommerce.gov/emerging.htm) fest, daß sich das Volumen der Warenwirtschaft im Internet alle 100 Tage verdoppelt.

VDMA und ZVEI berichteten auf der CeBIT 97, daß 1996 über geschäftliche Web-Sites in Europa Umsätze in Höhe von 740 Millionen DM generiert wurden und daß diese Umsätze 1997 3,7 Milliarden DM betragen sollen. 1998 hat alleine der amerikanische Online-Buchladen Amazon über eine Milliarde Dollar übers Web erwirtschaftet. Compaq, Dell, Cisco und Intel verdienen noch wesentlich mehr übers Internet. Forrester Research schätzt den weltweiten Umsatz durch Electronic Commerce für 1997 auf 14 Milliarden DM und prognostiziert für das Jahr 2002 560 Milliarden DM. IDC (International Data Corp.) und EITO (European Information Technology Observatory) erwarten die Überschreitung der Schwelle von 500 Milliarden DM durch weltweites Online-Business schon ein Jahr früher, nämlich 2001. Für 2003 prognostiziert Forrester Research in der Studie „The Commerce Threshold" bereits 2.000 Milliarden Dollar.

Diebold erwartet, daß im Jahr 2000 in Deutschland etwa 4 Prozent des Waren- und Dienstleistungsumsatzes Online abgewickelt werden (entspricht ca. 40 Milliarden DM). Die Beratungsfirma Killen & Partner prognostiziert für das Jahr 2000 im weltweiten Handel sogar 7,5 Prozent Umsatz über das Internet, was etwa 900 Milliarden DM entsprechen würde.

Der größte Umsatzanteil des E-Commerce im Internet wird allerdings im Handel zwischen den Unternehmen erwartet. Business-to-Business (B-to-B) profitiert besonders durch die Vereinfachungen und Kostenreduktionen. Aber auch dem Online Shopping zum Endverbraucher wird eine große Zukunft vorhergesagt.

Was wird schon jetzt erfolgreich über das Internet vermarktet?

Dies sind besonders Software, Computer-Artikel, Bücher, Musiktitel, Accessoires, Geschenkartikel und alles, was sich auch per gedruckten Katalog verkaufen läßt. Aber auch Reisebüros, Immobilienmakler und andere Branchen haben Erfolg, wie die im Kapitel „Erfolgreiche Web-Einkaufsmärkte" auf Seite 200 aufgezählten Adressen zeigen.

Kaufmann und Sieber von der Universität Bern haben in einer Studie von 1996 (ftp://www.iwi.unibe.ch/pub/Arbeitsberichte/arbnr87.pdf) die im Web präsenten Unternehmen untersucht und ermittelt, welche prozentuale Anteile auf welche Branchen entfallen:

20 %   auf Informatik, Telekommunikation

14 %   auf Internet Dienstleister

 9 %   auf Handel

 9 %   auf Consulting

 9 %   auf Medien, Verlage

 7 %   auf Industrie, Landwirtschaft

 6 %   auf Tourismus

 5 %   auf Grafik, Mediaproduktion

21 %   andere

Dabei zeigen Medien, Verlage, Tourismus, Grafik und Mediaproduktion die höchsten relativen Zuwachsraten. Datamonitor kam 1997 zu einer etwas anderen Einschätzung der Produktgruppen im Online-Handel:

21 %   auf Kleidung

13 %   auf Software

12 %   auf Bücher

10 %   auf Musik

 9 %   auf Hardware

 7 %   auf Reisen

28 %   auf anderes.

Für 2002 erwartet Datamonitor eine heftige Verschiebung zugunsten von Reisen (Anstieg auf 35 %) und zuungunsten von Kleidung (dann nur noch 7 %).

Jupiter Communications (http://www.jup.com) hat 1998 die Aufteilung im europäischen Online-Umsatz untersucht. Danach generieren Software und Musik etwa gleich viel Online-Umsatz, Bücher etwa doppelt soviel und Flugbuchungen etwa fünfmal soviel.

7.2   Bietet das Internet Vorteile, die andere Medien nicht bieten?

Der Weg ins World Wide Web lohnt sich. Ob Deutsche Bank, Langnese, Quelle, UPS oder BMW - für Großunternehmen jeder Branche ist die Präsenz im Internet obligatorisch. Und auch kleinere Unternehmen entdecken zunehmend die Vorzüge. Das Internet bietet sowohl dem potentiellen Kunden als auch dem Anbieter diverse spezifische Vorteile. Das Internet wird andere Medien niemals verdrängen, aber in vielen Bereichen sinnvoll ergänzen oder sogar zum wichtigsten Medium werden.

Aktualität

Das Internet-Angebot kann immer aktuell gehalten werden. Änderungen können ohne Zeitverzögerung im Extremfall mehrmals täglich realisiert werden.

Gezielte Suche

Wenn das Angebot übersichtlich gestaltet ist, kann der Anwender schneller zur gesuchten Information gelangen. Falls auf dem Web-Server eine Suchmaschine eingerichtet ist, können auch knifflige Sachen gefunden werden.

Wahlfreie Informationstiefe

Der Kunde wird zuerst werbewirksame Übersichten geboten bekommen. In statischen Medien wie Prospekten können Sie dabei nicht auf jedes Produkt genau eingehen. Im Web können Sie dagegen über Hyperlinks bei Bedarf weiter verzweigen und beliebig ausführliche Produktbeschreibungen ergänzen.

Multimedia-Fähigkeit

Animierte Bilderfolgen, Sound und Video können wiedergegeben werden, in 3D-Welten kann navigiert werden.

Interaktivität

Der Kunde kann sofort reagieren. Er kann Fragen stellen (per Web-Formular oder per E-Mail) oder er kann Produkte bestellen (wenn das Angebot entsprechend ausgebaut ist). Es können auch Diskussionen in Newsgroups oder Chat-Foren stattfinden. Er kann sogar mit anderen Kunden oder mit Buchautoren kommunizieren, wie der amerikanische Buchversandhandel Amazon vormacht.

Kostprobe (Hörprobe, Demo, selbst gesteuerter Software-Test)

Für bestimmte Produkte können Sie über das Internet Kostproben anbieten. Wenn Sie Bilder verkaufen, sollten Sie Beispiele (vielleicht in reduzierter Qualität) präsentieren. Wenn Sie CDs verkaufen, müssen Sie zu beliebig wählbaren Interpreten Hörproben zur Verfügung stellen. Wenn Sie Messestände kreieren, können Sie Ihre Leistungen in VRML-

Welten zur Schau stellen. Wenn Sie Software verkaufen, wäre es ein besonderer Clou, wenn Sie nicht nur eine Demo anbieten, sondern wenn Sie dem Interessenten die Möglichkeit bieten, die Software über das Internet vor dem Kauf zu testen und selbst zu benutzen, ohne sie dafür auf dem eigenen Rechner installieren zu müssen. Dies können Sie mit Citrix MetaFrame realisieren (siehe Kapitel „Windows-Applikationen auf NCs mit Citrix WinFrame/MetaFrame" ab Seite 293).

Vereinfachter Bestellvorgang

Wird über das Internet die Bestellung aufgenommen, können die Bestelldaten direkt in die EDV übernommen werden. Sie brauchen nicht von Hand übernommen und eingetippt zu werden. Tippfehler werden vermieden, die Bestellung kann schnell bearbeitet werden und die Automatisierung spart Kosten.

Auskunftsysteme

Informationen können stets aktuell und für den Kunden Tag und Nacht abrufbereit hinterlegt werden. Verknüpfungen zu Datenbanken ermöglichen solche Dienste ohne weiteren Personalaufwand. Dies können allgemeine Informationen wie Preislisten oder Lagerbestände sein, dies können auch kundenspezifische Daten sein. Die Transportunternehmen Federal Express Corp. (http://www.fedex.com) und UPS (http://www.ups.com) bieten zum Beispiel auf ihren Web-Sites die Möglichkeit, in Sekundenschnelle abzufragen, wie der Status einer Sendung ist, wo sie sich gerade befindet, ob sie bereits das Ziel erreicht hat und wer sie in Empfang genommen hat. Solche Auskunftsysteme (Internet-Tracking) sind nicht nur für den Kunden sehr angenehm, sondern sparen auch dem Unternehmen viel Geld (z.B. laut Federal Express 8 Millionen Dollar pro Jahr), da der Aufwand für die Telefon-Hotline deutlich reduziert wird. Ganz abgesehen vom Image-Gewinn, den ein solcher Service bedeutet.

Entlastung beim Support/Service

Telefon-Support ist sehr teuer. Eingegangene E-Mails können leichter an den zuständigen Bearbeiter weitergereicht werden und trotzdem einfach und schnell beantwortet werden. Viele Konfigurationsmöglichkeiten können auf Web-Seiten genauer erklärt werden (z.B. über FAQs). Es können News-Gruppen eingerichtet werden, in denen Kunden miteinander kommunizieren und sich viele Fragen selbst gegenseitig beantworten. Falls zu Ihrem Produkt Software gehört, können Sie Treiber-Updates über das Internet anbieten.

Kostenvorteil bei Werbung

Der Anbieter muß weniger teure Hochglanz-Informationsbroschüren versenden, der Kunde kann sich seine Informationen selbst abholen. Eine ganzseitige Anzeige in einer Fachzeitschrift kostet schnell über 10.000,- DM. Auf Ihrem Web-Server können Sie viele Seiten mit geringeren Kosten präsentieren.

Erweiterter Kundenkreis

Einige Ihrer potentiellen Kunden erreichen Sie über das Internet viel eher als über andere Medien, vielleicht sogar nur darüber. Gerade aktiv nach Informationen Suchende bedienen sich zunehmend dieser Möglichkeit.

Räumlich und zeitlich unbegrenztes Angebot

Das Angebot steht automatisch weltweit vielen Millionen Menschen zur Verfügung, wenn Sie außer deutschen Texten wahlweise auch englische Übersetzungen anbieten. Es können weltweit Geschäfte getätigt werden. Es gibt keine Ladenöffnungszeiten, rund um die Uhr an 365 Tagen im Jahr ist der Zugriff möglich.

7.3   Wie wird die Web-Präsenz geplant?

Vorarbeiten und Projektablauf

Vor dem Aufbau einer Internet-Präsenz müssen Vorarbeiten geleistet werden. Es gilt viele Voraussetzungen zu klären.

* Was wollen Sie und was will Ihr Chef? Wollen beide das Gleiche? Wird es genügend Unterstützung und Rückhalt geben?

* Wie hoch ist das Start-Budget, wie hoch dürfen die laufenden Kosten sein?

* Soll auf anderen Web-Sites Bannerwerbung für die eigene Web-Site finanziert werden?

* Wer ist Ihre Zielgruppe? Was sind die Erwartungen Ihrer Zielgruppe?

* Soll das Unternehmen nur einfach im Web präsentiert werden? Sollen nur Kontakte geknüpft werden?

* Sollen über das Internet Geschäfte abgewickelt werden?

* Soll ein Bestellvorgang über Web-Formulare erfolgen oder soll sogar Online-Bezahlung eingerichtet werden?

* Ist eine Anbindung an Ihre firmeninterne Datenbank erforderlich?

* Soll erst klein angefangen werden und mit der Zeit ausgebaut werden oder soll sofort die Maximallösung installiert werden?

* Kann abgeschätzt werden, wieviel MByte Speicherplatz und Übertragungskapazität notwendig sind und wie oft auf Ihre Web-Site zugegriffen werden wird?

* Wollen Sie Ihre Web-Site bei einem Web-Space-Anbieter unterbringen oder soll ein eigener Web-Server eingerichtet und gewartet werden?

* Steht eigenes Personal zur Verfügung oder soll eine Web-Agentur oder ein IPP (Internet Presence Provider) beauftragt werden?

* Brauchen Sie CGI, Java oder andere technische Besonderheiten? Bietet Ihr IPP dies? Haben Ihre Kunden entsprechende Browser?

- Können Sie die Zuverlässigkeit und technische Ausrüstung Ihres IPPs beurteilen?
- Ist Ihre Web-Site vor Hacker-Einbrüchen sicher?

Je klarer die geforderten Spezifikationen in einem Pflichtenheft festgehalten werden, um so weniger Mißverständnisse wird es geben und um so flüssiger wird die Realisation verlaufen. Weitere besonders die Verantwortlichkeiten betreffende Punkte finden Sie im Kapitel „Planung der Internet-Präsenz" ab Seite 83.

Der Aufbau des Internet-Marketings erfolgt bei kleineren Unternehmen meistens in mehreren Stufen. Angefangen wird in der Regel mit einer einfachen Web-Site, die Produkte oder Leistungen vorstellt und mit einem vorgefertigten Web-Formular endet, über das der Kontakt hergestellt wird und worüber der Kunde sein Interesse bekunden oder spezifizieren kann. Im einfachsten Fall werden die eingegebenen Daten dann per E-Mail oder sogar per Fax zum Anbieter geleitet. Dieses Angebot wird oft über einen längeren Zeitraum sukzessive ausgebaut. Parallel dazu werden meistens einfache Datenbankverknüpfungen eingeführt, die zum einen dafür sorgen, daß die gezeigten Informationen (z.B. Preisangaben) nicht doppelt (und eventuell unterschiedlich oder nicht aktuell) im Unternehmen gespeichert werden müssen und zum anderen eine automatisierte Übernahme und Auswertung der eingegebenen Daten ermöglichen. Letztendlich können aufwendige Online Shops mit E-Commerce installiert werden, wie sie im Kapitel „Online Shopping, Electronic Commerce" ab Seite 197 beschrieben werden.

7.4 Auf welchen Elementen basiert erfolgreiches Web-Marketing?

Grundsätzliches Brainstorming

Wenn es auch viele Unterschiede gibt, so existieren doch auch einige Gemeinsamkeiten zwischen herkömmlichem Marketing (besonders dem Direkt-Marketing) und Web-Marketing. Hier wie da müssen Sie sich einige grundsätzliche Fragen stellen:

- Wer sind Ihre Interessenten? Wer sind Ihre Kunden? Gibt es eine definierte Zielgruppe?
- Nach welchen Kriterien entscheidet sich ein Interessent zum Kauf?
- Welche Informationen benötigt er dazu?
- Wird der Interessent eher durch billige Preise, durch gute Qualität, durch komplette Informationen oder eher durch Animationen und das Ansprechen von Emotionen überzeugt?
- Was bewegt den Kunden zum Kauf eines konkurrierenden Produkts? Warum verlieren Sie Kunden? Was macht die Konkurrenz besser?
- Wie können Sie fördern, daß aus Einmalkunden Stammkunden werden?
- Was haben Ihre besten Kunden gemeinsam?

- Was erwarten die Kunden in Zukunft von Ihnen? Welche Produkte/Dienstleistungen werden gewünscht?

- Was denken Ihre Kunden über Ihre Firma, welches Image haben Sie?

- Soll eine bestimmte „Botschaft" übermittelt werden? Was will der Benutzer hören und wie kann man darin die eigene Botschaft unterbringen?

- Wie kann man seinen Bekanntheitsgrad steigern? Gibt es häufigere Anlässe, Pressemitteilungen herauszugeben?

Alle Marketing-Maßnahmen laufen natürlich ins Leere, wenn die Qualität Ihrer Produkte bzw. Dienstleistung nicht stimmt oder der Support und Service nicht funktioniert.

Im folgenden wird weniger auf diese grundlegenden Punkte eingegangen, sondern eher Web-Spezifisches besprochen.

Web-Marketing ist anders als TV- oder Print-Werbung

Zu Beginn ist die Versuchung groß, die schon vorhandenen Werbeprospekte einfach in HTML umzusetzen und ins Web zu plazieren. Dies ist meistens die einfachste, aber auch die schlechteste Lösung. Machen Sie sich die Unterschiede von Online-Werbung zu TV- oder Print-Werbung genau klar. Die wichtigsten Unterschiede sind:

- ortsunabhängig, von überall aus aller Welt erreichbar,

- zeitpunktunabhängig, rund um die Uhr erreichbar,

- das Angebot muß topaktuell sein, veraltete Angaben werden nicht verziehen, sondern zeugen von einer ungepflegten und uninteressanten Web-Site,

- Sie müssen mit weniger oder einfacheren Bildern auskommen, komplexe Bilder benötigen zu lange Ladezeit,

- das optische Aussehen hängt vom eingesetzten Web-Browser und dessen lokalen Einstellungen ab, im Extremfall hat der Benutzer die Darstellung von Grafiken komplett abgeschaltet,

- die Informationen sind für den Leser nicht kostenlos; wenn das Erscheinungsbild nicht den Erwartungen entspricht, wird die Seite schnell weggeklickt,

- Kontakt ist weniger zufällig, Web-Sites werden aktiv angewählt,

- Streuverluste sind geringer, bestimmte Zielgruppen werden leichter erreicht, andere gar nicht,

- Einsatz ist weniger isoliert, steht meistens im Zusammenhang mit etwas anderem,

- der Benutzer erwartet Möglichkeiten zur Interaktion und will sofort reagieren können,

- Anfragen per E-Mail müssen schnell beantwortet werden, wochenlange Antwortzeiten wie im Briefverkehr werden nicht akzeptiert,

- während es in der TV-Werbung ausreicht, mit flotten Sprüchen Aufmerksamkeit auf sich zu ziehen und Sympathie zu erlangen, wird im Web mehr erwartet, zumindest zusätzliche brauchbare Informationen,

- ist Interesse geweckt, muß über Hyperlinks das Informationsangebot bei Bedarf vertieft werden können.

Vertrauen, Professionalität, Seriosität, real existent

Zur Erreichung vieler Ziele ist ein gewisses Vertrauen des Kunden notwendig, insbesondere natürlich bei Geschäften, die mit Geld zu tun haben. Machen Sie einen vertrauenerweckenden Eindruck. Seien Sie professionell und seriös und machen Sie keine halben (oder unsicheren) Sachen.

Geben Sie immer Ihre Adresse und Fax-Nummer und möglichst auch eine Telefonnummer an. Vermeiden Sie den Eindruck einer nur virtuellen (nicht real existierenden) Firma. Beweisen Sie, daß es Sie wirklich gibt. Wenn vorhanden, fügen Sie Bilder Ihres Firmengebäudes oder zumindest Ihres Kataloges ein. Der Kunde muß davon überzeugt werden, daß es Ihre Firma auch in zwei Wochen noch gibt. Eventuell erwartet der Kunde sogar Indizien, bei Problemen nicht alleine gelassen zu werden, sondern schnell einen kompetenten Ansprechpartner finden zu können. Wenn Sie Support und Service bieten, weisen Sie darauf hin.

Web-Site-Gestaltung

Da die Nutzung des Online-Zugangs für die meisten Anwender laufende Kosten verursacht, erwartet der Nutzer eine entsprechende Gegenleistung. Das Werbeangebot muß entweder schnell wirken oder schnell überzeugen, daß es sich lohnt, Kosten und Zeit zu investieren, weil wichtige, interessante oder unterhaltsame Informationen folgen. Anstelle flotter Werbesprüche kommen im Web sachliche Informationen meistens besser an.

Die Erstellung von Web-Sites hat zwei Aspekte: Sowohl die gestalterische Ästhetik als auch die technische Seite muß stimmen. Beachten Sie unbedingt die im Kapitel „Richtlinien zur Gestaltung von Web-Seiten" ab Seite 99 genannten Regeln.

Der Benutzer muß sich leicht zurecht finden. Er darf nicht lange suchen müssen. Überladen Sie Ihre Seiten nicht. Wichtig ist eine saubere Strukturierung jeder Web-Seite und der Bezüge zwischen den Web-Seiten, also die Site-Struktur. Sehr vorteilhaft ist auch die zusätzliche Implementation einer flexiblen Suchmaschine, die innerhalb des unternehmenseigenen Angebots nach beliebigen Stichworten suchen läßt (Volltextsuche).

Web-Designer erliegen oft der Versuchung, alle verfügbaren Farben zu verwenden. Web-Seiten sind oft viel bunter, als Papierprospekte. Dabei kommt ruhigeres Outfit nicht nur im seriöseren Geschäftsbereich besser an. Auch sind Sie nicht gezwungen, alle technischen Möglichkeiten, die das Web bietet, voll auszureizen. Wichtiger sind ein angenehmes Erscheinungsbild, eine kurze Ladezeit, und daß möglichst viele Web-Browser Ihre Site akzeptieren.

Definieren Sie Ihre Corporate Identity (CI) und versuchen Sie, für alle Seiten Ihrer Web-Site einen möglichst einheitlichen Stil zu schaffen, der dem gewünschten Erscheinungsbild des Unternehmens entspricht, um Ihr Image zu festigen und durch den Wiedererkennungseffekt einen höheren Bekanntheitsgrad zu erreichen.

Aktualität, Informationstiefe

Reservieren Sie genügend Zeit für regelmäßige und häufige Aktualisierungen und Überprüfungen Ihrer Web-Site. Alle angegebenen Informationen müssen auf dem laufenden sein. Vermeiden Sie tote Hyperlinks zu nicht mehr existierenden Web-Seiten. Es muß genau eine Person geben, die für die gesamte Web-Site verantwortlich ist. Diese Person muß nicht unbedingt die ausführende Person sein, aber sie muß die Fäden in der Hand behalten und wissen, wer was macht und wer für welchen Bereich zuständig ist, also die Funktion eines Projektleiters übernehmen.

Bemühen Sie sich, auf die Anforderungen der eigenen Produkte und der eigenen Zielgruppe einzugehen. Bei technischen Produkten kann das etwa bedeuten, daß Sie zumindest per Hyperlink genauer auf die technischen Daten eingehen sollten, als Sie es in Prospekten machen würden. Vielleicht macht es sogar Sinn, die Funktion in einem kleinen Video zu verdeutlichen. Machen Sie deutlich, daß Sie auch Support zu diesen Produkten per Web bieten (was natürlich stimmen muß). Wenn es einen Vergleichstest in einer Fachzeitschrift gibt, in dem Ihr Produkt gut abschneidet, weisen Sie darauf hin. Wenn Sie Baby-Nahrung vertreiben, bauen Sie Hyperlinks zu den Herstellern ein, bieten Sie Hinweise auf weiterführende Literatur und beantworten Sie die am häufigsten von jungen Müttern gestellten Fragen. Bei allen solchen Angaben muß allerdings klar ersichtlich sein, ob es sich um beweisbare Tatsachen handelt oder ob Sie gerade Ihre persönliche Meinung äußern, die vielleicht von subjektiven Voraussetzungen abhängen kann. Fügen Sie stets Quellenangaben hinzu.

Interaktion, Kommunikation

Bieten Sie einfache und schnelle Möglichkeiten zur Interaktion und Rückkopplung. Es kann sinnvoll sein, je nach Thema die E-Mail-Adressen unterschiedlicher Ansprechpartner anzugeben, einerseits um direkte effektive Kontakte zu ermöglichen, andererseits um den Kontakt etwas persönlicher und menschlicher wirken zu lassen. Allerdings kann dies auch dazu führen, daß viele gut bezahlte Mitarbeiter zu viel Zeit mit E-Mail-Beantwortung verbringen. Eingehende E-Mails müssen schnell beantwortet werden.

Wenn es irgendwie Sinn macht, sollten Sie unbedingt Newsgroups, Diskussionsforen und Chat-Räume in Ihrem Web-Server implementieren. „Electronic Communities" binden Ihre Kunden an Ihren Server. Organisieren Sie besondere Events, laden Sie bekannte Persönlichkeiten zu Online-Diskussionen ein.

Nutzen Sie die weitergehenden Möglichkeiten des Internets, wie sie in den Kapiteln „Bietet das Internet Vorteile, die andere Medien nicht bieten?" ab Seite 174 und „Aufbau des Online Shopping und Electronic Commerce" ab Seite 205 genannt werden. Der amerikanische Buchversandhandel Amazon etwa steigert seine Attraktivität erheblich, indem er den Kunden die Kommunikation mit anderen Kunden ermöglicht. Zu den Einträgen in den Bücherdatenbanken können die Kunden ihre Meinung äußern und für andere sichtbar hinterlassen. Teilweise beteiligen sich auch die Autoren an den Diskussionen. Andere Anbieter bieten elektronische Assistenten, die bei der Auswahl des richtigen Produkts aus einer Palette ähnlicher Artikel helfen. Wenn Sie die Möglichkeit haben, präsentieren Sie Kostproben und Beispiele. Dies können Bilder, Hörproben, Demos oder Software-Tests (per Citrix MetaFrame) sein.

Kundenberatung per Tele-Web

Eine allerdings technisch aufwendigere Variante kann auch das direkte Gespräch mit einem Kundenberater ermöglichen. Dies macht besonders bei beratungsintensiven Angeboten Sinn. Sobald der Leser Ihrer Web-Site eine Frage hat, betätigt er eine Hilfe-Schaltfläche. Daraufhin meldet sich ein Mitarbeiter entweder Ihrer Firma oder alternativ eines Call Centers beim Kunden. Der Dialog kann auf verschiedene Weise zustande kommen:

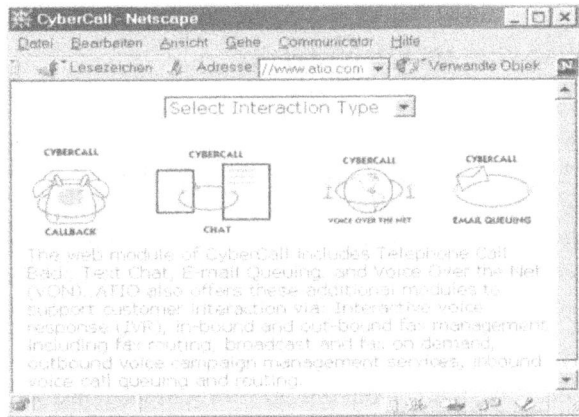

- Ein Chat-Fenster wird eingeblendet. Kunde und Berater tippen Ihre Fragen und Antworten ein.

- Hat der Kunde eine zweite Telefonleitung frei, ruft der Berater den Kunden an (nachdem dieser seine Telefonnummer angegeben hat) (Callback-Request).

- Hat der Kunde eine Soundkarte mit Mikrofon installiert, können sich Kunde und Berater per Internet-Telefonie unterhalten. Es ist keine zweite Telefonleitung nötig.

- Hat der Kunde eine Videokamera installiert, ist sogar Bildtelefonie möglich.

Nachteilig ist, daß bei dieser Kommunikationsform Kundenberater zumindest zu bestimmten Kernzeiten anrufbereit sein müssen.

Vorteile gegenüber dem normalen Telefon-Service sind:

- Der Kunde hat sich auf der Web-Site schon vorab Bilder angesehen und sich über die Eigenschaften der Produkte informiert und stellt nur noch wirklich notwendige Fragen.

- Die Hemmschwelle zur Kontaktaufnahme ist für den Kunden geringer. Der Kunde empfindet Ihre Firma als besonders Service-freundlich.

- Der Kundenberater bekommt von der Tele-Web-Software mitgeteilt, von welcher Web-Seite aus der Kunde den Hilfe-Knopf betätigt hat. Er weiß also sofort, um welches Produkt es geht.

- Die Tele-Web-Software ermöglicht ein gemeinsames Surfen. Sowohl der Kundenberater als auch der Kunde können auf andere Web-Seiten umschalten, die dann beide sehen.

- Der Kundenberater kann beim Ausfüllen von Formularen behilflich sein.

Entsprechende Tele-Web-Software und CTI-Anlagen (Computer Telephony Integration) stellen zum Beispiel die Firmen Aspect Telecommunications (http://www.aspect.com), ATIO Corp. (http://www.atio.com), SiteBridge Corp. (http://www.sitebridge.com) und WebLine Communications Corp. (http://www.webline.com) her.

Das Kommunikationszentrum der Contakt GmbH in Itzehoe bietet als erstes deutsches Call Center mit iCall entsprechende Dienste an.

Web-Site als Erlebniswelt?

Kann man auf Web-Sites Erlebniswelten kreieren? Dies ist ein hoher Anspruch und leichter gesagt als getan. Wenn man es vergeblich versucht und es gelingt nicht oder das Vorhaben paßt überhaupt nicht zum vermittelten Inhalt, kann der Schuß nach hinten losgehen.

Was ist eine Erlebniswelt? Meistens werden damit Ereignisse bezeichnet, die selten vorkommen und Emotionen ansprechen. Ereignisse, die für die einen das größte Erlebnis seit langem sind, finden andere fürchterlich langweilig. Im Internet werden Millionen durch Ereignisse wie eine Live-Übertragung eines Konzerts, die Übertragung des Spielstandes der Schachpartie des Weltmeisters Garri Kasparow gegen IBMs Superrechner Deep Blue oder die ersten Bilder der Marslandung der Pathfinder-Sonde angezogen. Der Vorteil des Internets sind hierbei die Zusatzinformationen und -angebote, auf die man durch einfaches Anklicken selbständig zugreifen kann.

Medialab Informationsdesign GmbH (http://www.medialab.de) ist eine deutsche Online- und Multimedia-Agentur, die sich auf die Live-Übertragung spektakulärer Ereignisse über das Internet spezialisiert hat. Live-Web-Kameras, mobile Reporter-Teams, RealAudio- und RealVideo-Techniken werden eingesetzt.

Für die meisten sind Erlebnisse wichtiger und interessanter, wenn Kontakte mit anderen Menschen eine Rolle spielen und es die Möglichkeit gibt, die Geschehnisse zu beeinflussen. Beides ist beispielsweise im Chat möglich, weshalb Chat auch so viele Anhänger hat und im schon zitierten Beispiel des amerikanischen Buchversandhandels Amazon erfolgreich eingesetzt wird.

Eine andere Möglichkeit der direkten Einflußnahme bieten Online-Auktionen. Wie beliebt solche Auktionen sind, zeigt besonders eindrucksvoll eBay Inc. (http://www.ebay.com). Die 1995 gegründete Firma mit nur 130 Mitarbeitern ging 1998 an die Börse und konnte innerhalb weniger Monate ihren Börsenwert um 1000 Prozent auf 12 Milliarden Dollar steigern. eBay gehört in den USA zu den zehn am häufigsten aufgerufenen Web-Sites. Auch die deutsche Lufthansa konnte die Zahl der Zugriffe auf ihre Web-Site deutlich steigern, indem seit 1997 online Flugtickets versteigert werden.

Der wichtigste Unterschied solcher Erlebniswelten etwa zum Fernsehen ist, daß man nicht länger zum passiven Konsumieren verdammt ist. Können Sie solche kreativen Erlebniswelten auf Ihrer Web-Site einrichten?

Customization durch automatisierte Individualität

Andere besondere Optionen des Internets ergeben sich durch Click-Stream-Analyse (Learning Engine). Beobachten Sie im Laufe einer Session, welche Seiten der Besucher anwählt und zu welchen Folgeseiten er verzweigt. Wenn Sie bestimmte Vorlieben und Interessengebiete ausmachen können (Profiling), können sie erheblich effektivere, zielgruppengerechte Angebote unterbreiten oder Werbeeinblendungen plazieren (Matching). Dies nutzt sowohl Ihnen als auch dem Besucher. Der an philosophischen Themen interessierte Student wird von Reklame für Baby-Nahrung nur genervt, wohingegen der nach

Autozubehör Suchende sich für passende Werbung sehr wohl interessieren könnte. Solche unter den Stichworten automatisierte Individualität, Customization, One-to-One-Marketing und Relationship-Marketing neu entstehenden Marketing-Konzepte sind eine besondere Domäne des Web-Marketings und eröffnen neue Perspektiven für effektivere und auch den Kunden zumindest weniger nervende kundenorientierte Werbung, die häufig sogar positiv aufgegriffen wird.

Die individuelle Kundenorientierung kann eventuell noch weiter ausgebaut werden, indem per Internet spezielle Wünsche oder Maße erfragt und mit einem Aufpreis von vielleicht 10 Prozent kundenindividuelle Produkte hergestellt werden, was gerne als Mass Customization (kundenindividuelle Massenproduktion) bezeichnet wird. Beispiele: Jeans nach Maß von Levi Strauss (http://www.levi.com) und per Java-Applet selbst entworfene Verpackungen von Schokolade von Caliebe (http://www.caliebe.de).

Erfolgskontrolle durch Befragung und Feedback

Führen Sie Erfolgskontrollen durch. Befragen Sie möglichst viele Leute, was an Ihrer Web-Site verbessert werden müßte. Es gibt immer etwas zu verbessern. Beharren Sie nicht auf Ihren gut gemeinten Konzepten, wenn die meisten andere Erwartungen haben. Die Kunden haben auf jeden Fall Recht, auch wenn sie nicht Recht haben.

Ob Online-Befragungen Sinn machen, ist sehr umstritten. Die Ergebnisse von Online-Befragungen werden ganz erheblich durch die spezielle Auswahl an Teilnehmern verfälscht und sind sicher nicht repräsentativ. Der finanziell gut ausgestattete Geschäftsmann wird sich nicht die Zeit nehmen, Ihren Fragebogen auszufüllen. Der Schüler dagegen findet das vielleicht spannend, besonders wenn womöglich mit einem Gewinn gelockt wird. Aber finden Sie so die Bedürfnisse Ihrer zahlenden Kunden? Wichtiger als Umfragen ist die gründliche Auswertung der Log-Dateien des Web-Servers.

Falls Sie eine Web-Umfrage planen, sollten Sie sich zur Auswertung den Internet-Rogator von Mailstore (http://www.mailstore.com) ansehen. Damit wurde zum Beispiel der web-OSCAR des PC Magazins (http://www.weboscar.de) ermittelt.

Eine sehr wichtige Informationsquelle können die allgemeinen News-Gruppen sein. Wenn es dort eine Gruppe gibt, die sich mit den von Ihnen oder von der Konkurrenz angebotenen Produkten/Dienstleistungen beschäftigt, dann sollten Sie (oder ein Mitarbeiter) diese unbedingt regelmäßig verfolgen. Hier können Sie am besten frühzeitig Probleme der Kunden und die unverblümte Meinung der Anwender erfahren. Lassen Sie sich dabei nicht von zu schroffen Urteilen provozieren. Akzeptieren Sie die Meinungen und versuchen Sie, Ihr Angebot zu verbessern.

Erfolgskontrolle per Log-Datei

Im Kapitel „Funktionieren Marketing und Werbung über das Internet?" ab Seite 167 wurde bereits auf die vereinheitlichten Meßverfahren für Hits, PageImpressions/PageViews, Visits und AdImpressions eingegangen, die helfen sollen, die Besucherfrequenz und den Erfolg Ihrer Web-Site zu erfassen. Weiteres zu diesen IVW-Zahlen finden Sie beim IVW (http://www.ivw.de/verfahren/index.html) und beim VDZ (http://www.pz-online.de/pmonl-cgi/mreichw2/onlreich.pl).

Der wichtigste Weg zur effektiven Erfolgskontrolle führt über die Log-Dateien, in die Ihr Web-Server automatisch viele interessante Details über Ihre Besucher einträgt. Obwohl dies ASCII-Dateien sind, verliert man bei der Datenmenge schnell den Überblick. Besser nutzt man eines der vielen Software-Pakete, die die Log-Dateien auswerten und den Erfolg des Web-Angebots statistisch aufbereiten und grafisch präsentieren. Es kann analysiert werden, welche Seiten wie oft besucht werden, auf welchen Seiten der Besuch beginnt und endet, ob und welche Suchmaschine benutzt wurde, auf welche Seiten in welcher Reihenfolge weiter verzweigt wird, wieviel Informationen pro Besuch abgerufen werden, wie lange sich die Benutzer Zeit nehmen, aus welcher Region die Besucher stammen und vieles mehr. Bekannte Auswertungsprogramme sind:

- WebTrends von WebTrends Corp. (http://www.webtrends.com, 300...1500 Dollar),

- Hitlist Professional von Marketwave (http://www.marketwave.com, 2000 Dollar),

- Bazaar Analyzer Pro von Aquas Inc. (http://www.bazaarsuite.com, Java, 600 Dollar),

- WebSuccess (http://www.websuccess.de, 1000,- DM) und

- Rawena von Ecce Terram Internet Service (http://www.ecce-terram.de, 2500,- DM).

Wer noch schneller genaue Ergebnisse braucht, sollte sich Programme für Inbound Processing oder On-the-Wire-Monitoring ansehen, die Analysen in Echtzeit bereitstellen, noch während die Besucher aktiv sind, wie etwa

- ARIA von Andromedia Inc. (http://www.andromedia.com, 10000 Dollar) und

- Statistics Server von MediaHouse Software Inc. (http://www.mediahouse.com, 300 Dollar).

Wenn Sie von Ihrem Web-Space-Anbieter keine Log-Dateien oder Statistiken bekommen, sollten Sie zumindest einen Zähler (Counter) installieren. Relativ ausführliche Statistiken liefern Ihnen etwa FWM Solutions Development (http://fwm-counter.com), kb-progs (http://www.breu.de) und Siteflow (http://www.siteflow.com).

Web-Seiten, die sich mit Marketing und Werbung beschäftigen

- Das World Wide Web als Marketing-Instrument, Werner/Stephan (http://www.dpunkt.de/produkte/WWWURLS.html): lange Liste von URLs zu den Themen Internet-Business, Marketing und Marketing-Informationen.

- netMarketing, Schallhorn Online (http://www.kso.co.uk): Praxis-Tips zu Web-Marketing, Web Site Promotion, Marketing im „Informations-Zeitalter", Individualismus.

- chronX web-marketing report, Gross Online & Werbung (http://www.wdgross.de/chronx): Online-Marketingreport, News.

- werbeagentur.de (http://www.werbeagentur.de): Branchen- und Info-Server für Werbeagenturen, deren Partner und Kunden.

- IP Deutschland (http://www.ip-deutschland.de/media/sguide.html): eine Übersicht über viele verschiedene Studien zu Medien, Markt und Werbung.

- PZ Online (http://www.pz-online.de/pmonl-cgi/mreichw2/onlreich.pl): Datenbank aktueller Visits, PageImpressions (PageViews), IVW-Zahlen und viele weitere Informationen wichtiger Medien.

- MGM MediaGruppe München (http://www.mgmuc.de): diverse Studien zum Web-Marketing.

- /MouseTracks/ (http://nsns.com/MouseTracks): diverse Marketing-Themen, Online Shopping Center, Conference Calls, „The List of Marketing Lists".

- amann.de (http://www.amann.de): Unternehmensberatung für Internet-Marketing, ohne großes Budget erfolgreich im Internet, Marketing-Newsletter.

- DINO (http://www.dino-online.de/seiten/go13cw.htm): Übersicht Unternehmen - Werbung.

- Web.de (http://web.de/Wirtschaft/Dienstleistung/Marketing/Agenturen): Übersicht Marketing- und Werbeagenturen.

7.5   Wie wird die Web-Site bekannt gemacht?

Suchmaschinen

Die häufigste benutzte Methode, um Web-Seiten aufzuspüren, ist die Benutzung gängiger Suchmaschinen und Web-Kataloge (siehe Kapitel „WWW-Suchmaschinen, WWW-Kataloge", Seite 56). Tun Sie alles, um darüber auffindbar zu sein. Tragen Sie sich bei vielen Suchmaschinen aktiv ein. Dabei können Sie in der Regel selbst die Stichworte festlegen, unter denen Ihre Seite gefunden werden soll. Außerdem gibt es zentrale Registrierungsstellen. Die bekanntesten sind Submit It! Inc. (http://www.submit-it.com), Eintragsfritz (http://www.dmarkt.com/de) und SubmitShack (http://www.submitshack .com). Auch Programme wie der Web Promotion Artist (http://deadlock.com/promote) sind eine gute Hilfe.

Definieren Sie in Ihrem HTML-Code aussagekräftige Titel und korrekte <META ...>-Tags für „Keywords" und „Description" (siehe Kapitel „Richtlinien zur Gestaltung von Web-Seiten" ab Seite 99) und vermeiden Sie, wenn möglich, Frames und dynamisch erzeugte Web-Seiten, da sie von den Robots und Spidern der Suchmaschinen nicht erfaßt werden. Mit Meta Medic (http://www.northernwebs.com/set/setsimjr.html) können Sie überprüfen, ob die Meta-Tags Ihrer Web-Seite von üblichen Suchmaschinen akzeptiert werden.

Einige Web-Agenturen werben mit besonderen Tricks, womit sie die Wahrscheinlichkeit erhöhen wollen, daß die Suchmaschinen Ihre Web-Site schon unter den ersten 10 Suchergebnissen nennen. Diese Tricks sind oft nur einige Monate lang wirksam, bis die Such-

maschinen gelernt haben, besser zu recherchieren. Dann können diese Tricks bei einigen
Suchmaschinen allerdings sogar das Gegenteil bewirken (als Strafe). Aber eine Zeit lang
kann die Inanspruchnahme Ihre PageViews merklich erhöhen. Virtual-Stampede Internet
Promotion Services (http://www.virtual-stampede.com) bietet zum Beispiel solche Dienste
und bei Search Engine Watch von Sullivan (http://www.searchenginewatch.com) und bei
den Internet Search Engine Ranking Tips von Boyn (http://ourworld.compuserve.com/
homepages/heiner_boyn/index.htm) finden Sie entsprechende Tips.

Branchenbücher, gelbe Seiten

Es gibt auch kostenpflichtige Dienste, die ähnlich den Branchenbüchern und gelben Seiten
funktionieren. Ob sich ein solcher Eintrag lohnt, kann u.a. davon abhängen, ob Ihre Konkurrenz dort bereits vertreten ist. Solche Dienste bieten zum Beispiel: DeTeMedien
(http://www.gelbe-seiten.de), Flix (http://www.flix.de), DIB (http://www.branchenbuch
.de), Branchenbuch.com (http://www.branchenbuch.com), Yelloweb (http://www.yweb
.com/home-de.html) und Web.de (http://web.de/Wirtschaft).

Falls Sie eine Web-Agentur einschalten, wird sich diese ebenfalls darum kümmern, Ihre
Seite bekannt zu machen.

News-Gruppen

Eine andere Methode sollte nur mit viel Vorsicht und Fingerspitzengefühl eingesetzt
werden. Sie können News-Gruppen, die sich mit zu Ihrem Produkt oder Ihrer Firma passenden Themen beschäftigen, abonnieren und immer, wenn jemand eine Frage stellt, die
Sie beantworten können, dies in sachlicher und vor allem neutraler Form tun. Sie dürfen
dabei aber niemals direkte Werbung betreiben, sonst riskieren Sie, mit Protest-Mails
(Flames) derart überschüttet zu werden, daß Ihr Server lahmgelegt ist. Allerdings wird
keiner etwas dagegen haben, wenn in Ihrer Signatur Ihr Firmenname erwähnt ist (mit
anklickbereitem Hyperlink). Je kompetenter und hilfreicher Ihre Antworten sind, um so
besser bleibt Ihr Name im Gedächtnis.

Web-Site-Promotion

Wenn jemand Ihre Web-Site besuchen soll, muß er sie entweder aktiv suchen, einen
Hyperlink finden und anklicken oder die URL-Adresse kennen und eingeben. Wie kann
man ihn dazu bewegen? Wie könnte „Web-Site-Promotion" aussehen?

Natürlich muß Ihre E-Mail-Adresse und die URL Ihrer WWW-Homepage auf der Visitenkarte, dem Briefpapier, dem Firmenwagen und in jeder Anzeige mit abgedruckt sein. Auch
in Telefongesprächen sollten Sie möglichst oft auf Ihre Web-Site hinweisen.

Versuchen Sie, Partner zu finden, die einen Hyperlink zu Ihrer Web-Site in deren Web-
Seite plazieren. Im Gegenzug bauen Sie einen Link auf deren Site in Ihre Web-Seite ein
(Crosslinking).

Untersuchen Sie, ob es eine Möglichkeit gibt, in dem Web-Angebot Ihrer Stadt genannt zu
werden. Vielleicht lohnt es sich, städtische Projekte zu sponsern. Falls Ihr Angebot von
lokalem Interesse ist, versuchen Sie, die Redakteure der örtlichen Zeitungen zu einem
Bericht über Ihre Web-Site zu bewegen. Falls Sie etwas ganz besonderes und einmaliges

bieten können, was nur selten der Fall sein dürfte, gelingt es Ihnen vielleicht sogar, die Aufmerksamkeit der großen Zeitschriften und Journale auf sich zu ziehen.

Besonders in der Startphase werden Sie nicht umhin kommen, zusätzlich in konventionellen Medien Werbung für Ihre Web-Site zu machen.

Bannerwerbung

Wenn Ihr Budget ausreicht, können Sie auch Bannerwerbung auf anderen Servern in Betracht ziehen. Dabei werden 230 x 33, 400 x 40 oder 468 x 60 Pixel große Werbebanner auf fremden Web-Seiten eingeblendet, ähnlich der Bandenwerbung im Sportstadion.

Bannerwerbung auf den bekannten Suchmaschinen und Web-Portalen ist sehr teuer und eher etwas für die „Großen". Nur 10 Web-Sites nehmen 67 Prozent aller Werbegelder ein. Auf gut besuchten Web-Sites wie etwa bei Yahoo! und Pointcast müssen Sie mit Kosten von 50.000,- DM für 14 Tage rechnen. Bannerwerbung auf thematisch relevanten Web-Sites ist dagegen wesentlich preiswerter und meistens erfolgreicher.

Die sogenannten Tausenderpreise, also die Preise für 1000 PageViews, betragen nach einer Erhebung von AdKnowledge (http://www.adknowledge.com) im Schnitt etwa 50,- DM. Als Faustregel gilt, daß etwa 2 Prozent der Besucher das Banner anklicken. Davon wiederum schauen sich zwischen 15 und 50 Prozent weitere Seiten an.

Die bislang größte und am breitesten angelegte Untersuchung über den Erfolg von Bannerwerbung, die vom Internet Advertising Bureau (IAB, http://www.iab.net/advertise/content/adeff3.html) in Auftrag gegebene IAB Advertising Effectiveness Study, ist zum Ergebnis gekommen, daß Online-Werbung äußerst effektiv sein kann. Allein die Präsenz eines Banners auf einer Site könne, ohne daß an- oder durchgeklickt wird, die Aufmerksamkeit auf das Unternehmen und das Produkt sowie das Kaufinteresse erheblich steigern. Die Untersuchung geht davon aus, daß Online-Werbung eher wahrgenommen werde als Werbung im Fernsehen. Zu einem ähnlichen Ergebnis kommt auch eine repräsentative Studie des EMS (Gruner+Jahr Electronic Media Service). Nachhaltige Wirkung und ein positiver Einfluß auf das Markenbild würde nicht erst mit dem Klick auf ein Werbebanner generiert, sondern bereits durch die Wahrnehmung eines Banners.

Falls Sie Bannerwerbung in Betracht ziehen, sollten Sie sich die professionellen Dienste spezieller Banner-Server oder AdServer ansehen. Diese Dienste können Ihre Werbung kontrollierter, zielgruppengenauer und letztendlich effektiver plazieren. Die Banner werden dabei nicht direkt in die Web-Seiten eingebunden, sondern über spezielle Server eingefügt. So kann der Erfolg direkt gemessen werden und es können, falls irgendwelche besonderen Eigenschaften oder Vorlieben des Kunden erkennbar werden, entsprechende passende Werbeeinblendungen gezeigt werden. Bekannte AdServer gibt es von Digital Nation (http://www.adjuggler.com), Accipiter Inc. (http://www.accipiter.com), AdKnowledge (http://www.adknowledge.com) und NetGravity (http://www.netgravity.com). Bei der Planung und beim Einsatz von Bannerwerbung finden Sie Unterstützung zum Beispiel durch Plan.Net-Media (http://www.plan-net.de), 1&1 Online Dialog GmbH (http://www.adlink.de) und Bannerinfo World (http://www.bannerinfo.de).

Sponsoring, Interstitials

Etwa 55 Prozent des weltweiten Budgets für Online-Werbung fließt in Banner-Advertising. Die zweitwichtigste Werbeform im Internet ist das Sponsoring mit 40 Prozent. Andere Werbeformen, wie etwa Interstitials, teilen sich die wenigen übrigen Prozente.

Beim Sponsoring wird der Name des Sponsors auf der Web-Seite angezeigt, etwa mit dem Zusatz „Sponsored by ...". Anders als beim Banner erfolgt die Darstellung aber nicht im abgegrenzten Werbeblock, sondern integriert in den Text der Web-Seite, meistens in der Nähe der Impressums-Angaben.

Interstitials sind ganzseitige Werbeeinblendungen, die kurzzeitig die Web-Seite komplett ersetzen, ähnlich den Werbeunterbrechungen beim Fernsehen. Damit kann man sich allerdings leicht sehr unbeliebt machen. Nur in Sonderfällen ist diese Werbeform einsetzbar, sonst werden entsprechende Web-Sites gemieden.

7.6   Was sind die gröbsten Fehler beim Internet-Marketing?

Ein schlechtes Beispiel sind leider oft die städtischen Web-Sites (nicht alle, aber einige), meistens erreichbar unter http://www.<StadtName>.de. Dort finden Sie immer wieder veraltete Angaben, den Veranstaltungskalender von vor zwei Wochen, viel Unübersichtlichkeit, wenig Interessantes und nicht immer wirkliche Hilfestellung. Die Möglichkeiten des Internets zur Kommunikation und zur Vereinfachung behördlicher Vorgänge werden nur selten und zaghaft genutzt.

Beachten Sie die Hinweise der letzten Kapitel und des Kapitels „Richtlinien zur Gestaltung von Web-Seiten" ab Seite 99. Vermeiden Sie folgende Fehler:

- Beachten Sie immer die Netiquette (die Internet-Benimmregeln). Verschicken Sie nie unaufgefordert Werbung per E-Mail. Lassen Sie sich niemals auf ein Spamming-Experiment ein. Sie verscherzen sich langfristig alle Sympathien und erleiden einen herben Image-Verlust. Seien Sie auch vorsichtig mit Äußerungen in Newsgroups. Fachlich kompetenter Rat wird gerne angenommen, dann dürfen auch Name und Adresse der Firma in Ihrer Signatur erwähnt sein. Darüber hinaus dürfen Sie keine Werbung in Newsgroups betreiben (außer in den speziell dafür vorgesehenen).

- Lassen Sie dem Nutzer möglichst lange seine Anonymität. Wenn Sie einen Supermarkt betreten, wollen Sie auch nicht als erstes nach Ihrem Namen gefragt werden. Fragen Sie nur dann und auch erst dann nach dem Namen, der E-Mail-Adresse oder anderen Daten, wenn dies unvermeidbar ist. Geben Sie niemals gewonnene Daten über Ihre Kunden an andere Firmen zu Werbezwecken weiter.

- Sorgen Sie dafür, daß dem Benutzer Ihrer Web-Seite völlig klar ist, welche Konsequenzen jede Handlung hat. Falls Sie etwas übers Internet verkaufen oder andere Geschäfte betreiben, stellen Sie sicher, daß Ihre Kunden vor Vertragsabschluß deutlich sichtbar einen Hinweis auf Ihre Geschäftsbedingungen erhalten, die durch einfaches Anklicken leicht lesbar sein müssen.

- Zulange Ladezeiten durch zu viele Bilder verärgern die Anwender, die Seite wird weggeklickt. Vermeiden Sie eine Einengung auf bestimmte Web-Browser. Setzen Sie nicht die Bereitschaft zur Installation beliebiger Erweiterungen und Plug-Ins voraus. Bauen Sie nicht zu viele nutzlose Gimmicks ein. Auch die häufig anzutreffenden Glücksspiele wirken oft unseriös und passen nicht zu jeder Zielgruppe.

- Unverständliches oder auch nur Unübersichtlichkeit vertreiben die Leser. Wenn man zu lange braucht, um herauszubekommen, wozu das Angebot eigentlich dienen soll und was der Hauptzweck ist, ist man schon bei der nächsten Seite (eines anderen Anbieters).

- Mangelnde Aktualität ist das Todesurteil einer jeden Web-Site. Dann muß ja doch wieder zum Telefonhörer gegriffen werden (oder man verzichtet auf das Angebot).

- Interaktivität ist wichtig. Eingegangene E-Mails müssen schnell beantwortet werden. Der Kunde erwartet wesentlich kürzere Reaktionszeiten als etwa beim Briefverkehr geduldet werden.

7.7 Marktforschung, Online-Recherche, Firmensuche, Firmenbewertung

Zusätzlich zu den im Kapitel „WWW-Suchmaschinen, WWW-Kataloge" ab Seite 56 und im Kapitel „Weitere Hilfsprogramme und Internet-Dienste" ab Seite 64 genannten allgemeinen Recherchediensten gibt es auch auf wirtschaftliche Belange spezialisierte Online-Dienste und Marktforscher.

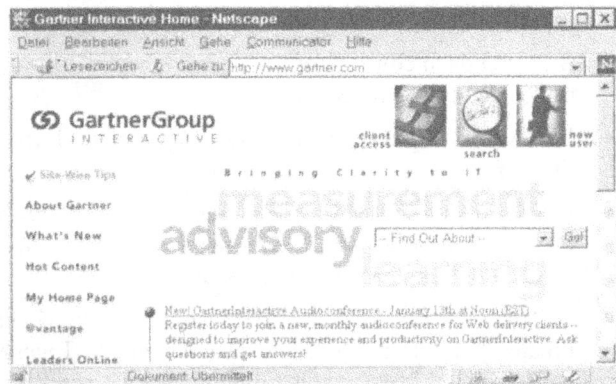

Die im Online-Bereich und für IT (Informationstechnologie) bekanntesten Marktforschungs-institute sind:

- Dataquest / Gartner Group (http://www.dataquest.com),

- Diebold GmbH (http://www.diebold.de),

- Forrester Research Inc. (http://www.forrester.com),

- Gartner Group (http://www.gartner.com),

- Giga Information Group (http://www.gigaweb.com),

- IDC International Data Corp. (http://www.idc.com),

- Input (http://www.input.com),

- Meta Group Inc. (http://www.metagroup.com) und

- W3B (http://www.w3b.de).

Viele davon sind schon diverse Male in vorangegangenen Kapiteln zitiert worden oder werden in späteren Kapiteln zitiert.

Wirtschaftliche und technisch-wissenschaftliche Informationen finden Sie in professionellen Online-Datenbanken-Hosts. Die bekanntesten sind:

- Dun & Bradstreet Inc. (D&B, http://www.dnb.com) ist mit der Datenbank DB World Base der weltweit größte Anbieter von Wirtschaftsinformationen über Unternehmen, die zur Firmensuche und Firmenbewertung herangezogen werden können. Marketing-Informationen und Finanzdaten über 30 Millionen Unternehmen aus 200 Ländern sind gespeichert. Enthalten sind Anschrift, Telefon, Branchencodes, Mitarbeiterzahl, Umsatz und Firmenverflechtungen. Diverse Suchkriterien ermöglichen das Auffinden möglicher Wettbewerber, Beschaffungs- und Absatzmärkte. Ein Schwerpunkt bildet die Beurteilung der Finanzkraft des möglichen Kunden. DB kann die Zahlungsabwicklung übernehmen bis hin zu eventuellem Kredit- und Forderungs-Management, Mahnverfahren oder Debitoren-Verwaltung.

- Der nach Dun & Bradstreet nächst größere Anbieter weltweiter Firmeninformationen ist Kompass (http://www.kompass.com) mit 1,5 Millionen Unternehmen aus 60 Ländern.

- Wer liefert was? (http://www.wlwonline.de) ist ein Informationsdienstleister für Firmen- und Produktinformationen. Über 220.000 deutsche Unternehmen sind beschrieben.

- Branchenbuch.com (http://www.branchenbuch.com) bietet Informationen über 3 Millionen deutsche Firmen.

- Europages (http://www.europages.com) bietet Informationen über 500.000 europäische Firmen.

- Hoppenstedt ist ebenfalls ein bekannter Anbieter von Wirtschaftsinformationen. Die Firmendatenbank (http://www.firmendatenbank.de) liefert Daten von 135.000 Unternehmen und 360.000 Führungskräften.

- GENIOS Wirtschaftsdatenbanken (http://www.genios.de) bietet Wirtschafts- und Finanzinformationen sowie Zeitschriften und Tageszeitungen im Volltext in 300 Datenbanken und 17 Millionen Dokumenten zu den Themen Bildung & Wissenschaft, Firmeninformationen, Forschung & Technologie, Geld- & Kreditwirtschaft, Länderinformationen, Produkte & Hersteller, Recht online, Unternehmensführung und Verbände & Organisationen. Es überwiegen deutsche Marktinformationen und Analysen.

- FIZ Fachinformationszentrum Technik (http://www.fiz-technik.de) bietet in 120 Datenbanken über 24 Millionen Fachartikel mit Informationen aus Technik, Forschung und Entwicklung, Betriebsführung und Organisation, Wirtschaft, Normen und Patente. Themenschwerpunkte sind Elektrotechnik, Elektronik, Umweltschutz, Umwelttechnik, Umweltrecht und Informationstechnik.

- DIALOG, DataStar und Knight-Ridder (http://www.dialog.com, http://www.knight-ridder.com) bieten 600 Online Datenbanken mit den Themen Finanzen, Informationstechnik, Medien, Ernährung, Pharmazeutik, Chemie und Unternehmensberatung.

DIALOG behauptet, „the world's largest online information company" zu sein. Das gesamte Datenvolumen soll 13 Terabyte betragen.

- STN Scientific & Technical Information Network (http://www.fiz-karlsruhe.de/ stnwelco.html) ist einer der wichtigsten Anbieter für wissenschaftlich-technische Informationen mit den Schwerpunkten Chemie und Patente.

- LEXIS-NEXIS (http://www.lexis-nexis.com) hat 800.000 Benutzer, die in den 7300 Datenbanken in mehr als einer Milliarde Dokumenten recherchieren können.

- GBI Gesellschaft für Betriebswirtschaftliche Information (http://www.gbi.de) bietet Presse-Volltextdatenbanken, Markt- und Brancheninformationen.

- IP Deutschland (http://www.ip-deutschland.de/media/sguide.html) bietet eine Übersicht über viele verschiedene Studien zu Medien, Markt und Werbung.

- Allgemeine statistische Daten der Bundesrepublik Deutschland finden Sie beim Statistischen Bundesamt (http://www.statistik-bund.de).

Die Nutzung der meisten dieser Marktforschungsinstitute und Datenbank-Hosts ist allerdings kostenpflichtig. Haben Sie nur gelegentlichen Recherchebedarf, ist es meistens günstiger, die Dienste eines Recherchebüros in Anspruch zu nehmen, zumal Ihnen dann auch die Arbeit des Recherchierens abgenommen wird. Wenn Sie die Namen einiger in Frage kommenden Datenbank-Hosts (z.B. Genios, FIZ Technik und STN) UND-verknüpft in eine der üblichen WWW-Suchmaschinen eingeben, werden Sie viele solcher Büros finden, wie zum Beispiel The Broker Research Center (http://www.infobroker.de) und WIND Wissenschaftlicher Informationsdienst (http://www.wind-gmbh.com).

Zur Nutzung der Datenbanken ist die Kenntnis der Inhalte potentieller Datenbanken erforderlich, sowie der gekonnte Umgang mit Retrieval-Sprachen, wie etwa Trip für Genios, DSO für DataStar und Messenger für DIALOG. Die Datenbankdienste erfordern meistens jährliche Fixkosten um die 100,- DM, pro Stunde Nutzung 100,- DM, eine Pauschale für jede Datenbankabfrage von vielleicht 2,- DM und eine Gebühr für den Abruf des gefundenen Dokuments von 2,- DM bis zu 80,- DM. Überlassen Sie die Recherche dagegen komplett einem Profi, müssen Sie mit Kosten von insgesamt etwa 100,- DM rechnen.

Lohnen sich diese Kosten, obwohl es im Internet doch viele Informationen kostenlos gibt? Ernsthafte Marktanalysen, aussagekräftige Konkurrenzanalysen, Recherchen zum Stand der Technik und insbesondere Bonitätsprüfungen sind nur mit dem Internet schwierig oder sogar unmöglich. Zudem sind die Informationen in den Datenbanken oft (allerdings nicht immer) zuverlässiger als im Internet und die Informationsquellen nachvollziehbarer. Andererseits kann das Internet durchaus aktueller und vielfältiger sein.

Die bekanntesten Expertenvermittlungsdienste sind

- idw Informationsdienst Wissenschaft (http://idw.tu-clausthal.de) (Zusammenschluß der Pressestellen von Universitäten als Vermittlungsinstanz für wissenschaftliche Informationen für Journalisten) und

- ProfNet (http://www.profnet.com) (Maklersystem zur Vermittlung von wissenschaftlichen Informationen an fachkundige Journalisten, Informantenvermittlung zwischen den Medien und der Forschung bei Universitäten, Hochschulen und Einrichtungen der Industrie).

- wer-weiss-was von Schuler (http://www.wer-weiss-was.de) ist ein kostenloser Experten-Suchdienst auf Gegenseitigkeit, über den nach eigenen Angaben 12.000 Fachleute zu über 70.000 Themen Auskunft geben.

Eine hilfreiche Informationsquelle können auch die vielen Fachzeitschriften sein, die viele ihrer Artikel in Online-Archiven anbieten. Eine lange Liste von Hyperlinks zu über 3500 Online-Publikationen finden Sie beim

- German Online Kiosk (http://www.gok.de).

7.8   Rechtliche Aspekte

Das Internet ist kein rechtsfreier Raum, wie vielfach angenommen wird. Auch hier gelten bindende Verantwortlichkeiten, Copyright-Bestimmungen, Datenschutz und Verbote von jugendgefährdenden, diskriminierenden oder sonstwie rechtswidrigen Inhalten. Ebenso sind unlauterer Wettbewerb, Betrug, Vortäuschung falscher Tatsachen, grobe Fahrlässigkeit und Mißachtung eingetragener Marken verboten. Allerdings sind einige Regeln noch nicht ausreichend klar ausformuliert. Zusätzlich erschwert wird die Rechtssprechung durch die Internationalität des Internets und der gelegentlichen Schwierigkeit, die Urheber ausfindig zu machen.

Klarheit sollen neue Gesetze bringen. Das Telekommunikationsgesetz (TKG) regelt als Nachfolger des Fernmeldeanlagengesetzes (FAG) die technische Seite der Telekommunikation und betrifft vor allem Netzbetreiber. Der Mediendienste-Staatsvertrag (MDStV) regelt über Landesmediengesetze Verantwortlichkeiten, Zulässigkeiten und Datenschutzbestimmungen für Dienste, die sich an die Allgemeinheit wenden.

Das wichtigste Gesetz ist das neue Multimedia-Gesetz, das „Informations- und Kommunikationsdienstegesetz", abgekürzt IuKDG (http://www.iid.de/iukdg). Es besteht aus vier Teilen. Teil I ist das Gesetz über die Nutzung von Telediensten (TDG) und betrifft besonders Online-Provider. Bezüglich der Verantwortung von Zugangsanbietern wird festgelegt, daß Zugangsanbieter volle Verantwortung für eigene Inhalte haben und Verantwortung für fremde Inhalte, die auf eigenen Systemen gespeichert sind und von deren Inhalt sie Kenntnis haben, aber keine Verantwortung für Inhalte, zu denen nur der Zugang vermittelt wird. Teil II ist das Teledienstdatenschutzgesetz (TDDSG). Die persönlichen Daten sind durch Datenschutzbestimmungen geschützt. Dienstanbieter dürfen keine Daten, auch keine E-Mail-Adressen, an Dritte weitergeben. Teil III, das Signaturgesetz (SigG), definiert, wann elektronische Signaturen als rechtswirksam gelten, wie sie zu zertifizieren sind und mit welcher Art von Software sie erstellt werden müssen. In Teil IV werden andere bestehende Gesetze an die neuen Medien angepaßt.

Durch das Signaturgesetz (SigG) ist Deutschland der weltweit erste Staat, der die rechtlichen Voraussetzungen für allgemein anerkannte digitale Signaturen geschaffen hat. Obwohl das Signaturgesetz bereits am 1.8.1997 in Kraft getreten ist, gab es 1998 noch keine Möglichkeit, es zu nutzen, also im Sinne dieses Gesetzes eine rechtsgültige Unterschrift per E-Mail zu versenden. Der Grund ist, daß die Regulierungsbehörde für Telekommunikation und Post, die im Signaturgesetz eine zentrale Rolle spielt, noch nicht bereit war. Sie muß kontrollieren, welche Trustcenter (Zertifizierungsstellen) das Management der Schlüssel gemäß dem Signaturgesetz durchführen und rechtskräftige Schlüsselzertifikate ausgeben. Erst 1999 hat T-TeleSec Crypt (http://www.telekom.de/angebot/telesec) der deutschen Telekom als erstes deutsches Unternehmen eine Genehmigung zum Betrieb einer Zertifizierungsstelle im Sinne des Signaturgesetzes erhalten (TTC, Telekom Trust Center). In den T-Punkt-Läden der Telekom können nun Chipkarten mit einer persönlichen Signatur beantragt werden. Um die Chipkarten nutzen zu können, wird ein Kartenlesegerät benötigt. Die Chipkarte soll 50,- DM kosten, das Lesegerät zusammen mit weiteren Sicherheitskomponenten („Security First") 300,- DM, und zusätzlich entfällt eine Jahresgebühr von 100,- DM für die Trust-Center-Dienstleistung.

Die Fernabsatzrichtlinie vom 20. Mai 1997 der Europäischen Kommission beinhaltet Empfehlungen, wie der Verbraucherschutz beim Online Shopping gestaltet werden soll. Dazu gehört, daß der Anbieter auch im Internet genaue Angaben zu seiner Identität und Adresse machen muß, daß er die wesentlichen Eigenschaften seiner Produkte darstellen muß, daß er den Preis inklusive aller Steuern und Lieferkosten und eindeutige Zahlungsmodalitäten angeben muß, daß er eine maximale Lieferzeit bestellter Waren von 30 Tagen einhalten muß (wenn nichts anderes vereinbart wurde) und daß er ein Widerrufsrecht und Rückgaberecht einräumen muß.

Sorgen Sie dafür, daß dem Benutzer Ihrer Web-Seite völlig klar ist, welche Konsequenzen jede Handlung hat. Falls Sie etwas übers Internet verkaufen oder andere Geschäfte betreiben, stellen Sie sicher, daß Ihre Kunden vor Vertragsabschluß deutlich sichtbar einen Hinweis auf Ihre Geschäftsbedingungen erhalten, die durch einfaches Anklicken leicht lesbar sein müssen und nicht zu lang sein dürfen. Beachten Sie das Gesetz zur Regelung der Allgemeinen Geschäftsbedingungen (AGBG). Weisen Sie auch ausdrücklich auf das Widerrufsrecht und Rückgaberecht hin, damit Ihr Vertrag rechtsgültig ist.

Falls Sie Vertragsmuster, Empfehlungen für den Abschluß von Verträgen und Allgemeine Geschäftsbedingungen (AGB) suchen, sollten Sie sich an den Bundesverband Informationstechnologie (BVITeV, Bonn, info@bvit.de) oder an den Forum Verlag Herkert GmbH (http://www.forum-verlag.com) wenden.

Sorgen Sie für klare Impressums-Angaben auf Ihren Web-Seiten. Geben Sie in Ihren Geschäftsbedingungen Ihren geographischen Standort an und stellen Sie klar, daß eventuelle Geschäfte den hiesigen Gesetzen unterliegen und der Gerichtsstandort in Deutschland ist. In Deutschland gilt das „Internationale Privatrecht", nach dem der Sitz des Verkäufers über das anwendbare Recht entscheidet. Allerdings gibt es Länder, wo die freie Rechtswahl nur zwischen Vollkaufleuten möglich ist. Verkaufen Sie an private Verbraucher im Ausland, müssen Sie damit rechnen, daß der Gerichtsstandort im Ausland liegen kann, egal was in Ihren AGB steht.

Es ist noch nicht endgültig geklärt, welches nationale Recht eigentlich bei grenzüberschreitendem Online Shopping gilt. Falls Sie so etwas planen: Versuchen Sie weder gegen deutsche Bestimmungen noch gegen die anderer Länder zu verstoßen. Bei Verkäufen ins Ausland müssen Sie auf jeden Fall die Steuer- und Zollformalitäten korrekt behandeln.

Falls Sie Waren (oder Software) über das Internet verkaufen, müssen Sie die Einnahmen in Deutschland versteuern (wenn sich Ihre Firma in Deutschland befindet). Dies gilt auch dann, wenn Ihr Server im Ausland steht, es sei denn, Sie könnten glaubhaft machen, daß Ihr Server eine „Betriebsstätte" nach OECD-MA wäre (was wahrscheinlich nicht gelingen wird). Dann würden die komplizierten Regeln des internationalen Steuerrechts greifen und eine Zuordnung anhand des Doppelbesteuerungsabkommens (DBA) erfolgen.

Die Umsatzsteuer unterliegt wieder anderen Regeln. Vereinfacht dargestellt, sind Lieferungen nach außerhalb der EU und an ausländische Unternehmen innerhalb der EU meistens nicht in Deutschland umsatzsteuerpflichtig, wohl aber Lieferungen an Privatpersonen innerhalb der EU.

Geben Sie Ihre Preise stets inklusive Umsatzsteuer (auch Mehrwertsteuer genannt) an. Andernfalls riskieren Sie eine teure Abmahnung. Strenggenommen ist dabei der Zusatz „inkl. MwSt." nicht erlaubt, da dies „Werbung mit Selbstverständlichkeiten" darstellt. Da es aber immer wieder Anbieter gibt, die Preise ohne Umsatzsteuer angeben, sollten Sie in einem Vermerk in der Fußzeile darauf hinweisen, daß sich sämtliche Angaben „inkl. MwSt." verstehen.

Bei bestimmten Berufsgruppen (Ärzte, Anwälte, ...) gibt es Werbeverbote, Einschränkungen und besondere Vorschriften, wenn es um die Selbstdarstellung geht. Endgültige Gerichtsurteile sind noch rar. Im Streit zwischen der Landesärztekammer und dem Zahnarzt Dr. Vorbeck (http://www.vorbeck.de) hat das Landgericht Trier entschieden, daß Dr. Vorbeck seine Praxis im Web präsentieren darf. Er darf die Lage der Praxis grafisch erläutern, auf besondere Einrichtungen für Behinderte hinweisen und über zahnärztliche Erkenntnisse und Methoden informieren. Verboten ist dagegen das Anbieten von Zahnpflegeartikeln und von Dienstleistungen mit Preisangaben sowie das Anlegen von Gästebüchern, weil sich darüber Adressen potentieller Patienten sammeln ließen.

Sie müssen vorsichtig bei der Verwendung fremder Bilder und Logos sein. Sie dürfen sie nur mit schriftlicher Genehmigung des Eigentümers benutzen. Dies gilt auch dann, wenn Sie sie nur auf Ihrer Web-Seite neben Hyperlinks plazieren wollen, die auf die Web-Site des Urhebers verweisen.

Hyperlinks auf fremde Web-Sites können Ihnen dagegen nicht verboten werden, solange deutlich wird, daß dadurch keine eigene Leistung präsentiert wird, sondern fremde Inhalte dargestellt werden. Statt „... und hier der Wetterbericht" müssen Sie also schreiben „... und hier der Wetterbericht der Wetterstation Schönwetter". Und Sie dürfen keine Hyperlinks auf Web-Sites mit rechtswidrigen Inhalten schalten.

Falls Sie auf Ihrer Web-Site auch Seiten anderer Anbieter beherbergen, sollten Sie mit einer Haftungsablehnungserklärung unbedingt die Verantwortung für den Inhalt dieser Seiten auf den Anbieter übertragen, soweit dies gesetzlich zulässig ist.

Dabei und auch bei Hyperlinks auf fremde Web-Seiten muß allerdings beachtet werden, daß zum Beispiel im Wettbewerbs- und Markenrecht nicht nur der unmittelbare Verletzer, sondern auch jeder, der irgendwie kausal am Verstoß mitgewirkt hat, haftet, sofern er die Möglichkeit gehabt hätte, dies zu verhindern. Dies kann auch den Provider betreffen.

Copyright-Vermerke und Hinweise wie „Urheberrechtlich geschützt" auf Ihrer Web-Seite nützen in einigen Ländern nichts und in einigen anderen Ländern wie Deutschland sind sie unnötig, um die Inhalte zu schützen. Aber da sie den Besitzanspruch deutlich machen und in einigen Ländern notwendig sind, sollten sie nicht fehlen. Sie sollten auf korrekte Form achten: Es muß das Wort „Copyright" oder das Symbol ©, der vollständige Name des Urhebers und das Erscheinungsjahr angegeben sein. Zusätzlich können Sie ein „all rights reserved" anhängen, also etwa „Copyright © 1999 MeineFirma, all rights reserved". Sie können Ihr Werk auch im Urheberrechtsregister eintragen lassen bzw. in den USA im U.S. Copyright Office. Übrigens können Sie Informationen nicht urheberrechtlich schützen, sondern nur die Art der Darstellung, komplette Texte, Cliparts, Bilder, Musik und andere gestaltete Elemente, sofern sie eine persönliche geistige Schöpfung darstellen.

Lassen Sie Ihren Domain-Namen als Marke eintragen, zumindest für Verlagserzeugnisse, Software, Beratungs- und Service-Dienstleistungen sowie für Ihre Produkte. Bevor Sie Ihren Domain-Namen anmelden, müssen Sie eine Kennzeichenrecherche veranlassen, um sich vor Schadenersatzansprüchen eines eventuellen Markeninhabers zu schützen (auch dann, wenn der Markeninhaber keine Domain registriert hat), etwa bei EuCor (http://www.eucor.de). Weiteres zum deutschen Markengesetz finden Sie beim Deutschen Patentamt in München (http://www.deutsches-patentamt.de) und bei der Transpatent GmbH (http://www.transpatent.com/gesetze/marken.html).

Als Marke registrierte Begriffe (früher auch Warenzeichen genannt) sollten Sie möglichst bei der ersten auffälligen Nennung mit einem hochgestelltem ^{TM} für „Trade Mark" versehen, um Ihre Besitzansprüche zu verdeutlichen. Das ebenfalls gebräuchliche eingekreiste ® für „Registered Trade Mark" ist strenggenommen nur zulässig, wenn die Marke im jeweiligen Land registriert ist, bei Web-Seiten also weltweit.

Es gibt im Internet Möglichkeiten, etwa beim Titelschutz Anzeiger (http://www.presse.de/pfv/ta.htm), neue Namen oder Titel registrieren zu lassen und so Titelschutz sicherstellen, auch wenn Sie Ihr Produkt erst später auf den Markt bringen wollen. Allerdings muß es innerhalb einer angemessenen Frist (Faustregel: ca. 6 Monate) veröffentlicht werden.

Es kommt immer wieder vor, daß Web-Sites versehentlich gegen geltendes Recht verstoßen, etwa, indem fremde Markennamen unerlaubt verwendet werden, das Wettbewerbsrecht nicht eingehalten wird oder Links auf rechtswidrige Inhalte plaziert werden. Die Folge ist oft eine teure Abmahnung mit hohem Streitwert. Ist diese Abmahnung möglicherweise begründet, sollten Sie schnell die Unterlassungserklärung auch inklusive Vertragsstrafeversprechen abgeben, um keinen Prozeß über den hohen Streitwert führen zu müssen. Falls Sie aber die Abmahnkosten als zu hoch einschätzen und vorher von Ihrem Rechtsverstoß keine Kenntnis hatten, könnten Sie die Unterlassungserklärung verbinden mit einer „Verwahrung gegen die Kostenlast" und vielleicht nur den aus Ihrer Sicht gerechtfertigten Teil der Abmahnkosten erstatten. Kommt es zum Prozeß, dann nur über den wesentlich geringeren Streitwert der Abmahnkosten. Ist es bereits zu einer „einstweiligen Verfügung" gekommen, ist es für eine Beendigung des Verfahrens wichtig, daß Sie selbständig und unaufgefordert eine schriftliche Abschlußerklärung abgeben, um eine Hauptsacheklage zu vermeiden.

Wenn Sie Internet-Adressen juristischer Beratungsmöglichkeiten suchen, sollten Sie beim Deutschen Anwaltverein (http://www.marktplatz-recht.de/averz/index.html) hineinschauen. Er bietet eine über 80.000 Anwälte samt Tätigkeitsbeschreibung enthaltende Adreßdatenbank. Einen ähnlichen Dienst bietet der Informationsdienst für anwaltliche Dienstleistungen GmbH (http://www.anwaltssuche.de). Das German Cyberlaw Project (http://www.mathematik.uni-marburg.de/~cyberlaw) bietet eine Sammlung von Aufsätzen zu rechtlichen Aspekten der Internet-Nutzung. Die Netlaw Library der Uni Münster (http://www.jura.uni-muenster.de/netlaw) und auch das Forum Deutsches Recht (http://www.recht.de) sind umfangreiche Sammlungen zu juristischen Fragestellungen rund ums Internet.

8 Online Shopping, Electronic Commerce

Der Begriff Electronic Commerce (elektronischer Handel) wird in verschiedenen Zusammenhängen benutzt. Allgemein gesprochen gehört zu E-Commerce jede geschäftliche Transaktion, die per Telekommunikation durchgeführt wird. Insbesondere sind dies:

- Bezahlung über das Internet,

- Online Shopping, elektronischer Marktplatz im Internet, der Endkunde kauft Waren oder Dienstleistungen online (Consumer-to-Business),

- Online-Einkauf/Verkauf und die elektronische Abwicklung von Geschäftsprozessen zwischen Geschäftspartnern (B-to-B, Business-to-Business) und

- EDI (Electronic Data Interchange), elektronischer Austausch von Geschäftsdaten bei kaufmännischen Transaktionen.

Die kommerzielle Nutzung des Internets beschränkt sich zur Zeit noch meistens auf den Einsatz als Marketing-Instrument, während die Nutzung als Absatzkanal und zur Abwicklung von Geschäftsprozessen noch weniger verbreitet ist. Aber gerade in diesen Bereichen wird für die Zukunft ein bedeutender Wandel prognostiziert.

Viele der im Kapitel „Bietet das Internet Vorteile, die andere Medien nicht bieten?" ab Seite 174 genannten Vorteile gelten nicht nur für das Marketing, sondern auch für geschäftliche Kontakte.

Premenos / Harbinger (http://www.harbinger.com) rechnet vor, daß die Erfassung und Bearbeitung einer Bestellung per Papier 70 Dollar kostet, eine elektronische Bestellung dagegen nur einen Dollar. Nach einer Schätzung der IT-Beratungsfirma Gartner Group müssen durchschnittlich ca. 10 Prozent des Warenwertes für Papier-Handling aufgebracht werden. Dieser hohe Kostenanteil kann durch elektronische Datenübernahme und -verarbeitung beträchtlich reduziert werden. Das Rationalisierungspotential ist erheblich. Zusätzlich können Geschäftsvorgänge beschleunigt werden.

Je nach Branche entstehen ca. 35 Prozent der Gesamtkosten eines Produktes durch den Vertriebskanal. Erfolgreiche Direktvertriebler wie etwa Dell beweisen, daß es auch anders geht und insbesondere das Internet hierfür prädestiniert ist.

8.1   Virtuelle Messen im Internet

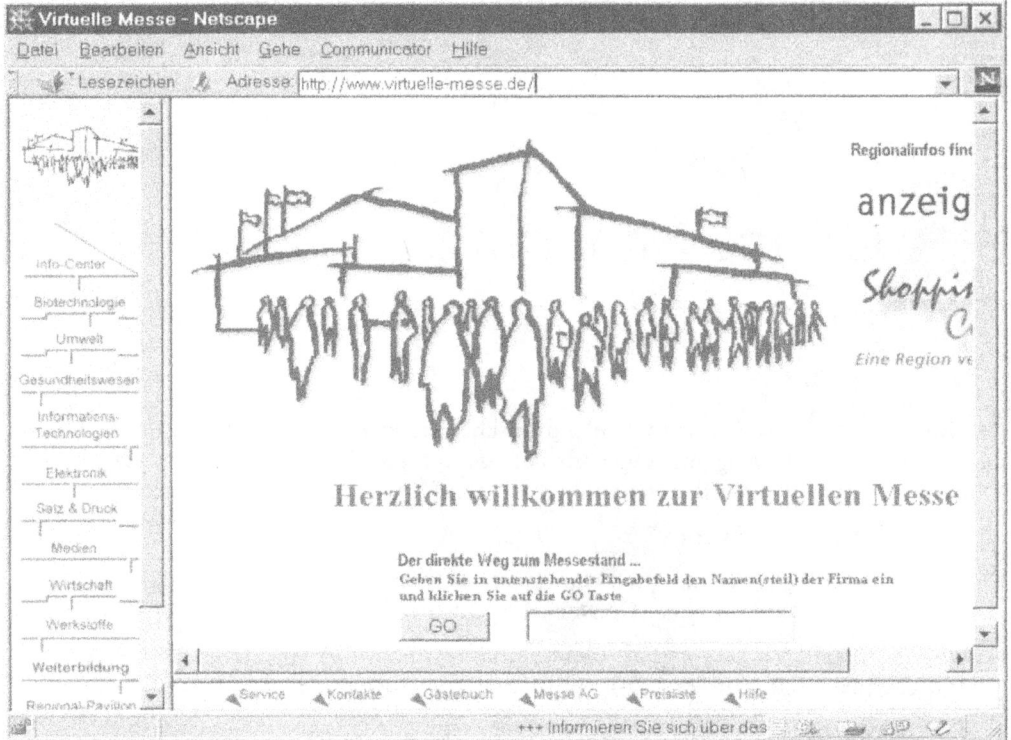

Virtuelle Messen im Web sind Web-Sites, die nach Themen und Sparten geordnet viele Firmen und Produkte präsentieren, ähnlich wie bei konventionellen Messen. Die Web-Sites können als aufwendige 3D-VRML-Welt aufgebaut sein, um das konventionelle Vorbild möglichst realitätsnah nachzubilden (zu VRML siehe Kapitel „Bewegung, Animation, Web-Cam, Video, Multimedia, 3D, VRML" ab Seite 124). Sie können aber ebensogut ähnlich wie ein Katalog strukturiert sein.

Die Aussteller profitieren von virtuellen Messen im Web, da die Kosten einer konventionellen Messe durch den Aufwand für Standmiete, Standbau, Dekoration, Personal, Reisekosten und Aufenthaltskosten um ein Vielfaches höher sind. Zudem kann die konventionelle Messe nur wenige Tage geöffnet sein, währen die Web-Messe ständig besuchbar ist. Die Messestände können leicht umgebaut werden, um die Besucher wiederholt anzulocken.

Auch dem Kunden bieten virtuelle Messen im Web Vorteile. Er kann aus allen Teilen der Welt und zu jeder Tages- und Nachtzeit die Messestände besuchen. Er kann sich mit wenig Zeitaufwand eine Übersicht über viele Firmen einer Sparte verschaffen und Konkurrenzprodukte direkt vergleichen. Er kann sich per Hyperlink zu weiteren detaillierteren Informationen durchklicken. Preislisten, Produktbeschreibungen, Fotos, Sound, Video und Demo-Software können angeboten werden. Per E-Mail oder über Formulare kann einfach Kontakt geknüpft werden. Es können auch gleich Bestellformulare eingerichtet sein.

Natürlich gibt es auch Nachteile. Der persönliche Kontakt mag fehlen, die Produkte können nicht angefaßt werden, die Stimmung einer Messe kann nicht erfaßt werden und der vielleicht als angenehm empfundene Tag außerhalb des gewohnten Büros kann vermißt werden. Gerade zur Anbahnung größerer Geschäftsabschlüsse können persönliche Eindrücke und Kontakte maßgeblich sein.

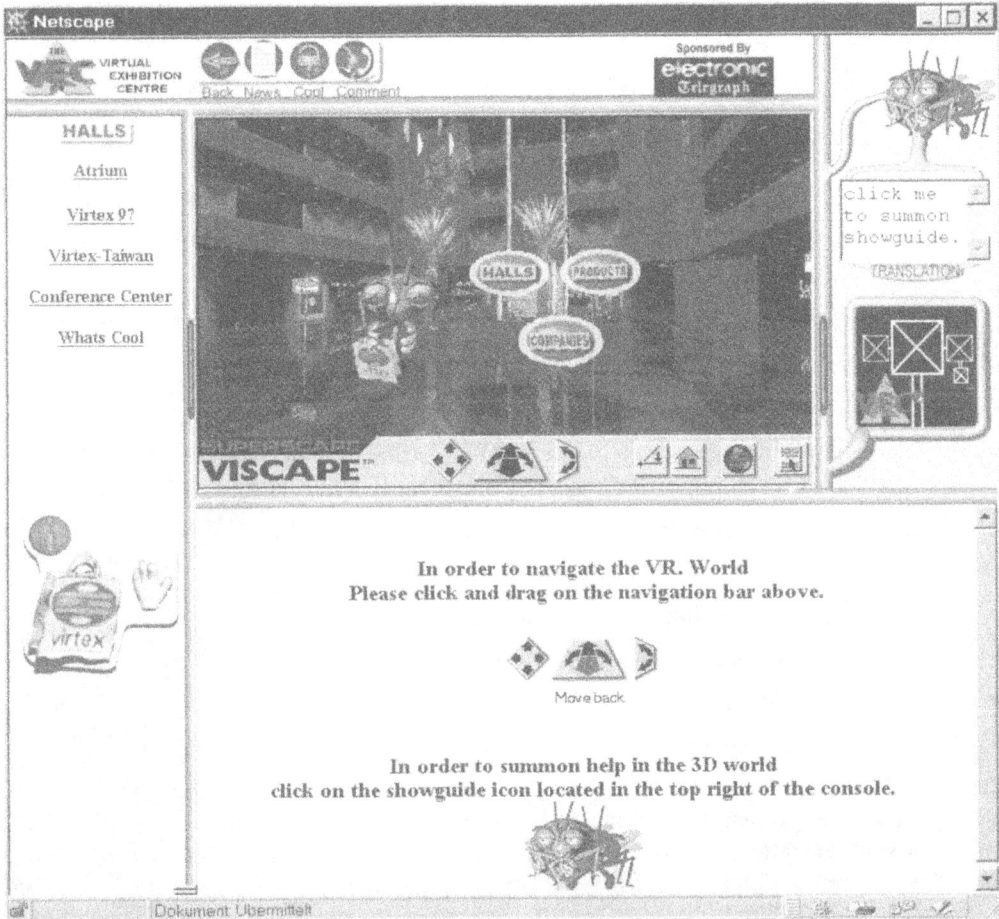

Die derzeitig schon existierenden virtuellen Messen können noch wenig überzeugen, einige Projekte sind auch eher als Konzeptstudien aufzufassen. Die Bedienung ist häufig umständlich und es dauert einfach zu lange, bis man sich zurechtgefunden hat und auf interessante Informationen stößt. Da findet man durch Eingabe treffsicherer Stichworte in die üblichen Suchmaschinen leichter die gesuchten Informationen. Und einfache GIF- oder JPEG-Bilder zeigen Produkte erheblich deutlicher und genauer als komplexe VRML-Landschaften.

Aus einem Projekt des hessischen Wirtschaftsministeriums ist das kommerzielle Produkt Virtuelle Messe (http://www.globis.de) entstanden. Weitere Beispiele sind Virtex (http://www.virtex.co.uk) und die sich in Planung befindliche Virtuelle Messe des Expo-Center Mechatronik (http://www.expocenter.de).

Während es Online-Konferenzen ja schon immer im Internet gegeben hat, fand im Oktober 1997 der nach eigenen Angaben erste Online-Kongreß CongressNet (http://www .congressnet.de) statt, veranstaltet von der Online-Agentur Popnet, dem Kongreßveranstalter Bringmann Managemententwicklung und der Fachzeitschrift Horizont. CongressNet wertet das Experiment als Erfolg und will es fortsetzen.

8.2   Erfolgreiche Web-Einkaufsmärkte und elektronische Marktplätze

Online Shopping ist die modernste Variante des Home Shoppings. Statt per Telefon, Fax oder Brief wählt der Kunde die Produkte im Internet und bestellt bequem online.

Die Vorteile für den Kunden sind:

- Öffnungszeiten 24 Stunden an 365 Tagen,

- keine Fahrzeit, kein Warten an der Kasse,

- aktuellste Informationen,

- günstigere Preise (wegen automatisierter Auftragserfassung und weil der Anbieter weniger Personal benötigt und geringere Gebäudekosten hat) und

- bequeme Anlieferung der Ware.

Die Nachteile sind:

- die Angebote sind manchmal unübersichtlich gestaltet,

- es gibt meistens keinen Ansprechpartner, den man fragen könnte,

- es gibt keine Beratung und

- die Waren können nicht angefaßt und genauer in Augenschein genommen werden.

Per herkömmliches Home Shopping wird in Deutschland 500,- DM pro Kopf und Jahr ausgegeben. Die großen Einkaufsmärkte, die sowohl konventionell als auch im Web vertreten sind, erwarten, daß in den nächsten Jahren über 5 Prozent ihres Umsatz direkt über das Internet getätigt wird. Dazu kommen die Kunden, die sich zwar im Web informiert haben und dadurch überzeugt wurden, aber es vorziehen, auf konventionellem Weg die Ware zu bestellen. Die Zahl der deutschsprachigen Online Shops wird auf 13.000 geschätzt. Laut Datamonitor liegt der durchschnittliche monatliche Umsatz der Online Shops in den USA bei 55.000 Dollar und in Deutschland bei 11.000 Dollar.

Im folgenden sind einige Web-Einkaufsmärkte aufgelistet.

Bücher:

- abiszet Bücherservice (http://www.a-zet.de)

- Amazon (http://www.amazon.com, http://www.amazon.de)

- Barnes & Noble Inc. (http://www.barnesandnoble.com)

- BOL Bertelsmann Online (http://www.bol.de)

- Buch.de AG (http://www.buch.de)
- JF Lehmanns (http://www.lob.de)
- KNO · K&V (http://www.buchkatalog.de)
- Libri (http://www.libri.de)

Musik-CDs (mit Sound-Beispielen):

- CDnow (http://cdnow.com)
- CDWorld (http://cdworld.com)
- Music Boulevard (http://www.musicblvd.com)

Computer-Produkte:

- Dell (http://www.dell.com)
- Gateway 2000 (http://www.gw2k.de)
- GIGAPoint (http://www.gigapoint.de)
- JE-Computer (http://www.je-computer.de)
- Tigersoft Computerware (http://www.tigersoft.de)
- transtec AG (http://www.transtec.de)
- Vobis (http://www.vobis.de)
- SoftDirect (http://www.softdirect.com): Software
- Conrad Electronic (http://www.conrad.de): Elektronik-Versandhaus

Warenhäuser und Shopping Malls:

- City 24 (http://www.city24.de)
- My-World (http://www.my-world.de): Karstadt, Neckermann, IBM, u.v.a.
- Neckermann (http://www.neckermann.de)
- Netzmarkt (http://www.netzmarkt.de)
- Otto Versand GmbH & Co KG (http://www.otto.de)
- Quelle Schickedanz AG & Co (http://www.quelle.de)
- Shopping24 (http://www.shopping24.de): Otto Versand und andere

Sonstiges:

- EMB Electronic Mall Bodensee (http://www.emb.net): Regionalmarkt
- 1-800-Flowers Inc. (http://www.1800flowers.com): Blumen
- Virtual Vineyards (http://www.virtualvin.com): Wein
- TraXXX (http://focus.de/traxxx): Reisebüro
- Deutsche Bahn (http://www.bahn.de): Bahnfahrkarten
- Sixt (http://www.sixt.de): Autovermietung

Weitere Adressen finden Sie bei Shop.de (http://www.shop.de), Faust Multimedia Internet Services (http://www.shoppingservice.com), DMW Group (http://www.malls.com/metalist .html) und den Katalogen Yahoo! und Dino.

Der Aufbau der virtuellen Shopping Malls ist meistens recht ähnlich. Über ein einheitliches grafisches Interface greift der Kunde auf eine dahinter liegende Warendatenbank zu. Der Kunde wählt die gewünschten Produkte aus, die in einem virtuellen Warenkorb (auch shopping cart genannt) gesammelt werden. Ist er fertig, wird der Inhalt des Warenkorbes aufgelistet, und wenn alles o.k. ist und die Art der Bezahlung geklärt ist, wird per Mausklick bestellt.

Nicht nur die Großen haben im Internet eine Chance. Dies belegt der von der Medienagentur Zeutschner aus Erlangen als eine der ersten Shopping Malls 1995 gegründete Netzmarkt, der zu den erfolgreichsten deutschen Online-Kaufhäusern zählt. Schon Mai 1996 betrug der Zulauf 28.000 PageViews und Mai 1998 bereits 860.000 (nach IVW). Netzmarkt hat 10 Mitarbeiter und vermittelt nach dem Vorbild der amerikanischen Electronic Malls Angebote meist lokaler Einzelhändler, 1998 waren es 20 Einzelunternehmen. Die Monatsmiete für einen Shop beginnt bei 500,- DM.

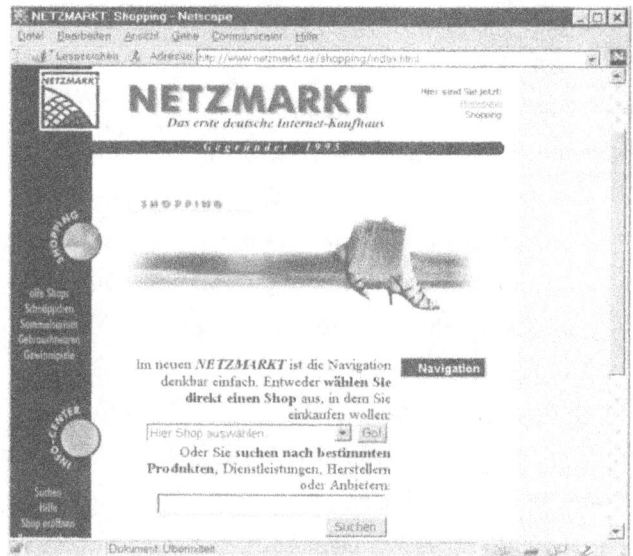

Ebenfalls sehr früh im Online-Geschäft vertreten war eines der größten Versandhäuser der Welt, der Otto Versand, allerdings anfangs nur bei T-Online und erst später auch im Internet. Mittlerweile sind über 40.000 Artikel im Internet verfügbar, davon über 8.000 mit Abbildung. Der über T-Online und im Web gemeinsam generierte Umsatz lag im Geschäftsjahr 1996/97 bei 440 Millionen DM, was immerhin 6 Prozent des Gesamtumsatzes ausmacht (mit steigender Tendenz).

Shopping24 der Shopping24 Gesellschaft für multimediale Anwendungen mbH ist erst im

Oktober 1997 vom Otto Versand eröffnet worden und behauptet, die größte deutschsprachige Shopping Mall im Internet zu sein. 13 Firmen bieten über 1,5 Millionen verschiedene Artikel an, die mit sofortiger Lieferauskunft online bestellbar sind. Bereits im ersten Jahr wird ein siebenstelliger Monatsumsatz angestrebt.

Ein ähnliches Konzept verfolgt der Konkurrent City 24. City 24 bietet zwar mehr Läden, nämlich 40, aber die Auswahl beschränkt sich trotzdem auf eine geringere Anzahl bestellbarer Artikel.

My-World wurde Oktober 1996 von Karstadt gegründet und konnte schon bald in 17 Shops über 150.000 Produkte anbieten. 1998 umfaßte das Angebot über ein Million online bestellbare Produkte. Schon nach wenigen Monaten konnte My-World bis zu 10.000 Besucher pro Tag zählen und etwa 2 Prozent davon als Kunden gewinnen. Und diese haben sich nicht nur durch die bunte Bilderwelt geklickt, sondern immerhin soviel Umsatz generiert wie das kleinste reale Karstadt-Kaufhaus. My-World zählt mit zu den größten europäischen virtuellen Kaufhäusern. Verschiedene Firmen wie Karstadt, Neckermann, IBM, Dual, Optimus Bank und andere sind vertreten. Hinzu kommen Spezialangebote für Bücher, Sportartikel, Reisen, Software, Musik-CDs und Videokassetten. Bezahlt wurde vorerst per Nachnahme, Kreditkarte oder Rechnung. Karstadt bot als eines der ersten deutschen Unternehmen zusätzlich sichere Bezahlung per SET (Secure Electronic Transaction) an.

Mit der bekannteste Online Shop überhaupt ist der amerikanische Buchversandhandel Amazon, den es ausschließlich

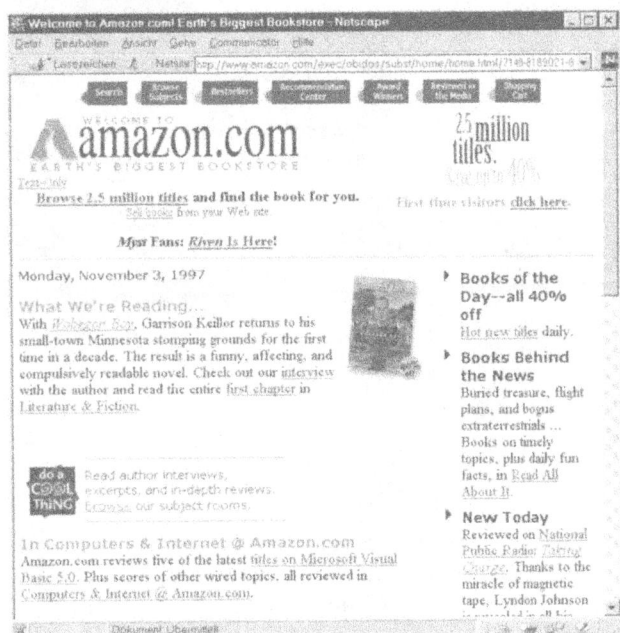

im Internet gibt. Amazon ist der weltweit größte Buchladen im Internet, hat 3 Millionen Bücher im Angebot und existiert fast nur in Form großer Datenbanken, automatisierter Abläufe und enger Kooperation mit Verlagen und Grossisten. Amazon verfeinert sein Web-Angebot durch zitierte und selbst erstellte Empfehlungslisten, Autorengespräche und Neuigkeiten aus der Branche. Über 80.000 Interessenten werden täglich gezählt. Fast ein Drittel der Bücher wird außerhalb der USA verkauft. Geliefert wird meistens innerhalb weniger Tage per DHL oder WorldMail. Der Umsatz betrug im Gründungsjahr 1995 eine halbe Million Dollar, entwickelte sich 1996 auf 16 Millionen Dollar, 1997 auf 150 Millionen Dollar und 1998 auf 1 Milliarde Dollar. Beim Börsengang im Mai 1997 betrug der Wert der Firma 440 Millionen Dollar und stieg schon 1999 auf 4 Milliarden Dollar, obwohl Amazon noch immer Verlust einfährt (1998 immerhin 45 Millionen Dollar).

Der Regensburger ABC Bücherdienst bietet über 1 Million Bücher, davon 350.000 deutsche Titel, und erwirtschaftete mit 50 international verteilten Mitarbeitern 1997 einen Umsatz von 11 Millionen DM und 1998 von schätzungsweise 20 Millionen DM. 100.000 Kunden haben etwa 1000 Bestellungen täglich getätigt. Der ABC Bücherdienst galt als größter deutscher Internet-Buchversand, bevor er 1998 von Amazon aufgekauft wurde. Die weiteren Marktführer in Deutschland sind Buch.de AG (mit 10 Millionen DM Umsatz pro Jahr) und der Zusammenschluß von 350 Buchhändlern mit dem Buchgroßhändler Lingenbrink (Libri).

Barnes & Noble ist die umsatzstärkste Buchkette der USA und der weltweit zweitgrößte Buchladen im Internet mit 3 Millionen Büchern von 27.000 Verlagen und einem Umsatz von 65 Millionen Dollar in 1997. An den Internet-Aktivitäten der amerikanischen Barnes & Noble ist die deutsche Bertelsmann zu 50 Prozent beteiligt. In Deutschland will Bertelsmann mit BOL 1999 einen eigenen Buchladen mit 4 Millionen Buchtiteln gründen.

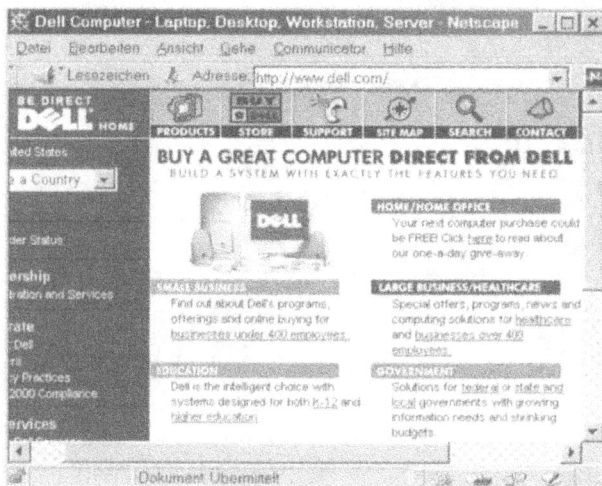

Bei der amerikanischen Computer-Versandhandelsfirma Dell addieren sich mehrere optimale Voraussetzungen. Dell war schon vorher Pionier des Computer-Direktvertriebs und Internet-Surfer brauchen Computer. Zusätzlich verstand es Dell als einer der ersten Anbieter, die interaktiven Möglichkeiten des Internets einzusetzen und die gewünschte Rechnerkonfiguration per Internet auswählen zu lassen. So ist es nicht verwunderlich, daß Dell pro Tag zehn Millionen Dollar über das Internet erwirtschaftet. Auf die amerikanische Web-Site greifen mehr Besucher zu, als sich Anrufer per Telefon melden. Sogar noch übertroffen wird Dell vom Computer-Hersteller Compaq, vom amerikanischen Router-Hersteller Cisco und dem CPU-Produzenten Intel.

Der Tübinger Systemhersteller Transtec bietet 4500 System-, Storage- und Netzwerkprodukte online an. Per Internet kann das Zusammenspiel der ausgesuchten Komponenten in einem Konfigurator überprüft werden. 1997 wurde ein Umsatz von insgesamt 200 Millionen DM erwirtschaftet. Transtec gewann 1998 beim Wettbewerb „Electronic Commerce im Mittelstand" des Forums 2000 und des Wirtschaftsministeriums in der Kategorie „Kunden-/Lieferantenanbindung" den ersten Preis. Transtec erreichte dies durch konsequente Integration des Internets mit dem Warenwirtschaftssystem. Die Kunden können (nach Paßworteingabe) ihre bisherigen Aufträge und Vorgänge genau verfolgen und per Paket-Tracking ihre Bestellungen kontrollieren.

In einer Studie von Zimmermann von der Universität St. Gallen (Schweiz) wird EMB (Electronic Mall Bodensee) als ein regionaler elektronischer Marktplatz vorgestellt. Angebote gibt es in den Rubriken Einkaufen, Business, Technologie, Bildung und Beruf, News und Medien, Land und Leute, Städte und Gemeinden sowie Kultur und Unterhaltung. Besonders kleinen und mittleren Unternehmen wird der Einstieg in Electronic-Commerce-Anwendungen erleichtert. Über 1000 Institutionen und Organisationen sind über EMB erreichbar, davon über 150 regionale Unternehmen. Der Vorteil für die Anbieter: Solche Zusammenschlüsse erreichen einen größeren Bekanntheitsgrad und es können verschiedene Dienste mitbenutzt werden, wie zum Beispiel Produktkataloge, Bestellsysteme, Zahlungssysteme, EDI-Integration, Sicherheits- und Rechtsdienste, Zollabwicklung und Zertifizierungsdienste. Als Vorteile werden genannt: Neue Kommunikationskanäle zur Kundengewinnung bzw. verbesserte Kundenbetreuung, Realisierung neuer Absatzkanäle, Markterweiterung ohne großen Kostenaufwand, verbesserte Qualität der Informationen für Kunden, flexibleres Reagieren auf den Markt und ein nicht zu unterschätzender Image-Gewinn. Der regionale Bezug schafft eine Identifikation, die sich positiv auf die Akzeptanz auswirkt. Schon bald nach der Einführung wurden 400.000 Zugriffe pro Monat gezählt.

Es gibt allerdings nicht nur positive Beispiele. Auch groß angelegte Cybermalls haben es nicht leicht. Die bekanntesten Flops sind der MCI Marketplace, Shopping 2000 und IBM World Avenue.

8.3 Aufbau des Online Shopping und Electronic Commerce

Online Shopping einzurichten, bedeutet mehr als nur eine Web-Site aufzubauen. Erfolgreiches E-Business setzt eine gut ausgebaute Infrastruktur und Logistik sowie gutes Marketing voraus. Das Web-Angebot sollte als Frontend eines gut funktionierenden Systems und nicht etwa als Problemlöser angesetzt werden.

Die Vorgänge beim Online Shopping sehen für den Benutzer meistens recht einfach aus, aber benötigen aufwendige Strukturen. Das grafische Interface muß gestaltet und vor allem gepflegt werden, die zugrunde liegenden Datenbanken und Transaktionssysteme müssen stabil konzipiert sein und eine sichere Bezahlung muß gewährleistet werden. Für den Anwender muß alles schnell, flexibel und zuverlässig funktionieren, auch bei starkem Besucherandrang. Für die Entwicklung großer Online-Kataloge muß man mit Kosten von über 100.000,- DM rechnen, dazu addiert sich die weitere Pflege. Schnittstellen zur Kundendatenbank, Produktdatenbank, Auftragsbearbeitung, Lagerverwaltung, Rechnungsstellung, Zahlungsverkehr und Anbindung an Kreditkarteninstitute müssen eingerichtet und verwaltet werden. Diese Warenwirtschaftssysteme müssen an die betriebliche EDV mit Finanzbuchhaltung, Anlagenbuchhaltung und Personalabrechnung gekoppelt werden. Besonders die physikalische Logistik des Warenversands macht mehr Aufwand als häufig ursprünglich angenommen wird. Deshalb sind Unternehmen im Vorteil, die schon einen funktionierenden Versandhandel betreiben. Der Fachverband Informationstechnik im VDMA und ZVEI veranschlagt die durchschnittlichen Kosten für die Einrichtung von Online Shopping mit über 70.000,- DM und den monatlichen Aufwand mit 10.000,- DM.

Bevor Sie einen Online Shop einrichten, sollten Sie bei mehreren anderen Web-Sites Waren online bestellt haben. Notieren Sie genau die Erfahrungen, die Sie dabei gemacht haben und bitten Sie andere Personen ebenfalls, von ihren Erfahrungen zu berichten:

- Wie sind Sie an diese Web-Site geraten?
- Haben Sie sich schnell auf der Web-Site zurechtgefunden, haben Sie schnell das gesuchte Produkt gefunden?
- Hätten Sie bei der Produktauswahl mehr Unterstützung benötigt?
- Sind Sie während der Produktsuche auf andere ebenfalls interessante Dinge gestoßen (ohne daß Sie unangenehm bedrängt wurden)?
- War das Bestellformular übersichtlich und einfach?
- Hatten Sie Probleme, die für Sie passende Versandart und Zahlungsweise zu wählen? Waren Ihnen die Geschäftsbedingungen ausreichend klar?
- Wirkt der Shop seriös und vertrauenerweckend?
- Hatten Sie ein gutes oder ein mulmiges Gefühl?
- Hat der Einkauf Spaß gemacht, würden Sie hier nochmals kaufen wollen?
- Falls Sie mit der Leistung unzufrieden waren, was sind die Gründe?
- Wenn Sie einige Wochen später an Ihr Einkaufserlebnis zurückdenken, an welche Details können Sie sich am besten erinnern?

Nehmen Sie die hier gewonnenen Erfahrungen sehr ernst. Auf Ihrer eigenen Web-Site ist Ihnen selbst genau klar, wie der Kunde vorzugehen hat, um schnell zum gewünschten Ergebnis zu kommen. Sie bemerken deshalb Schwachstellen und Unklarheiten nicht so gut. Ein Besuch bei der Konkurrenz zeigt sehr deutlich die Unterschiede. Einige Systeme sind viel einfacher und angenehmer zu bedienen, wirken vertrauenswürdiger, bieten Interessanteres und laden viel eher zu weiteren Besuchen ein.

Alle Shopping Systeme bieten mittlerweile die Möglichkeit, Waren in einem sogenannten Warenkorb (shopping cart) zu sammeln. Der zu zahlende Betrag wird automatisch aufsummiert, Versandkosten und Umsatzsteuer hinzugerechnet und Zuschläge oder Vergünstigungen berücksichtigt. Einige bieten die automatische Überprüfung, ob die Ware vorrätig ist und teilen die voraussichtliche Lieferzeit mit. Auch nach der Bestellung kann eventuell der Lieferstatus genau abgefragt werden (was sehr nützlich ist und telefonische Rückfragen erspart) oder sogar das Paket auf dem Laufband per Videokamera bewundert werden (was als Marketing-Gag interessant ist).

Shopping-Systeme mit einem möglichst flexiblen Suchregister, womit nach beliebigen Begriffen und Begriffskombinationen gesucht werden kann, bieten dem Kunden einen entscheidenden Vorteil. Besonderen Komfort können Suchmaschinen bieten, die Suchanfragen in Satzform erlauben, wie es Ask Jeeves Inc. (http://www.askjeeves.com) demonstriert.

Manche Systeme bieten Produktvergleiche, indem zwei Produktseiten gleichzeitig nebeneinander dargestellt werden. Der Kunde wird sich auch freuen, wenn zu den Produkten Hyperlinks zu den Herstellerfirmen oder sogar zu im Web veröffentlichten vergleichenden Produkttests von Fachzeitschriften hinzugefügt werden. Bei einem Angebot mehrerer ähnlicher Artikel kann auch ein elektronischer Assistent hilfreich sein, der die passenden Fragen stellt, um die Auswahl des richtigen Produkts zu unterstützen. Einen (noch) ganz besonderen Service können Sie mit der Kundenberatung per Tele-Web bieten, wie sie im Kapitel „Auf welchen Elementen basiert erfolgreiches Web-Marketing?" ab Seite 177 erläutert ist. Darüber ist der direkte Kontakt des Kunden zum Kundenberater möglich.

In bestimmten Sparten erwarten die Benutzer Beispiele und Kostproben Ihrer Produkte, die das Online-Shopping-System anbieten können muß. Dies können Bilder, Hörproben, Demos oder Software-Tests (per Citrix MetaFrame) sein.

Einen besonderen Touch und gesteigerte Attraktivität können Sie Ihrem Online Shop verleihen, wenn Sie den Kunden die Kommunikation mit anderen Kunden ermöglichen. Dies ist nicht in jedem Umfeld sinnvoll, doch können einige Bereiche durchaus gewinnen. Der amerikanische Buchversandhandel Amazon zeigt, wie es funktionieren kann. Zu den Einträgen in den Bücherdatenbanken können die Kunden ihre Meinung äußern und für andere sichtbar hinterlassen. Teilweise beteiligen sich auch die Autoren an den Diskussionen. Das stellt natürlich besondere Ansprüche an das Online-Shopping-System, was diese Einträge verwalten können muß.

Besonders raffinierte Online Shops beobachten, welche Seiten der Besucher anwählt und welche Artikel ihn besonders interessieren. Daran anknüpfend können dann entsprechend passende Werbeeinblendungen den Kunden zu weiteren Käufen anregen, indem etwa ähnliche Artikel oder wichtiges Zubehör zu schon gekauften Produkten dargeboten wird. Diese automatisierte Individualität (Customization, One-to-One-Marketing, Relationship-Marketing) hat auch für den Kunden Vorteile, wenn sie nicht aufdringlich ist.

In einigen Sparten kann Mass Customization (kundenindividuelle Massenproduktion) erfolgreich sein. Dabei werden per Internet spezielle Wünsche oder Maße erfragt und kundenindividuelle Produkte hergestellt, meistens mit einem Aufpreis von vielleicht 10 Prozent, wie es etwa Levi Strauss (http://www.levi.com) vormacht, wo Jeans nach Maß bestellt werden können.

Zeigen Sie hohe Professionalität. Bieten Sie auf Ihrem Spezialgebiet ein möglichst komplettes Sortiment an. Erleichtern Sie die Auswahl zwischen ähnlichen Produkten, indem Sie Vorteile und Nachteile objektiv aufzählen.

Das Angebot muß topaktuell sein. Veraltete Angaben werden nicht verziehen, sondern zeugen von einer ungepflegten und uninteressanten Web-Site. Unterschätzen Sie nicht den hierfür notwendigen Pflegeaufwand.

Achten Sie besonders bei Online Shops auf Seriosität. Ihre Web-Site muß sehr vertrauenerweckend wirken, sonst wird niemand Geld investieren wollen. Ihr Geschäft sollte auch möglichst real wirken und nicht wie ein nur virtuelles (nicht wirklich existentes) Geschäft. Wenn vorhanden, fügen Sie Bilder Ihres Kataloges oder Firmengebäudes ein. Sonst geben Sie zumindest Ihre Adresse und Telefonnummer an.

Im Kapitel „Marketing über das Internet" ab Seite 167 finden Sie viele weitere Hinweise zum Web-Marketing.

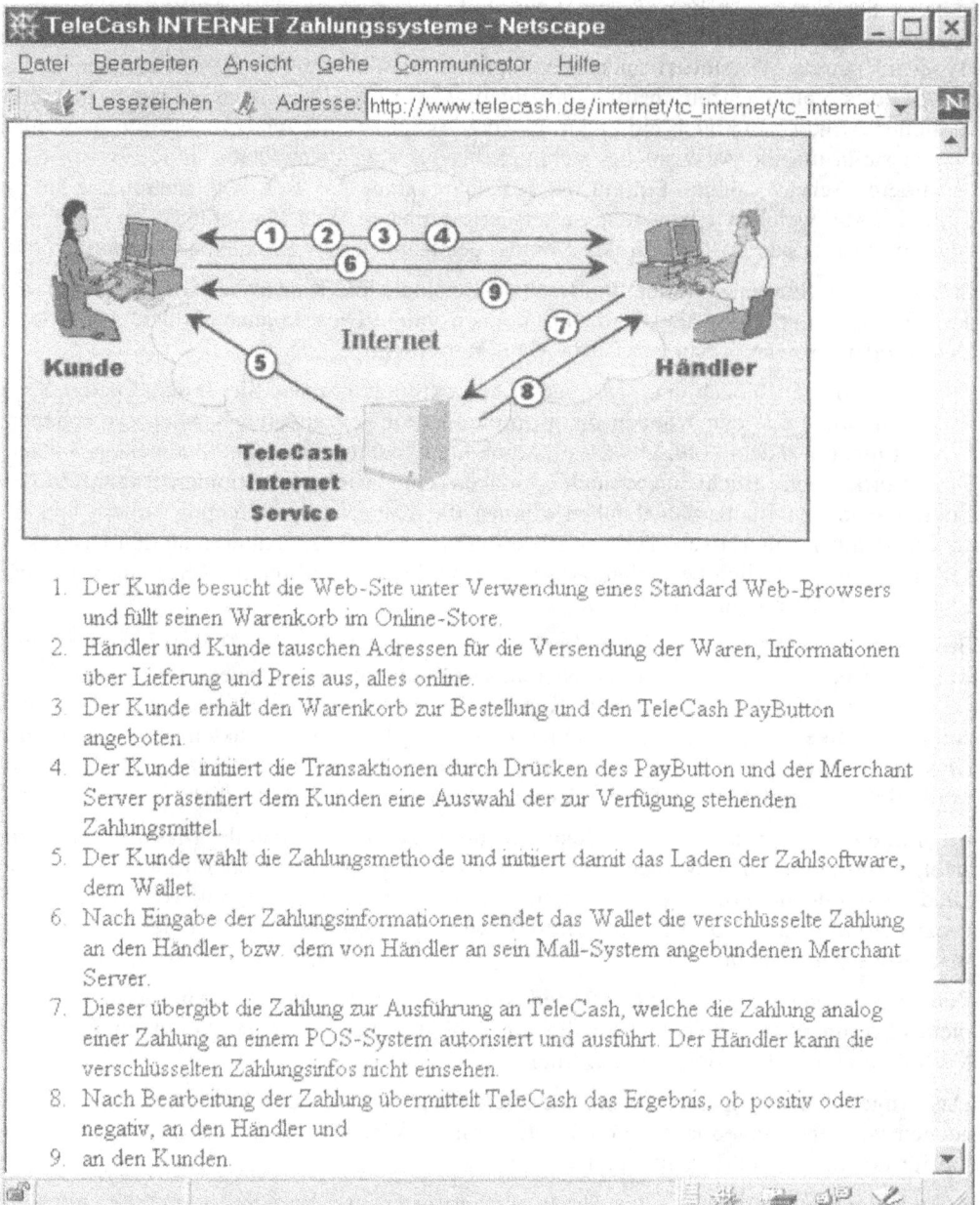

1. Der Kunde besucht die Web-Site unter Verwendung eines Standard Web-Browsers und füllt seinen Warenkorb im Online-Store.
2. Händler und Kunde tauschen Adressen für die Versendung der Waren, Informationen über Lieferung und Preis aus, alles online.
3. Der Kunde erhält den Warenkorb zur Bestellung und den TeleCash PayButton angeboten.
4. Der Kunde initiiert die Transaktionen durch Drücken des PayButton und der Merchant Server präsentiert dem Kunden eine Auswahl der zur Verfügung stehenden Zahlungsmittel.
5. Der Kunde wählt die Zahlungsmethode und initiiert damit das Laden der Zahlsoftware, dem Wallet.
6. Nach Eingabe der Zahlungsinformationen sendet das Wallet die verschlüsselte Zahlung an den Händler, bzw. dem von Händler an sein Mall-System angebundenen Merchant Server.
7. Dieser übergibt die Zahlung zur Ausführung an TeleCash, welche die Zahlung analog einer Zahlung an einem POS-System autorisiert und ausführt. Der Händler kann die verschlüsselten Zahlungsinfos nicht einsehen.
8. Nach Bearbeitung der Zahlung übermittelt TeleCash das Ergebnis, ob positiv oder negativ, an den Händler und
9. an den Kunden.

Erstellen Sie leicht verständliche und juristisch einwandfreie Allgemeine Geschäftsbedingungen (AGB) und präsentieren Sie diese (oder zumindest einen Hyperlink darauf) deutlich sichtbar vor Abschluß eines Geschäftes. Beachten Sie auch die Hinweise im Kapitel „Rechtliche Aspekte" ab Seite 192. Wenn Sie nicht wissen, wie man Geschäftsbedingungen formuliert, holen Sie sich fachkundigen Rat und studieren Sie die Geschäftsbedingungen Ihrer Konkurrenz.

Erläutern Sie unübersehbar und leicht verständlich die Versandwege und Zahlungsmöglichkeiten.

Fragen Sie bei ungesicherten Web-Verbindungen nicht nach Kreditkartennummern und anderen vertraulichen Informationen. Erlauben Sie nur sichere Zahlungsweisen, entweder per SSL (Secure Sockets Layer) oder SET (Secure Electronic Transaction), wie sie im Kapitel „Bezahlung über das Internet" ab Seite 215 beschrieben sind. Sie benötigen Anschluß an ein Kreditkarten-Clearing-Center. Weiteres hierzu erfahren Sie bei der GZS Gesellschaft für Zahlungssysteme (http://www.gzs.de) oder auch bei Visa (http://www.visa.de) und MasterCard (http://www.mastercard.com). Fertige Lösungen zur Zahlungsabwicklung bieten TeleCash (IBM und Telekom, http://www.telecash.de) und VeriFone (http://www.verifone.com). Einfache CGI-Skripte zur Kreditkarten-Validierung finden Sie auch bei Matt's Script Archive (http://www.worldwidemart.com/scripts).

Nicht alle Kunden haben eine Kreditkarte und einige trauen vielleicht auch den mittlerweile sicheren Standards wie SET noch nicht. Bieten Sie für solche Kunden auch andere Zahlungsformen an, etwa per Nachnahme.

Bei Online Shops im Internet müssen Sie mit internationaler Kundschaft rechnen. Geben Sie an, in welche Länder Sie zu welchen Bedingungen liefern. Sie müssen nicht unbedingt fremde Währungen akzeptieren, aber Sie müssen Steuer- und Zollformalitäten korrekt behandeln. Mit diesen komplexen und sich häufig ändernden Aufgabenstellungen sollten Sie externe Provider beauftragen, die das während des Bestellvorgangs per Internet erledigen, wie etwa Taxware International Inc. (http://www.taxware.com). Achten Sie darauf, daß Ihr Online-Shopping-System eine entsprechende Schnittstelle anbietet.

Übrigens ist im Internet eine spezielle dreibuchstabige Abkürzung der Währungen üblich. Die ersten beiden Buchstaben entsprechen der Top-Level-Domain des Landes und der dritte Buchstabe steht für die landesintern verwendete Währungsbezeichnung. Wenn Sie mit internationaler Kundschaft rechnen, sollten Sie die Preise also nicht in DM, sondern in DEM angeben. Andere Beispiele: für österreichische Schilling nicht öS sondern ATS sowie USD für US-Dollar und FIM für die finnische Mark.

Sie können die Lagerung der Ware, die Verpackung und die Auslieferung von einer anderen Firma ausführen lassen. Günstig ist in diesem Fall ein automatisierter Datenaustausch per EDIFACT, wie er im Kapitel „Elektronischer Geschäftsdatenaustausch per EDI" ab Seite 221 beschrieben ist. Die bekanntesten Transportunternehmen sind Federal Express Corp. (http://www.fedex.com) und UPS Online (http://www.ups.com).

Kalkulieren Sie eine gewisse Rücklaufquote ein. Wie beim Versandhandel steht dem Kunden auch bei Bestellungen im Internet ein gesetzlich vorgeschriebenes bedingungsloses Rückgaberecht zu.

Prüfen Sie die Seriosität Ihrer Kunden per Online-Bonitätsprüfung (etwa wie City 24 mit dem Bonitätsprüfungssystem von InFoScore/Infodata). Prüfen Sie die Kreditkarteninformationen unter Einbezug der Rechnungsanschrift (AVS, Address Verification System).

Beantworten Sie die Bestellung sofort (möglichst nach der Prüfung der Zahlungsmodalitäten bzw. der Kreditkarteninformationen) mit einer Auftragsbestätigung.

Speichern Sie keine vertraulichen Kundendaten (besonders keine Paßwörter und Kreditkarteninformationen) auf dem im Internet eingebundenen Web-Server. Sie müssen immer mit Hackereinbrüchen rechnen. Kundendaten dürfen nur auf sicheren Rechnern (etwa hinter einer Firewall) gespeichert werden. Nach einer Untersuchung der WheelGroup Corp. sind besonders gerne E-Commerce-Sites und Home-Shopping-Angebote Ziele von Hackern.

Weitere Informationen zu Electronic Commerce finden Sie in der W3C Electronic Commerce Area (http://www.w3.org/ECommerce), beim FTK Dortmund (http://www.electronic-commerce.org), bei CommerceNet (http://www.commerce.net) und unter der I-Sales Discussion List (http://www.mmgco.com/isales.html). Das Bundeswirtschaftsministerium hat E-Commerce-Beratungsstellen (Kompetenzzentren) eingerichtet (http://www.bmwi.de/kompetenz.html).

8.4 Web-Server für Online Shopping und Electronic Commerce

Normale Web-Server sind im Kapitel „Web-Server-Software für das Internet oder Intranet" ab Seite 93 aufgezählt. Für kommerziellen Einsatz als Web-Einkaufsmarkt sind aber spezialisierte Web-Server vorzuziehen. Die Systeme sind allerdings nur schwer zu vergleichen. Es gibt erhebliche Unterschiede, sowohl was die Eigenschaften, Ausbaumöglichkeiten und Anwendungsbereiche angeht, als auch bei den Systemkosten. Einfachste Systeme sind für ca. 2.000,- DM zu bekommen (G.I.V., Forman Interactive und The Internet Factory), mittlere Systeme liegen bei 5.000,- DM bis 20.000,- DM (Intershop Online, Microsoft Site Server, IBM Net.Commerce und iCat) und High-End-Systeme beginnen über 100.000,- DM (Netscape CommerceXpert, Oracle Internet Commerce Server und Open Market OM-Transact).

- OM-Transact von Open Market (http://www.openmarket.com/transact) bietet eine komplette Backoffice-Infrastruktur für sicheren Electronic Commerce inklusive sichere Bezahlung (SET, CyberCash), sichere Bestellabwicklung und Transaction Processing. OM-Transact ist eine der besten, aber auch eine der teuersten Lösungen. Bevorzugte Plattformen sind Sun, Silicon Graphics und Hewlett-Packard.

- Oracle bietet den im Oracle Internet Commerce (OIC) enthaltenen Internet Commerce Server (ICS) (http://www.oracle.com/ecommerce), der besonders auf Datenintegrität und Zuverlässigkeit getrimmt ist und sich deshalb für elektronische Transaktionen im Web eignet. Er ist voll in den Oracle Universal Server integriert, beherrscht Transaction Processing, verfügt über eine virtuelle Java-Maschine und basiert auf CORBA. SSL

(Secure Sockets Layer), SET (Secure Electronic Transaction), CyberCash und VeriFone werden unterstützt.

- Netscape CommerceXpert (http://www.netscape.com/ commapps) ist ausgelegt für Tausende Produkte und Hunderte gleichzeitiger Transaktionen. Ein separater Transaction Server wickelt Bestellvorgänge ab inklusive EDI-Unterstützung. Produkte können über ein Suchsystem gefunden werden. Multimedia-Objekte können eingebunden werden. Bevorzugte Betriebssysteme sind Sun Solaris und Silicon Graphics Irix. Ende 1997 hat Netscape die Firma Actra Business Systems LLC (http://www.actracorp.com) komplett übernommen. Actra war als Joint-Venture zwischen Netscape und GEIS General Electric Information Systems zur Entwicklung von Software für den elektronischen Handel gegründet worden.

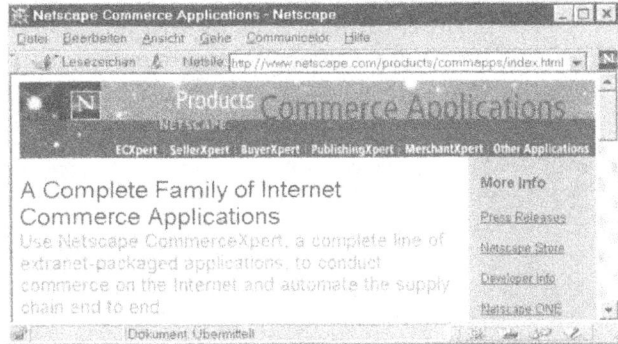

- Der Microsoft Site Server Enterprise Edition (http:// www.microsoft.com/siteser ver) enthält den Commerce Server und ist für Firmen, die über das WWW Waren und Dienstleistungen anbieten und verkaufen möchten. Das System kann ausgebaut werden bis hin zu Einkaufsstraßen mit verschiedenen Händlern und Warenangeboten. Um schnell einen solchen Server anbieten zu können, hat Microsoft 1996 die Firma eShop Inc. übernommen. eShop betreibt mit seinem Client/Server-System für Online Shopping erfolgreich den Online-Markt eShop Plaza im Internet. Der Site Server kann in bestehende BackOffice-Lösungen integriert werden oder an andere Auftragsbearbeitungs- und Buchhaltungssysteme oder betriebswirtschaftliche Software wie etwa SAP R/3 gekoppelt werden. Beliebige relationale Datenbanken werden über ODBC integriert (Open Data Base Connectivity). Der Site Server unterstützt Unternehmensabläufe wie Auftragsannahme, Inventur und Versand. Geschäftliche Transaktionen und Zahlungsabwicklungen werden durch eine flexibel einsetzbare Order Processing Pipeline und Evaluierungs-Software von VeriFone gesichert. VeriFone ist der Marktführer für Kreditkartenautorisierung. Der SET-Standard (Secure Electronic Transactions) sichert Bezahlungen. Der Store Builder Wizard erleichtert das Entwickeln der Web-Site. Wenn das Outfit einer der vier mitgelieferten Beispiel-Shops zusagt, wird

man sehr schnell zu einem stabil laufenden Shop kommen. Wird eigenes Design gewünscht oder sollen Erweiterungen hinzugefügt werden, wird es deutlich schwieriger. Der Site Server ist äußerst flexibel und läßt sich nahezu beliebig anpassen, allerdings werden dann schnell Programmiererfahrungen mit ActiveX unabdingbar. Die Administration kann auch von einem entfernten Rechner aus per Web-Browser durchgeführt werden. Microsoft nennt auf seiner Web-Site viele Anbieter, die den Site Server einsetzen würden, zum Beispiel Dell Computer.

- Mit der Server-Software Net.Commerce von IBM (http://www.software.ibm.co m/commerce/net.commerce) können virtuelle Ladenbesitzer einen interaktiven Produktkatalog aufbauen. Net .Commerce läßt sich relativ leicht installieren und ist ziemlich komplett. Allerdings bietet es weniger Flexibilität als andere Produkte. Net.Commerce beinhaltet einen Online-Bestellservice, ermöglicht elektronische Bezahlung per SET-Standard, bietet Java-Unterstützung und ermöglicht Rundgänge im virtuellen 3D-Raum. Bevorzugte Betriebssysteme

  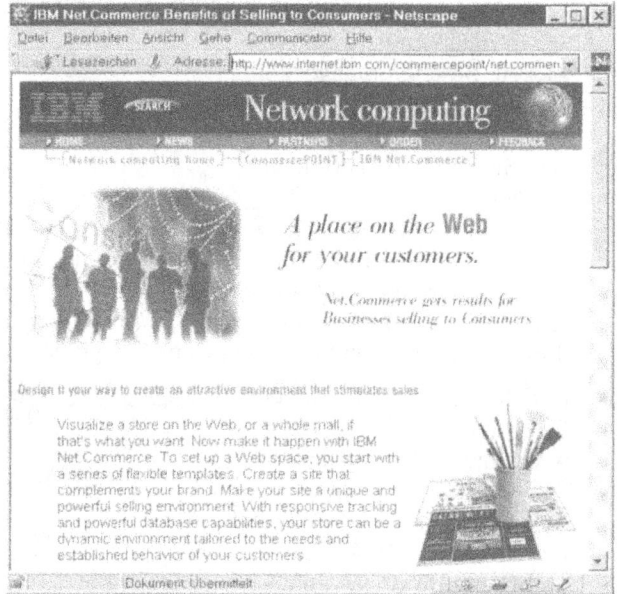

  sind IBM AIX und Windows NT. Als Web-Server kann IBMs Internet Connection Secure Server (ICSS) eingesetzt werden, als Datenbank wird IBMs DB2 eingesetzt. Die Administration kann von einem entfernten Rechner aus per Web-Browser durchgeführt werden. Karstadts bekanntes My-World benutzt Net.Commerce.

- Die ursprünglich deutsche Firma (aus Jena) INTERSHOP Communications Inc. (http://www.intershop.de) hat sich auf Internet Commerce spezialisiert und wirbt für ihre Programme Intershop Online und Intershop Mall, die es Händlern leicht machen sollen, ihre Waren im Internet online anzubieten. Intershop erfüllt die Anforderungen an eine Standard-Software für Online Shopping am besten, bietet den komplettesten Umfang und ermöglicht die reibungslose und schnelle Erstellung des eigenen Shops. Zu einem vergleichsweise moderaten Preis (9000,- DM) wird ein nahezu schlüsselfertiger Online Shop mit einem sehr vollständigen aber trotzdem flexiblen Leistungsumfang mit Produktkatalog, Administrierungswerkzeug, Bezahlung und Fakturierung geboten. Es kann ein komplettes Warenwirtschaftssystem aufgebaut werden. Standardvorlagen erleichtern die Katalogerstellung. Es sind nicht zwingend HTML- oder Programmierkenntnisse notwendig, wenngleich sie zur Verfeinerung gewinnbringend eingesetzt werden können. Intershop Online kann unter verschiedenen Betriebssystemen betrieben werden, etwa Windows NT, Solaris, HP-UX oder AIX. Java und ActiveX werden unterstützt. Ein eigener Web-Server ist enthalten, es kann aber auch ein externer wie etwa Microsoft Internet Information Server benutzt werden. Bezahlung über SSL, SET oder CyberCash wird unterstützt. Intershop bietet die besten Anpassungsmöglichkeiten an unterschiedliche Sprachen und lokale Gegebenheiten (Lokalisierung), was insbesondere für deutsche Anbieter wichtig ist. Der Anwender kann sich seine gewünschte Landessprache aussuchen, der Administrator muß dafür lediglich verschiedensprachige Texte vorsehen, die Daten kommen immer aus demselben Datenbestand der Datenbank. Der Kunde kann den Auftragsstatus auch später nach der Bestellung verfolgen. Als Datenbank ist der leistungsfähige Sybase SQL Server enthalten, es können aber auch andere RDBMS über ODBC gekoppelt werden. Die Administration kann auch aus der Ferne per Web-Browser erfolgen. Übrigens basiert T-Mart, die Komplettlösung für das Electronic Business der Telekom (http://www.dtag.de/t-mart, http://www.t-mart.de), auf Intershop.

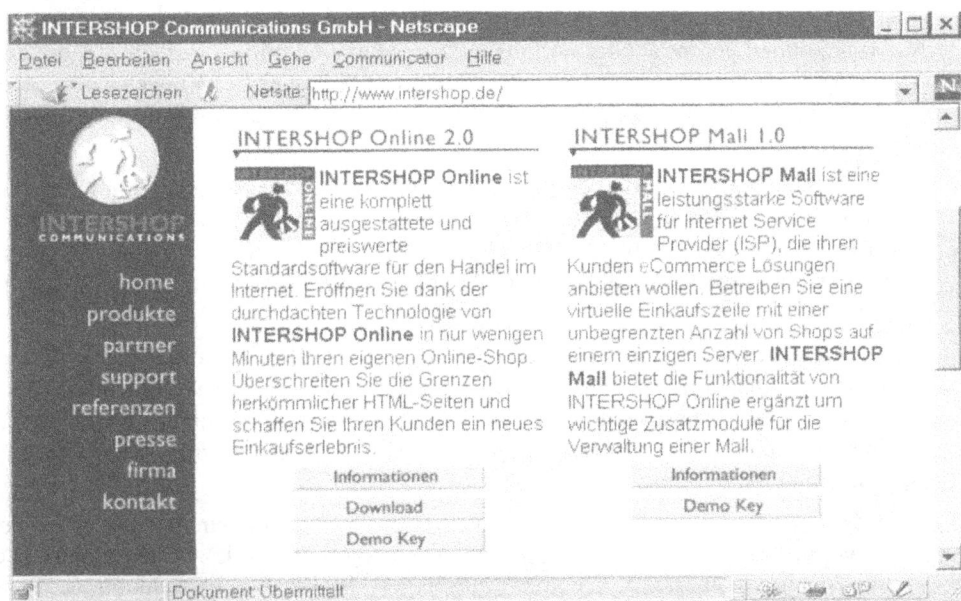

Weitere Internet-Server und Point-of-Sale-Systeme für den Internet-Kommerz bieten Debis AG (http://www.debis.de), G.I.V. mbH (http://www.givmbh.de), iCat Europe Ltd. (http://www.icat.co.uk, http://www.icat.com), InterWorld (http://www.interworld.com), Lotus/IBM (http://www.lotus.com), SNI (http://www.entropolis.de) und The Internet Factory (http://www.ifact.com) an.

Will man nicht selbst einen Web-Server einrichten und warten, kann man sich relativ preiswert einen Shop auf einem fremden Web-Server mieten. Dies muß keine Cybermall sein, es kann auch ein eigener Laden unter eigener Domain sein, der vielleicht zusammen mit anderen Shops auf dem gleichen Server läuft, aber aus Kundensicht alleinstehend ist.

• Die Bertelsmann-Tochter Telemedia bietet mit Markt24 (http://www.telemedia.de/praxis/markt24.html) ein umfangreiches Angebot zur Einbindung anderer Firmen. Es kann sowohl vorhandene Shopping-Software eingebunden werden als auch die Präsentation der Produktpalette gestaltet werden, externe Produktdatenbanken können angeschlossen werden und die Administration, Angebotsaktualisierung, Produktsuche,

Authentifizierung der Kunden, Bestellabwicklung, Verwaltung, Bezahlung und auf Wunsch auch der Versand können von Markt24 übernommen werden. Die Sicherheit wird durch zuverlässige Transaktionssysteme, Firewalls und Verschlüsselung und Authentifizierung per SSL gewährleistet.

- Bei Viaweb / Yahoo! Inc. (http://www.viaweb.com, http://store.yahoo.com) können Sie sich Ihren Shop per Web-Browser einrichten. Sie brauchen keinen eigenen Web-Server, sondern nutzen Viawebs Hosting Service. Gerade für Einsteiger ist dieser Dienst sehr günstig. Die monatlichen Gebühren hängen von der Zahl der angebotenen Produkte ab und betragen nur 100 Dollar bei 20 oder 300 Dollar bei bis zu 1000 Produkten. Zur Gestaltung einfacher Web-Seiten sind keinerlei HTML- oder Programmierkenntnisse notwendig. Trotzdem ist das System flexibel genug, um mit entsprechenden Kenntnissen auch anspruchsvollere Seiten bereitstellen zu können. Die diversen Shops entsprechen nicht alle dem gleichen Schema, sondern können sich erheblich unterscheiden. Aufträge können per Web oder notfalls auch per Fax übermittelt werden. Kreditkartenbezahlung wird per SSL gesichert. Der Gesamtumsatz aller bei Viaweb beheimateten Shops (http://www.viamall.com) mit 80.000 Produkten betrug 1997 über eine Million DM pro Monat.

- Einen weiteren einfachen Mietservice bietet WebSale der PNS Presentation NetServices (http://www.pns.de). Ab 90,- DM pro Monat können Server-Kapazitäten gemietet werden. Die Features sind recht einfach gehalten, es gibt keine Suchfunktion, die Aktualisierung erfolgt mittels Textlisten und Aufträge gelangen per Fax oder E-Mail zum Anbieter.

- Falls Sie vielleicht viele Katalogseiten haben, aber für Ihre Bestellseite mit nur einer HTML-Seite auskommen können, können Sie sich auch den sehr einfach gehaltenen, aber dafür äußerst preiswerten Online Shop von BuBiS ansehen (http://www.go-shopping.net, ab 5,- DM pro Monat). Wie die Demo-Shops zeigen, lassen sich kleine Angebote durchaus damit realisieren.

Weitere Shops finden Sie bei Hip Hip Software (http://www.merchandizer.com), Logisma (http://www.logisma.de) und IBS (http://www.shopping-aixpress.de). Team Centric Software (http://www.webmart.de), Deu.net (http://www.deu.net) und Schlund & Partner (http://www.shoplight.de) bieten sogar einfache nahezu kostenlose Shops.

Statt einen eigenen Server zu betreiben oder sich einen eigenen Shop auf einem fremden Web-Server zu mieten, können Sie sich auch bei einer der größeren Cybermalls eingliedern. Cybermalls sind virtuelle Einkaufszentren, die viele Shops unter einem Dach und unter einer Internet-Adresse anbieten. Man kann zwei verschiedene Arten von Shopping Malls unterscheiden. Die eine Gruppe bietet vorwiegend eine Startseite, über die dann zu individuellen und voneinander unabhängigen Angeboten verzweigt wird. Die bekanntesten Vertreter sind:

- City 24 (http://www.city24.de) und

- Shopping24 (http://www.shopping24.de).

Die zweite Gruppe, zu der die am meisten besuchten Shopping Malls gehören, übernimmt dagegen das komplette Hosting der Geschäfte und integriert sie in ein einheitliches Gesamtsystem, wie bei:

- Netzmarkt (http://www.netzmarkt.de) und

- My-World (http://www.my-world.de).

Mieten bis zu 1000,- DM pro Monat für Shops in Cybermalls können eine sinnvolle Investition darstellen. Höhere Gebühren sollten genauer hinterfragt werden. Die Vorteile der Cybermalls sind:

- repräsentative Umgebung - ist im Internet weniger wichtig als im realen Leben,

- bekanntere Web-Adresse - unwichtig für per Suchmaschine suchende Quereinsteiger,

- Web-Server-Hosting - bietet Ihnen Ihr Internet-Provider zu geringeren Kosten und

- vorgefertigte Infrastruktur und sichere Bezahlung - kann durch vorgefertigte Softwarepakete nachgebildet werden.

Übrig bleibt hauptsächlich die Möglichkeit, daß Besucher der Cybermall zufällig auf Ihre Web-Site stoßen und Ihre Besucherzahl erhöhen. Sie müssen abwägen, ob sich dafür höhere Mietgebühren lohnen oder ob Sie das Geld in eigene Marketing-Kampagnen investieren wollen. Informationen zu Shopping Malls finden Sie auch im Kapitel „Erfolgreiche Web-Einkaufsmärkte und elektronische Marktplätze" ab Seite 200.

8.5   Bezahlung über das Internet

Electronic Cash

In einer Studie von Löbbecke/Butzbach an der Universität in Köln wird die Entwicklung des englischen Internet Book Shops iBS (http://www.bookshop.co.uk) beschrieben. iBS gehörte 1995 zu den größten Online-Buchhandlungen, obwohl iBS nur 14 Mitarbeiter hatte. iBS bot damals schon 750.000 Bücher und erleichterte die Auswahl durch Beschreibungen, Zusammenfassungen, Rezensionen und Beispielkapitel. Im ersten Jahr wurden nur ca. 50 Bücher pro Monat abgesetzt. Als im September 1995 der komplette Bestell- und Bezahlvorgang Online ermöglicht wurde, steigerte sich der Umsatz bald auf 1500 Bücher pro Monat. Bezahlt wird Online per Kreditkarte.

Dieses und andere Beispiele zeigen, daß das Internet als kommerzieller Absatzkanal dann besonders erfolgreich ist, wenn die geschäftlichen Vorgänge komplett Online durchgeführt werden können. Zum Electronic Commerce zählt sowohl die Warenauswahl, als auch der Bestellvorgang und insbesondere ein einfaches und sicheres Zahlungssystem. Dem sicheren Geldtransfer und der elektronischen Bezahlung im Internet kommt somit eine Schlüsselrolle zu. Da die Entwicklung noch nicht abgeschlossen ist, können nur Tendenzen und einzelne Projekte aufgezählt werden.

Drei Anforderungen müssen bei Online-Bezahlung gewährleistet werden:

- Vertraulichkeit (z.B. durch Verschlüsselung) und

- Integrität von Bestell- und Zahlungsinformationen (Fälschungssicherheit, z.B. durch digitale Signaturen) sowie

- Authentifizierung des Kunden und auch des Händlers (Identifizierung, z.B. durch Zertifikate).

Bereits im Einsatz ist die verschlüsselte Übermittlung von Kreditkarteninformationen per SSL-fähigem Web-Browser (Secure Sockets Layer). Dies ist ein erheblicher Fortschritt gegenüber der früher häufigen unverschlüsselten Übermittlung von Kreditkarteninformationen. Aber da der Händler alle Kreditkarteninformationen im Klartext erhält, könnte er diese theoretisch mißbrauchen. Auch ist keine Anonymität möglich, die Geldflüsse sind offensichtlich. Sie erkennen eine gesicherte SSL-Verbindung an dem geänderten Protokoll HTTPS statt HTTP (nicht zu verwechseln mit shtml), an einer Sicherheitsmitteilung des Browsers und an dem geschlossenem Schlüsselsymbol in der Statuszeile. Sie sollten sich genauere Sicherheitsinformationen der Web-Seite (z.B. die Schlüssellänge) über die vom Browser mitgeteilten Eigenschaften der Web-Seite anzeigen lassen, indem Sie:

- mit rechter Maustaste in die Web-Seite klicken und „Informationen anzeigen" bzw. „Eigenschaften" anwählen oder

- im Menü „Ansicht" / „Seiten-/Rahmeninformationen" bzw. „Datei" / „Eigenschaften" wählen.

Die Anzeige der Rahmeninformationen ist auch die einzige Möglichkeiten bei Frames, die vorher genannten Merkmale funktionieren nicht mit Frames. Wenn Sie wissen wollen, ob Ihre Web-Browser-Version überhaupt große Schlüssellängen unterstützt, können Sie C2Net (https://www.c2.net) anwählen und die Schlüssellänge prüfen.

Seit 1997 gibt es Web-Browser, die den von Visa, MasterCard, Microsoft, Netscape und RSA entwickelten SET-Standard (Secure Electronic Transaction, http://www.mastercard .com/set) verwenden, um eine sichere Bezahlung mit Kreditkarten übers Internet zu ermöglichen. Bei SET wird die Kundeninformation zweigeteilt. Der Kunde installiert eine Software auf seinem PC, die als elektronische Geldbörse (Wallet) funktioniert. Der Händler benötigt eine elektronische Registrierkasse (eTill) und erhält nur noch die Order des Kunden. Die eigentliche Kreditkarteninformation wird verschlüsselt an das Payment Gateway, eine Clearing-Stelle oder ein Kreditkarteninstitut geleitet, das dann verschlüsselt dem Händler eine Bestätigung schickt. SET hat den Vorteil, daß der Händler die Kreditkarteninformationen nicht zu sehen bekommt. Aber SET hat noch zwei Nachteile. Zum einen ist die Bezahlung von Kleinbeträgen unter 10,- DM unwirtschaftlich, da Transaktionsgebühren bezahlt werden müssen. Zum anderen ist keine Anonymität möglich, der Datenschutz wird ausgehöhlt. Erstmalig eingesetzt wurde SET zum Jahreswechsel 1996/97 von Danish Payment Systems (http://www.pbs.dk). Auch die größte Handelskette der USA, Wal-Mart Stores Inc. (http://www.wal-mart.com), ermöglicht die Bezahlung seiner per Internet angebotenen mehr als 40.000 Produkte mit SET. Als eines der ersten deutschen Unternehmen bietet Karstadt in seiner Online Mall My-World (http://www.my-world.de) seit Juli 1997 die Bezahlung über SET an. Auch die EMB Electronic Mall Bodensee (http://www.emb.net) testet SET und die Commerzbank (http://www.commerzbank.de) und die Citibank (http://www.citibank.de) unterstützten schon früh SET. Die wichtigsten Anbieter von Software für SET sind IBM, VeriFone und die deutsche Firma Brokat Informationssysteme GmbH aus Böblingen (http://www.brokat.de).

Zur Bezahlung von Kleinstbeträgen (unter 10,- DM, Micropayment) und wenn Anonymität gefordert ist, werden den Verfahren E-Cash von Digicash (http://www.digicash.com),

CyberCoin von CyberCash (http://www.cybercash.com) und MilliCent von Digital Equipment Corp. (http://www.millicent.digital.com) gute Chancen eingeräumt. Bei kleinen Beträgen scheiden Kreditkartenverfahren (wie etwa SET) wegen zu hoher Transaktionskosten aus. Bei E-Cash werden bei der Bank elektronische Münzen gekauft. Dies sind Bytefolgen, die erzeugt werden, indem der Benutzer mittels der E-Cash-Software eine Seriennummer generiert, die von der Bank signiert wird. Der Anwender kann diese elektronischen Münzen auf Diskette oder Festplatte speichern, bis er damit etwa beim Online Shopping Waren bezahlt. Die Bytefolgen der elektronischen Münzen werden zum Händler geschickt, der sie zur Bank weiterleitet, die dann den entsprechenden Betrag gutschreibt. Anschließend sperrt die Bank die Seriennummer dieser Münze um zu verhindern, daß sie nochmals verwendet wird. Da die Bank nicht die Seriennummer erzeugt hat, ist Anonymität gewährleistet, wie bei richtigen Geldstücken. Die Bank weiß nicht, wer bei dem Händler Waren gekauft hat. Bei keinem anderen Verfahren ist Anonymität so vollständig gewährleistet, wie bei E-Cash. Außerdem bekommt der Händler keine Kreditkarteninformationen, sondern nur den abgezählten Geldbetrag. Allerdings hat sich diese Form des Electronic Cash bislang noch nicht durchsetzen können. Vielleicht gelingt der Durchbruch, wenn die Deutsche Bank die Unterstützung von E-Cash wahr macht, wie unter http://www.deutsche-bank.de/wwwforum/ecash/index.htm angekündigt. Andererseits gab es Ende 1998 Berichte, nach denen Digicash kurz vor dem Konkurs stehen soll.

Electronic Cash ist sehr viel leichter zu handhaben, wenn die elektronischen Münzen auf Geldkarten gespeichert sind, ähnlich wie bei Telefonkarten. Diese Prozessor-Chipkarten (SmartCards) entsprechen der Norm ISO 7816 und enthalten eine CPU, RAM, ein kleines Betriebssystem inklusive Verschlüsselungsroutinen und kommunizieren über eine serielle Halbduplex-Verbindung. Während in Deutschland nur 15 Millionen Kreditkarten in Umlauf sind, gibt es bereits 45 Millionen Geldkarten (von denen allerdings viele lediglich als normale EC-Karte benutzt werden) und es gibt ca. 54.000 Akzeptanzstellen für Geldkarten (Point of Sales). Anonymität ist gegenüber den Händlern vollständig gewährleistet. Bei den Banken werden die Transaktionen allerdings gespeichert, um Mißbrauch aufdecken zu können. Kleinstbeträge können abgebucht werden und die Sicherheit ist sehr hoch, selbst die gefürchteten trojanischen Pferde kommen nicht an die geschützten Daten. Chipkarten wird deshalb eine große Zukunft vorausgesagt. Während Kreditkartengebühren bis zu 4 Prozent des Umsatzes betragen, kostet eine Transaktion per Geldkarte nur 0,02 DM oder 0,3 Prozent. Allerdings ist die mit Geldkarten bezahlbare Summe auf maximal 400,- DM begrenzt, während Kreditkarten auch wesentlich höhere Summen begleichen können. Chipkarten können am Automat oder auch übers Internet durch eine Kontoabbuchung aufgeladen werden. Die Citibank in Amerika hat 1997 erstmalig per Telefonleitung aufladbare Chipkarten angeboten. Persönliche Chipkarten-Terminals von VeriFone und die Client/Server-Software VeriSmart stellten die Verbindung zur Bank her. Mit der aufgeladenen Chipkarte kann der Kunde überall einkaufen, wo Chipkartenlesegeräte verfügbar sind. Auf der CeBIT 1998 wurde vorgeführt, wie sich die Geldkarte beim Online Shopping im Internet einsetzen läßt. Allerdings steht die Zertifizierung durch den ZKA (Zentraler Kreditausschuß) noch aus. Der Anwender braucht ein am Computer angeschlossenes Chipkartenlesegerät, was zur Zeit noch etwa 150,- DM kostet. Erst bei ausreichend hoher Nachfrage wird der Preis auf 50,- DM sinken. In Frage kommen verschiedene Modelle: externe Kartenlesegeräte zum Anschluß an die serielle Schnittstelle (z.B. von Bull oder Orga), Tastaturen mit eingebautem Kartenleser (z.B. von Giesecke & Devrient), wie eine

Diskette in ein normales 3,5"-Diskettenlaufwerk einzuschiebende Adapter (z.B. von SmartDiskette) oder besonders kleine für Laptops geeignete Adapter (z.B. von Towitoko). Das Java Card Forum plant, über im Handy eingesetzte SIM-Karten mobile Telefone zu elektronischen Geldbörsen zu erweitern. Die in Deutschland eingesetzte Software zur Benutzung von Geldkarten im Internet stammt von Bankdienstleistern wie Brokat, Ikoss Van oder TeleCash.

Die 1997 von Hewlett-Packard aufgekaufte Firma VeriFone (http://www.verifone.com) ist weltweiter Marktführer bei Software für E-Commerce. 1996 sollen über 60 Prozent der in USA auf elektronischem Wege umgesetzten Summen über VeriFone-Systeme abgerechnet worden sein, was VeriFone einen Umsatz von 470 Millionen Dollar bescherte. VeriFone stellt Kartenlesegeräte her, führt online Kreditkartenautorisierungen durch, bietet Software, mit der Geld über das Internet geschickt werden kann, und ermöglicht das Aufladen von SmartCards mit Bargeld vom Bankkonto von zu Hause aus über die Telefonleitung. Ebenfalls ein sehr großer Abwickler von Kreditkartenzahlungen ist First Data Corp.

Die Fülle an verschiedenen Systemen zum elektronischem Bezahlen ist verwirrend und wirkt mehr hemmend als fördernd, es mangelt an erfolgreichen Standardisierungen. In der Tabelle werden die wichtigsten Verfahren gegenübergestellt:

Verfahren	Basis	geeignet f. Summe, Transakt.-Geb.	Verfügbarkeit / Anonymität
TeleCash ELV, CyberCash edd	Lastschrift	> 10,- DM	in Vorbereitung / keine Anon.
SET www.setco.org	Kreditkarte, Wallet	> 20,- DM, ca. 0,50 DM / 2%	verfügbar / eingeschränkt
TeleCash www.telecash.de	Kreditkarte, Java-Applet	> 20,- DM, 0,10..0,50 DM / 2%	verfügbar / eingeschränkt
CyberCash www.cybercash.de	Kreditkarte, Wallet	> 20,- DM, ca. 0,40 DM / 2%	verfügbar / eingeschränkt
CyberCoin www.cybercash.de	Guthabensystem, Wallet	0,05...20,- DM	Pilotversuch / eingeschränkt
MilliCent www.millicent.digital.com	Guthabensystem	< 5,- DM	Pilotversuch / eingeschränkt
E-Cash www.digicash.com	Guthabensystem, Wallet	0,10...400,- DM	Pilotversuch / höchste Anon.
ZKA-Geldkarte www.telecash.de	Guthabensystem, Geldkarte	0,01...400,- DM, 0,02 DM / 0,3%	fast verfügbar / eingeschränkt
T-Online Billing www.t-online.de	T-Online-Zugang, Telefonrechnung	0,01...10,- DM oder Zeittakt	in Vorbereitung / eingeschränkt

In Zukunft sollen T-Online-Benutzer einfach mit ihrer Telefonnummer kostenpflichtige Internet-Angebote bezahlen können (TOB, T-Online Billing). Die deutsche Telekom-

Tochter will dazu ihre T-Online-Software um ein eigenes E-Commerce-System ausrüsten, mit der Rechnungsbeträge über die Telefonrechnung abgebucht werden können, wie dies schon länger beim proprietären BTX-Dienst möglich ist. Alle Transaktionen gehen über einen Zugangsknoten, der alle kostenpflichtigen Nutzungsvorgänge protokolliert. Jeder Anbieter muß vor seinen Server eine Security-Box schalten, während der Web-Browser des Kunden einen Sicherheitszusatz braucht. Sobald ein User ein kostenpflichtiges Angebot abruft, baut der Anbieter eine Sicherheitsverbindung zum Billing-Server bei T-Online auf. Der überprüft die IP-Adresse des Users mit den momentan von T-Online vergebenen Adressen, gleicht sie miteinander ab und überprüft ihre Richtigkeit. Wenn alle Angaben stimmen, wird der Betrag mit der nächsten Telefonrechnung beim Kunden abgebucht und dem Anbieter gutgeschrieben.

Weiterführende Informationen bietet das W3C (http://www.w3.org/ECommerce) und das Institut für Betriebswirtschaftliche Geldwirtschaft der Universität Göttingen (http://www .wiso.gwdg.de/ifbg/ifbgheim.html).

Homebanking

Anders als im abgekapselten T-Online gab es im offenen Internet lange Zeit kein Homebanking. Deshalb ist es interessant zu beobachten, wie sich das Internet-Homebanking entwickelt. In Deutschland wurden 1999 laut dem Bundesverband deutscher Banken (http://www.bdb.de, http://www.bankenverband.de) von den 80 Millionen Girokonten bereits 6,6 Millionen online geführt, die meisten allerdings noch per T-Online. Aber die Zahl der Internet-Nutzer zeigt stark steigende Tendenz.

Die Sparda-Bank Hamburg (http://www.sparda-hh.de) benutzt seit August 1996 den MeCHIP von ESD aus Dölzig/Leipzig (http://www.esd.de) zur Hardware-Verschlüsselung für Homebanking über das Internet. Der MeCHIP ist normalerweise in einem Modul integriert, das an den Parallelport angeschlossen wird, er ist aber auch als ISA- oder PCMCIA-Steckkarte erhältlich. Die Sparda-Bank ist die bislang einzige Bank, die ihrer eigenen Technologie soweit vertraut, daß sie bei Mißbrauch haftet und gewisse Sicherheitsgarantien bietet.

Seit 1996 gibt es Kryptoverfahren als Java-Applet. Brokat Informationssysteme (http:// www.brokat.de) hat X*Presso und G&H Banken-Software (http://www.bancos.com) hat Bancos Online entwickelt. Noch im Sommer 1997 basierten 90 Prozent aller Internet-Banking-Installationen in Deutschland auf diesen Systemen. Der Vorteil: Die Java-Applets funktionieren ähnlich wie SSL, aber können statt der von der amerikanischen Regierung für den Export freigegebenen 40-bit- bzw. 56-bit-Verschlüsselung mit 128 bit langen Schlüsseln arbeiten, was die Sicherheit erhöht. Seit 1997 benutzen die Deutsche Bank (http://www.deutsche-bank.de), die Bank24 (http://www.bank24.de), die Direkt Anlage Bank (http://www.diraba.de) und ConSors (http://www.consors.de) das Java-Applet von Brokat. Unter http://www.deutsche-bank.de/banking/faq/index.htm beschrieb die Deutsche Bank 1997 die Sicherheitsmaßnahmen folgendermaßen: Verfahren, die 128-stellige Schlüssel verwenden, gelten als bedenkenlos sicher. Amerikanische Banken verwenden entsprechende in den USA entwickelte Standard-Software für die Datenübertragung über das Internet. Die Exportbestimmung der USA erlauben aber nur den Export von Software mit kürzeren Schlüsseln. Schlüssel dieser Größenordnung können mit ca. 64 MIPS-Jahren geknackt werden (Zum Vergleich: Ein handelsüblicher PC leistet derzeit ca. 300 MIPS).

Die Deutsche Bank will sich deshalb nicht auf Kodierungen dieser Art bei der Übertragung sensibler Kundendaten verlassen und hat ein mehrstufiges Sicherheitsverfahren implementiert. Auf der Protokollebene wird SSL (Secure Socket Layer) von Netscape mit nur 40-stelligem Schlüssel verwendet. Innerhalb des Java-Programms erfolgt eine weitere Verschlüsselung mit allgemein als sicher anerkannten Verfahren IDEA mit 128-stelligen Schlüsseln, RSA und MD5. Bei der Übertragung von Daten werden elektronische Signaturen verwendet, um sicherzustellen, daß sie ohne Modifikation auf ihren Rechner gelangen. Sie schützen ihren Kontozugang durch eine persönliche Identifikationsnummer (PIN) und Ihre Transaktionen durch einmalig gültige Transaktionsnummern (TAN). Die fünfstellige PIN ist vergleichbar mit einer Geheimzahl einer Kreditkarte. Zusätzlich zur PIN muß bei einer Transaktion (z.B. Überweisung) eine sechsstellige TAN angegeben werden. Diese eingegebene TAN ist einmalig gültig und nach der Transaktion nicht wieder verwendbar. Für eine weitere Transaktion muß eine neue TAN angegeben werden. Um auszuschließen, daß Hacker die Sicherheit kompromittieren, ist die Verbindung mit dem Internet auf wenige klar identifizierte Zugangsknoten begrenzt und mit Firewalls abgesichert. Der Datenverkehr wird über diese Schnittstelle in beide Richtungen kontrolliert und überwacht. Nur solche Übertragungen sind zugelassen, die einem vorher festgelegten Regelsatz entsprechen, alle anderen Übertragungen werden verhindert. Sowohl die Firewall-Lösung als auch das Gesamtsystem des Internet Banking wurden durch eine Wirtschaftsprüfungsgesellschaft geprüft und zertifiziert.

HBCI (Homebanking Computer Interface) vom ZKA (Zentraler Kreditausschuß) ist ein EDI-Standard, der den Datenaustausch zwischen Kunden und Banken regelt. Über eine einheitliche Bildschirmoberfläche und Schnittstelle unabhängig von der Art des Internet-Zugangs können mit verschiedenen Banken und Sparkassen Bankgeschäfte, wie Kontoeröffnungen, Überweisungen, Daueraufträge, u.s.w., erledigt werden. Sowohl TANs als auch Chipkarten können dabei Verwendung finden und auch Software-basierte RSA/DES-Algorithmen. Leider entspricht HBCI nicht dem EDIFACT-Standard (Electronic Data Interchange for Administration, Commerce and Transport), obwohl dies technisch durchaus möglich gewesen wäre und EDIFACT bei der Kommunikation zwischen Firmenkunden und Banken schon länger im Einsatz ist. Informationen über HBCI gibt es beim Informatikzentrum der Sparkassenorganisation (http://www.siz.de), bei den Volks- und Raiffeisenbanken (http://www.vrnet.de) oder dem Bundesverband deutscher Banken (http://www.bdb.de). HBCI-Lösungen für Finanzdienstleister bieten die Firmen Brokat Systeme, Isoft Kommunikationstechnologien und Faktum Softwareentwicklung an.

HBCI wurde erstmalig 1997 bei der Raiffeisen-Volksbank in Mainz eingesetzt. Der Kunde bekommt dort eine Geheimnummer und eine personalisierte Diskette mit dem mit der Geheimnummer verschlüsseltem Private Key. Man benötigt also kein Chipkartenlesegerät oder eine andere Hardware-Erweiterung wie etwa beim MeCHIP. Als erstes überregionales deutsches Kreditinstitut bietet die BfG Bank AG seit 1998 Internet-Banking nach HBCI an. Hierbei benötigt der Kunde ein Chipkartenlesegerät für 50,- DM.

Konkurrenz könnte HBCI durch internationale Standardisierungsbemühungen bekommen, wie etwa das von Microsoft und Intuit initiierte OFX (Open Financial Exchange).

Die American Banking Association hat die Kosten von Bank-Transaktionen verglichen. Dabei betrugen die Kosten für einen Überweisungsauftrag per Internet statt per persönlichen Service nur ein Hundertstel:

- 1,00 Dollar bei Überweisung in Niederlassung mit persönlichem Service,

- 0,54 Dollar beim Telefon-Banking,

- 0,27 Dollar beim SB-Automat und

- 0,01 Dollar beim Internet-Banking.

8.6 Elektronischer Geschäftsdatenaustausch per EDI

Um die hohen Erfassungs- und Bearbeitungskosten von Bestellungen und anderer Geschäftsvorgänge per Papier zu reduzieren und die Geschäftsvorgänge zu beschleunigen, kommt vermehrt elektronische Datenübernahme und -verarbeitung zum Einsatz. Das Rationalisierungspotential ist beträchtlich.

Der elektronische Austausch von Geschäftsdaten zwischen Firmen bei kaufmännischen Transaktionen und Electronic Commerce wird EDI genannt, was Electronic Data Interchange bedeutet. EDI funktioniert nur, wenn beide Partner die gleichen Standards verwenden, was zur Zeit noch nicht immer gewährleistet ist.

EDIFACT (Electronic Data Interchange for Administration, Commerce and Transport) ist ein solcher von der UN zusammen mit ISO und ANSI erarbeiteter Standard für den elektronischen Austausch von Geschäftsdaten (ISO 9735, DIN 16556). EDIFACT wird in den Bereichen Angebots- und Auftragsabwicklung, Bestellwesen, Lagerverwaltung, mobile Datenerfassung und Datenaustausch mit Kunden, Lieferanten und Banken eingesetzt. Der Einsatz von EDIFACT bringt den Kommunikationspartnern bei Standardformularen, Rechnungen, Lieferscheinen und anderen geschäftlichen Dokumenten folgende Vorteile:

- EDIFACT automatisiert den manuellen Verwaltungsaufwand und hilft, Bürokosten einzusparen,

- steigert die Datensicherheit, da ein Medienbruch vermieden wird,

- beschleunigt die Zahlungsabwicklung,

- reduziert Porto- und Verpackungskosten,

- schafft schnellere Informationsbereitstellung und

- verkürzt Zollangelegenheiten.

EDI benutzen über 80 Prozent der Großunternehmen. Aber nicht nur Großunternehmen, auch zum Beispiel die vielen Tausend Zulieferbetriebe der Automobilindustrie tauschen ihre kommerziellen Daten über EDI aus. Häufig fungiert ein Großunternehmen in einer derartigen EDI-Gemeinschaft als Initiator und treibende Kraft, während seine Lieferanten sich an der vorgegebenen Technologie und den definierten Standards orientieren müssen.

Die Planungs- und Implementierungskosten für ein EDI-System teilen sich nach einer Untersuchung des Institutes für Wirtschaftsinformatik der Universität Hamburg in etwa folgendermaßen auf:

- 30 % Anpassungskosten der betriebswirtschaftlichen Anwendung,

- 30 % Software-Kosten,

- 16 % Hardware-Kosten,

- 12 % externe und interne Personal- und Beratungskosten,

- 8 % Schulungskosten,

- 4 % Informationsbeschaffung.

Die Verbindung zwischen den EDI-Teilnehmern erfolgt bislang entweder über eine direkte Telefonleitung, über spezielle VPNs (virtuelle private Netzwerke), über geschlossene teure VANs (Value Added Network, z.B. von GEIS oder Vebacom) oder über EDI-Clearinghäuser. Zur Zeit laufen Anstrengungen, eine sichere geschützte Verbindung für EDI-Dienste über das Internet zu ermöglichen, etwa per abgesichertem Extranet, was zu erheblichen Kosteneinsparungen führen kann. Die Marktforschungsfirma TSI International veranschlagt die Kosten eines kleineren EDI-Anwenders mit bis zu 25.000 Messages pro Monat über ein VAN mit ca. 20.000 Dollar, während das gleiche Datenaufkommen über das Internet übertragen nur ein Zehntel kosten würde, jeweils inklusive der Kosten für Mietleitungen, Software und sonstige Infrastruktur. Natürlich muß bei einem solchen Vergleich genau auf die Verfügbarkeit, Ausfallsicherheit und Sicherheitsmechanismen geachtet werden.

Als Pionier für EDI im Internet gilt das Lawrence Livermore National Laboratory. Dort wurden seit 1992 über zwei Millionen EDI-Transaktionen über das Internet abgewickelt. Das Experiment wurde erfolgreich durchgeführt und bewies die wesentlich geringeren Kosten bei guter Zuverlässigkeit und Qualität.

RFC 1767 definiert Methoden, um EDI-Transaktionen per MIME-E-Mail versenden zu können. Die Arbeitsgruppe EDIINT der IETF (Internet Engineering Task Force) arbeitet an Standards, um EDI über das Internet mit hohen Ansprüchen an Vertraulichkeit, Integrität und eindeutiger Signatur der Transaktion zu ermöglichen.

Die Hersteller von EDI-Lösungen bemühen sich mittlerweile verstärkt um den Mittelstand, indem preiswertere, unter Windows betriebene und über das Internet nutzbare, Systeme angeboten werden. Bekannte Hersteller von Internet-fähigen EDI-Lösungen sind SNI Siemens Nixdorf Informationssysteme AG (http://www.sni.de), Harbinger Corp. (http://www.harbinger.com), Sterling Commerce (http://www.stercomm.com), GEIS General Electric Information Services (http://www.geis.com) und Actis (http://www.actis.de).

Electronic Commerce Systems (ECS) mit Retail Catalog und Harbinger mit Harbinger Express bieten Gateways an, über die Bestellungen aus einem Online-WWW-Warenangebot automatisch direkt in ein Standard-EDI-Format konvertiert werden. Die WWW-Daten werden über SSL gesichert zum Gateway übertragen, dort in EDI-Daten konvertiert und anschließend in das EDI-Auftragseingangssystem des Anbieters übertragen. Das Verfahren wird auch WebEDI genannt. Eine Transaktion soll etwa soviel wie das Porto eines Briefes kosten.

Viele weitere nützliche Informationen bietet die Deutsche EDI-Gesellschaft e.V. (http://www.dedig.de) in ihrem EDI-Jahrbuch 98.

9 Internet-Telefonie, Videokonferenz, Application Sharing, Fax

9.1 Internet-Telefonie

Warum sollte man auf die Idee kommen, über das Internet telefonieren zu wollen? Der Grund sind die niedrigen Gesprächsgebühren. Eine Verbindung nach Australien oder sonstwohin kostet kaum mehr als ein Ortsgespräch. Zudem paßt die Internet-Telefonie gut in die Konzepte der in größeren Unternehmen immer häufiger eingesetzten Corporate Networks (CN), bei denen die verschiedenen Dienste, wie LAN-Datenübertragung und Telefonie, über gemeinsame Kabel laufen.

Die derzeitigen Programme bieten allerdings nicht den vom normalen Telefonieren gewohnten Komfort. Es kommt zu Aussetzern und Echos, der Ton erscheint fast eine halbe Sekunde zeitversetzt beim Gesprächspartner, es kann eventuell nur mit Gesprächspartnern kommuniziert werden, die die gleiche Software benutzen und der Verbindungsaufbau ist umständlich. Der Anzurufende muß seinen Rechner eingeschaltet und seinen Internet-Anschluß aktiv haben. Aber an diesen Mängeln wird fieberhaft gearbeitet, da der Internet-Telefonie eine große Zukunft vorhergesagt wird.

Die heute weit verbreiteten Handies mußten früher mit ähnlichen Schwierigkeiten kämpfen. Besonders die anfangs schlechte Übertragungsqualität verleitete damals, einen Mißerfolg zu prognostizieren. Heute sind sie für viele aus dem täglichen Leben nicht mehr wegzudenken.

Viele Internet-Telefonprogramme bieten außer der Möglichkeit zu telefonieren noch weitere Zusatzfunktionen, zum Beispiel ein Chat-Fenster, worüber eingetippter Text von

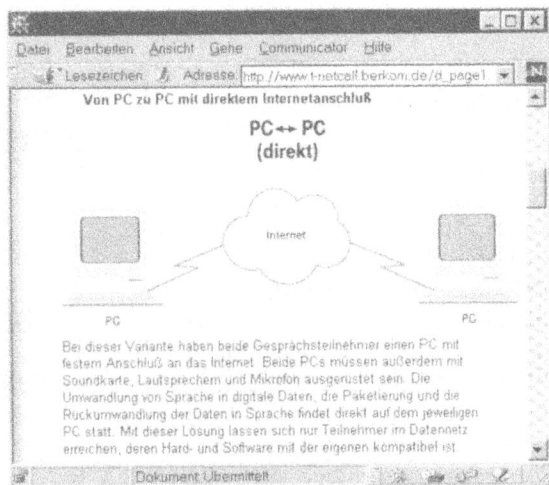

den Gesprächspartnern gesehen werden kann, oder ein sogenanntes Whiteboard, über das die Gesprächspartner parallel zum Telefongespräch Text und Grafik gleichzeitig sehen und bearbeiten können. Auch Application Sharing kann ermöglicht werden, womit Anwendungen auf dem Rechner eines Teilnehmers von diesem für den Zugriff durch andere Teilnehmer freigegeben werden können. Application Sharing und Whiteboard sind im Kapitel „Application Sharing und Whiteboard" ab Seite 233 näher beschrieben. Bei schneller Internet-Anbindung kann auch Bildtelefonie eingesetzt werden, wie in den folgenden Kapiteln über Videokonferenzsysteme beschrieben ist.

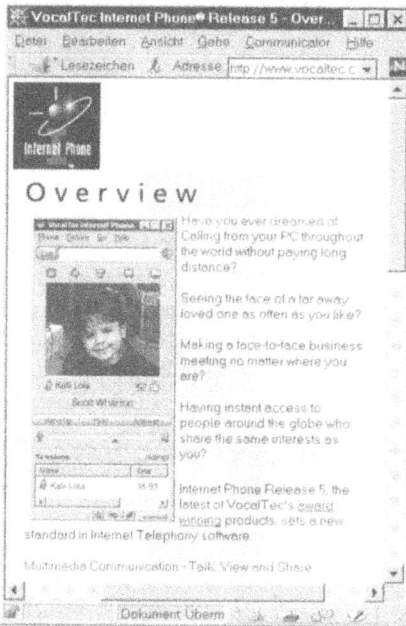

VocalTec (http://www.vocaltec.com) gilt als der Erfinder der Internet-Telefonie. Sein Programm Iphone (Internet Phone) gehört immer noch zu den besten. Neue Versionen bieten sogar über spezielle Gateways (ITSP, Internet Telephony Service Provider) die Möglichkeit, Telefongespräche zu normalen Telefonapparaten in bestimmten Gegenden zu führen.

Mittlerweile bieten auch die beiden Browser-Hersteller Microsoft und Netscape leistungsfähige Internet-Telefonprogramme. Bei Microsoft heißt es NetMeeting (http://www.microsoft.com/netmeeting) und bei Netscape früher Cooltalk und jetzt Conference (http://www.netscape.com). Netscape Conference kann außer unter Windows auch auf Macintosh- und Unix-Rechnern betrieben werden. Allerdings fehlen einige wichtige Funk-

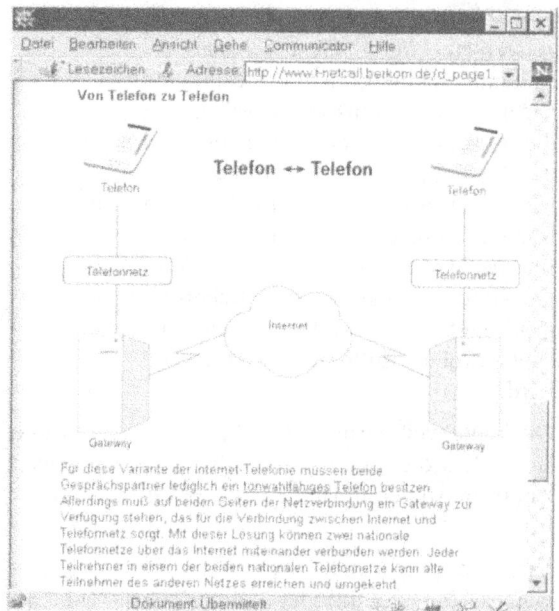

tionen wie Application Sharing und Chat mit mehr als zwei Personen. Außerdem ist die Tonqualität deutlich schlechter als mit NetMeeting. Microsoft NetMeeting läuft nur unter Windows 95/98 und Windows NT, aber auf diesen Systemen ist es das beste Conferencing-Programm, bietet die meisten Optionen wie H.323, Videoconferencing, Application Sharing, Chat mit mehr als zwei Personen und ist obendrein kostenlos. Es kann übrigens unabhängig vom Microsoft Internet Explorer eingesetzt werden.

Bei der direkten PC-zu-PC-Telefonie ist die Grundvoraussetzung zur Kommunikation zwischen Programmen verschiedener Hersteller die Kompatibilität zum H.323-Standard. Nur bei Einhaltung dieses Standards ist Kommunikation mit Fremdprodukten möglich. Doch leider reicht dies nicht immer aus, da einige Hersteller diese Kompatibilität unterschiedlich interpretieren. Für die Beseitigung dieser Kompatibilitätsprobleme setzt sich das IMTC (International Multimedia Teleconferencing Consortium, http://www.imtc .org) ein. 1998 hat das **IMTC** das **IA** (Implementation Agreement) des VoIP (Voice over IP Forum) als Standard akzeptiert. Allerdings wird die Realisierung noch eine Weile dauern. VoIP bemüht sich darüber hinaus um die Verbesserung der Qualität der Telefonie über TCP/IP durch Erweiterungen zur Garantie von Bandbreiten und QoS (Quality of Service). Weitere aktuelle Informationen finden Sie auch unter Voice on the Net (http://www.von .com).

Wenn Sie Internet-Telefonie häufiger benutzen, sollten Sie statt Lautsprecher und Mikrofon ein Headset benutzen, in dem Kopfhörer und Mikrofon integriert sind. Das verbessert die Tonqualität erheblich, weil der Gesprächspartner nicht durch das vermeintliche Echo seiner eigenen Stimme verwirrt wird. Passende Headsets bieten zum Beispiel Labtec (http://www.labtec.com) und Andrea (http://www .andreaelectronics.com).

Der entscheidende Durchbruch zu einer ernsthaften Anwendung wird erwartet, sobald flächendeckend Gateways in Betrieb gehen, die Internet-Telefonie von und zu klassischen Telefonen ermöglichen. Sogar Verbindungen zweier klassischer Telefone über das Internet wären möglich und sinnvoll, da preiswerter. Dann müßten Ortsgesprächsgebühren an die örtliche Telefongesellschaft bezahlt werden, plus Gebühren für den Internet-Provider und noch Gebühren an den Gateway-Betreiber. Aber die Summe dieser drei Gebühren liegt immer noch erheblich unter den normalen Gebühren für Gespräche ins ferne Ausland.

Vorreiter solcher neuen Dienstleistungen sind zum Beispiel Net2Phone von IDT (http://www.net2phone .com), Global Exchange Carrier (http://www.gxc .com) und Global Link (http://www.usagl.com). IDT behauptet schon jetzt, mit Net2Phone jedes beliebige Land erreichen zu können. Der Angerufene braucht keinen Computer, ein normales Telefon reicht. Ein Gespräch von Europa in die USA kostet zum Beispiel ca. 0,10 Dollar pro Minute. Abgerechnet wird über eine IDT-Debit-Card. Auch die deutsche Telekom prüft Internet-Telefonie in Kooperation mit VocalTec. T-NetCall (http://www.t-netcall.berkom.de) soll entweder über eine

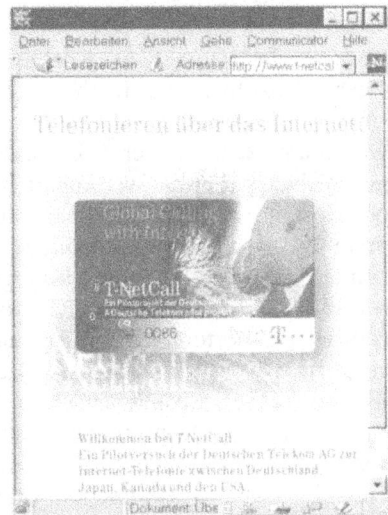

0180er Nummer oder per PC erreichbar werden und Auslandgespräche über „PC to Phone"-Gateways von Ascend/Lucent in zwölf Länder verbilligen.

Die Beratungsfirma Killen & Associates schätzt den Umsatz mit Internet-Telefonie für 1997 auf 740 Millionen Dollar, der im Jahr 2002 auf 63 Milliarden Dollar steigen soll. Das britische Beratungsunternehmen Analysys erwartet für 2003 einen Anteil der Internet-Telefonie von 25 Prozent am weltweiten Sprachverkehr.

Wie wird eine Verbindung für Internet-Telefonie aufgebaut?

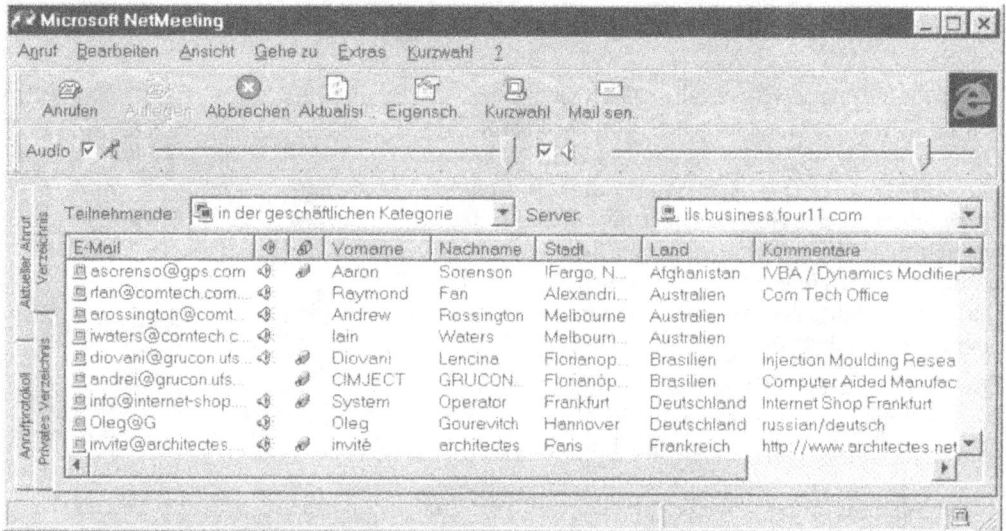

Um über das Internet von Rechner zu Rechner zu telefonieren, ist Voraussetzung, daß die Gesprächspartner ihre Rechner eingeschaltet haben und die Internet-Anbindungen aktiv sind. Ist dies nicht gewährleistet, zum Beispiel weil keine Standleitung existiert oder auf Grund unterschiedlicher Arbeitszeiten, muß mittels eines kurzen herkömmlichen Telefongesprächs ein Termin vereinbart werden. Angenommen, Sie arbeiten unter Windows mit NetMeeting und Ihr Kollege benutzt ebenso ein H.323-kompatibles Kommunikationsprogramm. Falls Sie oder Ihr Kollege eine feste IP-Nummer haben, kann diese direkt eingegeben werden. Falls bei jedem Einloggen ins Internet dynamisch neue IP-Nummern zugewiesen werden, wird der Gesprächspartner über Benutzerstandortdienste gefunden. Wenn Sie NetMeeting starten, werden Sie automatisch bei einem Benutzerstandortdienst Ihrer Wahl eingetragen und können so von jedem beliebigen anderen Teilnehmer angewählt werden. Ebenso ist Ihr Gesprächspartner in einer solchen Liste eingetragen. Der Default-ILS (Internet Locator Server) von NetMeeting ist ils.microsoft.com. Für geschäftliche Kontakte sind andere Server sinnvoller, zum Beispiel ils.business.four11.com, bei dem Sie sich bei Four11 / Yahoo! (http://people.yahoo.com) anmelden können. Viele weitere Server finden Sie unter The NetMeeting Place (http://www.netmeet.net/ilslist.htm). Durch einfaches Anklicken Ihres Gesprächspartners wird der Online-Kontakt aufgebaut. Bei Ihrem Partner ertönt ein Klingelzeichen, und er wird gefragt, ob er das Gespräch annehmen möchte. Dabei spielt es keine Rolle, ob Sie sich nur schriftlich austauschen wollen (Chat), akustisch hören wollen (falls Sie eine Soundkarte besitzen) oder sich per Bildtelefonie sehen wollen (falls eine Videokamera angeschlossen ist). Falls Sie eine dritte Person einbeziehen wollen: Auch dies wird per Konferenzschaltung einfach realisiert. Je nach Ihrer technischen Ausrüstung (und Geschwindigkeit Ihres Internet-Zugangs) können Sie gleichzeitig per Chat kommunizieren, über das Whiteboard Skizzen oder Bilder austauschen, sich unterhalten oder sogar sehen. Sie können per simplem Mausklick eine Datei auswählen, die zu Ihrem Gesprächspartner verschickt werden soll. Sie können auch Applikationen für Application Sharing freigeben, wie im Kapitel „Application Sharing und Whiteboard" ab Seite 233 erläutert wird.

Falls Sie häufig oder ständig an das Internet angeschlossen sind (z.B. per Standleitung), per Internet-Telefonie erreichbar sein wollen und über eine eigene Homepage verfügen, können Sie dort einen Hyperlink unterbringen, der Ihre Gesprächspartner direkt mit Ihnen verbindet. Die Syntax lautet:

<A HREF= "http://ils.microsoft.com/ulserver.dll?act=res;uid=MeineMailAdresse@MeineDomain">

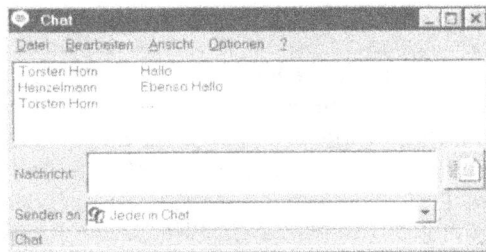

9.2 Videochat, einfache Videokonferenz

Der neueste Trend im Chat-Bereich ist Videochat. Während beim IRC (Internet Relay Chat, siehe Kapitel „E-Mail, News, Chat, ICQ", Seite 39) live online getippt und gelesen wird, bietet Videochat Sehen und Hören. Auf Grund der begrenzten Bandbreite beschränkt sich dies allerdings oft auf briefmarkengroße, ruckelnde Videoeinblendungen und krächzenden Klang. Mit ISDN-Zugang kann Videochat sinnvoll sein und Spaß machen. Spätestens mit ADSL oder Kabelmodems wird sinnvolles Arbeiten möglich werden.

Kleine Videokameras (PAL oder NTSC), meistens direkt auf den Monitoren positioniert, nehmen die Bilder der jeweiligen Gesprächspartner auf. Die Darstellung erfolgt auf der Gegenseite als Bildschirmeinblendung.

Videochat kann entweder zwischen nur zwei Personen stattfinden, dann muß der Teilnehmer aus einer Liste bei einem öffentlichen Server ausgewählt werden (oder die IP-Adresse des Teilnehmers eingegeben werden), oder mit mehr als zwei Personen über einen Multipoint-Videoconferencing-Server oder Reflector-Server, der die Video/Audiodaten der einzelnen Teilnehmer entgegen nimmt und an alle Teilnehmer weiter reicht. Eine Liste interessanter öffentlicher Reflector-Server bietet Rocket Charged (http://www .rocketcharged.com/cu-seeme). Bei einigen kann man sich versuchshalber als „Lurker" betätigen, also ohne eigene Kamera einloggen und nur zusehen.

Die wichtigsten Client-Programme für Internet-Videokonferenzen sind CU-SeeMe von White Pine und NetMeeting von Microsoft.

- CU-SeeMe von White Pine („see you, see me", http:// www.wpine.com/Products/ CU-SeeMe) war eines der ersten und anfangs bekanntesten Videochat-Programme. Es war das erste und lange Zeit das einzige, welches Videochat mit mehr als zwei Personen (Multipoint Conferencing) und das Senden an mehrere Empfänger gleichzeitig (IP-Multicast) bot. Allerdings begann CU-SeeMe erst zum Jahreswechsel 1997/98 damit, den H.323-Standard anzubieten, über den Kommunikation mit Fremdprodukten möglich ist. Außerdem unterstützt es bislang kein Application Sharing. White Pine bietet mit dem MeetingPoint Conference Server auch die passende Software, um einen H.323-kompatiblen Multipoint-Videoconferencing-Server einzurichten.

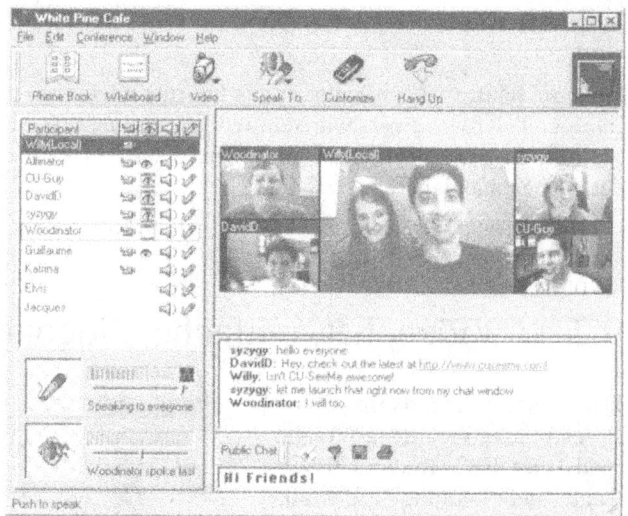

- Microsoft NetMeeting (http://www.microsoft.com/netmeeting) war anfangs besonders für Internet-Telefonie bekannt. In neueren Versionen ist es auch um Videokommunikation erweitert worden. NetMeeting bietet mittlerweile die meisten Optionen (wie H.323 und Application Sharing) und ist obendrein kostenlos. Allerdings bietet es nicht selbst Multipoint Conferencing, kann aber, wie alle H.323-konformen Clients, mit dem Multipoint-Videoconferencing-Server von White Pine kommunizieren. Anders als CU-SeeMe kann NetMeeting allerdings nur eines der externen Videobilder darstellen.

- Weitere sehr gute Produkte sind Iphone (Internet Phone) von VocalTec (http://www .vocaltec.com) und WebPhone von NetSpeak (http://www.netspeak.com). Internet Phone bietet die beste Sprachqualität und WebPhone die beste Videoqualität. Allerdings können beide Programme nicht mit der Funktionsvielfalt und Universalität von CU-SeeMe oder noch weniger mit der von NetMeeting mithalten.

	White Pine CU-SeeMe	Microsoft NetMeeting
Windows 98 und NT	ja	ja
H.323	ja	ja
LDAP Directory Server	nein	ja
Paßwortgeschützte Konferenz	ja	ja
Audio vollduplex	ja	ja
Multipoint Video	ja	nein
IP-Multicast	ja	nein
Multipoint Chat	ja	ja
Multipoint Whiteboard	ja	ja
Application Sharing	nein	ja

Zur Tonübertragung werden eine vollduplexe Soundkarte, ein Mikrofon (oft in der Video-kamera integriert) und Lautsprecher (oder Kopfhörer) benötigt. Zum Senden der bewegten Bilder ist eine Videokamera erforderlich. Im Kapitel „Bewegung, Animation, Web-Cam, Video, Multimedia, 3D, VRML" ab Seite 124 sind einige Kameras genannt. Preiswert aber sehr leistungsschwach sind Lösungen für den bidirektionalen Parallelport (LPT-Drucker-buchse), wie die QuickCam von Logitech (http://www.logitech.de), die es für 200,- DM gibt. Meistens können trotz schlechter Auflösung nur wenige Frames pro Sekunde übertra-gen werden. Neuerdings bietet Logitech auch eine Version mit verbesserter Qualität durch interne Hardware-unterstützte Komprimierung. Professioneller sind Video-Capture-Boards für Windows plus passender Videokamera. Die Firma Winnov (http://www.winnov.de) bietet zum Beispiel das Video-Capture-Board Videum mit integrierter Soundkarte inklusive Farbvideokamera mit 352 x 288 Pixeln Auflösung für ca. 1000,- DM an, welches besonde-ren Wert auf genaue Synchronität zwischen Audio- und Videodigitalisierung legt und sowohl die Aufnahme von AVI-Videos als auch das Einfangen von Standbildern erlaubt. Videum kann mit allen wichtigen Videokonferenz-Applikationen betrieben werden, wie zum Beispiel CU-SeeMe von White Pine, NetMeeting von Microsoft und VDOPhone von VDOnet. Auch preiswertere Video-Capture-Boards und die meisten TV-Tuner-Karten, wie etwa Hauppauge Win/TV, können für Videoconferencing eingesetzt werden, wenn Video-eingänge vorhanden sind. Neuerdings bieten auch normale Grafikkarten schon Video-Capturing über einen Video-In-Anschluß (wie in der Microsoft-PC-98-Spezifikation empfohlen), so daß kein zusätzliches Capture-Board erforderlich ist.

Während bei professionellen Videokonferenzsystemen über ISDN durch den H.320-Stan-dard auch zu Geräten von Fremdherstellern eine Verbindung möglich ist, können viele Internet-Videochat-Programme nicht miteinander kommunizieren, da unterschiedliche Software mit proprietären Protokollen verwendet wird. Wünschenswert wäre eine Ablö-sung der proprietären Protokolle durch genormte Schnittstellen. Noch unterstützen aller-dings längst nicht alle Programme den dafür vorgesehenen Standard H.323 der ITU (International Telecommunications Union) vollständig. Erst dann können die Internet-Videokonferenzsysteme eine ernste Konkurrenz zu den etablierten ISDN-Videokonferenz-systemen werden, wenn außerdem genügend schnelle Internet-Zugänge zur Verfügung stehen. Sie sind nämlich sowohl in der Anschaffung, aber insbesondere auch im Betrieb (Ortsgesprächstarif), wesentlich preiswerter. Microsoft mit NetMeeting und Intel mit seinem Internet Video Phone haben als erste Kompatibilität zu H.323 geboten.

9.3   Professionelle Videokonferenzsysteme

Nach einem Marktreport von Sage Research sollen ein Fünftel der US-Unternehmen bereits jetzt Videokonferenzsysteme benutzen und etwa die Hälfte sollen den Einsatz in den nächsten Jahren planen. Andersen Consulting prognostiziert eine Steigerung der jährlichen Ausgaben für Videokonferenzsysteme nur in Deutschland von derzeit 30 Millionen DM auf über 900 Millionen DM im Jahr 2000. Der weltweite Markt soll laut Forward Concepts im Jahr 2000 auf 5 Milliarden Dollar wachsen.

Wozu brauchen Unternehmen Videokonferenzsysteme?

- In der Werbung werden gerne die eingesparten Reisekosten betont. Dies ist sicherlich richtig, schon nach wenigen wirklich vermiedenen Fernreisen wäre das System vollständig amortisiert. Noch wichtiger sind aber andere Aspekte.

- Zum einen ist dies der bessere weil intensivere Kontakt mit den Gesprächspartnern. Wenn man sich sieht, wird viel eher eine persönliche Beziehung aufgebaut, die das Geschäftliche positiv beeinflußt.

- Zum anderen kommt es insbesondere bei weltweit operierenden Unternehmen wie etwa DaimlerChrysler durch die engere Zusammenarbeit und erweiterten Kommunikationsmöglichkeiten zu schnelleren Entscheidungsprozessen, was bei den immer kürzer werdenden Produktzyklen eine große Rolle spielt.

- Und drittens hat man anders als bei realen Meetings bei virtuellen Konferenzen alle benötigten Unterlagen greifbar und behält Zugriff auf seine Anwendungen und Datenbestände, da man seinen Arbeitsplatz nicht verlassen muß. Die Vorbereitungszeit für Meetings wird erheblich verkürzt, spontane Konferenzen werden möglich.

Die einfachen im Internet eingesetzten Videochat-Systeme (siehe letztes Kapitel „Videochat, einfache Videokonferenz") bestehen meistens aus preiswerten Windows-

Capture-Boards mit Software-Kodierung, die oft nur QCIF-Auflösung (Quarter Common Intermediate Format, 176 x 144 Pixel) bei wenigen Frames pro Sekunde leisten. Mehr wäre bei üblichen einfachen Internet-Anbindungen mit bis zu 64 kbit/s nicht übertragbar. Im professionellen Bereich werden eher Systeme verwendet, bei denen die MPEG-ähnliche Komprimierung der Bilderflut per Hardware durchgeführt wird, um bei höherer Auflösung (CIF, Common Intermediate Format, 352 x 288 Pixel) höhere Bildwiederholraten zu erreichen und die CPU nicht übermäßig zu belasten, damit parallel Application Sharing gefahren werden kann.

Videokonferenzsysteme (DVC, Desktop Video Conference) bieten außer der Tonübertragung üblicher Telefone auch Bildübertragung und weitere interessante Features. Die meisten Geräte sind Multipoint-fähig, erlauben also die Konferenzschaltung zwischen mehr als nur zwei Orten. Allerdings wird für diese Fähigkeit ein externer Server benötigt (MCU, Multipoint Control Unit), wie in etwa die Telekom in Münster unterhält (http://www.twsc.dtag.de). Alle modernen Videokonferenzsysteme sind kompatibel zum H.320-Standard und können deshalb auch mit Geräten anderer Hersteller kommunizieren. Der H.320-Standard funktioniert nur über ISDN. ISDN (mit seinem synchronen zentral getakteten Datenstrom) ist das bevorzugte Übertragungsmedium, aber einige Geräte funktionieren auch im analogen Telefonnetz, im LAN (z.B. über Novell-IPX) oder im Internet (über TCP/IP). Dabei stellt im LAN und im Internet der verbindungslose, asynchrone und ungetaktete Datenstrom eine Hürde dar. Damit Kompatibilität mit Geräten anderer Hersteller möglich wird, sind neue Standards vorgesehen, nämlich H.323 für LAN- und Internet-Verbindungen und H.324 für analoge Telefonleitungen (POTS, Plain Old Telephone Service). Über ISDN-Gateways (z.B. Teledat 2500 der Telekom) können Videokonferenzsysteme nach H.320 und H.323 kooperieren.

Die Bildqualität hängt stark von der Übertragungsbandbreite ab. Mit voller ISDN-Bandbreite (128 kbit/s) können 352 x 288 Pixel (CIF) bei 15 Bildern pro Sekunde übertragen werden. Alle besseren Systeme ermöglichen Application Sharing nach dem T.120-Standard.

Die in Europa wichtigsten Hersteller professioneller Videokonferenzsysteme sind Picture-Tel, Intel, ELSA und Siemens:

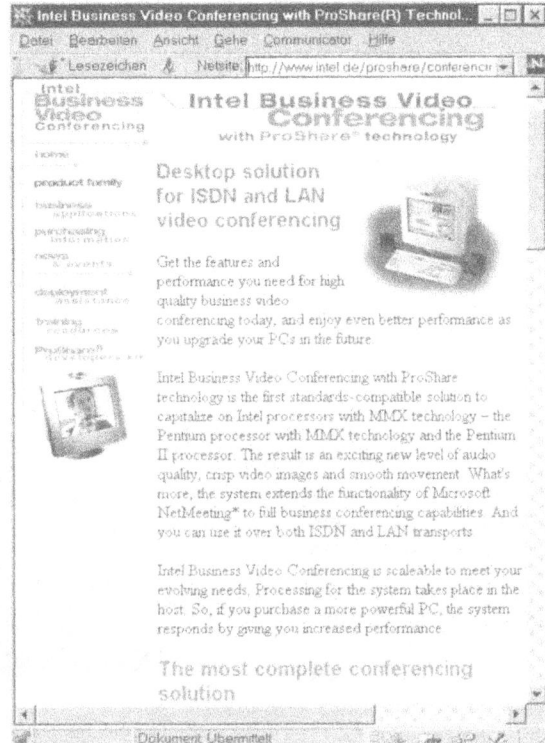

- Live200 vom Marktführer PictureTel (http://www.PictureTel.com, 2500,- DM) verwendet einen Hardware-CODEC, bietet H.320 Multipoint, Farend Camera Control (Kamerafernsteuerung), Remote Control, Application Sharing, Whiteboard, Shared Clipboard, Messagepad, T.127 Filetransfer, T.120 Multipoint Datenkonferenzen und ist kompatibel zu Microsoft NetMeeting.

- ELSAvision von ELSA AG (http://www.elsa.de, 2000,- DM) ist ein Videokonferenzsystem in Form einer PC-Erweiterungskarte, bei der die MPEG-ähnliche Kodierung Hardware-unterstützt beschleunigt wird, um gute Qualität sicherzustellen und um die Benutzung weiterer Funktionen parallel zur Videokonferenz zu ermöglichen. Die ELSAvision gehörte mit zu den ersten Produkten, die zur Einschleusung der Bildinformation in den Windows-Desktop nicht die technisch unbefriedigende Lösung per Loop-Through oder Feature-Connector einsetzte, sondern statt dessen die Bilddaten über Windows-DirectDraw über den PCI-Bus an die Grafikkarte überträgt und somit die Grafikkarte nicht in der Auflösungsqualität einschränkt. Kommunikation ist sowohl mit H.320 über ISDN als auch mit H.323 über IP-Netzwerke möglich. Für Application Sharing und weitere Dienste wird Microsoft NetMeeting verwendet. Parallel zur Videokonferenz können per CAPI auch andere ISDN-Dienste benutzt werden.

- Intels Business Video Conferencing System (http://www.intel.com, 1400,- DM) ist ebenfalls ein bekanntes Konferenzschaltungssystem. Es ist Multipoint-fähig und unterstützt Application Sharing. Es kann über Telefonleitungen oder im Netz betrieben werden (über ISDN, TCP/IP oder IPX). Da es nach den Standards H.320, H.323 und T.120 arbeitet, kann es auch mit Fremdprodukten kommunizieren. Es komprimiert allerdings ohne Hardware-Unterstützung. Dadurch ist es preiswerter, aber auch weniger leistungs-

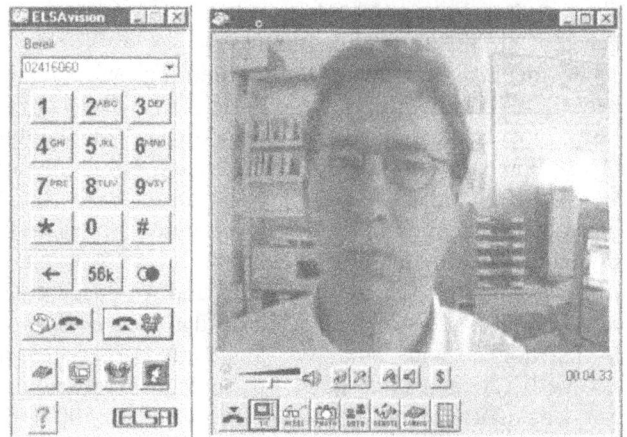

fähig, wenn gleichzeitig zusätzliche Dienste wie etwa Application Sharing benutzt werden.

- Das Desktop-Videokommunikationssystem I-View von Siemens (http://www.siemens.de, 2000,- DM) bietet Audio/Videokonferenzen gemäß H.320 und Datenkonferenz nach T.120. Application Sharing mit NetMeeting und Multipoint-Fähigkeit werden geboten.

Weitere bekannte Hersteller für Videokonferenzsysteme sind VTEL (http://www.vtel.com), Teles (http://www.teles.de), Alcatel SEL (http://www.alcatel.de) und VCON (http://www.vcon.de). Eine Übersicht marktgängiger Telekooperationssysteme finden Sie beim Aachener IAW (Institut für Arbeitswissenschaft, http://www.iaw.rwth-aachen.de/tk/uebers.htm).

9.4 Application Sharing und Whiteboard

Moderne Videokonferenzsystem-Software wie Microsoft NetMeeting bietet parallel zur Bild- und Tonübertragung auch Dateiübertragung, Application Sharing, Whiteboard und Chat, letzteres auch mit mehr als zwei Partnern.

Besonders bei mehr als zwei Gesprächsteilnehmern ist die in den meisten Videokonferenzsystemen enthaltene Chat-Funktion eine sehr nützliche Erweiterung. Im Chat-Fenster eingetippter Text ist für alle Gesprächsteilnehmer sichtbar und der andere kann seine Anwort im gleichen Fenster eingeben.

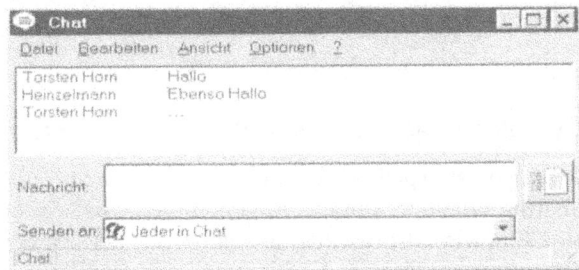

Ein Whiteboard sieht dem im Windows-Betriebssystem enthaltenen Malprogramm Paint sehr ähnlich. Es kann ähnlich wie eine Tafel zur Kommunikationsunterstützung eingesetzt werden. Miteinander verbundene Teilnehmer sehen beide dieses Malprogramm und können darin beide normal Text schreiben, Zeichnungen erstellen oder bearbeiten, andere Dateien laden und bearbeiten oder von einer Kamera zum Beispiel über ein Video-Capture-Board erfaßte Bilder anzeigen. Beide Teilnehmer sehen das gleiche Bild.

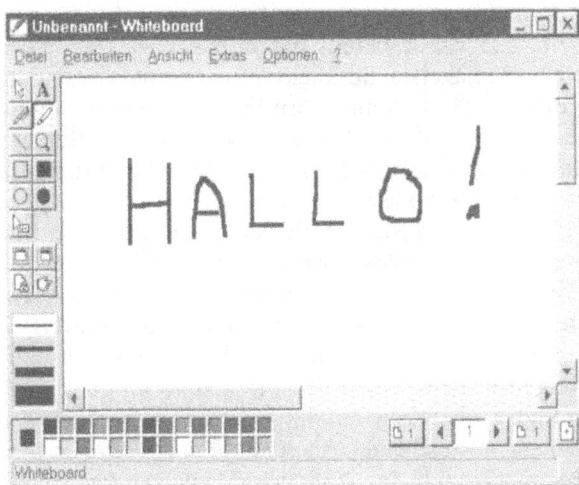

Application Sharing ermöglicht die gemeinsame Nutzung einer Applikation und die Betrachtung und Bearbeitung eines Dokuments gleichzeitig von mehreren voneinander entfernten Teilnehmern über eine Online-Verbindung (über ISDN, LAN oder Internet). Bestimmte Anwendungen auf dem Rechner eines Teilnehmers werden von diesem für den Zugriff durch andere Teilnehmer freigegeben. Beide Teilnehmer sehen das Fenster (oder die Fenster) der Applikation(en) auf ihrem Bildschirm eingeblendet (WYSIWIS: What You See Is What I See). Maus- und Tastatureingaben beider Teilnehmer werden entweder abwechselnd oder gleichrangig ausgeführt. Wird der Application-Sharing-Standard T.120 unterstützt, können Systeme verschiedener Hersteller zusammen arbeiten.

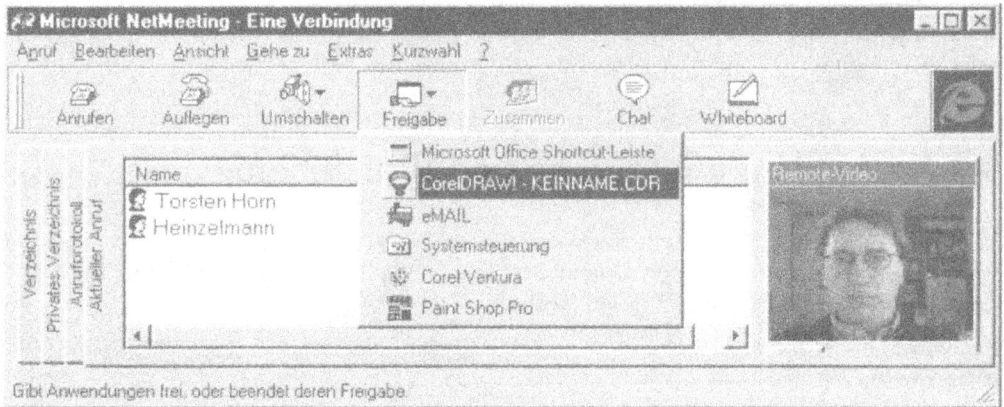

Gemeinsames Arbeiten mit Application Sharing

In einem Beispiel sollen die Vorgehensweise und die Möglichkeiten des Application Sharing erläutert werden. Angenommen, Sie wollen mit einem Kollegen unter Windows eine PowerPoint-Präsentation bearbeiten. Da sich der Kollege in Übersee befindet, soll eine preisgünstige Internet-Verbindung hergestellt werden. Unter Windows bietet sich das Kommunikationsprogramm NetMeeting hierfür an. Im Kapitel „Internet-Telefonie" ab Seite 223 wurde bereits beschrieben, wie Sie entweder über eine feste IP-Nummer oder einen Benutzerstandortdienst eine Online-Verbindung herstellen. Auch hier spielt es keine Rolle, ob Sie sich nur schriftlich austauschen wollen (Chat), akustisch hören wollen (falls Sie eine Soundkarte besitzen) oder sich per Bildtelefonie sehen wollen (falls eine Video-kamera vorhanden ist). Nach der Begrüßung starten Sie auf Ihrem Rechner die PowerPoint-Präsentation. Sobald Sie diese oder irgendeine andere geöffnete Anwendung in NetMeeting für Application Sharing freigeben, erscheint die Bildschirmdarstellung dieser Applikation auch auf dem Bildschirm Ihres Gesprächspartners, obwohl dieser nicht über die Power-Point-Datei verfügt und noch nicht einmal PowerPoint auf seinem Rechner installiert hat. Beide Gesprächspartner können jetzt die PowerPoint-Datei mit der Maus oder Tastatur bearbeiten und beide sehen das Ergebnis sofort. Sie können sogar den Windows Explorer freigeben, dann kann sich der andere ansehen, welche Dateien sich auf Ihrer Festplatte befinden und kann auf Ihrem Rechner andere Anwendungen starten. Falls Ihr Internet-Zugang ausreichend schnell ist, können Sie sich parallel dazu weiter unterhalten, per Chat kommunizieren, das Whiteboard benutzen und eine Datei übertragen.

9.5   Internet-Fax und Unified Messaging

Ein vorherrschendes elektronisches Übertragungsmedium in deutschen Firmen ist immer noch das Fax. Und dies wird noch eine Weile so bleiben. 60 Millionen Faxgeräte sind weltweit in Betrieb. Fax bietet eine Reihe unschlagbarer Vorteile:

- jedes Unternehmen weltweit hat ein Faxgerät,

- die Faxgeräte sind international zueinander kompatibel,

- Faxgeräte sind rund um die Uhr erreichbar,

- Faxgeräte sind leicht bedienbar,

- es lassen sich rechtsgültige Geschäfte per Fax abschließen.

Es muß allerdings nicht unbedingt ein herkömmliches Faxgerät sein. Einfache Fax-Programme für Computer werden im Kapitel „Programme für Fernsteuerung, Datenaustausch und Connectivity" ab Seite 253 genannt. Schon ab wenigen Benutzern lohnen sich unternehmensweite Fax-Server. Den Marktführer für Novell-NetWare-Netzwerke stellt Tobit Software mit seiner FaxWare (http://www.tobit.com), während Cheyenne / Computer Associates (http://www.cheyenne.com) und RightFAX Inc. (http://www.rightfax.com) für Lösungen unter Windows NT bekannt sind. Einen besonders preiswerten Fax-Server bietet Creative System Design GmbH (http://www.csd-telecom.de). Weitere Anbieter sind Digitronic, EES, Faxgate, Fenestrae, Ferrari und RVS. Reine Software-Lösungen sind für weniger als 1.000,- DM zu haben, kombinierte Hardware/Software-Lösungen kosten ab 1.500,- bis über 10.000,- DM. Enterprise-High-End-Anlagen, die mehrere Tausend Benutzer gleichzeitig versorgen, liegen deutlich höher im Preis.

Solche Systeme bieten folgende Vorteile:

- das Fax kann vom Computer am Arbeitsplatz aus verschickt werden (es gelangt über das LAN zum Fax-Server) und eingehende Faxe können automatisch bis zum Arbeitsplatz geleitet werden,

- ist beim Adressaten ebenfalls ein Fax-Server, kann von Bildschirm zu Bildschirm versendet werden, papierlos,

- es kann nicht vorkommen, daß der Fax-Empfang abgelehnt wird, weil das Papier ausgegangen ist,

- mehrere Faxe können gleichzeitig empfangen werden, ohne daß der Absender ein Besetztzeichen bekommt,

- professionelle Fax-Software bietet Zugriff auf die Adreßdatenbank,

- es können leichter zusätzliche Dienste integriert werden, wie Fax-Polling, Fax-Back, Fax-on-Demand und Fax-Broadcasting,

- preiswerter Nachtversand kann eingerichtet werden,

- bei einigen Fax-Programmen kann man sich eingegangene E-Mails oder Faxe über einen Text/Sprache-Konverter vorlesen lassen und so per Telefon abfragen (z.B. David von Tobit),

- die Rechtsgültigkeit von Faxen gilt auch bei rein elektronisch versendeten Faxen, auch wenn sie nicht unterschrieben sind; allerdings muß das Fax einen entsprechenden Hinweis beinhalten.

Der neueste Trend ist das Verschicken von Faxen über das Internet. Das hört sich erst mal kompliziert an, kann aber völlig transparent und unbemerkt im Hintergrund geschehen, wenn man nur die Kostenvorteile und nicht andere neue Möglichkeiten nutzen will. Weltweit geben Firmen immerhin über 90 Milliarden Dollar für Fax-Kommunikation aus. Besonders bei weit entfernten Zielorten (z.B. USA) kann mehr als die Hälfte der Übertragungskosten gespart werden.

Es gibt folgende Möglichkeiten:

- Der Fax-Text wird bei einem speziellen WWW-Server über den Web-Zugang direkt online eingegeben (nur ASCII-Texte, keine Grafik, „Web-zu-Fax").

- Der Fax-Text wird als E-Mail an einen speziellen Internet-Gateway-Server geschickt (nur ASCII-Texte, keine Grafik).

- Das Fax wird als E-Mail mit Anhang an einen speziellen Internet-Gateway-Server geschickt. Der Anhang darf gängige Windows-Formate enthalten, und wird inklusive Grafiken als Fax aufbereitet und verschickt („E-Mail-zu-Fax").

- Das beliebig gestaltete Fax (inklusive Grafik) wird am lokalen Computer über einen speziellen Druckertreiber als Grafikdatei zu einem Internet-Gateway-Server geschickt (die komfortabelste Methode für Windows und Mac).

- Die Faxe werden beim lokalen Internet-Provider über einen dedizierten Fax-Zugang eingespeist (wird nur noch selten eingesetzt).

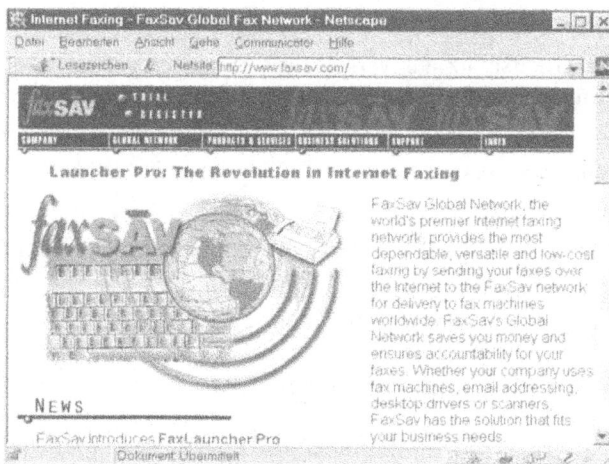

In allen Fällen gelangen die Fax-Dateien über das Internet bis in die Nähe des Zielortes. Dort werden sie von einem speziellen Provider über die normalen Telefonleitungen zum adressierten Faxgerät weitergeleitet. Der Kostenvorteil liegt in den Verbindungsgebühren. Es fallen keine Ferngesprächsgebühren, sondern lediglich Ortsgesprächsgebühren an, zuzüglich Gebühren für den Internet-Zugang und den speziellen Provider-Dienst. Genauso wichtig wie die Kosteneinsparungen sind die neuen Möglichkeiten der Fax-Umleitung in ein Postfach, die besonders für mobile Benutzer interessant sind.

Obwohl an der Technik für das Faxen über das Internet noch gefeilt wird, bieten einige Firmen bereits professionell nutzbare Dienste:

- GeoNet Mailbox Systems GmbH (http://www.geonet.de) bietet die universellsten Fax-Dienste. Die Preise richten sich nach dem Zielland und liegen meistens zwischen 0,09 und 0,68 DM pro Seite. Die Faxe können als E-Mail, über ein Web-Formular oder über einen Windows-Druckertreiber eingegeben und SSL-verschlüsselt übertragen werden. Beim Fax-Empfang erhält man TIF-Dateien.

- FaxSav Inc. (http://www.faxsav.com) bietet Internet-Fax-Services. In jedes beliebige Land können Faxe zum billigen Festpreis versendet werden, meistens für 0,29 DM pro Seite. Die Faxe können (auch RSA-verschlüsselt) als TIF-Datei per E-Mail oder über einen Windows-Druckertreiber versendet werden.

- JFax Communications (http://www.jfax.net) bietet mit JFax Personal Telecom für 23,-DM monatlich einen Dienst, mit dem mobile Anwender per Telefon, Fax und E-Mail eingehende Mitteilungen auf eine persönliche Internet-Mailbox umlenken können und zu einem beliebigen Zeitpunkt von einem beliebigen Ort aus abrufen können (in den USA zum Ortstarif). Es gibt auch Niederlassungen in Deutschland (in Berlin, Frankfurt und München). Solche virtuellen Postfächer erleichtern auch den Wechsel des Providers, da die E-Mail- und andere Adressen beibehalten werden können.

- Commit GmbH aus Unterhaching (http://www.commit.de) bietet einen Fax-Dienst. Der Absender verschickt seine Nachricht als E-Mail und definiert die gewünschte Fax-Nummer im Empfängerfeld der E-Mail. Die Mail darf als Anhang gängige Windows-Formate (z.B. Word-Dokumente oder Excel-Tabellen) inklusive Grafiken enthalten, die automatisch als Fax aufbereitet und verschickt werden. Für den umgekehrten Weg, also von Fax auf E-Mail, muß eine Mailbox bei Commit eingerichtet werden. Faxe, die auf dieser Nummer eingehen, werden als E-Mails an den Kunden übermittelt.

- UNIFI Communications Inc. (http://www.unifi.com) stellt mit UNIFI.eFax einen Fax-Dienst zur Verfügung, der die gängigen Dateiformate von Office-Applikationen als E-Mail-Anhang empfängt und möglichst nahe am Zielort als Fax dem Empfänger übermittelt.

Werden die verschiedenen Kommunikationsdienste und Nachrichtentypen wie E-Mail, SMS, Fax und Voice vereinheitlicht von einem Multikommunikations-Server empfangen, zwischengespeichert, umgesetzt und weitergeleitet, spricht man von UMS (Unified Messaging Server). Besonders für Reisende sind Unified-Messaging-Dienste sehr praktisch, wie sie etwa Bertelsmann (http://www.callas.net), GeoNet Mailbox Systems GmbH (http://www.geonet.de), JFax Communications (http://www.jfax.net) und NID Network Internet Datenbanken GmbH (http://www.nid.de) anbieten. Um selbst Unified-Messaging-Dienste zu installieren, können entweder Software-Lösungen, wie David von Tobit (http://www.tobit.com), eingesetzt werden, oder als Hardware-Lösung spezielle Kommunikations-Server, etwa von PP-Com GmbH (http://www.ppcom.de).

10 Telekooperation, Fernzugriff, LAN-Kopplung, Extranet

Während für anspruchsvollere Kommunikationsdienste und Telekooperationen bislang Wählverbindungen oder Standleitungen über die gesamte Strecke benötigt werden, entstehen immer mehr Lösungen, die das Internet als Übertragungsmedium nutzen können. Der Vorteil liegt in den vergleichsweise geringeren Verbindungsgebühren. Selbst wenn eine Verbindung mit Übersee besteht, fallen nur Ortsgesprächsgebühren an oder sogar gar keine zusätzlichen Gebühren, falls ohnehin eine Standleitung zum lokalen Internet-Provider besteht. Nachteilig ist der Aufwand für Sicherheitsmechanismen und für den notwendigen Schutz gegen Mithören. Allerdings relativiert sich letzteres, seit dem immer häufiger von Fällen berichtet wird, wo auch herkömmliche Telefonverbindungen (sowohl Wähl- als auch Standleitungen) abgehört wurden. Verschlüsselung ist also nicht nur bei Internet-Verbindungen sinnvoll, sondern ebenso bei direkten Telefonverbindungen. Eine verschlüsselte Verbindung per Internet ist sicherer als eine herkömmliche unverschlüsselte Verbindung.

Gebraucht werden Telekooperation, Fernzugriff und Remote Access besonders von Telearbeitern und Außendienstmitarbeitern. LAN-zu-LAN-Kopplung und Extranet werden eingesetzt, um Außenstellen, Filialen, Kooperationsbüros und Geschäftspartner anzubinden.

10.1 Telelearning

Weiterbildung ist im heutigen Berufsleben unverzichtbar, insbesondere, wenn man mit den schnellen Entwicklungssprüngen der Internet-Technologien mithalten will. Aber nicht jeder kann sich die dafür notwendige Zeit nehmen.

Diese Situation kann durch Telelearning entschärft werden. Die wichtigsten Vorteile des Selbststudiums per Online-Bildung sind die freie Zeiteinteilung und die Zeitersparnis durch Wegfall der Anfahrtszeiten.

Dabei gibt es sowohl einfache Kurse ohne Abschlußprüfungen als auch anspruchsvolle Kurse mit Zertifizierung. Anerkannte Zertifikate bessern nicht nur den Wissensstand auf, sondern steigern auch erheblich die beruflichen Chancen. IDC kommt in der Studie „The Financial Benefits of Certification" zu dem Ergebnis, daß sich die Zertifizierung der Mitarbeiter auch für die Unternehmen lohnt und in weniger als einem Jahr bezahlt macht.

Zu den bekanntesten Instituten zählen:

- Die Globewide Network Academy (GNA, http://www.gnacademy.org) ist der größte Fernunterrichtanbieter mit Tausenden von Kursen.

- Das Trainingszentrum internetACADEMY von Siemens Nixdorf Informationssysteme AG (SNI, http://www.sni.de, http://www.internet-academy.de) bietet das bundesweit umfangreichste Seminar- und Qualifizierungsprogramm rund ums Internet und Intranet. Online-Kurse und Zertifizierungen zu vielen Internet-Themen werden angeboten, zum Beispiel zum Certified Internet Engineer (CIE).

- Microsoft bietet mit dem Microsoft Certified Technical Education Centers (CTEC, http://www.microsoft.com/ctec, http://www.microsoft.com/train_cert, http://www.eu .microsoft.com/germany/training, http://www.globallearning.de/g-learn/providers/skin) Online-Kurse zu Microsoft-Produkten und lockt ebenfalls mit Abschluß-Zertifikaten. Unter dem Titel Microsoft Certified Professional (MCP) gibt es ein Ausbildungskonzept für verschiedene Einzelqualifikationen. Der Microsoft Certified Product Specialist (MCPS) verfügt über umfangreiche Kenntnisse über mindestens ein Microsoft-Betriebssystem. Der Microsoft Certified Systems Engineer (MCSE) plant, implementiert und wartet Systeme mit Windows NT und der BackOffice-Server-Software. Der Microsoft Certified Solution Developer (MCSD) entwirft und entwickelt spezielle Anwen-

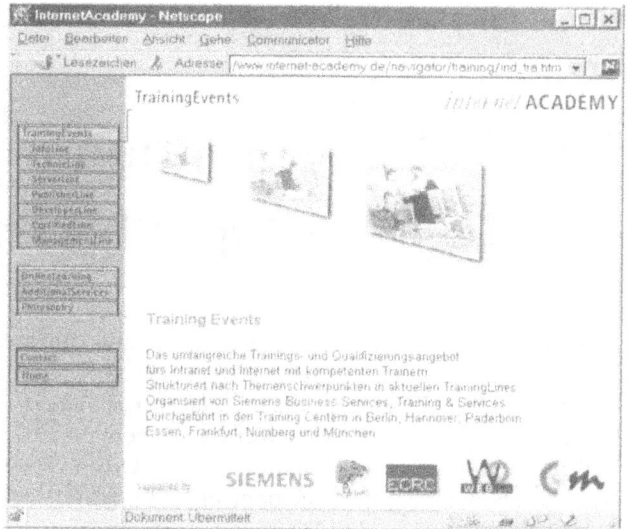

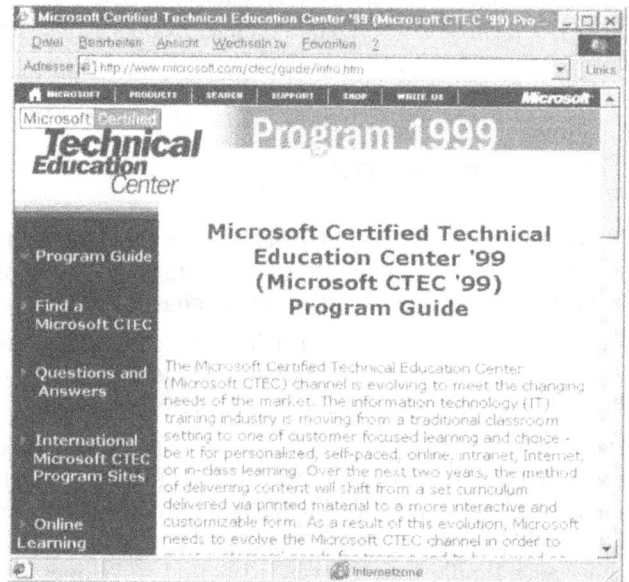

dungen mit Hilfe von Microsoft-Entwicklungstools und -Technologien. Der Microsoft Certified Trainer (MCT) erwirbt die Qualifikation, selbst Schulungen durchzuführen. Bestimmte Kurse können um Internet-relevante Themen erweitert werden.

- Das Internet Learning Center (ILC) der IT-Beratungsfirma Gartner Group (http://www .gartner.com) plant Kurse zu Lotus Notes und SAP R/3.

- Die Fernuniversität Hagen (http://www.fernuni-hagen.de) und auch andere Universitäten bieten Internet-Kurse.

- Die Internet Akademie in Berlin (http://www.akademie.de) unterstützt kleinere Unternehmen beim Einsatz von Internet-Technologien und bei der Einführung von Electronic Commerce mit teilweise kostenlosen Online-Kursen.

- Weitere Informationen finden Sie bei DINO (http://www.dino-online.de/bildung.html) oder Web.de (http://www.web.de/Bildung).

10.2 Heimarbeit, Telearbeit

Heimarbeiter, Telearbeiter oder Teleworker genannte Personen arbeiten aus der Ferne für die Firma, entweder am heimischen Computer, von externen Zweigstellen aus oder im mobilen Außendienst. Die direkten Vorteile der Heimarbeit sind die freie Zeiteinteilung und der Wegfall des Zeitaufwandes und der Kosten für den Weg zur Arbeitsstelle. Eventuell sind in der Firma auch weniger vollständig eingerichtete Arbeitsplätze notwendig (Desk Sharing). Studien wie die der Smart Valley Initiative in Kalifornien haben darüber hinaus durch Teleworking eine bessere Motivation und Produktivitätssteigerung festgestellt. Siemens, Intel, IBM und DEC beziffern die Produktivitätssteigerung relativ einheitlich auf ca. 20 Prozent. Das US-Marktforschungsunternehmen Forrester Research schätzt die durchschnittliche Startinvestition für Telearbeit auf 7.500,- DM, die zusätzlichen jährlichen Kosten auf 5.000,- DM und die Kosteneinsparungen dagegen auf ca. 15.000,- DM pro Jahr.

Für Telearbeit bieten sich vor allem Tätigkeiten wie die Daten- und Texterfassung, Schreiben, Redigieren, Übersetzen sowie Programmierung, Expertentätigkeiten, Grafik-Design, Buchhaltung, Rechnungswesen und Vertrieb an. Gute Kommunikationsmittel sind eine wichtige Voraussetzung, um eine Entfremdung von den Kollegen und vom Unternehmen zu vermeiden. Erleichtert wird die Einführung der Telearbeit, wenn die Arbeit selbständig durchgeführt werden kann, möglichst einen in sich abgeschlossenen Vorgang darstellt (Taylorisierung) und eine Führung und Arbeitskontrolle durch eine klare Zielsetzung möglich ist. Andernfalls sind besonders im mittleren Management Führungsprobleme zu erwarten, weil die Mitarbeiterbewertung schwieriger ist und Kontroll- und Machtverluste befürchtet werden. Auch müssen Betriebsrat und Gewerkschaften frühzeitig eingebunden werden, damit es nicht zu einer Aushöhlung betrieblicher Sozialstrukturen oder Scheinselbständigkeit kommt. Vermieden werden sollte, daß Effektivitätssteigerungen nicht durch ungestörteres Arbeiten erreicht werden, sondern durch Selbstausbeutung der Mitarbeiter. Als die meistens optimale Zeiteinteilung hat sich herausgestellt, wenn die Mitarbeiter zwei oder drei Tage pro Woche zu Hause arbeiten und die anderen Tage in der Firma präsent sind. Auch ausschließliche Telearbeit ist möglich, allerdings ist es sehr förderlich, wenn möglichst oft ein persönlicher Besuch oder die Teilnahme an Meetings möglich ist. Die

Informationspolitik der Firma ist nicht unwichtig. Ungünstig sind hierarchische Informationsverteilungen von oben nach unten zum Beispiel über Meetings mit beschränkter Teilnehmerzahl, wobei die Informationen dann oft nur in Flurgesprächen an ausgewählte Mitarbeiter weiter sickern. Besser sind demokratische Informationsverteilungen zum Beispiel über ein funktionierendes Intranet, an dem die Mitarbeiter beteiligt sind. In Intels Zentrale bei München wird die Telearbeit durch viele Maßnahmen gefördert. Dazu gehören: Unfallversicherung rund um die Uhr, Krankenversicherung, Beteiligung an Wohnungskosten, Büroeinrichtung, Videokonferenzsystem und Telefon.

Nach einer Kienbaum-Studie von 1996 bejahen über die Hälfte aller Firmen Home-Arbeit und bei jeder vierten wird sie bereits praktiziert. Das Bundesarbeitsministerium und das Bundeswirtschaftsministerium glauben, daß 2,5 Millionen der 35 Millionen Arbeitsplätze in Deutschland günstiger als Telearbeit organisiert werden könnten und will eine solche Entwicklung unterstützen. 1998 gab es nach einer im Auftrag des Bundesministeriums für Arbeit und Sozialordnung und des Instituts für deutsche Wirtschaft (IW) vom Fraunhofer-Institut für Arbeitswirtschaft und Organisation (IAO) durchgeführter Studie in Deutschland 800.000 Telearbeitsplätze, was einer Quote von 2,4 Prozent entspricht. Bis zum Jahr 2000 wird eine Steigerung auf zwei Millionen erwartet. In den USA waren es 1998 bereits 8,5 Prozent, in Großbritannien sogar 15 Prozent. Für 2000 rechnet die IT-Beratungsfirma Gartner Group mit 30 Millionen Telearbeitern in den USA.

Den ersten flächendeckenden Tarifvertrag für Telearbeit haben Ende 1998 die Deutsche Postgewerkschaft (DPG), die Telekom AG und T-Mobil ausgehandelt.

Weitere Informationen zur Telearbeit halten das Bundesministerium für Wirtschaft (http://www.bmwi.de) und das Bundesministerium für Arbeit und Sozialordnung (http://www.bma.de) bereit. Recht informative kostenlose Leitfäden zur Telearbeit können dort angefordert werden. Auch ziemlich ausführlich informiert die Initiative Informationsgesellschaft Deutschland des Bundesministeriums für Bildung, Wissenschaft, Forschung und Technologie (IID, http://www.iid.de/telearbeit). Der 1998 gegründete Verband Telearbeit Deutschland e.V. (VTD, http://www.vtd.org, http://www.telework.de) will ein Telearbeits-Informationszentrum aufbauen.

Der Bundesverband Telearbeit e.V. in Bonn (BVTA, http://members.aol.com/telearbeit) vermittelt Aufträge für freie Telearbeiter, zum Beispiel für Übersetzer, Programmierer und Architekten. Die Angebote werden per E-Mail übertragen. Für den Telearbeiter ist dieser Dienst kostenlos. Die anbietende Firma muß eine Gebühr von ca. 400,- DM entrichten.

Einen ähnlichen Dienst bietet t@s telearbeitssysteme (http://www.telearbeitsvermittlung .de). t@s telearbeitssysteme ist Mitglied der englischen TCA (The Telework, Telecottage & Telecentre Association), die nach eigenen Angaben Europas größte Organisation zur Förderung und Verbreitung von Telearbeit in Unternehmen und Verwaltungen.

Telejobs.net (http://www.telejobs.net) kann besonders für international orientierte Telearbeiter interessant sein.

Auch die auf Freelancer (Freiberufler) spezialisierten Vermittler GULP Information Services (http://www.gulp.de) und Newplan (http://newplan.compuserve.de) und die Zeitschrift Freiberufler Info (http://www.freiberufler.de) helfen bei der Vermittlung von Telearbeit und der Zusammenstellung von virtuellen Teams.

Lokale Initiativen, wie etwa das mit dem Innovationspreis „Treffpunkt Arbeit" ausgezeichnete Virtuelle Software-Haus Berlin Brandenburg (http://www.softwarehaus-bb.de), bieten kleinen und mittelständischen Software-Häusern der Region eine geeignete Infrastruktur für die Kooperation in virtuellen Unternehmensstrukturen. Für die Anbahnung von Kooperationen bietet das Software-Haus im Internet detaillierte Informationen über Firmen und Kernkompetenzen an und initiiert gemeinsame Arbeitsbereiche für virtuelle Teams.

10.3 Mobiler Außendienst

Einige der technischen Probleme des Außendienstmitarbeiters sind vergleichbar der Einbindung von Home-Arbeitern. Beide Gruppen benötigen in der Regel eine E-Mail-Anbindung und Zugriff auf das Unternehmensnetzwerk.

Wie kommt der mobile Außendienstmitarbeiter (z.B. Vertrieb) an wichtige Daten oder Dateien des Unternehmens, die er für eine geschäftliche Besprechung fern von der Heimat dringend benötigt? Wie kann er Ergebnisse seiner Besprechung und Aufträge schnell und komplett dem Unternehmen übermitteln? Wie wird der E-Mail-Austausch sichergestellt?

Für das Jahr 1998 wird die Zahl der portablen Rechner auf 50 Millionen geschätzt. Insbesondere das Mitführen von Datenbanken auf Laptop-Rechnern führt zu Problemen. Diese Datenbanken müssen aktuell gehalten werden. Wenn man Hilfsmittel hat, um die Änderungen zu ermitteln, kann man die geänderten Daten regelmäßig zum Beispiel nachts erneut vom Host auf den Laptop übertragen, sonst müssen alle Daten komplett übertragen werden. Übertragungen großer Datenmengen über Modem oder ISDN sind teuer, insbesondere, wenn nicht nur ein einzelner Außendienstmitarbeiter, sondern viele womöglich gleichzeitig versorgt sein wollen, so daß auch noch viele Telefonanschlüsse beim Host eingerichtet sein müssen. Noch kritischer ist der Weg zurück, wenn der Außendienstmitarbeiter seine Informationen in die Datenbank des Hosts übertragen will. Insbesondere dann zeigt sich schnell der Vorteil einer Datenbank mit Replikation, die solche Datenbankabgleichvorgänge online automatisch und optimal erledigt. Die Groupware Lotus Notes ist hierfür ein gutes Beispiel. Wer zu jedem Zeitpunkt auf aktuellste Informationen angewiesen ist oder zum Beispiel eine Fernwartung durchführen will, dem bleibt nur der Verzicht auf die mitgeführte Datenbank, und der Laptop dient als Frontend zum Einwählen in das Firmennetzwerk über einen Remote-Access-Dienst, zum Beispiel über Modem, ISDN, GSM-Handy oder Internet.

Um von unterwegs an die eigenen E-Mails zu kommen, gibt es verschiedene Lösungen. Eine Möglichkeit ist, Forwarding-Server und Dienste spezieller Anbieter zu nutzen, die E-Mail über das WWW zur Verfügung stellen, wie sie im Kapitel „E-Mail, News, Chat, ICQ" ab Seite 39 vorgestellt werden. Dann kann man mit einem beliebigen Web-Browser von einem beliebigen Ort über das Internet auf seine E-Mail zugreifen. Falls Ihr Unternehmen eine der im Kapitel „Groupware und Intranet-Suites" ab Seite 274 genannten Groupware-Lösungen einsetzt, kann hierüber meistens auch von extern auf die eigene E-Mail zugegriffen werden.

Auch die im Kapitel „Internet-Fax und Unified Messaging" ab Seite 235 erläuterten UMS-Dienste unterstützen Reisende. JFax Communications (http://www.jfax.net) etwa bietet mit JFax Personal Telecom einen Dienst, mit dem mobile Anwender per Telefon, Fax und E-

Mail eingehende Mitteilungen auf eine persönliche Internet-Mailbox umlenken können und zu einem beliebigen Zeitpunkt von einem beliebigen Ort aus abrufen können (in den USA zum Ortstarif).

Eine weitere Lösung bieten Messaging Server, wie zum Beispiel David von Tobit (http://www.tobit.com) und das von Omnilink (http://www.omnilink.de) angebotene SpeechMail von ETeX (http://www.etex.de), die eingegangene E-Mails über einen Text/Sprache-Konverter vorlesen können und so per normalem Telefon die Abfrage von E-Mails ermöglichen.

Für mobile Geschäftsleute ist vorteilhaft, wenn der Internet-Provider Roaming anbietet, dann kann man auch von anderen Zugangspunkten aus auf das Internet zugreifen. iPass Inc. (http://www.ipass.com) ist eine Allianz von vorwiegend US-amerikanischen Internet-Providern, die mobilen Internet-Zugang über Internet-Roaming unterstützen. iPass verfügt über 3000 Einwählpunkte in 150 Ländern. Man braucht nur einen einzigen Internet-Account, kommt unabhängig vom Wohnort zum Ortstarif ins Netz und kann seinen gewohnten Browser und E-Mail-Client behalten. Eine ähnliche Allianz bietet AimQuest Corp. mit GRIC (Global Reach Internet Connection, http://www.aimquest .com, http://www.gric.com) mit 2000 Einwahlknoten in 75 Ländern. Allerdings sind beide Dienste nicht gerade preiswert. Preiswerter ist das in weniger Ländern verfügbare Roaming-Angebot der deutschen Telekom (http://www.t-online.de).

10.4 Fernzugriff über Remote Control und Remote Node

Sowohl der Heimarbeiter als auch der Außendienstmitarbeiter benötigt Zugriff auf Rechner im Unternehmensnetzwerk. Der Bedarf an Remote-Access-Lösungen für den Fernzugriff auf entfernte Rechner oder Netzwerke wächst ständig. Das Marktforschungsinstitut IDC (International Data Corp.) schätzte 1996 die Zahl der installierten Remote-Access-Anschlüsse in Deutschland auf 500.000 und erwartet für das Jahr 2000 einen Anstieg auf über 2 Millionen.

Durch RAS (Remote Access Service) kann sich ein Benutzer in ein Netzwerk einwählen und die Verbindung so nutzen, als ob es sich hierbei um eine Netzwerkverbindung handeln würde. Je nach zugewiesenen Rechten ist der einzige Unterschied zu direkter Netzanbindung die (deutlich) schlechtere Performance.

Beim Zugriff eines entfernten zum Beispiel mobilen PCs oder eines Telearbeiter-PCs an ein LAN werden zwei Verfahren unterschieden: Remote Node und Remote Control.

Beim überwiegend eingesetzten Remote Node (entfernter Netzwerkknoten) verhält sich der (z.B. mobile) PC wie ein normal im LAN eingebundener Rechner, verarbeitet selbst die ausgeführten Programme und der komplette Datenverkehr vom und zum LAN muß über die Kommunikationsleitung. Die Daten werden meistens auf der lokalen Festplatte gespeichert. Oft werden per Remote Node nur Dateien kopiert und anschließend die Verbindung wieder getrennt. Remote Node kann sich für E-Mail, Client/Server-Datenbankabfragen und Textverarbeitung eignen. Mit Remote Access ist meistens diese Remote-Node-Betriebsart gemeint.

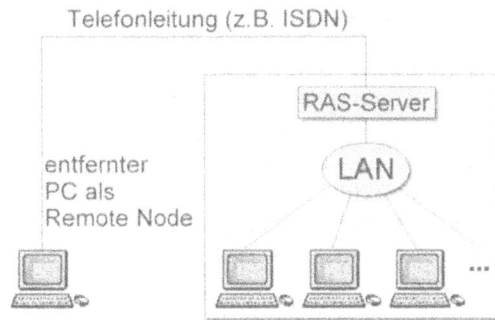

Beim Remote Control (RC, Fernsteuerung) steuert der (z.B. mobile) PC einen anderen im LAN direkt eingebundenen PC (Rechnerfernsteuerung). Die Ausführung des Programms findet auf dem LAN-PC statt, der fernsteuernde PC dient als Terminal, nur Tastatur- und Maus-Eingaben werden gesendet und Bildschirminhalte empfangen. Die Daten werden meistens auf Laufwerken im entfernten Netz gespeichert. Die Verbindung muß während der gesamten Sitzung bestehen bleiben. Remote Control kann sich zum Zugang zu File-Server-Datenbanken, für große Tabellen und für viele normale Applikationen eignen. Bei vielen Anwendungen ist die Arbeitsgeschwindigkeit wesentlich höher als bei Remote Node.

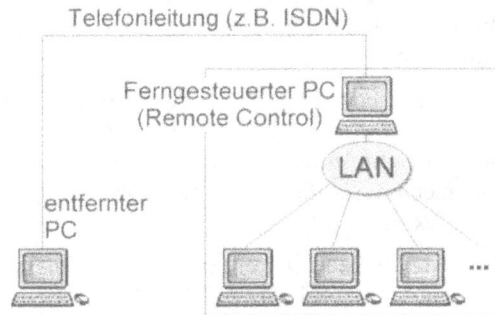

Remote Node wird üblicherweise über einen zentralen RAS-Server eingerichtet. Remote Control dagegen benötigt für jede Verbindung einen eigenen Rechner, der eingeschaltet sein muß und der mit der Remote-Control-Software und einer ISDN-Karte (bzw. Modem) ausgestattet ist. Die Sicherheitskontrolle und Administration sind dabei erheblich schwieriger. Alternativ kann ein spezieller Applikations-Server mit mehreren unabhängigen virtuellen Maschinen installiert werden, etwa mit Citrix MetaFrame.

Einige der in den folgenden Kapiteln vorgestellten Kommunikationsprogramme bieten wahlweise Zugriff über Remote Node und Remote Control oder sogar den Wechsel im laufenden Betrieb per Mausklick.

10.5   LAN-zu-LAN-Kopplung per Remote Access, VPN und Extranet

Remote Access

Während beim oben beschriebenen Remote Access (Fernzugriff) für den mobilen Außendienst, die Telearbeit oder
die Rechnerfernsteuerung jeweils eine einzelne Person Zugang zu einem anderen Rechner oder zu einem LAN sucht,
kann auch die Kopplung zweier
LANs (Local Area Network)
zu einem WAN (Wide Area
Network) über Remote Access
erfolgen. Dadurch können etwa

Telefonleitung (z.B. ISDN)

Router   Router

LAN   LAN

Büros oder Unternehmensniederlassungen verbunden werden, in denen jeweils ein LAN im
Einsatz ist.

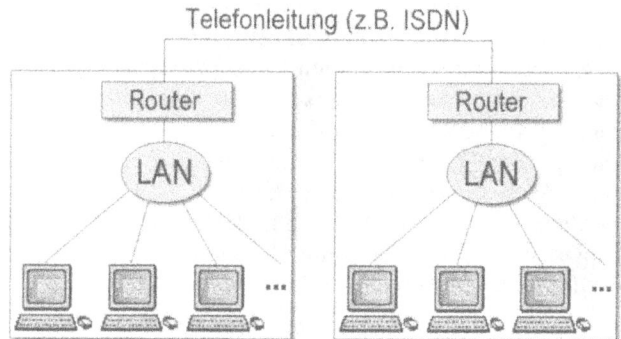

Wenn die entsprechenden Zugriffsrechte eingerichtet sind, kann ein Mitarbeiter eines
LANs auf Ressourcen des anderen LANs zugreifen, als seien sie lokal vorhanden, obwohl
sie vielleicht Hunderte oder Tausende Kilometer entfernt sind. Der einzige feststellbare
Unterschied ist die langsamere Zugriffsgeschwindigkeit, je nach Verbindung vielleicht
64 kbit/s statt 10 Mbit/s.

Es ist noch kein einheitlicher Standard zur Kompression auf WAN-Leitungen definiert
worden. Dadurch kann viel Bandbreite gespart werden. Der einzige RFC-Standard hierzu
bezieht sich nur auf die Kompression des Headers für IP und IPX. Der größere Nutzdaten-
block bleibt unkomprimiert. Mittlerweile scheint sich aber die Stac-Kompression allgemein
durchzusetzen. Sie wird von den meisten Herstellern unterstützt. Einige bieten zusätzlich
V.42bis, PPP CCP (Compression Control Protocol), PPP Predictor Compression oder
andere proprietäre Techniken, die dann allerdings nur für Verbindungen zu Anschlüssen
des gleichen Herstellers benutzt werden können.

Ein wichtiges Thema bei LAN-zu-LAN-Verbindungen ist Spoofing (Täuschung). Damit
werden Techniken bezeichnet, die die Übertragung von Broadcast-Service-Paketen unterdrücken. In LANs werden regelmäßig Pakete verschickt über die der Server und die Stationen melden, daß sie noch aktiv sind. Dies ist im LAN sinnvoll, im WAN würde dafür
jedesmal eine teure Telefonverbindung aufgebaut. Diese Meldungen werden deshalb beim
Spoofing lokal vom Router oder RAS-Server beantwortet. Ebenfalls der Gebührenreduk-
tion dient der automatische Abbau der Verbindung, sobald eine gewisse Zeit keine Daten
geflossen sind (Short Hold, Timeout).

In den folgenden Kapiteln und auch im Kapitel „Anschluß im LAN über Router" ab Seite
34 werden entsprechende Software- und Hardware-Lösungen beschrieben.

VPN (Virtual Private Network) und Extranet

Während bislang dedizierte Wählverbindungen oder Standleitungen für die Kommunikation und den Datenaustausch eingesetzt wurden, entstehen immer mehr Lösungen, die das Internet als Übertragungsmedium nutzen. Der Vorteil liegt in den geringeren Verbindungsgebühren. Es fallen nur Ortsgesprächsgebühren an, auch wenn mit Übersee verbunden wird. Allerdings müssen Vorkehrungen für Sicherheitsmechanismen und Schutz gegen Mithören getroffen werden.

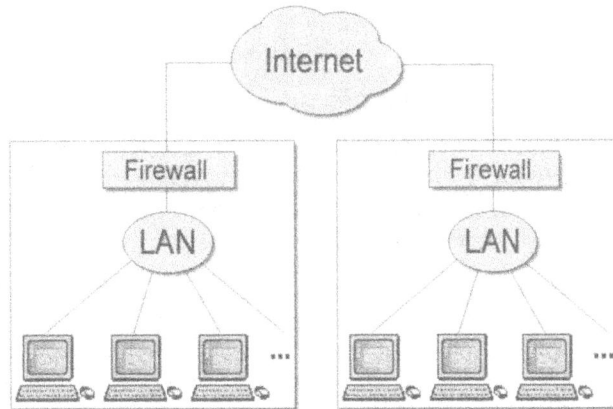

Wenn innerhalb eines größeren Netzes über die gleiche Verkabelung ein davon logisch getrenntes kleineres Netz betrieben wird, also eine geschlossene Benutzergruppe ein „Netz im Netz" benutzt, spricht man von einem VPN (Virtual Private Network). Wird das nur für autorisierte Teilnehmer offene VPN im öffentliche Internet betrieben, wird manchmal auch der Begriff I-VPN für VPN per Internet verwendet.

Drei Arten von VPNs werden unterschieden:

- Remote Access VPN: Intranet-Zugang für reisende oder außer Haus arbeitende Außendienstmitarbeiter der eigenen Firma. Zugriff einzelner Clients auf das Intranet-Netzwerk.

- Intranet VPN: Die Einbeziehung von Außenstellen über das Internet. Kopplung von Intranet-Netzwerken.

- Extranet VPN: Zielgruppenspezifische Teilbereiche oder Dienste des Intranets werden zur Kommunikation mit ausgewählten Kunden, Lieferanten oder Geschäftspartnern geöffnet.

Extranets mit abgesicherten Verbindungen von Unternehmensnetzen über das öffentliche Internet führen zu großen Kosteneinsparungen. Auftragsinformationen können direkt verwertet und automatisiert übertragen werden, Warenwirtschaftssysteme können gekoppelt werden und Just in Time Production und Lean Production lassen sich verwirklichen. Viele weitere Vorteile des Extranets werden im Kapitel „Warum Extranet" ab Seite 265 aufgezählt.

10.6   Verbindungsprotokolle, Tunneling und VPN-Technologien

Verbindungsprotokolle

Im Netzwerk werden die Daten über die Netzwerkprotokolle TCP/IP, IPX oder NetBEUI transportiert. Beim Remote Access werden dagegen Verbindungsprotokolle wie SLIP oder PPP benötigt, um über Telefonleitungen und über einen Router oder RAS-Server auf ein Netz (z.B. Firmennetz) zuzugreifen.

Das ältere SLIP (Serial Line Internet Protocol) und das ähnliche CSLIP (Compressed Serial Line Internet Protocol) werden zunehmend vom moderneren PPP (Point to Point Protocol) verdrängt.

PPP ist das weitestverbreitete Protokoll zur Internet-Anbindung. MPP (Multilink PPP) ist eine PPP-Variante, bei der mehrere Kanäle (z.B. ISDN-Kanäle) gebündelt werden, um höhere Datenübertragungsraten zu erreichen. PPP ist unabhängig von physikalischen Schnittstellen und vom Übertragungsmedium (analoge Telefonleitungen, ISDN und Frame Relay), kann Daten synchron (bit-seriell) und asynchron (Start/Stop-Betrieb) übertragen, funktioniert über Wähl- und Standleitungen und kann unterschiedliche Protokolle (wie IP und IPX) mittels Data Encapsulation transportieren.

Beim Fernzugriff sind Authentifizierung und Autorisierung wichtig. Die Authentifizierung ermittelt die Identität des Benutzers und führt eine Paßwortverifizierung durch. Die Autorisierung bestimmt, welcher Zugriff auf welche Daten erlaubt ist. Beim PPP werden zur standardisierten Authentifizierung PAP (Password Authentication Protocol) oder CHAP (Challenge Handshake Protocol) benutzt. PAP überträgt Paßwörter unverschlüsselt. Besser ist deshalb das modernere CHAP. Es bietet mehr Sicherheit mit 3-Wege-Authentifizierung.

Falls nur von bestimmten Orten oder nur mit bestimmten Telefonnummern eingewählt wird, also zum Beispiel bei Zweigstellen, Heimarbeitsplätzen oder GSM-Außendienstlern, kann die Sicherheit gegen Einbruchsversuche ganz erheblich durch CLID oder Callback erhöht werden. CLID (Calling Line Identification) bedeutet Rufnummernauthentifizierung, wie es mit ISDN-Anschlüssen möglich ist. Kann CLID nicht eingesetzt werden, weil die Rufnummer nicht übermittelt wird, oder sollen sowieso wegen einfacherer Abrechnung die Telefonkosten von der Firmenzentrale übernommen werden, bietet sich Callback an. Bei diesem Rückrufmechanismus beendet der angerufene Server die Verbindung und baut sofort selbständig die Verbindung mit der vorher definierten Rufnummer neu auf.

Wenn CLID und Callback nicht einsetzbar sind, oder bei noch höheren Sicherheitsanforderungen, können zur Authentifizierung und Autorisierung weitere Verfahren eingesetzt werden, wie etwa SecurID, Defender, Bellcore S/Key, RADIUS und TACACS+. Diese Verfahren sind im Kapitel „Authentifizierung und Autorisierung" ab Seite 338 erläutert.

Geschieht der Fernzugriff über öffentliche Verbindungen, sollten die Daten verschlüsselt werden. Verschlüsselungsverfahren, wie DES, IDEA, RC4, RSA und SSL, werden im Kapitel „Verschlüsselung" ab Seite 341 vorgestellt.

Tunneling

Eine interessante Neuentwicklung ist PPTP (Point to Point Tunneling Protocol, http://www
.microsoft.com/ntserver/commserv/exec/feature/vpnfeatures.asp). PPTP ist von Microsoft
dem IETF als Erweiterung des PPP vorgeschlagen, um ein Tunneling von TCP/IP, IPX
oder NetBEUI über eine Internet-Verbindung zu ermöglichen. Über eine PPTP-Verbindung
kann von außen ein Windows-User über das Internet auf einen Windows-NT-Server oder
ein NetWare-Client auf einen NetWare-Server zugreifen. Dabei wird CHAP (Challenge
Handshake Protocol) zur Authentifizierung und RSA RC4 zur Verschlüsselung eingesetzt.
Ein PPTP-Anschluß kann viele einzelne Modem- oder Standleitungen zum RAS-Server
ersetzen und statt dessen das Internet nutzen. Es fallen nur geringe Übertragungsgebühren
an. Auch können so LANs über das Internet zu VPNs (Virtual Private Networks) gekoppelt
werden.

Wird eine PPTP-Filterung aktiviert, erhöht dies auch gleichzeitig die Sicherheit beträchtlich. Dann werden nur gültige PPTP-Pakete zugelassen, alles andere wird abgewiesen und
Hackern so der Zugriff verwehrt. Gerade zur Einrichtung von VPNs ist diese Sicherheit
wichtig.

Weitere Tunnel-Protokolle sind L2F (Layer 2 Forwarding, von Cisco), L2TP (Layer-2-
Tunneling-Protocol) als möglicher Nachfolger von L2F, Mobile IP (Layer 3) von Bay
Networks und der AltaVista Tunnel 97 von AltaVista.

VPN-Technologien

Die wichtigsten Technologien zur Einrichtung von VPNs sind:

- Tunneling-Protokolle (siehe oben), wie PPTP (Point to Point Tunneling Protocol), L2F
  (Layer 2 Forwarding), L2TP (Layer-2-Tunneling-Protocol), Mobile IP und AltaVista
  Tunnel.

- IPSec (Internet Protocol Security, IETF-Standard, RFCs 1825 bis 1829) (oft als Fire-
  wall-Upgrades implementiert, z.B. für FireWall-1 von Check Point oder Raptor Eagle
  von Axent, siehe Kapitel „Firewall", Seite 347). IPSec beinhaltet die Substandards
  SKIP (Simple Key Management for Internet Protocol) und ISAKMP (Internet Security
  Association and Key Management Protocol). Der wichtigste Vorteil von IPSec ist die
  weitgehende Standardisierung sowie die Behandlung aller möglichen IP-Pakete.

- SOCKS (Sockets Secure) ist ein IETF-Standard für Authenticated Firewall Traversal
  (AFT). SOCKS verbindet ähnlich wie die Tunneling-Protokolle LANs zu VPNs. Wäh-
  rend die Tunneling-Protokolle auf den ISO/OSI-Schichten 2 und 3 arbeiten, benutzt
  SOCKS den Layer 5 (Session Layer).

- Verbindung über Extranet-Router, die möglichst als All-in-One-Gerät Routing, Verschlüsselung, Tunneling, Authentifizierung und Security Enforcement beinhalten.

- Outsourcing (siehe nächstes Kapitel).

Bei VPN-Verbindungen wird zwischen Client-to-Client, Client-to-LAN und LAN-to-LAN
unterschieden. Client-to-Client (auch End-to-End genannt) verbindet zwei einzelne Computer, Client-to-LAN (End-to-Site) verbindet einen einzelnen Computer an ein LAN (z.B.
den Außendienstmitarbeiter an das Firmennetz) und LAN-to-LAN (Site-to-Site) verbindet

zwei LANs (z.B. eine Niederlassung mit einer anderen). Dabei ist zu beachten, daß nicht alle VPN-Protokolle alle drei Verbindungsarten beherrschen. Bei direkten VPN-Verbindungen zu Clients müssen die Clients mit entsprechender VPN-Software ausgestattet sein, was aufwendig und schwer zu kontrollieren ist, aber im Außendienst möglicherweise unvermeidbar sein kann. Besser zu administrieren sind VPN-Verbindungen zu LANs. Oft muß dafür nur eine vielleicht schon vorhandene Firewall um VPN-Protokolle erweitert werden. Die im LAN angeschlossenen Workstations brauchen keine spezielle VPN-Software.

Die Tabelle vergleicht einige Eigenschaften und die verfügbaren Methoden zur Verschlüsselung und Authentifizierung der bekannten VPN-Produkte Microsoft Routing and Remote Access Service (http://www.microsoft.com), AltaVista Tunnel (http://www.altavista .software.digital.com), Check Point FireWall-1 (http://www.checkpoint.com), Raptor Eagle (http://www.axent.com) und Aventail VPN (http://www.aventail.com). Weiterführendes hierzu finden Sie in den Kapiteln „Authentifizierung und Autorisierung", Seite 338 und „Verschlüsselung", Seite 341.

VPN-Produkt	Microsoft RRAS	AltaVista Tunnel	Check Point FireWall-1	Raptor Eagle	Aventail VPN
Tunneling	PPTP	AltaVista	IPSec	IPSec	SOCKS
ISO/OSI-Layer	Layer 2	Layer 2/3	Layer 3	Layer 3	Layer 5
LAN-to-LAN	ja	ja	ja	ja	ja
Client-to-LAN	ja	ja	ja	ja	ja
RSA	ja	ja	ja	nein	ja
DES	nein	nein	ja	ja	ja
CHAP/PAP	ja	nein	nein	nein	ja
S/Key	nein	nein	ja	ja	nein
SecurID	nein	nein	ja	ja	ja
RADIUS	ja	nein	ja	ja	ja
SNMP	ja	nein	ja	ja	nein

Outsourcing

Extranets und VPNs können außer in Eigenregie auch durch Auslagerung auf externe Dienstleister realisiert werden (Outsourcing).

Die Deutsche Telekom (http://www.dtag.de) erprobt seit Anfang 1997 in Zusammenarbeit mit Novell (http://www.novell.de) eine spezielle Business-Internet-Variante. Das gemeinsame Projekt T-Intra-100-Link ist ein Remote-Access-Dienst, der auf den Novell Directory Services (NDS) basiert. Darüber können Heimarbeiter und Außendienstmitarbeiter mit Unternehmensnetzwerken gekoppelt werden und bestehende LANs einfach und sicher zu einem Business-Intranet verbunden werden. Zu Einstiegspreisen von monatlich 20,- DM wird Mitarbeitern eine Einwählmöglichkeit in das interne Firmennetz geboten. LAN-zu-LAN-Kopplungen sind ab 550,- DM monatlich zu haben. Mehrstufige Autorisierungs- und Zugriffsverwaltung sorgt für Sicherheit. Die NDS gewährleistet über die NDS-Firewall einen gesicherten Übergang zum Internet. T-Intra-200-Team der Telekom ist eine andere Ausbaustufe, deren Schwerpunkt auf Teamwork im und zwischen Unternehmen liegt und die ein Messaging-System und Groupware-Unterstützung bietet.

Global Intranet nennt sich ein Gemeinschaftsprojekt der Deutschen Telekom, France Telekom, Sprint und ihrem Joint Venture Global One. Es soll von sehr vielen Orten der Welt aus Zugang zum unternehmenseigenen Intranet bieten. Geplant sind in 35 Ländern Festzugänge über Frame-Relay-Netze sowie in rund 2550 Städten auf allen Kontinenten Wählzugänge.

Andere große Anbieter von Extranet-Hosting sind GE Information Services (GEIS), IBM Global Network, WorldCom/UUNET, CompuServe, Genuity und PSINet sowie viele weitere Internet Service Provider und Telefonnetzbetreiber.

10.7 Connectivity mit Windows und NetWare

In Windows 98 integriertes DFÜ-Netzwerk und RAS

Über das DFÜ-Netzwerk (Datenfernübertragung) von Windows 98 können einfach externe Anschlüsse angewählt werden, etwa über eine ISDN-Karte, einen CAPI-Treiber und per PPP. Die meisten Internet-Provider werden so erreicht. Zum Beispiel braucht man für den Internet-Zugang von T-Online nicht den T-Online-Dekoder zu installieren, sondern richtet den Zugang besser per DFÜ-Netzwerk ein.

Außer mit den universellen Verbindungsprotokollen SLIP und PPP kann auch über RAS zu Windows NT (NetBEUI) und über NetWare Connect zu Novell NetWare (IPX) Verbindung hergestellt werden. Das flexibelste Verbindungsprotokoll ist das moderne PPP. Es bietet Unterstützung für TCP/IP, IPX/SPX und NetBEUI, auch zu Rechnern mit einem anderen Betriebssystem als Windows. Durch eine Verbindung zum RAS-Server eines LANs wird voller Zugriff auf die Ressourcen des LANs ermöglicht.

Die RAS-Lösung von Windows 98 ist alles andere als optimal. Es gibt keine Kompression, kein Spoofing und kein Short Hold. Anders als Windows NT Server ermöglicht der RAS-Server von Windows 98 nur eine Verbindung nach außen und kann nicht TCP/IP in das LAN routen. Noch viel gravierender sind die Mängel im Sicherheitsbereich, die eine ernsthafte Anwendung als Einwähl-Server ausschließen.

In Windows NT integriertes Dialup Networking, RAS, RRAS und PPTP

Microsoft Windows NT verfügt mit Dialup Networking über eine Komponente, die vergleichbar mit dem DFÜ-Netzwerk von Windows 98 ist. Dialup Networking bietet das ältere SLIP (Serial Line Internet Protocol), das leistungsfähigere PPP (Point to Point Protocol) und Multilink PPP (für Kanalbündelung). Darüber können externe Server angewählt werden.

Microsoft Windows NT stellt einen RAS-Dienst zur Verfügung (Remote Access Service). Damit können NT-Rechner als (PPP-)Dial-In-Stationen konfiguriert werden, sie können also per Modem oder über ISDN von außerhalb angewählt werden, wenn ein entsprechender Adapter dem Server zur Verfügung steht. NT ermöglicht einen transparenten Zugriff (via TCP/IP, IPX oder NetBEUI) ins gesamte Netz und bietet die dazu notwendige Routing-Software. Um die Sicherheit zu erhöhen und um Kosten des Anrufers zu vermeiden, kann eine Rückrufoption eingerichtet werden (Callback). Mit Windows NT Workstation kann nur ein einzelner RAS-Ein-/Ausgang realisiert werden, mit Windows NT Server bis zu 256 (falls entsprechende Hardware z.B. von Digiboard oder RAScom installiert ist, http://www.rascom.com).

Eine ISDN-Karte im RAS-Server kann als Router betrieben werden. Jeder Benutzer im Netz kann darüber Gegenstellen erreichen, dies kann auch das Internet sein. Windows NT kann TCP/IP-Pakete routen. Dadurch kann ein Anwender, der sich über Remote Access einwählt, Internet-Dienste nutzen, die nicht auf dem Einwählrechner laufen.

RRAS (Routing and Remote Access Service, auch unter Steelhead bekannt) nennt sich ein neues Add-On zum Windows NT Server, das zusätzlich zu RAS Routing-Funktionen bietet. Damit können einfache Dialup-Server, Multiprotokoll-Router (MPR), Internet-Router oder VPNs realisiert werden. Die Verbindung kann über Modem oder ISDN erfolgen. Dial-on-Demand bzw. Demand Dial Routing sorgen für automatischen Verbindungsaufbau bei Bedarf. Die Authentifizierung erfolgt über RADIUS (Remote Authentication Dial In User Service). Allerdings fehlen dem RRAS noch einige wichtige Eigenschaften, wie dynamisches Multilink PPP, Gebührenreduzierung per Spoofing und Short Hold sowie Sicherheit per NAT (Network Address Translation).

Das in Windows NT enthaltene PPTP (Point to Point Tunneling Protocol) ermöglicht ein Tunneling von TCP/IP, IPX oder NetBEUI über eine Internet-Verbindung. Über eine PPTP-Verbindung kann man von außen über das Internet auf einen Windows-NT-Server zugreifen. LANs können über das Internet zu VPNs (Virtual Private Networks) gekoppelt werden (siehe Kapitel „Verbindungsprotokolle, Tunneling und VPN-Technologien" ab Seite 248).

Novell NetWare Connect, MPR, BorderManager, IPX-to-IP-Gateway

Novell NetWare Connect, MPR (Multiprotocol Router) für NetWare und NIAS (Novell Internet Access Server) sind NLM-basierte RAS-Lösungen für Netzwerke mit Novell NetWare (http://www.novell.de). Diese Programme sind eng mit NetWare verknüpft. So können die Verwaltungsfunktionen von NetWare mitbenutzt werden. PPP, NASI- und Distributed-CAPI-Services werden geboten. Modems und ISDN-Karten können von den Anwendern im LAN sowohl für Dial-In als auch Dial-Out benutzt werden. Entfernte DOS-, Windows- oder Macintosh-Rechner können sich einwählen. Der MPR bietet auch LAN-zu-LAN-Remote-Access, NetWare Connect leistet dies nicht. Allerdings bietet der MPR nicht das beim Internet-Zugang wichtige NAT (Network Address Translation).

Neuerdings bietet Novell den BorderManager für NetWare/IntranetWare, der die bisherigen Module mit einigen neuen Zusätzen kombiniert. Somit werden Multiprotocol Router, NetWare Connect, IPX-to-IP-Gateway, Proxy-Server, Firewall, NAT, RADIUS, VPN und PPTP in einem Paket geboten.

Novell und AVM entwickelten zusammen AVM NetWare Connect for ISDN / MPR for ISDN (http://www.avm.de). Die Vorteile dieser proprietären Erweiterungen können nur genutzt werden, wenn ein AVM-ISDN-Controller eingebaut ist und auf den Clients Netways von AVM eingesetzt wird. Er ist auch für Windows erhältlich und bietet Kanalbündelung, Kompression, Spoofing und NAT.

Für reine Novell-NetWare-LANs, die nicht mit TCP/IP, sondern mit IPX betrieben werden, können IPX-to-IP-Gateways eine mögliche Alternative darstellen. Hierbei wird nicht das sonst für den Internet-Zugang erforderliche TCP/IP-Protokoll im LAN installiert. Zusätzlich zu den Vorteilen der zentralen Anbindung bieten diese Lösungen weitere Vereinfachungen, zum Beispiel kann sich eine Firewall erübrigen, wenn Hacker von außen nur bis zum Gateway vordringen können. Es gibt sowohl Hardware- als auch Software-Lösungen. Das bekannteste IPX-to-IP-Gateway ist BayStack Instant Internet von Bay Networks / Nortel (http://www.nortelnetworks.com, 5000,- DM). Diese Hardware-Lösung bietet bedienerfreundliche Inbetriebnahme, gute Management-Funktionen inklusive SNMP-Unterstützung und gute Performance.

Falls sich in dem Novell-NetWare-Netz auch Windows-NT-Server befinden, kann der RAS-Dienst des Windows-NT-Servers benutzt werden, um sich in das Novell-NetWare-Netz einzuloggen. Diese Lösung bietet eine einfache Bedienung und hohe Datenübertragungsraten.

10.8 Programme für Fernsteuerung, Datenaustausch und Connectivity

Viele spezialisierte Kommunikationsprogramme oder spezielle RAS-Router bieten erhebliche Vorteile gegenüber den einfachen Möglichkeiten der vielleicht schon im Betriebssystem integrierten Funktionalität (z.B. DFÜ-Netzwerk und RAS von Windows). Diese Lösungen bieten Vorteile beim Line Management, bei Kanalbündelung, bei Kompression, beim Spoofing und beim Short Hold, die bei häufigem Einsatz zu einer schnellen Amortisation wegen geringerer Verbindungskosten führen können. Bei solchen proprietären Lösungen muß allerdings beachtet werden, daß einige der Vorteile mangels Standardisierung nur zu Gegenstellen zum Zuge kommen, die mit Komponenten des gleichen Herstellers ausgerüstet sind.

Die drei bekanntesten PC-Fernsteuerungsprogramme (Remote Control) sind pcAnywhere, LapLink und Reachout. Sie bieten Anbindung über Kabel, Netzwerk, Modem, Internet oder FTP und unterstützen CAPI 2.0 für ISDN. Sie bieten automatische Synchronisation zweier Verzeichnisse (inklusive langer Dateinamen), eine gemeinsame Zwischenablage und diverse Sicherheitsfunktionen.

- pcAnywhere von Symantec (http://www.symantec.com, 300,- DM) ist mit über 50 Prozent Marktanteil der Marktführer unter den Fernsteuerungsprogrammen. pcAnywhere bietet Zugriff auf den Heim-PC, den Bürorechner oder den Zweitrechner über Kabel, Modem, ISDN, NetBEUI, IPX, NASI, Banyan Vines, TCP/IP oder Internet und ermöglicht Fernsteuerung, Dateiübertragung und Remote-Netzwerk. Im Host-Modus erhalten externe Anwender die Kontrolle über den Rechner, wahlweise über eine Rück-

ruffunktion. Im Fernsteuer-
modus wird die Kontrolle
eines anderen Rechners
übernommen, es können
zum Beispiel Dateien vom
Host auf den eigenen Rechner oder umgekehrt kopiert
werden oder Verzeichnisse
synchronisiert werden. Im
Gateway-Modus läßt sich
eine Station im LAN als
Einwählknoten definieren,
über den externe Teilnehmer
pcAnywhere-Hosts im Netz
ansprechen können. Ein fein
abgestuftes System von
Schutzvorrichtungen bietet
viele Sicherheitsfunktionen.

- LapLink for Windows 9x/
NT von Traveling Software
(http://www.travsoft.com,
400,- DM) ist die Remote-
Access-Software mit dem
zweitgrößten Marktanteil
(ca. 20 Prozent). LapLink
stellt Datenverbindung zwischen beliebigen Orten her, über Kabel, Modem, ISDN,
IPX- oder TCP/IP-Netz, Internet oder PPP-RAS (Point to Point Protocol über Remote
Access Server). Durch den integrierten Peer-to-Peer-Support ist es möglich, von zu
Hause oder von unterwegs aus Anschluß an das Firmennetzwerk zu bekommen und zu
arbeiten. LapLink bietet Rückruffunktion, Verschlüsselungsfunktion, E-Mail, Chat,
Dateiübertragung, Synchronisation von Verzeichnissen, Anbindung an Datenbanken,
Fernsteuerung von Applikationen und Fernwartung. LapLink glänzt durch sehr schnelle
Datenübertragungsraten (z.B. bei der Synchronisation zweier Verzeichnisse) und bietet
eine sehr angenehme Benutzerführung.

- Reachout von Stac Electronic (http://www.stac.com, 300,- DM) bietet PC-Fernsteue-
rung über LAN, Modem oder Internet. Beim Zugriff über das Internet wird Reachout
als Plug-In oder als ActiveX-Control in Standard Browser (z.B. Netscape oder
Microsoft) integriert. Ein FTP-Server stellt den Desktop ausgewählten Anwendern über
das Internet zur Verfügung und ein FTP-Client stellt den Desktop des ferngesteuerten
Rechners ähnlich wie der Windows-Explorer dar. Für Sicherheit sorgen Datenverschlüsselung, SOCKS-Firewall-Support, Benutzer-ID, Paßwörter und Zugangs-
beschränkung über IP-Adresse. Die Optionen zu den Sicherheitsfunktionen sind sehr
umfangreich und lassen kaum Wünsche offen. Reachout eignet sich sowohl für den privaten Nutzer als auch für Unternehmen.

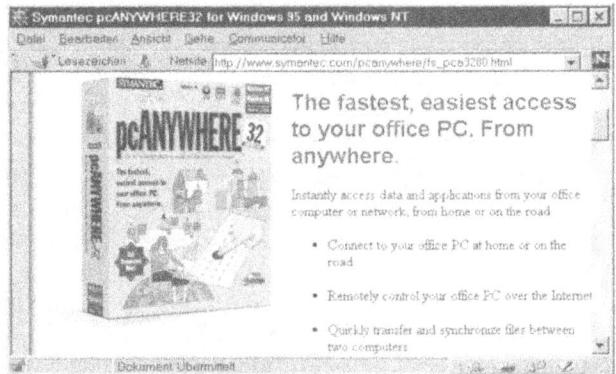

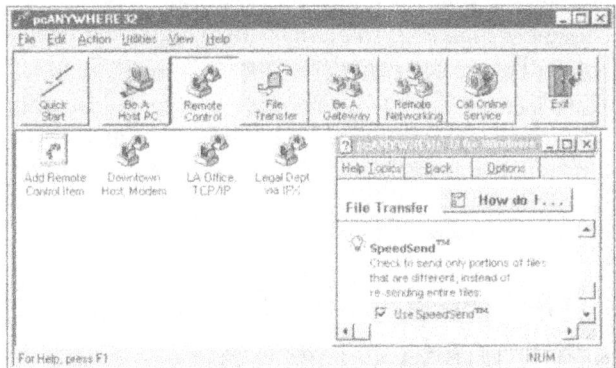

- RVS-Com für Windows von RVS Datentechnik (http://www.rvscom.com, 350,- DM) ist ein auf CAPI basierendes Kommunikationspaket für ISDN-Verbindungen. Es fügt sich harmonisch in Windows ein, benutzt dessen Kommunikations-Tool Exchange bzw. Outlook und leitet eingehende Nachrichten in den Posteingang. RVS unterstützt alle gängigen Kommunikationsanwendungen inklusive der Fernwartung anderer Computer. Die Fax-Emulation erlaubt mit 14400 Bit/s recht hohe Übertragungsraten. Es ist ein Anrufbeantworter integriert. Es können Dateien freigegeben und bereitgestellt werden. Externe Anrufer können diese bereitgestellten Daten nach Anwählen Ihrer Telefonnummer per Eurofiletransfer (EFT, ISO 8208) abholen.

- Ebenfalls gute und mit dem RVS-Programm vergleichbare ISDN-Programme sind ISDN Communication System (ICS) von Ositron (http://www.ositron.com) und Win-Fax Pro von Symantec (http://www.symantec.com).

- MetaFrame von Citrix Systems (http://www.citrix.com) ist eine Windows-Zugriffs-Software, die als Erweiterung für Windows-NT-Server gleichzeitig mehreren Clients im LAN, über ISDN oder über das Internet das Arbeiten mit Windows-Anwendungen ermöglicht und dies auch auf Rechnern, die selbst nicht für Windows geeignet sind, zum Beispiel auf NCs (Netzwerk-Computer). Der MetaFrame-Client ist auch als Plug-In oder ActiveX-Control für Web-Browser erhältlich. Weiteres hierzu finden Sie im Kapitel „Windows-Applikationen auf NCs mit Citrix WinFrame/MetaFrame" ab Seite 293.

- Im weitesten Sinne könnte man auch NetMeeting von Microsoft hier anführen. Außer Internet-Telefonie und Videoconferencing erlaubt die Application-Sharing-Funktionalität auch eine Fernsteuerung des entfernten Rechners, wie im Kapitel „Application Sharing und Whiteboard" ab Seite 233 erläutert ist. Auch die im Kapitel „E-Mail, News, Chat, ICQ" ab Seite 39 genannten ICQ- und Chat-Programme bieten diverse Kommunikationsmöglichkeiten und Datenübertragung.

10.9 Spezielle Hardware für Remote Access

Eine einfache Kopplung kleinerer Netze kann über die im Kapitel „Anschluß im LAN über Router" ab Seite 34 beschrieben ISDN Internet Access Router erfolgen, die außer Internet-Anbindung auch LAN-Kopplung beherrschen. Für weitergehende Ansprüche sollten die folgenden Lösungen in Betracht gezogen werden.

Statt dedizierter Modems, ISDN-Adapter und Router kann eine integrierte Anlage (RAS-Router oder WAN-Switch) eingesetzt werden. Sie vereint die Übertragungstechnik in einem Kompaktgerät. Sie kann einen oder auch über hundert analoge und ISDN-Eingänge beinhalten und ersetzt Terminal-Server und Router. Diese Anlagen können außer der direkten Telefonverbindung auch eine Verbindung über das Internet unterstützen. Bei LAN-zu-LAN-Kopplung können mehrere Kanäle gebündelt werden, was den Datendurchsatz entsprechend erhöht. So ein Kompaktgerät hat den Vorteil der leichteren Wartbarkeit. Über Sicherheitsprotokolle wie zum Beispiel RADIUS (Remote Authentication Dial In User Service) können Remote-Anwender identifiziert werden (Authentifizierung) und die Netzzugangsberechtigung kontrolliert werden (Autorisierung). Filtertechniken, Spoofing,

Bit-Raten-Adaption und WAN-Protokolle, wie PPP, MPP, SLIP und Frame Relay, können eingerichtet werden.

RAS-Router für einzelne ISDN-Ports sind für weniger als 2.000,- DM erhältlich, Router mit 30 oder mehr ISDN-Kanälen kosten ab ca. 40.000,- DM. Bekannte RAS-Router mit vielen ISDN-Anschlüssen sind zum Beispiel

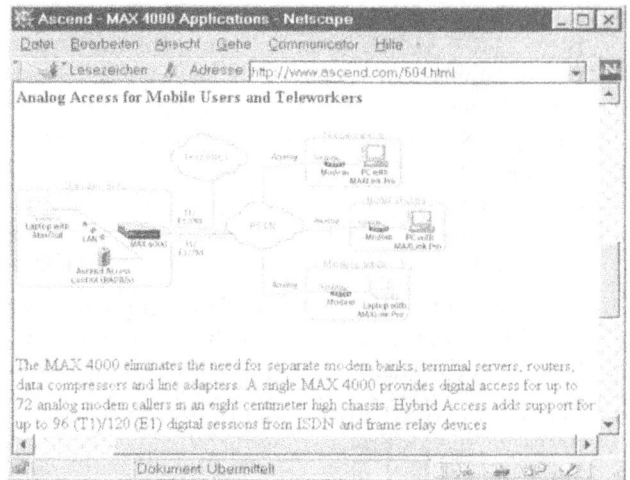

- 3Com AccessBuilder 5000 (http://www.3Com.com),

- AS 5200 Access Server von Cisco (http://www.cisco.com),

- Max 4000 von Ascend / Lucent (http://www.ascend.com),

- 5393 PRI Remote Access Server von Bay Networks / Nortel (http://www.nortelnetworks.com),

- MicaBlazer von ITK / Digi International (http://www.itk.de, http://www.digieurope.com) und

- LanRover Access Switch von Shiva (http://www.shiva.com).

Für die nahe Zukunft werden preiswerte VPN- und Extranet-Router erwartet, die als All-in-One-Gerät Routing, Verschlüsselung, Tunneling, Authentifizierung und Security Enforcement beinhalten und so die Kopplung von Intranets über Internet-Verbindungen und die Einrichtung von Extranets erleichtern.

10.10 PoP-Infrastruktur

Im Kapitel „Internet-Provider (Zugang und Web-Space)" ab Seite 69 wurde schon auf die Begriffe ISP (Internet Service Provider), IPP (Internet Presence Provider) und PoP (Point of Presence) eingegangen. Die Internet Service Provider bieten über die lokalen PoPs Zugriff auf das Internet. Wenn die Möglichkeit besteht, eine Firma im Internet zu präsentieren, spricht man von einem IPP oder Web-Space-Anbieter. Viele PoPs sind zugleich ISP und IPP. Alleine in Deutschland gibt es über 1000 PoPs. Die Zahl der juristisch eigenständigen Firmen, die Internet-Access oder Mehrwertdienste anbieten, wird auf 700 geschätzt. Über 30 überregionale Anbieter von Internet-Services gibt es. PoPs sind häufig sehr kleine Betriebe (oder kleine Abteilungen z.B. von EDV-Systemhäusern oder Multimedia-Firmen). Mehr als 50 Prozent der Anbieter beschäftigen weniger als fünf Angestellte. Allerdings wird relativ häufig auf zusätzliche freie Mitarbeiter zurückgegriffen.

Internet (über ISP-Muttergesellschaft oder Backbone-Provider)

Standleitung mit
64 kbit/s, 128 kbit/s
oder 2 Mbit/s

IP-Router

WWW-Server, DNS-Server,
E-Mail-Server, News-Server

LAN (lokales Netzw. beim PoP)

Terminal-Server

viele Modems und
ISDN-Terminal-
Adapter

IP-Router
für gewerbliche
Kunden

TK-Anlage

viele analoge Leitungen (33,6/56 kbit/s)
und ISDN-Leitungen (64 kbit/s)

Telefonnetz (analog + ISDN)

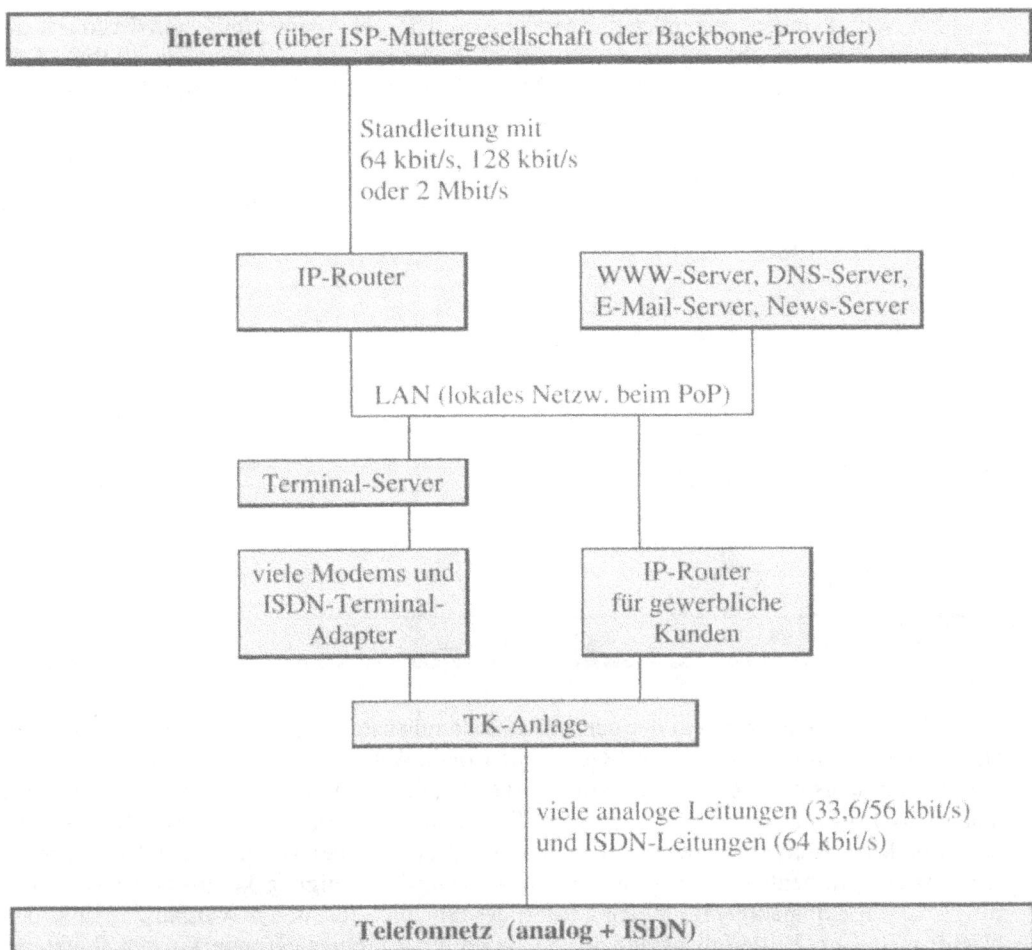

Beim PoP wählen sich viele Kunden gleichzeitig ein. Dementsprechend viele Telefon-anschlüsse müssen vorgesehen werden, damit niemand ein Besetztzeichen erhält. Das Verhältnis von bezahlenden Kunden zu gleichzeitig aktiven Kunden liegt bei mehr geschäftlich orientierten lokalen PoPs unter 20:1, während es bei den großen Online-Diensten (z.B. T-Online) über 400:1 liegt. Legt man 300 Kunden und ein Verhältnis von 20:1 zugrunde, werden mindestens 15 Telefonanschlüsse benötigt. Damit auch in Spitzen-zeiten niemand ein Besetztzeichen erhält, müssen es mehr sein. In der Startphase kann ein S2M-Primärmultiplexanschluß mit 30 Anschlüssen reichen, später muß weiter ausgebaut werden. Zusätzlich werden größere gewerbliche Nutzer über jeweils eine eigene Standlei-tung versorgt.

Die Telefonanschlüsse werden an analoge Modems und digitale ISDN-Terminaladapter angeschlossen. Es können auch Kombiadapter Verwendung finden, die sowohl digitale ISDN- als auch analoge Modem-Signale umsetzen können (z.B. Loges 64 K/M). Ein Modem-Rack oder eine aktive Multiportkarte (z.B. von Equinox oder Sphinx) mit 32 seriellen Schnittstellen verbindet die Modems und ISDN-Adapter mit dem Rechner. So eine Multiportkarte enthält einen eigenen RISC-Prozessor und kann durchaus 10.000,- DM kosten. Ein Router (oft von Cisco, ca. 4.000,- DM) stellt die Verbindung zum Internet her.

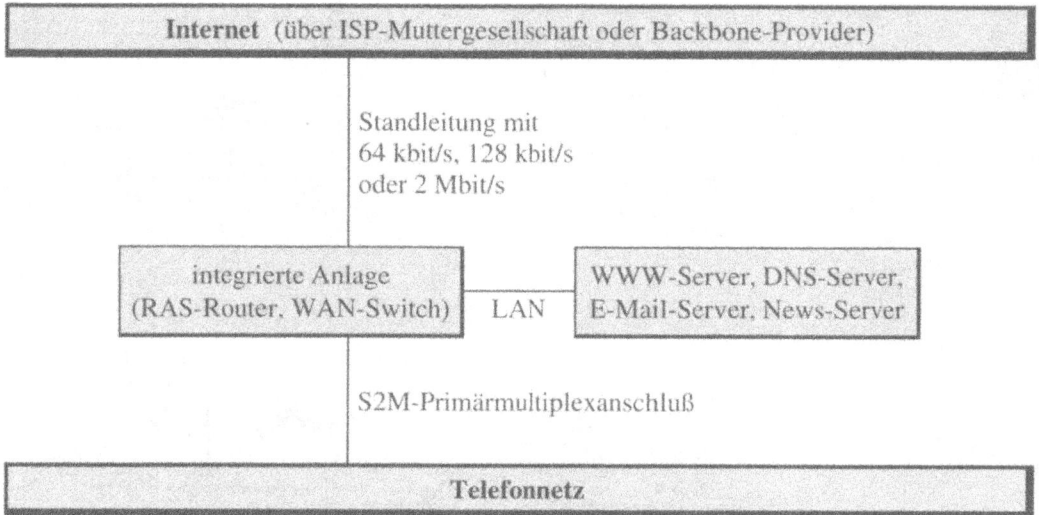

```
┌────────────────────────────────────────────────────────────────────┐
│  Internet (über ISP-Muttergesellschaft oder Backbone-Provider)       │
└────────────────────────────────────────────────────────────────────┘
                              │
                   Standleitung mit
                   64 kbit/s, 128 kbit/s
                   oder 2 Mbit/s

      ┌──────────────────────┐          ┌──────────────────────────┐
      │  integrierte Anlage   │          │  WWW-Server, DNS-Server,  │
      │ (RAS-Router, WAN-Switch)│  LAN   │  E-Mail-Server, News-Server│
      └──────────────────────┘          └──────────────────────────┘
                              │
                   S2M-Primärmultiplexanschluß

┌────────────────────────────────────────────────────────────────────┐
│                           Telefonnetz                                │
└────────────────────────────────────────────────────────────────────┘
```

Neuerdings wird häufiger statt der genannten Zusammenstellung vieler Einzelkomponenten alternativ eine integrierte Anlage (RAS-Router oder WAN-Switch) eingesetzt. Sie vereint die Übertragungstechnik in einem Kompaktgerät („PoP-in-a-box"). Sie beinhaltet analoge und ISDN-Eingänge und ersetzt Terminal-Server und Router. Über das RADIUS-Sicherheitsprotokoll (Remote Authentication Dial In User Service) werden Remote-Anwender identifiziert (Authentifizierung) und die Netzzugangsberechtigung kontrolliert (Autorisierung). So ein Kompaktgerät hat den Vorteil der erheblich leichteren Wartbarkeit, aber den Nachteil, daß im Fehlerfall eventuell alle Anschlüsse lahmgelegt sein können. Letzteres Risiko wird dadurch eingeschränkt, daß die ISP-Muttergesellschaft ein Ersatzgerät in Reserve hält, was innerhalb weniger Stunden einsetzbar sein kann. Häufig werden Anlagen von den Firmen Ascend / Lucent (http://www.ascend.com) oder ITK / Digi International (http://www.itk.de, http://www.digieurope.com) eingesetzt, zum Beispiel der Ascend MAX 2000, Ascend MAX 4000 oder der ITK MicaBlazer. Eine entsprechende Anlage inklusive Modem-Karte, Ports, Software und Installation vor Ort ist ab ca. 40.000,- DM erhältlich. Weitere RAS-Router und Hersteller finden Sie im letzten Kapitel „Spezielle Hardware für Remote Access" ab Seite 255.

Als Server-Rechner wird von vielen PoPs eine Sun mit Solaris eingesetzt. Aber auch Linux (z.B. auf PCs) ist weit verbreitet. Neuerdings tauchen immer mehr PCs mit Windows NT auf. Die Server und eventuelle weitere Kunden-Server (Web-Server-Hosting) müssen Sie vor Hackerangriffen aus dem Internet schützen, zum Beispiel durch eine vorgeschaltete Firewall, wie sie im Kapitel „Firewall" ab Seite 347 beschrieben ist.

Weiterhin können für einen sicheren Betrieb eine unterbrechungsfreie Stromversorgung (USV), eine Klimaanlage, für alle Komponenten Backup- und Zweitgeräte und eine zweite Ersatzstandleitung notwendig werden.

Die Standleitung zur Internet-Provider-Muttergesellschaft (Backbone-Provider) kann anfangs eine Leitungskapazität von 64 oder 128 kbit/s haben, wenn die Daten effizient komprimiert werden und ein Proxy-Cache integriert ist. Später muß meistens auf 2 Mbit/s ausgebaut werden.

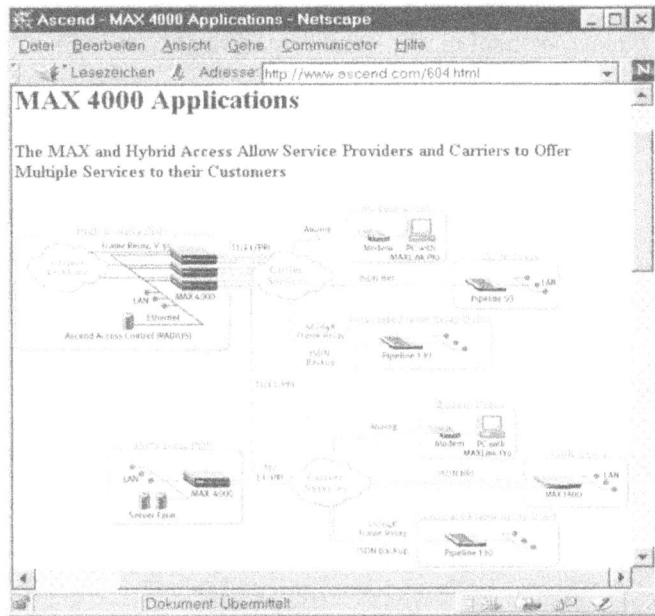

Wieso können 128 kbit/s zum Backbone für 30 gleichzeitig aktive Benutzer reichen, die jeweils über eine 64-kbit/s-Leitung angeschlossen sind?

* Es nutzen nicht alle Benutzer gleichzeitig die maximale Datenübertragungsrate,

* der Proxy-Cache kann viele Anfragen direkt befriedigen und

* die Datenübertragung zum Backbone kann komprimiert erfolgen.

Die monatlichen Kosten der Standleitung setzen sich aus den reinen Leitungskosten und der Anschlußgebühr beim Internet-Provider zusammen und richten sich nach der Übertragungsleistung und der Entfernung. Die folgende Tabelle soll lediglich grobe Anhaltswerte bieten.

	einmalige Bereitstellung Standleitung Telekom	Telekom-Standleitung pro Monat	ISP-Muttergesellschaft pro Monat
64 kbit/s	4000,- DM	ca. 1000,- DM	ca. 1.500,- DM
2 Mbit/s	8000,- DM	ca. 7000,- DM	ca. 15.000,- DM

Die genauen Telekom-Gebühren entnehmen Sie bitte der Telekom-Broschüre „ISDN in Deutschland, Informationsschrift für Partner der Deutschen Telekom" (http://www.telekom.de/angebot/datenkomm/festnetze). Mittlerweile hat die Telekom mächtig Konkurrenz bekommen. Andere Betreiber, wie etwa Arcor (http://www.arcor.de), o.tel.o (http://www.o-tel-o.de) und Viag (http://www.viaginterkom.de) bieten teilweise deutlich niedrigere Preise. Die Gebühren für den Standleitungsanschluß bei Ihrer Internet-Provider-Muttergesellschaft müssen Sie mit dieser aushandeln (siehe auch Kapitel „Vergleich überregionaler Internet-

Provider für Internet-Zugang", Seite 76). Neuerdings bieten einige Internet-Provider Standleitungsanschluß mit 64 kbit/s für wenig mehr als 1000,- DM inklusive der Leitungskosten an.

11 Nutzung des Intranets und Extranets

11.1 Warum Intranet ?

Im Gegensatz zum allgemein zugänglichen öffentlichen Internet ist das Intranet auf das private Firmennetzwerk begrenzt. Dies kann sich auf das lokale Netzwerk (LAN) beschränken, das kann auch ein weltumspannendes, aber privat genutztes Netzwerk sein (WAN, Wide Area Network). Bei kleineren Unternehmen wird das Intranet nur über die eigene hausinterne Netzwerkverkabelung betrieben. Bei global agierenden Unternehmen werden zusätzlich auch die verschiedenen Standorte zu einem großen Intranet gekoppelt. Zur Überbrückung größerer Entfernungen kann eine eigene Verbindung (etwa eine gemietete Standleitung) im Einsatz sein, oder die Daten werden gemeinsam mit fremden Daten über das öffentliche Internet übertragen (I-VPN, Virtual Private Network per Internet). Es können fremde Außenstellen einbezogen werden (Extranet), aber ansonsten ist es von öffentlichen Zugriffen abgekapselt.

Im Intranet werden im Internet übliche Techniken auch im internen Netzwerk eingesetzt, also E-Mails, News und das TCP/IP-Protokoll (Transmission Control Protocol / Internet Protocol) und darauf basierende Anwendungen, wie Web-Browser und HTML-Dokumente mit Hyperlinks. Der Einsatz von Intranet-Hilfsmitteln beruht auf pragmatischen wirtschaftlichen Erwägungen. Die bisherigen proprietären Systeme und Protokolle sollen durch einfache, bedienbare und herstellerunabhängige Technologien ersetzt werden, und es sollen die erweiterten Möglichkeiten der Informationsaufbereitung genutzt werden.

Der allgemeine Wunsch nach Veränderung der derzeitigen Netzwerklandschaft hat verschiedene Gründe. Einer resultiert aus den hohen Kosten der Administration und Wartung der in normalen Netzwerken benutzten Software. Seit der Veröffentlichung der Studie „The cost of LAN Computing: A Working Model" der IT-Beratungsfirma Gartner Group von 1994 sind die TCO (Total Costs of Ownership) besonders ins Bewußtsein gerückt. Der Aufwand für vernetzte Windows-PCs wird allerdings sehr unterschiedlich bewertet. Die Meta Group beziffert die Kosten auf weniger als 6.000,- DM/Jahr, die Gartner Group nennt über 10.000 Dollar/Jahr, laut dem Marktforschungsinstitut IDC (International Data Corp.) sollen die Kosten noch höher sein. Auch das Beratungsunternehmen Compass hat eine Spanne zwischen 3.000 und 15.000 Dollar ermittelt. Die unterschiedlichen Ergebnisse hängen mit der schwierigen Bewertung der sogenannten Opportunitätskosten zusammen, wie etwa der unproduktive Arbeitsausfall, wenn der Kollege um Hilfe gebeten wird. Von dem hohen TCO-Aufwand werden 80 Prozent nur für die Administration benötigt. Hier erhofft man sich Einsparungen durch das Intranet.

Ein noch wichtigerer Grund für Intranets ist, daß bei herkömmlicher Vernetzung mit vielleicht mehreren Servern und vielen Volumes der Überblick fehlt. Es ist schwer herauszufinden, wo welches Dokument lagert, wie man daran kommt und mit welchen Hilfsmitteln man es benutzt. Ein geflügeltes Wort bei Siemens lautet: „Wenn Siemens wüßte, was Siemens weiß ...". Im Internet hat sich die HTML-Technik mit Browsern und Hyperlinks zur strukturierten Speicherung und Weitergabe von Informationen bereits millionenfach bewährt. Alle größeren Unternehmen versuchen, durch verbessertes Informations-Management die Produktivität zu steigern. Schlecht informierte Mitarbeiter, langwierige Entscheidungsprozesse und doppelt gemachte Arbeit vergeuden unnötig Ressourcen. Nur informierte Mitarbeiter sind motiviert, fühlen sich anerkannt und nur von ihnen kann produktives Mitdenken erwartet werden.

Welche Vorteile bietet das Intranet?

- Einsatz von offenen plattformunabhängigen Applikationen.

- Einheitliche leistungsfähige Oberfläche zur Informationsdarstellung.

- Enorme Effizienzsteigerung bei der internen Informationsverteilung.

- Unternehmensweit vereinheitlichte Schnittstellenstandards zur Bereitstellung von E-Mail, Informationen und Dokumenten.

- Es gibt fertige standardisierte Lösungen für viele Aufgabenbereiche, zum Beispiel E-Mail, Diskussionsforen, Groupware, Terminplanung, Dokumentenverwaltung, Workflow-Management und Datenbankbenutzung.

- Bessere Strukturierungsmöglichkeit und effektives Informations-Management. Man kann (über Hyperlinks in HTML-Dokumenten) Dokumente finden, obwohl man nicht weiß, auf welchem Server und in welchem Verzeichnis sie abgelegt sind. Dokumente können also nach Themen sortiert angeboten werden, unabhängig vom Lagerungsort.

- Im Intranet allgemein zugängliche und vor allem leicht auffindbare Dokumente reduzieren die Zahl der gedruckten Exemplare und sind leicht aktualisierbar. Allen Mitarbeitern steht stets die aktuelle Version zur Verfügung.

- Dokumente brauchen nicht dort gespeichert zu sein, wo sie benutzt werden, sondern sie können dort gespeichert werden, wo sie erzeugt und gewartet werden. Das kann auch in Übersee sein.

- Dokumente können einfach von jedem Mitarbeiter auch ohne Unterstützung durch die IT-Abteilung eingebracht und abteilungsweise oder allen zur Verfügung gestellt werden. Ohne daß Koordinierungsmaßnahmen nötig wären, können viele dezentrale Server als Informationsquelle dienen.

- HTML-Dokumente können leicht dynamisch erzeugt werden. Erst zum Zeitpunkt des Abrufs wird die HTML-Seite zum Beispiel aus Einträgen in einer Datenbank erzeugt. Dadurch ist absolute Aktualität gewährleistet. Es können auch für verschiedene Personengruppen unterschiedliche Dokumente erzeugt oder angeboten werden.

- Der Administrationsaufwand im Netzwerk ist deutlich reduziert, besonders wenn unterschiedliche Plattformen unterstützt werden müssen.

- Bei vielen Arbeitsplätzen reicht ein einfacher Rechner. Eventuell wird neben einem Browser mit speziellen Plug-Ins nur wenig weitere Software benötigt. Der Rechner benötigt nicht zwingend eine Festplatte, Virenschutz und Backup sind einfacher. Demnächst wird es preiswerte NetPCs oder NC-Computer (Network Computer) geben.

- Intranets erzwingen geradezu die schon lange geforderte Client/Server-Technik und ebenso die Drei-Ebenen-Architektur (Trennung von Präsentation/Benutzerschnittstelle, Anwendungslogik und Datenhaltung) wodurch bessere Skalierbarkeit, leichtere Wartbarkeit und schnellere Entwicklungen mit Komponententechnologien ermöglicht werden.

- Mehrere gleichzeitig im Unternehmen verwendete Datenbanksysteme, die auf unterschiedlichen Konzepten basieren, und andere Applikationen sind alle mit dem gleichen Frontend (dem Web-Browser) benutzbar.

- Es können im internen LAN die gleichen Applikationen wie für das externe Internet verwendet werden.

- Externe Mitarbeiter (Vertrieb, Außenstellen, Heimarbeiter, ...) können mit den gleichen standardisierten Hilfsmitteln Ressourcen des LANs benutzen, wie die internen Mitarbeiter (z.B. Datenbankzugriffe).

- Extranets zur Kommunikation mit Zweigniederlassungen und Geschäftspartnern sind leicht zu installieren und bieten ein erhebliches Rationalisierungspotential.

- Bestimmte Bereiche des Intranets können auch für das allgemeine Internet freigeschaltet werden und als Informationsbasis oder interaktive Kommunikationsschnittstelle zu Kunden oder Interessenten Einsatz finden. Dabei kann kundenspezifisch reagiert werden bis hin zur automatischen Erstellung komplexer Angebote.

- Intranets können als kleines preiswertes System gestartet werden und sind später leicht beliebig skalierbar.

Warum soll ein Web-Browser ein besseres Frontend zum Beispiel für eine relationale Datenbank sein?

Web-Browser eignen sich hervorragend, Eingaben entgegen zu nehmen und Informationen individuell auf die Bedürfnisse des jeweiligen Benutzers abgestimmt als HTML-Seite zu präsentieren. Diese HTML-Seiten können leicht dynamisch erzeugt werden. Web-Browser sind sehr flexibel, auf verschiedenen Rechnerarchitekturen verfügbar und sowohl im internen LAN als auch von außen einsetzbar. Einen Web-Browser hat auch Ihr möglicher Kunde in Übersee, während eine genau zu Ihrer Datenbank passende Frontend-Maske anders schwer für beliebige Kunden realisierbar wäre. Die allgemein als Standard anerkannte Hyperlink-Technik erleichtert auch dem ungeübten Benutzer, sich zurecht zu finden und sein Ziel zu erreichen. Über Java-Applets können auch anspruchsvolle Client/Server-Anwendungen realisiert werden. Was sich im Internet millionenfach bewährt hat, erhöht auch im LAN die Effektivität.

Übrigens braucht im Intranet keiner auf seine beliebten Programme zu verzichten. Die Web-Browser leiten ihnen unbekannte Dateiformate, wie zum Beispiel WinWord-Dokumente oder Excel-Tabellen, an die passenden Plug-Ins oder Applikationen weiter.

Weitergehende Standardisierung ermöglicht übergreifende Groupware und komplexe Management-Tools. Im Zuge der weiteren Intranet-Entwicklung wird es nicht nur aufgebohrte, an das Intranet angepaßte Versionen bisheriger Applikationen geben, sondern auch neue, bisher nicht bekannte Anwendungen.

Soll man schon jetzt mit der Einführung eines Intranets beginnen? Würde man noch ein oder zwei Jahre warten, würde man leistungsfähigere und ausgereiftere Software zu günstigeren Preisen bekommen. Doch diese Überlegung trügt. Die Investition in Intranet-Technologie macht sich in kürzerer Zeit bezahlt. Selbst, wenn man in zwei Jahren wieder fast von vorne beginnen müßte (was unwahrscheinlich ist), hätte man Kosten gespart. Eine von Netscape in Auftrag gegebene IDC-Studie geht sogar soweit zu behaupten, die Amortisationszeit von Intranets würde bei drei Monaten liegen und der Return on Investment (ROI) läge bei einem Vielfachen des Einsatzes. Diese sehr optimistische Einschätzung wird so nur in wenigen bestimmten Konstellationen möglich sein. Will man mehr als nur Kommunikationsvereinfachung und Informations-Management installieren, dauert alleine die Einrichtungszeit schon länger. Aber daß die Kosteneinsparungen deutlich höher als der Aufwand sind, ist allgemein unbestritten. Laut einer Studie der Meta Group gaben über 80 Prozent der befragten Firmen schon bald nach der Intranet-Einführung einen positiven ROI an. Schon früh resultieren Einsparungen aus der verbesserten Kommunikation, der breiteren und schnelleren Verfügbarkeit von Informationen und der leichteren Administration universaler plattformunabhängiger Frontends. Später kommen erhebliche Einsparungen durch Workflow, optimierte Geschäftsprozesse und die Einbeziehung von Geschäftspartnern hinzu. Das Risiko, keinen Return on Investment zu erreichen, ist beim Einsatz von Produkten, die sich an Internet/Intranet-Standards halten, gering.

Nach diversen Studien benutzen etwa die Hälfte der größeren amerikanischen Unternehmen Web-Server für hausinterne Intranets und viele weitere planen die Errichtung. Beispiele: Bei der Firma SNI haben ca. 90 Prozent der 34.000 Beschäftigten Zugriff auf inhouse Web-Server und bei Microsoft und Novell angeblich ein noch höherer Prozentsatz. Bei Hewlett-Packard ist eines der ältesten und größten Intranets im Einsatz, 100.000 PCs sind mit 6.000 Web-Servern an 400 weltweit verteilten Standorten verbunden. Nach eigenen Berechnungen spart Hewlett-Packard damit jährlich 200 Millionen Dollar. Rank Xerox schätzt die jährliche Kosteneinsparung durch seine 270 Web-Server auf 600.000 Dollar. Audi taxiert sein aufs Intranet bezogenes Return on Investment für 1997 auf 200 Prozent und für 1999 werden trotz bis dahin gestiegener Ausgaben 600 Prozent erwartet.

In der Studie „Betriebliche Internet-Nutzung in der Bundesrepublik Deutschland" (http://viadrina.euv-frankfurt-o.de/wi-www/aktuelles.html) befragte Prof. Kurbel viele Hundert Unternehmen nach den Auswirkungen des Internets und Intranets innerhalb des Unternehmens. Das Fazit war überwiegend positiv. Am häufigsten wurde die Einsparung von Arbeitszeit genannt, aber auch Vereinfachung und Rationalisierung von Abläufen und das bessere Informationsangebot waren wichtig.

IDC schätzt, daß die Zahl der Intranet-Server von 200.000 im Jahr 1996 auf 4,5 Millionen im Jahr 2000 steigen wird. Das US-Marktforschungsunternehmen Forrester Research schätzt, daß spätestens im Jahr 2000 über 70 Prozent aller Großunternehmen Intranet-Strukturen installiert haben.

Die Einführung des Intranets wird in Stufen vollzogen. Zuerst werden die unternehmensinternen Daten für die internen Mitarbeiter aufbereitet. Ein solches Informationssystem alleine stellt schon ein großes Potential für Einsparungen dar. Teile dieses Informationssystems können Vertragspartnern, Lieferanten und Kunden angeboten werden. Dies fördert die Zusammenarbeit. Dann sollte wirkliche Interaktion ermöglicht werden. Sowohl betriebliche Diskussionen als auch private Kommunikation wird vereinfacht. Formulare werden nicht nur zum Ausdrucken abgerufen, sondern können auch elektronisch verarbeitet werden, ohne daß etwas auf Papier ausgedruckt und weitergereicht werden muß. Zuletzt sollten auch Workflow-Prozesse und komplette Geschäftsabläufe integriert werden.

Das Intranet oder der Intranet-Server brauchen nicht das schon vorhandene Netzwerkbetriebssystem zu ersetzen. Normalerweise werden das bisherige Netzwerkprotokoll und das neue TCP/IP-Protokoll des Intranet-Servers gleichzeitig über die vorhandene Verkabelung geführt.

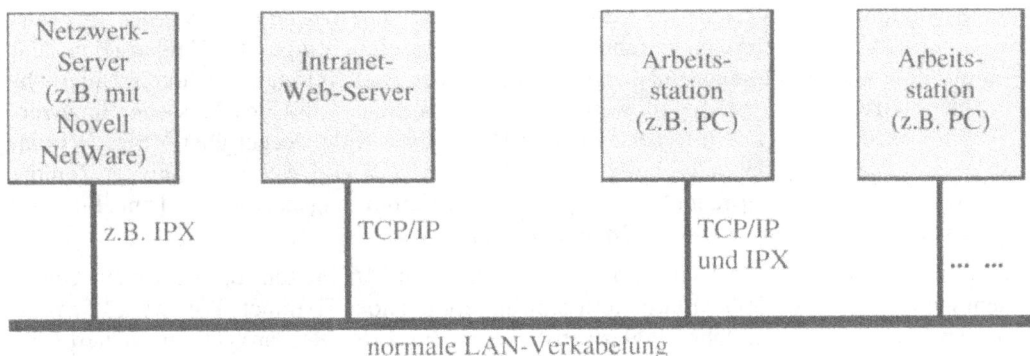

Netzwerk-Server (z.B. mit Novell NetWare)	Intranet-Web-Server	Arbeitsstation (z.B. PC)	Arbeitsstation (z.B. PC)
z.B. IPX	TCP/IP	TCP/IP und IPX	... ...

normale LAN-Verkabelung

11.2   Warum Extranet ?

Das Extranet erweitert das Intranet für bestimmte ausgewählte Partner. Dies können Außendienstmitarbeiter oder Zweigstellen der eigenen Firma sein, meistens verwendet man den Begriff Extranet aber nur bei zwar bekannten, aber externen Partnern, wie Kunden, Lieferanten und Geschäftspartnern.

Das Extranet ist nicht wie das öffentliche Internet allgemein zugänglich, aber auch nicht wie das private Intranet völlig abgeschottet. Die Verbindungen werden über das öffentliche Internet hergestellt, sind aber nur für autorisierte Teilnehmer offen. Dabei wird nicht Zugang zum gesamten Intranet gewährt, sondern nur zu klar abgegrenzten zielgruppenspezifischen Teilbereichen.

Hauptzweck des Extranets ist die Einbeziehung von bekannten Geschäftspartnern, also die Business-to-Business-Kommunikation. Bei einigen Extranets ist die Anmeldung nur für

einzelne bestimmte Personen möglich, bei anderen werden Arbeitsgruppen oder Computersysteme gekoppelt. Vielleicht können autorisierte Besucher auf einige sonst nicht zugängliche Dokumente oder Systeme zugreifen. Oder es werden für genau diese Person relevante
Daten präsentiert. Es können auch Computersysteme zum automatisierten Datenaustausch
zwischen den Warenwirtschaftssystemen etwa per EDI (Electronic Data Interchange)
gekoppelt werden.

Der Sprachgebrauch ist nicht immer eindeutig. Normalerweise werden zwei verschiedene
Systeme von Extranets unterschieden:

- Zugriff per Web-Browser für bekannte autorisierte Geschäftspartner über das Internet
  auf zielgruppenspezifische Teilbereiche oder Dienste eines Intranets. Wenn die
  Authentifizierung lediglich über Paßwörter erfolgt, dürfen nur weniger kritische
  Funktionen ermöglicht werden, etwa der Zugang zu Bestellsystemen oder der Zugriff
  auf personifizierte Daten, wie etwa der Lieferstatus einer Bestellung. Bei sicherer
  Authentifizierung können auch anspruchsvollere Anwendungen realisiert werden. Im
  Unterschied zu einfachen paßwortgeschützten Web-Seiten wird eine dynamische Ver-
  bindung zum Intranet hergestellt und werden die Daten direkt übertragen.

- Anbindung per abgesicherter Verbindung über das Internet. Hierbei werden meistens
  sichere Authentifizierungsverfahren und Verschlüsselung eingesetzt. Außenstellen und
  einzelne Clients können einbezogen werden, aber auch Intranets mehrerer Unterneh-
  mensnetze können gekoppelt werden. Solche Extranets sind geschlossene Benutzergruppen innerhalb des Internets. Realisiert wird dies in der Regel über VPNs (Virtual
  Private Network), deren Technik in den Kapiteln „LAN-zu-LAN-Kopplung per Remote
  Access, VPN und Extranet" ab Seite 246, und „Verbindungsprotokolle, Tunneling und
  VPN-Technologien" ab Seite 248, erklärt sind.

Laut einer Studie der Meta Group besaßen 1998 bereits 16 Prozent der deutschen Unternehmen mit mehr als 500 Mitarbeitern ein funktionierendes Extranet. Weitere 22 Prozent
planen, ein Extranet im Jahr 1999 zu installieren. Forrester Research prognostiziert, daß
2001 über 65 Prozent der weltweit 1000 größten Firmen Extranets einsetzen werden. Die
online per Extranet im Business-to-Business-Bereich nur in Deutschland getätigten
Umsätze sollen laut Meta Group von 5 Milliarden DM im Jahr 1999 bis 2002 auf 90
Milliarden DM ansteigen.

Handels-Info (http://www.handels-info.de) will für den Lebensmittelhandel eine geschlossene Benutzergruppe in Form eines Extranets einrichten und wirbt damit, daß das lange und
oft erfolglose Suchen im Internet entfällt, da die für die tägliche Arbeit wichtigen handels-
relevanten Daten fertig aufbereitet und strukturiert vorliegen.

Sehr früh wurden die Vorteile des Extranets in der Autoindustrie erkannt, um die Händler
an die Zentrale anzubinden. Über das Extranet erhalten die Händler Zugang zu diversen
Anwendungen, wie die Fahrzeugdisposition oder die Teilebestellung. Bei der BMW AG
sind über 600 Handelsbetriebe an das Extranet angeschlossen.

Das angeblich erste sehr große Extranet in Deutschland hat InnoMate GmbH für Wolf
Garten errichtet. Dieses Fachhandelsinformationssystem erlaubt 6000 Vertriebspartnern
Bestellungen aufzugeben.

Extranets führen zu großen Kosteneinsparungen und bedeuten einen Quantensprung für Service und Kompetenz. Es ergeben sich viele Möglichkeiten:

- Handelspartner, Lieferanten und Kunden können auf aktuellste Informationen zugreifen,

- Kommunikation ist rund um die Uhr jederzeit möglich,

- kundenspezifische personifizierte Daten können abgefragt werden,

- Handelspartner, Lieferanten und Kunden können in die IT-Infrastruktur einbezogen werden,

- Auftragsinformationen können automatisiert übertragen und elektronisch verarbeitet werden,

- Warenwirtschaftssysteme können gekoppelt werden,

- für EDI (Electronic Data Interchange) können teure VANs durch preiswerte Extranet-VPNs ersetzt werden (siehe Kapitel „Elektronischer Geschäftsdatenaustausch per EDI", Seite 221),

- Just in Time Production und Lean Production lassen sich verwirklichen und

- Geschäftsvorgänge werden beschleunigt, es werden Fehler vermieden, der Arbeitsaufwand wird verringert.

Obwohl bei fast jedem Warenwirtschaftssystem eine Internet-Anbindung möglich ist, gibt es keine Standardlösungen zur Kopplung von Warenwirtschaftssystemen. Es gibt keine standardisierten Schnittstellen. Selbst wenn beide Handelspartner die gleiche betriebswirtschaftliche Software, etwa SAP R/3, einsetzen, ist eine Anpassung erforderlich, da die Software auf die unterschiedlichen Verhältnisse der einzelnen Unternehmen adaptiert ist. Häufig muß deshalb eine zusätzliche vermittelnde Datenbank zwischen das interne Warenwirtschaftssystem und das Internet/Extranet geschaltet werden. Oder es werden spezielle Programme zur Konvertierung eingesetzt.

Auf Extranets und solche Anpassungen haben sich einige Firmen spezialisiert, wie etwa Beck et al (http://www.bea.de), Dr. Materna GmbH (http://www.materna.de), ecoinfobase Business Network GmbH (http://www.ecoinfobase.de), inTouch GmbH (http://www.intouch.de), iXOS Software AG (http://www.ixos.de), PSINet Inc. (http://www.psi.net) und USWeb InnoMate (http://www.innomate.de).

11.3 Intranet als Hilfsmittel zur Firmenorganisation

Wie wird der neu installierte Intranet-Server mit Leben gefüllt? Wie kann er zu einer wirklichen Hilfe im Unternehmen werden, als Kommunikationszentrale dienen und Abläufe verbessern?

Planung

Anfangs sollte eine Person als Projektleiter bestimmt werden oder ein Gremium gebildet werden, welches Wünsche und Forderungen entgegennimmt, diese sammelt, wertet, ordnet und daraus ein strukturiertes Grundgerüst erstellt. Sobald das Intranet eingerichtet ist, sollten in einer zweiten Befragung Verbesserungsvorschläge gesammelt werden.

Eine sehr zentrale Frage ist die Vergabe von Rechten im Intranet.

- Soll nur die Geschäftsleitung oder die IT-Abteilung bestimmen, was ins Intranet gestellt werden darf?

- Soll jeder Mitarbeiter beliebig Seiten dem Intranet hinzufügen dürfen, ohne Richtlinien beachten zu müssen?

Die optimale Lösung liegt zwischen diesen beiden Extremen. Verhindern Sie, daß das Intranet nur von „oben" nach „unten" genutzt wird und zur zentral gesteuerten Organisationsplanung verkümmert. Ermöglichen Sie und ermuntern Sie zu möglichst viel dezentraler Anteilnahme, damit das Intranet positiv akzeptiert wird und zu besserer Informationsverteilung und mehr Effektivität führt. Schaffen Sie alle Voraussetzungen, damit die Mitarbeiter sich eingebunden fühlen, eigene Bereiche bekommen und sich wirklich beteiligen. Je höher die Akzeptanz ist, um so höher ist der Nutzen. Allerdings sollte es deutlich abgegrenzte Bereiche und klar definierte Regeln geben, was wo und wie veröffentlicht werden darf.

Viele weitere Fragen müssen geklärt werden.

- Sollen nur Kommunikations- und Informationsdienste bereitgestellt werden?

- Soll Gruppenarbeit, Zeit- und Ressourcenplanung organisiert werden?

- Sollen Formulare für Urlaubsantrag, Investitionsantrag, interne Freigabe u.a. nur ausdruckbereit vorliegen oder direkt elektronisch erfaßbar sein?

- Sollen Arbeitsabläufe durch Workflow vereinfacht werden?

- Sollen Geschäftsprozesse verbessert werden?

- Soll die Firma reorganisiert werden (BPR, Business Process Reengineering)?

- Sollen auch externe Teilnehmer integriert werden (Extranet)?

Je klarer die geforderten Spezifikationen in einem Pflichtenheft festgehalten werden, um so weniger Mißverständnisse wird es geben und um so flüssiger wird die Realisation verlaufen.

Begrüßungsseite

Was muß unbedingt auf die Homepage (die erste Begrüßungsseite)? Diese erste Seite sollte gleich Verweise zu den wichtigsten Themen beinhalten. Diese wichtigsten Themen können sein:

- Suchmöglichkeiten

- Aktuelles, Änderungen, News-Ticker

- Installationshinweise

- Bedienungshinweise

- Fragen, Probleme

- Diskussionsforen

- Abteilungsweise selbstverwaltete Bereiche

- Firmenmitglieder, Personal

- Produkte, Projekte, Vorträge

- Geschäftsprozesse, Workflow, Logistik

- Organisatorisches

- Unternehmensprofil

Im folgenden werden diese Themenschwerpunkte weiter erläutert. Wenn dabei von Verweisen die Rede ist, sind HTML-Hyperlinks gemeint, so daß durch einfaches Anklicken auf das andere Dokument gesprungen wird.

Suchmöglichkeiten

Wenn möglich, sollte sowohl ein strukturierter Katalog zu den wichtigsten Themen führen als auch die unstrukturierte Suche nach beliebigen Stichworten möglich sein. Eine Intranet-interne Suchmaschine für Volltextsuche sollte eingerichtet sein, die entweder in Echtzeit die Dokumente durchsucht oder bei größeren Beständen als Retrieval-Werkzeug Index-datenbanken auswertet, in denen vorher viele Stichworte gesammelt wurden. In Intranets kann der Microsoft Index Server besonders interessant sein, da außer HTML-Dateien auch Office-Formate durchsucht werden. Sonst kommen auch alle im Kapitel „Interne Suchmaschine" ab Seite 109 genannten Sucher in Frage. Außer Suchmaschinen können auch DMS-Systeme eingebunden werden (Dokumenten-Management-Systeme).

Aktuelles, Änderungen, News-Ticker

Hier darf nur wirklich aktuell Neues zu finden sein. Sonst klickt keiner mehr diesen Punkt an. Sowohl firmeninterne Neuigkeiten als auch News aus aller Welt haben hier ihren Platz.

Installationshinweise

Wie konfiguriere ich meinen Rechner? Wie installiere ich meine Netzwerkverbindung? Wie installiere ich den Web-Browser? Wie stelle ich im Web-Browser IP-Adresse, Proxy, Gateway, DNS-Server, News-Server und E-Mail-POP3 so ein, daß sowohl Intranet als auch Internet funktioniert? Brauche ich Plug-Ins? Wie mache ich ein Backup? Wie führe ich regelmäßig einen Virenscan durch?

Bedienungshinweise

Wie benutze ich Web-Browser, E-Mail, Diskussionsforen, Groupware und andere Anwendungen? Welche Optionen bieten die Suchmaschinen?

Fragen, Probleme

Für technische Probleme sollten Erklärungen, mögliche Problemlösungen und Verweise aufgeführt werden (FAQ). Bei organisatorischen Fragen können Verweise auf Verfahrensanweisungen genannt sein. Aber letztendlich muß zu allen Problemen möglichst jeder Art jeweils ein Ansprechpartner genannt sein, sowohl für technische als auch organisatorische und zwischenmenschliche Probleme.

Diskussionsforen

Diskussionsforen (Newsgroups) zu Projekten der Firma (Wer weiß einen guten Namen für unser neues Produkt Xy? Warum hat Produkt Xy nicht Eigenschaft Yz? Wie kann die Qualität von Xy verbessert werden?).

Diskussionsforen zu Organisatorischem in der Firma (Wie kann das Intranet verbessert werden, was fehlt noch? In welcher Mitfahrgruppe ist noch Platz frei? Wie kann die Parksituation verbessert werden? Wie kann die Essensversorgung verbessert werden, welcher Online-Pizza-Service ist gut?).

Diskussionsforen zu privaten Angelegenheiten (z.B. Wer macht mit bei Volleyball? Verkaufe ..., Suche ...).

Abteilungsweise selbstverwaltete Bereiche

Hier sollten nach Abteilungen sortiert alle Mitarbeiter eigenständig beliebige Dokumente, Tips oder Homepages der Allgemeinheit zur Verfügung stellen können.

Firmenmitglieder, Personal

Telefon- und Raumnummernverzeichnis, Abteilung, Funktion, Fotos aller Mitarbeiter.

Produkte, Projekte, Vorträge

Übersichten zu allen Projekten und Produkten, welche Projekte gehören zu welchen Produkten.

Marketingtexte, Bilder, Produktspezifikationen, Handbücher, Kataloge, Preislisten, Fehlerlisten, Support-Berichte, Revisionsgeschichte, Absatzplan, Projektziele, Zeitplan, Projektstand, Projektmitarbeiter, Verantwortlichkeiten und Verweise auf dazu gehörende Diskussionsforen müssen ersichtlich sein.

Zeitplan aller Vorträge und Informationsveranstaltungen. Kurze Inhaltszusammenfassung und Nennung der Zielgruppe und eventuell des technischen Niveaus.

Geschäftsprozesse, Workflow, Logistik

Hier sollten Frontends zu den betriebswirtschaftlichen Programmen und Datenbanken zu finden sein (z.B. Auftragsbearbeitung, Warenwirtschaft, Lagerhaltung, Buchhaltung, Management-Informationssysteme).

Organisatorisches

Offizielle Informationen der Geschäftsleitung, der Personalabteilung oder des Betriebsrats für die Mitarbeiter sollten hier zu finden sein. Dazu gehören offene Stellen, Weiterbildungsmöglichkeiten, Verfahrensanweisungen, Qualitätssicherung, Formulare, Dokumente, Termine, Raumbelegungen, u.a.

Verfahrensanweisungen sind Beschreibungen von allgemein wichtigen oder immer wiederkehrenden Vorgehensweisen, wie Einführung für Firmenneulinge, Feuerschutzmaßnahmen, Urlaubsregelung, Reisekostenabrechnung, Mülltrennung, Zeitschriftenumlauf, Materialbeschaffung, Postversand, Richtlinien für das Corporate Design, welche Software darf im Unternehmen benutzt werden, Lizenzregelungen, Virenscan-Vorschriften, Backup, Schlüsselverwaltung, ...

Zur Qualitätssicherung gehören Verweise auf Normen (z.B. ISO 9000), Vorsorgemaßnahmen, Dokumentationsmaßnahmen, Fehlererfassung, Prüfungsanweisungen, Prüfmittel, Freigabeverfahren, Freigabestatus, Statistiken.

Formulare für Urlaubsantrag, Investitionsantrag, interne Freigaben, Fax-Deckblattvorlage, Wegbeschreibung für Kunden, u.a. sollten ausdruckbereit vorliegen oder direkt elektronisch erfaßbar sein.

Auf allgemein interessante Dokumente sollte verwiesen werden, wie Normen, relevante Literatur, unternehmensspezifisches Glossar, unternehmensspezifische Rechtschreiberegeln, Firmen-Logos, ...

Ein Terminkalender inklusive Raumbelegung der Konferenzräume sollte enthalten sein für Meetings, interne Schulungen, Kundenveranstaltungen, Messen, ...

Ein Raumplan sollte zeigen, welche Raumnummer wo zu finden ist.

Unternehmensprofil

Firmen- und Mitarbeiterzeitschriften.

Unternehmenspräsentation, Unternehmensgeschichte, Ziele.

Umsatzentwicklung, Finanzlage, welche Produkte sind wie erfolgreich, Presseberichte.

Unternehmensstruktur, Organigramm der Abteilungen, Aufgabengebiete, Zuständigkeiten, Verantwortlichkeiten.

11.4   E-Mail im Intranet

Eine Übersicht über E-Mail-Nutzungsmöglichkeiten und E-Mail-Hilfsdienste im Internet finden Sie im Kapitel „E-Mail, News, Chat, ICQ" auf Seite 39. Im folgenden soll auf weitere Anforderungen eingegangen werden.

Erste E-Mail-Systeme waren nur zum einfachen Versand kurzer ASCII-Textzeilen geeignet. Die Übertragung anderer Dateiformate als Anhang konnte schon zu Schwierigkeiten führen.

Heutige E-Mail-Programme (z.B. Lotus cc:Mail, Banyan Beyond Mail oder Microsoft Mail) können komplexe und aufwendig formatierte Texte, Tabellen, Bilder, Videos und eingebundene Objekte nicht nur als Anhang, sondern auch als Teil der Mail versenden.

Allerdings leider bislang nur über proprietäre Schnittstellen. Der Gesprächspartner muß das gleiche E-Mail-Programm benutzen, um solche komplexen Mails verarbeiten zu können.

In einer nicht zu großen Firma könnte man sich auf nur ein immer gleiches Client-Programm einigen, aber bei größeren Firmen mit mehreren Niederlassungen ist dies schon schwierig und im globalen Datenaustausch kann dies natürlich nicht vorausgesetzt werden. Deshalb besteht dringender Bedarf zur Standardisierung. Dieser Prozeß ist noch nicht abgeschlossen.

Die in einigen Browsern neuerer Generation integrierte E-Mail-Funktion läßt außer einfachen ASCII-Texten auch HTML-kodierte E-Mails zu, um Dokumente gestalten zu können und Hyperlinks verwenden zu können (z.B. Netscape Messenger und Microsoft Outlook). Vielleicht wird dies in Zukunft als Standard akzeptiert.

E-Mails können im Internet nur als ASCII-Text mit 7 bit pro Zeichen übertragen werden. Um Umlaute oder um Binärdateien zum Beispiel als E-Mail-Anhang zu versenden, müssen die 8-bit-Daten vor dem Versand in 7-bit-Daten konvertiert werden. Während dazu früher besonders im Unix-Bereich die UU-Kodierung verwendet wurde (Uuencode und Uudecode, UU steht für Unix-to-Unix), ist heute das wesentlich flexiblere MIME (Multipurpose Internet Mail Extensions) der weitgehend anerkannte Standard. MIME verwendet als Kodierverfahren Base64.

Weitere Standards, die Einzug in E-Mail-Systeme finden, sind die sehr komplexe X.400-Spezifikation (ITU-Spezifikation für Message Handling Systems) oder die einfacheren und besonders im Internet verbreiteten Protokolle POP3 und SMTP. SMTP (Simple Mail Transport Protocol) dient zum Versand und POP3 (Post Office Protocol Version 3) zum Empfang von E-Mails. Statt POP3 wird auch immer häufiger das moderne IMAP4-Protokoll (Internet Message Access Protocol 4, RFC 1730) geboten, was vor allem im weltweiten Internet Vorteile bietet, da man leichter von Unterwegs an seine E-Mails kommt.

In Zukunft könnte auch die X.500-Spezifikation für Verzeichnisstrukturen (Directory Services) und die LDAP-Spezifikation (Lightweight Directory Access Protocol) zum Zugriff auf Directory Services Bedeutung gewinnen. Damit können auch komplexe Adreßbestände auf standardisierte Weise verwaltet und benutzt werden und die Prüfung der Authentifizierung (Identität) und Autorisierung (Zugriffsrecht) wird möglich.

E-Mails, die lokal innerhalb des Unternehmens zu anderen Mitarbeiten verschickt werden sollen, brauchen natürlich nicht übers Internet geleitet zu werden. Normalerweise wird ein lokaler Mail-Server installiert, der interne Post zwischenspeichert und intern weiterleitet und nur externe Post mit dem Mail-Server des Internet-Providers austauscht.

E-Mails, die nicht zu einem internen Adressaten im LAN verschickt werden sollen, sondern nach außen gehen, müssen zum Internet-Provider verschickt werden. Um nicht für jede einzelne E-Mail eine eigene Wählverbindung aufbauen zu müssen, was ohne Standleitung recht unwirtschaftlich ist, werden in Firmen die anfallenden E-Mails gesammelt und dann in regelmäßigen Abständen, etwa stündlich, gemeinsam verschickt (falls keine Standleitung installiert ist). Bei dieser Gelegenheit wird auch gleich die von außen ankommende Post eingesammelt und auf die entsprechenden Adressaten im LAN verteilt. Diesen Job erledigen als MTA (Message Transfer Agent) eingesetzte E-Mail- oder Groupware-Server, wie sendmail von Allmann (http://www.sendmail.org, http://www.sendmail.com), MDaemon von Alt-N Software (http://www.mdaemon.com), Microsoft Exchange, Netscape Message

Server, Eudora WorldMail und Ipswitch IMAIL. Im Internet basieren 80 Prozent der eingesetzten MTAs auf sendmail, trotz seiner sehr komplizierten Konfiguration.

Beim mit dem Internet verbundenen Mail-Server muß auf korrekte Konfiguration geachtet werden. Als SMTP-Server muß er von außen erreichbar sein und ist deshalb normalerweise nicht hinter einer Firewall versteckt. Dies nutzen eventuell Spam-Versender aus, indem sie ihre (verbotenen) Werbe-E-Mails über fremde Mail-Server versenden. Deshalb sollten SMTP-Server nur bestimmte Hosts akzeptieren.

Kriterien zur Auswahl des geeigneten E-Mail-Systems sollten sein:

* Konformität zu RFC,
* Internet-Tauglichkeit, Unterstützung von SMTP/POP3 und MIME,
* Einordnung von Nachrichten in hierarchischen Verzeichnissen, Volltextsuche,
* Unterstützung heterogener LANs,
* Zugang über Remote Access,
* Datenreplikation, zentrales Management, komfortable Administration und
* Sicherheitsfunktionen, wie Verschlüsselung (S/MIME, PGP), Paßwortschutz, Authentifizierung, Gewährleistung von Vollständigkeit und Unverfälschtheit und Einbindung eines Viren-Scanners.

Der Komfort der E-Mail-Programme kann durch Zusatzprodukte weiter erhöht werden. Redirection-Programme (z.B. von C2C) leiten bei Abwesenheit die Mail zu einem Vertreter weiter oder antworten automatisch. RemindMe! von C2C bietet die Wiedervorlage von Nachrichten zu einem späteren Zeitpunkt. Teamworks von CAS, Tasktimer von Timesystem und TerminManagerWin von Spieß sind Terminplaner. NewsBoard von C2C dient als elektronisches schwarzes Brett zum Informationsaustausch. Gateway-Produkte, wie zum Beispiel das cc:Mail - MS Mail Gateway von Advox oder MS Link von Retarus verbinden proprietäre E-Mail-Programme miteinander. Andere Gateways (z.B. von Ten Four Sweden, Advox oder NetApps) erweitern E-Mail-Programme um die Internet-Standards POP3, SMTP oder MIME. Faxination von Fenestrae bindet Fax-Funktionen ein.

Statt der genannten herkömmlichen reinen E-Mail-Programme werden immer häufiger die im übernächsten Kapitel „Groupware und Intranet-Suites" genannten Groupware-Pakete eingesetzt, die außer E-Mail auch darüber hinausgehende Funktionalität bieten.

11.5 CSCW (Computer Supported Collaborative Work)

Nach der Definition des Fraunhofer-Instituts für Software- und Systemtechnik (http://www.do.isst.fhg.de) werden Werkzeuge, die zur Unterstützung der Koordination und Kooperation von Mitarbeitern in interpersonellen Abläufen dienen, unter dem Begriff Computer Supported Cooperative Work (CSCW) zusammengefaßt. CSCW-Hilfsmittel werden in zwei Gruppen eingeteilt, nämlich in Groupware- und Workflow-Systeme.

Groupware-Systeme sind eher für schwachstrukturierte Abläufe geeignet. Groupware unterstützt die unternehmensweite Kommunikation, Teamarbeit und Telekooperation, gestattet spontanes Agieren und Reagieren und die Initiative geht vom Anwender und nicht vom System aus.

Workflow-Management-Systeme eignen sich insbesondere zur Unterstützung von stark strukturierten Prozessen, d.h. Prozessen, die eine Reihe von Aktivitäten in einer bestimmten Reihenfolge bzw. parallel zueinander umfassen, die immer wieder in der gleichen oder ähnlichen Form auftreten, die mehrere Personen involvieren und die einem starken Koordinierungsbedarf unterliegen. Man spricht in diesem Zusammenhang oftmals auch von prozeßorientierten Systemen.

Dokumenten-Management-Systeme (DMS) sind zwar häufig mit Groupware und Workflow eng verknüpft, sind aber mehr Dokumenten-orientiert. Sie beinhalten Retrieval-Systeme und Funktionalitäten zur datenbankgestützten Verwaltung und Bearbeitung von Dokumenten und unstrukturierten Daten.

Die wichtigsten Groupware-, Workflow- und DMS-Systeme werden in den nächsten Kapiteln vorgestellt. Viele weitere Verweise auf CSCW und verwandte Themen finden Sie bei Brinck (http://www.usabilityfirst.com/cscw.html). Eine Produktübersicht zu Groupware- und Workflow-Systemen bietet Ihnen das Fraunhofer-Institut (http://www.do.isst.fhg .de/workflow/pages/Produkte_Deutsch.html).

11.6   Groupware und Intranet-Suites

Wozu Groupware?

Wie an den vielfältigen Zusatzprodukten zu E-Mail-Programmen leicht ersichtlich ist, besteht Ausbaubedarf. Außer der direkten E-Mail-Funktionalität sind weitere Dienste gefragt, die Gruppenarbeit und den Informationsaustausch im Unternehmen unterstützen. Daraus entstand die Groupware.

Groupware bietet folgendes:

- Groupware ist in der Regel in Client/Server-Architektur implementiert,

- vereinfacht innerbetriebliche Kommunikation (Messaging-System),

- bietet E-Mail, E-Mail-Umleitung bei Abwesenheit des Adressaten,

- E-Mail-Sicherheitsfunktionen (Verschlüsselung, digitale Unterschrift),

- Diskussionsforen,

- Gruppenterminplanung,

- Information Sharing (Publikation von Dokumenten), Dokumenten-Management, Volltextsuche,

- Workflow-Management (Automation von Arbeitsabläufen), integrierte Werkzeuge zur Realisierung von Formularen,

- Datenbankzugriff, die automatische Replikation von Daten (Datenabgleich) zwischen mehreren Servern, verschiedenen Niederlassungen eines Unternehmens und mobilen Mitarbeitern sowie

- sicheren Internet-Zugang.

Schwerpunkte sind also Informationsweitergabe und -austausch (Information Sharing, Communication) und Zusammenarbeit (Collaboration). Groupware vollbringt keine Wunder. Personen oder Abteilungen, die sich ohne Groupware nichts zu sagen hatten, werden nicht automatisch gesprächsbereite und kooperative Teams. Aber wenn die Bereitschaft zur Kooperation besteht, wird dies durch Groupware sehr effektiv unterstützt. Es werden Kooperationen möglich, die anders nicht realisierbar wären. Außer der Technik und den Inhalten gehört auch eine offene Einstellung oder Kultur dazu. Deshalb spricht man gerne vom 4C-Modell: Computing, Communication, Content, Culture. Gemeint ist die Informationspolitik der Firma. Ungünstig sind hierarchische Informationsverteilungen von oben nach unten zum Beispiel über Meetings mit beschränkter Teilnehmerzahl, wobei die Informationen dann oft nur in Flurgesprächen an ausgewählte Mitarbeiter weiter sickern. Günstig sind demokratische Informationsverteilungen zum Beispiel über ein funktionierendes Intranet, an dem die Mitarbeiter beteiligt sind.

Ob Intranet-Groupware zumindest in Teilbereichen ein Dokumenten-Management-System (DMS) ersetzen kann, ist umstritten. Einerseits erlauben Intranet-Web-Seiten über Hyperlinks eine geordnete Strukturierung und eine leichte Anwahl beliebig verteilter Dokumente und auf Indexdatenbanken basierende Volltext-Suchmaschinen (Retrieval-Werkzeuge) erlauben die Suche nach beliebigen Stichworten. Aber besonders bei der Erfassung und bei sehr großen Datenbeständen bieten komplexe auf SQL-Datenbanken basierende DMS-Systeme die besseren Hilfsmittel zur Strukturierung, zum Beispiel durch automatische Identifizierung und erweiterte Suchverfahren nach Autor, Dateityp oder Erstellungsdatum.

Während für einfache E-Mail-Systeme ein beliebiger File-Server ausreicht, setzt Groupware einen echten Applikations-Server voraus. Ein solcher Groupware-Server kann mehrere Hundert gleichzeitig aktive Anwender versorgen. Die Administration erfolgt auch bei mehreren Servern zentral.

Ist die Groupware nicht als proprietäres Programm, sondern als erweiterter Web-Server implementiert, spricht man auch von einem Web Application Server. Der Vorsatz „Web" soll dabei ausdrücken, daß wie bei Web-Servern offene Internet-Standards Verwendung finden und der Vorsatz „Application" soll klarstellen, daß es um mehr geht, als das bloße Bereitstellen statischer HTML-Seiten. Auf einem Web Application Server laufen zusätzlich Anwendungen, die dynamische Datenbankanbindungen und Groupware-Funktionalität ermöglichen.

Die wichtigsten Groupware-Lösungen

Die vier wichtigsten Groupware-Lösungen sind:

- Lotus Notes von Lotus/IBM

- MS Exchange Server von Microsoft,

- GroupWise von Novell und

- SuiteSpot von Netscape.

Notes hatte 1998 mit über 30 Millionen Benutzern etwa 40 Prozent Marktanteil. Exchange benutzen 21 Millionen und GroupWise 14 Millionen Anwender. Allerdings werden mittlerweile fast so viele Exchange- wie Notes-Lizenzen verkauft, so daß sich die Marktdurchdringung zu Gunsten von Exchange verschieben wird. Netscapes noch weniger verbreitetes SuiteSpot zeigte hohe Zuwachsraten, zumindest bis 1998 die Übernahme von Netscape durch AOL angekündigt wurde.

In heterogenen Netzen und bei anspruchsvollen Anforderungen spielt Lotus Notes seine Stärken als mit Abstand professionellste und einzige vollständige Groupware aus. Insbesondere die ausgefeilte Datenreplikation kann sehr nützlich sein. Allerdings legt man sich mit Lotus Notes am stärksten auf einen Hersteller fest. Lotus Notes ist nicht ganz einfach einzurichten. In Windows-NT-basierte Netze fügt sich der MS Exchange Server als Teil des Microsoft BackOffice besonders effektiv ein. Vergleichbares gilt für Novell GroupWise in Novell-NetWare-Netzen.

Die drei großen sind noch sehr proprietäre Systeme, der Datenabgleich mit Fremdsystem ist nahezu ausgeschlossen. Man darf gespannt sein, ob Internet-orientierte Firmen wie Netscape, die immer mehr Groupware-Funktionen in Internet-Browser und -Server integrieren, hier neue Impulse liefern und offene Standards prägen. Dies würde dem Konzept des Intranets besser entsprechen. Konsequenter Einsatz von Internet-Standards müßte es letztendlich ermöglichen, Server und Clients verschiedener Hersteller beliebig mischen und austauschen zu können, ohne daß dadurch Funktionalität verloren ginge. Die Realität ist von einer solchen Austauschbarkeit aber noch weit entfernt, wenn auch Netscapes SuiteSpot diesem Ideal am nächsten kommt.

Anforderungen an Groupware und Intranet-Suites sind:

- Unterstützung offener Internet-Standards. Netscape ist von vornherein als offenes, sich an Internet-Standards haltendes Produkt konzipiert worden. Die anderen ursprünglich proprietären Produkte sind nachträglich um Internet-Standards erweitert worden, was sich nicht immer verbergen läßt.

- Unterstützung heterogener Netze. Hier konnte bislang besonders Lotus durch eine Fülle an unterstützten Plattformen glänzen. Die neuen Versionen der Lotus-Clients sind allerdings auch nur noch für weniger Plattformen erhältlich. Die größten Einschränkungen sind bei Microsoft und Novell hinzunehmen.

- Authentifizierung und Zugriffskontrolle. Optimal ist die Unterstützung von LDAP (Lightweight Directory Access Protocol) für Zugriffe auf Directory Services, X.509 (Authentication Framework) für Authentifizierungen und Zertifikate und SSL (Secure Sockets Layer) für sichere Datenübertragung. Besonders Netscape hält sich an moderne und offene Internet-Standards, während Novell den größten Nachholbedarf zeigt.

- Skalierbarkeit (Aufteilung auf mehrere Server). Dies können alle genannten Systeme. Für die Zukunft kann auch die Unterstützung von Clustern interessant sein.

- Zuverlässige Installationsprozedur und zentrale Administration aller Server. Dies ist bei Microsoft und Lotus sehr gut gelöst, während besonders Netscape hier Schwächen zeigt.

- Programmierbarkeit. Alle Systeme sind erweiterbar und programmierbar. Die besten Optionen bietet Microsoft, besonders durch die Active Server Pages. Das Schlußlicht stellt Novell dar, teilweise bedingt dadurch, daß NetWare/IntranetWare weniger gut als Applikations-Server geeignet ist.

- Funktionalität. Den größten Funktionsumfang bietet Lotus. Auch Microsoft und Netscape decken die wichtigsten Bereiche ab. Die größten Lücken zeigt Novell.

Lotus Notes

Der Server von Lotus Notes (http://www.lotus.de) kann auf Windows NT, OS/2 und Solaris betrieben werden, bislang allerdings (noch) nicht unter Linux. Die bisherigen Notes-Clients konnten auf Windows 95/98, Windows NT, OS/2, Macintosh, Sun, AIX, HP/UX und anderen Unix-Derivaten benutzt werden, der neueste universellere Client wird wahrscheinlich nur noch auf Windows und Macintosh laufen.

Die Basis von Lotus Notes bilden Dokumentdatenbanken, in der Daten auch strukturiert gespeichert werden können. Replikationsmechanismen erlauben asynchrone Kopien. Workflow-Management ist integriert. Es lassen sich Agenten definieren, die auf dem Server oder Client selbständig Aufgaben übernehmen. Über die Skriptsprache LotusScript können Anwendungen programmiert werden.

Lotus Notes ermöglicht von jedem beliebigen Standort (z.B. von Unterwegs oder von zu Hause aus) den Zugriff auf E-Mail, gemeinsame Datenbanken, das Unternehmens-LAN oder das Internet. Der Notes-Server kann als Internet-Firewall und als Proxy-Cache eingesetzt werden. Die Authentifizierung geschieht über die Notes-ID. Verschlüsselung, Entschlüsselung und digitale Unterschriften sind einfach zu benutzen.

Die Kommunikation zwischen dem Server und den Clients benutzte ursprünglich eigene proprietäre Anwendungsprotokolle. Mit dem Intranet-Web-Server Domino wird die Unterstützung von Internet-Standards eingeführt, wie SMTP, POP3, IMAP4, MIME, S/MIME,

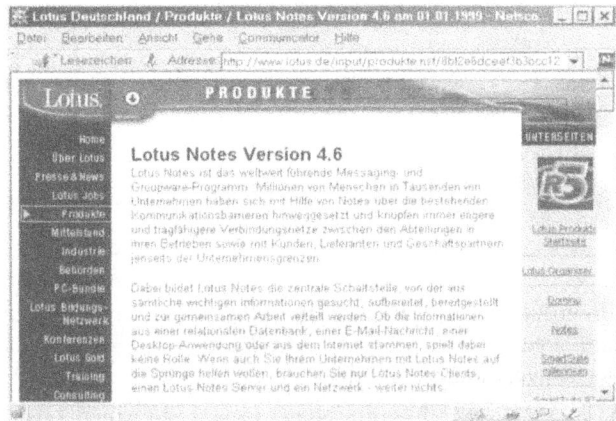

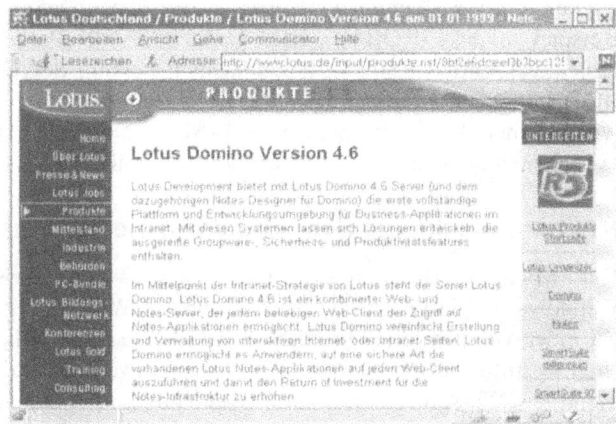

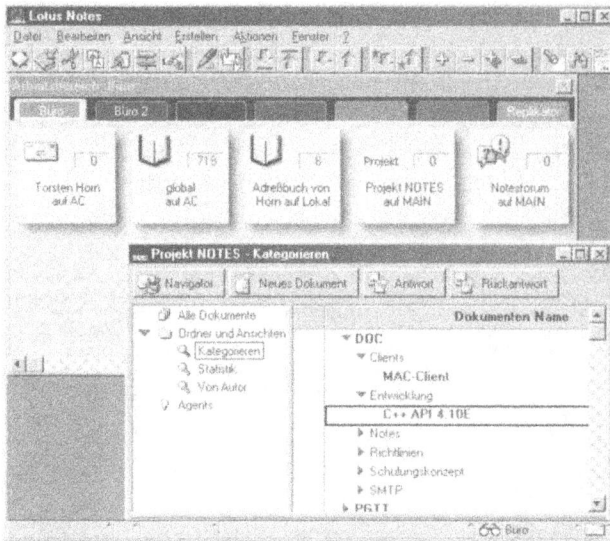

NNTP, HTTP, SSL, LDAP und X.509. Dies öffnet Notes für gewöhnliche Web-Browser, wie Netscape Navigator oder Microsoft Internet Explorer. Über beliebige Web-Clients können Dokumente hinzugefügt, editiert oder gelöscht werden. Publizieren von Informationen ist stark vereinfacht. Über normale Web-Browser kann die Lotus-Notes-Datenbank benutzt werden, was früher nur mit Notes-Clients möglich war. Inhalte der Datenbank lassen sich direkt ins Internet/Intranet als dynamische HTML-Seiten publizieren bzw. umgekehrt direkt aus dem Internet/Intranet auffüllen. Statt selbst CGI-Formulare zu entwerfen, können Notes-Formulare verwendet werden. Auf der Basis von Lotus Notes lassen sich so Intranet- und Internet-Anwendungen erstellen.

Mit der BeanMachine im Notes Designer können Java-Applets ohne Programmierung entwickelt werden. Domino kann auf diverse Datenbanken und Anwendungen zugreifen, zum Beispiel auf SQL-RDBMS, IBM DB2, SAP oder PeopleSoft. Zur Unterstützung verteilter Objekttechnologien soll in der neuesten Version des Domino-Servers Java, CORBA und IIOP integriert werden. Für die Zukunft ist mit dem Plug-In Weblicator Replikation wesentlicher Informationen, wie E-Mail, Datenbanken und Termineinträge, nicht nur zwischen Notes-Datenbanken, sondern auch über beliebige Web-Browser, geplant.

Microsoft Exchange Server und Internet Information Server

Der Microsoft Exchange Server (http://www.microsoft.com/exchange) benötigt den Windows NT Server, die Clients laufen auf Windows 95/98, Windows NT und Macintosh. Zu einer vollständigen Intranet-Suite muß der Exchange Server noch um den Microsoft Internet Information Server (IIS) ergänzt werden. Beide Server fügen sich gut in eine Windows-NT-Administration ein und sind recht endkundenfreundlich.

Die Standards LDAP, X.500, X.400, MAPI, SMTP, POP3, IMAP4, MIME, NNTP und SSL werden verwendet und E-Mail, Bulletin Boards, Diskussionsforen, Kundenverwaltung, Dokumentenbibliotheken, Datenreplikation, elektronische Unterschrift und Sicherheits- und Verschlüsselungsfunktionen geboten. Gruppentermin- und Ressourcenplanung erfolgen über Outlook (nicht zu verwechseln mit Outlook Express). Exchange bietet zwar elektronische Formulare, aber nur wenig Unterstützung für Workflow-Management. Allerdings soll es dafür in zukünftigen Versionen verbesserte Scripting Agenten geben.

Wenig optimal ist die Einbindung und Konfiguration von ISDN-Dialup-Routern und mobiler Clients. Mitarbeiter von außerhalb können sich über RAS beim Windows-NT-Server einloggen, um E-Mails zu bearbeiten.

Exchange ist über Visual-BASIC oder Visual C++ erweiterbar. Der Internet Information Server bietet verschiedene Programmierschnittstellen, dabei sind besonders die Active Server Pages interessant.

Forrester Research lobt in seiner Analyse „Regrading The E-Mail Vendors" von 1997 besonders die E-Mail-Messaging-Komponente von Microsoft Exchange und hält sie für besser als die entsprechenden E-Mail-Komponenten von Lotus Domino und Netscape Messaging Server.

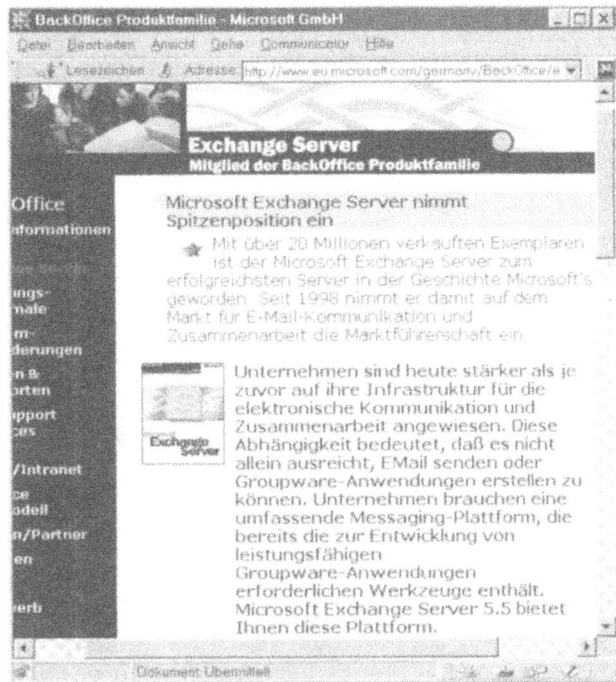

Novell GroupWise

Der Novell GroupWise Server (http://www.novell.de) läuft als NLM-Modul unter Novell NetWare bzw. IntranetWare. Clients sind für Windows, OS/2, Macintosh und Unix erhältlich. Novell GroupWise bietet NDS-basiertes Adreßbuch, E-Mail, Voice Mail, Fax, teamorientierte Termin- und Ressourcenplanung, Dokumenten-Management, Diskussionsforen, Workflow-Management und kann mobile Anwender integrieren. GroupWise kann in NDS-basierten Novell-Netzen eine sinnvolle Erweiterung darstellen, aber es kann nicht mit dem Leistungsumfang der Konkurrenzprodukte mithalten.

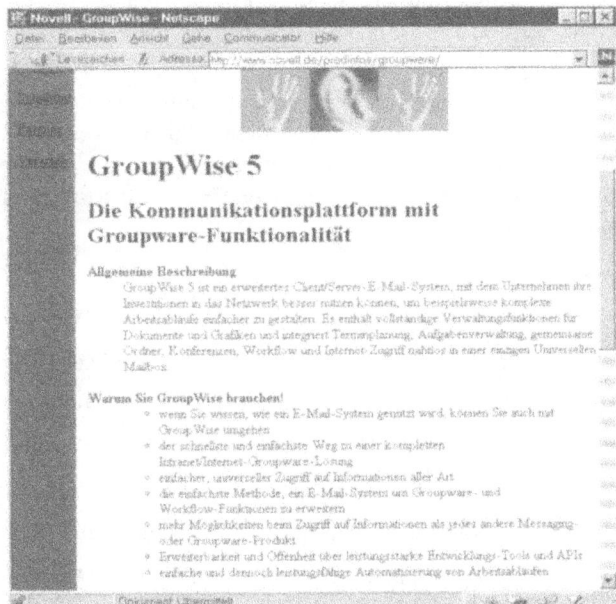

Netscape SuiteSpot

Der Netscape Communicator für die Client-Seite ist bekannter Marktführer bei Web-Browsern. Das in Europa (noch) weniger bekannte Gegenstück auf der Server-Seite nennt sich Netscape SuiteSpot (http://www.netscape.com).

Der Name Netscape ist besonders mit dem Erfolg offener Web-Standards verbunden. Es ist deshalb spannend zu beobachten, wie Netscape den Einstieg in den Groupware-Markt angeht und ob Netscape es wirklich schafft, Informations-Management und Groupware-Funktionalität basierend auf Internet-Standards ohne proprietäre Eigenheiten zu bieten. Anders als die Konkurrenz hat Netscape keine Altlasten durch schon existierende Groupware-Produkte, die erweitert und angepaßt werden müßten, sondern konnte sich von Anfang an auf offene Internet-Standards konzentrieren.

Da einige wichtige SuiteSpot-Module erst 1998 fertig wurden, ist es noch schwer, zu beurteilen, ob sich SuiteSpot bewährt und zu einer ernsten Konkurrenz für Notes, Exchange und GroupWise wird. Auch ist nicht klar, wie sich die 1998 angekündigte Übernahme von Netscape durch AOL auswirken wird. Aber die gebotenen Module stellen auf jeden Fall einen sehr guten Anfang dar, wenn sie auch noch nicht alle Funktionen der Konkurrenzpakete abdecken.

SuiteSpot besteht aus zehn einzelnen Servern:

- Enterprise Server (Web/HTTP-Server, größtes und wichtigstes Modul),
- Messaging Server (E-Mails, bietet POP3 und IMAP4),
- Collabra Server (News, Diskussionsforen, Bulletin-Boards, NNTP),
- Directory Server (unternehmensweite Benutzerverwaltung, Zugriff per LDAP),
- Certificate Server (SSL-Schlüsselverwaltung, auch Schlüsselerzeugung),
- Calendar Server (Terminplanung, Datenaustausch im vCalendar-Format),
- Proxy Server (Cache, Zwischenspeicher für Web-Seiten),
- Compass Server (Suchprogramm zur Indizierung von Web-Seiten),

- Media Server (Audio-Streaming),
- LiveWire Pro (Middleware zur Anbindung von Datenbanken, SQL-Server, ODBC).

Das Gesamtpaket kostet ca. 4800 Dollar für 50 Benutzer. Die Server sind unter Windows NT, AIX, HP/UX, Solaris, SGI IRIX und Digital Unix lauffähig, die Clients unter Windows 95/98, Windows NT, OS/2, Macintosh, Sun und verschiedenen Unix-Derivaten. Die Installation ist recht umständlich und aufwendig, da die unterschiedlichen Server einzeln unabhängig voneinander installiert werden müssen. Die Administrierung erfolgt zwar zentral und einheitlich über einen Web-Browser, bietet aber längst nicht den Komfort der Konkurrenzprodukte. Die zentralen Directory Services lassen alle Einzelmodule wie ein großes Paket erscheinen, nur beim Calendar Server mangelt es noch etwas an der Kooperation.

Netscape unterstützt den größten Umfang an Internet-Standards. Es hat die wenigsten proprietären Eigenheiten, ist aber auch nicht ganz frei davon.

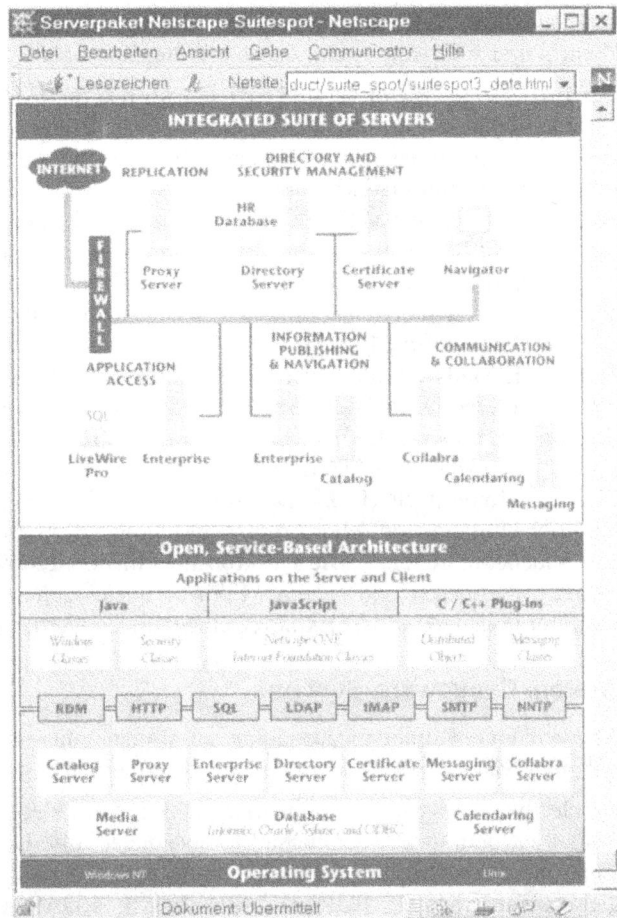

Leider ist der Funktionsumfang noch wesentlich geringer als etwa bei Lotus oder Microsoft. Klassisches Workflow bietet Netscape gar nicht. Auch zur Erstellung von Intranet-Anwendungen bietet Netscape noch wenig Unterstützung. Visual JavaScript soll diese Lücke füllen. Es wird in Komponententechnik JavaBeans-, CORBA- oder JavaScript-Module zusammenfügen können und die Montage von HTML-basierten Internet- und Intranet-Anwendungen ermöglichen.

Erweiterungen können über Java, JavaScript oder andere IIOP-kompatible Entwicklungssysteme erfolgen. Die Komponenten sollen über JavaBeans zusammengehalten werden. Netscape versucht, ONE als Standard zu etablieren. ONE (Open Network Environment) ist ein Vorschlag für einen offenen Standard für netzzentrische Software-Entwicklung (distributed Client/Server). ONE integriert IFC, HTML, Java, JavaScript und IIOP (Internet Inter-ORB Protocol), welches CORBA-Objekten (Common Object Request Broker Architecture) Kommunikation über das Internet ermöglicht. Eine erste Demonstration auf ONE basierender Business-Applikationen bildet Netscapes AppFoundry.

Ergänzt wird SuiteSpot auf der Client-Seite durch den Netscape Communicator, bestehend aus Navigator, Netcaster, Messenger, Collabra, Composer, Conference, Calendar, Mission Control und AutoAdmin und durch das angekündigte Constellation.

Der Browser Navigator zeigt HTML 3.2 korrekt an, HTML 4.0 aber noch nicht. Er fügt mit der Möglichkeit absoluter Positionierung und Bilderüberlagerung (Layering) eigene spezielle Erweiterungen hinzu. Netcaster ist eine Komponente, die bestimmte ausgewählte Informationen automatisch zum Anwender schicken soll (Push-Dienste). Der E-Mail-Client Messenger versteht SMTP, POP3, IMAP4, MIME, benutzt beim Adreßbuchzugriff LDAP und kann mit S/MIME Nachrichten verschlüsseln und digital unterschreiben. Rechtschreibprüfung und Suchfunktionen sind integriert. Über Filter Rules können Bedingungen definiert werden, nach denen eingehende E-Mails vorsortiert, bearbeitet oder verworfen werden können. Auch beim Messenger fügt Netscape proprietäre Optionen hinzu, indem HTML-kodierte E-Mails geboten werden. Collabra führt Groupware-Funktionen ein, wie unternehmensinterne Diskussionsgruppen und News über NNTP und Suche in allen Foren. Die Zugriffskontrolle erfolgt über LDAP-konforme Directory Services und Nachrichten können über SSL verschlüsselt werden. Die Kommunikationskomponente Conference bietet zwar Chat, Telefonie nach H.323, Dateitransfer und Whiteboard, erreicht aber längst nicht den Funktionsumfang von Microsofts NetMeeting. Zum Beispiel fehlen Application Sharing und Videoconferencing. Die Desktop-Informationszentrale Constellation soll Desktop und Internet integrieren und so mit Microsoft gleichziehen, wo bei Windows 98 der Internet Explorer in den Windows Explorer eingebunden werden kann.

Weitere Groupware-Systeme

Alle weiteren Konkurrenzprodukte zusammen müssen sich wenige Prozent Marktanteil teilen und haben es sehr schwer gegen die Übermacht der genannten Pakete.

Oracle (http://www.oracle.com) hat mit InterOffice ebenfalls ein Groupware-Angebot. Es basiert auf dem Oracle Universal Server, bietet volle Unterstützung der Oracle-Datenbank, kann über Web-Browser benutzt werden, ist auf das Internet hin konzipiert und unterstützt die Standards SMTP, POP3, IMAP4, MIME, LDAP, OLE und ODMA. Es bietet dynamisch aus Datenbanken erzeugte HTML-Seiten, E-Mail, Groupware, Diskussionsforen, Terminplanung, Dokumenten-Management, Volltextrecherche, Indizierung, Workflow-Management und kann über Web-Browser benutzt werden.

Von Digital / Compaq (http://www.digital.com) stammt der LinkWorks Web Connector. X.500, SMTP und MIME werden unterstützt. E-Mail, Diskussionsforen, Terminplanung, Dokumenten-Management und Workflow sind enthalten. Ein Tunneling-Protokoll erleichtert virtuelle verschlüsselte Verbindungen. Erweiterungen sind mit Java, ActiveX oder Skripten programmierbar.

TeamWARE von ICL/Fujitsu (http://www.teamw.com) ist eine modulare Lösung, die alle wesentlichen Aspekte von Groupware von E-Mail bis zu Workflow abdeckt und durch Replikation und Skalierbarkeit auch für große Unternehmen geeignet ist.

Weitere Systeme sind FirstClass Intranet Server von SoftArc Inc. (http://www.softarc.com) und Livelink Intranet Suite von Open Text (http://www.opentext.com).

Fazit

Zusammenfassend ist festzustellen, daß einerseits die bisher reinen Internet-Anwendungen wie Web-Browser und E-Mail-Systeme immer mehr um Groupware-Funktionen erweitert werden und andererseits die bestehenden und eingeführten, aber proprietären Groupware-Programme sich immer weiter den Internet-Standards öffnen. Beide Prozesse sind noch nicht abgeschlossen, die ideale Internet/Intranet-Groupware gibt es noch nicht, wenn auch heftig daran gearbeitet wird.

Auf weitere Aspekte der Themen Zusammenarbeit und Telekooperation wird auch im Kapitel „Telekooperation, Fernzugriff, LAN-Kopplung, Extranet" ab Seite 239 eingegangen.

11.7 Workflow-Management, Geschäftsprozeßoptimierung

Im Unterschied zur reinen EDV (Elektronische Datenverarbeitung), die sich hauptsächlich mit den Rechner-bezogenen Ressourcen befaßt, schließt IT (Informationstechnologie) zusätzlich auch die Behandlung der Geschäftsprozesse und insbesondere deren Optimierung mit ein.

Workflow-Management, Workflow-Computing und elektronische Vorgangssteuerung bezeichnen die Automatisierung von Arbeitsabläufen zwischen verschiedenen miteinander vernetzten Abteilungen, den koordinierten Aufruf unterschiedlicher Anwendungsprogramme unter Bereitstellung der notwendigen Daten für den jeweils zuständigen Sachbearbeiter und Computer-gestützte Abbildung und Steuerung von Geschäftsprozessen. Manchmal wird auch die Abkürzung WMS oder WFMS für Workflow-Management-System verwendet. BIS Strategic Decisions schätzt das weltweite Marktvolumen für Workflow-Produkte für 1998 auf über eine Milliarde Dollar.

Die Zielsetzungen von Workflow-Systemen sind:

* Vermeidung mehrfachen Erfassens von Vorgängen,
* Vermeidung überflüssiger Recherchen und Rückfragen,
* Verringerung von Liegezeiten,
* Verkürzung von Transport- und Bearbeitungszeiten,
* schnellerer und besserer Kundenservice,
* größere Transparenz der internen Geschäftsprozesse,
* Optimierung von Geschäftsprozessen und
* Verschlankung von Organisationen.

Workflow stellt die IT-Abteilung vor schwierige Aufgaben. Strategische, organisatorische und technische Probleme müssen gelöst werden. Der Zielformulierung und Definition der organisatorischen und technischen Anforderungsprofile muß eine genaue Problem- und Organisationsanalyse vorangehen. Das ausgewählte Workflow-System sollte über Web-

Browser benutzbar sein, anwenderfreundlich, flexibel und erweiterbar sein, an die verwendete Datenbank koppelbar sein und soll strukturierte wie auch unstrukturierte Vorgänge und auch mehrere parallele Vorgänge bearbeiten können. Die Akzeptanz der Benutzer muß sichergestellt werden.

Workflow-Programme bieten das höchste Einsparpotential bei klar strukturierten und planbaren Vorgängen. Oft hängen die folgenden Bearbeitungsschritte aber von schwer erfaßbaren Inhalten ab. Einfache Vorgänge können automatisiert werden, komplizierte benötigen weiterhin manuelle Eingriffe. Um die Akzeptanz nicht zu gefährden, darf Workflow nicht dazu führen, daß eigenverantwortliche Mitarbeiter fest vorgegebene schematisierte Anweisungen für die nächsten Arbeitsschritte morgens auf dem Bildschirm vorgesetzt bekommen. Workflow muß als automatische Erledigung lästiger Routineaufgaben begriffen werden, aber darf nicht zu Bevormundung führen. Bei ungeschicktem Einsatz kann Workflow mehr Probleme schaffen als es einsparen kann. Aber das Rationalisierungspotential ist beträchtlich. Die Schweizer Post PTT will nach eigenen Berechnungen bereits im ersten Jahr der Workflow-Einführung 750.000 Schweizer Franken eingespart haben.

In realen Geschäftsprozessen gibt es nicht nur Regelmäßigkeiten. Die Behandlung ungeplanter Ausnahmen ist ein heikler Prüfpunkt und stellt hohe Anforderungen an eine Workflow-Engine. Dazu gehört: Vorgänge müssen zurückholbar sein, Vorgänge müssen schrittweise zurücksetzbar und kompensierbar sein, bestimmte Bearbeitungsschritte müssen überspringbar oder nachträglich einfügbar sein und die Ablaufreihenfolge muß ad hoc verschiebbar sein.

Eine weitere wichtige Anforderung ist Datenaustausch mit anderen Anwendungen über standardisierte Schnittstellen. Dazu hat die Vereinigung von Workflow-Anbietern WFMC (Workflow Management Coalition) folgende fünf Schnittstellen definiert, die von der zentralen Prozeßmaschine (Workflow-Engine, Berechnung der Arbeitsschritte) bedient werden:

- Modellierung (formale Ablaufdarstellung, Prozeßdefinitionswerkzeuge),
- Benutzeragenten (Verwaltung der Arbeitslisten, Client-Applikationen),
- externe aufgerufene Applikationen (etwa Host-Anwendungen),
- andere externe Workflow-Systeme und
- Administrations- und Überwachungskomponenten.

Derzeitig gibt es einen Trend hin zu Lösungen, die weder spezielle Client-Software benötigen noch spezielle proprietäre Datenspeicherungsformate verwenden. Am flexibelsten sind Intranet-konforme Lösungen, die normale Web-Browser als Client einsetzen und Dokumente wenn möglich als HTML-Dokumente speichern.

Die bekanntesten Hersteller für Workflow-Lösungen sind CSE, Documentum, FileNET, IBM, NovaSoft und Staffware. Das Spektrum an Lösungsansätzen ist sehr vielschichtig. Workflow ist oft Teil einer Groupware-Lösung, wird gerne mit Dokumenten-Management-Systemen kombiniert, kann Teil einer betriebswirtschaftlicher Software sein und ist als eigenständige Software erhältlich:

- Die verschiedenen Groupware-Lösungen, wie etwa Lotus Notes oder Oracle Inter-Office, wurden bereits im Kapitel „Groupware und Intranet-Suites" ab Seite 274 besprochen.

- Auf Workflow-Komponenten beinhaltende betriebswirtschaftliche Software, wie etwa SAP R/3, Baan oder People-soft, wird im Kapitel „Kaufmännische und betriebswirtschaftliche Software. SAP R/3" ab Seite 305 eingegangen.

- Dokumenten-Management-Systeme, die auch Workflow-Funktionalität enthalten, wie etwa von FileNET, NovaSoft Systems, Documentum oder PC DOCS, werden im nächsten Kapitel „Dokumenten-Management-Systeme" erläutert.

- Staffware von Staffware PLC (http://www.staffware.com) gehört mit weltweit 150.000 Lizenzen zu den bekanntesten Programmen. Mit dem Internet-Client Staffware Global bietet Staffware alle Workflow-Features auch im Inter- und Intranet und ist so auch von Außendienstmitarbeitern benutzbar. Staffware bietet eine offene Systemstruktur, ist dokumentenunabhängig und über standardisierte Schnittstellen lassen sich DMS-Systeme einbinden. Auch mit Lotus Notes und Microsoft Exchange kann Staffware integriert werden.

- Livelink von Open Text (http://www.opentext.com) beinhaltet Dokumenten-Management, Suchhilfen, Projekt-Management, Workflow und Gruppenarbeits-Tools. Livelink ist nicht an Intranets angepaßt worden, sondern direkt für Intranets entwickelt worden. Die Benutzeroberfläche ist immer der Web-Browser. Livelink hat über 100.000 Anwender.

- ActionWorkflow Metro von Action Technologies Inc. (http://www.actiontech.com) benutzt den Windows NT Server, den Microsoft SQL Server und den Netscape Commerce Server oder Communications Server. Metro kann so eingerichtet werden, daß nicht nur interne Mitarbeiter, sondern auch externe Kunden und Geschäftspartner über einen beliebigen Web-Browser Zugriff auf Ihre Workflow-Anwendungen haben. Es

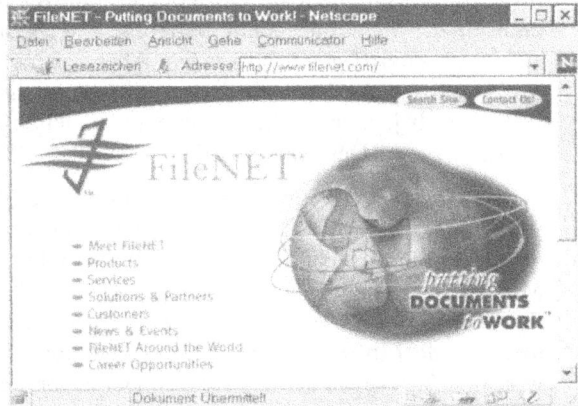

gibt 20 vorgefertigte Anwendungen und über das Metro Development Center können eigene erstellt werden.

- Workflow Starter Kit mit WebFlow von Ultimus (http://www.ultimus1.com) verwendet keine Datenbank, sondern knüpft nur an das E-Mail-System an. Außer MAPI-konformen E-Mail-Systemen werden noch einige weitere wie etwa Lotus Notes oder cc:Mail unterstützt. Auch hier kann beliebigen Web-Browsern sowohl von intern wie von außerhalb Zugriff gewährt werden. Aber anders als bei Metro kann der Workflow-Prozeß insbesondere von außerhalb nicht so leicht verfolgt werden. Interne Mitarbeiter können sich jedoch einen Statusreport erstellen lassen. Eigene Anwendungen werden über den Forms Designer erstellt.

- Weitere bekannte Workflow-Programme sind WorkFlow von CSE Systems (http://www.csesys.co.at), LinkWorks mit Webworker von DEC / Compaq (http://www.digital.com), Ensemble und Visual Workflo von FilcNET (http://www.filenet.com), FlowMark mit Internet Connection von IBM (http://www.software.ibm.com), ARIS Workflow von IDS Prof. Scheer GmbH (http://www.ids-scheer.de) und WorkParty von Siemens Nixdorf Informationssysteme AG (http://www.siemensnixdorf.com/public/aswba/workflow/wp_gr). Fast alle diese Hersteller versuchen, ihre bisherigen Workflow-Lösungen um Internet- und Intranet-Komponenten zu erweitern.

Workflow-Management kann sich teilweise mit PPS-Systemen (Produktionsplanung und -steuerung) überschneiden. Die Schwerpunkte von PPS sind:

- Absatz- und Vertriebsplanung,
- Kundenauftragsabwicklung,
- Materialwirtschaft,
- Kapazitätswirtschaft und
- Stammdatenverwaltung.

Als modernisiertes PPS könnte man APS (Advanced Planning System) auffassen. Als Supply-Chain-System optimiert es die Organisation von Zulieferketten unter Berücksichtigung der Ressourcen von Arbeitskräften, Rohstoffen und Maschinen. Marktführer ist I2 Technologies mit Rhythm.

Beim PPS und APS stehen die termingenaue Ermittlung des Material- und Kapazitätsbedarfs und die Steuerung und Überwachung der Ausführung in der Produktion im Vordergrund, während Workflow sich besonders um die Effektivität und die Automatisierung der Organisierung von Arbeitsabläufen kümmert.

Das volle Rationalisierungs- und Kosteneinsparungspotential der Geschäftsprozeßoptimierung durch Workflow kann nur ausgeschöpft werden, wenn alte eingefahrene gewachsene Strukturen und Bearbeitungsvorgänge durch nach moderneren Gesichtspunkten entworfene Abläufe ersetzt werden, auch wenn dies einen Bruch bedeutet (Zcro-Base Design). Diese Geschäftsprozeßoptimierung (GPO), auch Business Process Reengineering (BPR) genannt, hat als Ziel eine vereinfachte Organisation und stärkere Kundenorientierung. Kommunikationsflüsse werden nicht vertikal nach Funktionen, sondern horizontal nach Prozessen gegliedert. Unnötige Schnittstellen und Hierarchieebenen werden abgebaut. Groupware unterstützt die Informationsverwaltung und Zusammenarbeit. Der Einsatz von Internet-

Technologien stellt dabei eine gute Plattform zur Realisierung der Geschäftsprozeßoptimierung dar.

Die Modellierung und Strukturierung der Geschäftsabläufe kann durch Modellierungswerkzeuge erleichtert werden. Leistungs-, Unterstützungs- und Management-Prozesse und Organisationsstrukturen aus der Sicht entweder der Daten, der Steuerung oder der Funktionen werden visuell dargestellt und gestaltet. Dazu werden Organigramme, Ablaufmodelle, Regeldiagramme, Wertschöpfungsketten, Ereignisdiagramme, Petrinetze und objektorientierte Methoden verwendet oder Simulationen erstellt. Laut der IT-Beratungsfirma Gartner Group ist der weltweite Marktführer das Modellierungswerkzeug ARIS (Architektur integrierter Informationssysteme) der Saarbrücker IDS Prof. Scheer (http://www.ids-scheer.de). Solche komplexen GPO-Tools können allerdings nur nach vorheriger Schulung sinnvoll eingesetzt werden, damit wirklich eine erfolgreiche Geschäftsprozeßoptimierung erreicht wird.

11.8   Dokumenten-Management-Systeme

Mit steigender Bedeutung der Information als Produktionsfaktor wird der reibungslose Informationsfluß zum Schlüssel zu mehr Produktivität. Dies wird von Dokumenten-Management-Systemen (DMS) unterstützt. Allein der deutsche Markt für DMS-Produkte wird auf über eine Milliarde DM geschätzt.

Hyperlink-Dokumente und Intranet-Groupware übernehmen häufig Teilaspekte von DMS-Systemen. Intranet-Web-Seiten erleichtern durch Hyperlinks von Hause aus eine geordnete Strukturierung und eine einfache Anwahl beliebig verteilter Dokumente. Auf Indexdatenbanken basierende Volltext-Suchmaschinen (Retrieval-Werkzeuge) ermöglichen die Recherche nach beliebigen Stichworten. Einige Groupware-Systeme beinhalten weitergehende DMS-Funktionalität und ODMA-Schnittstellen (Open Document Management API).

Große auf SQL-Datenbanken basierende DMS-Systeme decken aber ein wesentlich breiteres Spektrum an Funktionalität ab. Zu DMS gehört nicht nur ein Archiv- und Retrieval-System, sondern auch die Erfassung von Dokumenten unterschiedlichster Art, eventuell eine automatische Identifizierung, eine zuverlässige Dokumentenarchivierung über Jahrzehnte und häufig auch eine Workflow-Anbindung.

Die Zielsetzungen sind ähnlich wie die im vorherigen Kapitel „Workflow-Management, Geschäftsprozeßoptimierung" genannten, also insbesondere die Erhöhung der Kundendienstqualität und Kosteneinsparungen. Erreicht wird dies durch:

- elektronischen Posteingang,

- Vermeidung von Doppelerfassungen und Mehrfachablagen,

- Gestaltung effektiver und eventuell automatisierter Arbeitsabläufe,

- Verkürzung der Durchlaufzeiten,

- Verfügbarkeit von Dokumenten, einfache Informationsbeschaffung,

- hohes Informationsniveau, bessere Entscheidungsgrundlagen und

- digitales Langzeitarchiv.

Die bisherigen Zielbranchen sind Versicherungen, Banken, Bereiche der öffentlichen Verwaltung und andere Firmen, die täglich umfangreiche Mengen an Dokumenten und Tausende von Briefen erhalten und Millionen schon bestehender Dokumente verwalten müssen. Als Dokumente im weiteren Sinne können außer Texten auch Daten, Audio, Bilder und Videos aufgefaßt werden. Neue, auf Intranet-Technik basierende preiswerte DMS-Systeme zielen aber nicht nur auf diese großen Abnehmer, sondern amortisieren sich auch in kleinen Betrieben.

Die Eingangspost muß oft aus rechtlichen Gründen archiviert werden. Bislang wurde häufig alles auf Mikrofilm gespeichert. Um die anfallenden Mengen zu bewältigen und die Bearbeitung und die Wiederauffindung zu erleichtern, werden heute alle Dokumente elektronisch in Scannern erfaßt, die Daten elektronisch komprimiert und gespeichert und die Originale vernichtet. Diese Schritte entfallen, wenn die Eingangsdaten bereits in elektronischer Form eingehen, zum Beispiel per E-Mail, per Web-Formular, per ODIF (Office Document Interchange Format) oder per EDI (Electronic Data Interchange).

Eine interessante Teilaufgabe der DMS ist die automatisierte Dokumentenanalyse. Eingescannte Dokumente werden automatisch gelesen (per OCR, Optical Character Recognition), identifiziert und anhand differenzierter Parameter den richtigen Abläufen zugeordnet oder den entsprechenden Abteilungen oder Sachbearbeitern zugeteilt. Um dies zu realisieren, werden unterschiedliche Merkmale ausgewertet, wie der Briefkopf, der Dokumentaufbau und der Textinhalt. So kann unterschieden werden, ob der Brief eine Honorarnote eines Arztes, eine Rechnung eines Lieferanten, eine Anfrage oder ein Beschwerdebrief ist. Es kann nach Postleitzahlgebiet des Absenders oder anhand bestimmter Stichworte automatisch nach Fachgebiet differenziert werden.

Eine Identifizierung des Dokuments, auch Formalerfassung, bibliographische Erfassung oder Titelaufnahme genannt, ist notwendig, wenn dem Dokument zu Informationskategorien passende Stichworte zugeordnet werden müssen (Klassifikation und Verschlagwortung), um es strukturiert kategorisieren zu können oder dem richtigen Workflow-Prozeß zuführen zu können. Um dies nach einheitlichen Richtlinien durchführen zu können, gibt es im internationalen Bereich ganze Regelwerke zur Stichwortwahl und Normierung der Schreibweisen, wie etwa AACR2 (Anglo-American Cataloguing Rules).

Als Speichermedium wird die beschreibbare CD-ROM immer beliebter, da sie schnellere Zugriffszeiten als etwa Magnetbänder und eine sichere Archivierung erlaubt. Dedizierte CD-ROM-Server von Axis (http://www.axis.com) oder Ornetix (http://www.cd-server .com) binden 14 CD-ROM-Laufwerke gleichzeitig in das LAN ein. Spezielle CD-Jukeboxen beherbergen bis zu 600 CDs in Magazinen oder Karussells, die automatisch ausgewählt und in eines von 6 Laufwerken eingelegt werden. Spätestens mit der Einführung von beschreibbaren hochkapazitiven DVDs (Digital Versatile Disk) steht viel Speicherplatz zur Verfügung. Falls Ihre Datenspeicherung besonderen Auflagen unterworfen ist, sollten Sie sich zur Rechtssicherheit über die vom VOI (Verband Optische Informationssysteme, http://www.voi.de) als Code of Practice herausgegebenen Grundsätze der elektronischen Archivierung informieren. Auch das Bundesarchiv (http://www.bundesarchiv.de) informiert über professionelle Datenarchivierung.

Die AIIM (Association for Information and Image Management, http://www.aiim.org) hat eine Schnittstelle zur Anbindung üblicher Anwendungsprogramme an DMS-Systeme standardisiert. Dieser Standard heißt ODMA (Open Document Management API). Über ODMA können Textverarbeitungsprogramme, Tabellenkalkulationsprogramme oder andere Anwendungen in DMS-Systeme integriert werden. Neuerdings sind Erweiterungen spezifiziert, die die Dokumentenverwaltung im Intranet per Web-Browser ermöglichen.

Wie bei den verwandten Workflow-Systemen ist auch hier ein deutlicher Trend zu standardisierten Intranet-Lösungen feststellbar. Mittlerweile lassen sich die meisten DMS-Produkte mit Standard-Web-Browsern einsetzen. Die gesamte DMS-Funktionalität ist in den Client-Anwendungen verfügbar, meistens über Java-Applets. Der International Information Management Congress (IMC, http://www.iimc.org) veranstaltet die größten DMS-Fachmessen (auch in Europa) und informiert in seinem Fachmagazin Document World über Dokumenten-Management.

Nach einer Studie der Delphi Consulting Group sind die Marktführer für Dokumenten-Management-Systeme PC DOCS Inc. und Documentum.

*   Bei CyberDOCS von PC DOCS Inc. (http://www.pcdocs.com) stehen dem Anwender über das Internet die gleichen Funktionen zur Verfügung wie im lokalen Netzwerk. Zulieferbetriebe können so leicht über Extranets eingebunden werden. Die unternehmensweiten Dokument-Management-Lösungen von PC DOCS werden in der Produktion, dem Finanzsektor und in öffentlichen Verwaltungen eingesetzt, also bei Banken, anderen Finanzeinrichtungen, Krankenhäusern, beim Einzelhandel, Vertriebsorganisationen, bei der öffentlichen Hand und in der Dienstleistungsindustrie.

*   Auch RightSite von Documentum (http://www.documentum.com) ermöglicht als Intranet-taugliches System Dokumenten-Management über die Grenzen eines Unter-

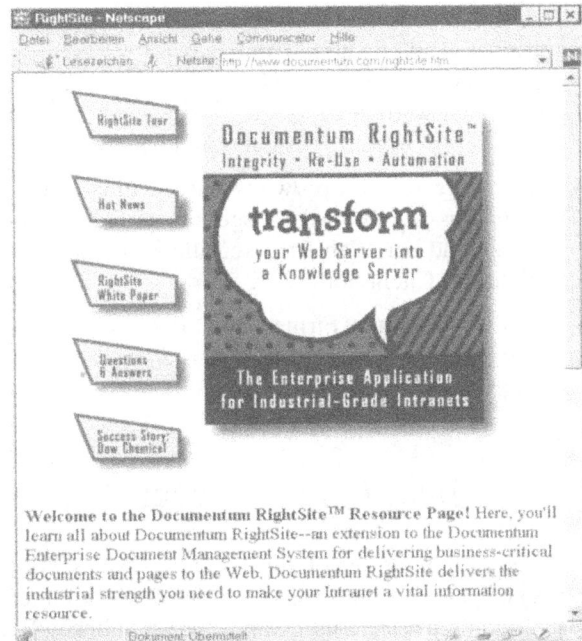

nehmens hinaus. Dynamische Web-Seiten können nach definierten Regeln erzeugt werden. Die Sicherheit wird überwacht.

- NovaSoft Systems Inc. (http://www.novasoft.com) bietet seit Anfang 1998 seine komplett auf Java basierenden DMS/Workflow-Komponenten NovaWeb/ Approve, NovaWeb/View und NovaManage an. Die neuen Web-Versionen sind leichter implementierbar als konventionelle Lösungen. Unternehmensweites integriertes Dokumenten- und grafisches Workflow-Management werden per Web-Browser im Intranet gesteuert und benutzt.

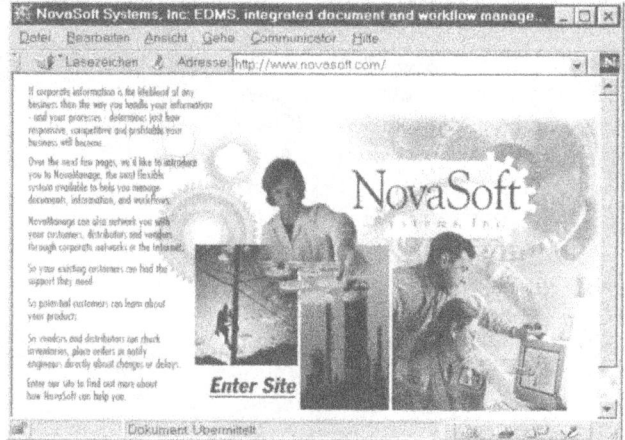

- Auch FileNET (http://www.filenet.com) bietet seit Frühjahr 1998 mit Panagon eine besonders auf Intranets ausgerichtete Dokumenten-Management- und Workflow-Suite. Dabei sind per Web-Browser alle Funktionen verfügbar, für die vorher ein besonderer Windows-Client nötig war.

- Weitere bekannte Firmen sind IBM (http://www.software.ibm.com), Eastman Kodak (http://wwww.kodak.com), Lava Systems Inc. (http://www.lavasys.com) und Interleaf (http://www.ileaf.com).

11.9   Java-Client/Server-Applikationen im Intranet

Werden im Intranet nicht nur Windows-PCs, sondern auch die neuen NCs (Network Computer) eingesetzt, so müssen Sie mit Software versorgt werden. Nur ein Intra- und Internet-Browser alleine reicht nicht aus, um den üblichen Büroalltag zu meistern. Derzeit wird über 80 Prozent aller Office-Software und kaufmännischer Software unter Windows betrieben und ist auf den meisten NCs nicht lauffähig. Als Ausweg bietet sich die Programmierung in plattformunabhängigem Java an.

1997 entstanden die ersten größeren Java-Office-Applikationen, die auch auf NC-Rechnern lauffähig sind. Diese lassen sich aus technischer Sicht in zwei Gruppen einteilen. Die eine Gruppe implementiert die Applikation nahezu vollständig in Java während bei der anderen Gruppe nur das Benutzer-Interface in Java programmiert ist (Java-Client/Server-Applikationen). Die im folgenden vorgestellten Applikationen befinden sich teilweise noch im Beta-Stadium, so daß sich die Eigenschaften und Bezeichnungen noch ändern können.

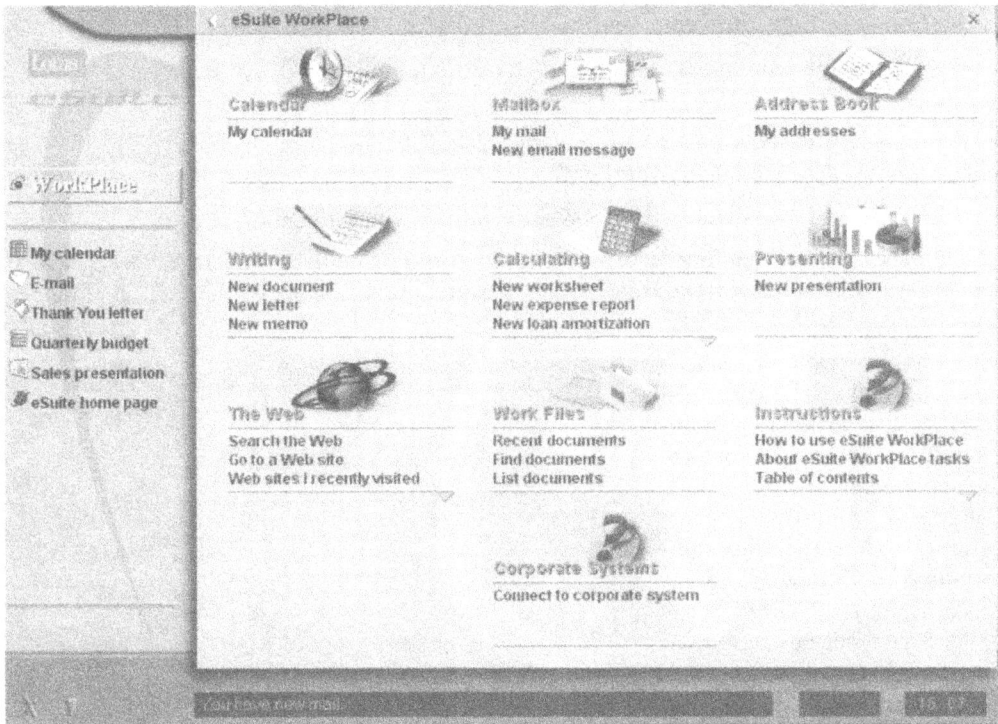

Zur ersten Gruppe gehören:

- eSuite WorkPlace von Lotus/IBM (E-Mail, Kalender, Projektplaner, Präsentation, Textverarbeitung, Tabellenkalkulation und Datenbankanbindung, http://esuite.lotus.com) und

- HatTrick von Oracle (Textverarbeitung, Präsentationsgrafik und später auch Tabellenkalkulation, http://www.oracle.com).

- Corel Office for Java von Corel (Textverarbeitung, Tabellenkalkulation und Präsentationsgrafik; wurde Anfang 1997 vorgestellt, aber bald wieder abgekündigt, soll durch andere Programmodule und andere Konzepte ersetzt werden (jSuite, Open*J); http://www.corel.com),

Damit die über das Netz zu übertragene Datenmenge nicht zu groß wird, wollte Corel den Funktionsumfang seines normalen Office-Paketes in der Java-Edition auf ca. 20 Prozent reduzieren. Trotzdem wären noch immer über 5 MByte zu übertragen.

Um solche großen Brocken zu vermeiden, geht Lotus einen anderen Weg. Lotus war der erste Software-Hersteller, der ein komplett in Java programmiertes Office-Paket vorstellte. Lotus eSuite WorkPlace besteht aus vielen kleinen JavaBeans, die nur eine Aufgabe erfüllen und so jeweils kleiner als 500 KByte sind. Nur die wirklich benötigten Module werden geladen. Den dynamischen Datenaustausch zwischen den Modulen bewerkstelligt der Lotus InfoBus. Um eSuite WorkPlace erweitern zu können, ist für Entwickler das Lotus eSuite DevPack erhältlich.

Zu der zweiten Gruppe gehören:

- StarOffice Application Server von Star Division (komplettes Office-Paket, http://www.stardiv.de),

- Applix Anyware Office (Textverarbeitung, Tabellenkalkulation, E-Mail, http://www.applix.com/anyware) und

- SAP R/3 (betriebswirtschaftliche Software, http://www.sap-ag.de).

Da bei diesen Java-Client/Server-Applikationen nur die Benutzeroberfläche über das Netz geladen werden muß, ist trotz vollem Funktionsumfang die über das Netz zu übertragene Datenmenge erheblich kleiner.

Die deutsche Firma Star Division aus Hamburg beweist, wie leistungsfähig in Java geschriebene Client/Server-Applikationen sein können. Die Java-Version der Büro-Software StarOffice (Textverarbeitung, Präsentationsgrafik, Datenbank, u. a.) ist das erste Client/Server-Office-Paket mit Java-Oberfläche. Als Client kommt jedes Betriebssystem in Frage, für das ein Java-fähiger Browser existiert bzw. das über eine Java Virtual Maschine verfügt. Auf der Client-Seite läuft hauptsächlich die Benutzeroberfläche (nur in Java), während auf der Server-Seite die überwiegende Arbeit geleistet wird (größtenteils native Code). Ein proprietäres Protokoll (DCCA, Distributed Component Computing Architecture) sorgt für eine effektive dynamische Lastenverteilung zwischen Client und Server. Je nach Leistungsfähigkeit und Auslastung des Clients und Servers werden die Aufgaben mal mehr von der einen Seite und mal mehr von der anderen Seite übernommen.

Ein anderes Beispiel für eine erfolgreiche Client/Server-Applikation, die auch mit Java-Clients benutzt werden kann, ist die betriebswirtschaftliche Software R/3 von SAP. Sie bietet Funktionen für den schnellen Zugriff auf Datenbestände von Handelspartnern, Kunden und Beschäftigten über das Internet oder Intranet. Die Java-Benutzeroberfläche ermöglicht einen plattformunabhängigen Zugriff auf sämtliche R/3-Transaktionen. R/3 ist somit für NetPCs oder NCs geeignet. Näheres hierzu finden Sie im Kapitel „Kaufmännische und betriebswirtschaftliche Software, SAP R/3", Seite 305.

Java-Client/Server-Applikationen sind noch ein sehr neues Betätigungsfeld. Die wichtigsten Vorteile sind Plattformunabhängigkeit, einfache zentrale Administration, automatisches Update für alle Stationen und effektive Lizenzverwaltung. Die Zukunft wird zeigen, ob sich diese Technik bewährt und welche neuen Innovationen möglich sein werden.

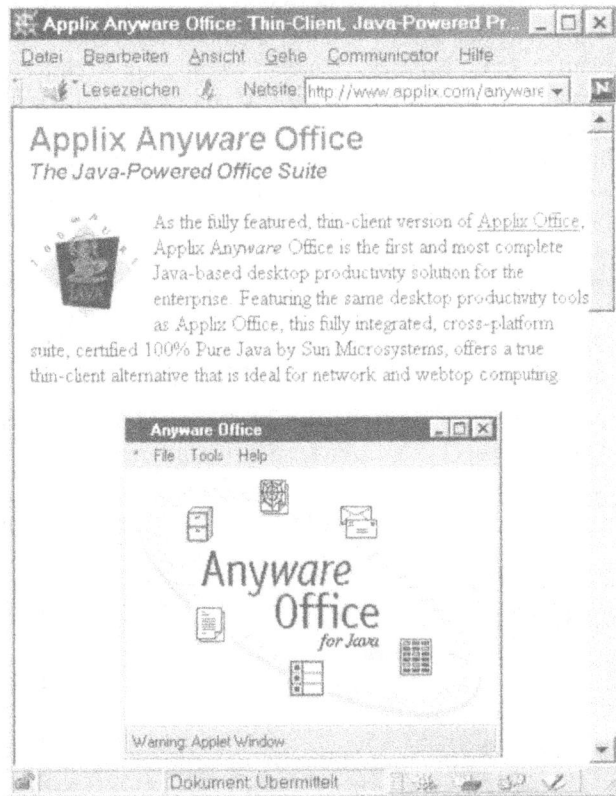

11.10 Windows-Applikationen auf NCs mit Citrix WinFrame/MetaFrame

Wenn es nur darum geht, im Intranet auf einfachen PCs oder auch auf den neuen NCs (Network Computer) die gewohnten Windows-Programme ablaufen lassen zu können, muß die Applikation nicht unbedingt nach Java portiert werden, wie im obigen Kapitel „Java-Client/Server-Applikationen im Intranet" beschrieben wurde. Es gibt auch einen anderen Weg.

Citrix Systems (http://www.citrix.com) bietet mit WinFrame for Networks (für Server unter Windows NT 3.51) und mit MetaFrame (für Server unter Windows NT 4.0) Windows-Zugriffs-Software an, die als Erweiterung für Windows-NT-Server gleichzeitig vielen Clients im LAN, über ISDN oder über das Internet das Arbeiten mit Windows-Anwendungen ermöglicht und dies auch auf Rechnern, die selbst nicht für Windows geeignet sind, zum Beispiel auf NCs. Die Client-Software ist für sehr viele Plattformen (DOS, Windows, OS/2, Mac, Unix, Java-NC) als kleine native Software erhältlich, kann aber auch als Plug-In oder ActiveX-Control in Web-Browsern eingesetzt werden. Über den RAS von Windows NT werden Remote Node und Remote Control geboten. Citrix trennt die Windows-Engine von der Screen-Engine, die dann über ICA verbunden auf verschiedenen Rechnern ablaufen kann. ICA (Independent Computing Architecture) ist ein Protokoll von Citrix für Präsentationsdienste für Microsoft Windows. Die Windows-Programme laufen auf dem leistungsfähigen Windows-NT-Server, die Tastatur- und Mauseingaben stammen vom Client und die Bildschirmausgaben werden ebenfalls dorthin geleitet. Der Client kann ein sehr einfacher Rechner sein (Thin Client), da die Ablaufgeschwindigkeit nur von der Leistungsfähigkeit des Servers bestimmt wird. Als Client-Rechner reicht die Leistung eines 486-PC mit 8 MByte RAM und VGA-Karte. Als Bandbreite zum Client werden ca. 20 KByte/s benötigt. Können Geschwindigkeitseinbußen hingenommen werden, ist auch ein Betrieb über eine Internet- oder Telefonverbindung möglich. Mehrere Anwender können gleichzeitig virtuelle Sessions auf dem Server belegen. Ein Pentium-Server kann etwa 15 Clients versorgen.

Citrix WinFrame for Networks ist das ältere Produkt. Es basiert auf einem leicht veränderten Windows NT 3.51, welches Citrix mitliefert.

Citrix MetaFrame benötigt den neuen Windows Terminal Server (WTS) von Microsoft basierend auf Windows NT 4.0. WTS ist ein anfangs unter dem Codenamen Hydra-Server eingeführtes Multiuser-NT. WTS kann ohne Erweiterungen schon Terminal-Clients bedienen, allerdings nur Clients mit Windows (Windows CE / 3.11 / 95 / 98 / NT). Microsoft hat hierfür das auf TCP/IP aufsetzende Kommunikationsprotokoll Remote Desktop Protokoll (RDP) basierend auf T.120 entwickelt. Citrix MetaFrame erweitert WTS um das ICA-Protokoll, so daß außer Windows-Clients auch andere Clients angeschlossen werden können. Außerdem bietet Citrix optional Load Balancing. Falls mehr als 15 Clients versorgt werden sollen, können mehrere MetaFrame-Server gekoppelt werden. Load Balancing sorgt dann dafür, daß Clients dem Server mit der geringsten Auslastung zugewiesen werden.

Um seine Architektur weiter durchzusetzen und zu standardisieren, hat Citrix ein Open-ICA-Forum (Independent Computing Architecture) gegründet. Dies soll die kontinuierliche Weiterentwicklung des ICA-Protokolls als Industriestandard für Client/Server-Computing mit Thin Clients fördern.

Citrix kann bereits über 500.000 Benutzerlizenzen vorweisen. Auf ICA basieren laut Zona Research die Hälfte aller 1997 ausgelieferten Thin Clients. Außer Citrix gibt es noch weitere Anbieter ähnlicher Multisession-Lösungen, etwa von New Moon Software, Prologue und Exodus.

Terminal-Lösungen bieten mehrere Vorteile.

- Der offensichtlichste ist, daß einfachste preiswerte Rechner ausreichen, um aufwendige Windows-Programme mit Pentium-Geschwindigkeit einsetzen zu können.

- Ein weiterer Vorteil ist, daß vielfach bewährte Programme auch auf NCs unverändert eingesetzt werden können, es ist keine Portierung notwendig (etwa nach Java).

- Für den Netzwerkadministrator am wichtigsten ist, daß nur der Server konfiguriert und gewartet werden muß. Im Client sind keine besonderen Einstellungen notwendig. Gibt es Probleme oder Defekte mit einem Client-Rechner, kann dieser einfach gegen einen anderen ausgetauscht werden, ohne Nachteile für den Benutzer.

Einige dieser Lösungen zeigen allerdings noch Schwächen:

- Eventuell wird nur der amerikanische Zeichensatz (ohne deutsche Umlaute) korrekt dargestellt.

- In frühen Versionen war nur eine Bildschirmauflösung von 640 x 480 Bildpunkten bei 16 Farben (Standard-VGA) möglich.

- Das Mapping der Laufwerksbuchstaben kann umständlich und gewöhnungsbedürftig sein.

- Werden öffentliche Verbindungen einbezogen, können Funktionen wie Callback, Short Hold und Verschlüsselung fehlen.

- Der Anwender muß die Konfiguration des Administrators akzeptieren, er hat weniger Freiheiten.

- Es kann auf Grund des Multiuser-Betriebs bei bestimmten Anwendungen zu Problemen kommen, wenn diese Anwendungen Daten in der Windows-Registry speichern und dabei nicht konsequent globale Daten (HKEY_LOCAL_MACHINE) von den persönlichen Benutzerdaten (HKEY_CURRENT_USER) trennen.

Neuerdings gibt es eine neue Anwendung für Citrix MetaFrame. AXIS Information Systems und Nomina bieten unter http://www.test.software.de die Möglichkeit, Software vor dem Kauf zu testen. Die Software braucht dafür nicht auf dem eigenen PC installiert zu werden. Dies hat den Vorteil, daß die Konfiguration des eigenen PCs nicht geändert wird, es ist keine (manchmal heikle) Deinstallation erforderlich. Eine Beispielinstallation der Software auf einem Web-Server genügt. Per Citrix MetaFrame und ActiveX kann jeder die Software ausprobieren und begutachten. So steht immer die aktuellste Testversion zur Verfügung. Der Anbieter der Software muß für diesen Dienst etwa 130,- DM pro Monat bezahlen.

11.11 Computer based Training

In Firmen fallen immer wieder Schulungsmaßnahmen an. Ausbildungen und Fortbildungen für Standardanwendungen wie Textverarbeitung und Tabellenkalkulation werden meistens durch externe Fortbildungsinstitute durchgeführt. Viele größere Unternehmen haben außerdem Bedarf an speziellen Schulungen für besondere Anwendungen, die in dieser

Form nur in dieser Firma erforderlich sind. Ein Beispiel: Ein Unternehmen hat eine neues Logistik-Software-System eingeführt oder eine Reisebürokette setzt eine neue Auftrags-bearbeitungs-Software für alle Niederlassungen ein. Damit alle Mitarbeiter mit der neuen Software zurecht kommen, werden häufig interne Schulungsmaßnahmen durchgeführt. Immer mehr größere Unternehmen wollen die damit verbundenen hohen Kosten reduzieren und verwenden zu diesem Zweck speziell für die gewünschte Schulung entwickelte CBT-Software (Computer Based Training, Computer-unterstütztes Lernen). Dies lohnt sich ab einer Mindestzahl von ca. 200 zu schulenden Mitarbeitern.

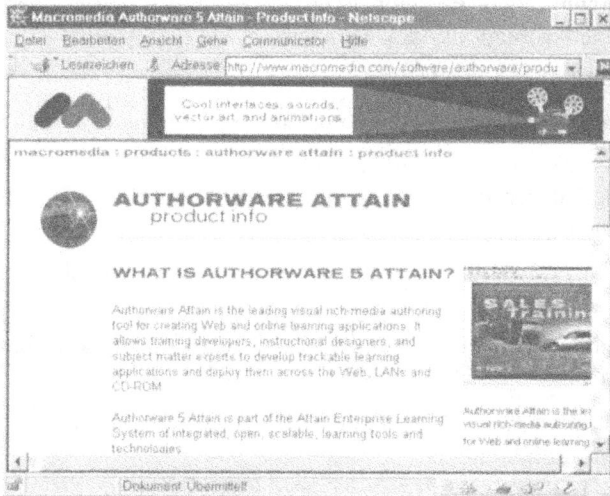

Solche CBT-Software kann zum Beispiel mit den im Kapitel „Bewegung, Animation, Web-Cam, Video, Multimedia, 3D, VRML" ab Seite 124 genannten Multimedia-Autorensystemen, wie Authorware von Macromedia (http://www.macromedia.com) und ToolBook von Asymetrix (http://www.asymetrix.com), erstellt werden. Es können wahlweise Lern-CDs erstellt werden oder es kann flexible-res, jederzeit aktualisierbares und interaktives Lernen über das Intranet (oder Internet) ein-gerichtet werden, wobei dann auch Austausch per Chat oder News-Foren möglich ist. Telelearning übers Web wird besonders vom Attain Learning System von Macromedia unterstützt. Siehe hierzu auch das Kapitel „Telelearning" ab Seite 239.

11.12 Datenbanken, RDBMS, ORDBMS, OODBMS, Frontends

Datenbanken sind das Rückgrat unzähliger Applikationen. Um so mehr Daten zu verwalten sind, desto unvermeidbarer wird der Einsatz einer Datenbank. Besonders betriebswirt-schaftliche Geschäftsprozesse werden über Datenbanken abgewickelt. Dazu gehören Auftragsbearbeitung, Warenwirtschaft, Artikelstammdaten, Lagerhaltung, Logistik, Buch-haltung, Mitarbeiterverwaltung, Projektplanung, Management-Informationssysteme und anderes.

Web-Browser sind ein hervorragendes Frontend für Datenbankanfragen. Wird eine Daten-bank mit einem Web-Server (Intra- oder Internet) verbunden, können ohne großen Auf-wand aus Datenbankinhalten dynamisch WWW-Seiten generiert werden. Die Datenbank kann die Eingaben speichern, auswerten, weitergeben und entsprechende Aktionen veran-lassen. Sind entsprechende Autorisierungsmechanismen eingerichtet, können Ihre Außenstellen oder Geschäftskunden per Internet mit standardmäßigen Web-Browsern plattform-unabhängig Kontakt zu Ihrer Datenbank bekommen.

Hilfsmittel für die Programmierung dynamischer Web-Seiten und Datenbankanbindungen per Web-Browser finden Sie im Kapitel „Entwicklungssysteme für Web-Datenbank-anbindungen" ab Seite 163. Im folgenden geht es um die Datenbanken selbst.

RDBMS

Einfachste Low-End-Datenbanken bestehen aus unabhängigen Einträgen. Bei solchen Datenbanken kann leicht die Integrität verloren gehen. Wenn beispielsweise Aufträge und Auftraggeber in getrennten Tabellen geführt sind und ein bestimmter Auftraggeber gelöscht wird, kann es Aufträge ohne Auftraggeber geben. Solche Inkonsistenzen und Fehlerquellen müssen umständlich programmtechnisch abgefangen werden. In relationalen Datenbanken werden sie automatisch unterbunden.

Große Unternehmensdatenbanken sind als RDBMS realisiert. Ein solches Relational Database Management System speichert zusätzlich zu den Daten auch Beziehungen zwischen den Daten. Mathematische Konzepte, Tabellen-Architektur und eine Trennung der logischen, semantischen Sicht von der physikalischen Implementierung sorgen für Struktu-rierung. SQL (Structured Query Language) ist die dazugehörende Abfragesprache. SQL bietet Idiome zur Schemadefinition, zur Datenmanipulation und zur Abfrage. SQL-Daten-banken sind für den Mehrbenutzerbetrieb ausgerichtet und besitzen Mechanismen wie Transaction Logging, Redo-Log-Mechanismen, Online-Backup und weitere die Daten-sicherheit garantierende Funktionen. Große RDBMS-Systeme sind allerdings nicht einfach einzurichten und können viel Verwaltungsaufwand erfordern.

Die Preise bzw. Lizenzgebühren für RDBMS-Systeme variieren stark. Sie beginnen bei weniger als Tausend DM (z.B. Microsoft Access) und reichen bis über eine Million DM. Bei mittleren auf Windows NT basierenden Systemen sollte man mit etwa 30.000,- DM rechnen, bei großen Unix-Installationen mit mehreren Hunderttausend DM. Aber dies sind die geringsten Kosten. Beratung, Schulung, Wartung, Support und Administration machen wesentlich mehr aus. Für einen Schulungstag beim Hersteller muß pro Teilnehmer mit etwa 800,- DM gerechnet werden, ein kompetenter Berater wird ca. 2500,- DM pro Tag berech-nen. Notwendig sind oft 100 Beratungstage im ersten Jahr und auch in den Folgejahren jeweils weitere 10 bis 20 Tage. Die Administration verschlingt alleine etwa 70 Prozent der Kosten und summiert sich über die mehrjährige Nutzungszeit auf mehrere Millionen DM. Laut einer Studie der Unternehmensberatung Jenz & Partner ergeben sich bei einer Instal-lation mit 250 Anwendern und einem Einsatzzeitraum von zehn Jahren Gesamtkosten von sechs bis zehn Millionen DM.

Die größten Hersteller von RDBMS-Systemen sind Oracle (28 % Marktanteil) und IBM (27 % Marktanteil), sowie Informix, Sybase und Microsoft. Nur bezogen auf Windows NT sind die führenden RDBMS-Datenbank-Server Oracle Server, Informix Server, Sybase Anywhere, Microsoft SQL Server, IBM DB2 UDB Universal Database und Software AG Adabas D.

- Der Oracle Server (http://www.oracle.com) vom weltweit drittgrößten Software-Her-steller Oracle ist das führende RDBMS. Er beherrscht die Standards ODBC und OLE und kann direkt auf Visual-Basic- oder Excel-Daten zugreifen. Es gibt spezielle Datentypen für Multimedia-Applikationen. Neuere objektrelationale Versionen bieten Konformität mit CORBA (Common Object Request Broker Architecture). Cartridges bieten eine schnellere Web-Anbindung als CGI und erlauben die Definition abstrakter Datentypen. Data-Cartridges können Objekte mit beliebigen Datenstrukturen einschließlich darauf operierender Methoden in relationalen Tabellen speichern. In Verbindung mit dem Oracle Web Application Server können dynamische Web-Seiten für das Intra-/Internet generiert werden. Um den Ansprüchen an Oracles Network Computing Architecture (NCA) zu genügen, geht die Funktionalität des neuesten Oracle Servers weit über eine RDBMS hinaus. Er dient zugleich auch als Applikations-Server und Web-Server. Dynamische Web-Anwendungen und die Verwaltung von Web-Sites werden durch WebDB erleichtert. Mit InterMedia lassen sich Multimedia-Daten integrieren. Das Internet-File-System IFS wird eingeführt. Weitestgehende Unterstützung von Java ist angesagt. Eine JVM (Java Virtual Machine), ein ORB (Object Request Broker), Unterstützung für Enterprise JavaBeans (EJB) und die Java-Entwicklungsumgebung JDeveloper ist integriert. Interessanterweise verwendet Oracle zur Beschleunigung nicht einen JIT-Compiler, sondern einen Java-to-C-Compiler. SQLJ soll SQL und Java integrieren und JDBC erweitern. Alle wichtigen Internet-Protokolle werden unterstützt, wie HTTP, FTP, SMTP, POP3, IMAP4, LDAP, CORBA IIOP und DCOM.

- Informix (http://www.informix.com) ist der stärkste Konkurrent von Oracle. Der Informix Online Workgroup Server ist besonders für den Groupware-Markt konzipiert und sowohl für den Client/Server-Betrieb als auch für den Einsatz in Intranet/Internet-Umgebungen geeignet. Die Standards ANSI-SQL92, ODBC und X/Open Native Language Support werden unterstützt. Es gibt spezielle Datentypen für Multimedia-Applikationen. Multimediale Daten wie Bilder, Videos und

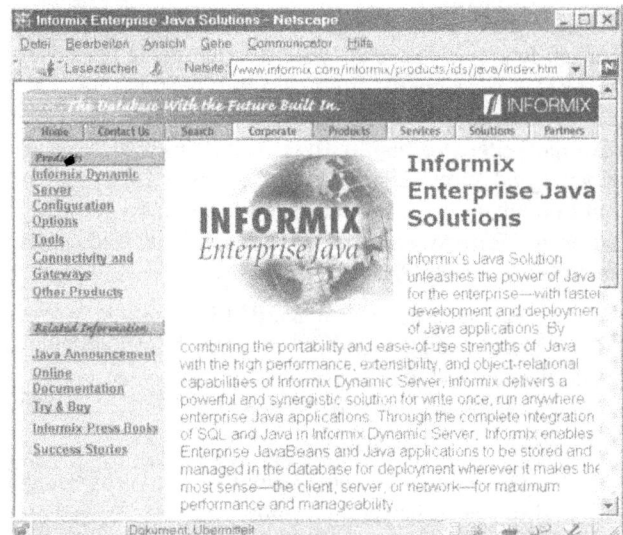

Tondateien können verwaltet werden und es können zum Beispiel Multimedia-Inhalte über Beschreibungen gesucht werden. Der aus der Synthese mit Illustra entstandene Universal Server von Informix galt lange als technologisch führendes objektrelationales DBMS. Er kann durch Data-Blades um neue Datentypen samt Bearbeitungsfunktionen und Zugriffsmethoden erweitert werden. Ein Data-Blade ist eine wiederverwendbare Software-Komponente und enthält Datenstrukturen, Funktionen, Vergleichsoperatoren, Abfrageoptimierungen, Indexstrukturen und andere Elemente. Von Informix gibt es zum Beispiel ein Web-Data-Blade um dynamische Web-Seiten aufzubauen und Virage bietet mit dem Image-Data-Blade Verfahren, um Bilder vergleichen und suchen zu können. Vom Ergebnis kann man sich beim Bildersuchdienst RealTimeImage (http://www.RealTimeImage.de) überzeugen. In zukünftigen Versionen soll die Java-Unterstützung kräftig ausgebaut werden. Es soll eine JVM (Java Virtual Machine) integriert werden, JDBC aktualisiert werden, SQLJ geboten werden, Data-Blades in Java programmiert werden können und die Kooperation mit Enterprise JavaBeans (EJB) ermöglicht werden. Die neuen Informix-Datenbanken Dynamic Server, Centaur, Yellowstone und Independence sind eher als spezialisiertere Server und weniger als „Universal Server" konzipiert.

- Sybase SQL Anywhere Professional (http://www .sybase.com) hält sich an Standards wie ANSI-SQL92, ODBC und OLE. HTML-Dokumente können mit Embedded-SQL-Statements erstellt werden und dynamisch auf beliebige ODBC-Daten zugreifen. Der Sybase Adaptive Server Anywhere bietet die derzeit beste Java-Einbindung. Er ergänzt SQL um objektorientierte Fähigkeiten von Java, kann Java-Klassen als Datentypen verwalten und Java-Objekte direkt in SQL-Tabellen speichern (Java-SQL). Über SQL-Statements kann auf Methoden und Daten zugegriffen werden. Java-Objekte können an einen Client gesendet oder von ihm empfangen werden. Eine JVM (Java Virtual Machine) ist integriert und ein Java-Debugger erleichtert die Fehlersuche.

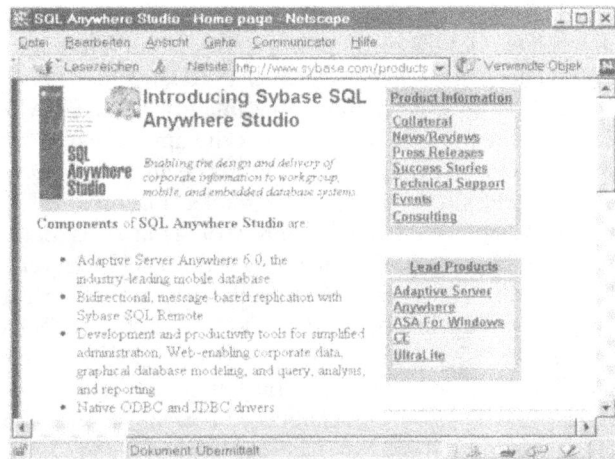

- Der Microsoft SQL Server (http://www.microsoft.com/sql) war bis zur Versionsnummer 6 identisch mit dem Sybase SQL Server, danach trennten sich die Wege. Der Microsoft SQL Server beherrscht die Standards ANSI-SQL92, Embedded-SQL, ODBC, OLE, MAPI, SNMP und XA. Ein Distributed Transaction Coordinator verwaltet Transaktionen auch über mehrere Server. Er ist für eine Zusammenarbeit mit dem Microsoft Internet Information Server konzipiert. Der IDC (Internet Database Connector) ermöglicht dynamische Abfragen aus einem HTML-Dokument an den SQL Server. Der SQL Web Assistent kann Daten automatisch im HTML-Format ausgeben.

- Für einfache PC-Lösungen wird Microsoft Access (http://www.microsoft.com/access) am häufigsten eingesetzt. Es ist nicht als unternehmensweite Datenbank konzipiert, aber für Teilaufgaben ist es wesentlich einfacher einzurichten und kostet mit 700,- DM nur einen Bruchteil der großen RDBMS-Systeme. Access ist auch Bestandteil des Microsoft Office-Professional-Pakets. Datenbanken können ohne viel Programmieraufwand eingerichtet werden. Mit der Programmiersprache Visual Basic for Applications können sie bis in semiprofessionelle Bereiche hinein wachsen. Datenbankoperationen können zu Transaktionen gebündelt werden. Die Internet-Unterstützung ist gut ausgebaut. Hyperlink-Felder, Datenabfrage per Web-Browser, Datenimport von Tabellen und Listen einer Web-Seite, dynamische Anbindung der Datenbank an einen Web-Server und ODBC (Open Data Base Connectivity) sowohl über IDC (Internet Database Connector) als auch über das flexiblere ASP (Active Server Pages) werden geboten. Allerdings fehlt eine ISAPI-Schnittstelle (Internet Server API). Während sich der normale Anwender über die Benutzerfreundlichkeit freut, stößt der Programmierer an Grenzen, etwa wegen der eingeschränkten Objektorientierung ohne Klassenhierarchien und Vererbungskonzepte und wegen der ungünstigen seitenorientierten Sperrmechanismen im Netzwerk. Bei mehr als etwa 50 Benutzern mangelt es an Performance und Sicherheit.

Die deutsche Unternehmensberatung Jenz & Partner GmbH aus Erlensee (http://www.it-research.net/de) hat sich in mehreren Studien mit relationalen Datenbanksystemen beschäftigt („Datenbanken in Netzwerken", „Relationale Datenbanken. Ein Produktvergleich." und „Total Cost of Ownership: Relationale Datenbanken im Kostenvergleich"). Laut Jenz & Partner bieten Oracle und Informix die am weitesten fortgeschrittene ISO-SQL-Umsetzung und -Konformität. Besonders Informix aber auch Oracle können den fortgeschrittensten Entwicklungsstand vorweisen. Oracle, Informix und Sybase bieten beste Skalierungsmöglichkeiten mit Eignung für MPP (Massiv parallele Prozessorsysteme) und Cluster (parallele Server), wogegen der Microsoft SQL Server am schlechtesten skalierbar ist. Die flexibelsten Sperrkonzepte bei Benutzung derselben Datenbestände durch mehrere Benutzer gleichzeitig bieten Adabas D, Informix und Oracle. Das weitreichendste Autorisierungskonzept hat Oracle mit einer Vielzahl von system- und objektbezogenen Abstufungen. Die Systemüberwachung im laufenden Betrieb wird besonders von Oracle, Informix, Sybase und Microsoft unterstützt. Die geringsten Gesamtkosten verursachen Adabas D und der Microsoft SQL Server, während Informix und Oracle die größten Kosten verursachen.

ORDBMS

Herkömmliche SQL-Datenbanken (RDBMS) haben einen Nachteil: Objekte und komplexe Daten, wie lange Texte, Grafiken, Sound und Videos müssen als BLOB-Bytefolgen (Binary Large Objects) gespeichert werden. Sie sind in der SQL-Abfragesprache nicht vorgesehen und können deshalb schwer gesucht und klassifiziert werden. Im Verbund mit Internet-Anwendungen, Dokumenten-Management-Systemen, Multimedia-Daten und im Zuge der immer häufigeren Verwendung objektorientierter Programmiersprachen gewinnen objektrelationale Datenbanken (ORDBMS) wie von Informix/Illustra an Bedeutung. Sie bilden einen pragmatischen Kompromiß. Gerade für multimediale Daten sind sie besser als RDBMS geeignet. Sie speichern ihre Informationen allerdings auch noch in Tabellenform wie die RDBMS-Systeme. Außer Informix/Illustra erheben neuerdings auch andere Hersteller für ihre neuesten Versionen den Anspruch, objektrelational arbeiten zu können (z.B.

Oracle, Sybase Adaptive Server Enterprise und IBM DB2 UDB). Auf Grund des größeren Einsatzbereiches werden diese Datenbanken gerne mit dem Vorsatz „Universal" versehen. Allerdings glaubt die Gartner Group Tendenzen ausmachen zu können, nach denen doch wieder „reine" Datenbanksysteme bevorzugt würden, dafür aber mehrere verschieden spezialisierte Systeme über eine übergeordnete Middleware verbunden werden und über eine einheitliche Oberfläche eingesetzt werden.

OODBMS

Noch einen Schritt weiter gehen die objektorientierten Datenbanken oder Objektdatenbanken (OODBMS oder ODBMS). Hierbei werden die Informationen, Daten und auch Multimedia-Objekte direkt als Objekte gespeichert, also als Instanzen einer Klasse. Der Programmieraufwand wird so reduziert und vor allem steigert dies die Performance erheblich. Um Datenkonsistenz zu gewährleisten, stellen Relationship-Klassen bidirektionale Objektbeziehungen her. Über ODBC-Gateways ist auch Zugriff auf relationale Datenbanken möglich. Objektdatenbanken befinden sich allerdings noch im Entwicklungsstadium. Es fehlen noch fundamentale Grundfunktionen, wie standardisierte Schemaverwaltung, einheitliche deklarative Abfragesprache und zuverlässige Integritätsbedingungen. Dies will die ODMG (Object Data Management Group) durch Spezifikationen ändern. Die neue deklarative Objektabfragesprache OQL soll sogar kompatibel zu SQL2 werden. Allerdings wird auch SQL weiterentwickelt. SQL3 wird vielleicht OO-Kernfunktionen wie abstrakte Datentypen und multiple Vererbung beinhalten. Während herkömmliche RDBMS besonders für entscheidungsunterstützende Anwendungen, wie Geschäftsprozesse, OLAP und Data Warehousing, geeignet sind, haben OODBMS gute Chancen bei Java-Programmierung, Web-Anwendungen, Bilddatenbanken, geographischen Informationssystemen und CAD-Anwendungen. Die wichtigsten OODBMS-Systeme sind:

* ObjectStore von Object Design Inc. (http://www.odi.com) (Marktführer)

* Objectivity/DB von Objectivity (http://www.objy.com),

* Poet von Poet Software (http://www.poet.com) und

* Versant von Versant Object Technology (http://www.versant.com).

Für Anwendungen, die nicht konsequent objektorientiert sein müssen, können die neuen Java-Erweiterungen der herkömmlichen relationalen Datenbanken eine Konkurrenz für die OODBMS bedeuten. Durch die Java-Integration können RDBMS ebenfalls mit objekt-

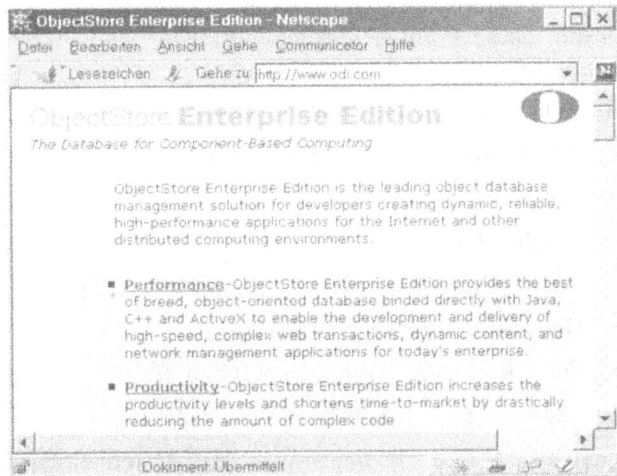

orientierten Merkmalen aufwarten. Hierbei tun sich besonders der Sybase Adaptive Server Anywhere, aber auch Oracle und Informix, hervor. Allerdings gibt es für die Einbindung von Java-Code in SQL noch keine Standardisierung.

Datenbank-Frontends

Um auf die Unternehmens-Client/Server-Datenbank zugreifen zu können, müssen Frontends geschaffen werden. Da diese Abfrage-Programme firmenspezifisch sind, werden sie in jeder Firma eigens erstellt. Dazu werden Frontend-Tools eingesetzt, die die visuelle Entwicklung grafischer Datenbankanwendungen mit der „Point & Click"-Methode ermöglichen. Diese Form der Programmierung wird als 4GL (Fourth Generation Language) bezeichnet.

Bekannte Beispiele für Frontend-Tools sind:

- PowerBuilder Desktop (Powersoft/Sybase),

- Visual Basic (Microsoft),

- Delphi (Borland/Inprise),

- Developer/2000 (Oracle),

- New Era View Point Pro (Informix),

- Quest Reporter (Centura/Gupta) und

- Esperant (Software AG).

Laut dem Marktforschungsinstitut IDC (International Data Corp.) behaupten sich immer mehr die offenen RAD-Tools (Rapid Application Development), die mit unterschiedlichen Datenbanken kooperieren können, wie PowerBuilder, Visual Basic und Delphi. Proprietäre Lösungen wie Developer/2000 und andere verlieren dagegen etwas an Bedeutung.

Ein ungewöhnliches innovatives Datenbankentwicklungssystem stellt Magic (http://www .magic-sw.com) dar. Es verspricht, komplexe Entwicklungen zu ermöglichen, ohne eine Zeile Code schreiben zu müssen. Statt dessen werden in Tabellen und Dialogen Eigenschaften definiert und Verknüpfungen hergestellt. Analysten der Patricia Seybold Group sehen darin eine erhebliche Reduktion des Programmieraufwands und bessere Produktivitätsergebnisse. Es muß sich noch zeigen, ob dieses neue Konzept wirklich effektiveres und schnelleres Entwickeln ermöglicht und sich durchsetzen kann.

Die 4GL-Systeme passen sich zunehmend an das Internet und die Programmiersprache Java an. Zum Beispiel der Web Developer von Centura Software (vormals Gupta, http:// www.centurasoft.com) basiert komplett auf Java und der entstehende 4GL-Code wird automatisch in Java umgewandelt. Es kann sowohl auf nicht-relationale Daten wie Lotus Notes oder E-Mail als auch auf relationale Datenbanken wie SQLBase, IBM DB2, Oracle, Sybase, Informix oder über ODBC zugegriffen werden. Auch Transaktionsmonitore von IBM und SAP werden eingebunden.

Zu fast allen Datenbanken gibt es mittlerweile die Möglichkeit, einen Web-Browser als Frontend einzusetzen. Beispielsweise können Web-Browser mit der Oracle RDBMS über zwischengeschaltete Web Cartridges kommunizieren, die einfach mit Developer/2000 erstellt werden können (ohne programmieren zu müssen).

Optimale Ergebnisse lassen sich bei konsequenter Realisierung des Drei-Schichten-Modells (Three-Tier) erreichen. Die Präsentationsebene stellen standardisierte Web-Browser dar und die Daten werden in standardisierten Datenbanken gehalten. Dazwischen liegt als dritte Schicht die Anwendungsebene. Diese Middleware kann zum Beispiel als Applikations-Server arbeiten. Middleware benutzt und kombiniert verschiedene Techniken, wie Transaktionsmonitore, Objekt-Broker (z.B. CORBA), DCOM, Enterprise JavaBeans, Gateways und Messaging-Software.

Weiteres zu dynamischen Web-Seiten mit Datenbankanbindung finden Sie auch in diversen Kapiteln unter „Erstellung von Web-Seiten und Einbindung im Server" ab Seite 150, z.B. im Kapitel „Architekturen von Web-Datenbankanbindungen", Seite 159.

11.13 Management-Informationssystem, Data Warehouse, Data Mining

Der Manager großer Firmen benötigt schnellen Aufschluß über die Situation der Geschäftsbereiche, über Marktveränderungen, Trends, Kundenverhalten, Wettbewerber und weitere strategische Informationen. Aber oft ist der Unternehmensdatenbestand verteilt auf viele räumlich entfernte und unterschiedlich organisierte Systeme. Eine effiziente Datenanalyse ist schwer durchzuführen, es fehlen die Grundlagen für strategische Entscheidungen. In großen Unternehmen kann eine für eine strategische Entscheidung notwendige Datenextraktion leicht unerträgliche 40 Stunden Rechenzeit benötigen.

Da Informationsvorsprung immer mehr Bedeutung erlangt, sind in den letzten Jahren unter den Stichworten Data Warehouse, Data Mining, MIS und OLAP neue Techniken entstanden.

Mit Data Warehouse wird die strukturierte Sammlung der unternehmenskritischen dispositiven Daten bezeichnet. Es stellt einen Daten-Pool von themenorientierten, integrierten, nicht-flüchtigen, zeitbasierten und kumulierten Informationen für Manager dar. Wichtig ist die Trennung der strategischen Unternehmensdaten von den operativen, das Tagesgeschäft betreffenden Daten. Diese Datenbank ist meistens um mehr als den Faktor 100 größer als die operativen Datenbanken und kann auf mehr als Terabyte-Größe anwachsen. Das bisher größte System ist das des amerikanischen Einzelhandelskonzerns Wal-Mart Stores Inc. mit 24 TByte. Häufig werden Unternehmensdaten als Vorstufe zum Data Warehouse abteilungsweise in Data Marts gesammelt. Die Einrichtung von vielleicht 50 GByte großen Data Marts kann typischerweise etwa 100.000,- DM kosten, ein unternehmensweites Data Warehouse liegt in der Regel bei mehreren Millionen DM. Laut dem Marktforschungsinstitut IDC (International Data Corp.) ist NCR mit Teradata (http://www.ncr.com/product/data_warehouse) Marktführer für Data-Warehouse-Systeme mit 40 Prozent Marktanteil. Auch die großen Hersteller von RDBMS-Systemen, wie IBM, Oracle, Informix und Tandem, sind wichtige Anbieter.

Während die operativen Datenbank-Management-Systeme (meistens RDBMS) im Online-Betrieb bei hoher Verfügbarkeit viele kleine Transaktionen (OLTP, Online Transactional Processing) zuverlässig und schnell abwickeln müssen und sich nur für aktuelle Daten interessieren, müssen die entscheidungsunterstützenden Data-Warehouse-Datenbanken aktuelle wie historische Daten sammeln, verdichten, aufbereiten und den Analysewerkzeugen übersichtlich zur Verfügung stellen. Der Prozeß der Datenextraktion verdient dabei besondere Aufmerksamkeit. In meistens regelmäßigen Intervallen (etwa einmal pro Woche) werden die Daten eingesammelt. Sie liegen oft in vielen unterschiedlichen Formen vor, sie können etwa aus RDBMS, aus OODBMS, aus hierarchischen Datenbanken, aus Workflow-Systemen wie Lotus Notes, aus Standardanwendungen wie SAP R/3, aus Dokumenten oder aus externen Quellen wie Internet-Diensten stammen. Sie müssen validiert und konsolidiert werden, Unwichtiges muß ausgefiltert werden und sie müssen nach Themen und nach strategischer Sichtweise geordnet werden (ETML: Extraktion, Transformation, Migration, Laden). Die Konvertierung der Daten aus unterschiedlichen Datenbankformaten erfolgt mit Programmen wie etwa Data Junction von Data Junction Corp. (http://www.datajunction.com).

Ein MIS (Management-Informationssystem) ist eine Sammlung von Abfragewerkzeugen, die als Frontend zum Data Warehouse dienen. Manchmal wird statt MIS auch der Begriff DSS (Decision Support System) benutzt. Ist das MIS so leicht zu bedienen, daß es speziell für die Belange des Top-Managements geeignet ist, spricht man auch vom EIS (Executive-Informationssystem) oder FIS (Führungsinformationssystem). MIS ist eine Software, die möglichst einfach zu bedienen ist, Unternehmensdaten übersichtlich zusammenfaßt und Entscheidungsträger im Unternehmen unterstützt. Auch komplizierte Abfragen werden über die grafische Benutzeroberfläche definiert ohne programmieren zu müssen. Berichte werden automatisch generiert. Die Aufgabe des MIS ist, die großen unüberschaubaren Datenmengen des Data Warehouse zu verwertbaren Informationen aufzubereiten.

Das Institut für Management-Informationssysteme in Ludwigshafen hat 1996 in einer Studie 150 Unternehmen befragt. Demnach hat die Einführung von MIS in der Regel zwischen drei und sechs Monaten gedauert und bei mittleren Unternehmen Kosten für Software-Lizenzen, Anwendungsentwicklung und Mitarbeiterschulung von ca. 100.000,- DM verursacht. MIS wird besonders häufig vom Controlling und der Geschäftsleitung benutzt, während das Marketing noch Nachholbedarf zeigt, meistens wegen zu unsystematischer Datensammlungen. Am häufigsten benutzt wurden Standardberichte, Abweichungsanalysen, Ad-hoc-Berichte, Frühwarnfunktionen und Kennzahlensysteme. Fast alle der befragten Unternehmen sind zufrieden und würden jederzeit wieder ein MIS-System einführen.

OLAP (Online Analytical Processing), ebenfalls ein Frontend für das Data Warehouse, hat seinen Schwerpunkt bei der multidimensionalen Datenanalyse komplexer Datenbestände. Hierüber können insbesondere komplexe Abhängigkeiten in vielen Dimensionen untersucht werden und anwenderfreundlich grafisch dargestellt werden. Diese Dimensionen können zum Beispiel Zeit, Produkt, Kunden, Verkaufsgebiet, Filialen oder Produktionsstandorte sein. Marktführer für OLAP ist Hyperion Solutions (mit 25 % Anteil), zweiter ist Oracle (mit 21 %).

Data Mining (oder Knowledge Discovery) ist eine besondere Form der Datenanalyse im Data Warehouse, bei der automatisch bisher unbekannte Zusammenhänge und Abhängigkeiten entdeckt werden und Software selbständig Entscheidungsregeln und Lösungsvorschläge erarbeitet. Intern wird dafür häufig auf modernste Technik wie neuronale Netze, Fuzzy-Logik oder genetische Algorithmen zurückgegriffen. Eine beeindruckende Demonstration war die Schachpartie des Weltmeisters Garri Kasparow gegen IBMs Superrechner

Deep Blue im Mai 1997, die Deep Blue unter anderem durch Einsatz von Data-Mining-Software gewann. Einige Data-Mining-Hersteller sind Business Objects (http://www.businessobjects.com), RightPoint Software Inc. (http://www.rightpoint.com), Pilot Software (http://www.pilotsw.com), IVEE Development (http://www.ivee.com) und SAS Institute (http://www.sas.com).

Neueste Software zur Datenbankabfrage ist Internet-tauglich. Zugriffe auf das Data Warehouse können über das Web erfolgen. Ein Beispiel ist das vom Fernsehsender Pro Sieben eingesetzte WebIntelligence von Business Objects (http://www.businessobjects.com). WebIntelligence benutzt CORBA und den ORB VisiBroker von Visigenic für automatische Lastverteilung und Skalierbarkeit. Andere Hersteller Web-tauglicher Data-Warehouse-Systeme sind arcplan (http://www.arcplan.com), Brio Technology (http://www.brio.com), Cognos (http://www.cognos.com), Information Advantage (http://www.infoadvan.com), MicroStrategie (http://www.strategy.com), Oracle (http://www.oracle.com) und SAS Institute (http://www.sas.com).

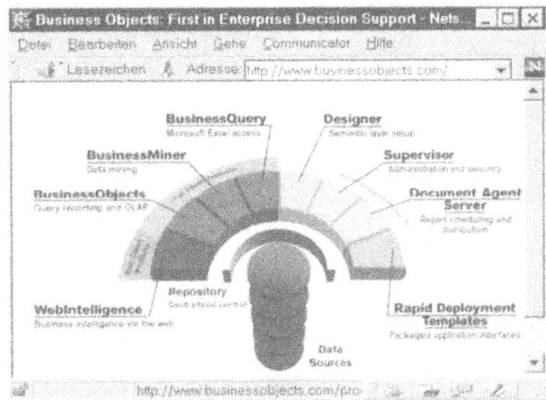

Weitere Informationen und Hersteller von Informationssystemen finden Sie bei Greenfield (http://pwp.starnetinc.com/larryg).

11.14 Kaufmännische und betriebswirtschaftliche Software, SAP R/3

Laut einer Untersuchung des Marktforschungsinstituts Ifak von 1997 setzen

*   40 % aller Unternehmen auf die umfassenden Pakete der großen Software-Anbieter von kaufmännischer und betriebswirtschaftlicher Software,
*   23 % bevorzugen spezialisierte Lösungen kleiner Software-Häuser und
*   28 % setzen selbst programmierte Lösungen ein.

Die spezialisierten Lösungen kleiner Software-Häuser und die selbst programmierten Lösungen haben den Vorteil der höheren Flexibilität. Spezielle Funktionalität kann implementiert werden und das Engagement beim Support und Service ist größer. Gerade für den Mittelstand zählt die regionale Präsenz des Software-Herstellers mehr als das internationale Renommee.

Die umfassende Standard-Software der großen Anbieter hat andere Vorteile. Die Zukunftssicherheit ist höher, die in der Standard-Software abgebildeten Prozesse sind meistens effizienter und vorauszusetzende anerkannte Minimalanforderungen sind auf jeden Fall erfüllt.

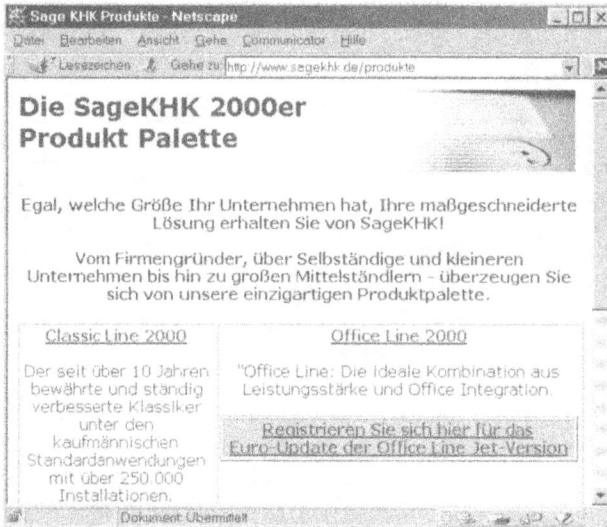

Im PC-Bereich und besonders in Unternehmen mit bis zu 50 Mitarbeitern ist in Deutschland die mittlerweile von der britischen The SAGE Group PLC übernommene KHK Software aus Frankfurt (http://www .sagekhk.de) unangefochtener Marktführer für kaufmännische Software. Die Produkte Classic Line und Office Line sind über 270.000 mal installiert worden. Schwerpunkte sind Finanzwesen und Warenwirtschaft. Dagegen fehlen Personalwesen, Fertigung/PPS und Workflow. Die Produkte arbeiten objektorientiert und unterstützen EDI und die relationalen Datenbanken Sybase, SQL-Server und Oracle. Internet-Applikationen sind in Vorbereitung.

Die weltweit wichtigsten Hersteller kaufmännischer Standard-Client/Server-Software für Enterprise Resource Planning (ERP) sind SAP, Baan, Oracle und PeopleSoft. Davon ist die deutsche Firma SAP AG aus Walldorf (http://www.sap-ag.de) mit Abstand führend, ihr Weltmarktanteil liegt bei 72 Prozent nach einer Studie von Goldmann-Sachs von 1996. SAP ist der weltweit fünftgrößte Software-Hersteller. SAPs wichtigstes Programmpaket ist R/3 und wird von etwa 13.000 Unternehmen eingesetzt.

SAP R/3 ist eine modulare betriebswirtschaftliche Gesamtlösung, die eine durchgängige Organisation vom Büro bis zur Fabrik unterstützt. Mit den 170 Business-Objekt-Komponenten werden verteilte Systeme in Client/Server-Technik realisiert. R/3 läuft auf unterschiedlicher Rechner-Hardware von Bull, Compaq, DEC, Hewlett-Packard, IBM, SNI und Sun, kann unter diversen Unix-Derivaten wie AIX, HP-UX, Sinix und Solaris ebenso wie unter Windows NT oder IBMs OS/400 auf der AS/400 betrieben werden und kooperiert mit verschiedenen Datenbanken wie ABADAS, IBM DB2, Informix, MS SQL Server und Oracle. Die Präsentation kann unter Windows 3.1, Windows 95/98, Windows NT, OSF/Motif, OS/2 und Macintosh sowie auf NCs erfolgen. Das Drei-Schichten-Modell (getrennte Datenbank-, Anwendungs- und Präsentationsebene) ermöglicht Portabilität und Skalierung. Die R/3-Business-Framework-Architektur trennt die R/3-Funktionalität in modulare Business-Komponenten auf, die beliebig auch mit Fremdkomponenten kombiniert werden können. ALE (Application Link Enabling) und Business Workflow integriert die verteilten Einzelkomponenten. Über das BAPI (Business Application Programming Interface) lassen sich einzelne Komponenten erweitern oder durch andere ersetzen. Außer der Kommunikation über COM/DCOM soll demnächst auch CORBA der OMG unterstützt werden.

In letzter Zeit wird SAP R/3 besonders gerne auf Windows NT installiert. Fast 50 Prozent der Neuinstallationen nutzen die Vorteile der niedrigeren Administrationskosten. Die BAPI-Schnittstelle kooperiert gut mit Microsofts COM/DCOM-Objektmodell. Der SAP Exchange Connector sorgt über die SAPconnect-Schnittstelle für Verbindung zu Microsoft Exchange. Dokumente können ausgetauscht werden. R/3-Systeme in entfernten Unternehmensniederlassungen können über Exchange-Server über das Internet gekoppelt werden (Backbone-Funktion). Auch Microsofts MAPI (Messaging API) wird unterstützt, Exchange und Outlook greifen darüber auf SAP-Daten zu. Exchange-Formulare können Workflow-Vorgänge im SAP R/3 starten. Ein Windows-NT-Server kann etwa 1.000 SAP-R/3-Anwender bedienen. Große Unix-Server versorgen über 10.000 Benutzer.

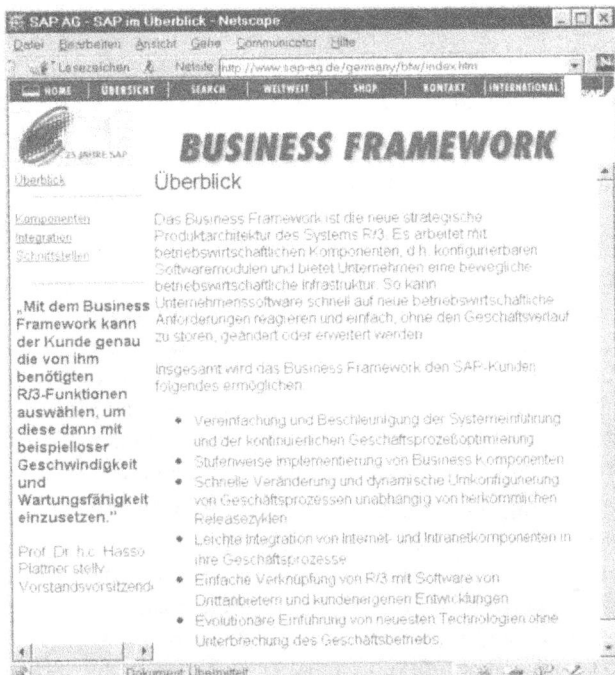

Die Ziele beim Einsatz von SAP R/3 sind Verbesserung der Unternehmensabläufe durch Planung, Steuerung und Kontrolle der Geschäftsprozesse, Flexibilität bei der Anpassung von Informationssystemen und Geschäftsprozessen an geänderte Anforderungen, einheitliche konsistente Datenbasis und verkürzte Durchlaufzeiten bei der Vorgangsbearbeitung.

SAP R/3 beinhaltet eine Reihe von Modulen. Die wichtigsten sind:

- CO, Controlling
- EC, Unternehmens-Controlling
- FI, Finanzwesen
- IM, Investitionsmanagement
- LO, Logistik
- MM, Materialwirtschaft
- PA, Personaladministration
- PD, Personalplanung und -entwicklung
- PM, Instanthaltung und Service
- PP, Produktionsplanung und -steuerung

- PS, Projektsystem

- QM, Qualitäts-Management

- SD, Vertrieb

- TR, Treasury (Kosten-Controlling, Finanzrisiken)

Die betriebswirtschaftliche Analyse, die Einführungsphase, ein eventuelles Reengineering sowie die Konfiguration und Verwaltung werden vom SAP Business Engineer (BE) unterstützt. Branchenspezifische Workflow-Schablonen und über 800 Geschäftsprozesse für die Anwendungsbereiche Logistik, Rechnungswesen und Personalwirtschaft sind vordefiniert. Die Auswahl ist nicht einfach. Diverse Werkzeuge von Drittanbietern wie etwa ARIS der Saarbrücker IDS Prof. Scheer (http://www.ids-scheer.de), LiveModel von IntelliCorp Inc. (http://www.intellicorp.com) und Visio von Visio Corp. (http://www.visio.com) unterstützen die Analyse des R/3-Referenzmodells. Modifikationen, Erweiterungen und eigene Menümasken können mit der SAP-4GL-Programmiersprache ABAP/4 (Advanced Business Application Language) oder in Zukunft auch mit Java erstellt werden.

Die Einführung von SAP R/3 hat viele Konsequenzen. Nicht immer passen die vorhandenen Geschäftsstrukturen zu den SAP-Workflow-Schemen. SAP R/3 ist zwar mit ca. 8.000 Tabellen und ca. 60.000 modifizierbaren Parametern sehr flexibel, aber oft ist es trotzdem günstiger, nicht R/3 anzupassen, sondern die bisherigen Bearbeitungsvorgänge zu überdenken und durch nach moderneren Gesichtspunkten entworfene Abläufe zu ersetzen. Dies kann eine aufwendige Geschäftsprozeßoptimierung (GPO), auch Business Process Reengineering (BPR) genannt, bedeuten. Nur so können Sie das komplette Rationalisierungs- und Kosteneinsparungspotential ausschöpfen. Weiteres hierzu finden Sie auch im Kapitel „Workflow-Management, Geschäftsprozeßoptimierung" ab Seite 283.

SAP R/3 bietet über das Intranet oder Internet Funktionen für den schnellen Zugriff auf eigene Datenbestände und Datenbestände von Handelspartnern und Kunden. Bereits 1996 reklamierte SAP für sich, R/3 sei die erste betriebswirtschaftliche Komplettlösung der Branche, die voll Java-fähig sei und für NetPCs und NCs geeignet ist. Sowohl über das Intra- als auch über das Internet ermöglicht die Java-Benutzeroberfläche einen plattformunabhängigen Zugriff auf sämtliche R/3-Transaktionen.

Die Internet-Anbindung von SAP R/3 erfolgt mit dem Internet Transaction Server (ITS) über eine zwischengeschaltete Firewall. Web-Anwendungen können über derzeit 25 IACs (Internet Application Components) implementiert werden, die in den Bereichen Consumer-to-Business, Business-to-Business und Intranet eingesetzt werden und die einen weiten Bereich betriebswirtschaftlicher Anwendungen abdecken, wie Materialwirtschaft, Buchhaltung und Personalverwaltung. Diese IACs setzen auf der BAPI-Schnittstelle (Business Application Programming Interface) auf, so daß weitere Anwendungskomponenten integriert werden können. Diese mehrschichtige Architektur gewährleistet Skalierbarkeit und die Ausführung sehr vieler gleichzeitiger Transaktionen auch über das Internet. Alle Möglichkeiten des HTML und der Erweiterungen wie Java, ActiveX und Plug-Ins werden unterstützt. Systeme für Electronic Commerce lassen sich realisieren.

Die Gesamtkosten einer SAP-R/3-Einführung setzen sich zusammen aus Kosten für die SAP-Software, zusätzliche Hardware, Berater, Personal und Schulungen. In der Einführungsphase kommt man nicht ohne externe Beratung aus. Wichtig ist kompetente Beratung.

Die hohe Komplexität und Flexibilität führt leicht zu Fehlplanungen und -konfigurationen. Die gründliche Analyse und genaue Zielsetzung bestimmt maßgeblich den Erfolg der Geschäftsprozeßoptimierung durch SAP R/3. Noch wichtiger als die technologische Beratung ist die Organisationsberatung. Nach einer Studie von Input sind die wichtigsten SAP-Dienstleister Debis, IBM, SNI, SAP selbst, CSC Ploenzke, Hewlett-Packard, Andersen Consulting, Price Waterhouse, Cap Gemini, Origin und KPMG. Die Kosten für die externe Beratung liegen durchschnittlich beim zwei- bis dreifachen der Kosten für die SAP-R/3-Software. In den Folgejahren sind 17 Prozent der Lizenzkosten für die Wartung fällig. Trotz der hohen Gesamtkosten kann der Einsatz von R/3 auch schon bei kleinen Unternehmen ab einem Jahresumsatz von 20 Millionen DM Sinn machen, was besonders mit der vorkonfigurierten Branchenlösung R2W (R/3 Ready to Work) unterstützt werden soll. Die Einführungszeit konnte laut SAP bei 63 Prozent der Kunden auf weniger als sechs Monate gedrückt werden.

12 Intranet-Infrastruktur, Netzwerktechnik

In diesem Kapitel werden Grundlagen der Netzwerktechnik gestreift. Im Vordergrund stehen dabei Begriffsbestimmungen und Erklärungen von einfachen Zusammenhängen. Einiges betrifft vorwiegend lokale Netzwerke und Intranets und weniger Internet-Anwendungen.

12.1 Leitungsvermittlung, Paketvermittlung, Zellvermittlung

Um Daten von einem Teilnehmer zu einem anderen zu versenden, gibt es verschiedene Vermittlungsarten.

Bei der verbindungsorientierten Leitungsvermittlung, wie sie bei analogen und ISDN-Telefonverbindungen eingesetzt wird, wird für jede Verbindung eine eigene Leitung reserviert. Auch bei nur geringer Datenübertragungsrate (z.B. Sprache) kann der nicht benutzte Teil der Bandbreite nicht anderweitig verwendet werden. Um nicht zuviel Bandbreite zu vergeuden, ist die maximal mögliche Datenübertragungsrate sehr begrenzt. Gibt es mehr Verbindungsanforderungen als Leitungen existieren, erhält man ein Besetztzeichen und muß warten, bis eine Leitung frei wird.

Bei der Paketvermittlung (Packet Switching), wie sie im Internet per TCP/IP, im LAN (Local Area Network) sowie bei X.25/Datex-P und Frame Relay (FR) verwendet wird, werden viele Verbindungen über eine Leitung geführt. Die Datenübertragungsprotokolle bei den einzelnen Teilnehmern unterteilen die Daten in viele einzelne, mehrere Kilobyte große Pakete, die am Zielort wieder zusammengefügt werden. Die einzelnen Pakete beinhalten die Absender- und Empfängeradresse und können so an Verzweigungsstellen und am Ziel auf den richtigen Weg geleitet werden. Ist die Leitung nur schwach belegt, kann man viele Daten schnell übertragen. Herrscht viel Andrang, sind also schon viele Datenpakete unterwegs, sinkt die erreichbare Datenübertragungsrate für die einzelne Verbindung zwar entsprechend, aber man erhält kein Besetztzeichen. Die vorhandenen Kapazitäten werden wesentlich effektiver als bei der Leitungsvermittlung genutzt. Die Unterteilung in relativ große Pakete wird bei normalen Datenübertragungen nicht bemerkt, aber bei einigen speziellen Diensten, wie Sprach- oder Videoübertragung, kann es zu kurzzeitigen Aussetzern oder Verzögerungen kommen.

Die Zellvermittlung, wie sie bei ATM (Asynchronous Transfer Mode) benutzt wird, ähnelt der Paketvermittlung. Allerdings werden die Pakete hier Zellen genannt, sind viel kleiner und haben immer gleiche Größe (53 Byte). Die kleinen Zellen machen es einfacher, Datenströme nahezu kontinuierlich zu übertragen. ATM kann so Daten, Sprache und Video gleichzeitig übertragen und ist dadurch für sogenannte Corporate Networks (CN) geeignet. Hierbei werden verschiedene Dienste, wie zum Beispiel Telefonieren und LAN-Datenübertragung, über die gleiche Leitung abgewickelt. Spezielle Protokolle können eine bestimmte Mindestbandbreite reservieren oder einen konstanten Datenstrom garantieren (Constant Bit Rate, CBR). Bestimmte Qualitäts-Level können garantiert werden (Quality of Service, QoS).

Die Diagramme verdeutlichen die Leitungsbelegung dreier gleichzeitiger Verbindungen. Dabei soll die Verbindung 1 die größte Bandbreite benötigen.

Leitungsvermittlung:

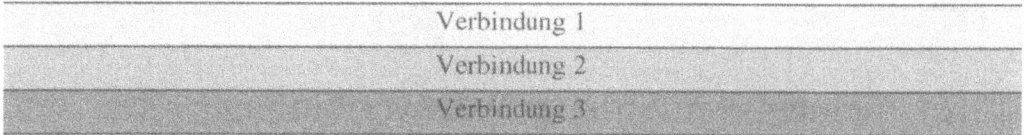

Verbindung 1
Verbindung 2
Verbindung 3

Paketvermittlung:

1	2	3	1	2	1

Zellvermittlung:

1	1	2	3	1	1	2	2	1	1	2	2	1	1	3	2	1	1	2	3	1	1	2	2

12.2 OSI-Sieben-Schichten-Referenzmodell der ISO

Die ISO (International Standards Organization) hat mit OSI (Open Systems Interconnection) eine Strukturierung von Computer-Netzen eingeführt (ISO 7498). So ist das ISO/OSI-Sieben-Schichten-Referenzmodell entstanden. Es besteht aus folgenden Layern:

ISO/OSI-Sieben-Schichten-Referenzmodell	
1. Physical Layer, Bitübertragungsschicht	Hardware-Details wie Stecker, Pegel, Modulation, Bit-Kodierung. Z.B. X.21, Koax-Kabel oder Twisted Pair.
2. Data Link Layer, Datensicherungsschicht	Teilt Daten in Pakete und addiert Kontrollinformationen wie Blocklänge, Prüfsumme, Adressen. Aufspüren von Übertragungsfehlern. Z.B. Ethernet, Token Ring, Frame Relay, HDLC, SMDS und ATM.
3. Network Layer, Vermittlungsschicht	Routing (Wegfindung) in Teilstreckennetzen, Adressierung fremder Netze. Z.B. IP, ICMP, IPX und NetBIOS.
4. Transport Layer, Transportschicht	Fehlerkorrekturen, Quality of Service (QoS), Umsetzung von logischen Kanälen in Übertragungskanäle. Z.B. TCP, UDP und SPX.
5. Session Layer, Sitzungsschicht	Anbindung des Rechnerbetriebssystems an logische Kanäle, Kommunikationssteuerung und Zugriffsschutz. Z.B. RPC.
6. Presentation Layer, Darstellungsschicht	Anpassung von Datenformaten, Umkodierungen, Datenschutz. Datenverschlüsselung.
7. Application Layer, Anwendungsschicht	Anwendungsebene, Verwaltungsebene, Zugangskontrollen, Login. Z.B. SMTP, FTP, Telnet, NFS oder SNMP.

Durch dieses Modell ist es leichter, in der Netzwerktechnik eingesetzte Geräte bestimmten Gruppen zuordnen und Schnittstellen definieren zu können.

12.3 TCP/IP, DHCP, DNS, NAT, Masquerading, Routing

Das im Internet und Intranet übliche Netzwerkprotokoll TCP/IP besteht aus den beiden Teilen IP (Internet Protocol) und TCP (Transmission Control Protocol). Bezogen auf das ISO/OSI-Sieben-Schichten-Referenzmodell ist IP in der ISO/OSI-Schicht 3 (Network Layer, Fragmentierung/Adressierung/Datenübermittlung) und TCP in der Schicht 4 (Transport Layer, korrigiert Übertragungsfehler) angesiedelt.

Das IP (Internet Protocol) ist ein paketorientiertes Datenübertragungsprotokoll im Netzwerk (Packet Switching). Die in kleine Pakete unterteilten Daten werden einzeln versendet. Diese Pakete beinhalten die Zieladresse und werden unabhängig voneinander im Netz durch eine Vielzahl von Zwischenstationen (Routern) weitergereicht. Dabei kann es vorkommen, daß eigentlich zusammengehörige Pakete über verschiedene Wege zum Adressaten gelangen. Durch Redundanzen im Netz können die Router selbständig unterschiedliche Leitungen wählen, zum Beispiel abhängig von der Auslastung.

Das übergeordnete TCP (Transmission Control Protocol) sorgt dafür, daß fehlerhafte, verlorene oder nicht reihenfolgetreue Pakete erneut übertragen werden bzw. in die richtige Reihenfolge gebracht werden.

Zur Zeit ist IP Version 4 (IPv4) im Einsatz. In den nächsten Jahren soll auf IP Version 6 (IPv6) umgestellt werden. IPv6 bietet einen wesentlich vergrößerten Adreßraum (128 bit statt 32 bit), ermöglicht effektiveres und vereinfachtes Routing und Garantien für bestimmte Level der Quality of Service (QoS), wie Bandbreiten und Isochronität (korrekte Reihenfolge).

Die Internet-Adresse ist eine eindeutige Adresse im Internet. Internet-Adressen können als URL (Uniform Resource Locator) in Textform vorliegen (z.B. http://www.microsoft.com) oder als Nummer (IP-Nummer, z.B. 195.30.255.15). Der Aufbau der URLs und Domain-Namen wurde bereits im Kapitel „Was ist WWW, Internet, Intranet und Extranet?" ab Seite 11 erläutert.

Während für Internet-Hosts sowohl der Domain-Name als auch die IP-Nummer fest vergeben werden müssen, benötigt der surfende Benutzer nicht unbedingt eine feste IP-Nummer. Viele Online-Dienste verfügen über weniger IP-Nummern als Benutzer, was natürlich nur funktioniert, weil nicht alle Benutzer gleichzeitig eingeloggt sind. Bei jedem Einloggen wird dann dynamisch eine gerade freie IP-Nummer vergeben. Der Dienst, der dies regelt, heißt DHCP (Dynamic Host Configuration Protocol). DHCP erleichtert dem Benutzer die Konfiguration seines Internet-Zugangs, da nur die Adresse des DHCP-Servers des Providers eingetragen werden muß. Viele weitere technische Daten werden dann automatisch konfiguriert.

Da die Rechner (bzw. Router) nur die IP-Nummer verstehen, muß die als URL in Textform vorliegende Internet-Adresse durch einen DNS-Server (Domain Name System) in eine IP-Nummer übersetzt werden. Das Domain Name System ist ein weltweit verteiltes System von jeweils für eine Domain zuständigen Name Servern, die ihre Daten per DNS-Protokoll austauschen. Soll ein unternehmenseigener Internet-Knoten eingerichtet werden, muß dieser zumindest einen Primary DNS-Server beinhalten (z.B. BIND, Berkely Internet Name Daemon). Der zur Sicherheit notwendige Secondary DNS-Server kann zum Internet-Provider ausgelagert werden. Weitere Informationen zum Thema DNS finden Sie im DNS Resources Directory (http://www.dns.net/dnsrd).

Domain-Namen werden vom NIC (Network Information Center) vergeben (auch wenn der Kunde sie meistens kostengünstiger über einen Provider bezieht). Das deutsche DE-NIC (http://www.nic.de) vergibt .de-Domains, das amerikanische InterNIC (http://www.internic .net) vergibt internationale Domains (z.B. .com). Die IP-Nummern dagegen werden von der IANA Internet Assigned Numbers Authority (http://www.iana.org) vergeben. Im europäischen Raum ist das RIPE-NCC (Reseaux IP Europeen Network Coordination Center, http://www.ripe.net) dafür zuständig.

Die IP-Nummer ist ein 32-bit-Wert. Dieser Wert wird fast immer in Form von vier Zahlen zwischen 0 und 255 dargestellt, die durch Punkte getrennt sind (0.0.0.0 ...

255.255.255.255). Die IP-Nummern werden in Adreßkontingente eingeteilt, die Classes genannt werden. Ein Netz der Class C beinhaltet 254 Adressen (1 Byte), Class B 65534 (2 Byte) und Class A 16 Millionen Adressen (3 Byte). Zu jeder Klasse gehört eine Subnet-Maske, die die relevanten Bits ausmaskiert: 255.0.0.0 für Class A, 255.255.0.0 für Class B und 255.255.255.0 für Class C.

Klasse	Adreßraum	Netzanteil	Rechneranteil
Class A	0.xxx.xxx.xxx - 127.xxx.xxx.xxx	1 Byte	3 Byte
Class B	128.0.xxx.xxx - 191.255.xxx.xxx	2 Byte	2 Byte
Class C	192.0.0.xxx - 223.255.255.xxx	3 Byte	1 Byte

Für Intranets sind spezielle Bereiche reserviert (Address Allocation for Private Internets, RFC 1597):

Klasse	Adreßraum
Class A	10.0.0.0 - 10.255.255.255
Class B	172.16.0.0 - 172.31.255.255
Class C	192.168.0.0 - 192.168.255.255

Class-A- oder Class-B-Lizenzen sind sehr teuer und auf Grund des begrenzten Adreßumfangs von IPv4 ein kostbares Gut. In Europa gibt es nur 7 Class-A-Lizenzen und 1200 Class-B-Lizenzen, aber 500.000 Class-C-Lizenzen (davon 50.000 in Deutschland). Um möglichst viele lokale LAN-Teilnehmer mit IP-Adressen versorgen zu können, dafür aber möglichst wenige offizielle IP-Nummern zu benötigen, werden in lokalen Netzen eigene Adreßräume installiert. Dies kann über Protocol Gateways oder Application Relays in Proxy-Rechnern erfolgen, was jedoch spezielle Clients voraussetzt oder umständlich zu bedienen ist. Bessere Performance und mehr Transparenz bietet die Adreßübersetzungstechnik (NAT, Network Address Translation), bei der ein spezieller Router die Adressen in den IP-Paketen ändert, bevor er sie in das andere Netz weitergibt. Der Empfänger sieht als Absender nur die Adresse des Routers und schickt seine Antwort dorthin zurück. Der Router übersetzt die Adresse wieder und verteilt die Pakete an die eigentlichen Empfänger. Zu welchem Empfänger die Daten gehören, erkennt der Router an zusätzlich vergebenen Port-Nummern. Die Clients innerhalb des Intranets haben IP-Nummern aus den für Intranets speziell reservierten Bereichen, zum Beispiel 10.1.30.20 aus dem Intranet-Class-A-Netz. Die gleiche IP-Nummer können auch Clients in anderen Intranets haben. Datenpakete mit diesen Intranet-IP-Adressen werden von Internet-Routern nicht weitergereicht. Der NAT-Router übersetzt diese interne IP-Adresse in eine andere außen gültige IP-Adresse. Nur diese IP-Adresse muß weltweit eindeutig sein. Eine speziellen Form von Adreßübersetzung ist IP-Masquerading. Dabei werden die vielen internen IP-Nummern auf eine einzige offizielle im Internet gültige IP-Nummer abgebildet, so daß IP-Nummern eingespart werden und ein Single User Account (SUA) ausreicht (sofern der Internet-Provider dies zuläßt). Wegen des asymmetrischen Verhaltens des Routers muß die aktive Partei sich in dem maskierten (geschützten) Netz befinden, damit eine Verbindung zustande kommt, wodurch sich ein gewisser Schutz gegen Hacker ergibt.

In TCP/IP-Netzen können Sie übrigens auf sehr einfache Weise auf freigegebene Ressourcen eines anderen Rechners über eine spezielle UNC-Variante direkt zugreifen. UNC (Universal Naming Convention) ist eine in LANs übliche Pfadangabe, die ohne Laufwerksbuchstaben, aber mit zwei Backslashes und dem Rechner- bzw. Laufwerksnamen beginnt. Statt dem Rechnernamen können Sie die IP-Nummer und den Freigabenamen einsetzen. Solche Verbindungen funktionieren natürlich nicht über Firewalls oder NAT-Router. Vorgehensweise unter Windows: Auf einem Windows-NT-Rechner müssen Sie in der Systemsteuerung bei Netzwerk die Datei- und Druckerfreigabe aktivieren und im Windows-Explorer unter den Eigenschaften eines Laufwerks dieses freigeben und einen Freigabenamen vergeben. Im Benutzermanager müssen Benutzernamen und Paßwörter der einzuloggenden Personen angemeldet sein. Auf dem anderen Windows-NT- oder Windows-98-Rechner können Sie dann im Windows-Explorer bei Extras unter Netzlaufwerk verbinden bei Pfad die IP-Nummer und den Freigabenamen des ersten Rechners eingeben (z.B. „\\10.1.30.20\Publ") und auf dessen Dateien zugreifen. Sie können dann im Windows-Explorer einfach per Maus Dateien von einem Rechner auf den anderen Rechner verschieben. Unter DOS können Sie auch „net use" verwenden. Aber seien Sie vorsichtig: Die Paßwörter werden unverschlüsselt übertragen und bei aktivierter Dateifreigabe können außer Ihnen auch andere Internet-Benutzer auf Ihre freigegebenen Ressourcen zugreifen.

Eine wesentliche Vorgabe bei der Entwicklung des Internets und des TCP/IP-Protokolls war die Betriebssicherheit. Auch bei Ausfall großer Netzwerkbereiche sollte der Informationsfluß weitergehen. Eine wichtige Rolle spielen hierbei die Router, die für die der jeweiligen Situation angepaßte Wegfindung sorgen. Ein Router ist im einfachsten Fall ein Rechner mit mehreren Netzwerkkarten, der verschiedene Netze miteinander verbindet. Der Rechner hat für jedes zu verbindende Netz eine eigene IP-Nummer. Die Router müssen sich untereinander verständigen können. Dazu gibt es verschiedene Protokolle, die sich grob in zwei Kategorien aufteilen. Die IGPs (Interior Gateway Protocol) werden innerhalb autonomer Netze verwendet. Das bekannteste IGP ist RIP (Routing Information Protocol), neuerdings wird auch gerne das modernere aber auch anspruchsvollere OSPF (Open Shortest Path First) verwendet. Die zweite Kategorie bilden die Protokolle zur Kommunikation zwischen Routern aus verschiedenen autonomen Netzen. Dabei wird statt des älteren EGP (Exterior Gateway Protocol) fast nur noch das neuere BGP (Border Gateway Protocol) eingesetzt. Die Router können selbständig günstige Routen finden. Als Auswahlkriterien dienen den Routern die Zahl der zu überwindenden Hops, die Auslastung der Verbindung, die Bandbreite und die Verbindungsgeschwindigkeit. Während in LANs statische Routing-Tabellen möglich sind, müssen im Internet adaptive dynamische Routing-Algorithmen eingesetzt werden, wie Distance Vector Routing oder Link State Routing.

12.4 Netzwerktechnologien, LAN-Verkabelung

	Verschiedene Netzwerktechnologien					
	Token Ring	Ethernet	Fast-Ethernet	100VG-AnyLAN	FDDI	ATM
Gschw.	4/16 Mbit/s	10 Mbit/s	100 Mbit/s	100 Mbit/s	100 Mbit/s	155 Mbit/s
Standard	IEEE 802.5	IEEE 802.3	IEEE 802.3U	IEEE 802.12	ANSI X3T9.5	ATM
Zugr.-meth.	Token	CSMA/CD	CSMA/CD	demand-priority access scheme	Token-Passing	dedizierter Verbindungsaufbau
Kabel	UTP CAT 3	UTP CAT 3 10BaseT, Koax 10Base2	UTP CAT 5 100BaseTX, Glasfaser 100BaseFX	UTP CAT 5 oder Glasfaser	UTP CAT 5 oder Glasfaser	UTP CAT 5 oder Glasfaser

In Zukunft können außer den in der Tabelle genannten Netzwerktechnologien auch das neue GBit-Ethernet (Gigabit Ethernet, 1 Gbit/s über Glasfaser unter Beibehaltung des Frame-Formats und der Management-Spezifikationen wie CSMA/CD) und schnellere ATM-Standards (Asynchronous Transfer Mode, z.B. 622 Mbit/s) an Bedeutung gewinnen. Ob sich Gigabit Ethernet oder ATM durchsetzen wird, ist noch nicht abzusehen. Wahrscheinlich wird Gigabit Ethernet im LAN im Backbone-Bereich dominieren und ATM vorwiegend im WAN im Long-Distance-Bereich eingesetzt werden. Die vernetzten Rechner sind meistens mit Ethernet oder Fast-Ethernet angebunden. Die Netzwerktechnologien Token Ring, 100VG-AnyLAN und FDDI verlieren dagegen immer mehr an Bedeutung.

Technische Beschreibungen zu den verschiedenen Standards im Netzwerk finden Sie zum Beispiel beim Data Communications Magazine (http://www.data.com/Tutorials). Web-Verweise zu vielen Netzwerkherstellern finden Sie bei Amsys (http://www.amsys.co.uk/networklinks.html). Informationen über ATM bietet das ATM Forum (http://www.atmforum.com). Wichtige Normen und Standards für Netzwerkverkabelungen sind EIA/TIA 568-A, ISO-IEC 11801, EN 50173, EN 55022 und EMV 89/336 EWG.

Die früher beim 10Base2 verwendete Busverkabelung mit Thinwire-Ethernet-Koax-Kabel vom Typ RG-58A/U oder RG-58C/U mit einer Impedanz von 50 Ohm (nicht zu verwechseln mit RG-59 mit 75 Ohm für Kabelfernsehen) wird zunehmend durch Sternverkabelung mit UTP-Kabeln ersetzt (UTP = Unshielded Twisted Pair = nicht abgeschirmt, aber paarig verdrillt). UTP-Kabel werden in Qualitäten eingestuft: Kategorie 1 bis 5, bzw. englisch/abgekürzt CAT 1 bis 5 oder UTP-1 bis UTP-5. Es werden hauptsächlich CAT 3 und CAT 5 verwendet. Beide haben eine Impedanz von 100 Ohm. UTP CAT 3 ist bis 16 MHz spezifiziert und für ISDN, 4-Mbit/s-Token-Ring und 10BaseT geeignet. UTP CAT 5 ist bis 100 MHz spezifiziert und für alle in obiger Tabelle genannten Technologien geeignet. Die maximale Dämpfung auf 100 m darf bei 16 MHz bei CAT 3 13 dB, bei CAT 5 8 dB und bei 100 MHz und CAT 5 22 dB betragen. Als Steckverbinder wird üblicherweise der achtpolige RJ-45-Western-Stecker verwendet (auch für das vieradrige 10BaseT und 100BaseTX). Für die Zukunft ist mit CAT 6 ein bis 600 MHz reichender Standard geplant.

Die Glasfaserkabel sind vom Typ Multimode mit Gradientenprofil. Der Gesamtdurchmesser beträgt 125 µm (Mikrometer), der Kerndurchmesser entweder 50 oder 62,5 µm. Sie sind bis 1 GHz spezifiert und somit für 655-Mbit/s-ATM geeignet.

Die in den angeschlossenen Rechnern eingesetzten Netzwerkkarten müssen den Netzwerktechnologien entsprechen, dementsprechend sind es meistens entweder einfache 10-Mbit/s-10BaseT-Karten (z.B. NE2000-kompatibel) oder die schnellen 100-Mbit/s-100BaseTX-Karten, zum Beispiel von 3Com (http://www.3Com.com) oder Intel (http://www.intel.com).

Laut einer Studie des Marktforschungsinstitut IDC (International Data Corp.) gibt es derzeit mehr als 120 Millionen vernetzter PCs, Workstations und Server. Über 80 Prozent der in Unternehmen eingesetzten Netzwerkverkabelung basiert auf Ethernet.

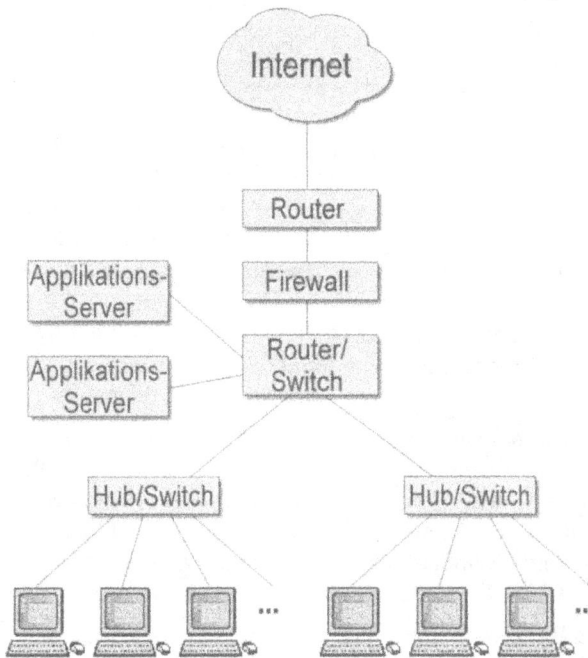

Die Anbindung der Endnutzer geschieht in der Regel aus Kostengründen mit 10-Mbit/s-Ethernet (10BaseT). Bei einer zukunftssicheren strukturierten Netzwerkverkabelung werden hochwertige UTP-CAT-5-Kabel sternförmig verlegt, so daß alle Technologien eingesetzt werden können. Sobald schnellere Hubs und Switches preisgünstiger werden oder wenn die Anforderungen steigen, kann leicht auf 100 Mbit/s (Fast-Ethernet) oder 155 Mbit/s (ATM) erweitert werden.

Im Backbone-Bereich, also auf der anderen Seite der Switches, sollten nur leistungsfähige Leitungen zum Einsatz kommen, also mindestens Fast-Ethernet mit 100 Mbit/s oder schnellere, wie Gigabit Ethernet oder ATM.

ATM kann darüber hinaus Daten, Sprache und Video gleichzeitig übertragen und ist dadurch für das sogenannte Corporate Network (CN) geeignet. Hierbei werden verschiedene Dienste, wie zum Beispiel Telefonieren und LAN-Datenübertragung, über die gleiche Leitung abgewickelt.

Das Netzwerk muß durch Switches segmentiert werden, um die Bandbreite in den anderen Bereichen nicht unnötig zu schmälern. Die Switches sollten VLAN-fähig sein (virtuelle

LANs). Die Collapsed-Backbone-Struktur (zentralisierte Router) ist dem Distributed Backbone vorzuziehen. Insbesondere im Backbone-Bereich sollten möglichst viele Ressourcen redundant ausgelegt sein, um die Ausfallsicherheit zu erhöhen. Die verschiedenen Server-Dienste sollten auf mehrere Server-Rechner verteilt werden, um stabile Administration und optimale Konfiguration zu ermöglichen. Diese Multi-Server-Strategie verringert die Gefahr, daß überfrachtete Server die Stabilität des gesamten Systems gefährden.

Strukturierte Verkabelung, leistungsfähige Switches und die Multi-Server-Strategie sind der Schlüssel zum Rightsizing, also zur bedarfsgerechten Anpassung von IT-Strukturen an sich ändernde Anforderungen.

Ist Mobilität wichtig (z.B. in Krankenhäusern), kann ein Funk-LAN (WLAN - Wireless LAN) nach IEEE 802.11 installiert werden. Dieser Standard gewährleistet den Betrieb auch mit Komponenten unterschiedlicher Hersteller. Im gebühren- und anmeldefreien Band zwischen 2,4 und 2,5 GHz wird mit ca. 100 mW in Gebäuden bis zu 100 Meter, außerhalb auch kilometerweit gesendet.. Bislang sind allerdings nur Übertragungsraten von 1 und 2 Mbit/s definiert. Interoperabilitätstests führt das UHN Wireless Consortium der University of New Hampshire durch. Entsprechende Systeme bieten die Marktführer Proxim, Aironet und Lucent, sowie Diamond, ELSA, Nortel Networks und RadioLAN. Einige Hersteller bieten auch schnellere Systeme (z.B. NEC mit 25 Mbit/s), die dann allerdings nicht mit Komponenten anderer Hersteller kombinierbar sind. Weitere Informationen zum Funk-LAN finden Sie bei der Wireless LAN Alliance (WLANA, http://www.wlana.com).

Sollen mehrere Kilometer mit 128 kbit/s überbrückt werden, kann das Wireless Metropolitan Area Network (WIMAN) von Altvater Airdata Systems GmbH & CO. KG aus Bad Rappenau (http://www.altvater.com, http://www.wiman.net) interessant sein.

12.5 Hub, Bridge, Switch, Konzentrator, Router, Gateway

Um etwas Transparenz in die unterschiedlichen Gerätekategorien zu bringen, werden diese im folgenden kurz vorgestellt.

Die wichtigsten Hersteller im Netzwerkbereich sind die Firmen Cisco (http://www.cisco .com), 3Com (http://www.3Com.com), Cabletron (http://www.ctron.com), Bay Networks / Nortel (http://www.nortelnetworks.com) und Intel (http://www.intel.com).

Repeater

Repeater sind einfache Signalverstärker, die längere Kabel erlauben. Sie arbeiten auf dem Layer 1 des ISO/OSI-Sieben-Schichten-Modells.

Hub

Ein Hub ist ein Netzwerkkabelverteiler und Verstärker. Bei sternförmiger Verkabelung laufen die Netzwerkkabel der einzelnen Rechner im Hub zusammen. Da ein Hub viele Netzwerkkabel zu einem zusammenführt, wird auch manchmal der Begriff Konzentrator

oder Sternkonzentrator verwendet. Hubs im engeren Sinne arbeiten wie die Repeater auf
dem Layer 1 des ISO/OSI-Sieben-Schichten-Modells und leiten als Shared-Media-Gerät
alle Datenpakete an alle Anschlüsse weiter. Stapelbare Hubs zählen als nur ein Hop, auch
wenn innerhalb des Stapels mehrere Geräte durchlaufen werden. Der Begriff Hub wird
nicht immer eindeutig verwendet, manchmal werden auch Switches bis hin zu Routern so
bezeichnet.

Bridge

Bridges (Brücken) operieren auf dem physikalischen Layer 2 des ISO/OSI-Schichten-
modells. Eine Bridge kann LANs mit verschiedenen physikalischen Schichten verbinden,
also zum Beispiel Netzwerke auf Koax- und UTP-Basis. Bridges leiten Datenpakete mit
passenden physikalischen MAC-Adressen weiter (Media-Access-Control-Adressen, weltweit eindeutige Hardware-Adressen der Netzwerkkarten). Eine Bridge ist Protokoll-transparent, der Inhalt der transportierten Datenpakete wird nicht interpretiert.

Switch

Switches sind leistungsfähiger als Hubs oder Bridges. Wie die Bridges operieren die
Switches auf dem physikalischen Layer 2 des ISO/OSI-Schichtenmodells und sind in der
Regel in Hardware realisiert (im Gegensatz zum Router). Anders als beim Shared-Media-
Hub werden durch einen Switch Datenpakete im Netzwerk auf den richtigen Übertragungs-
pfad/-kanal gelenkt. Dadurch wird das Datenvolumen in anderen Netzwerkbereichen
reduziert (Segmentierung) und die allgemeine Performance im Netzwerk erhöht. Dem
ursprünglich verbindungslosen Ethernet wird durch Switches eine verbindungsorientierte
Struktur überlagert. Jedem Ausgang eines Switches steht die volle Bandbreite zum Server
zur Verfügung, ohne die anderen Ausgänge zu belasten. Falls mehrere Ausgänge Daten
vom Server benötigen, funktioniert dies allerdings nur, wenn die Bandbreite der einzelnen
Leitung zum Server wesentlich höher ist als die der Ausgänge. Deshalb konzentrieren
Switches oft viele 10-MBit/s-Leitungen zu einer 100-Mbit/s-Leitung und werden dann auch
als Workgroup-Konzentrator oder Abteilungs-Hub bezeichnet. Durch Filtertechniken in
Switches oder Routern können Netzwerke in VLANs (virtual LANs) unterteilt werden.

Port-Switching-Hubs stellen sowohl in Funktion als auch im Preis eine Mischung aus Hub
und Switch dar. Manchmal werden sie auch als switched Hubs bezeichnet. Port-Switching-
Hubs segmentieren das Netz wie Switches, aber anders als bei Switches ist nicht jeder
Ausgang ein eigenes Segment, sondern es gibt Gruppen von Ports, die zusammen als ein
Segment behandelt werden. Beispielsweise können 24 10BaseT-Ports in vier Segmente
aufgeteilt werden und über einen gemeinsamen 100Mbit/s-Port mit dem Server verbunden
werden. Die optimale Segmentierung wird dabei auf Grund der Lastverteilung automatisch
eingestellt.

Neuerdings werden Geräte eingeführt, die als Multi-Layer-Switch, Layer-3-Switch oder
Routing Switch vorgestellt werden. Switching gibt es aber nur auf dem Layer 2, auf Layer
3 wird geroutet. Gemeint sind damit Geräte, die Layer-2-Switching und Layer-3-Routing
kombinieren. Zusätzlich zur MAC-Adresse wird die IP-Adresse für das Forwarding
benutzt. Vereinfacht dargestellt, wird anfangs protokollabhängig per Software geroutet,

aber für bereits bekannten Adreßauflösungen werden direkte Shortcut-Verbindungen (virtuelle Pfade) hergestellt, was einen gehörigen Geschwindigkeitsschub bedeutet.

Sogar Layer-4-Switching ist möglich. Dabei wird der Netzwerkverkehr je nach Applikation, von der die Daten stammen, unterschiedlich gesteuert. Die Port-Nummer wird ausgewertet. So werden Priorisierungen möglich, ähnlich der Quality of Service beim ATM oder der Bandbreitenreservierung durch RSVP (Resource Reservation Protocol) beim TCP/IP.

Router

Router arbeiten auf dem Layer 3 des ISO/OSI-Schichtenmodells und sind oft in Software realisiert (im Gegensatz zum Switch). Router werden zum Beispiel zur Verbindung zweier LANs mit unterschiedlichen Topologien oder zur Anbindung von LANs an WANs eingesetzt. Als vollwertige Kommunikationspartner interpretieren sie die vom Protokoll abhängige logische Netzwerkadresse im Datenrahmen, sie sind nicht auf die physikalische MAC-Adresse angewiesen. Sie können zur protokollabhängigen Verkehrssteuerung, zur Eliminierung unerwünschter Broadcasts und als Firewall benutzt werden.

Wegen der aufwendigen Schicht-3-Berechnungen und der dazu notwendigen Zwischenspeicherung (Store-and-Forward-Prinzip) haben Router oft Latenzzeiten von über 0,1 Sekunden und kommen auf einen Paketdurchsatz von 100.000 bis maximal einer Million Pakete pro Sekunde. Sie sind damit wesentlich langsamer als Switches.

Gateway

Ein Gateway (Tor, Übergang) kann völlig verschiedene Netzwerksysteme miteinander verbinden, es kann alle sieben ISO/OSI-Schichten konvertieren.

Firewalls sind häufig in Gateway-Rechnern implementiert (Security Gateway). Eine Firewall ist zwischen dem firmeninternen LAN und den nach außen gehenden Netzverbindungen geschaltet und sperrt unerlaubte Zugriffe.

12.6 Server-Rechner und Cluster-Lösungen

In Server-Rechnern muß besonderes Augenmerk auf die Festplatten gelegt werden. Sie bestimmen maßgeblich die Systemgeschwindigkeit und vor allem die Ausfallsicherheit. Für optimale Performance sorgen Ultra-Wide-SCSI-Festplattenadapter. Fehlertoleranz und Ausfallsicherheit wird mit RAID 5 erreicht (Redundant Array of Independent Disks). Dabei ist der Nutzungsgrad zwar nur 80 Prozent, da die Daten redundant gespeichert werden, aber von den normalerweise eingesetzten fünf Festplatten darf eine beliebige Festplatte komplett ausfallen, ohne daß Daten verloren gehen. Der Server kann mit den anderen vier Platten ohne Einschränkung weiter arbeiten. Mit zusätzlicher sechster Festplatte als Hot-Spare-Modul können sogar bis zu zwei Platten ausfallen, ohne das Datenverlust entsteht. Die Verwaltung des RAID-5-Systems kann entweder per Software (z.B. durch Windows NT) oder über einen Hardware-RAID-Controller (z.B. von Mylex) erfolgen.

Weiterhin sollte eine möglicherweise defekte Festplatte im laufenden Betrieb gewechselt werden können (hot swap), um Shut-Down-Ausfallzeiten zu vermeiden.

Auch das Netzteil sollte doppelt ausgelegt sein und hot swap erlauben.

Wieviel RAM braucht ein Server? Unter 128 MByte sollte man nicht anfangen, insbesondere wenn auch Back-Office-Komponenten laufen sollen. Mit SMS (System Management Server) sind mindestens 256 MByte nötig, für unternehmensweites SAP R/3 sollten es mindestens 512 MByte sein.

Virenschutz beginnt bei der Rechnerkonfiguration. Auf allen Client-Rechnern und auch beim Server sollten Manipulationen des MBR (Master Boot Record) verhindert werden, indem nach der Installation des Betriebssystems im Rechner-BIOS-Setup eine Änderung des MBR ausgeschlossen wird und die Festplatte als erstes Bootlaufwerk eingestellt wird.

Backup-Systeme dürfen nicht vergessen werden (z.B. mit DLT-Bandlaufwerken und Arc-Serve-Software von Cheyenne / Computer Associates oder Backup-Systemen von Seagate oder Legato).

Vor Stromausfall schützt ein USV-System (unterbrechungsfreie Stromversorgung, auch UPS für Uninterruptable Power Supply genannt).

Für ein solides Server-System mit schnellem Pentium II, 256 MByte ECC-RAM, 6 x 8 GByte RAID-5-Festplatte, CD-ROM-Laufwerk, DLT-Laufwerk 15/30 GByte, Monitor, USV 2 kVA muß mit ca. 50.000,- DM gerechnet werden.

Die wichtigsten Hersteller von Servern im PC-Bereich sind Compaq (http://www.compaq .de), HP Hewlett-Packard (http://www.hewlett-packard.de) und IBM (http://www.pc.ibm .com, http://www.ibm.de). Gerade als Web-Server kommen natürlich auch viele andere Systeme in Frage, etwa von Sun. Die Standard Performance Evaluation Corp. (http://www .specbench.org) untersucht regelmäßig mit SPECweb96, welche Rechner die schnellste Performance als Web-Server bieten. Dabei liegen zur Zeit Rechner von Compaq mit Alpha-CPUs, von HP mit PA-RISC, von IBM mit RS64-2, von Siemens mit Pentium II Xeon und von Sun Microsystems mit UltraSPARC II in Führung, allesamt unter Unix betrieben.

Um die Skalierbarkeit und Betriebssicherheit zu erhöhen, können mehrere Server über dedizierte Verbindungen zu einem virtuellen Server zusammengeschaltet werden, der dann Cluster genannt wird. Cluster sind auch bei Komplettausfall eines Servers nach wenigen Sekunden wieder betriebsbereit, ohne daß manuelles Eingreifen des Administrators nötig wäre. Die anderen Server des Clusters übernehmen die Aufgaben des ausgefallenen Servers. Die bekanntesten Cluster-Lösungen sind SFT-III von Novell, Microsoft Cluster Server (MSCS), Clusters von Digital Equipment, LifeKeeper von NCR und FirstWatch von Veritas. In einer Kooperation entwickeln Microsoft und Tandem/Compaq mit MSCS (früher Wolfpack) einen NT-Cluster mit bis zu 16 Knoten. Ähnliches plant Novell mit seinem Orion-Projekt (früher Wolf-Mountain). Für die Zukunft sind mit der von Microsoft, Intel und Compaq initiierten Virtual Interface Architecture (VI Architecture, http://www .viarch.org) Standardschnittstellen zwischen den Modulen eines Clusters geplant.

Noch höhere Anforderungen an Skalierbarkeit und Betriebssicherheit als Cluster können Mainframes erfüllen. Große Mainframes, wie zum Beispiel IBM S/390, erreichen eine Verfügbarkeit von 99,999 Prozent, sie fallen so gut wie nie aus. Cluster-Lösungen und kleinere Mainframes, wie zum Beispiel IBM AS/400, liegen meistens zwischen 99,9 Prozent und 99,99 Prozent, was einer durchschnittlichen Ausfallzeit von wenigen Stunden pro Jahr entspricht. Dies bedeutet eine erheblich höhere Ausfallsicherheit als sie einzelne Server bieten können. Hierbei geht man von nur 98 Prozent bis 99 Prozent Verfügbarkeit aus, was einer Ausfallzeit von wenigen Tagen pro Jahr entspricht. Normale PCs werden mit 95 Prozent Verfügbarkeit angesetzt.

Für die Zukunft sind (z.B. bei Tandem/Compaq) Cluster-Lösungen in Planung, die auch räumlich weit entfernte Server verbinden und bei Ausfall eines Systems dessen Aufgaben übernehmen. Bei diesen Cluster-Interconnect-Technologien wird unterschieden zwischen Campus-Clustern (die Cluster-Server sind auf dem gleichen Firmengelände) und GDCs (Geographically Dispersed Clusters, die Server sind sehr weit auseinander). Erstere können etwa gegen Feuer schützen, letztere können auch bei großen Naturkatastrophen Ausfallsicherheit bieten.

12.7 Netzwerkbetriebssystem

Für die Vernetzung nur einiger weniger Rechner braucht nicht unbedingt ein dedizierter Server abgestellt zu werden. Sollen nur zwei DOS-Rechner verbunden werden, können Sie dies über eine Verbindung der seriellen Schnittstellen über ein Nullmodemkabel und die DOS-Programme Interlnk.exe und Intersvr.exe bewerkstelligen. Zwei Windows-98-Rechner können Sie über ein Nullmodemkabel koppeln, indem Sie die Windows-98-Software für die PC-Direktverbindung und ein Netzwerkprotokoll plus den Client für Microsoft-Netzwerke installieren. Windows-NT-Rechner können über den RAS-Dienst und das PPP-Protokoll gekoppelt werden. Sollen mehrere Windows-Systeme verknüpft werden, kann die Peer-to-Peer-Vernetzung des Microsoft Windows ausreichen. Falls unterschiedliche Rechnerbetriebssysteme (z.B. DOS, Windows, OS/2, Macintosh und Unix) vorhanden sind, bietet sich Lantastic von Artisoft (München) an.

Bei der Vernetzung von mehr als 10 Rechnern oder etwas höheren Anforderungen sollte aber unbedingt ein Rechner als dedizierter Server-Rechner mit einem Netzwerkbetriebssystem zum Einsatz kommen. Dadurch vereinfacht sich die Administration ungemein. In größeren Netzen geht es gar nicht anders. Etwas größere Firmen haben in der Regel gleich viele Server-Rechner im Einsatz.

Allgemeine Forderungen an ein ausbaufähiges Netzwerkbetriebssystem sind: Netzwerkkompatibilität, Multiuser- und Multitasking-Fähigkeit, Skalierbarkeit, symmetrisches Multiprocessing (SMP), integrierte Security-Funktionen, leistungsfähige Kommandosprache, hierarchisches Speicher-Management und schneller Zugang zu leistungsfähigen I/O-Subsystemen.

Während früher nur File- und Drucker-Server benötigt wurden, sind heute Applikations-Server gefragt, die folgende Server-Funktionen übernehmen: File-Server, Drucker-Server, Directory Services, Datenbank-/SQL-Server, E-Mail-Server, Groupware-Server (Diskussionsforen, Workflow-Management, Document Sharing), SAP-R/3-Server, Web-Server (Internet, Intranet, Frontend zum Datenbank-Server), Routing-Server (WAN-Kopplung, Heimarbeiter, Internet), FTP-Server, News-Server, Telefonie-Server (Voice-Mail-Funktionen, virtuelle Durchwahlen), Fax-Server u.a.

Das noch mit Abstand weitest verbreitete Netzwerkbetriebssystem ist Novells NetWare bzw. IntranetWare (http://www.novell.de), es hält laut IDC über 50 Prozent Marktanteil, was etwa 4 Millionen Servern und 70 Millionen Anwendern entspricht. Andererseits erfolgen aber Neuinstallationen laut IDC und TRG zum größten Teil unter Microsofts Windows NT (http://www.microsoft.com). An zweiter Stelle folgt Novells NetWare, den dritten Platz belegt Linux. Für das Jahr 2000 werden 25 Millionen Server prognostiziert. Davon sollen dann ein Drittel unter Novell, ein Drittel unter Windows NT und ein Drittel unter Unix und sonstigen betrieben werden. Auf Grund dieses Trends steht im Vergleich zu Novell Net-Ware/IntranetWare, IBM OS/2, Linux, SCO Unix oder SunSoft Solaris besonders Windows NT im Blickpunkt:

- Nach IDC-Untersuchungen kostet bei gleicher Leistung eine SAP-R/3-Installation auf Windows-NT-Server-PCs nur ca. die Hälfte einer Installation auf Unix-Rechnern.

- Windows NT läuft mit verschiedenen Rechnerarchitekturen und CPUs (Intel und DEC Alpha).

- Windows NT bietet viele Sicherheitsmechanismen.

- Windows NT bietet mit Multitasking, Multithreading, Speicherschutz und virtuellem Speicher eine technisch solide Grundlage für Applikations-Server. Novells NetWare bzw. IntranetWare ist dafür weniger geeignet.

- Windows NT läuft sowohl auf dem Server als auch auf Client-Workstations. Beim Einsatz von Windows-NT- und Windows-98-Clients ist der System-Management-Aufwand mit Windows-NT-Servern am geringsten.

- Windows NT gilt (wegen der grafischen Benutzerführung) als leichter bedienbar.

- Für Windows NT gibt es die größte Auswahl an Applikations-Software.

Für den Server muß die Windows-NT-Server-Version eingesetzt werden. Die Windows-NT-Workstation-Version ist auf maximal 10 gleichzeitige Verbindungen zu seinen Ressourcen beschränkt.

Auf der Client-Seite hat Windows 98 noch Vorteile: Windows 98 bietet bessere Treiberunterstützung (z.B. für Grafikkarten, Soundkarten, ISDN-Karten, Scanner), Windows 98 bietet Plug-and-Play-Komfort und Windows 98 bietet das gerade für Laptops wichtige Power-Management.

Auf der Server-Seite ist der gravierendste Nachteil der Windows-NT-Version 4.0 die (noch) fehlende Unterstützung der Directory Services (Verzeichnisdienste), wie sie etwa Novell mit NDS (NetWare Directory Services) bietet. Directory Services ist der Name für ein neues Konzept zur Netzwerkverwaltung. Alle im Netzwerk vorhandenen Ressourcen, Namen, User, Server und Geräte werden in einer eventuell auf mehrere Rechner verteilten und replizierten (automatisch aktualisierten) Datenbank gespeichert. Novells NDS ist leicht zu installieren und erleichtert gerade in weitverzweigten Unternehmen mit vielen Tausend angeschlossenen Benutzern die Administration ungemein. Die NDS kann auf mehrere Server verteilt werden. Bei Ausfall eines dieser Server oder einer Übertragungsleitung kann auf Grund der Redundanz das System weiter arbeiten. Für den Westdeutschen Rundfunk und die deutsche Fluggesellschaft LTU war NDS ein wesentlicher Grund für den Einsatz von Novell NetWare.

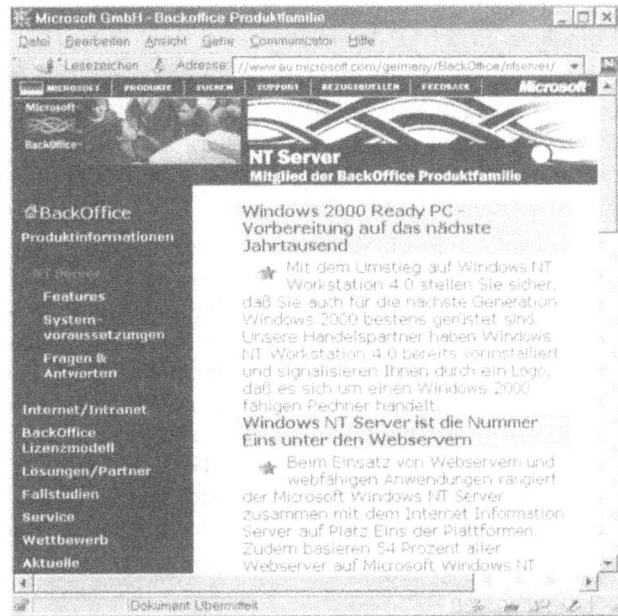

Das hierarchische NDS ist in sehr großen Netzen wesentlich leistungsfähiger als das flache Domänenmodell von Windows NT 4.0 (und auch von OS/2 Warp). Auch die Erweiterung um Trusted Domains ermöglicht nur einfache Hierarchien. Mit NDS for NT bietet Novell eine Lösung, bei der die Verwaltung von NT-Domänen über die NDS von NetWare erfolgt. Eine ähnliche Lösung bietet Synchronicity von NetVision (http://www.netvisn.com).

Für den Nachfolger von Windows NT 4.0 hat Microsoft die Unterstützung von Directory Services in Form seiner Active Directories angekündigt. Die Implementierung ist konform zum LDAP-Standard (Lightweight Directory Access Protocol), der wie NDS an X.500 orientiert ist und in heterogenen Netzen die Kommunikation mit anderen Verzeichnisdiensten ermöglicht. Active Directory kann über einen Java-fähigen Web-Browser verwaltet werden. Über ADSI (Active Directory Service Interface) und die ODSI-Schnittstelle (Open Directory Service Interface) können Directory Services anderer Hersteller (z.B. NetWare NDS) von einer Windows-NT-Workstation aus verwaltet werden. Bei Active Directory handelt es sich um ein proprietäres Verzeichnis, das zwar viele X.500-Eigenschaften hat, aber kein vollständig X.500-kompatibles System ist.

In sehr großen Unternehmensnetzwerken ist das Netzwerkbetriebssystem Vines von Banyan (http://www.banyan.com) unangefochtener Marktführer. Es hat mit Streettalk einen X.500-konformen Verzeichnisdienst, ähnlich wie Novells NDS. Streettalk ist auch in einer Portierung für Windows NT erhältlich. Switchboard (http://www.switchboard.com) bietet ein mit Banyan Vines realisiertes kostenfreies Telefonverzeichnis aller 140 Millionen Teilnehmer in den USA an.

In großen Netzen oder für Datenbanken im Terabyte-Bereich gewinnt die Skalierbarkeit und Betriebssicherheit an Bedeutung. Bei den im letzten Kapitel „Server-Rechner und Cluster-Lösungen" erläuterten Clustern sind mehrere Server zu einem virtuellen Server zusammengeschaltet. Dadurch erhöht sich sowohl die Leistungsfähigkeit als auch die Ausfallsicherheit.

Alle wichtigen Betriebssysteme werden derzeit mit immer wieder neuen Internet- und Intranet-Paketen erweitert. Zum Beispiel ist im Microsoft Windows NT Server der Internet Information Web Server und FrontPage enthalten. Das neue Einsteigerpaket SBS (Small Business Server) von Microsoft bietet schon Unterstützung zur Einrichtung einer eigenen Internet-Präsenz. Novell bietet den InnerWeb Publisher und IntranetWare an, bietet neue Funktionen, die den Zugriff auf und die Veröffentlichung von Informationen im Internet oder Intranet erleichtern und FTP-Dienste für den Zugriff auf entfernte Dateien. Die neueste Version bietet Native TCP/IP, DHCP und DNS, wodurch der Netzwerkbetrieb ohne IPX möglich wird, beinhaltet den Netscape FastTrack Webserver, und enthält eine über NLMs realisierte JVM (Java Virtual Machine) für Server-basierende Anwendungen.

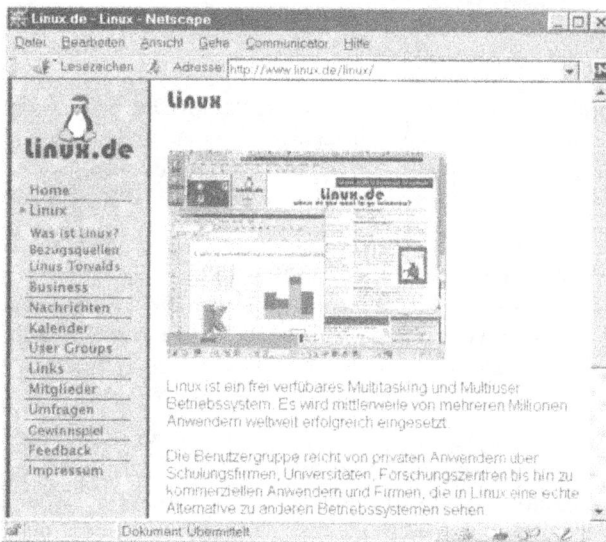

Neuerdings macht immer häufiger das Betriebssystem Linux auf sich aufmerksam. Das ursprünglich von Linus Torvalds entwickelte Linux gilt als sehr stabil, bietet optimale Internet- und Netzwerk-Unterstützung und ist die Unix-Variante mit der größten Wachstumsrate, über sieben Millionen Nutzer gibt es bereits. Dem Fachmann ermöglicht der frei verfügbare Quellcode eigene Anpassungen. Besonders als Server wird Linux immer beliebter. Server-Neuinstallationen erfolgen laut IDC am dritthäufigsten (17 %) unter Linux (nach Microsofts Windows NT mit 36 % und Novell NetWare mit 24 %), häufiger, als unter allen anderen Unix-Varianten zusammen. Wenn die grafische Oberfläche des KDE-Projekts (K Desktop Environment, http://www .kde.org) erfolgreich ist, wird Linux auch für Client-Rechner interessanter. Linux ist im Prinzip kostenlos, es empfiehlt sich aber dringend eine der wesentlich einfacher zu installierenden preiswerten Distributionen von SuSE (http://www.suse.de), Red Hat Software Inc. (http://www.redhat.de), Delix Computer GmbH (http://www.delix.de) oder Caldera Inc. (http://www.caldera.de) einzusetzen. Obwohl Linux für den Endanwender immer noch deutlich schwieriger zu handhaben ist als etwa Windows, wird Linux mittlerweile nicht mehr nur von Freaks oder Idealisten eingesetzt, wie die Unterstützung auch durch renommierte Firmen wie Intel, Oracle, Informix, Sybase und SAP zeigt oder wie der Einsatz bei großen Firmen deutlich macht, wie etwa beim Autovermieter Sixt oder beim Möbelhaus Ikea. Weiteres über Linux erfahren Sie bei Linux Online (http://www.linux.org) und Linux.de (http://www.linux.de).

12.8 Netzwerk-Management, System-Management, Remote Management

Informationen und deren effiziente Verarbeitung werden zunehmend zu einem wettbewerbsentscheidenden Faktor. Eine notwendige Voraussetzung hierfür ist eine zuverlässige IT-Infrastruktur. „Business runs on IT" ist ein gern zitierter Spruch um die Bedeutung des System-Managements herauszustellen.

ISO/OSI definiert fünf verschiedene Funktionsbereiche von Netzwerk-Management-Systemen (NMS):

- Konfigurations-Management (Configuration Management)
- Leistungskontrolle (Performance Monitoring)
- Fehler-Management (Fault Management)
- Sicherheits-Management (Security Management)
- Abrechnungs-Management (Accounting)

In der Realität verbringen Netzverwalter die meiste Zeit mit Leistungs- und Fehler-Management. Die Netze müssen bei guter Performance betriebsbereit gehalten werden. Wenn die Nutzer Fehler melden, entstehen schnell hohe Kosten. Besser ist ständige Beobachtung und das Aufspüren möglicher Leistungseinbrüche oder Fehler im Entstehungsstadium.

Soll nur kontrolliert werden, ob bestimmte Komponenten arbeiten oder nicht oder ob es Engpässe gibt, dann sind nicht unbedingt teure Analyse-Werkzeuge notwendig. Dies läßt sich auch mit Polling-Software auf der Basis von einfachem SNMP (Simple Network Management Protocol) zuverlässig feststellen. In größeren Netzen empfehlen sich Netzwerk-Management-Systeme. Das sind zwar komplexe, aber auch effektive Hilfsmittel, um Ausfallzeiten zu reduzieren oder vorbeugend sogar zu verhindern. Laut einer IDC-Studie sparen System-Management-Lösungen bei 100 Benutzern über 1000 Dollar pro Benutzer und Jahr. Allerdings kosten sie inklusive Installation auch etwa so viel, so daß der ROI (Return on Investment) bei etwa einem Jahr liegt.

Die Unterstützung von SNMP (Simple Network Management Protocol) durch alle Komponenten gilt heutzutage als Mindestvoraussetzung für einfache und übersichtliche Administrierbarkeit. Die Management-Rechner greifen über das Kommunikationsprotokoll SNMP auf die zu überwachenden Netzwerkkomponenten zu, deren SNMP-Agenten die Informationen in einer MIB (Management Information Base) bereithalten.

Eine ständige Beobachtung ist mit RMON (Remote Monitoring) möglich. Von einer zentralen Station aus werden alle Segmente auch über WAN-Brückenköpfe hinweg kontinuierlich überwacht und automatisch statistische Leistungsdaten gesammelt. RMON ist ein

IETF-Standard (Internet Engineering Task Force), ist in Form einer MIB für SNMP-Management-Systeme definiert und läßt sich darüber in alle üblichen Netzwerk-Management-Systeme einbinden. Bei Vergleichen muß beachtet werden, daß RMON verschiedene Ausbaustufen bietet. Viele Baugruppen unterstützen nicht alle RMON-Funktionsgruppen. Die wichtigsten Anbieter RMON-fähiger Systeme sind Bay Networks / Nortel (http://www .nortelnetworks.com), Cisco (http://www.cisco.com), 3Com (http://www.3Com.com) und Cabletron (http://www.ctron.com).

DMI (Desktop Management Interface) ist ein vom DMTF (Desktop Management Taskforce) vorgeschlagener herstellerübergreifender über SNMP hinausgehender Standard für das Management von Netzwerksystemen, für den zum Beispiel Intel, Microsoft, Hewlett-Packard und Cabeltron Unterstützung zugesagt haben.

HMMS (Hypermedia Management Schema) ist ein vom IETF entworfenes herstellerunabhängiges Datenmodell zur Repräsentation der verwalteten Objekte beim Management von Netzwerksystemen mit dem DMI-Standard. HMMP (Hypermedia Management Protocol) ist die dazugehörende Transportschicht zur Nutzung von HMMS über HTTP.

WBEM (Web-Based Enterprise Management) ist eine Initiative von BMC, Cisco, Compaq, Intel und Microsoft für einen herstellerübergreifenden Standard für das Management von Netzwerksystemen über Web-Browser. WBEM soll mit HMMS/HMMP die Standards SNMP, DMI und HTTP vereinen. Die Administration von Intranets wird erleichtert und die zugrunde liegende Struktur des gesamten Netzwerks wird transparent. Microsoft wird WBEM in neue Windows-Versionen integrieren.

Auch das erst 1997 kreierte JMAPI (Java Management API) könnte Chancen haben. Ähnlich wie für WBEM sind allerdings derzeit entsprechende Tools noch rar.

Der Trend geht klar Richtung Management per Web-Browser. Bislang hatte jeder Print-Server und jedes andere am LAN angeschlossene Gerät seine eigene Konfigurations-Software. Dies soll abgelöst werden durch standardisierte Schnittstellen und einheitliche Bedienung per Browser. Außer der höheren Benutzerfreundlichkeit und besserer Integrationsmöglichkeit mit anderer Software ergeben sich weitere Vorteile wie etwa Administration von beliebigen Plattformen aus und Remote-Administration. Auch LAN-untypische Geräte wie etwa die TK-Anlage oder Alarmanlage können mit einbezogen werden (oder das beliebte Beispiel der Waschmaschine mit IP-Adresse).

Zusätzlich zu den oben genannten fünf Funktionsbereichen sind übliche Forderungen an ein System-Management:

- Automatisches Finden und Erkennen von Netzwerkgeräten auch in VPNs,
- Bestands-Management,
- grafische Darstellung des Netzwerkes, der Ressourcen und der Netzwerkstatistiken,
- Kapazitätsplanung,
- Job scheduling,
- Engpaßerkennung, Fehler-Management und Wiederherstellungsverfahren,
- Software-Verteilung,
- Benutzeradministration,

- Applikationsadministration.

Die wichtigsten Pakete für das System-Management (Enterprise Management) sind

- OpenView von Hewlett-Packard (Marktführer mit über 120.000 Installationen, http://www.hp.com),
- TME/10 für große Netze und IT Director für kleinere Netze, beide von Tivoli/IBM (http://www.tivoli.com) und
- Unicenter TNG von CA Computer Associates (Marktführer auf Großrechnern, http://www.cai.com).

Weitere bekannte Pakete sind ManageWise von Novell, SMS von Microsoft, LANDesk Management Suite von Intel und Solstice von Sun.

- Sind nur Server mit Novell NetWare bzw. IntranetWare im Einsatz, sollte Novells ManageWise (für das Netzwerk-Management) plus Z.E.N.works (für die Administration der Workstations) eingesetzt werden. Inventarisierung, Fehler- und Performance-Management sind enthalten. ManageWise erlaubt die Überwachung der Auslastung der Festplatten und der NLM-Module auf den NetWare-Servern und die Überwachung der Anwenderrechner, Router, Bridges und Hubs. Schwachpunkte sind Inventarisierung und Lizenzüberwachung.

- Im homogenen Microsoft-Windows-Umfeld bietet Microsofts SMS (System Management Server, Teil von Microsofts BackOffice) das beste Management. SMS speichert alle Konfigurationsdaten in einer SQL-Datenbank. SMS bietet Inventarisierung der Hard- und Software und die Verteilung der Software wird verwaltet. Ein Netzmonitor überwacht und diagnostiziert netznahe Aktivitäten. Es kann eine Remote-Control-Funktion eingerichtet werden, über die der Inhalt des Bildschirms eines Anwenderrechners zum Administrator dupliziert werden kann, um eine Unterstützung bei Problemen zu ermöglichen (Helpdesk). SMS bietet kein Fehler- und Performance-Management. In zukünftigen Versionen von Windows NT soll SMS als Snap-In in MMC (Microsoft Management Console) enthalten sein.

- In heterogenen oder sehr großen Netzwerken sollte eines der anderen genannten Produkte verwendet werden. Das wichtigste ist OpenView von Hewlett-Packard. Open-View ist sowohl für kleine PC-Netze als auch für große Netze mit Enterprise Servern im WAN geeignet.

Enterprise Remote Management Systeme gehen besonders auf die Verwaltung weit verteilter Netze ein. Auch externe Filialen werden integriert. Damit kann etwa zentral gesteuert auf allen angeschlossenen oder online angebundenen eventuell auch weit entfernten Rechnern über Nacht ein neues Software-Programm (oder Update) installiert werden und es können aus der Ferne Fehler lokalisiert werden. Gerade in großen Netzen können so gewaltige Kosten gespart werden.

Eine neue Gattung stellt ERP-Management dar. Damit sind Werkzeuge zur Überwachung von betriebswirtschaftlicher Standard-Software (Enterprise Resource Planning) wie etwa SAP R/3 gemeint. Besonders Verfügbarkeit und Performance werden kontrolliert.

12.9   Helpdesk-System

Helpdesk-Systeme bilden einen IT-Benutzer-Service, der vor allem bei Problemen, eventuell aber auch bei der Kundenberatung, helfen soll. Meistens ist damit die Unterstützung der internen Mitarbeiter gemeint, manchmal auch die Unterstützung von externen Kunden.

- Die Unterstützung der internen Mitarbeiter soll insbesondere die Funktionalität des Netzwerks sicherstellen, aber auch andere Bereiche werden abgedeckt, wie Software-Lizenzierung, Software-Verteilung, Hardware-Probleme, Inventarbeschaffung, Inventarverwaltung und Backup.

- Die Unterstützung von externen Kunden deckt ähnliche Bereiche ab, die aber bezogen auf die angebotenen Produkte oder Dienstleistungen sind. Systeme zur Unterstützung von Kunden werden auch als Customer Interaction Software (CIS) bezeichnet und häufig im Call Center eingesetzt. Auch die im Kapitel „Auf welchen Elementen basiert erfolgreiches Web-Marketing?" ab Seite 177 erläuterte Kundenberatung per Tele-Web kann durch Call Center geleistet werden.

Früher wurden solche Dienste unkoordiniert oder sogar per „Zuruf" erledigt („Hey-Joe-Support"). Dies ist ineffektiv, weil viele Arbeiten wiederholt durchgeführt werden, da die Problemstellungen und Lösungen gar nicht oder nicht auffindbar gespeichert wurden und es gibt schnell Probleme, wenn jemand in Urlaub ist.

Die Beschleunigung und Erhöhung der Effektivität des Supports wird durch mehrere Maßnahmen erreicht. Ein Helpdesk ist mehrstufig konzipiert. Ein Call Center nimmt die Meldungen per Telefon, Fax, E-Mail oder Internet entgegen und beantwortet einfache Fragen. Für schwierigere Probleme stehen in der nächsten Stufe Betreuer zur Verfügung, die per Ferndiagnose zum Beispiel über Remote Control den entfernten Rechner diagnostizieren. Weiter werden Wissensdatenbanken und Expertensysteme befragt. Erst bei so nicht lösbaren Problemen muß sich ein Spezialist zum Anwender begeben. Der ganze Vorgang wird über den Helpdesk-Workflow erfaßt, koordiniert, nach Prioritäten gewichtet, einer möglichst schnellen Lösung zugeführt und die Problemlösung wird in einem Informations-Pool in einer RDBMS gespeichert, für den Fall, daß nochmals ein vergleichbares Problem auftritt. Die Suche nach schon gelösten Problemen wird durch Strukturierung und Volltextsuche erleichtert. Viele dieser Vorgänge werden durch ein funktionierendes Intranet erheblich beschleunigt und können rationeller bearbeitet werden. Durch öffentliche FAQs (Sammlungen häufig gestellter Fragen und Antworten) können viele Anwender ihre Probleme selbständig lösen. Die Erfassung von Problemen per Groupware ist effektiver als per Telefon und kann zeitlich entkoppelt stattfinden. Ist der Betreuer beim Anwender, kann er trotzdem übers Intranet (per Web-Browser) auf seine Datenbank oder sein Expertensystem zugreifen, Folgemaßnahmen einleiten und seinen Problemlösungsbericht noch beim Anwender sofort eingeben.

Ein innerhalb der Firma genutztes Helpdesk-System sollte jedoch nicht völlig den direkten Kontakt ersetzen. Gelegentliche Besuche vor Ort machen es dem Anwender einfacher, kleinere Unstimmigkeiten oder Verbesserungsvorschläge mitzuteilen, wodurch die Zufriedenheit und somit auch die Motivation und Produktivität gefördert wird.

Die drei wichtigsten Helpdesk-Systeme sind:

- Action Request System von Remedy,

- Unicenter TNG Advanced Help Desk von CA Computer Associates und

- TME 10 Info/Man von IBM.

Weitere Systeme werden von Network Associates, Software Artistry und Clarify angeboten. In reinen Windows-Netzen kann auch der System Management Server (SMS) von Microsoft als Helpdesk-System eingesetzt werden. Die meisten Helpdesk-Systeme können mit Netzwerk-Management-Systemen wie etwa OpenView von Hewlett-Packard verknüpft werden.

12.10 Microsoft BackOffice

Microsoft BackOffice (http://www.backoffice.microsoft.com) ist der Versuch, die wichtigsten Server-Anwendungen auf der Grundlage einheitlicher Architektur, verteilter Verarbeitung und Skalierbarkeit abzudecken. Zum BackOffice gehören:

- Microsoft Windows NT Server (Betriebssystem)

- Microsoft Exchange Server (E-Mail, Groupware)

- Microsoft SQL Server (relationale Datenbank)

- Microsoft SMS Server (Systems Management Server)

- Microsoft SNA Server (Vernetzung mit IBM-Mainframes über Systems Network Architecture)

- Microsoft Internet-Server-Produkte (Internet Information Server, Proxy Server, Transaction Server und Site Server)

Auf Windows NT als Netzwerkbetriebssystem wurde schon im Kapitel „Netzwerkbetriebssystem" ab Seite 323 eingegangen.

Der Exchange Server ist eine verteilte Client/Server-Messaging-Plattform mit E-Mail- und Groupware-Funktionalität. Gute Integration in Windows NT, leichte Administrierbarkeit, elektronische Unterschriften, Verschlüsselung, Bulletin Boards, Diskussionsforen, Kundenverwaltung, Dokumentenbibliotheken und vieles mehr wird geboten. Weiteres zu Groupware finden Sie im Kapitel „Groupware und Intranet-Suites" ab Seite 274.

Der SQL Server bietet Daten- und Informationsverwaltung. Das relationale Datenbanksystem ist für große Informationsbestände und geschäftskritische Anwendungen ausgelegt. Es gewährleistet robuste und sichere Transaktionsverarbeitung, kann mit Fremddatenbanken kommunizieren, bietet Datenreplikation und sorgt für hohe Durchsatzleistung und schnelle Reaktionszeiten. Weitere Informationen finden Sie im Kapitel „Datenbanken, RDBMS, ORDBMS, OODBMS, Frontends" ab Seite 296.

Der SMS Server (Systems Management Server) kontrolliert die Hard- und Software-Installationen und bietet Ferndiagnose, Fernwartung, Helpdesk und Software-Management, um die Betriebs- und Support-Kosten in verteilten Client/Server-Systemen zu reduzieren.

Da die Standards SNMP, CMIP und DMI unterstützt werden, kann SMS mit anderen Tools kombiniert werden, zum Beispiel mit Hewlett-Packard OpenView. Näheres finden Sie im Kapitel „Netzwerk-Management, System-Management, Remote Management" ab Seite 327.

Der SNA Server (Systems Network Architecture) verbindet PCs über ein beliebiges Netzwerk mit den Daten und Applikationen auf IBM-Mainframes und AS/400-Systemen. TN3270- und TN5250-Terminalemulationen und CA/400 bieten vielfältige Zugangsmöglichkeiten. ODBC/DRDA-Treiber ermöglichen Zugriff auf IBM-Host-Datenbanken. Auch über das Internet gekoppelte Web-Clients können Zugriff erhalten. RC4-Verschlüsselung wird unterstützt. Bis zu 5.000 Benutzer und 15.000 Sessions können gleichzeitig angebunden werden.

Zu den Microsoft Internet-Server-Produkten gehören der Internet Information Server, der Proxy Server, der Transaction Server und der Site Server. Der Internet Information Server ist ein Web-Server (siehe Kapitel „Web-Server-Software für das Internet oder Intranet", Seite 93). Der Proxy Server ist ein Internet-Zugangs-Server für Unternehmen (siehe Kapitel „Anschluß im LAN über Router", Seite 34). Er verbindet interne Mitarbeiter aus einer definierten Gruppe mit dem externen Internet bzw. über ein abgesichertes Extranet mit Geschäftspartnern. Häufig aufgerufene Web-Seiten werden in einem Cache zwischengespeichert und sind so schneller verfügbar. Zugriffsmöglichkeiten können eingeschränkt werden bis hin zu einer gewissen Firewall-Funktionalität. Der Transaction Server bietet eine sichere Abwicklung von Geschäftsvorgängen. Buchhaltungs- und Warenwirtschaftssysteme werden ermöglicht, indem komplette geschäftliche Vorgänge inklusive Anfrage, Übertragung und Quittierung von Daten über die Transaktionsprotokolle OLE Transactions, XA, SNA LU 6.2 Sync Level 2 und das Transaction Internet Protocol abgewickelt werden und er kann in Unix- bzw. Mainframe-Umgebungen integriert werden. Der Site Server in der Enterprise Edition ermöglicht E-Commerce und den Aufbau eines virtuellen Verkaufsraums im Internet inklusive Auftragsannahme, Bestellabwicklung, Versand, Inventur. Bezahlt wird über das VeriFone vPOS Zahlungssystem. Beliebige ODBC-Datenbanken können benutzt werden. Weitere Informationen über Transaction Server und E-Commerce-Server finden Sie im Kapitel „Web-Server für Online Shopping und Electronic Commerce" ab Seite 210.

Zu allen einzelnen Produkten gibt es Alternativen, aber alles zusammen als integriertes Paket war lange konkurrenzlos. Dies ändert sich mit der IBM Suite for NT (http://www .software.ibm.com). Die Integration ist noch nicht so weit gediehen, wie bei BackOffice, aber in der Leistungsfähigkeit kann IBMs Suite Paroli bieten. Während BackOffice nur unter Windows NT läuft, kann IBM Suite auch auf anderen Systemen betrieben werden.

13 Sicherheit im Netz

13.1 Verschiedene Aspekte der Sicherheit

Datensicherheit im Netz hat verschiedene Aspekte. Damit kann gemeint sein:

- Datenverlust (Verfügbarkeit).

  Datenverlust durch Anwenderfehler (z.B. versehentliches Löschen), Viren, Software-Fehler, Datenübertragungsfehler, Geräteausfall, Stromausfall oder Feuer. Die Risiken werden reduziert durch Viren-Scanner, ausfallsichere Server (ECC-RAM, RAID-5-Festplatten, Redundanz, Clustered Server), USV (unterbrechungsfreie Stromversorgung) und nicht zuletzt durch eine gute Backup-Strategie.

- Unberechtigter Zugriff (Vertraulichkeit).

  Zugriff durch unbefugte Firmenmitarbeiter auf nicht freigegebene Daten, Zugriff durch Eindringlinge von außen (Hacker), Abhören der zu übertragenen Daten (z.B. durch Packet Sniffer in Routern, durch an das Netzwerkkabel angeschlossene Trace-Tools oder über die elektromagnetische Abstrahlung). Schutz durch C2-Zertifizierung, Switches, Firewalls, Authentifizierung, Autorisierung und Verschlüsselung.

- Verfälschung (Integrität).

  Die sichere Identifizierung eines Absenders und Integrität, Vollständigkeit und Unverfälschtheit der Daten. Schutz durch Authentifizierung und digitale Signaturen.

Die Diskussion über Sicherheit im Netz muß pragmatischen Richtlinien folgen. Gerade in der Presse werden gerne die Hacker als die größte Gefahr dargestellt. Dabei sind die finanziellen Schäden durch Anwenderfehler in der eigenen Firma weitaus häufiger und kostspieliger. Regelmäßiges und häufiges Checken auf Viren, eine ausgefeilte Backup-Strategie und ausfallsichere Server stehen ganz oben auf der Prioritätenliste.

Und auch die vorsätzlichen „Einbrüche" der eigenen Mitarbeiter oder die unerlaubte Weitergabe von geheimen Daten spielen eine größere Rolle als die von außen eindringenden Hacker, und gerade hier hilft außer guter Mitarbeitermotivierung und positivem Arbeitsklima wenig. Netzwerke können in VLANs segmentiert werden. Besonders sensible Daten müssen verschlüsselt werden. Für große Netzwerke gibt es zusätzlich spezialisierte Software für Remote Monitoring und Fehler- und Sicherheits-Management.

Während über die Sicherheit des Internet viel diskutiert wird, wird die Sicherheit in anderen Bereichen gerne vernachlässigt, etwa bei der Briefpost oder bei Telefonanschlüssen.

Jede moderne Telefonanlage verfügt über einen Fernkonfigurationszugang. Leichtsinnigerweise werden die vom Hersteller vorgegebenen Standardpaßwörter nach der Installation oft nicht geändert. So ist es für den Hacker, der die Standardpaßwörter einiger Hersteller kennt, ein leichtes Spiel, die Anlage so umzukonfigurieren, daß alle Telefongespräche des Geschäftsführers per Dreierkonferenz automatisch zu ihm zum Mithören geschaltet werden. Manche Anlagen erlauben sogar eine Raumüberwachung („Babysitter"), dann können normale Gespräche selbst bei aufgelegtem Hörer abgehört werden. Oder er richtet eine Rufumleitung nach Übersee ein, so daß die Firma die hohen Gebühren seiner Ferngespräche übernehmen muß. Nicht nur die Telefonanlage kann manipuliert werden, auch die weiterführenden Telefonverbindungen können abgehört werden. (sowohl Wähl- als auch Standleitungen). Eine verschlüsselte Verbindung per Internet ist sicherer als eine herkömmliche unverschlüsselte Telefonverbindungen.

Eine Gefahr für Angriffe von außen für Daten im LAN besteht, wenn das LAN angerufen werden kann oder wenn eine ständige Verbindung nach außen besteht (Beispiele: Internet-Anbindung, LAN-Kopplung, Heimarbeiter). Um Gefahren von außen abzuwehren, sollte möglichst nur ein zentrales Gateway hinter einer Firewall existieren. Nur dieser eine Rechner sollte mit Modems oder ISDN-Karten bestückt sein bzw. mit dem Internet verbunden werden. Für von außen anwählbare Rechner reicht einfacher Paßwortschutz nicht aus, es müssen weitere Maßnahmen getroffen werden.

In den folgenden Kapiteln wird auf einige sicherheitsrelevante Themen näher eingegangen. Andere speziell im LAN relevante Aspekte sind im Kapitel „Intranet-Infrastruktur, Netzwerktechnik", Seite 311 und im Kapitel „Server-Rechner und Cluster-Lösungen", Seite 321 erläutert, und Verbindungen nach außen sind auch im Kapitel „Verbindungsprotokolle, Tunneling und VPN-Technologien" ab Seite 248 behandelt.

13.2   Sicherheitsstrategien und Hilfestellungen

Um in größeren Netzen die Sicherheit gewährleisten zu können, ist gute Planung und ein strategisches Konzept notwendig. Die wichtigsten Ziele der sicheren Informationsverarbeitung sind die Verfügbarkeit, Integrität und Vertraulichkeit von Prozessen und Daten.

Die IT-Sicherheitsstrategie beginnt mit der Erfassung aller möglichen Schwachstellen im Unternehmen. Vermeidbare Schwachstellen müssen eliminiert werden. Beispielsweise kann die Ausfallsicherheit wichtiger Netzwerkkomponenten erhöht werden oder es können Modems und ISDN-Karten aus Einzelplatzrechnern entfernt werden, falls eine äquivalente netzwerkweite Lösung zur Verfügung gestellt wird, die dann wesentlich leichter zu schützen ist.

Die IT-Abteilung muß eine Dokumentation erstellen, die möglichst genaue Richtlinien vorgibt, wie die Sicherheitsarchitektur der Firma funktioniert, wie Autorisierung eingesetzt wird, welche Daten in welchen Teilnetzen und über welche Übertragungskanäle benutzt werden dürfen, wie die Einzelplatzrechner zu konfigurieren sind, welche Programme benutzt werden dürfen, was den Mitarbeitern aus Sicherheitsgründen erlaubt und was verboten ist, welche organisatorischen Abläufe einzuhalten sind und welche Vorgänge und Verhaltensweisen die Sicherheit gefährden können. Dazu gehören beispielsweise Hinweise, wie Paßwörter gehandhabt werden sollen und daß aus dem Internet geladene oder von fremden CDs kopierte Programme vor der Benutzung im Netz auf Viren gescannt werden müssen.

Diese Richtlinien und Verfahrensanweisungen müssen jedem Mitarbeiter schnell zugänglich und so einfach wie möglich sein. Komplizierte Anweisungen werden nicht verstanden, geraten in Vergessenheit und werden nicht befolgt. „Sicherheit durch Einfachheit" ist eine wichtige Maxime. Ebenso wichtig ist, bei allen Mitarbeitern die Aufmerksamkeit und das Bewußtsein für Sicherheitsrelevantes zu schärfen, so daß auch nicht reglementierte Punkte eigenverantwortlich korrekt gehandhabt werden.

Hilfestellung bei der Planung strategischer Konzepte für eine Sicherheitsarchitektur und der Bewertung informationstechnischer Systeme nach anerkannten Sicherheitskriterien gibt das Bundesamt für Sicherheit in der Informationstechnik (BSI, http://www.bsi.bund.de). Hervorragend geeignet zur strategischen Sicherheitsplanung ist das im Bundesanzeiger-Verlag erschienene IT-Grundschutzhandbuch des BSI, neuerdings ergänzt um eine CD.

Internationale Relevanz haben das amerikanische Orange Book (TCSEC) und das europäische Pedant für Kriterien für die Bewertung der Sicherheit von Systemen der Informationstechnik (ITSEC, Information Technology Security Evaluation Criteria) und die Common Criteria for Information Technology Security Evaluation. Ebenfalls ein Standardwerk für Sicherheitsstrategien ist das unter RFC 1244 veröffentlichte Site Security Handbook.

Viele weitere Hinweise finden Sie beim DFN-CERT (http://www.cert.dfn.de). Auch viele Universitäten bieten Informationsseiten, zum Beispiel die Universität / Gesamthochschule Siegen (http://www.uni-siegen.de/security).

Wer ganz sicher vor Hacker-Einbrüchen sein will, kann seine Web-Site von der ICSA (International Computer Security Association, http://www.icsa.net, früher NCSA) für ca. 8500 Dollar überprüfen und zertifizieren lassen. Auch IBM hat schon früh einen ähnlichen

Service angeboten, um Netze auf Sicherheits-Schwachstellen zu überprüfen (http://www.ibm.com/security). Mittlerweile folgen weitere Anbieter, etwa Xlink mit Security Check (http://www.xlink.de, ab 2700,- DM) und Secure Computing Corp. (http://www.securecomputing.com).

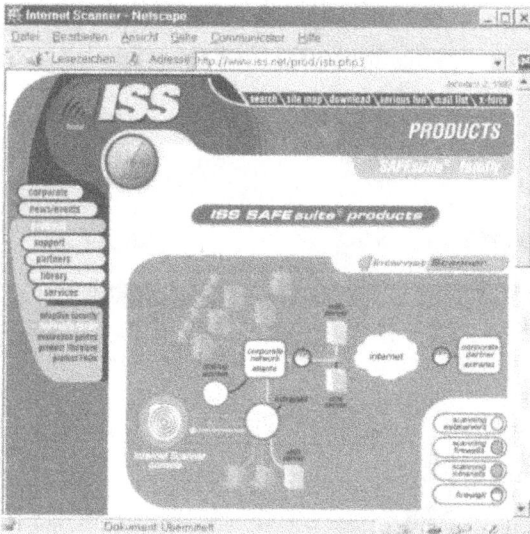

Es gibt auch Security-Scanner-Software zum Aufspüren von Sicherheitslecks im Netzwerk. Recht bekannt ist SAFEsuite von ISS Internet Security Systems (http://www.iss.net). Es ist durch seine grafische Oberfläche leichter bedienbar und bietet umfangreiche Auswertungsmöglichkeiten und detaillierte Erklärungen zu jeder gefundenen Sicherheitslücke. Unter X-Force (http://www.iss.net/xforce) bietet ISS Informationen zur Computer-Sicherheit. Andere Internet Scanner sind NetRecon von Axent (http://www.axent.com), KSA Kane Security Analyst von IDI Intrusion Detection / Security Dynamics (http://www.intrusion.com, http://www.securid.com), die Security-Audit-Software und das Datensicherheits- und Datenschutz-Informations-System (DDIS) von Articon (http://www.articon.de), der Ballista Security Auditing System Scanner (http://www.sni.com) und die frei verfügbaren Programme Satan (Security Administrator Tool for Analyzing Networks) und Iss (Internet Security Scanner), die Sie beim DFN-CERT (http://www.cert.dfn.de) bekommen. Weitere Links finden Sie bei Gateway to Information Security Inc. (http://www.securityserver.com).

Eine ständige Beobachtung und automatische Überwachung (Realtime-Monitoring) bieten die Produkte Stalker und Webstalker von Haystack Labs Inc. (http://www.haystack.com). Log-Dateien werden hierbei nach typischen Angriffsmustern durchforstet. Auch Web-Server können geschützt werden.

Einige Verlage bieten Sammlungen verschiedener Tools auf CD, zum Beispiel der UTECH Verlag (http://www.uvg.de).

Die vielen verschiedenen Sicherheitsanwendungen sind nicht einfach zu überschauen. IBM bündelt deshalb mit First Secure die Komponenten Antiviren-Software, Verschlüsselung,

Zertifizierung, Zugriffskontrolle, Inhaltsüberwachung, Firewall und Intrusion Detection zu einem integrierten Paket, wodurch die Bedienung und das Management vereinfacht werden soll. Auch Network Associates bietet entsprechendes.

13.3 Viren

Computer-Viren sind kleine Programme, die, wenn sie einmal in einen Computer gelangt sind, sich vermehren, indem sie sich an möglichst viele weitere Dateien anhängen. Viele Viren sind harmlos und erzeugen lediglich unerwartete Meldungen, andere Viren sind zerstörerisch und können große Datenbestände unbrauchbar machen. Es gibt mittlerweile über 20.000 verschiedene Viren und täglich kommen neue hinzu. Einige Viren sind nur 40 Byte lang und können lange unerkannt bleiben.

Virenschutz beginnt schon bei der Rechnerkonfiguration. Auf allen Rechnern sollten Manipulationen des MBR (Master Boot Record) verhindert werden, indem nach der Installation des Betriebssystems im Rechner-BIOS-Setup eine Änderung des MBR ausgeschlossen wird und die Festplatte als erstes Bootlaufwerk eingestellt wird, da viele Viren von bootfähigen Disketten übertragen werden. Darüber hinaus können Produkte zur PC- und Network-Security wie Stoplock von PCSL (http://www.pcsl.com) die Sicherheit der PCs beträchtlich erhöhen. Server müssen in verschlossenen Räumen stehen.

Auch die Wahl des Betriebssystem beeinflußt die Anfälligkeit gegen Viren. DOS und Windows 98 bieten zum Beispiel erheblich leichtere Angriffsmöglichkeiten als etwa Windows NT und Unix. Aber hundertprozentigen Schutz kann kein Betriebssystem bieten.

Laut ICSA (International Computer Security Association, http://www.icsa.net) sind neuerdings Makroviren am häufigsten, besonders welche, die die verbreitetste Textverarbeitung, nämlich Microsoft Word, befallen (z.B. Word Macro Concept und Wazzu). Makroviren können sich in Dokumente einnisten, die außer dem Text auch zusätzliche Makro-Anweisungen speichern können, die dann von der Anwendung interpretiert und ausgeführt werden. Die Verbreitung geschieht über die Weitergabe infizierter Dokumente entweder per Diskette oder per E-Mail. Speziell gegen Word-Makroviren kann man sich mit ScanProt von Microsoft und mit dem im F-Prot enthaltenen F-Macrow von Data Fellows (ftp://ftp.f-prot.com/pub/f-prot, http://www.DataFellows.com) schützen.

Jede Woche sollten alle Festplatten mit Viren-Scannern durchforstet werden. Der Rechner sollte dafür möglichst von einer eigens hierfür erstellten virenfreien DOS-Boot-Diskette gebooted werden. Es muß immer die aktuelle Viren-Scanner-Version eingesetzt werden. Es sollte nicht nur ein einzelner Viren-Scanner Einsatz finden, sondern mehrere von verschiedenen Herstellern hintereinander gestartet werden. Nicht nur ausführbare Programmdateien müssen geprüft werden, sondern auch Dokumente auf Makroviren untersucht werden. Eine gute Erinnerungshilfe ist, wenn beim Einloggen eines jeden Teilnehmers in das Netzwerk automatisch geprüft wird, wann dieser Teilnehmer zuletzt seine Festplatten gescannt hat und gegebenenfalls eine Warnung erfolgt oder sogar der Zugang zum Netz verwehrt wird. Noch besser ist die Installation eines Viren-Scanners im Netzwerk, der ständig online alle auf einem Netzwerklaufwerk zu speichernde Dateien überprüft. Besonderes Augenmerk sollten auch Disketten finden, die zum Datenaustausch mit anderen Rechnern verwendet werden, zum Beispiel mit dem Rechner zu Hause.

Virenschutz ist in jedem Netzwerk wichtig, sowohl im lokalen LAN, als auch bei der Anbindung an das große Netz, das Internet. Aber nicht nur in Netzen, sondern schon auf den CDs auch von renommierten Software-Anbietern finden sich immer wieder ungewollt Viren. Bei häufiger Benutzung des Internets steigt das Risiko zusätzlich.

Unabhängige Testcenter, wie das der Universität Hamburg (http://agn-www.informatik.uni-hamburg.de) überprüfen regelmäßig marktübliche Viren-Scanner auf ihre Qualität. Virus Bulletins (http://www.virusbtn.com) publiziert regelmäßig Tests von Viren-Scannern. Anerkannte Viren-Scanner sind Norton AntiVirus von Symantec (http://www.symantec.com), NetShield Security Suite (NSS) von McAfee / Network Associates (http://www.nai.com), Anti-Virus Toolkit von Dr. Solomon's / Network Associates (http://www.drsolomon.com), InocuLAN von Cheyenne / Computer Associates (http://www.cheyenne.com), Server-Protect von Trend Micro (http://www.trendmicro.de), F-Prot Pro von Data Fellows Ltd (http://www.DataFellows.com oder http://www.DataFellows.fi) und AntiVir von H+BEDV Datentechnik GmbH (http://www.antivir.de).

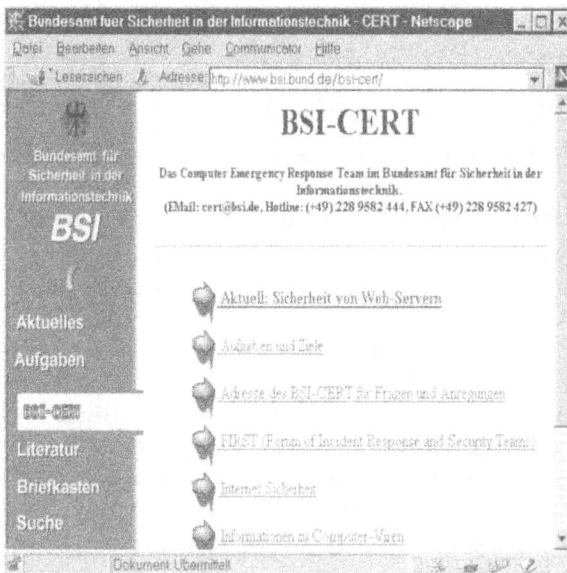

Einige Firmen bieten Viren-Scanner an, die besonders den Internet-Zugang und den E-Mail-Verkehr überwachen, zum Beispiel Inter-Scan VirusWall von Trend Micro (http://www.trendmicro.de), MIMEsweeper von Integralis (http://www.integralis.de) und WebShield von McAfee / Network Associates (http://www.nai.com).

Viele weitere Hinweise zu Viren finden Sie bei der c't (http://www.heise.de/ct/antivirus). Falls Sie von unbekannten Viren heimgesucht wurden, sollten Sie das BSI-Notfall-Team benachrichtigen (Bundesamt für Sicherheit in der Informationstechnik, http://www.bsi.bund.de/bsi-cert).

13.4   Authentifizierung und Autorisierung

Authentifizierung, Autorisierung und Accounting werden auch gerne als die „drei A's" bezeichnet:

- Authentifizierung ermittelt die Identität des Benutzers und führt eine Paßwortverifizierung durch.

- Autorisierung bestimmt, für wen welcher Zugriff auf welche Daten erlaubt ist.

- Accounting erstellt Log-Dateien und erlaubt die genaue Abrechnung der anfallenden Kosten.

Besonders Authentifizierung und Autorisierung sind bei E-Mail, beim Fernzugriff, bei Einlogvorgängen und beim E-Commerce wichtig.

Die wichtigsten Authentifizierungsverfahren sind:

- Paßwörter. Sie sollten alle paar Monate gewechselt werden, mindestens sieben Zeichen lang sein und verschiedene Zeichentypen enthalten, wie Klein-/Großbuchstaben, Ziffern oder Sonderzeichen. Um sicherzustellen, daß keine bequemen, sondern schwer zu erratene Paßwörter benutzt werden, sollten Kontrollprogramme wie Npasswd, Cracklib oder L0phtCrack eingesetzt werden. Paßwörter sind allerdings kein besonders zuverlässiger Schutz.

- CLI (oder CLID, Calling Line Identification) identifiziert einen Anrufer auf Grund seiner Rufnummer, wie es mit ISDN-Anschlüssen möglich ist.

- Callback ist ein Rückrufmechanismus. Der angerufene Server beendet die Verbindung und baut sofort selbständig die Verbindung mit einer vorher definierten Rufnummer neu auf. Sowohl CLI als auch Callback funktionieren nur bei telefonischem Einwählen und auch nur, falls ausschließlich von bestimmten Orten oder nur mit bestimmten Telefonnummern eingewählt wird, also zum Beispiel bei Zweigstellen, Heimarbeitsplätzen oder GSM-Außendienstlern.

- PAP (Password Authentication Protocol, RFC 1334) ist nicht mehr zeitgemäß, da es Paßwörter unverschlüsselt überträgt. PAP wird zunehmend durch CHAP ersetzt.

- CHAP (Challenge Handshake Protocol, RFC 1994) ist die standardisierte Authentifizierung beim Verbindungsprotokoll PPP (Point to Point Protocol, siehe Kapitel „Verbindungsprotokolle, Tunneling und VPN-Technologien" ab Seite 248). CHAP bietet Sicherheit mit 3-Wege-Authentifizierung und verschlüsselt Paßwörter mit der Hash-Funktion MD5 ähnlich wie S/Key.

- Das X.509 Authentication Framework ist ein ITU-Standard für Authentifizierung und Zertifizierung in Netzwerken. Auf X.509 basiert die Authentifizierung vieler Verschlüsselungsverfahren, wie etwa SSL, S/MIME und PEM.

- Kerberos ist ein vom MIT (Massachusetts Institute of Technology) entwickeltes Sicherheitssystem mit verschlüsselter Authentifizierung. Es besteht aus der die Kennwörter enthaltenden Kerberos-Datenbank (KDS), dem Kerberos Authentication Server (KAS) und dem Ticket Granting Server (TGS).

- S/Key von Bellcore (http://www.bellcore.com) ist eine Software-Lösung, die aus einem Benutzerpaßwort mit der Hash-Funktion MD5 (Message Digest) Einmalkennwörter generiert.

- SecurID ACE (Access Control Encryption) von Security Dynamics (http://www.securid .com), SafeWord von Secure Computing Corp. (http://www.securecomputing.com) und OmniGuard / Defender Security Server (DSS) von Axent Technologies Inc. (http:// www.axent.com) sind Verfahren mit Token-basierenden Einmalkennwörtern. In Challenge-Response-Technik tauschen der Client und der Server Anfragen und Antworten aus um einmalig gültige Kennwörter bzw. Nummern zu generieren. Diese werden mit

Taschenrechner-großen Hardware-Tokens erzeugt oder aus einer persönlichen PIN-Nummer und aus einem rechnergebundenem Token, etwa einem Hardware-Dongle oder kopiergeschützter Software, gebildet. SecurID hat sich bereits seit den Achtziger Jahren bewährt.

- RADIUS (Remote Authentication Dial In User Service, RFC 2058 und 2138) ist ein Access-System. Bei mehreren RAS-Servern oder vielen Remote-Usern wird die Administrierung schnell unübersichtlich. Um Administrationsfehler und Sicherheitslöcher zu vermeiden, muß ein Sicherheitsrechner (Network Access Server, NAS) die zentrale Anwenderverwaltung führen. Als Protokolldienste können im Betriebssystem schon implementierte Verfahren (z.B. bei Windows NT oder die NDS bei NetWare) eingesetzt werden oder ein spezielles Access-System wie RADIUS. RADIUS ist weit verbreitet, da es ein leistungsstarkes und flexibles Sicherheitssystem darstellt und einen kompletten Funktionsumfang bietet, mit Authentifizierung, Autorisierung und Accounting (die drei A's). Dabei kann auch mit anderen Komponenten kommuniziert werden, etwa mit einer Firewall.

- TACACS+ (Terminal Access Controller Access Control System, RFC 1492) ist ebenfalls ein Access-System, allerdings ist es weniger verbreitet als RADIUS. Router von Cisco verwenden TACACS+.

- Verschlüsselungsverfahren, wie RSA, PGP, S/MIME, SSL und SET, verfügen auf ihre Art ebenfalls über Authentifizierung (durch digitale Signaturen, Verschlüsselung mit Private Key) und Autorisierungsmechanismen (Verschlüsselung mit Public Key).

- Auch Tunneling-Protokolle, wie etwa PPTP (Point to Point Tunneling Protocol), und andere Verfahren für VPNs (Virtual Private Networks) über Internet-Verbindungen, wie etwa IPSec (Internet Protocol Security), beinhalten Authentifizierung (siehe Kapitel „Verbindungsprotokolle, Tunneling und VPN-Technologien" ab Seite 248).

- Auf Chipkarten basierende Verfahren (wenn Chipkartenlesegeräte verbreiteter sind).

In Zukunft sollen neue Verfahren der Biometrik (Bioidentification, biologische Vermessung) die bisherige Paßwortabfrage zur Authentifizierung ersetzen. Diese Verfahren gelten als wesentlich sicherer und für den Benutzer letztendlich einfacher, weil er sich keine Paßwörter merken muß. Die wichtigsten Verfahren sind:

- Erkennung von Fingerabdrücken mit 14 mm großen Chips mit etwa 50.000 Sensorzellen (ca. 500 dpi): Siemens will seinen Fingertip-Sensor mit Chipkarten kombinieren (http://www.siemens.de/semiconductor), Key Tronic / BiometriX Int. integriert den Fingerprint Scanner in die PC-Tastatur (http://www.user.xpoint.at/ biometrix), Biometric stellt mit BioMouse Live Scan ein in die Maus integriertes System vor (http://www .biomouse.com), SGS-Thomson plant die Markteinführung seines kapazitiven Fingerprint-Sensors TouchChip (http://www.st.com), Sony und I/O-Software stellten Prototypen ihrer FIU Fingerprint Identification Unit vor (http://wwwe.iosoftware.com/biosols/sony/fiu,   http://

www.fingersec.com/fiu.htm), Bergdata bietet ein Fingerprint System an (http://www
.bergdata.com).

- Gesichtserkennung per Videokamera: FaceIt von Visionics
Corp. (http://www.faceit.com),
auf der Comdex 1997 prämiert,
PersonSpotter von Marlsburg/
Neven (http://www.neuroinfor-
matik.ruhr-uni-bochum.de),
Sieger des Wettbewerbs der US
Army Research Laboratories,
FaceVACS von Plettac Electronic Security (http://www.plet-
tac-electronics.de), TrueFace
von Miros Inc. (http://www
.miros.com).

- Identifizierung per Thermo-
gramm des Gesichts: Technology Recognition Systems / Be-
tac International Corp. (http://
www.betac.com/trs), Unisys
(http://www.marketplace.unisys.com/bioware).

- Iris-Scanner, die knapp eine Minute lang aus 20 cm Abstand die Regenbogenhaut des
Auges erfassen: IriScan Inc. (http://www.iriscan.com).

- Weitere Verfahren werten Augenhintergrund, Stimme, Handgröße, Handschrift, Tasta-
turanschlagart oder den Geruch aus.

Derzeit mangelt es der Biometrie noch an Standardisierung und an geeigneten Prüfverfah-
ren. Hieran arbeiten Gremien wie etwa das Biometric Consortium (http://www.biometrics
.org), das BioAPI Consortium (http://www.bioapi.org) und die TeleTrusT (http://www
.teletrust.de).

13.5   Verschlüsselung

Verschlüsselungsverfahren DES, IDEA, RC4 und RSA

Die Chiffrierung von Nachrichten und Daten kann über verschiedene Mechanismen und
Algorithmen erfolgen. Einfache Verfahren benutzen eine Datei von Zufalls-Bits und ver-
knüpfen jedes Byte der Nutzdaten mit dem entsprechenden Byte dieser Datei mit umkehr-
baren Operationen, wie zum Beispiel Exklusiv-Oder, Addition ohne Übertrag oder Rotatio-
nen. Zusätzlich zu solchen Substitutionen wird noch die Reihenfolge geändert (Transposi-
tion). Ist der Empfänger im Besitz der gleichen Schlüssel-Datei, können die ursprünglichen
Nutzinformationen zurückgewonnen werden.

Im Netzwerkbereich und im Internet haben sich einige Verschlüsselungsalgorithmen (Kryptosysteme) besonders durchgesetzt. Dazu gehören DES, IDEA, RC4 und RSA.

- DES (Data Encryption Standard) ist ein Ende der 70er Jahre von IBM und der National Security Agency konzipiertes und vom National Bureau of Standards genormtes symmetrisches Verschlüsselungssystem mit iterativen Permutationen. Bei symmetrischer Verschlüsselung müssen Sender und Empfänger über den gleichen Schlüssel verfügen. Problematisch ist dabei die sichere Übertragung dieses Schlüssels. Der Schlüssel ist meistens 56 Bit lang. Eine Variante ist das Dreifach-DES (Triple-DES, 3DES), bei dem DES dreimal hintereinander mit verschiedenen Schlüsseln verwendet wird.

- IDEA (International Data Encryption Algorithm) ist ebenfalls ein symmetrisches Verschlüsselungssystem. Mit einem 128 Bit langen Schlüssel werden über blockorientierte Algorithmen komplexe Transformationen durchgeführt. IDEA gilt als äußerst sicher.

- RC4 wurde 1987 von Rivest vorgestellt. RC4 ist ebenfalls ein symmetrisches Verschlüsselungssystem, aber anders als die Blockchiffrierer DES, IDEA und RC5, die ganze zum Beispiel 64 Bit lange Blöcke verschlüsseln, ist RC4 ein Stromchiffrierer, der auf Bit-Ebene arbeitet. RC4 wird neuerdings gerne verwendet, weil es mehr als fünfmal schneller als DES ist.

- RSA (nach seinen Erfindern Rivest, Shamir und Adleman benannt) ist ein unsymmetrisches Verschlüsselungssystem der Firma RSA Data Security Inc. (http://www.rsa.com). Bei unsymmetrischer Verschlüsselung wird beim Absender und Empfänger mit unterschiedlichen aber zusammengehörigen Schlüsseln (Private Key und Public Key) ver- und entschlüsselt. Der Private Key (privater geheimer Schlüssel) ist nur einer Person bekannt. Der dazu passende Public Key (öffentlicher Schlüssel) darf beliebig vielen Personen mitgeteilt werden. Chiffriert der Absender die zu übertragenden Daten mit dem Public Key des Empfängers, kann nur der Empfänger, der den dazu passenden Private Key hat, die Daten entschlüsseln (Autorisierung). Auch die Verschlüsselung mit dem eigenen Private Key macht Sinn. Dann kann zwar jeder, der den Public Key kennt, die Daten lesen, aber es ist sichergestellt, daß die Daten wirklich von einem bestimmten Absender stammen (Authentifizierung, Identität) und unterwegs nicht verändert wurden (Integrität, Vollständigkeit und Unverfälschtheit). Meistens wird allerdings in diesem Fall nicht die gesamte Datei mit dem Private Key verschlüsselt, sondern lediglich eine meistens 128 Bit lange kryptografische Prüfsumme (in der Regel über eine Hash-Funktion erzeugt, zum Beispiel SHA-1 (Secure Hash Algorithm) oder MD5 (Message Digest), auch digitaler Fingerabdruck genannt). Die verschlüsselte Prüf-

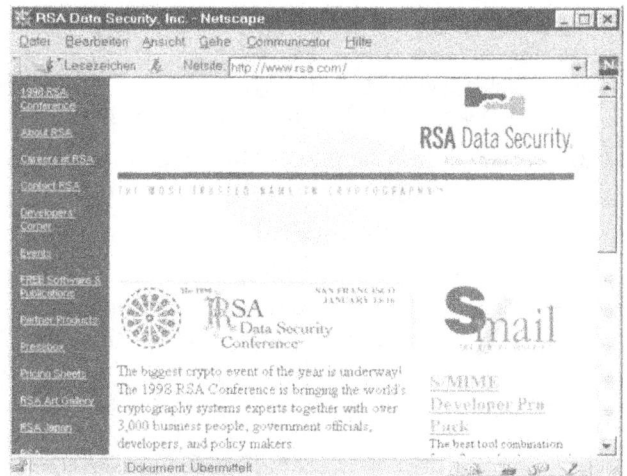

summe wird elektronische Unterschrift oder digitale Signatur genannt. Sie wird der Datei angehängt und erlaubt die Prüfung auf Unverfälschtheit. So kann jeder, der den Public Key besitzt, nachweisen, daß diese Datei von genau dem Besitzer des Private Key verschickt wurde und nicht verfälscht ist (Verbindlichkeit, Unleugbarkeit). Die im Internet bekanntesten Realisierungen des RSA-Algorithmus sind PGP, OpenPGP, S/MIME und SSL.

In der Praxis eingesetzte Verschlüsselungen sind selten reine DES- bzw. RSA-Verschlüsselungen, sondern meistens Hybridverfahren. Dabei werden DES und RSA kombiniert. Die Verschlüsselung großer Datenmengen erfolgt dann über DES, weil RSA zu hohen Rechenaufwand erfordern würde. Aber die Verschlüsselung des Austausches der für DES notwendigen zur Laufzeit immer wieder neu zu berechnenden Schlüssel erfolgt über das hierfür prädestinierte RSA.

Übrigens braucht man die langen Keys nicht auswendig zu lernen. Gerade der Private Key bei RSA-Verschlüsselungen muß sicher und für andere unzugänglich gespeichert sein. Ein beliebtes Medium sind hierfür Chipkarten geworden. Dort kann auch der komplette RSA-Algorithmus implementiert werden, so daß der Private Key die Chipkarte nicht verlassen muß.

Verschlüsselungsprotokolle und -programme für E-Mail

E-Mail wird meistens per RSA-Algorithmus verschlüsselt. Leider hat sich noch kein einheitlicher Standard durchgesetzt, worüber auch Benutzer unterschiedlicher E-Mail-Systeme bei einfacher Bedienung verschlüsselte und signierte E-Mails austauschen können. Auch mangelte es bislang noch an offiziell genehmigten Zertifizierungsstellen (Trust Center) im Sinne des deutschen Signaturgesetzes, um rechtsgültige Unterschriften per E-Mail versenden zu können. Erst 1999 hat das Telekom Trust Center als erstes deutsches Unternehmen eine Genehmigung zum Betrieb einer Zertifizierungsstelle im Sinne des Signaturgesetzes erhalten (siehe Kapitel „Rechtliche Aspekte" ab Seite 192).

- PGP (Pretty Good Privacy) von Phil Zimmermann (http://www.nai.com) ist ein Zusatzprogramm für E-Mail-Verkehr und Dateiverschlüsselung, womit Vertraulichkeit (Verschlüsselung), Integrität (Daten unverändert) und Authentifizierung (Absenderidentifikation) gewährleistet werden. Um PGP komfortabel von Windows aus benutzen zu können, empfiehlt es sich, Windows-Frontends wie PowerPGP (http://home .rochester.rr.com/powerpgp) oder WPGP (http://www.panix.com/~jgostl/wpgp) einzusetzen. Speziell für Microsoft Exchange und Outlook kann auch CryptoEx von Glück & Kanja (http://www.glueckkanja.de) eingesetzt werden. Ist Ihnen die Schlüssellänge der für den Export aus den USA zugelassenen PGP-Version nicht lang genug, können Sie

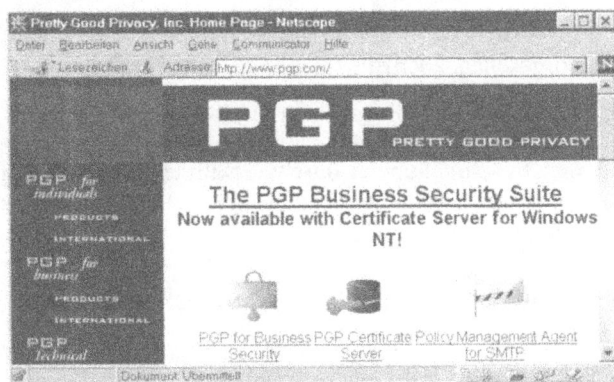

sich völlig legal bei der norwegischen The International PGP Home Page von Ståle Schumacher (http://www.pgpi.com) oder bei der deutschen PGP-Seite (http://pgp.de) eine Version mit längerer Schlüssellänge besorgen. Zur Schlüsselverwaltung bietet sich in Deutschland das PGP.Net (http://www.de.pgp.net) an, dort finden Sie auch viele weitere Tips zu PGP. Die Zeitschrift c't (http://www.heise.de/pgpCA), das Individual Network e.V. (http://www.in-ca.individual.net) und das Trustcenter (TC) vom Hamburger MAZ (http://www.trustcenter.de) haben sich zu einem „Web of Trust" organisiert, um sich ihre ihnen bekannte Public Keys gegenseitig zu zertifizieren. Das TC ist das bisher einzige deutsche Trustcenter, dessen Krypto-Key im Netscape Navigator enthalten ist.

- In den neueren Versionen von E-Mail-Clients finden Sie S/MIME (Secure MIME, RFC 1521). S/MIME von RSA (http://www.rsa .com/smime) ist ein Public Key Cryptography Standard (PKCS #7) und leistet ähnliches wie PGP. Das im Netscape Messenger und im Microsoft Outlook Express implementierte S/MIME bietet allerdings nur RC2 und nur eine Schlüssellänge von 40 Bit.

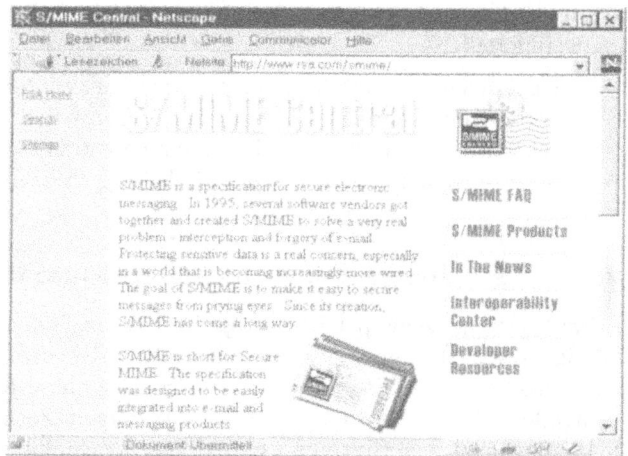

- Entweder S/MIME oder eine spezielle PGP-Variante, nämlich OpenPGP (http://www .ietf.org/html.charters/openpgp-charter.html), wird vermutlich von der IETF als zukünftiger Standard für E-Mail-Verschlüsselung definiert.

- Eigentlich war PEM (Privacy Enhanced Mail, RFC 1421-1424) als Internet-Standard vorgesehen, aber PEM wurde nicht akzeptiert und ist mittlerweile veraltet.

- Speziell in Deutschland wird eine weitere Alternative, nämlich MailTrusT vom Industrieverband TeleTrusT (http://www.teletrust.de), diskutiert. MailTrusT unterliegt nicht den Beschränkungen durch verkürzte Schlüssellängen auf Grund der amerikanischen Exportbestimmungen und MailTrusT entspricht besonders dem deutschen Signaturgesetz.

Verschlüsselungsprotokolle und -programme zur Datenübertragung

- SSL (Secure Sockets Layer) von Netscape (http://home.netscape.com/products/security) wird in modernen Web-Browsern zur Verschlüsselung, sicheren Datenübertragung und Authentifizierung eingesetzt. Anders als bei PGP, wo Dateien verschlüsselt werden, und auch anders als bei OpenPGP und S/MIME, wo E-Mails verschlüsselt werden, sichert SSL auf das TCP/IP-Protokoll aufsetzende Anwendungen. Während PGP auf ein privat organisiertes „Web of Trust" setzt, innerhalb dessen die Benutzer die öffentlichen Schlüssel selbst tauschen und sich so zertifizieren, wird bei SSL diese Aufgabe von

Zertifizierungsstellen wahrgenommen, sogenannten
Certification Authorities
(CA), die als „Trusted
Third Parties" (TTP) als
vertrauenswürdige Dritte
die Bindung zwischen ei-
nem Schlüsselpaar und ei-
ner Person bestätigen. Die
bekanntesten CAs sind
VeriSign (http://www
.verisign.com), Policy Certification Authority des
DFN (DFN-PCA, http://www.cert.dfn.de/dfnpca), Baltimore Technologies (http://www
.baltimore.ie), Belsign (http://www.belsign.be), Thawte Consulting (http://www.thawte
.com) und Valicert (http://www.valicert.com).

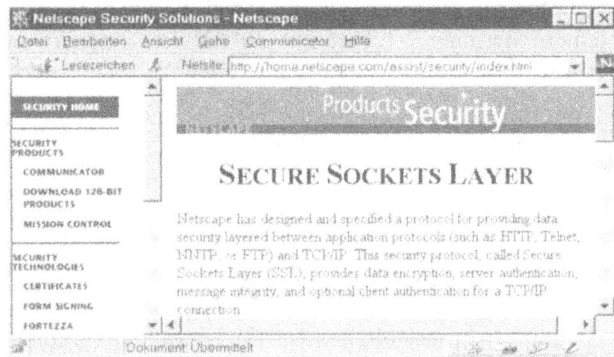

SSL legt eine Schicht zwischen HTTP und TCP/IP. Der komplette Datenstrom zwischen
Client und Server, also auch die Anmeldung, läuft durch diese Schicht und wird ver- bzw.
entschlüsselt.

Der Anwender bemerkt hiervon kaum etwas, er muß lediglich einen SSL-fähigen Browser
einsetzen. Beim SSL-Server erfolgt die Einrichtung von SSL in folgenden Schritten:

1. Es muß ein Schlüsselpaar (privater und öffentlicher Schlüssel) und eine Anforderungs-
   datei erzeugt werden (z.B. bei Netscape unter dem Menüpunkt Generate A Key bzw.
   bei Windows NT mit KeyGen).

2. Es muß ein Zertifikat für die Schlüssel von einer zentralen Zertifizierungsstelle (z.B.
   VeriSign) angefordert werden.

3. Das Zertifikat muß auf dem Server installiert werden. Für virtuelle Server und Verzeichnisse muß angegeben werden, ob SSL benutzt werden soll. Alle diese URLs müssen mit https statt mit http beginnen (nicht zu verwechseln mit shtml). Auf diese Informationen können nur Clients zugreifen, die SSL unterstützen.

Eine SSL-Session läuft folgendermaßen ab:

1. Der Server sendet dem SSL-fähigen Browser seinen Public Key.

2. Der Browser läßt sich von einer Zertifizierungsstelle (z.B. VeriSign) die Identität des
   Servers bestätigen.

3. Der Browser generiert einen Master Key, den er mit dem Public Key des Servers verschlüsselt und zum Server schickt.

4. Nur der Server kann den Master Key mit seinem Private Key entschlüsseln. Jetzt existiert auf beiden Seiten der Master Key. Daraus werden Session Keys erzeugt.

5. Mit den Session Keys werden die vertraulichen Daten verschlüsselt und können dann
   gefahrlos versendet werden.

Wenn Sie wissen wollen, ob Ihre Web-Browser-Version große Schlüssellängen unterstützt, können Sie eine Verbindung zu C2Net (https://www.c2.net) herstellen und die vom Browser mitgeteilten Eigenschaften der Web-Seite studieren, indem Sie:

- mit rechter Maustaste in die Web-Seite klicken und „Informationen anzeigen" bzw. „Eigenschaften" anwählen oder

- im Menü „Ansicht" / „Seiten-/Rahmeninformationen" bzw. „Datei" / „Eigenschaften" wählen.

Weitere Verschlüsselungsprotokolle und -programme zur Datenübertragung sind:

- S-HTTP (Secure HTTP) ist eine spezielle um Sicherheitsfunktionen erweiterte Variante des im Internet üblichen HTTP-Protokolls. Es funktioniert ähnlich wie SSL, kann aber im Gegensatz zu SSL nur mit HTTP benutzt werden. S-HTTP wird wesentlich seltener als SSL verwendet. S-HTTP darf nicht mit HTTPS oder shtml verwechselt werden.

- ECP (Encryption Control Protocol) ist eine Kryptoerweiterung zum Verbindungsprotokoll PPP (Point to Point Protocol). Über ECP können Modem-Verbindungen und LAN-Kopplungen abgesichert werden

- SKIP (Simple Key Management for Internet Protocol) ist ein von Sun dem IETF vorgeschlagener Entwurf für ein Verschlüsselungssystem. SKIP ist ein verbindungsloses Schlüssel-Management-Programm, das direkt auf dem IP-Netzwerk-Layer aufsetzt. Über SKIP können auch Java-Applets im Netz verschlüsselt und authentifiziert werden. SKIP ist Bestandteil von IPSec.

- Unter IPSec (Internet Protocol Security, auch Secure IP genannt) werden mehrere Sicherheitsstandards des IETF zusammengefaßt (RFCs 1825 bis 1829). Damit können sichere VPNs (Virtual Private Networks) über eigentlich unsichere öffentliche Netze und Internet-Verbindungen eingerichtet werden. IPSec wird gerne über Firewalls realisiert.

Unterteilung der Verschlüsselungsprotokolle und -programme nach Arbeitsebene

Warum gibt es so viele Verschlüsselungsprotokolle? Reicht nicht ein einziges? Es gibt einige direkt konkurrierende Methoden, bei denen sich mit der Zeit vielleicht eine durchsetzen und die anderen verdrängen wird. Es gibt aber auch Methoden, die sich ergänzen, da sie auf verschiedenen Übertragungsebenen des OSI-Sieben-Schichten-Referenzmodells arbeiten (siehe Kapitel „OSI-Sieben-Schichten-Referenzmodell der ISO", Seite 313).

- Tunneling-Protokolle arbeiten meistens auf den unteren Schichten des OSI-Referenzmodells, PPTP und L2TP etwa auf Schicht 2 (Data Link Layer) und Mobile IP und IPSec auf Schicht 3 (Network Layer). Sie sind völlig transparent und damit bestens zur Kopplung von LANs zu VPNs geeignet. Die Daten werden unabhängig von den Anwendungen auf den öffentlichen Weitverkehrsnetzen verschlüsselt, der Anwender bemerkt nichts davon. Die Protokolle können in Routern realisiert werden, die auf der Schicht 3 arbeiten. (Siehe auch Kapitel „Verbindungsprotokolle, Tunneling und VPN-Technologien" ab Seite 248.)

- SSL schiebt sich zwischen die Schicht 4 (Transport Layer) des OSI-Referenzmodells und der Anwendungsebene. SSL erfordert kaum Änderungen bei den Anwendungen, ist also nahezu transparent. Trotzdem wird die gesamte TCP/IP-Kommunikation eines Netzes inklusive Telnet, FTP, SAP R/3 und Datenbankzugriffen abgesichert. Die Übermittlung vertraulicher Daten, wie Kreditkarteninformationen, wird ermöglicht. SSL ist nicht für LAN-Kopplungen geeignet, da es nicht in Routern implementiert werden kann, weil es die Schicht 4 in Routern nicht gibt.

- SOCKS (Sockets Secure) ist ein auf Schicht 5 (Session Layer) arbeitender IETF-Standard (Authenticated Firewall Traversal, AFT). SOCKS verbindet ähnlich wie die Tunneling-Protokolle LANs zu VPNs. Die bekannteste Implementation von SOCKS ist das Aventail VPN.

- PGP, OpenPGP, S/MIME, PEM und MailTrusT sind Kryptografieverfahren auf der höchsten Ebene 7, der Anwenderebene (Application Layer). Auf dieser Ebene ist Kryptografie am aufwendigsten, da hier jedes Anwendungsprogramm einzeln angepaßt sein muß. Aber hier ist auch die Flexibilität am größten. Der Anwender kann entscheiden, ob die Daten verschlüsselt bleiben sollen, ob sie signiert werden sollen, u.s.w. Nur wenn die Verschlüsselung bis zu dieser Ebene erhalten bleibt, passieren die Daten auch Gateways (auf Schicht 7) verschlüsselt. Und nur dann bleiben Signaturen erhalten und der Anwender kann sie auch noch zu einem späteren Zeitpunkt überprüfen und als Beweismittel benutzen.

13.6   Firewall

Absoluten Schutz gegen Einbrüche in das eigene Netzwerk von außen gibt es nicht. Aber es gibt Maßnahmen für einen sehr hohen Sicherheitsstandard. Dazu gehören die im Kapitel „Verbindungsprotokolle, Tunneling und VPN-Technologien" ab Seite 248 genannten Verfahren, und dazu gehören auch Firewalls. Man muß sich dabei aber immer vor Augen halten, daß zum einen Firewalls keine Allheilmittel sind, die alle anderen Sicherheitsmaßnahmen überflüssig machen, und daß zum anderen solche Barrieren zwar vor direkten Einbrüchen schützen können, aber natürlich völlig wehrlos sind, wenn sich der Anwender etwa an der Firewall vorbei mit einem eigenen Modem direkt ins Internet einwählt und dadurch das gesamte LAN gefährdet, oder wenn er sich freiwillig (wahrscheinlich unbewußt) böswillige Programme lädt. Dies können ActiveX-Controls sein, dies können auch beliebige andere Programme sein. Es gelten hierfür die gleichen Vorsichtsmaßnahmen wie bei Benutzung von CDs unbekannter Herkunft.

Einige von Hackern verwendete Einbruchsmethoden und Störmanöver sind:

- Source Routing Attacks und ICMP Redirects: Das IP-Paket beeinflußt den Weg durchs Internet mit Routing-Informationen oder manipuliert sogar direkt die Routing-Tabellen in den Routern.

- IP-Spoofing: Paket-Identifikationsinformationen werden gefälscht und so andere (erlaubte) Teilnehmer vorgetäuscht.

- DNS-Spoofing: Die Tabellen zur Adressenumsetzung im DNS-Server (Domain Name System) werden manipuliert und falsche Identitäten vorgetäuscht.

- Man-in-the-Middle oder Host-in-the-Middle nennt sich ein Hackerangriff, bei dem sich der Hacker zwischen Client und Server schaltet, die IP-Sitzung heimlich übernimmt und so alle transferierten Daten mitlesen kann.

- Über RPC Scans (Remote Procedure Call) und Stealth Scanning werden Reaktionen erzwungen, aktive Ports und installierte Dienste ermittelt und Informationen über das interne Netz beschafft.

- Tiny Fragment Attacks: IP-Pakete werden in viele sehr kleine Teile fragmentiert, die, wenn sie einzeln untersucht werden, nicht mehr genügend Information und zu wenig Rückschlüsse auf den Absender bieten.

- Flood Attacks und Ping Attacks (Ping of Death): Das System wird durch eine Flut von übermäßig vielen IP-Paketen in kurzer Zeit oder überdimensional großen Ping-ICMP-Anfragen überlastet und in der Verfügbarkeit eingeschränkt.

- Denial-of-Service Attacks: Besonders präparierte IP-Pakete nutzen Fehler in der Internet-Protokoll-Software (im IP-Stack). Der angegriffene Rechner versucht eine Verbindung zu sich selbst aufzubauen und gerät in eine Endlosschleife, die zum Stillstand führt.

Eine Firewall (Feuerschutzmauer) oder ein Security Gateway (Sicherheitstor) ist ein Rechner, der zwischen Netzwerkbereiche geschaltet ist und für unerlaubte Zugriffe undurchlässig ist. Meistens ist hierfür ein dedizierter Router- oder Gateway-Rechner im Einsatz. Die Firewall kann zwischen dem firmeninternen LAN und den nach außen gehenden Netzverbindungen (z.B. zum Internet) geschaltet sein. Die Firewall kann aber auch Teile des firmeninternen LANs von den anderen Teilen abschirmen. Eine solche geschlossene Benutzergruppe könnte zum Beispiel die Buchhaltung sein. Geschlossene Benutzergruppen gibt es auch in WANs und werden dann als VPN (virtuelle private Netze) bezeichnet. Sie teilen sich Hochleistungsleitungen der Telekommunikationsgesellschaften. An den Leitungsabzweigungen müssen die Datenpakete dann wieder getrennt werden. Wenn die Firewall-VPN-Optionen dem IPSec-Standard (Internet Protocol Security) entsprechen, können auch VPNs mit Teilnehmern mit unterschiedlichen Firewalls aufgebaut werden. Bei VPNs sollte man allerdings auf ausreichend sichere Verschlüsselung achten. Amerikanische Geräte unterliegen den US-Export-Restriktionen und können eventuell nicht einen genügend langen Schlüssel benutzen.

Firewalls können als Packet Filtering Router, Circuit Level Gateway, Application Level Gateway und Proxy-Rechner realisiert sein.

- Packet Filtering Router (Paketfilter), auch Screening Router (Überwachungs-Router) genannt, operieren auf der Vermittlungsschicht des TCP/IP-Protokolls, also auf unterster Ebene. Sie überprüfen jedes IP-Datenpaket und entscheiden anhand der Absender- und Zieladresse sowie des Quell- und Ziel-Ports und des verwendeten Sitzungs- und Anwendungsprotokolls, ob es passieren darf. Jede Router-Software verfügt über die Fähigkeiten, die man für ein Paketfilter braucht, es wird keine weitere Hard- oder Software benötigt. Nachteilig sind zum einen der hohe Konfigurationsaufwand und noch wichtiger, die schwierige Ausfilterung der vielen Hackern bekannten Möglichkeit, über das Fälschen von Paket-Identifikationsinformationen (IP-Spoofing) doch Zugang zu erlangen. Auch Tiny Fragment Attacks sind schwierig zu unterdrücken. Paketfilter bringen keine allzu große Sicherheit, schon alleine deshalb, weil die Adressen der internen Rechner nach außen bekannt bleiben.

- Circuit Level Gateways überwachen die Transportschicht, also das TCP- bzw. UDP-Protokoll, manchmal auch übergeordnete Protokolle. Der Verbindungsaufbau erfolgt über das Circuit Gateway, wird so kontrolliert und nur bestimmte Verbindungen werden zugelassen. Circuit Gateways benötigen manchmal die Verwendung spezieller Clients. Dann können viele Programme gar nicht verwendet werden oder müssen speziell konfiguriert sein.

- Stateful Inspection ist ein von Check Point Software Technologies patentiertes Verfahren. Ein zustandsorientiertes Paketfilter verbindet IP-Pakete mit Informationen über zugehörige Anwendungen. So können etwa bestimmte Port-Bereiche nur dann geöffnet werden, wenn die Vorgeschichte des Verbindungsaufbaus korrekt ablief. Es kann auch ein Virencheck durchgeführt werden oder es können einzelne Java-Tags kontrolliert werden.

- Application Level Gateways (Anwendungs-Gateways) arbeiten auf der Anwendungsebene und erlauben die volle Kontrolle über den Netzverkehr und die Dienste. Während beim Paketfilter die Datenpakete zwar untersucht und eventuell abgewiesen werden, werden sie im Proxy darüber hinaus verändert, es werden andere Adressen und Ports eingetragen. Für jeden zugelassenen Dienst ist ein eigenes Gateway-Programm verantwortlich, welches als Proxy (Stellvertreter) fungiert. Proxies geben nur ihre eigene IP-Adresse nach außen weiter (NAT, Network Address Translation). So bleiben die Rechner im Intranet für die Außenwelt verborgen (IP Hiding). Für verschiedene Benutzer können unterschiedliche Verbindungen, Protokolle und Dienste zugelassen werden. Auch Authentifizierung kann implementiert sein. Application Gateways sind sehr sicher, aber auch sehr aufwendig.

- Optimale Sicherheit bietet ein isoliertes Router-Subnet (Dual Screened Subnet). Dafür werden zwei Router benötigt, am besten Packet Filtering Router. Der Firewall-Gateway-Rechner, auch Bastion Host genannt, sitzt zwischen diesen beiden Routern. Hinter dem einen Router ist das interne Netz angeschlossen und hinter dem anderen Router das andere zu koppelnde Netz, also meistens das Internet. Das isolierte Subnet wird auch Niemandsland oder entmilitarisierte Zone (Demilitarized Zone, DMZ) genannt. Es besteht kein direkter logischer Zugang vom Internet zum internen Netz. Alle Verbindungen gehen über den Bastion-Host-Rechner, der mit zwei Netzwerkkarten ausgestattet ist (was dual-homed genannt wird). Von außen kann nur der Gateway-Rechner angesprochen werden. Die

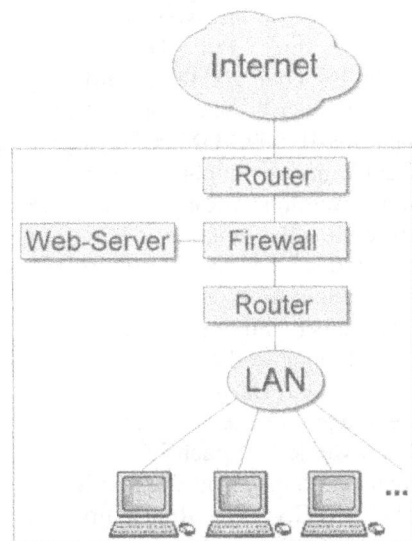

Struktur und die Adressen des internen Netzes bleiben nach außen verborgen. Der Bastion Host sollte ein als Proxy-Firewall arbeitendes Application Level Gateway sein.

- In Novell-Netzen kann die Abschirmung zum Internet auch durch einen Protokollwechsel im NetWare/IntranetWare-Gateway erreicht werden. Hier wird das IPX-Protokoll auf IP-Adressen umgesetzt (IPX-to-IP-Gateway). Nach außen hin gibt es nur die Gateway-IP-Adresse, alle internen Computer sind von außen unsichtbar. In der NDS wird definiert, welche Netzwerkteilnehmer auf das Internet zugreifen können.

Firewalls werden sowohl als reines Software-Paket ohne Hardware, als auch als Komplettpaket inklusive Hardware, sowie auch inklusive Router angeboten. Die Preisspanne beginnt bei unter 1.000,- DM und reicht bis über 100.000,- DM. Normalerweise sollte man mit mehr als 10.000,- DM rechnen. Dazu kommt ein nicht unerheblicher Administrationsaufwand. Professionelles Wissen ist Voraussetzung für eine sichere Installation. Vor der Anschaffung einer Firewall müssen viele Rahmenbedingungen geklärt werden. Dazu gehört auch die Frage, welche Dienste benötigt werden. Je nach Firewall kann es Schwierigkeiten mit UDP, RPC, NFS, Realaudio, Videoübertragung, Internet-Telefonie und anderen speziellen Diensten geben. Eine andere Frage ist, ob Authentifizierungsmechanismen wie S/Key von Bellcore oder SecurID von Security Dynamics eingesetzt werden sollen.

Das Bundesamt für Sicherheit in der Informationstechnik (BSI, http://www.bsi.bund.de) gibt Hilfestellungen bei der Bewertung von Firewalls und anderer Sicherheitseinrichtungen. Es bietet auch eine Zertifizierung von Firewalls nach den europäischen ITSEC91-Schutzklassen wie F-C2 (ähnlich C2 des amerikanischen TCSEC). Als erste deutsche Firewall wird die KryptoWall der Aachener KryptoKom (http://www.kryptokom.de) nach ITSEC E3 zertifiziert. Zumindest über eine ICSA/NCSA-Zertifizierung sollte jede Firewall verfügen (International Computer Security Association, http://www.icsa.net).

Die Firewall-Filter sollten ergänzt werden durch Intruder Detection Software, auch Intrusion Detection System genannt (ID oder IDS), die Angriffe auf das System erkennen und melden kann, zum Beispiel von IDI Intrusion Detection / Security Dynamics (http://www.intrusion.com, http://www.securid.com), ISS Internet Security Systems (http://www.iss.net) oder Axent Technologies Inc. (http://www.axent.com).

Eine Firewall muß nicht nur fachkundig eingerichtet werden, sondern benötigt auch danach im laufenden Betrieb noch einen Administrator, der regelmäßig die Log-Files überprüft und Sicherheits-Audits durchführt.

Bei der Auswahl der Firewall sollte auf leichte Konfigurierbarkeit und übersichtliche Benutzerführung Wert gelegt werden. Die meisten Sicherheitslücken entstehen nicht wegen fehlender Funktionalität der Firewall, sondern wegen fehlerhafter Konfiguration.

Besonders bekannte Firewall-Produkte sind FireWall-1 von Check Point Software Technologies Ltd., Raptor Eagle von Axent Technologies Inc., BorderWare Firewall Server von Secure Computing Corp., Firewall 97 von AltaVista Internet Software, BIGfire von Biodata GmbH, Norman Firewall von Norman Data Defense Systems GmbH, Gauntlet Internet Firewall von TIS Trust

Information Systems / Network Associates und CyberGuard Firewall von CyberGuard Corp. Ebenso sehr bekannte Hersteller von Firewall-Produkten sind Cisco, DEC, Krypto-Kom und WatchGuard.

- Check Points FireWall-1 (http://www.checkpoint.com) ist absoluter Marktführer mit fast 40 Prozent Marktanteil. FireWall-1 bietet eine grafische Benutzeroberfläche, wodurch die nicht einfache Konfiguration der sehr vielen Optionen etwas erleichtert wird. FireWall-1 bietet eine Kombination der oben genannten Methoden inklusive Paketfilter, Stateful Inspection, Application Level Gateway und diverser Authentifizierungsverfahren (wie S/Key, SecurID, SKIP, RADIUS, IPSec) und dementsprechend sehr viele nicht immer einfach zu überblickende Einstelloptionen. FireWall-1 ist ICSA/NCSA-zertifiziert und kann Viren-Scanner einbinden. Über FireWall-1 können die Dienste UDP, RPC, NFS, IRC, RealAudio, VDO-Live, NetMeeting, CoolTalk und SQL*Net genutzt werden und es können VPNs eingerichtet werden.

- Die Firewalls Raptor Eagle von Axent Technologies Inc. (http://www.axent.com), BorderWare Firewall Server von Secure Computing Corp. (http://www.securecomputing.com), Firewall 97 von AltaVista (http://www.altavista.software.digital.com) und BIGfire von Biodata (http://www.biodata.de) verfügen über eingeschränktere Konfigurationsmöglichkeiten und übertragen nicht alle Internet-Dienste, aber sind dadurch einfacher zu installieren. Für die Installation dieser Systeme kann normales Netzwerkfachwissen ausreichen. Sie sind speziell für den Anschluß von Firmennetzen ans Internet konzipiert und unterstützen VPN-Tunneling.

- Norman Firewall von Norman Data Defense Systems GmbH (http://www.norman.de) beinhaltet ein B1-zertifiziertes Betriebssystem (SCO CMW+ oder HP-UX CMW) und gilt als besonders sicher, allerdings auch als etwas schwieriger einzurichten. Gauntlet Internet Firewall von TIS Trust Information Systems / Network Associates (http://www .tis.com, http://www.nai.com) basiert auf dem TIS Firewall Toolkit für Unix, welches samt Quelltext erhältlich ist und als besonders gut analysiert und sicher gilt. Obwohl es nur wenige Konfigurationsoptionen gibt und nur wenige Internet-Dienste ermöglicht werden, ist die Installation schwierig und erfordert gründliche Kenntnisse.

Weitere Informationen über Firewalls finden Sie bei Great Circle Associates Inc. (http://www.greatcircle.com), CERT Coordination Center (http://www.cert.org), DFN-CERT (http://www.cert.dfn.de, http://www.fwl.dfn.de) und COAST (http://www.cs.purdue.edu/coast/firewalls).

13.7   Sicherheitslücken in Web-Browsern und Betriebssystemen

Auf die unterschiedlichen Möglichkeiten der Browser-Erweiterungen, wie Java-Applets, Plug-Ins und ActiveX-Controls, wurde schon im Kapitel „WWW-Erweiterungen (Java, Skripts, Plug-Ins, ActiveX)" ab Seite 52 eingegangen. Java-Applets werden vom Browser über das Internet geladen und auf dem Client ausgeführt. Der Browser überwacht die Java-Applets und stellt sicher, daß keine unerlaubten Zugriffe auf den Rechner oder fremde

Web-Sites erfolgen. Java-Executables sind dagegen normale ausführbare Programme (.EXE-Dateien), die wie andere Programme auch keinerlei Beschränkungen und Sicherheitsvorkehrungen unterliegen. Plug-Ins und ActiveX-Controls sind Module (Objekte), die meistens vom Browser über das Internet geladen werden, aber dann auf dem lokalen Client-Rechner gespeichert bleiben.

Java-Executables, Plug-Ins und ActiveX-Controls haben volle Kontrolle über den Rechner, was einerseits mächtige Programme ermöglicht, andererseits auch zu Sicherheitsrisiken führen kann. Die ActiveX-Controls haben eingebaute Signaturen (Microsofts Authenticode), die sicherstellen können, daß das ActiveX-Control unverfälscht übertragen wurde. So kann zwar der Autor identifiziert werden, aber Sicherheit gegen Virenangriffe oder Hackereinbrüche bedeutet dies nicht zwangsläufig.

Sun hat ab Java Version 1.1 mit den Jar-Archiven eine Technik eingeführt, die Java-Applets zertifizierbar macht, ähnlich wie der Authenticode-Mechanismus für ActiveX-Controls, um ihnen dann ebenfalls Zugriff auf Rechnerressourcen zu erlauben (Object Signing). Während bei ActiveX-Controls nur entweder eine komplette Ablehnung oder die Erlaubnis zum beliebigen Zugriff auf alle Rechnerressourcen möglich ist, können bei Jar-Archiven den Java-Applets auch differenzierte Rechte eingeräumt werden, zum Beispiel der Zugriff auf genau eine weitere Internet-URL.

Fachlich versierte Studenten und findige CCC-Hacker (vom Chaos Computer Club) beweisen immer wieder, daß nahezu jede Technik ihre Lücken hat. Wenn sie entsprechende Nachrichtenticker wie etwa den der c't (http://www.heise.de/newsticker) verfolgen, werden Sie immer wieder mit Meldungen wie den folgenden konfrontiert:

- Viele leicht zu bedienende Hacker-Tools sind auf CD-ROM käuflich erwerblich, etwa von der Oldenburger UTECH Verlagsgesellschaft mbH (Hacker's best friend, Datenschutz-CD, http://www.uvg.de) und von der Schweizer Group 42 (http://www.swiss .net/group42).

- Hacked.Net (http://www.hacked.net) ist ein gut gepflegtes Hacker-Archiv im Internet, welches besonders aufsehenerregende Hacker-Angriffe auf populäre Web-Sites dokumentiert.

- Bei NMRC Nomad Mobile Research Centre (http://www.nmrc.org) findet man eine Fülle vom Hackertips.

- L0pht Heavy Industries (http://l0pht.com/hotnews.html) überrascht immer wieder mit neuen Sicherheitslücken.

- CCC demonstriert Sicherheitsrisiken von ActiveX. Hacker aus dem Umfeld des Chaos Computer Club führten im ARD-Magazin PlusMinus eindrucksvoll vor, wie Anwendern durch die Sicherheitsmängel von Microsofts ActiveX-Technologie finanzielle Schäden entstehen können. Auf einem Server mit dem sinnigen Titel „Millionär in fünf Minuten" installierten sie ein fatales ActiveX-Control. Schaut sich ein Anwender diese Seite mit dem Internet Explorer an und hat er die Homebanking-Software Quicken auf seinem Rechner installiert, so startet das Control diese im Hintergrund und fügt unbemerkt einen Geldtransaktionssatz in die entsprechende Datei ein. Bei der nächsten Sammelüberweisung mit Quicken wird das Konto des Anwenders dann um 20,- DM erleichtert.

- Auf der CeBIT 97 stellte der Chaos Computer Club einen Virus vor, der das Java-basierte Homebanking-Verfahren von Brokat befällt. Dieses Homebanking-Verfahren wird z.B. von der Bank24 und der Deutschen Bank zur Abwicklung von Geldgeschäften verwendet. Der Virus manipuliert die Java-Befehlsdaten auf dem Client. Der Homebanking-Kunde bemerkt erst später, daß seine Überweisung nicht beim richtigen Adressaten angelangt ist.

- McLain bietet unter http://www.halcyon.com/mclain/ActiveX ein zertifiziertes ActiveX-Control, welches einen Windows-95-PC einfach herunterfährt.

- Tea Vui Huang demonstriert unter http://www.scv.com.sg/~entea/security/reggap.htm wie simpel sich die Sicherheitsbarrieren im Microsoft-Browser abschalten lassen, so daß beliebige Programme geladen werden können.

- Eine ursprünglich von Spangler entdeckte Methode wird unter http://www.ee .washington.edu/computing/iebug, http://www.security.org.il/msnetbreak und http:// www.efsl.com/security/ntie benutzt, um Benutzernamen und Paßwörter auszuspähen.

- Unter Windows NT können das SMB-Protokoll (Server Message Block) und die SAM-Datenbank (Security Accounts Manager) mißbraucht werden, um Paßwörter herauszubekommen.

- "Cyber-Snot"-Bug: Drei Studenten des Worcester Polytechnic Institute haben einen Weg gefunden, die Sicherheitsmechanismen des Internet Explorer 3.0 unter Windows 95 und Windows NT 4.0 zu umgehen. Der Bug kommt sogar auf dem höchsten Sicherheitsniveau des Web-Clients zum Tragen, denn er benötigt weder ActiveX-Controls noch andere aktive Komponenten. Vielmehr nutzt er die Tatsache, daß der Browser LNK- und URL-Dateien benutzen kann, um Programme auf fremden Rechnern ausführen zu können (LNK nur unter Windows 95). Auf seiner Site (http://www.cybersnot .com) hat das Trio, das den Bug gefunden hat, ein paar Beispiele zusammengestellt.

- Rioux und Macinta zeigen auf http://web.mit.edu/crioux/www/ie/index.html, daß der Explorer über den Internet Wizard beliebige Programme auf dem Rechner des Surfers startet. Der Pfad des auszuführenden Programmes muß zwar bekannt sein, was aber durch die üblichen Standardverzeichnisse keine große Einschränkung bedeutet. Bei diesem Sicherheitsloch muß der Surfer keinen Link anklicken - das bloße Betrachten einer WWW-Seite startet das Programm ohne weitere Warnung.

- WinNuke nutzt durch Out-of-Band-Attacken Fehler im TCP/IP-Stack von Windows aus mit dem Effekt, daß Windows neu gebootet werden muß.

- Orellana vom dänischen Software-Haus Cabocomm findet eine Sicherheitslücke in den Versionen 2.0 bis 4.0 des Netscape Navigator, über die beliebige Dateien von der Festplatte eines Anwenders zum Web-Server kopiert werden können.

- Java-Sicherheitsloch: Mesander demonstriert auf http://neurosis.hungry.com/~ben/ msie_bug wie ein Java-Applet eine Netzwerkverbindung zu einem beliebigen fremden Rechner im Internet öffnet und ein Java-Applet von einem fremden Server startet.

- Unter http://www.sky.net/~williams/java/javasec.html finden Sie Infos über den Java-DNS-Bug, bei dem Java-Applets verbotenerweise Kontakt zu anderen Servern aufnehmen können.

- Auch in Apples Macintosh Runtime for Java 1.5 (MRJ) gab es ein Sicherheitsloch. Eine neue Technologie namens JDirect erlaubt von Java aus per MRJ den Zugriff auf die Toolbox-Routinen des MacOS. Dies sollte eigentlich nur Java-Programmen erlaubt sein, aber auch Java-Applets können beispielsweise ungehindert Dateien löschen oder den Rechner zum Absturz bringen.

- Auch Mac-Web-Server sind nicht sicher, wie sich bei einem Wettbewerb der schwedische Firma infinit information (http://hacke.infinit.se) zeigte. In der zweiten Runde gelang nach sechs Wochen dem australischen Hacker Starfire ein Einbruch.

- Teardrop, Land und OOB (Out of Band) sind Programme, die per Denial-of-Service Attacks über besonders präparierte IP-Pakete Fehler in der Internet-Protokoll-Software (im IP-Stack) nutzen und den Rechner zum Stillstand bringen. Betroffen sind Windows, Macintosh, Linux, andere Unix-Derivate sowie einige Router von Cisco und Livingston.

- Über das RCGI-Interface in Novells NetWare/IntranetWare kann dem Perl-Interpreter über den TCP/IP Port 8002 direkt ein beliebiger Dateiname zur Ausführung übergeben werden, wie unter http://www.dunkel.de/security erläutert wird.

- Ross, Cheng und Kobin (http://www.v.nu/core) berichten von der Möglichkeit, in einem IFRAME-Tag ein Programm-Icon als normale HTML-Schaltfläche zu tarnen. Durch Anklicken dieses Icons startet der Surfer ein Programm aus dem Netz, ohne auf diese Tatsache hingewiesen zu werden.

- Juggernaut ist ein in dem Hackermagazin Phrack veröffentlichtes Cracker-Tool, mit dem man fremde Telnet-Sitzungen übernehmen kann und dann selbst den Server steuern kann oder Paßwörter erspähen kann. Selbst Authentifizierungsverfahren wie S/Key oder Kerberos können dies nicht verhindern. Schutz bietet nur die Verschlüsselung der kompletten Sitzung, etwa mit SSH (Secure Shell).

- Über DNS-Spoofing können DNS-Server manipuliert werden, so daß eine Verbindung statt direkt etwa zur Bank zu einem Hacker umgeleitet wird (der dann die Kontodaten entgegen nehmen könnte).

- In Programmen können sich Trojanische Pferde verstecken. Diese Programme geben vor, etwas sinnvolles zu tun. Gleichzeitig lesen sie etwa den Tastatur-Controller des Rechners aus und protokollieren jeden Tastendruck. Auf diese Weise lassen sich sensible Informationen ermitteln, etwa Kreditkartennummern oder PINs. Beim nächsten Internet-Kontakt verschickt das Trojanische Pferd die gesammelten Daten heimlich per E-Mail an seinen Programmierer. ICSA (http://www.icsa.net) listet entsprechende Programme auf, die zum Beispiel Paßwörter von AOL-Mitgliedern erspähen.

- Besonders heimtückische Programme sind Back Orifice (BO) von Cult of the Dead Cow (cDc, http://www.cultdeadcow.com) und NetBus von Neikter (http://www .angelfire.com/ab/netbussite/index.html). Sie lesen Dateien, Tastatureingaben und Paßwörter und erlauben beliebige Modifikationen am angegriffenen Rechner. Näheres finden Sie bei Hasting (http://www.pchell.com) und Dawson (http://www.tbtf.com/ resource/iss-backdoor.txt).

- Das Plug-In Shockwave (Netscape Navigator 2, 3 für Windows 95, NT und MacOS) kann dazu mißbraucht werden, Emails des Benutzers mitzulesen, Zugang zu beliebigen

Intranet-Web-Sites zu erschleichen (auch Internet Explorer) oder sogar jede lokale Datei des Anwenders mitzulesen. Dies geschieht völlig unbemerkt, sobald ein User eine entsprechend präparierte Seite besucht. Vitry beschreibt die Gefahren sowie das Verfahren unter http://www.webcomics.com/shockwave im Detail.

- Viele ganz normale Dokumente, z.B. über den Adobe Acrobat Reader lesbare .PDF-Dateien, können einfach beliebige Programme auf dem Rechner des Anwenders ausführen.

- Im Kapitel „Firewall" ab Seite 347 finden Sie weitere von Hackern verwendete Einbruchsmethoden und Störmanöver, wie etwa „Man-in-the-Middle".

Diese spektakulären Aktionen sind unbedingt notwendig und nützlich, denn letztendlich machen sie auf Schwachstellen aufmerksam, die dann in der Regel beseitigt werden. Zum Beispiel die meisten der oben aufgezählten sind mittlerweile durch Bugfixes entschärft. Andererseits ist es für technisch etwas weniger Bewanderte oft schwierig, die Gefährlichkeit einzuschätzen.

Die Diskussion zur Sicherheit im Internet wird oft zu emotional geführt. Einerseits gibt es immer noch unnötigerweise Web-Seiten, die die Eingabe und Übermittlung vertraulicher Daten ohne Verschlüsselung erwarten, obwohl es vernünftige und verbreitete Methoden gibt, wie etwa SSL. Das andere Extrem sind Sicherheitsanforderungen, die ungleich höher angesetzt werden, als übliche Verhaltensregeln im täglichen Leben. Denn Unfug etwa mit Ihrer Kreditkartennummer kann der Kellner im Restaurant, dem Sie Ihre Kreditkarte zum Bezahlen aushändigen und der damit außerhalb Ihrer Sichtweite zum Kassenautomat geht, relativ leicht anstellen. Jedenfalls erfordert dies viel weniger Phantasie und Aufwand als das Ausspähen und die Ausnutzung Ihrer im Internet übertragenen Daten. Und auch mit den herkömmlichen Euroscheckkarten sind immer wieder Betrugsfälle bekannt geworden, trotzdem will keiner mehr auf sie verzichten. Hätten Sie Hemmungen, Ihre Scheckkarte im Ausland in einen beliebigen Geldautomaten zu stecken und freiwillig Ihren Geheimcode einzutippen? Sie vertrauen diesem Gerät, nur weil es so ähnlich wie andere Geldautomaten aussieht. Da ist das Niveau der Identifizierungsmechanismen im Internet schon erheblich fortgeschrittener als im Alltag.

Die Sicherheit muß ständig genauestens beobachtet und gründlich kontrolliert werden und Sicherheitslöcher müssen ernst genommen werden, aber lassen Sie sich nicht von einzelnen erfolgreichen Attacken dazu verleiten, diese Techniken pauschal als unbrauchbar zu verteufeln.

Die Beispiele zeigen übrigens, daß jede Technik Schwächen hat, sowohl ActiveX, als auch Java, HTML, die Browser-Implementierungen und auch die Betriebssysteme. Eine Polarisierung nach dem Schema Java ist besser als ActiveX, Unix ist sicherer als Windows oder andere Dogmen helfen deshalb nicht.

Erstes Gebot beim Surfen ist natürlich die korrekte Einstellung der Sicherheitskonfiguration im Web-Browser. Dies erfolgt beim Netscape Communicator unter „Communicator"/ „Sicherheitsinformationen". Beim Microsoft Internet Explorer sollten Sie unter „Ansicht"/ „Internetoptionen"/„Sicherheit" die Sicherheit für jede Zone einzeln zumindest auf „Mittel" einstellen.

Unter Windows 98 und Windows NT können einige der genannten Schwachstellen entschärft werden, wenn in der Netzwerkkonfiguration bestimmte standardmäßig installierte Bindungen entfernt werden. Bei Windows bestehen Netzwerktreiber aus mehreren Schichten: den Adaptertreibern (DFÜ-Adapter bzw. Remote Access WAN Wrapper), den Protokollen (z.B. TCP/IP und IPX) und den Diensten (z.B. Freigaben) und Clients (z.B. NetWare). Um unerlaubte Zugriffsmöglichkeiten von außen über das Internet einzuschränken, sollten bei Windows 98 unter den Eigenschaften für TCP/IP → DFÜ die Bindung an den Client- und Server-Dienst für Microsoft-Netze und bei Windows NT die Bindung der Remote Access WAN Wrapper an NetBIOS-, Workstation- und Server-Dienste abgeschaltet werden. Die Ressourcen des Rechners werden nur für DFÜ-/RAS-Zugriffe gesperrt, anderen Teilnehmern im LAN können sie weiterhin zur Verfügung gestellt werden. Allerdings kann man sich in einen so umkonfigurierten Rechner dann natürlich auch nicht mehr von außen einwählen.

Die vielen sicherheitsrelevanten Einstellungen moderner Betriebssysteme sind nur schwer überschaubar. Für Windows NT ist der Security Config Wizard NT von Schmal/Sprejz (http://www-rnks.informatik.tu-cottbus.de/~fsch/deutsch/cfgwiz.htm) eine große Hilfe. Er bietet mehr Optionen als der Microsoft Security Configuration Manager (SCM). Besonderes Augenmerk unter Windows verdienen die Registry-Einträge, deren Interpretation und Beobachtung durch RegEdit von Clausen (http://www.regedit.com) und Regmon von Russinovich/Cogswell (http://www.sysinternals.com/regmon.htm) erleichtert wird.

Außer den „richtigen" Firewalls, die als eigenständiges Gateway arbeiten, gibt es auch Software-Pakete, die direkt auf dem PC des Anwenders installiert werden und ähnlich einer Firewall für Sicherheit beim Surfen sorgen sollen, wie etwa AtGuard von WRQ Inc. (http://www.atguard.com). Solche Programme bieten allerdings längst nicht den Schutz wie „richtige" Firewalls.

Viele Web-Sites informieren über aktuelle Sicherheitslücken und geben Tips für sicheres Surfen:

- Heimann (http://www.it-sec.de),
- ISS Internet Security Systems Inc. (http://www.iss.net/xforce),
- MJE Ltd. NT Security (http://www.ntsecurity.net),
- Fyodor Exploit World (http://users.dhp.com/~fyodor/sploits.html),
- m.b. new order (http://neworder.box.sk) und
- Trojan Horse Construction Kit (http://members.tripod.com/~THCK).

14 Einige Adressen und Internet-URLs

3Com GmbH, 81739 München, 089-627320, http://www.3Com.de, (Netzwerk-Hardware)

Adobe, 85716 Unterschleißheim, 0180-2304316, http://www.adobe.de, (Bildbearbeitung Photoshop)

Allaire, USA, 001-8889392545, http://www.allaire.com, (HTML-Editor HomeSite)

AOL America Online, 20459 Hamburg, 040-361590, http://germany.web.aol.com, (Internet-Prov.)

Apache, http://www.apache.org, (Apache Web-Server)

Ascend Communications GmbH, 64331 Weiterstadt, http://www.ascend.com, (RAS-Router für PoP)

Asymetrix, 81677 München, 089-9303011, http://www.asymetrix.com, (ToolBook Multim.-Auth.)

AVM, 10559 Berlin, 030-399760, http://www.avm.de, (ISDN-Produkte)

Banyan, 089-9902240, http://www.banyan.com, (große Netzwerke, Streetalk)

Bay Networks, 65203 Wiesbaden, 0611-9242-0, http://www.nortelnetworks.com, (Router, LAN)

Borland/Inprise GmbH, 63225 Langen, 0130-820864, http://www.inprise.com, (Delphi, JBuilder)

Brokat Systeme, 70565 Stuttgart, 0711-78844-0, http://www.brokat.de, (bargeldlose Zahlungssyst.)

BSI Bundesamt für Sicherh. Informationstechn., 0228-9582111, http://www.bsi.bund.de, (Sicherheit)

CA Computer Associates, 64297 Darmstadt, 06151-9490, http://www.cai.com, (Management-Softw.)

Cabletron Systems GmbH, 85716 Unterschleißheim, http://www.ctron.com, (Intranet-Management)

Callisto, 60596 Frankfurt, 069-6339890, http://www.germany.net, (Internet-Provider)

Centura/Gupta Software, 81477 München, 089-7481210, http://www.centurasoft.com, (SQL-Datenb.)

CERN Conseil Europeén pour la Recherche Nucléaire, http://www.w3.org, (CERN Web-Server)

Check Point Software Technologies Ltd, 85399 Halbergmoos, http://www.checkpoint.com, (Firewall)

Cisco Systems GmbH, 85715 München, 089-3215070, http://www.cisco.com, (Router, Switches)

Citrix Systems Inc., USA, 08441-40310, http://www.citrix.com, (Intranet-Software)

CIX Commercial Internet Exchange Association, http://www.cix.org, (Internet-Austauschknoten)

ComFood Software GmbH, 48161 Münster, 02534-62130, http://www.comfood.com, (Software)

Compaq Computer Corp., 85609 Dornach, 0180-3221223, http://www.compaq.de, (Server)

CompuServe, 82008 Unterhaching, 0130-3732, http://www.compuserve.de, (Internet-Provider)

Computer 2000, 089-3573-7912, http://www.computer2000.de, (Software-Distributor)

Concept!, Wiesbaden, http://www.concept.com, (Multimedia-Agentur)

Corel Corp., 85399 Hallbergmoos, 0130-815074, http://www.corel.com, (CorelDraw)

CyberCash, http://www.cybercash.com, (bargeldlose Zahlungssysteme)

DEC Digital Equipment Corp., 81927 München, 089-95910, http://www.digital.de, (Firewall)

Dell, 63225 Langen, 06103-971-0, http://www.euro.dell.com, (Server)

DE-NIC Network Information Center, Karlsruhe, http://www.nic.de, (Deutsche Internet Domains)

DFN-CERT, Hamburg, 040-54715-262, http://www.cert.dfn.de, (Sicherheit)
DFN-WiNShuttle, 10707 Berlin, 030-884299-41, http://www.shuttle.de, (Internet-Provider)
Diebold GmbH, http://www.diebold.de, (Studien, Marktforschung)
DIGI Deutsche Interessengemeinschaft Internet e.V., http://www.digi.de, (Internet-Organisation)
Digicash, http://www.digicash.com, (bargeldlose Zahlungssysteme)
eco Electronic Commerce Forum e.V., http://www.eco.de, (Internet-Organisation)
ELSA AG, 52070 Aachen, 0241-606-0, http://www.elsa.de, (ISDN-Produkte)
Epson, 40549 Düsseldorf, 0211-5603-0, http://www.epson-deutschland.de, (Drucker, Kamera)
ESD, Dölzig/Leipzig, http://www.esd.de, (MeCHIP)
Forrester Research Inc., Cambridge/MA, http://www.forrester.com, (Studien, Marktforschung)
Gartner Group, http://www.gartner.com, (Studien, Marktforschung, IT-Beratung)
Germany.net Callisto, 60596 Frankfurt, 069-6339890, http://www.germany.net, (Internet-Provider)
GfK Gesellschaft für Konsumforschung, http://www.gfk.cube.net, (Studien, Marktforschung)
Giga Information Group, http://www.gigaweb.com, (Studien, Marktforschung)
GINKO Ges. für Internet-Kommunikation, 52064 Aachen, http://www.ginko.net, (Internet-Prov.)
GVU Graphics Visualization & Usability Center, http://www.gvu.gatech.edu, (Studien, Marktforsch.)
Hanewinkel, http://home.t-online.de/home/hanewin, (ISDN-/CAPI-/NDIS-Tools)
Hanke & Peter, 52068 Aachen, 0241-16008-0, http://www.hape.de, (Systemhaus, Vernetzung)
Hewlett-Packard (HP), 71034 Böblingen, 07031-14-0, http://www.hewlett-packard.de, (Server)
Hypercope GmbH, 52078 Aachen, 0241-92829-0, http://www.hypercope.de, (ISDN-Produkte)
IAB Internet Architecture Board, http://www.iab.org, (Internet-Organisation)
IANA Internet Assigned Numbers Authority, http://www.iana.org, (Internet-Organisation)
IBM Deutschland Informationssysteme, 70569 Stuttgart, 0711-785-0, http://www.ibm.de, (Server)
iCat Europe Ltd., London, http://www.icat.co.uk, http://www.icat.com, (Server für Online Shopping)
ICSA International Computer Security Association, http://www.icsa.net, (Sicherheits-Organisation)
IDC International Data Corp., http://www.idc.com, (Studien, Marktforschung)
I-D Gruppe, Essingen, http://www.idgruppe.de , (Multimedia-Agentur)
IETF Internet Engineering Task Force, http://www.ietf.org, (IETF-Standards)
IN Individual Network, 26121 Oldenburg, 0441-9808556, http://www.rhein.de/IN, (Internet-Prov.)
Informix Software, 85737 Ismaning, 089-996130, http://www.informix.com, (SQL-Datenbank)
Inprise/Borland GmbH, 63225 Langen, 0130-820864, http://www.inprise.com, (Delphi, JBuilder)
Intel GmbH, 85622 Feldkirchen, 089-991430, http://www.intel.com, (Pentium, Diverses)
internetACADEMY (SNI), http://www.internet-academy.de, (Trainingszentrum, Fortbildung)
Internet Akademie, Berlin, http://www.akademie.de, (Internet-Einführungsunterstützung)
InterNIC Network Information Center, http://www.internic.net, (Internationale Internet Domains)
Intershop Communications, 07743 Jena, http://www.intershop.de, (Server für Online Shopping)
IRTF Internet Research Task Force, http://www.irtf.org, (Internet-Forschung)
IS Internet Services Netsurf, 21079 Hamburg, 040-766291623, http://www.netsurf.de, (Int.-Prov.)
ISO International Standardization Organization, http://www.iso.ch, (ISO-Standards)
ISOC Internet Society, http://www.isoc.org und http://www.isoc.de, (Internet-Organisation)
ISS Internet Security Systems, http://www.iss.net, (Security-Scanner-Software SAFEsuite)
ITK / Digi International, 44227 Dortmund, http://www.digieurope.com, (ISDN-Prod., PoP-Hardw.)
ITU International Telecommunications Union, http://www.itu.ch, (ITU-Standards)

iXOS, 85630 Grasbrunn, 089-46005-0, http://www.ixos.de, (SAP R/3)

Jasc, http://www.jasc.com, Lakies 05864-1328, (Paint Shop Pro)

JavaSoft, CA/USA, 001-408-3431400, http://www.javasoft.com, (Java)

Kessler Software, 37124 Rosdorf, 0551-50762-0, http://www.kessler.de, (Software-Distributor)

KryptoKom GmbH, 52068 Aachen, http://www.kryptokom.de, (Kryptosysteme, Firewall)

Linux, http://www.linux.org, http://www.linux.de, (Linux)

Lotus Devel. GmbH, 81379 München, 0180-54123, http://www.lotus.de, (Lotus Notes, Groupware)

Macromedia, 93333 Neustadt, 0180-5323666, http://www.macromedia.com, (Multimedia-Authoring)

MetaCreations Inc., 01805-323666, http://www.metacreations.com, (Bildbearbeitung, Kai's Pow. T.)

Microsoft, 85713 Unterschleißheim, 089-31760, http://www.microsoft.de, (Windows, Web-Tools)

Micrografx, http://www.micrografx.com, (Bildbearbeitungsprogramm)

MobilCom, 24822 Schleswig, 0180-52044, http://www.mobilcom.de, (Internet-Provider)

Nacamar, 63303 Dreieich, 06103-9901-0, http://www.nacamar.net, (Internet-Provider)

NEC Deutschland GmbH, 85737 Ismaning, 089-96274-0, http://www.nec.de, (Computer-Peripherie)

NetObjects Inc., Redwood City, CA/USA, http://www.netobjects.com, (HTML-Editor Fusion)

Netscape Commun., 85399 Hallbergmoos, 0811-5537-0, http://www.netscape.com, (Web-Tools)

Netsurf IS Internet Services, 21079 Hamburg, 040-766291623, http://www.netsurf.de, (Int.-Prov.)

Network Associates Inc., Santa Clara, CA/USA, http://www.nai.com, (PGP, Sicherheits-Software)

NIC Network Information Center, http://www.nic.de, (Internet-Domain-Namen)

Novell GmbH, 40549 Düsseldorf, 0211-5631-0, http://www.novell.de, (NetWare)

NTG/Xlink, 76131 Karlsruhe, 0721-9652-0, http://www.xlink.net, (Internet-Provider)

Object Design Inc., 65205 Wiesbaden, 0611-97719-0, http://www.odi.com, (OODBMS ObjectStore)

OMG Object Management Group, http://www.omg.org, (OMA, CORBA)

Open Market, http://www.openmarket.com, (Web-Server)

Oracle GmbH, 80993 München, 089-149770, http://www.oracle.com, (SQL-Datenbank)

O'Reilly, 0228-970240, http://www.ora.com, (WebSite Web-Server)

OSF Open Software Foundation, http://www.opengroup.org, (OSF-Standards)

PictureTel, 85774 Unterföhring, http://www.PictureTel.com, (ISDN-Produkte)

Pixelpark Multimedia, Berlin, http://www.pixelpark.com, (Multimedia-Agentur)

Powersoft, Wiesbaden-Nordenstadt, 06122-92320, http://www.sybase.com, (Power++ Compiler)

PP-Com GmbH, 52477 Aachen, 02404-90660, http://www.ppcom.de, (Kommunik.-Server, UMS)

Primus-Online (früher Metronet), Köln, http://www.primus-online.de, (Internet-Provider)

Programmers' Paradise, 85586 Poing, 08121-79071, http://www.pparadise.de, (Software-Distributor)

Red Hat Software Inc., http://www.redhat.de, (Linux-Distributor)

RIPE Reseaux IP Europeen Network Coordination Center, http://www.ripe.net, (IP-Nummern)

RSA Data Security Inc., http://www.rsa.com, (Verschlüsselung)

SAP AG, 69190 Walldorf, 06227-340, http://www.sap-ag.de, (SAP R/3)

Secure Computing, 81377 München, 089-59047-0, http://www.sctc.com, (Firewall)

SGI Silicon Graphics Comp. Syst., 85630 Grasbrunn, 089-461080, http://www.sgi.com, (3D, VRML)

Shiva Europe Ltd, 40882 Ratingen, 0211-172120, http://www.shiva.com, (RAS)

SNI Siemens Nixdorf Informat. AG, 86199 Augsburg, 0821-804-0, http://www.sni.de, (Server)

Softline, 77704 Oberkirch, 07802-924-0, http://www.softline.de, (Software-Distributor)

Software AG, 64289 Darmstadt, 06151-923100, http://www.sag.de, (SQL-Datenbank-Tools)

Stac Electronic, Berkshire, GB, 0130-821285, http://www.stac.com, (Reachout, Kommunikation)

Sub-Netz e.V., 76045 Karlsruhe, 0721-699478, http://www.sub.net, (Internet-Provider)

Sun Microsystems GmbH, 85630 Grasbrunn, 089-46008-0, http://www.sun.de, (Server, Java)

SuSE, http://www.suse.de, (Linux-Distributor)

Sybase GmbH Deutschl., 40549 Düsseldorf, 0211-5976-0, http://www.sybase.com, (SQL-Datenbank)

Symantec, 40237 Düsseldorf, 0211-9917-0, http://www.symantec.com, (Java, Kommunikation)

TeleCash, (IBM + Telekom), http://www.telecash.de, (bargeldlose Zahlungssysteme)

Telekom AG, 53105 Bonn, 0228-1819494, http://www.dtag.de, (Telefonnetz, Standleitungen)

Teles GmbH, 10587 Berlin, 030-3992800, http://www.teles.de, (ISDN-Produkte)

The Internet Factory, Kalifornien, http://www.ifact.com, (Server für Online Shopping)

TLK Computer, 81667 München, 089-4585670, http://www.tlk.com, (Router-Distributor)

T-Online, 26119 Oldenburg, 0130-5000, 0800-3301000, http://www.t-online.de, (Internet-Provider)

Traveling Software, 85456 Wartenberg, 08762-73050, http://www.travsoft.com, (LapLink, Kom.)

Ulead Systems Inc., 56412 Großholbach, 02602-5685, http://www.ulead.com, (Bildbearbeitung)

Umax, 47877 Willich, 0211-424062, http://www.umax.com, (Scanner)

UUNET, 44227 Dortmund, 0231-972-00, http://www.de.uu.net, (Internet-Provider)

VeriSign, Mountain View, CA/USA, 001-415-961-7500, http://www.verisign.com, (Zertifikate)

VIAG Interkom, 90345 Nürnberg, 0800-1090000, http://www.viaginterkom.de, (Internet-Provider)

VocalTec, http://www.vocaltec.com, (Internet-Telefonie)

W3B, 20251 Hamburg, 040-46851-20, http://www.w3b.de, (Studien, Marktforschung)

W3C World Wide Web Consortium, http://www.w3.org, (WWW-Spezifikationen)

WACOM Computer Systems GmbH, 41460 Neuss, http://www.wacom.de, (Grafiktablett UltraPad)

15 Literaturhinweise

Wenn Sie sich vorab über ein Buch informieren wollen, sollten Sie sich die sehr lange Liste kurzer Buchrezensionen bei der

- Universitäts- und Landesbibliothek Münster
  (http://medweb.uni-muenster.de/zbm/liti.html)

ansehen. Die Wahrscheinlichkeit ist nicht schlecht, daß Sie das gesuchte Buch dort finden. Über 1000 Bücher zum Internet sind beurteilt.

- EarthWeb Inc. (http://www.itlibrary.com)

stellt die Texte vieler interessanter Bücher komplett im Internet zur Verfügung. Die Texte sind zwar am Bildschirm umständlicher zu lesen als reale Bücher, aber dafür kann man nach Begriffen suchen.

Interessante Bücher bzw. Zeitschriften sind:

- Business im Internet, Lampe, Vieweg Verlag, ISBN 3-528-05544-8
- Die Intranet Bibel, Servati/Bremner/Iasi, Franzis-Verlag, ISBN 3-7723-7413-1
- Internet glasklar: Einführung für Studenten, Plate, Oldenbourg Verlag,
  ISBN 3-486-23907-4
- Internet intern, Tischer/Jennrich, Data Becker, ISBN 3-8158-1160-0
- Internet-Programmierung unter Windows, Jamsa&Cope, O'Reilly/Thomson,
  ISBN 3-930673-36-3
- Intranets, Schätzler/Eilingsfeld, dpunkt-Verlag, ISBN 3-920993-70-5
- IT-Grundschutzhandbuch, BSI, Bundesanzeiger-Verlag Köln, ISBN 3-88784-853-5
- Java, Dieterich, Oldenbourg Verlag, ISBN 3-486-24200-8
- Java, Doberenz/Druckenmüller, Hanser-Verlag, ISBN 3-446-19047-3
- Java, Krüger, Addison-Wesley, ISBN 3-8273-1299 X
- Java in a Nutshell, Flanagan, O'Reilly & Associates, ISBN 1-56592-183-6
- Online Recht, Strömer, dpunkt-Verlag, ISBN 3-920993-66-7
- Windows NT 4.0 im professionellen Einsatz, Dapper/Dietrich/Klöppel, Hanser-Verlag,
  ISBN 3-446-19051-1
- Zeitschrift Byte Magazine, The McGraw-Hill Companies Inc., http://www.byte.com
- Zeitschrift c't (Magazin für Computertechnik), Heise-Verlag, http://www.heise.de

- Zeitschrift Computerwoche (Computerwelt), Computerwoche Verlag, http://www.computerwoche.de

- Zeitschrift InformationWeek (Informationstechnologie im Unternehmen), CMP-Weka Verlag, http://www.informationweek.de

- Zeitschrift Internet Professionell, Ziff-Davis Verlag, http://www.zdnet.de

Selbstverständlich erhebt diese Liste keinerlei Anspruch auf Vollständigkeit. Viele weitere Literatur ist mindestens ebenso interessant.

16 Glossar

Wörterbücher

Viele Fachbegriffe finden Sie auch im Internet erklärt. Benutzen Sie die im Kapitel „WWW-Suchmaschinen, WWW-Kataloge" ab Seite 56 aufgeführten Sucher oder Kataloge. Oder benutzen Sie folgende Dienste und Nachschlagwerke:

- Online-Wörterbuch NetLingo (http://www.netlingo.com), Lexikon,

- FOLDOC Free Online Dictionary of Computing (http://wombat.doc.ic.ac.uk/foldoc), Lexikon,

- Glossary of Computer Oriented Abbreviations and Acronyms (http://www.ife.ee.ethz.ch/~scheff/babel.html),

- LEO English/German Dictionary (http://dict.leo.org/cgi-bin/dict-search) übersetzt englische Wörter,

- Eurodicautom (http://www.echo.lu/edic) übersetzt einzelne Wörter aus oder in diverse andere Sprachen,

- AltaVista (http://babelfish.altavista.digital.com/cgi-bin/translate) bietet sogar die automatische Übersetzung langer Texte oder Web-Seiten.

Glossar

10...Base...   **10Base2**: 10-Mbit/s-Netzwerkstandard, → *Ethernet* (→ *IEEE 802.3*). Bus-Topologie, Thin-Coax-Kabel RG58, BNC-Stecker, T-Stück, 50-Ohm-Terminator. Maximal 185 m Kabellänge pro Segment, mit → *Repeatern* bis 925 m. **10Base5**: Ähnlich 10Base2, aber mit dem veralteten dicken → *Koax-Kabel* (Thick → *Ethernet*). **10BaseT**: 10-Mbit/s-Netzwerkstandard, → *Ethernet* (IEEE 802.3i). Sternförmige Verkabelung über → *Twisted-Pair*-Kabel an → *Hubs*. → *RJ-45*-Western-Stecker. **100BaseTX**: 100-Mbit/s-Netzwerkstandard, → *Fast-Ethernet* (IEEE 802.3U). Sternförmige Verkabelung über → *Twisted-Pair*-Kabel an → *Hubs*. → *RJ-45*-Western-Stecker. **100BaseFX**: 100-Mbit/s-Netzwerkstandard, → *Fast-Ethernet* (IEEE 802.3U). Sternförmige Verkabelung, Multimode-Glasfaserkabel. **100VG-AnyLAN**: 100-Mbit/s-Netzwerkstandard (IEEE 802.12). Statt dem beim → *Fast-Ethernet* verwendeten → *CSMA/CD* wird hierbei das demand-priority access scheme verwendet.

1TR6   Siehe → *DSS1*.

3D   Dreidimensionale räumliche Darstellung. Siehe auch → *Web3D*.

3D-Chat   → *Online*-Plauderei (→ *Chat*) als → *Avatar* in virtuellen → *3D*-Welten (→ *Virtual Reality*, → *VRML*, → *X3D*).

4GL   *Fourth Generation Language*. Programmierstandard, z.B. zur Programmierung von Frontends für Datenbanken.

a/b-Adapter   Adapter für den Anschluß von analogen Telekommunikationsgeräten an eine digitale → *ISDN*-Leitung.

ACAP   *Application Control Access Protocol*. Könnte möglicherweise Nachfolger von → *IMAP4* werden.

Account   Zugangsberechtigung (Benutzername und Paßwort) für einen Computer, ein → *Netzwerk*, einen → *Internet*-Provider o.ä.

ActiveMovie   Videodarstellung mit → *ActiveX* unter Windows.

ActiveX   ActiveX ermöglicht es unter Windows, vom → *Web-Server* → *online* geladene Programme oder Programmteile auf dem → *Web-Browser* des → *Client* auszuführen. ActiveX basiert auf in → *Web-Seiten* eingebundenen → *Internet*-fähigen → *OCX/OLE*-Controls und den Standards → *COM* und → *DCOM*.

Administrator   Systemverwalter z.B. im → *Netzwerk* (auch SysOp).

ADSL   *Asymmetric Digital Subscriber Line* (G.DMT, ITU G.992.1). Neues Übertragungsverfahren, mit dem 8 Mbit/s Downstream und 768 kbit/s Upstream über die herkömmlichen analogen Telefonkabel (→ *POTS*) bis max. 5 km (bis zur Vermittlungsstelle) übertragen werden können. Konkurriert mit → *ISDN* und analogem → *Modem*. Siehe auch → *G.Lite*.

Advanced NDIS   Siehe → *ANDIS*.

AIIM   *Association for Information and Image Management*, (http://www.aiim.org). Organisation zur Standardisierung von Dokumenten-Management-Systemen (→ *DMS*). Siehe → *ODMA*.

ANDIS   Advanced → *NDIS*. Standardschnittstelle für → *ISDN*-Adapter.

Anlagenanschluß   → *ISDN*-Anschlußart (im Gegensatz zum → *Mehrgeräteanschluß*). Wird in Firmen eingesetzt. Endgeräte können nicht direkt angeschlossen werden, es muß eine → *TK-Anlage* eingesetzt werden. Dafür können mehr als zwei → *B-Kanäle* eingerichtet werden und es besteht die Möglichkeit zur Durchwahlfähigkeit.

Anonymes FTP   Zugriff auf einen öffentlichen → *FTP-Server*. Falls beim Einloggen in einen öffentlichen FTP-Server überhaupt nach einem Benutzernamen (user name) und Paßwort (password) gefragt wird, muß üblicherweise als Benutzernamen „Anonymous" und als Paßwort entweder „Guest" oder die eigene E-Mail-Adresse angegeben werden.

ANSI   *American National Standards Institute*. Standardisierungsgremium.

AO/DI	*Always On / Dynamic ISDN.* → *Datex-P* mit 9,6 kbit/s über den → *D-Kanal* beim → *ISDN. Always On:* ständig bereit ähnlich einer Standleitung; *Dynamic ISDN:* bei höherem Bandbreitenbedarf automatisches Hinzuschalten der → *B-Kanäle.* Von der Vendor's ISDN Association (VIA) vorgeschlagen.
API	*Application Programming Interface.* Standardisierte Schnittstelle zur Programmierung.
APOP	*Authenticated POP* (→ *RFC* 1734). Siehe → *Authentifizierung* und → *POP3.*
Applet	→ *Java*-Programme, die über das → *Internet* von einem → *Web-Server* geladen und auf der → *Client*-Seite im → *Web-Browser* ausgeführt werden.
Application	Applikation, Anwendung. Hier sind Computer-Programme gemeint.
Application Sharing	Ermöglicht die gemeinsame Nutzung einer Applikation und die Betrachtung und Bearbeitung eines Dokuments gleichzeitig von mehreren voneinander entfernten Teilnehmern über eine → *Online*-Verbindung (z.B. über → *ISDN* oder → *Internet*). Wird meistens im Zusammenhang mit Bildtelefonen oder Videokonferenzsystemen parallel zur Bild- und Tonübertragung eingesetzt. Über den → *T.120*-Standard können Systeme verschiedener Hersteller zusammen arbeiten.
Archie	→ *Internet*-Suchdienst für per → *FTP* ladbare Dateien.
ARP, RARP	*Address Resolution Protocol.* → *TCP/IP*-Protokoll, mit dem → *IP*-Nummern auf → *MAC*-Adressen übersetzt werden. Die Übersetzung in die andere Richtung heißt RARP (Reverse ARP).
ARPA	*Advanced Research Project Agency.* Vorläufer der → *IETF.* Entwickelte das → *TCP/IP*-Protokoll.
ARPANet	*Advanced Research Project Agency Network.* Vorläufer des → *Internets.*
ASCII	*American Standard Code for Information Interchange.* Kodierung der Buchstaben, Zahlen und anderer Symbole. Z.B. entspricht der ASCII-Code 65 bzw. 41hex dem Buchstaben A. ASCII umfaßt 128 Symbole (7 bit) und enthält nicht die deutschen Sonderzeichen (Umlaute und ß).
ASP	*Active Server Page.* Microsofts Konzept für Server-seitiges Scripting, einfache Einbindung eigener Server-Applikationen und Datenbankanbindung.
AT-Befehle	*Attention.* Analoge → *Modems* werden über Kommandos gesteuert, die AT-Befehle genannt werden.
ATM	*Asynchronous Transfer Mode.* Datenübertragungstechnik mit z.B. 155 Mbit/s und schneller. ATM kann Daten, Sprache und Video gleichzeitig übertragen (→ *Corporate Network*). Schicht 2 (Data Link Layer) im → *ISO/OSI*-Sieben-Schichten-Referenzmodell. Verbindet die Vorteile von → *TDM* und → *Packet Switching.*

Attachment	Anhängsel oder angehängte Datei zu einer → *E-Mail*.
Authenticode	Microsofts Methode der → *Authentifizierung* bei → *ActiveX-Controls*.
Authentifizierung	Echtheit, wirklich vom angegebenem Verfasser stammend (Identität). Authentifizierung ist z.B. bei → *E-Mail*, beim → *Verbindungsproto-koll* und bei → *E-Commerce* wichtig und z.B. mit → *CLID*, → *CHAP*, → *RADIUS*, → *PGP*, → *SSH*, → *SSL* und → *X.509* möglich.
Automation	Speziell bei → *Komponententechnik* (z.B. → *OLE*) bedeutet dies die Fernsteuerung von Objekten durch andere oder durch → *Skripte*.
Autorisierung	Bevollmächtigung, Berechtigung, Zugriffsrecht. Kontrolle z.B. mit → *RADIUS*.
Avatar	Virtueller Mensch oder auch Phantasiefigur im → *Cyberspace*. Auch digitale Charaktere, digital Actors, virtual Humans, Humanoids oder Klons genannt. Wird z.B. im in → *VRML* kodierten → *3D-Chat* eingesetzt.
AVI	*Audio Video Interleaved*. Videoformat von Microsoft Windows.
Backbone	Wörtlich: Rückgrat, Wirbelsäule. Im → *Internet* sind die schnellen übergeordneten Netze quer durch Deutschland oder ins Ausland gemeint. Im → *LAN* sind die zentralen Verbindung zwischen Servern gemeint. In beiden Fällen ist nicht die Verbindung zu Endbenutzern enthalten.
Backup	Datensicherung (z.B. von Festplatte auf Band).
Bandbreite	Maximale → *Datenübertragungsrate* (vereinfacht ausgedrückt).
Basisanschluß	Der normale → *ISDN*-Basisanschluß (im Gegensatz zum → *S2M-Primärmultiplexanschluß*) beinhaltet zwei Basiskanäle (B-Kanäle, Nutzkanäle) zu je 64 kbit/s und einen Signalisierungskanal (D-Kanal).
Basiskanal	Siehe → *Basisanschluß*.
Baud	Nicht mehr gebräuchliche da mißverständliche Einheit für die Übertragungsgeschwindigkeit von → *Modems* (gemessen in Zustandswechseln). Nicht zu verwechseln mit bit/Sekunde. Ein V.32bis-Modem überträgt bei 2400 Baud 14.400 bit/s.
BBS	*Bulletin Board System*. Siehe → *Mailbox*.
Benutzerkennung	Identifikation eines Benutzers im Netz, kann der wirkliche Name, ein Pseudonym oder eine Zahlenfolge sein. Siehe auch → *Authentifizierung*.
BEZ	*Börsen-Evidenz-Zentrale*.
B-ISDN	*Broadband-ISDN*, Breitband-ISDN. Leistungsfähiges → *ISDN* mit → *ATM*-Übertragungstechnik. Auch für isochrone Sprach- und Videoübertragung geeignet. Siehe auch das langsamere → *N-ISDN*.
B-Kanal	Siehe → *Basisanschluß*.
Bluetooth	Vorschlag für drahtlosen → *Netzwerk*-Standard im privaten Haushalt.

BPR *Business Process Reengineering*, auch GPO (Geschäftsprozeßoptimierung) genannt. Neuorganisation der unternehmensinternen Abläufe. Kann bei Einführung von → *Workflow* oder Umstellung auf neue betriebswirtschaftliche Software empfehlenswert oder notwendig sein.

bps *Bit Pro Sekunde*, bit/s. Maß für → *Datenübertragungsrate.*

BRI *Basic Rate Interface.* US-Bezeichnung für den → *Basisanschluß* beim → *ISDN.*

Bridge Brücke. Bridges operieren auf dem physikalischen Layer 2 des → *ISO/OSI*-Schichtenmodells. Eine Bridge kann → *LANs* mit verschiedenen physikalischen Schichten verbinden, also z.B. → *Netzwerke* auf → *Koax*- und → *UTP*-Basis. Eine Bridge ist Protokoll-transparent, der Inhalt der transportierten Datenpakete wird nicht interpretiert. Siehe auch → *Hub,* → *Switch,* → *Router.*

Broadcast Punkt-zu-Mehrpunkt-Kommunikation im → *LAN.* Während beim → *Multicast* nur an eine bestimmte Gruppe von Teilnehmern Daten (z.B. Videos) gleichzeitig auch über Router-Grenzen hinweg gesendet werden, wird beim Broadcast dagegen an alle Teilnehmer gleichzeitig gesendet, allerdings nur innerhalb eines Teilnetzes, Broadcast-Daten werden nicht von → *Routern* weitergeleitet.

Browser Siehe → *Web-Browser.*

BSI *Bundesamt für Sicherheit in der Informationstechnik* (http://www.bsi.bund.de). Gibt Hilfestellung bei der Bewertung informationstechnischer Systeme nach anerkannten Sicherheitskriterien.

B-to-B *Business-to-Business.* Handel zwischen den Unternehmen, z.B. per → *Extranet* (im Gegensatz zu Consumer-to-Business).

Buddy-Chat Wörtlich: Plauderei mit Freunden. → *Internet*-Dienst, der automatisch meldet, wenn Bekannte gleichzeitig online sind, und direkten → *Chat* ermöglicht. Der bekannteste Buddy-Chat ist → *ICQ* von Mirabilis/ AOL.

C++ C-ähnliche, objektorientierte Programmiersprache. Sprache ist plattformunabhängig, resultierendes Programm aber nicht.

CA (Animation) *Computer Animation.* Sich bewegende Bildersequenzen.

CA (TTP) *Certification Authority,* Zertifizierungsstelle. → *Verschlüsselungs*-mechanismen wie → *RSA* oder → *SSL* setzen eine CA als → *TTP* voraus. VeriSign ist z.B. eine CA. Die CA vergibt Schlüssel und ermöglicht die Identifizierung des Urhebers.

Cache Zwischenspeicher, der bei wiederholten Zugriffen die Daten schneller liefern kann. Siehe auch → *Proxy.*

CALS *Computer Aided Logistic System.* Computer-unterstütztes Logistiksystem.

CAPI	*Common ISDN Application Programming Interface.* Software-Schnittstelle zwischen → *ISDN*-Adapter und ISDN-Anwendungs-Software. CAPI ist in Konkurrenz zu → *NDIS*.
Cascading Style Sheets	Siehe → *CSS*.
CAT 1...5	*Category.* → *UTP*-Kabel werden in 5 Kategorien eingeteilt, davon sind UTP CAT 3 und UTP CAT 5 die wichtigsten. Beide haben eine Impedanz von 100 Ohm. UTP CAT 3 ist bis 16 MHz spezifiziert und z.B. für → *10BaseT* geeignet. UTP CAT 5 ist bis 100 MHz spezifiziert und auch für → *100BaseTX* und → *ATM* geeignet.
CATV	*Cable TV.* Kabelfernsehen bzw. TV-Kabelnetz.
CBR	*Constant Bit Rate.* Übertragungsverfahren im → *ATM*-Netz mit konstanter Bandbreite für Videoübertragung.
CBT	*Computer Based Training*, Computer-unterstütztes Lernen (meistens von CD, aber auch übers → *Web*).
CCP	*Compression Control Protocol.* Kompressionsverfahren für → *PPP*.
CCITT	*Comite Consultatif International Telegraphique et Telephonique*: siehe → *ITU*.
CDF	*Channel Definition Format.* → *Push*-Verfahren für → *Online*-Dienste. Basiert auf → *XML*.
CERT	*Computer Emergency Response Team.* Koordinationsstelle zur Verhinderung von Hacker-Einbrüchen in Computer-Netze, z.B. DFN-CERT (http://www.cert.dfn.de).
CGI	*Common Gateway Interface.* Programmierschnittstelle auf → *Web*-Servern. Parameter vom → *Client* z.B. aus → *HTML*-Formularen können über Umgebungsvariablen oder über das Stdin-Interface an ein Programm oder → *Skript* auf dem Server übergeben werden, welches dann auf dem Server ausgeführt wird. Siehe auch die moderneren → *ISAPI* und → *NSAPI*.
CHAP	*Challenge Handshake Authentication Protocol.* 3-Wege-Authentifizierung (Paßwortverifizierung) für → *PPP*. Sicherer als → *PAP*, da → *verschlüsselt*. Siehe auch → *Authentifizierung* und → *RADIUS*.
Chat	Plauderei im → *IRC*, im → *Web-Chat* oder per → *Buddy-Chat*. Unterhaltung in Diskussionskanälen über eine → *Online*-Verbindung, wobei die schriftlichen Beiträge der anderen Teilnehmer sofort sichtbar werden.
CI	*Corporate Identity.* Einheitliches Erscheinungsbild des Unternehmens. Dazu gehören bestimmte Marketing-Merkmale, Logos, Farben, Stile, Konzepte, öffentliches Auftreten, Verhaltensmuster und weitere Eigenschaften. CI festigt ein bestimmtes Image und sorgt durch Wiedererkennungseffekt für höheren Bekanntheitsgrad.

CIF	*Common Intermediate Format.* Videoanzeigeformat, 352 x 288 (PAL) oder 352 x 240 (NTSC) Bildschirmpunkte. Z.B. bei Videokonferenzsystemen.
CIFS	*Common Internet File System.* Möglicherweise in Zukunft weiteres Protokoll zur Dateiübertragung im → *Internet* (von Microsoft vorgeschlagen). In Konkurrenz zu → *FTP* und → *WebNFS.* CIFS beruht auf dem SMB-Protokoll (Server Message Block) und ermöglicht die Bearbeitung entfernter Dateien ohne diese transferieren zu müssen.
CIT	*Computer Integrated Telephony.* Integration von Telefondiensten im Computer.
CIX	*Commercial Internet Exchange Association.* Bindeglied zwischen → *Internet-Backbone*-Netzen (http://www.cix.org).
Class A/B/C	Adreßkontingente für → *IP-Nummern* im → *Internet.* Class C beinhaltet 254 Adressen (1 Byte), Class B 65534 (2 Byte) und Class A 16 Millionen Adressen (3 Byte).
CLI, CLID	*Calling Line Identification.* → *Authentifizierung* durch Identifizierung der Rufnummer.
Client/Server	Kunde/Dienstleistungsanbieter (auch C/S genannt). Die Ein- und Ausgaberoutinen einer Anwendung laufen auf den Arbeitsplätzen ab (Client, z.B. → *Web-Browser* oder → *SQL*-Abfrage-Frontend), die Verarbeitung der Daten findet im → *Server* statt (z.B. → *Web-Server* oder → *RDBMS*).
Clustered Server	Mehrere → *Server* werden zu einem virtuellen Server zusammengeschaltet. Dadurch erhöht sich sowohl die Leistungsfähigkeit als auch die Ausfallsicherheit.
CMS	*Content Management System.* Organisation von Inhalten und Informationen und Publikation im → *Web.* Trennung von Inhalt und Gestaltung sowie des Erstellungs- und Publikationsprozesses.
CN, CNS	Siehe → *Corporate Network.*
Collaboration	Zusammenarbeit (siehe → *CSCW* und → *Groupware*).
COM	*Component Object Model,* Microsofts Standard für Software-Komponenten, Basistechnik von Microsofts → *OLE.* COM definiert unabhängig von einer Programmiersprache das Interface eines Software-Objekts und macht es für andere Programme zugänglich. Bei COM beschränkt sich dies auf einen Rechner, bei → *DCOM* können auch → *Komponenten* auf anderen Rechnern einbezogen werden.
Cookies	Die → *Web-Browser* Netscape Navigator und Microsoft Explorer können in der Datei Cookies.txt oder im Unterverzeichnis Cookies Benutzereinstellungen oder Benutzerdaten hinterlegen. Diese Daten kann der Web-Server bei späteren Verbindungen abfragen und so den Client wiedererkennen. Siehe auch → *HFF.*
CORBA	*Common Object Request Broker Architecture,* → *OO*-Programmierstandard von der → *OMG,* der über → *ORB* (Object Request Broker)

die Kommunikation zwischen verteilten Software-Objekten z.B. in →
Client/Server-Anwendungen steuert. Regelt die Zusammenarbeit von
Software-Komponenten auf unterschiedlichen Rechnern und unter
verschiedenen Betriebssystemen unabhängig von einer bestimmten
Programmiersprache. CORBA konkurriert mit → *OLE*.

Corporate Network
Auch CN. Analoge Sprachübertragung, Fax, digitale Datenkommuni-
kation und andere Dienste über die gleichen Kabel und ein gemeinsames Unternehmensnetzwerk. Die Multiplexer zur Verbindung bzw.
Trennung der Dienste werden CNS (Corporate Network Server)
genannt.

cps
Characters Per Second, Byte/s. Maß für → *Datenübertragungsrate*.

C/S
Siehe → *Client/Server*.

CSCW
Computer Supported Collaborative Work. Software zur Unterstützung
der Koordination und Kooperation von Mitarbeitern in interpersonellen Abläufen, also → *Groupware*- und → *Workflow*-Systeme.

CSLIP
Compressed Serial Line Internet Protocol. → *Verbindungsprotokoll*
eines einzelnen Rechners an z.B. einen Unix-Host. Siehe auch →
SLIP und das modernere → *PPP*.

CSMA/CD
Carrier Sense Multiple Access with Collision Detection. → *Netzwerk*-
zugangsverfahren mit Kollisionserkennung in → *Ethernet*-Netzwer-
ken.

CSS
Cascading Style Sheets. Ermöglichen Formatvorlagen für → *HTML*-
Seiten.

CTI
Computer Telephony Integration. Integration von Telefondiensten im
Computer.

Cyberspace
Virtuelle (nicht wirklich vorhandene) im Computer dargestellte Welt.
Siehe auch → *Virtual Reality*.

DAP
Directory Access Protocol. Über dieses Protokoll können Clients
(Directory User Agents) auf → *Directory Services* nach → *X.500*
zugreifen. Siehe auch → *LDAP*.

Data Marts
Vorstufe zum → *Data Warehouse*, z.B. abteilungsweise.

Data Mining
Datenanalyse in großen Datenbanken (→ *Data Warehouse*) für
Unternehmensentscheidungen (→ *MIS*). Automatische Entdeckung
von noch unbekannten Zusammenhängen und Abhängigkeiten. Mög-
lichst anwenderfreundliche Darstellung der Ergebnisse (siehe auch →
OLAP).

Data Warehouse
Große Unternehmensdatenbanken, die als Informationsgrundlage für
→ *MIS* dienen und die mit besonderen Methoden (z.B. → *OLAP* und
→ *Data Mining*) untersucht werden, um Unternehmensentscheidun-
gen treffen zu können. Trennung der operativen von den strategischen
Unternehmensdaten.

Datenübertragungsrate	Anzahl der übertragenen Informationseinheiten (z.B. bei → *DFÜ*), gemessen in bit/s (auch bps, Bit pro Sekunde), kbit/s (1.000 bit/s), Mbit/s (1.000.000 bit/s) oder Gbit/s (1.000.000.000 bit/s).
Datex-M	Siehe → *SMDS*.
Datex-P	Kommunikationsdienst der Telekom, basiert auf → *X.25*.
DBMS	*Datenbank-Management-System.* Siehe auch → *RDBMS*, → *ORDBMS* und → *OODBMS*.
DCE	*Distributed Computing Environment.* → *OSF*-Spezifikation für verteilte Anwendungen, auch in → *heterogenen Netzen*. Implementation einheitlicher Dienste, Verzeichnis- und Benutzerverwaltung, Zeitsynchronisation, Lizenz-Management, Sicherheitsfunktionen (→ *Kerberos*) und → *Server*-Dienste.
DCOM	*Distributed Component Object Model.* Distributed → *COM* für verteilte → *OLE*-Anwendungen. Microsofts versucht, DCOM und → *ActiveX* zum offenen Standard zu machen. DCOM konkurriert mit → *CORBA/ORB*.
DDNS	*Dynamic Domain Name System.* Dynamisches → *DNS*, analog zum → *DHCP*.
DE-CIX	*Deutsche Commercial Internet Exchange Association.* Zentraler deutscher → *Internet*-Austauschknoten (in Frankfurt) zwischen → *Internet-Backbone*-Netzen.
DE-NIC	*Deutsches Network Information Center.* Siehe → *NIC*.
DES	*Data Encryption Standard.* → *Symmetrisches* → *Verschlüsselungssystem* (→ *Kryptosystem*). Challenge/Response-Verfahren mit Trusted Third Party Authentication (→ *TTP*), z.B. → *Kerberos*. Bei symmetrischer Verschlüsselung müssen Sender und Empfänger über den gleichen Schlüssel verfügen (im Gegensatz zur unsymmetrischen Verschlüsselung, z.B. → *RSA*). Siehe auch → *IDEA*.
DFS	*Distributed File System.* Neues Dateisystem im Netz.
DFÜ	*Datenfernübertragung.*
DFÜ-Netzwerk	In Windows implementiertes Tool zur Herstellung von → *DFÜ*-Verbindungen, z.B. für den → *Internet*-Zugang.
DHCP	*Dynamic Host Configuration Protocol.* Dynamische → *IP*-Adreßvergabe für → *Clients* im → *TCP/IP*-Netz über einen zentralen DHCP-Server. Nicht zu verwechseln mit → *DNS*.
DHTML	*Dynamic Hypertext Markup Language.* Dynamisches → *HTML* bietet bessere Möglichkeiten zur Web-Seitengestaltung als einfaches HTML.
Dial-on-Demand	Kurzzeitiger Verbindungsaufbau zur Datenübertragung (→ *DFÜ*) bei Bedarf.

DIGI   *Deutsche Interessengemeinschaft Internet e.V.* (http://www.digi.de).

Directory Services   Verzeichnisdienste. Neues Konzept zur Netzwerkverwaltung. Alle im
                                  → *Netzwerk* vorhandenen Namen, Ressourcen, Server, User und
                                  Geräte werden in einer eventuell auf mehrere Rechner verteilten und
                                  replizierten (automatisch aktualisierten) Datenbank gespeichert. Siehe
                                  auch → *X.500*, → *NDS* und → *LDAP*.

DIT   *Directory Information Tree.* Hierarchischer Informationsbaum bei →
                                  Directory Services nach → *X.500*. Jeder Eintrag hat eine relativ zum
                                  übergeordneten Knoten eindeutige Namenskomponente, die zusam-
                                  men mit dem Namen des übergeordneten Knotens einen eindeutigen
                                  Namen im gesamten Verzeichnis ergibt.

D-Kanal   Siehe → *Basisanschluß*.

DMI   *Desktop Management Interface.* Vom DMTF (Desktop Management
                                  Taskforce) vorgeschlagener Standard für das Management von →
                                  *Netzwerk*systemen. Siehe auch → *SNMP*, → *HMMS* und → *HMMP*.

DMS   *Document Management System.* Archivierungssystem. Siehe auch →
                                  ODMA.

DMT   *Discrete Multitone Technology.* Spezielles Frequency Division Multi-
                                  plexing (FDM). Leitungscode für → *ADSL*.

DNS   *Domain Name System.* Übersetzung der → *Internet-Adressen*namen
                                  in Textform (→ *URL*, Host-Name) zu Internet-Adressennummern (→
                                  IP-Nummer) (→ *RFC* 1035). Nicht zu verwechseln mit → *DHCP*.

Domain (Internet)   Domänenname. Wichtigster Teil der → *Internet-Adresse* (→ *URL*).
                                  Wird vom → *NIC* vergeben. Da Router nur → *IP-Nummern* verste-
                                  hen, werden URLs in → *DNS*-Servern übersetzt. Der Domänenname
                                  besteht aus zwei Teilen, der Top-Level-Domain (TLD) und der
                                  Second-Level-Domain. Bei der URL http://www.microsoft.com wäre
                                  com die Top-Level-Domain und microsoft die Second-Level-Domain.
                                  Statt www für den Rechnernamen könnte auch eine Sub-Domain vor-
                                  angestellt werden. So sind mehrere Sub-Domains unter einer Domain
                                  möglich, obwohl nur ein Domain-Name beim NIC angemeldet ist.

Domain (LAN)   Domäne, → *Netzwerk*verwaltungseinheit. Mehrere → *Server* und
                                  Netzressourcen werden zu logischen Gruppen zusammengefaßt (z.B.
                                  in Windows NT). Soll in Zukunft durch das neue Konzept der →
                                  Directory Services abgelöst werden.

Download   Herunterladen (Übertragen) von Dateien über eine → *Online*-Verbin-
                                  dung vom → *Server* zum → *Client*. Im Gegensatz zum → *Upload*, bei
                                  dem die Datei gesendet wird. Im → *Internet* wird zur Dateiübertra-
                                  gung das → *FTP-Protokoll* verwendet.

Drei-Schichten-Modell   Auch Three-Tier-Architektur. Trennung der drei Aufgabenbereiche
                                  Präsentation auf dem Client-Rechner, Applikations-Server und Daten-
                                  bank-Server.

DSOM   *Distributed System Object Model.* → *ORB* von IBM.

DSS	*Decision Support System*. Frontend für → *Data Warehouse*. Siehe → *MIS*.
DSS1	Europäischer → *ETSI*-Standard (Euro-ISDN) für das → *ISDN*-D-Kanal-Protokoll. Ersetzt den älteren FTZ-Standard 1TR6.
DSVD	*Digital Simultaneous Voice and Data Modem*. → *Modem* nutzt Telefonleitung gleichzeitig für Datenübertragung und Sprache.
DTD	*Document Type Definition*. Definition der Dokumentenart bei → *SGML*-Dokumenten.
DVD	*Digital Versatile Disk*. CD-ROM mit höherer Kapazität (4,7 bzw. 17 GByte statt 650 MByte).
Dynamic HTML	Siehe → *DHTML*.
E0...E4	Das europäische digitale Telefonnetz → *ISDN* bietet die → *PDH*-Klassen E0 bis E4. Die → *Datenübertragungsrate* ist bei E0 64 kbit/s (normaler ISDN-Basiskanal), bei E1 2 Mbit/s (→ *S2M*-Primärmultiplexanschluß), bei E2 8 Mbit/s, bei E3 33 Mbit/s und bei E4 136 Mbit/s. Siehe auch → *STM-1...STM-16*.
Ebone	*European Backbone*. Erstes europaweites → *TCP/IP*-Netz.
EC	Siehe → *Electronic Commerce*.
ECC	*Error-Checking-and-Correction*, RAM-Fehler erkennen/korrigieren.
ECMAScript	Von der → *ISO* standardisierte Version von → *JavaScript*.
eco e.V.	*Electronic Commerce Forum e.V.* (http://www.eco.de).
E-Commerce	Siehe → *Electronic Commerce*.
EDI	*Electronic Data Interchange*, elektronischer Datenaustausch.
EDIFACT	*Electronic Data Interchange for Administration, Commerce and Transport*. EDI-Standard für elektronischen Austausch von Geschäftsdaten (ISO 9735, DIN 16556).
EDM	*Electronic Document Management*. Siehe → *DMS*.
EES	*Escrowed Encryption Standard*. → *Verschlüsselungs*standard.
EFT	Siehe → *Eurofiletransfer*.
EIA/TIA	*Electronic Industry Association / Telecommunications Industry Association*. Hat z.B. den Commercial Building Telecommunications Wiring Standard für strukturierte → *Netzwerk*verkabelung erstellt, der den Einsatz verschiedener Netzwerke erlaubt.
Einbetten	Siehe → *Embedding*.
EIS	*Executive Informations System*. Frontend für → *Data Warehouse*. Ähnlich → *MIS*, aber eher für die oberste Führungsebene.

EJB	*Enterprise JavaBeans.* In → *Java* programmierte → *Komponenten.* Während → *JavaBeans* eher auf der Client-Seite laufen, sind Enterprise JavaBeans eher auf der Server-Seite angesiedelt.
Electronic Commerce	Auch EC oder E-Commerce. Elektronischer Handel über eine → *Online*-Verbindung im → *Internet.* Damit kann ein elektronischer Marktplatz, elektronische Bezahlung oder elektronischer Datenaustausch im kaufmännischen Bereich (→ *EDI*) gemeint sein.
E-Mail	*Electronic Mail,* elektronische Post. → *ASCII*-Texte können als E-Mail zu anderen E-Mail-Benutzern schnell und einfach verschickt werden. Binärdateien können als Anhang (Attachment) angefügt werden. Siehe auch → *SMTP,* → *POP3* und → *IMAP4.*
Embedding	Einbetten. Integration eines → *Objekts* in ein anderes oder in ein Dokument. Setzt definierte Schnittstellen und Standards für → *Komponententechnik* voraus, wie etwa → *OLE.*
ENS	*Enterprise Network Services.* Vereinheitlichung von Namens-, Verzeichnis-, Sicherheits- und Management-Diensten in → *Netzwerken* verschiedener Hersteller. Siehe auch → *Directory Services.*
ERP	*Enterprise Resource Planning.* Betriebswirtschaftliche Software.
Ethernet	Netztechnologie nach → *IEEE 802.3,* 10 Mbit/s, → *Netzwerkzugangsverfahren* → *CSMA/CD,* → *10Base2-* oder → *10BaseT-*Kabel. Schicht 2 (Data Link Layer) im → *ISO/OSI*-Sieben-Schichten-Referenzmodell. Siehe auch → *Fast-Ethernet.*
ETSI	*European Telecommunications Standards Institute.* Europäisches Normungsinstitut für Telekommunikationsstandards (http://www.etsi.fr). Z.B. → *DSS1*/Euro-ISDN.
Eurofiletransfer	Auch EFT. Standardprotokoll zur Dateiübertragung (ETS 300075, ISO 8208) im → *ISDN.*
Euro-ISDN	Siehe → *DSS1.*
Explorer	Sowohl Microsofts Windows-Dateimanager als auch Microsofts → *Web-Browser* für → *Web*-Seiten im → *Internet* heißt Explorer. Letzterer konkurriert mit dem → *Navigator.*
Extranet	Abgesicherte Öffnung von zielgruppenspezifischen Teilbereichen des → *Intranets* zur Kommunikation mit ausgewählten Kunden, Lieferanten oder Partnern sowie abgesicherte Verbindung zweier oder mehrerer Unternehmensnetze über ein öffentliches Netz mit → *Internet*-Technik.
FAQ	*Frequently Asked Questions,* Sammlung häufig gestellter Fragen und Antworten.
Fast-Ethernet	Netztechnologie nach → *IEEE 802.3U,* 100 Mbit/s, → *Netzwerkzugangsverfahren* → *CSMA/CD,* → *100BaseTX-* oder → *100BaseFX-*Kabel. Siehe auch → *Ethernet* und → *ATM.*

FDDI	*Fiber Distributed Data Interface.* Netztechnologie (ANSI X3T9.5), 100 Mbit/s, Token-Passing, in Konkurrenz zum → *Fast-Ethernet* (100 Mbit/s) und → *ATM* (z.B. 155 Mbit/s).
Firewall	Wörtlich: Brandschutzmauer. Security-Gateway-Rechner, der zwischen dem firmeninternen → *LAN* und nach außen gehenden Netzverbindungen (z.B. → *Internet*) geschaltet ist und unerlaubte Zugriffe sperrt.
FIS	*Führungsinformationssystem.* Frontend für → *Data Warehouse.* Siehe → *MIS* und → *EIS*.
Forms	Eingabeformulare in → *HTML*-Seiten. Werden oft über → *CGI* weiterbearbeitet.
FPLMTS	*Future Public Land Mobile Telecommunication System.* → *ITU*-Vorschlag, konkurriert mit → *UMTS* der → *ETSI*.
FR, Frame Relay	Datenübertragungsprotokoll im → *WAN*. Schicht 2 (Data Link Layer) im → *ISO/OSI*-Sieben-Schichten-Referenzmodell. Ist ausgehend vom → *X.25/Datex-P* entwickelt worden, ermöglicht aber bei gleicher Bandbreite die Übertragung von mehr Daten, da der Protokoll-Overhead kleiner ist. In der Regel mit Datenübertragungsraten bis zu 2 Mbit/s erhältlich. Ein physikalischer Frame-Relay-Anschluß kann mit 100 → *PVCs* belegt werden. Siehe auch → *Packet Switching.*
Frames	Rahmen. Z.B. Unterteilung von → *HTML*-Seiten in mehrere Teilfenster.
FTP-Programm	Hilfsprogramm, um vom → *Client* aus über eine → *Internet*-Verbindung auf einem → *FTP-Server* Dateien auszuwählen und per → *FTP-Protokoll* zu übertragen (→ *Download* oder → *Upload*).
FTP-Protokoll	*File Transfer Protocol.* Das bislang einzige Protokoll zur Dateiübertragung im → *Internet*. Basiert auf → *TCP/IP*. Könnte demnächst Konkurrenz durch → *CIFS* oder → *WebNFS* bekommen.
FTP-Server	→ *Server* im → *Internet* oder → *Intranet*, der Dateien anbietet, die über das → *FTP-Protokoll* geladen werden können.
G3-Fax, G4-Fax	Der *Gruppe-3*-Fax-Standard beschreibt die normalen analogen Faxgeräte, der *Gruppe-4*-Fax-Standard die weniger gebräuchlichen digitalen → *ISDN*-Faxgeräte.
Gastzugang	Unverbindlicher und kostenloser Zugang zu → *Mailboxen* oder → *FTP-Servern*. Oft über den Benutzernamen „Anonymous" und als Paßwort entweder „Guest" oder die eigene E-Mail-Adresse.
Gateway	Ein Gateway (Tor, Übergang) kann völlig verschiedene → *Netzwerksysteme* miteinander verbinden, es kann alle sieben → *ISO/OSI*-Schichten konvertieren. → *Firewalls* sind häufig in Gateway-Rechnern implementiert (Security Gateway). Siehe auch → *Router* und → *Switch*.

GIF	*Graphics Image Format*. Dateiformat zur Komprimierung und Übertragung von Bildern. Speichert bis 256 Farben, ist gut geeignet für eher einfache Grafiken, für transparente Bilder oder um kleine Animationen zu erstellen (Animated GIF). Für detailreiche realitätsnahe Bilder z.B. mit Farbverläufen ist → *JPEG* besser geeignet.
GIOP	*General Inter-ORB Protocol* der → *OMG*. Verbindet → *CORBA*-Objekte verschiedener Hersteller. Siehe auch → *IIOP*.
G.Lite	Preiswertere → *ADSL*-Variante mit nur 1,5 Mbit/s Downstream und 128 kbit/s Upstream über → *POTS*, auch U-ADSL oder UDSL genannt. Kann ohne Splitter (Frequenzweiche) betrieben werden.
GPO	*Geschäftsprozeßoptimierung*, auch BPR (Business Process Reengineering) genannt. Neuorganisation der unternehmensinternen Abläufe. Kann bei Einführung von → *Workflow* oder Umstellung auf neue betriebswirtschaftliche Software empfehlenswert oder notwendig sein.
Groupware	Im → *Intranet* eingesetzte → *CSCW*-Programme zur Kommunikation und Zusammenarbeit.
GSM	*Global System for Mobile Communications*. Digitaler Mobilfunk mit D-Netz- und E-Netz-Handy. Außer Sprechkontakt (komprimiert auf 14,4 kbit/s) ist auch Datenübertragung (9,6 kbit/s) über spezielle → *Modems* möglich.
GSS-API	*Generic Security Service Application Programming Interface*. Von der → *IETF* standardisierte Programmierschnittstelle zur → *kryptografischen* Sicherung von → *Internet*-Anwendungen. Teilnehmer werden → *authentifiziert* und Daten → *verschlüsselt*.
H.320	ITU-Standard für Bildtelefone und Videokonferenzsysteme über → *ISDN*-Leitungen, um die Kommunikation zwischen Geräten verschiedener Hersteller zu ermöglichen. Zusätzlich sollte auch der → *T.120*-Standard für Datenaustausch eingehalten werden. Siehe auch → *H.323*.
H.323	ITU-Standard für Bildtelefone und Videokonferenzsysteme über → *LAN*- oder → *Internet*-Verbindungen, um die Kommunikation zwischen Geräten verschiedener Hersteller zu ermöglichen. Siehe auch → *H.320*.
Hacker	Computer-Freaks, die durch probieren (herumhacken) Zugangsberechtigungen zu anderen Rechnersystemen knacken.
Hash	Eine Hash-Funktion, z.B. SHA-1 (Secure Hash Algorithm) und MD5 (Message Digest), ist ein Algorithmus zur Erzeugung eindeutiger kurzer Bytefolgen (ähnlich Prüfsummen), die wie ein digitaler Fingerabdruck als elektronische Unterschrift (Signatur) benutzt werden. Aus der Signatur kann nicht auf den Dateiinhalt geschlossen werden. Umgekehrt ist es nahezu unmöglich, eine zweite andere Datei mit gleichem Hash-Ergebnis zu erstellen.
HBCI	*Homebanking Computing Interface*. ZKA-Standard für sicheres Homebanking im → *Internet*.

HDLC	*High Level Data Link Control.* Synchrones transparentes → *ISDN*-Übertragungsprotokoll (64.000 bit/s) ohne Fehlerkorrektur. ISO 6256, DIN 66222. Siehe auch → *X.75*.
HDSL	*High-data-rate Digital Subscriber Line.* Übertragungsverfahren für Twisted-Pair-Kabel, ca. 2 Mbit/s. Könnte → *T1* ablösen.
Heterogene Netze	→ *Netzwerke* von Rechnern mit unterschiedlichen Architekturen, CPUs und Betriebssystemen.
HFF	*Hidden Form Fields.* Elemente von Web-Seiten, die z.B. bei E-Commerce-Applikationen verwendet werden, um Benutzer wiederzuerkennen bzw. Benutzerdaten zu speichern (Zustandsinformationen). Siehe auch → *Cookies*.
Hits	Summe aller Leseanforderung auf jedes einzelne Teil (Text, Grafiken, ...) einer → *Web*-Seite. Siehe auch → *PageImpressions* und → *Visits*.
HMMS, HMMP	*Hypermedia Management Schema* und *Hypermedia Management Protocol.* HMMS ist ein Model zur Repräsentation der verwalteten Objekte beim Management von → *Netzwerk*systemen mit dem → *DMI*-Standard. HMMP ist eine Transportschicht zur Nutzung von HMMS über → *HTTP*.
Home-Arbeit	Auch Telearbeit. Berufstätigkeit von zu Hause, oft über → *DFÜ* mit dem Unternehmens-LAN gekoppelt.
Homebanking	Bankgeschäfte per → *DFÜ* erledigen, z.B. über T-Online.
Homepage	Die erste Begrüßungsseite eines → *WWW*-Angebots.
HomeRF	Vorschlag für drahtlosen → *Netzwerk*-Standard im privaten Haushalt.
Host	Zentraler Hauptrechner oder → *Server* im Netz. Im → *Internet* sind damit meistens → *Web-Server* mit eigener → *IP-Nummer* gemeint.
HTML	*Hypertext Markup Language.* Ursprünglich vom CERN in der Schweiz entwickelte Beschreibungssprache (Formatierungsbefehle) für → *Web*-Seiten mit → *Hyperlinks* im → *Internet*. Werden über das → *HTTP*-Protokoll übertragen.
HTTP	*Hypertext Transfer Protocol.* Übertragungsprotokoll (→ *RFC* 2068) für → *HTML*-Seiten von → *Web-Servern* im → *Internet*.
HTTP-Server	→ *Server*, der → *Web*-Seiten im → *Internet* oder → *Intranet* über das → *HTTP*-Protokoll versendet. Auch → *Web-Server* genannt.
HTTPS	Erweiterung des → *HTTP* um den Sicherheitsstandard → *SSL*, z.B. zum Austausch von Kreditkarteninformationen. Nicht zu verwechseln mit → *S-HTTP* oder shtml.
Hub	→ *Netzwerk*kabelverteiler und Verstärker. Bei sternförmiger Verkabelung laufen die Netzwerkkabel der einzelnen Rechner im Hub zusammen (→ *ISO/OSI*-Layer 1). Siehe auch → *Repeater*, → *Bridge* und → *Switch*.

Hypermedia   Dokumente (Text, Grafik, Sound, Video), die → *Hyperlinks* enthalten.

Hyperlink   Verknüpfung mit anderen Dokumenten durch Querverweise auf deren
                        → *URL*. Durch einfachen Mausklick kann über Hyperlinks in → *Web*-
                        Seiten auf andere Web-Seiten oder andere Dokumente auf dem glei-
                        chen oder anderen → *Web-Servern* verzweigt werden, auch wenn
                        diese weit entfernt sind.

Hypertext   Textdokumente, die → *Hyperlinks* enthalten.

IA   *Implementation Agreement.* Von der → *IMTC* akzeptierter Stand für
                        → *VoIP* (Internet-Telefonie).

IAB   *Internet Architecture Board.* Organisation zur Weiterentwicklung des
                        → *Internets* (http://www.iab.org). Gliedert sich auf in → *IETF* und →
                        IRTF.

IAE   *ISDN-Anschluß-Einheit.* → *ISDN*-Steckdosen mit achtpoligen → *RJ-
                        45*-Western-Buchsen am vieradrigen → *S0-Bus* zum direkten
                        Anschluß von ISDN-Endgeräten.

IANA   *Internet Assigned Numbers Authority.* → *Internet*-Organisation, die
                        → *IP-Nummern* vergibt (http://www.iana.org).

ICANN   *Internet Corporation for Assigned Numbers and Names.* Soll in
                        Zukunft die Vergabe von Adressen und → *Domain*-Namen im →
                        Internet organisieren (http://www.icann.org).

ICQ   *„I seek you".* → *Buddy-Chat* von Mirabilis/AOL.

ICSA   *International Computer Security Association.* US-Organisation für
                        Sicherheitsfragen (früher → *NCSA*), http://www.icsa.net.

IDE   *Integrated Developer Environment.* Integrierte Entwicklungsumge-
                        bung (für Programmierer).

IDEA   *International Data Encryption Algorithm.* → *Symmetrisches* → *Ver-
                        schlüsselungs*system (→ *Kryptosystem*). Bei symmetrischer Ver-
                        schlüsselung müssen Sender und Empfänger über den gleichen
                        Schlüssel verfügen (im Gegensatz zur unsymmetrischen Verschlüs-
                        selung, z.B. → *RSA*). Siehe auch → *DES*.

IDL   *Interface Description Language*, Interface-Beschreibungssprache.
                        Schnittstellen- und Kommunikationsdefinition für den → *ORB* bei →
                        CORBA bzw. für → *COM/DCOM*-Programmierung.

IDV   *Individuelle Datenverarbeitung.* Frontend für → *Data Warehouse*.

IEEE   *Institute of Electrical and Electronics Engineers.* Definiert u.a. →
                        *Netzwerk*standards.

IEEE 802   → *Netzwerk*standards der → *IEEE*. IEEE 802.3: → *Ethernet*; IEEE
                        802.3U: → *Fast-Ethernet*; IEEE 802.5: → *Token Ring*; IEEE 802.12:
                        → *100VG-AnyLAN*.

IESG   *Internet Engineering Steering Group.* Technischer Lenkungsausschuß
                        im → *IETF* für das → *Internet*.

IETF	*Internet Engineering Task Force.* Das wichtigste → *Internet*-Standardisierungsorgan (http://www.ietf.org).
IFC	*Internet Foundation Classes.* Netscapes in → *ONE* integrierte Java-Klassenbibliothek für Programmierer, ähnlich Microsofts MFC (Microsoft Foundation Classes) für C++. Siehe auch → *JFC* und → *WFC*.
IIOP	*Internet Inter-ORB Protocol* der → *OMG.* Verbindet verteilte → *CORBA*-Objekte über das → *Internet* oder → *Intranet.*
IIS	*Internet Information Server.* → *Web-Server* von Microsoft.
I+K	*Informations- und Kommunikationssysteme.* Siehe auch → *IT.*
IMAP4	*Internet Message Access Protocol 4.* Mail-Server-Protokoll (→ *RFC* 1730), über das → *Clients* weltweit im → *Internet* → *E-Mails* vom → *Server* abholen können. Soll → *POP3* ablösen. Ein noch moderneres Protokoll ist → *ACAP.*
IMTC	*International Multimedia Teleconferencing Consortium.* Bemüht sich um Standards wie → *IA* für → *VoIP* (Internet-Telefonie).
Internet	Das weltweite dezentrale auf dem Übertragungsprotokoll → *TCP/IP* basierende → *Netzwerk* von Computern.
Internet-Adresse	Eindeutige Adresse im → *Internet.* Internet-Adressen können als → *URL* in Textform vorliegen (z.B. http://www.microsoft.com) oder als Nummer (→ *IP-Nummer*, z.B. 195.30.255.15). Da die Rechner (bzw. → *Router*) nur die IP-Nummer verstehen, muß die Textform durch einen → *DNS*-Server übersetzt werden. Der wichtigste Teil der URL ist die → *Domain.*
Internet-Provider	oder Internet Service Provider (ISP). Anbieter von → *Internet*-Zugängen oder Internet-Dienstleistungen. Über → *Modem-* oder → *ISDN*-Zugänge können sich Privatpersonen oder Firmen einwählen, über eine hochkapazitive Leitung wird die Verbindung zum Internet hergestellt.
Internet2	1999 realisierte besonders schnelle → *Internet*-Verbindungen zwischen Universitäten in den USA (Very High-Speed Backbone Network Service, 622 Mbit/s). Siehe UCAID: http://www.ucaid.edu, http://www.internet2.edu und Next Generation Internet: http://www.ngi.gov.
InterNIC	*International Network Information Center.* Siehe → *NIC.*
Intranet	Privates (nichtöffentliches) Firmennetzwerk mit Einbeziehung von Internet-Technik. Einsatz von → *Internet-* oder → *TCP/IP*-Anwendungen im → *LAN* oder Kopplung von LANs über TCP/IP.
Intruder Detection	Intruder Detection (ID) Software kann Angriffe auf ein → *Netzwerk* erkennen und melden.
IP	*Internet Protocol.* Datenübertragungsprotokoll im → *Netzwerk.* Die Daten werden in kleine Pakete unterteilt, die einzeln versendet wer-

den. Übergeordnete Protokolle (z.B. → *TCP*) sorgen dafür, daß fehlerhafte, verlorene oder nicht reihenfolgetreue Pakete erneut übertragen bzw. in die richtige Reihenfolge gebracht werden. Z. Zt. ist IP Version 4 (→ *IPv4*) im Einsatz. In den nächsten Jahren soll auf IP Version 6 (IPv6) umgestellt werden.

IP-Adresse	Siehe → *IP*-Nummer bzw. → *Internet-Adresse*.
IP-Masquerading	Erzeugung zusätzlicher interner → *IP-Nummern* im → *Intranet* per Adreßübersetzung (→ *NAT*) in → *Routern*, → *Proxy*-Servern oder → *Firewalls*, um die internen IP-Adressen zu verbergen (IP Hiding) und um mit einem Single User Account (SUA) auszukommen.
IP-Multicast	Siehe → *Multicast*.
IPng	*Internet Protocol Next Generation Work Group*. Arbeitsgruppe der → *IETF*. Erarbeitet den → *IPv6*-Standard, der → *IPv4* ablösen soll.
IP-Nummer	Eindeutige numerische Kennung der Computer im Internet (→ *Internet-Adresse*). Die → *IP*-Nummer ist ein 32bit-Wert (bei → *IPv4*), der in vier Zahlen zwischen 0 und 255 dargestellt wird, die durch Punkte getrennt sind (0.0.0.0 ... 255.255.255.255, z.B. 195.30.255.15). Die IP-Nummern werden in Adreßkontingente eingeteilt, siehe → *Class A/B/C*. In Zukunft soll die IP-Nummer mit → *IPv6* auf 128 bit erweitert werden.
IPP	*Internet Presence Provider*. Internet-Provider, der die Präsentation von Firmen im → *Internet* ermöglicht. Siehe auch → *ISP*.
IPSec	*Internet Protocol Security*. → *IETF*-Gruppe, die sich um Sicherheitsaspekte des → *Internet-Protokolls* kümmert. Wichtige IPSec-Standards sind die → *RFCs* 1825 bis 1829 für sichere → *VPNs* über Internet-Verbindungen.
IPv4/IPv6	*Internet Protocol Version 4* bzw. *6*, siehe → *IP*. IPv6 soll in Zukunft IPv4 ablösen. IPv6 erweitert den → *Internet*-Adreßbereich von 32 bit auf 128 bit und ermöglicht effektiveres Routing.
IPX	*Internet Packet Exchange*. Transportprotokoll im → *Netzwerk*, insbesondere in Novell-NetWare-LANs. Routing-fähig. Wird trotz seines irreführenden Namens nicht im → *Internet* verwendet. Siehe auch → *TCP/IP* und → *NetBEUI*.
IRC	*Internet Relay Chat*. Plauderei, auch → *Chat* genannt. Unterhaltung oder Diskussionsforum über eine → *Online*-Verbindung innerhalb thematischer Kanäle mit vielen Teilnehmern, in denen live die schriftlichen Beiträge der anderen Teilnehmer sofort sichtbar werden. Anders als beim → *Web-Chat* nicht per → *Web-Browser*, sondern mit speziellen IRC-Client-Programmen.
IRTF	*Internet Research Task Force* (http://www.irtf.org).
ISAPI	*Internet Services Application Programming Interface*. Microsofts Programmierschnittstelle für → *Internet*-Dienste im → *Web-Server*.

Vergleichbar mit → *CGI*, aber moderner und schneller. Siehe auch →
NSAPI.

ISDN   *Integrated Services Digital Network*. Das herkömmliche analoge
Telefonnetz wird zunehmend vom moderneren diensteintegrierenden
digitalen ISDN-Netz abgelöst. → *Datenübertragungsraten* von 64
kbit/s oder von 128 kbit/s bei → *Kanalbündelung* zweier → *Basiskanäle* sind möglich. Beim → *S2M-Primärmultiplexanschluß* können
auch 30 Basiskanäle zu fast 2 Mbit/s Datenübertragungsrate gebündelt
werden.

ISO   *International Standardization Organization*, internationales Standardisierungsgremium (http://www.iso.ch). Mitglieder sind u.a. das
deutsche DIN und die amerikanische ANSI.

ISOC   *Internet Society*. Übergeordnete Koordinationsstelle für das → *Internet* (http://www.isoc.org und http://www.isoc.de).

ISO/OSI   *Open Systems Interconnection* des → *ISO*-Standardisierungs-
gremiums (ISO 7498). Das Sieben-Schichten-Referenzmodell zur
Strukturierung der Computer-Kommunikation und Definition diverser
Schnittstellenstandards. Die sieben aufeinander aufbauenden Schich-
ten sind: Physical Layer, Data Link Layer, Network Layer, Transport
Layer, Session Layer, Presentation Layer, Application Layer.

ISP   *Internet Service Provider*. Anbieter von → *Internet*-Zugängen oder
Internet-Dienstleistungen. Siehe auch → *IPP*.

ISV   *Independent Software Vendors*, unabhängige Software-Anbieter.

IT   *Informationstechnologie*. Während die EDV (Elektronische Datenverarbeitung) sich hauptsächlich mit den Rechner-bezogenen Ressourcen befaßt, schließt IT zusätzlich auch die Behandlung der
Geschäftsprozesse mit ein. Siehe auch → *I+K*.

ITSEC   *Information Technology Security Evaluation Criteria*. Kriterien für
die Bewertung der Sicherheit von Systemen der Informationstechnik.
Europäisches Pedant für die amerikanische TCSEC.

ITU   *International Telecommunications Union*. Nachfolgeorganisation der
→ *CCITT* (http://www.itu.ch). Standardisiert Daten- und Fernsprech-
dienste.

IV-DENIC   *Interessenverbund Deutsches Network Information Center*. Siehe →
NIC.

I-VPN   *Internet Virtual Private Network*. → *VPN* per → *Internet*.

Jar-Archive   Jar-Archive sind von Sun definierte → *Java-Applets* enthaltende .jar-
Dateien, die ähnlich wie beim → *Authenticode*-Mechanismus für →
ActiveX-Controls → *zertifizierbar* sind und den Java-Applets mögli-
cherweise Zugriff auf Rechnerressourcen überlassen können (Object
Signing).

Java	Plattformunabhängige objektorientierte C++-ähnliche Programmiersprache (entwickelt von Sun), die besonders für das → *Internet* geeignet ist. Siehe auch → *Java-Applet* und → *JavaScript*.
Java-Applet	In einer → *Web-Seite* eingebundenes → *Java*-Programm, das über → *Internet* oder → *Intranet* geladen wird und über einen → *Web-Browser* ausgeführt wird. Es unterliegt strengen Sicherheitsbestimmungen und hat keinen direkten Zugriff auf Rechner-Ressourcen
Java-Applikation	Normales eigenständig lauffähiges Programm, das in → *Java* programmiert wurde und vollen Zugriff auf alle Rechner-Ressourcen hat.
JavaBeans	→ *Komponententechnik* für → *Java*. JavaBeans sind Java-Programmodule mit Daten (Eigenschaften) und Funktionen (Methoden), die Ereignisse (Events) senden können oder darauf reagieren können. JavaBeans konkurriert mit → *OLE*. Siehe auch → *EJB*.
Java Byte Code	Siehe → *JBC*.
JavaOS	*Java Operating System*. Betriebssystem, welches → *Java*-Programme direkt ausführen kann.
JavaScript	→ *Java*-ähnliche → *Skriptsprache* (entwickelt von Netscape). Einfache Syntax, Befehle werden direkt in → *HTML*-Seiten eingefügt. Siehe auch → *JScript* und → *ECMAScript*.
JBC	*Java Byte Code*. Der Maschinensprachen-Befehlssatz eines → *Java*-Programms (maschinenunabhängig). Wird von der → *JVM* beim Anwender ausgeführt.
JDBC	*Java DataBase Connectivity*. → *Java*-Datenbankanbindung.
J/Direct	J/Direct nennt Microsoft seine Erweiterungen der → *JVM*, die allerdings nur unter Windows lauffähig sind. Damit können besonders schnelle Win32-Programme erstellt werden.
JDK	*Java Development Kit*. Werkzeugsammlung (Bibliotheken, Compiler, Interpreter, Applet Viewer, Debugger) zur Programmierung in → *Java*.
JEPI	*Joint Electronic Payment Initiative*. Organisation zur Vereinfachung des Zahlungsverkehrs im → *Internet*.
JFC	*Java Foundation Classes*. Weiterentwicklung der → *IFC*. Siehe auch → *WFC*.
Jini	*Java Intelligent Network Infrastructure*. Auf → *Java* und → *RMI* basierende Technologie von Sun zur einfachen Integration verschiedener Geräte im Netzwerk.
JIT	*Just-in-Time*-Übersetzung. Compilation vor der Ausführung von → *Java-Applets*. Java-Programme sind Hardware-unabhängige Befehlsfolgen (→ *JBC*) und können auf dreierlei Art ausgeführt werden: Entweder werden die einzelnen Befehle zur Laufzeit interpretiert und ausgeführt (Java-Interpreter, langsame Programmausführung), oder das Java-Programm wird beim Start zuerst compiliert und dann ausge-

	führt (JIT, schnelle Programmausführung) oder es wird schon fertig für eine bestimmte CPU compiliert bereitgestellt (normales Executable, Hardware-Unabhängigkeit geht verloren).
JMS	*Java Messaging Service.* Informiert → *EJB*-Komponenten über Ereignisse.
JNDI	*Java Naming and Directory Interface.* Anbindung an → *Directory Services* für → *Java.*
JNI	*Java Native Interface.* Regelt den Aufruf plattformspezifischer Funktionen bei → *Java.*
JPEG	*Joint Photographic Experts Group.* Dateiformat zur Komprimierung und Übertragung von Bildern. Speichert bis 16,7 Millionen Farben Truecolor, ist gut geeignet für detailreiche realitätsnahe Bilder z.B. mit Farbverläufen. Für eher einfache Grafiken, für transparente Bilder oder um kleine Animationen zu erstellen ist → *GIF* besser geeignet.
JRE	*Java Runtime Environment.* Laufzeitumgebung für → *Java.*
JScript	Microsofts Version von → *JavaScript.*
JSP	*Java Server Pages.* Erzeugt auf der → *Server*-Seite dynamische → *HTML*-Dokumente auf Template-Basis (Server-seitiges Scripting), ähnlich wie → *ASP.*
JTS	*Java Transaction Service.* Siehe → *Transaktion.*
JVM	*Java Virtual Machine.* Die den → *JBC* des → *Java*-Programms ausführende Einheit. Zur Zeit sind dies meistens Software-Emulationen (in → *Web-Browsern*), es werden aber CPUs entwickelt, die den Java-Code direkt ausführen können.
K56flex	Alter proprietärer → *Modem*-Standard für 56 kbit/s von Rockwell. Durch das standardisierte → *V.90* abgelöst.
Kanalbündelung	Bündelung mehrerer Übertragungskanäle zur Erhöhung der Bandbreite. Z.B. können zwei → *ISDN-Basiskanäle* von je 64 kbit/s zu 128 kbit/s gebündelt werden.
Kerberos	Vom → *MIT* entwickeltes Sicherheitssystem mit → *verschlüsselter* → *Authentifizierung.* Besteht aus Kerberos-Datenbank (Kennwörter), Kerberos Authentication Server und Ticket Granting Server. Siehe auch → *DES* und → *DCE.*
KMU	*Kleine und mittlere Unternehmen.*
Koax-Kabel	Kabeltyp für die im → *LAN* beim veralteten 10Base5 (Thick Ethernet) und beim verbreiteten → *10Base2* (Thin Ethernet) verwendete Busverkabelung (bis 10 Mbit/s). Wird zunehmend durch Sternverkabelung mit → *UTP*-Kabeln ersetzt.
Komponententechnik	Technik mit mehrfach verwendbaren Programmmodulen, auch → *Objekte* genannt. Komponenten sind z.B. → *JavaBeans*, über → *OLE* verknüpfte → *OCX*-Objekte oder Parts für → *OpenDoc.*

Kryptografie	Siehe → *Kryptosystem*.
Kryptosystem	→ *Verschlüsselung*system (Chiffrierung), z.B. → *RSA*, → *IDEA*, → *DES*, → *PGP* oder → *SSL*.
LAN	*Local Area Network*, lokales (z.B. firmeninternes) → *Netzwerk* (im Gegensatz zum → *WAN*). Siehe auch → *Intranet*.
LANE	*LAN Emulation*. Übertragung herkömmlicher → *LAN*-Protokolle über das → *ATM*-Netz.
LDAP	*Lightweight Directory Access Protocol* (IETF-Standard, → *RFC* 1777 und RFC 2251). Vereinfachtes → *DAP*-Protokoll für den Zugriff auf standardisierte Verzeichnissysteme (→ *Directory Services*) nach → *X.500*.
Link	Verknüpfung, Querverweis, siehe → *Hyperlink*.
LWL	*Lichtwellenleiter*, Glasfaserkabel.
MAC (LAN)	*Media Access Control*, Zugriffssteuerung auf das Medium. Quell- und Zieladresse, 48 bit lange weltweit eindeutige Netzwerkkartenadresse. Siehe auch → *ARP*.
MAC (Verschlüss.)	*Message Authentication Codes*. Digitale → *Signatur*.
Mailbox	Auch BBS (Bulletin Board System), Electronic Mail System oder elektronisches Postfach genannt. Automatisches Nachrichtensystem, Kommunikationsforum, Support-Forum, Dateitransfer. Zugänglich mit einfacher Terminal-Software.
Mail-Server	Ein spezieller → *Server* des → *Internet-Providers*, über den der → *E-Mail*-Austausch stattfindet, meistens über die Protokolle → *POP3* und → *SMTP*.
Man-in-the-Middle	Hackerangriff, bei dem sich der Hacker zwischen → *Client* und → *Server* schaltet und die → *IP*-Sitzung heimlich belauscht oder übernimmt.
MAPI	*Messaging Application Programming Interface*. Programmierschnittstelle zum Austauschen von Nachrichten unterschiedlicher Dienste, z.B. E-Mail, Fax, ...
Masquerading	Siehe → *IP-Masquerading*.
MCU	*Multipoint Control Unit*. Zentraler Server für Konferenzschaltungen von Videokonferenzsystemen zwischen mehr als nur zwei Orten.
MeCHIP	→ *Verschlüsselung* per Hardware-Chip der Firma ESD für Homebanking über das → *Internet*.
Mehrgeräteanschluß	Auch MGA. → *ISDN*-Anschlußart (im Gegensatz zum → *Anlagenanschluß*). Der MGA bietet drei Rufnummern (→ *MSN*, Multiple Subscriber Number) und erlaubt über den → *S0-Bus* den direkten Anschluß bis zu acht digitaler ISDN-Endgeräte, wie ISDN-Telefone und ISDN-PC-Karten, aber auch den Anschluß von Telefonanlagen (→ *TK-Anlagen*).

MHS	*Message Handling System.* Z.B. bei → *X.400* und in Novells NetWare verwendetes Messaging-System für → *E-Mails.* Ab NetWare 4.11 abgelöst durch → *SMTP* und → *POP3.*
MIB	*Management Information Base.* Datensammlung beim → *Netzwerk-Management.* Siehe auch → *SNMP.*
Middleware	Die Applikations-Schicht zwischen dem Präsentations-Client und dem Datenbank-Server bei einer → *Three-Tier-Architektur* (→ *Drei-Schichten-Modell*). Siehe auch → *Client/Server.*
MIME	*Multipurpose Internet Mail Extensions.* Standard für Multimedia-E-Mail und zur Kodierung einer beliebigen Binärdatei als E-Mail-Anhang.
MIS	*Management-Informationssystem.* Auch DSS genannt (Decision Support System). Informationssystem, um Entscheidungsträger in Unternehmen zu unterstützen. Frontend für → *Data Warehouse.*
MIT	*Massachusetts Institute of Technology.* Hat z.B. → *Kerberos* entwickelt.
MNP	*Microcom Networking Protocol.* Protokoll zur Datenkompression und Fehlerbehandlung bei → *Modem*-Kommunikation.
Modacom	Funknetz zur Datenübertragung. Zellulares Kleinzellennetz mit → *Datenübertragungsraten* von 9600 bit/s duplex.
Modem	*Modulator/Demodulator.* Zusatzgerät oder Erweiterungskarte zum Computer für die Datenübertragung über das herkömmliche analoge Telefonnetz. Maximale → *Datenübertragungsrate* ist 33,6 kbit/s (→ *V.34*), unter bestimmten Voraussetzungen auch 56 kbit/s (→ *V.90*). Das modernere → *ISDN* überträgt dagegen 64 kbit/s oder bei Kanalbündelung auch 128 kbit/s. Für die Zukunft ist mit → *ADSL* ein noch schnellerer Dienst geplant.
MP3	*MPEG 1 Audio Layer-3.* Komprimierungsstandard für Musik. Vom Institut für Integrierte Schaltungen (IIS) der Fraunhofer Gesellschaft entwickelt. Siehe auch → *MPEG.*
MPEG	*Motion Picture Experts Group.* Videokomprimierungsstandard (ISO 11172). MPEG-1 wird bei Video-CDs eingesetzt und bietet VHS-Qualität (352 x 288 Pixel SIF-Auflösung bei 25 Bildern/sec). MPEG-2 bietet Broadcasting-Qualität (z.B. CCIR 601 für PAL-Auflösung mit 720 x 567 Pixeln oder HDTV).
MPP	*Multilink PPP,* → *PPP* mit → *Kanalbündelung,* → *RFC* 1717.
MSN (ISDN)	*Multiple Subscriber Number.* Mehrere Telefonnummern beim → *ISDN*-Anschluß. Siehe auch → *Mehrgeräteanschluß.*
MSN (ISP)	*Microsoft Network.* → *Internet*-Dienst von Microsoft.
MTA	*Message Transfer Agent.* Zwischenspeicherung/Weiterleitung von → *E-Mails.*

MUD   *Multiuser Dungeon.* Textbasiertes → *Online*-Rollenspiel (Text-Adventure) für mehrere Benutzer.

Multicast   → *IETF*-Standard für Punkt-zu-Mehrpunkt-Kommunikation im → *Internet.* Während beim → *Broadcast* Daten (z.B. Videos) an alle Teilnehmer eines Teilnetzes (nicht über Router-Grenzen hinweg) gleichzeitig gesendet werden, wird dagegen beim IP-Multicast nur an eine bestimmte Gruppe von Teilnehmern gleichzeitig gesendet, allerdings auch über → *Router*-Grenzen hinweg.

Multiple Subscrib. N.   Siehe → *MSN (ISDN).*

Multithreading   Programme werden in mehrere Unterprogrammfäden aufgespalten, die parallel ablaufen.

Name Server   Siehe → *DNS.*

NAS   *Network Attached Storage.* Spezialisierte → *Server* für große Massenspeicher im → *Netzwerk.* Siehe auch → *SAN.*

NAT   *Network Address Translation,* Adreßübersetzung. Umwandlung interner (im → *Intranet*) benutzter → *IP-Nummern* in andere extern gültige durch → *Router,* → *Proxy*-Server oder → *Firewalls.* Werden verschiedene interne → *IP-Nummern* auf eine einzige externe Adresse abgebildet, spricht man von → *IP-Masquerading.*

Navigator   Netscapes → *Web-Browser* für → *Web*-Seiten im → *Internet.* Konkurriert mit dem → *Explorer.*

NC   *Network Computer.* Ursprünglich von Oracle geprägter Begriff für preiswerte → *Internet-,* → *Intranet-* und → *Java*-taugliche Computer. Siehe auch → *NetPC.*

NCA   *Network Computing Architecture.* Architektur für verteilte Computer-Systeme im → *Intranet.*

NCSA (ICSA)   *National Computer Security Association.* US-Organisation für Sicherheitsfragen, umgenannt zu → *ICSA.*

NCSA (Univ.)   *National Center for Supercomputing Applications* (University of Illinois/USA, http://hoohoo.ncsa.uiuc.edu).

NDIS   *Network Device Interface Specification.* Standardschnittstelle (von Microsoft, IBM und 3Com) für → *Netzwerk*kartentreiber und → *ISDN*-Karten. Siehe auch → *ANDIS,* → *ODI* und → *CAPI.*

NDS   *NetWare Directory Services.* Novells Implementation der → *Directory Services* ab NetWare 4.x. Siehe auch → *X.500* und → *LDAP.*

NE2000   Einfacher Standard (von Novell) für → *Netzwerk*karten.

NetBEUI   *NetBIOS Extended User Interface.* Einfaches → *Netzwerk*protokoll in Microsoft-Windows- und IBM-OS/2-Netzen. Schneller als → *TCP/IP* und → *IPX,* aber nicht Routing-fähig und deshalb nur für kleinere Netze geeignet.

NetBIOS	*Network Basic Input/Output System*. Programmierschnittstelle für Netzwerkanwendungen, die außer über → *NetBEUI* auch über → *TCP/IP* oder → *IPX* betrieben werden können.
Netiquette	*Network Etiquette*. Regeln für korrektes Verhalten im → *Internet*.
NetPC	Besonders leicht administrierbarer für → *Netzwerke* geeigneter PC, durch den die → *TCO* erheblich reduziert werden sollen. Siehe auch → *ZAW* und → *NC*.
NetSP	*Network Security Program*, von IBM. Benutzt → *TTP* Authentication.
Network	Siehe → *Netzwerk*.
Netzwerk	Netz von verbundenen Computern. Diese können lokal (→ *LAN*), oder auch weltweit (→ *Internet*) verbunden sein.
Netzwerkprotokoll	Protokoll zum Datentransport im → *Netzwerk*, z.B. → *TCP/IP*, → *IPX* oder → *NetBEUI*. Zusammen mit → *Verbindungsprotokoll* (z.B. → *PPP*) auch für → *Remote Access*.
News	Neuigkeiten, Nachrichten. Im → *Internet* sind damit die Nachrichten der → *Newsgroups* im → *Usenet* gemeint.
Newsgroups	News-Gruppen, → *Internet*-Diskussionsforen im → *Usenet*. Anders als bei → *E-Mail* werden die Beiträge nicht zu einem bestimmten Adressaten geschickt, sondern in einem → *News*-Archiv abgelegt, von wo sie von jedem Interessierten abgerufen werden können. In → *Web-Browsern* über news://... erreichbar. Siehe auch → *NNTP*.
News-Server	Ein spezieller → *Server* des → *Internet-Providers*, über den über das → *NNTP*-Protokoll der → *News*-Austausch zu den → *Newsgroups* stattfindet.
NFS	*Network File System*. In Unix-Systemen verwendetes Protokoll, um Dateien im Netz zur Verfügung zu stellen. Siehe auch → *WebNFS*.
NIC	*Network Information Center*. Vergibt → *Domain-Namen* im → *Internet*. DE-NIC (http://www.nic.de) für deutsche Domains bzw. InterNIC (http://www.internic.net) für internationale Domains.
N-ISDN	*Narrowband-ISDN*, Schmalband-ISDN. → *ISDN* mit → *PDH/SDH*-Übertragungstechnik bis 2 Mbit/s. Siehe auch das schnellere → *B-ISDN*.
NLM	*NetWare Loadable Module*. Auf Novells → *Netzwerk*betriebssystem NetWare lauffähige Programme.
NNTP	*Network News Transfer Protocol*. Protokoll (→ *RFC* 977) zum Empfang und Versand von → *News* in → *Newsgroups* im → *Internet*.
NOS	*Network Operating System*, z.B. Novell NetWare oder Microsoft Windows NT.

NSA   *National Security Agency / Central Security Service*. US-Sicherheits-
                           behörde (http://www.nsa.gov), beschäftigt sich u.a. mit → *Verschlüs-
                           selung*verfahren.

NSAPI   *Netscape Server Application Programming Interface*. Netscapes
                           Programmierschnittstelle für → *Internet*-Dienste. Vergleichbar mit →
                           CGI, aber moderner und schneller. Siehe auch → *ISAPI*.

NSP   *Network Service Provider*. Betreiber einer Netzinfrastruktur (→
                           Backbone).

NT, NTBA   *Network Termination*, → *ISDN*-Netzabschlußgerät. Beim → *Basis-
                           anschluß* auch NTBA genannt. Übergang des zweiadrigen posteige-
                           nen UK0-Busses auf den vieradrigen → *S0-Bus* beim Kunden. Der
                           NTBA ist meistens mit zwei achtpoligen → *RJ-45*-Western-Buchsen
                           zum direkten Anschluß von ISDN-Endgeräten bestückt.

NTDS   *NT Directory Services* für Windows NT.

NTFS   *NT File System*. In Windows NT verwendet.

OAG   *Open Applications Group*. Definiert einheitliche Standards zur Inte-
                           gration betriebswirtschaftlicher Standard-Software.

OBI   *Open Buying on the Internet*. Standard des Internet Purchasing
                           Roundtable zur Kommunikation zwischen verschiedenen → *E-Com-
                           merce*-Systemen. Konkurriert mit → *OTP*.

Object Signing   Netscapes Methode der → *Authentifizierung* bei → *Java-Applets*.

Objekt (Element)   Als Objekt wird unterschiedliches bezeichnet. Damit kann etwa ein
                           grafisches Element gemeint sein, welches vielleicht per Drag & Drop
                           verschoben wird.

Objekt (OO)   In der EDV-Programmierung (→ *OO*) werden darunter mehrfach
                           verwendbare Software-Teile verstanden, die in sich abgeschlossen
                           sind. Objekte (oder Klassen) beinhalten Daten (Attribute) und Funk-
                           tionen (Methoden).

Objektorientierung   Siehe → *OO*.

OCX   → *OLE Control*.

ODBC   *Open Data Base Connectivity*. Schnittstelle von Microsoft zur Daten-
                           bankabfrage, über die → *Clients* verschiedene → *SQL-RDBMS* errei-
                           chen können.

ODBMS, OODBMS   *Object-Oriented Database Management System*. Daten werden als
                           Objekte, also als Instanzen von Klassen, gespeichert. Es können auch
                           komplexe Objekte, wie z.B. Bilder, Sound oder Videos, gespeichert
                           werden. Siehe auch → *DBMS*, → *RDBMS* und → *ORDBMS*.

ODI   *Open Datalink Interface*. Standardschnittstelle (von Novell) für →
                           *Netzwerk*kartentreiber. Siehe auch → *NDIS*.

ODMA   *Open Document Management API*. Standard der → *AIIM* für Doku-
                           menten-Management-Systeme (→ *DMS*).

OEM	*Original Equipment Manufacturer*, Fremdhersteller.
Offline-Reader	Ein Offline-Reader holt die benötigten Informationen (News oder Web-Seiten) → *online*, trennt dann aber die Verbindung. Anschließend stehen die gesammelten Informationen offline zur Verfügung, ohne daß weitere Verbindungsgebühren entstehen.
OLAP	*Online Analytical Processing*, multidimensionale Datenanalyse. Frontend für → *Data Warehouse*.
OLE	→ *Object* → *Linking and* → *Embedding*. → *OO*-Programmierstandard von Microsoft, der basierend auf→ *COM* und → *DCOM* die Kommunikation zwischen verteilten Software-Objekten steuert. Siehe auch → *ActiveX*. OLE konkurriert mit → *CORBA*.
OLTP	*Online Transactional Processing*. → *RDBMS-Transaktionen*.
OMA	*Object Management Architecture*. Basisarchitektur für die Zusammenarbeit verteilter → *Komponenten*. Referenzmodell für verteilte objektorientierte Architektur der → *OMG*. Ein Teil davon ist der → *CORBA*-Standard.
OMG	*Object Management Group*. Will Referenzmodell für verteilte objektorientierte Architektur festlegen (http://www.omg.org, → *OMA*, → *CORBA*).
ONE	*Open Network Environment*. Netscapes Vorschlag für einen Standard für netzzentrische Software-Entwicklung (distributed → *Client/Server*), vereint → *IFC*, → *HTML*, → *Java*, → *JavaScript* und → *IIOP* für die Kommunikation verteilter → *CORBA*-Objekte.
Online	Bei bestehender aktiver → *DFÜ*-Leitungsverbindung (im Gegensatz zu Offline).
Online-Dienst	Kommerzielle Einrichtung, die Dienste und Inhalte → *online* anbietet. Einer der Dienste kann eine → *Internet*-Anbindung sein.
OO, OOP	*Object Oriented Programming*, objektorientierte Programmierung. Daten (Eigenschaften) und die dazugehörenden Operationen (Methoden) werden in Klassen oder → *Objekten* gebündelt. OO-Sprachen sind z.B. → *Java* und → *C++*.
OpenDoc	Standard für → *Komponenten*-Software von IBM, Apple u.a.
OPS	*Open Profiling Standard*. Standardisierte Erhebung von persönlichen Benutzerprofilen beim Web-Marketing.
ORB	*Object Request Broker*. Kommunikation verteilter → *Objekte*. Regelt die Zusammenarbeit von Software-Komponenten auf unterschiedlichen Rechnern und unter verschiedenen Betriebssystemen unabhängig von einer bestimmten Programmiersprache. Siehe → *CORBA*.
ORDBMS	*Objektrelationales Datenbank-Management-System*. → *RDBMS*, die auch komplexe Objekte, wie z.B. Bilder, Sound oder Videos, speichern kann. Siehe auch → *DBMS*, → *RDBMS* und → *OODBMS*.

OSF	*Open Software Foundation.* Standardisierungsgremium.
OSI	Siehe → *ISO/OSI.*
OTP	*Open Trading Protocol.* Standardisierung der Bearbeitungsvorgänge bei → *Online*-Bezahlung beim → *E-Commerce.* Konkurriert mit → *OBI.*
OTS	*Object Transaction Services.* Standard der → *OMG* für Objektschnittstellen eines → *transaktions*tauglichen → *ORB,* z.B. in Transaktionsmonitoren implementierbar.
P3P	*Platform for Privacy Preferences Project.* → *W3C*-Standard zur Freigabe persönlicher Daten ohne den Datenschutz zu verletzen.
Packet Sniffer	In Routern installierte Schnüffelprogramme, die passierende IP-Pakete analysieren und die Inhalte aushorchen.
Packet Switching	Paketvermittlung. Im Gegensatz zum verbindungsorientierten Dienst (z.B. Telefon) arbeitet die Paketvermittlung verbindungslos (ohne dedizierte Verbindung, z.B. im → *Netzwerk*). Um den Empfänger zu erreichen, beinhaltet das Datenpaket die Zieladresse. Die wichtigsten Protokolle der Paketvermittlung sind → *TCP/IP,* → *Frame Relay,* → *X.25/Datex-P* und → *SMDS/Datex-M.*
PageImpressions	Anzahl der Abrufe einer (kompletten) → *Web*-Seite. Siehe auch → *Hits* und → *Visits.*
PageViews	Siehe → *PageImpressions.*
PAP	*Password Authentication Protocol,* → *Authentifizierung* (Paßwortverifizierung) für → *PPP.* Weniger sicher als das → *verschlüsselte* → *CHAP.*
PC-Card	Industriestandard der → *PCMCIA* für Speicherkarten und andere Erweiterungskarten im Scheckkartenformat.
PCMCIA	*Personal Computer Memory Card International Association.* Standardisierungsgremium für die → *PC-Card.*
PCT	*Private Communication Technology.* Sichere Kommunikation im → *Internet.*
PDF	*Portable Document Format* von Adobe für einheitliche Formatanweisungen in Dokumenten. Kann mit → *Plug-Ins* (Adobe Acrobat Reader) über → *Web-Browser* angezeigt werden.
PDH	*Plesiochrone Digitale Hierarchie.* Rahmensynchrones Digitalisierungsverfahren im digitalen → *ISDN*-Telefonnetz. In Europa gibt es die PDH-Klassen → *E0...E4.* Siehe auch → *SDH.*
Peer-to-Peer	Einfaches kleines → *LAN* ohne dedizierten → *Server.*
PEM	*Privacy Enhanced Mail.* → *Verschlüsselungs*system für E-Mail. Siehe auch → *PGP.*

Perl	*Practical Extraction and Report Language.* Interpreter-Skript-Programmiersprache, häufig zur → *CGI*-Programmierung eingesetzt.
PGP	*Pretty Good Privacy.* Z.B. in E-Mails eingesetztes → *RSA-Verschlüsselung*sverfahren nach Phil Zimmermann.
PICS	*Platform for Internet Content Selection.* Einstufung von → *Web*-Inhalten z.B. als jugendfrei.
PIN	*Persönliche Identifikationsnummer.* Zusammen mit → *TAN* zur → *Authentifizierung* beim Homebanking.
Plug-In	Zusatz-Software für → *Web-Browser*, die nachträglich im Browser installiert wird, z.B. um den Browser um multimediale oder andere Eigenschaften zu erweitern.
PNG	*Portable Network Graphics.* Grafikformat mit hoher Kompression. Siehe auch → *GIF* und → *JPEG.* PNG kann zusätzlich zur Grafik Schlüsselwörter und Text speichern.
PNNI	*Private Network-to-Network-Interface.* → *ATM*-Standard zur → *LAN*-Kopplung.
PoP	*Point of Presence.* Einwählpunkt des → *Internet-Providers.*
POP3	*Post Office Protocol Version 3.* Messaging-Protokoll über das → *Clients* im → *Internet* → *E-Mails* vom → *Server* abholen. Siehe auch → *IMAP4* und → *SMTP.*
Port	Wörtlich: Hafen. Bei Computer-Bussen sind I/O-Ports Hardware-Ein-/Ausgabeadressen. Im → *Internet* spezifizieren Port-Nummern Dienste des → *Servers.* Übliche Port-Nummern sind z.B.: 80 für → *HTTP*, 20 und 21 für → *FTP*, 25 für → *SMTP*, 110 für → *POP3*, 119 für → *NNTP.* Siehe auch → *URL.*
POTS	*Plain Old Telephone Service*, herkömmliche analoge Telefonleitungen.
PPP	*Point to Point Protocol.* Weitestverbreitetes → *Verbindungsprotokoll*, um über Wählleitungen auf ein Netz (z.B. Firmennetz, → *RAS*-Server) zuzugreifen (→ *Remote Access*) oder zur Anbindung an einen → *Internet-Provider.* Z.B. PPP für → *ISDN* (PPP-RFC 1661). Siehe auch → *MPP.*
PPTP	*Point to Point Tunneling Protocol.* Von Microsoft dem IETF als Erweiterung des → *PPP* vorgeschlagen, um ein → *Tunneling* von → *TCP/IP*, → *IPX* oder → *NetBEUI* über eine → *Internet*-Verbindung zu ermöglichen. Über eine PPTP-Verbindung kann von außen ein Windows-User über das Internet auf einen Windows-NT-Server oder ein NetWare-Client auf einen NetWare-Server zugreifen. Dabei wird → *CHAP* zur → *Authentifizierung* und → *RSA* RC4 zur → *Verschlüsselung* eingesetzt. Ein PPTP-Anschluß kann viele einzelne → *Modem*- oder Standleitungen zum → *RAS*-Server ersetzen. Es fallen nur geringe Übertragungsgebühren an.

Presence Provider	Siehe → *IPP*.
PRI	*Primary Rate Interface.* US-Bezeichnung für den ISDN-S2M-Primärmultiplexanschluß. Siehe → *ISDN* und → *Primärmultiplex*.
Primärmultiplex	→ *ISDN*-S2M-Primärmultiplexanschluß mit 30 → *Basiskanälen* zu je 64 kbit/s, zusammen also fast 2 Mbit/s. Dazu kommt ein Kanal zur Signalisierung und einer zur Rahmensynchronisation. Im Gegensatz zum → *Basisanschluß*.
Private Key	Privater geheimer Schlüssel beim → *unsymmetrischen* → *RSA-Ver-schlüsselungs*verfahren.
Provider	oder → *Internet-Provider*. Anbieter von → *Internet*-Zugängen oder Internet-Dienstleistungen. Siehe → *ISP* (Internet Service Provider) bzw. → *IPP* (Internet Presence Provider).
Proxy	Wörtlich: Stellvertreter. Proxy-Server sind vor den Übergang zum weltweiten → *Internet*-Netz geschaltet. Der Proxy-Server führt Kontrollfunktionen aus (→ *Firewall*) und speichert oft gefragte Web-Seiten in einem → *Cache*-Speicher, um die Daten schneller liefern zu können und die Netzbelastung zu minimieren.
Public Key	Öffentlicher Schlüssel beim → *unsymmetrischen* → *RSA-Verschlüsselungs*verfahren.
Push	Push-Dienste sind → *Online*-Dienste, die ihre Daten nicht erst bei Abruf (Pull) liefern, sondern die vorgaukeln, die Daten selbständig zum → *Web-Browser* zu schicken.
PVC	*Permanent Virtual Circuit*, festgeschaltete virtuelle logische Verbindung. Siehe auch → *SVC*.
QoS	*Quality of Service.* Garantie für bestimmte Qualität der Datenübertragung, etwa Mindestbandbreite, konstanter Datenstrom (Constant Bit Rate, CBR) und korrekte Reihenfolge (Isochronität). Ist mit → *ATM* möglich, soll auch mit → *IPv6* und → *RSVP* unterstützt werden.
QuickTime	Von Apple definierter Standard für Videodateien.
RAD	*Rapid Application Development*, z.B. Powersofts Power++ für C++, Microsofts Visual Basic oder Borlands Delphi.
RADIUS	*Remote Authentication Dial In User Service.* Sicherheitsprotokoll für → *Client/Server*-Lösungen um → *Remote*-Anwender zu identifizieren (→ *Authentifizierung*) und die Netzzugangsberechtigung zu kontrollieren (→ *Autorisierung*).
RAID	*Redundant Array of Independent Disks.* Ausfallsicheres Festplattensystem mit mehreren Festplatten. In → *Servern* sollte RAID Level 5 verwendet werden.
RAS	Siehe → *Remote Access* Service.

RDBMS	*Relationales Datenbank-Management-System.* Verteilte relationale → *Client/Server*-Datenbank. Siehe auch → *SQL*, → *ODBC*, → *DBMS*, → *ORDBMS* und → *OODBMS*.
Remote Access	Fernzugriff. Zugriff auf einen entfernten Rechner (Dial-Out), von außen auf das Firmennetz (Dial-In) oder Kopplung von → *LANs* (RAS-Server als → *Router*). Beispiele: RAS (Remote Access Service) von Windows NT und → *DFÜ-Netzwerk* von Windows 98. Siehe auch → *Remote Control*, → *Remote Node* und → *PPTP*.
Remote Control	Fernsteuerung eines entfernten einzelnen Rechners oder eines in einem LAN eingebundenen Rechners. Im letzteren Fall findet anders als beim → *Remote Node* die Ausführung des Programms auf dem LAN-PC statt, der fernsteuernde PC dient als Terminal, nur Tastatur- und Maus-Eingaben werden gesendet und Bildschirminhalte empfangen.
Remote Node	Entfernter → *Netzwerk*knoten. Anschluß eines entfernten Rechners an ein → *LAN* (→ *Remote Access*). Anders als beim → *Remote Control* verhält sich beim Remote Node dieser (z.B. mobile) PC wie ein normal im LAN eingebundener Rechner, verarbeitet selbst die ausgeführten Programme und der komplette Datenverkehr vom und zum LAN muß über die Kommunikationsleitung.
Repeater	Signalverstärker im → *LAN*, um längere Kabel zu ermöglichen (→ *ISO/OSI*-Layer 1). Siehe auch → *Hub*.
Replikation	Synchronisation (Datenabgleich) von Daten und Dateien, die auf mehreren Rechnern (z.B. mehreren → *Servern* und Laptops) gleichzeitig gespeichert sind, wenn irgendwo Daten geändert werden.
RFC	*Request for Comment*, hier → *Internet*-Standards. Z.B. bei http://rfc.fh-koeln.de/rfc.html, ftp://ftp.denic.de/pub/rfc, http://www .ietf.org und http://www.iab.org hinterlegt.
RIP	*Routing Information Protocol*. Protokoll zur dynamischen Übermittlung von Routing-Daten zwischen → *Routern* in → *Netzwerken*.
RIPE-NCC	*Reseaux IP Europeen Network Coordination Center*. → *Internet*-Organisation, die im europäischen Raum → *IP-Nummern* vergibt (http://www.ripe.net).
RJ 45	Auch Western-Stecker genannt. Standard für Steckverbinder im → *LAN* und → *ISDN*. Siehe → *10BaseT*, → *100BaseTX*, → *IAE* und → *NTBA*.
RMI	*Remote Method Invocation*. Verteilte → *Java*-Programmierung, Aufruf von Java-Klassen und → *JavaBeans* in anderen virtuellen Maschinen auf entfernten Rechnern.
RMON	*Remote Monitoring*. → *Netzwerk*analyse, Leistungs- und Fehler-Management im → *LAN*. Siehe auch → *SNMP*.
Rollback	Wiederherstellung des Datenbankzustandes vor Beginn einer → *Transaktion*, weil während der Transaktion ein Fehler aufgetreten ist.

Router	Router arbeiten auf dem Layer 3 des → *ISO/OSI*-Schichtenmodells. Router werden z.B. zur Verbindung zweier → *LANs* mit unterschiedlichen Topologien oder zur Anbindung von LANs an → *WANs* eingesetzt. Als vollwertige Kommunikationspartner interpretieren sie die → *Netzwerk*adresse im Datenrahmen. Sie können zur protokollabhängigen Verkehrssteuerung, zur Eliminierung unerwünschter Broadcasts und als → *Firewall* benutzt werden. Siehe auch → *Gateway* und → *Switch*.
RPC	*Remote Procedure Call.* Bei → *DCOM* und → *DCE* benutztes Verfahren zur Kommunikation verteilter → *Komponenten*.
RRAS	*Routing and Remote Access Service.* Zusätzlich zu → *RAS* auch → *Routing*-Funktionen (z.B. Dialup-Server oder Internet-Router).
RSA	→ *Unsymmetrisches* → *Verschlüsselungs*system (→ *Kryptosystem*) mit geheimem und öffentlichem Schlüssel (nach seinen Erfindern **Rivest, Shamir** und **Adleman** benannt). Z.B. → *SSL* und → *PGP*. Bei unsymmetrischer Verschlüsselung wird beim Sender und Empfänger mit unterschiedlichen Schlüsseln (→ *Private Key* und → *Public Key*) ver- und entschlüsselt (im Gegensatz zur → *symmetrischen* Verschlüsselung, wie z.B. → *DES* und → *IDEA*).
RSVP	*Resource Reservation Protocol.* Reserviert → *Bandbreite* im → *Internet.* Siehe auch → *QoS*.
S0-Bus	Bus hinter → *NTBA* beim → *ISDN-Basisanschluß* (mit zwei → *Basiskanälen* zu je 64 kbit/s) für bis zu acht Endgeräte (max. 12 Steckdosen).
S2M	→ *ISDN*-S2M-Primärmultiplex-Anschluß mit 30 → *Basiskanälen* zu je 64 kbit/s, zusammen also fast 2 Mbit/s. Dazu kommt ein Kanal zur Signalisierung und einer zur Rahmensynchronisation. Im Gegensatz zum → *Basisanschluß*.
SAN	*Storage Area Network.* Spezialisiertes Netz nur für große Massenspeicher im → *Netzwerk.* Siehe auch → *NAS*.
Screened Subnet	Abgeschottetes isoliertes Unternetz.
SDH	*Synchrone Digitale Hierarchie.* Datenübertragung im digitalen Telefonnetz mit virtuellen Containern, schneller als → *PDH.* In Europa gibt es die SDH-Klassen → *STM-1...STM-16*.
SDLC	*Synchronous Data Link Control.* Datenübertragungsprotokoll im → *WAN*, siehe auch → *X.25/Datex-P* und → *Frame Relay*.
SDSL	*Single-line Digital Subscriber Line* oder auch *Symmetrical Digital Subscriber Line.* Symmetrisches Übertragungsverfahren mit ca. 2 Mbit/s in beide Richtungen. Könnte → *E1* ablösen. Siehe auch → *ADSL*.
Second-Level-Domain	Siehe → *Domain*.
Security Service	Sicherheitsdienst. Z.B. → *Authentifizierung* und → *Verschlüsselung*.

Server	Dienstleistungsanbieter, der vom → *Client* (Kunden) benutzt wird. Siehe → *Client/Server*. Kann Hauptrechner in einem → *LAN* sein oder ein → *Web-Server* für das → *Internet* oder → *Intranet*. Machmal ist nicht die Hardware, sondern die Software gemeint.
Servlet	*Server Applet*. → *Java*-Programm, das, anders als normale → *Java-Applets*, nicht im → *Browser* beim → *Client*, sondern auf dem → *Web-Server* läuft.
SET	*Secure Electronic Transaction*. Von VISA, MasterCard, Microsoft, u.a. entwickelter Standard für sicheren Zahlungsverkehr übers → *Internet* z.B. mit Kreditkarten.
SFT	*Server Fault Tolerance*. Maß für Ausfallsicherheit, z.B. bei → *Netzwerk-Servern* verwendet.
SGML	*Standard Generalized Markup Language*. ISO 8879. Metasprache, Obermenge von → *HTML* und → *XML*.
Short Hold	Der Short-Hold-Mechanismus spart Telefongebühren, indem er eine feste → *DFÜ-Netzwerk*verbindung vortäuscht, obwohl die Verbindung nach jeder Datenübertragung abgebrochen und nur bei Bedarf wieder aufgebaut wird.
S-HTTP	*Secure HTTP*. Erweiterung des → *HTTP* um Sicherheitsstandards wie → *Authentifizierung* und → *Verschlüsselung*, etwa zum Austausch von Kreditkarteninformationen. Nicht zu verwechseln mit → *HTTPS* oder shtml. Siehe auch das gebräuchlichere → *SSL*.
Signatur	Dokumente können mit einer digitalen Signatur (auch elektronische Unterschrift genannt) versehen werden (z.B. mit → *RSA*). Dann kann sichergestellt werden, daß es von einer bestimmten Person stammt (Identität, → *Authentifizierung*) und nicht verfälscht wurde (Integrität).
Site	Wörtlich übersetzt: Platz, Ort. Mit Web-Site ist die Gesamtheit der → *Web-Seiten* und dazugehörende Programme und Datenbanken auf einem → *Web-Server* im → *Internet* gemeint.
SKIP	*Simple Key Management for Internet Protocol*. → *Verschlüsselungs*-system. Setzt direkt auf dem → *IP*-Netzwerk-Layer auf.
Skript	Makro-ähnliche Folge von Anweisungen, die einen Programmablauf definiert. Im Gegensatz zu Quelltexten bei C++- oder Java-Programmierung werden Skripte nicht compiliert sondern zur Laufzeit interpretiert. Siehe → *JavaScript*, → *VBScript* und → *Perl*.
SLIP	*Serial Line Internet Protocol*. → *Verbindungsprotokoll* eines einzelnen Rechners an z.B. einen Unix-Host. Siehe auch → *CSLIP* und das modernere → *PPP*.
SMDS	*Switched Multimegabit Data Service*. Datenübertragungsprotokoll (mit Paketvermittlung) im → *WAN*, in Deutschland Datex-M genannt. Schicht 2 (Data Link Layer) im → *ISO/OSI*-Sieben-Schichten-Referenzmodell. Z.B. zur Kopplung von → *LAN*s eingesetzt. In der Regel

	mit Datenübertragungsraten ab 64 Kbit/s bis zu 34 Mbit/s, in Ausnahmen bis zu 155 Mbit/s, erhältlich. Siehe auch → *Packet Switching*, → *X.25/Datex-P* und → *Frame Relay*.
S/MIME	*Secure MIME*. Erweiterung von → *MIME* um → *Verschlüsselung* und digitale Unterschrift (→ *RFC* 1521).
SMP	*Symmetric Multiprocessing*.
SMS (GSM)	*Short Message Service*. Kurznachrichtendienst (bis 160 Zeichen) beim → *GSM*-Mobilfunknetz.
SMS (Microsoft)	*System Management Server*. Systemadministration im → *Netzwerk* mit Microsoft Windows NT Advanced Server und Microsoft SQL Server.
SMTP	*Simple Mail Transport Protocol*. Messaging-Protokoll über das → *Clients* im → *Internet* → *E-Mails* zum → *Server* schicken. Siehe auch → *POP3*.
SMXP	*Simple MIME Exchange Protocol*. E-Mail-Protokoll. Siehe auch → *MIME*.
SNA	*Systems Network Architecture*. Standardnetzprozeduren und → *Verbindungsprotokolle* von IBM für die mittlere Datentechnik. Mit geringem Overhead, Prioritäten, Rerouting, Kompression und Management-Funktionen.
SNMP	*Simple Network Management Protocol*. Protokoll für das Management von → *Netzwerk*systemen. Siehe auch → *DMI* und → *RMON*.
SOCKS	SOCKS (Sockets Secure) ist ein IETF-Standard für Authenticated Firewall Traversal (AFT). SOCKS verbindet ähnlich wie die → *Tunneling*-Protokolle → *LANs* zu → *VPNs*. Während die Tunneling-Protokolle auf den → *ISO/OSI*-Schichten 2 und 3 arbeiten, benutzt SOCKS den Layer 5 (Session Layer).
SOHO	*Small Office/Home Office*. Kleines Büro oder häusliches Arbeitszimmer.
SOM/DSOM	*[Distributed] System Object Model*. IBMs → *Objektmodell* als → *CORBA*-Implementierung.
Spamming	Unerwünschte kommerzielle Werbung gleichzeitig an viele Adressaten, entweder per → *E-Mail* oder in → *News-Gruppen*. Siehe auch → *UCE*.
Spoofing (IP/DNS)	Täuschung. Beim → *IP*-Spoofing erschleicht sich ein Hacker durch das Fälschen von Paket-Identifikationsinformationen Zugang zu Netzen. Beim DNS-Spoofing werden die Tabellen zur Adressenumsetzung im → *DNS-Server* manipuliert und falsche Identitäten vorgetäuscht.
Spoofing (Router)	Verhindert unnötige Service-Datenpakete auf → *WAN*-Leitungen, indem diese Service-Datenpakete vom → *Router* oder → *RAS*-Server beantwortet (vorgetäuscht) werden.

SPX	*Sequenzed Packet Exchange*. → *Netzwerk*protokoll. Siehe auch → *IPX*.
SQL	*Structured Query Language*, Schnittstelle zur strukturierten Datenbankabfrage für relationale Datenbanken. Siehe auch → *ODBC* und → *RDBMS*.
SSH	*Secure Shell*. Protokoll zur → *Authentifizierung* und sicheren → *verschlüsselten* Datenübertragung. Benutzt → *RSA*.
SSI	*Server Side Includes*. Eine im → *Web-Server* bereitgestellte Ergänzung zum → *HTML*-Befehlssatz. SSI-Befehle sind in normalen → *HTML*-Dateien als Kommentar enthalten und ermöglichen auf einfache Weise die Erweiterung der vom Server versendeten → *Web*-Seiten um dynamisch erzeugte Zusätze.
SSL	*Secure Sockets Layer*. Von Netscape eingeführtes Protokoll zur sicheren → *verschlüsselten* Datenübertragung (z.B. Kreditkarteninformationen) und → *Authentifizierung* in → *Web-Browsern*. Beruht auf → *RSA*.
STM-1...STM-16	Das europäische digitale Telefonnetz bietet die → *SDH*-Klassen STM-1, STM-4 und STM-16. Die → *Datenübertragungsraten* sind für STM-1 155 Mbit/s, für STM-4 622 Mbit/s und für STM-16 2,4 Gbit/s. Siehe auch → *E0...E4*.
STP	*Shielded* → *Twisted Pair*, abgeschirmtes und verdrilltes Kabel. Siehe auch → *UTP*.
Stream	Bei Streaming-Protokollen braucht man nicht auf das Ende des kompletten Downloads z.B. eines Videos oder einer Sound-Datei zu warten, sondern die Darstellung beginnt sofort während der Übertragung. So sind Live-Übertragungen möglich.
Sub-Domain	Siehe → *Domain*.
Subnet-Maske	Die → *IP-Nummern* sind in Kontingente eingeteilt. Es wird zwischen → *Class-A-*, *Class-B-* und *Class-C*-Netzen unterschieden. Zu jeder Klasse gehört eine Subnet-Maske, die die relevanten Bits ausmaskiert: 255.0.0.0 für Class A, 255.255.0.0 für Class B und 255.255.255.0 für Class C.
SVC	*Switched Virtual Circuit*, bei Bedarf aufgebaute virtuelle logische Verbindung. Siehe auch → *PVC*.
SVN	*Switched Virtual Network*. Siehe → *Switch* und → *VLAN*.
Swing Set	Subset der → *JFC* für die Darstellung von Benutzeroberflächen ab → *Java* 2.
Switch	Switches sind die modernere Form der → *Bridges*. Beide operieren auf dem physikalischen Layer 2 des → *ISO/OSI*-Schichtenmodells. Datenpakete im → *Netzwerk* werden durch einen Switch auf den richtigen Übertragungspfad/-kanal gelenkt. Dadurch wird das Datenvolumen in anderen Netzwerkbereichen reduziert und die allgemeine Per-

formance im Netzwerk erhöht. Durch Filtertechniken in Switches oder → *Routern* können Netzwerke in → *VLANs* (virtual → *LANs*) unterteilt werden.

Symmetrische Verschl.   Bei symmetrischer → *Verschlüsselung* müssen Sender und Empfänger über den gleichen Schlüssel verfügen (z.B. → *DES*, → *IDEA*). Im Gegensatz zur → *unsymmetrischen* Verschlüsselung mit öffentlichen und privaten Schlüsseln (Public und Private Keys, z.B. → *RSA*).

SysOp   *System Operator.* Systemverwalter oder Administrator z.B. im → *Netzwerk.*

T0, T1, ...   Geschwindigkeitsklassen im amerikanischen digitalen Telefonnetz, ähnlich den → *PDH*-Klassen → *E0 bis E4* im europäischen Telefonnetz. T1 entspricht z.B. 1,5 Mbit/s.

T.120   Standard für → *Application Sharing* zwischen Geräten verschiedener Hersteller (z.B. für Videokonferenzsysteme). Während die Audio- und Videoübertragungskompatibilität durch den → *H.320/H.323*-Standard gewährleistet wird, ermöglicht der T.120-Standard den Datenaustausch und die gemeinsame Nutzung einer Applikation parallel zur Bild- und Tonübertragung.

T.70NL   → *OSI*-Ebene-3-Header für → *ISDN*-Telematikanwendungen.

TA   *Terminal Adapter.* Anpassung nicht → *ISDN*-fähiger Geräte an ISDN.

TACACS+   *Terminal Access Controller Access Control System.* → *Authentifizierungs*mechanismus. Siehe auch das gebräuchlichere → *RADIUS.*

TAE   *Telekommunikations-Anschluß-Einheit.* Steckdosen für analoge Telefongeräte. Es wird zwischen F- und N-Kodierung unterschieden: F = Fernsprechen (z.B. Telefon), N = Nichtfernsprechen (z.B. Anrufbeantworter, Fax oder → *Modem*).

Tag   Auszeichnung. In → *HTML*-Seiten zwischen spitze Klammern (<...>) eingefügte Befehle.

TAN   *Transaktionsnummer.* Zusammen mit → *PIN* zur → *Authentifizierung* beim Homebanking.

TAPI   *Telefony Application Programming Interface.* Programmierschnittstelle für Telefonanwendungen im Computer. Teil von → *WOSA.*

TCO   *Total Costs of Ownership.* Gesamtkosten. Z.B. PC-Kosten inklusive Wartung und Administration. Siehe auch → *NC*, → *NetPC* und → *ZAW.*

TCP/IP   *Transmission Control Protocol / Internet Protocol.* Übertragungs- und Verbindungssteuerungsprotokoll. → *IP* für → *ISO/OSI*-Schicht 3 (Network Layer, Fragmentierung/Adressierung/Datenübermittlung) und TCP für Schicht 4 (Transport Layer, korrigiert Übertragungsfehler). Wird im → *Internet* und in → *LANs* (→ *Intranet*) eingesetzt. Siehe auch → *UDP* und → *Packet Switching.*

TDM	*Time Division Multiplexing.* Zeitmultiplexverfahren zur Aufteilung eines Datenkanals in mehrere Kanäle.
Three-Tier-Architektur	Auch Drei-Schichten-Modell. Trennung der drei Aufgabenbereiche Präsentation auf dem Client-Rechner, Applikations-Server und Datenbank-Server.
Telearbeit	Auch Home-Arbeit, Teleworker. Berufstätigkeit von auswärts, z.B. von zu Hause, oft über → *DFÜ* mit dem Unternehmens-LAN gekoppelt.
Telnet	Rudimentäre direkte Methode zum Zugriff auf → *Internet*-Ressourcen und mit dem Internet verbundene Rechner über ein Terminal-Programm.
Terminal Adapter	Auch TA. Anpassung nicht → *ISDN*-fähiger Geräte an ISDN.
TK-Anlage	*Telekommunikationsanlage*, Telefonvermittlungsanlage. Wird beim → *ISDN* z.B. an den → *Anlagenanschluß* oder zwischen dem → *NTBA* und analogen Endgeräten geschaltet.
TLD	*Top-Level-Domain.* Siehe → *Domain*.
TLS	*Transport Layer Security.* Soll Nachfolger von → *SSL* werden.
Token Ring	Netztechnologie (IEEE 802.5), in Konkurrenz zu → *Ethernet*. Schicht 2 (Data Link Layer) im → *ISO/OSI*-Sieben-Schichten-Referenzmodell.
Top-Level-Domain	Siehe → *Domain*.
TP (Kabel)	→ *Twisted Pair*, verdrilltes Kabel.
TP (Prozeß)	*Transaction Processing.* Siehe → *Transaktion* und → *OLTP*.
Transaktion	Gewährleistung eines vollständigen Datenverarbeitungsvorgangs bei mehrstufigen Prozessen. Erst wenn alle Einzelprozesse erfolgreich durchgeführt wurden, wird die Transaktion gültig. Andernfalls wird alles rückgängig gemacht (→ *Rollback*). Wichtig z.B. bei Geldbewegungen und Buchungsprozessen sowie in Transaction Servern.
Transceiver	*Transmitter/Receiver*, Sender/Empfänger.
Trojanische Pferde	Hackerprogramme, die vorgeben, etwas sinnvolles zu tun, aber gleichzeitig etwa den Tastatur-Controller des Rechners mitlesen, sensible Informationen ermitteln (etwa Kreditkartennummern oder PINs) und beim nächsten → *Internet*-Kontakt die gesammelten Daten heimlich etwa per E-Mail an ihren Programmierer schicken.
TSAPI	*Telefony Services Application Programming Interface.* Programmierschnittstelle für Telefonanwendungen. Anders als → *TAPI* besonders für → *TK-Anlagen* geeignet.
TSR	*Terminate and Stay Resident.* Im Speicher verbleibendes Treiberprogramm unter DOS.

TTP   *Trusted Third Party.* Zertifizierungsinstanz (→ *CA*), z.B. für → *Ver-schlüsselungs*-Zertifizierungssysteme wie → *SSL*, → *DES*, → *Kerberos*, → *X.509 Authentication Framework*.

Tunneling   Mit Tunneln wird die Überbrückung einer Strecke mit einem anderen Protokoll als dem eigenen bezeichnet. Am Anfang der zu durchtunnelnden Strecke wird das Datenpaket eingekapselt und mit einem für das andere Protokoll geeigneten neuen Header versehen. Am Ende des Tunnels wird es wieder entpackt. Z.B. können mit Microsofts → *PPTP* zwei LANs über das Internet verbunden werden.

Twisted Pair   Standard für → *Netzwerk*kabel mit zwei oder mehr Paaren verdrillter Adern. Siehe → *UTP*.

U-ADSL   *Universal* → *ADSL*, siehe → *G.Lite*.

UDP   *User Datagram Protocol.* Übertragungsprotokoll im → *Internet* und im → *LAN* (→ *Intranet*), das wie → *TCP/IP* auf → *IP* aufsetzt, allerdings keine Fehlerkorrektur durchführt (z.B. für Realtime-Sprachübertragung). Schicht 4 (Transport Layer) im → *ISO/OSI*-Sieben-Schichten-Referenzmodell.

UDSL   *Universal* → *ADSL*, siehe → *G.Lite*.

UCE   *Unsolicited Commercial E-Mail.* Unverlangte und unerwünschte kommerzielle Werbung per E-Mail. Siehe auch → *Spamming*.

UMS   *Unified Messaging Server.* Ein Multikommunikations-Server für viele verschiedene Nachrichtentypen wie E-Mail, Fax und Voice.

UMTS   *Universal Mobile Telecommunications System.* → *ETSI*.-Vorschlag für international einheitliche Standardisierung als Nachfolger für → *GSM*. Datenübertragung mobil bis 114 kbit/s und stationär bis 2 Mbit/s. Siehe auch → *FPLMTS*.

UNC   *Universal Naming Convention.* Verzeichnispfadnamen (in → *LAN*s), die ohne Laufwerksbuchstaben, aber mit zwei Backslashes und dem Rechner- bzw. Laufwerksnamen beginnen. In TCP/IP-Netzen können statt des Rechnernamens auch → *IP-Nummern* zusammen mit dem Freigabenamen verwendet werden (z.B. „\\10.1.30.20\Publ\...").

UNI   *User to Network Interface.* Beschreibung der Schnittstelle zwischen → *ATM*-Netz und Endsystem.

Unicode   Ein weltweit gültiger Zeichensatz. Unicode ist nahezu identisch mit ISO/IEC 10646 und beinhaltet etwa 40.000 verschiedene Zeichen. Während beim ASCII-Zeichensatz 8 Bit (= 1 Byte) benutzt werden, sind es bei → *UTF*-16-Unicode immer 16 Bit (2 Byte) und bei UTF-8-Unicode variiert es von 1 bis 3 Bytes pro Zeichen. Unicode wird in → *Java* verwendet. → *UTF-8* soll in → *XML* Einzug finden.

Unsymmetrische V.   Bei unsymmetrischer → *Verschlüsselung* werden beim Sender und Empfänger unterschiedliche Schlüssel eingesetzt (öffentliche und private Schlüssel, public und private Keys) (z.B. → *RSA*). Im Gegensatz zur → *symmetrischen* Verschlüsselung mit gleichem Schlüssel beim Sender und Empfänger (z.B. → *DES*, → *IDEA*).

Upload
Heraufladen (Übertragen) von Dateien über eine → *Online*-Verbindung vom → *Client* zum → *Server*. Im Gegensatz zum → *Download*, bei dem die Datei empfangen wird. Im → *Internet* wird zur Dateiübertragung das → *FTP-Protokoll* verwendet.

UPS
Uninterruptable Power Supply, unterbrechungsfreie Stromversorgung, überbrückt Stromausfall mit Batterien. Gleichbedeutend mit → *USV*.

URL
Uniform Resource Locator. Eindeutige → *Internet-Adresse* einer Internet-Site, z.B. http://www.microsoft.com. Der wichtigste Teil der URL ist die → *Domain* (im Beispiel: microsoft.com). Vorangestellt wird häufig der Rechnername (hier: www) und das Protokoll (hier: http). Über Schrägstriche getrennt kann hinten noch ein spezieller Dateipfad und -name angehängt werden (z.B. http://www.microsoft .com/netmeeting). Die allgemeine Form lautet: Protokoll://Rechner.Domain[:Port]/Pfad/Datei[#Anker][?Parameter].

USB
Universal Serial Bus. Universelles System zum Anschluß von Peripheriegeräten an Computer.

Usenet
Users **net**work. Das Netz der → *Newsgroups* (News-Gruppen, → *Internet*-Diskussionsforen).

USV
Unterbrechungsfreie Stromversorgung, überbrückt Stromausfall mit Batterien. Gleichbedeutend mit → *UPS*.

UTP
Unshielded Twisted Pair, paarig verdrilltes und nicht abgeschirmtes Kabel für → *LANs*. Wird in Kategorien eingestuft: → *CAT* 1...5. Als Steckverbinder wird üblicherweise der achtpolige → *RJ-45*-Western-Stecker verwendet (auch für das vieradrige → *10BaseT* und → *100BaseTX*).

UUCP
Unix-to-Unix Copy Program. Ursprünglich zur Übertragung von Dateien über eine serielle Verbindung.

UU-Kodierung
Uuencode und *Uudecode*. Das UU bedeutet Unix-to-Unix, UUCODE gehörte ursprünglich zu den → *UUCP*-Unix-Kommandos. Kodierung einer beliebigen Binärdatei als E-Mail-Anhang. Siehe auch das modernere → *MIME*.

UTF-8/-16
Unicode Transformation Format. Siehe → *Unicode*.

V.110
Veralteter Übertragungsstandard der → *ITU-T* für digitale → *ISDN*-Verbindungen bis maximal 38.400 bit/s. Heute ersetzt durch die schnelleren Protokolle → *HDLC* oder → *X.75*.

V.120
Übertragungsprotokoll der → *ITU-T* für digitale → *ISDN*-Verbindungen. Übertragung von Daten in gesicherten → *HDLC*-Rahmen im ISDN-B-Kanal (→ *OSI*-Ebene 2).

V.34   Übertragungsstandard der → *ITU-T* für analoge → *Modems*. V.34plus
                             reicht bis 33.600 bit/s. Siehe auch das schnellere Verfahren → *V.90*
                             und das digitale → *ISDN*.

V.42   Fehlerkorrektur für → *Modems*.

V.42bis   Kompressionsstandard. Hauptsächlich für → *Modems*, aber seit →
                             CAPI 2.0 Second Edition auch für → *ISDN*.

V.90   → *ITU*-Standard für → *Modems*. Datenübertragung über das her-
                             kömmliche analoge Telefonnetz, mit dem unter bestimmten Voraus-
                             setzungen statt der üblichen maximalen → *Datenübertragungsrate*
                             von 33,6 kbit/s beim → *Download* 56 kbit/s übertragen werden kön-
                             nen. Löst die veralteten proprietären → *K56flex* und → *x2* ab. Kon-
                             kurriert mit → *ISDN* und → *ADSL*.

VAG   *VRML Architecture Group*. Siehe → *VRML* , → *X3D* und → *Web3D*.

VAN   *Value Added Network*. Spezielle Netze (ähnlich → *VPNs*), die für
                             besondere Dienste wie z.B. → *EDIFACT* verwendet werden.

VBScript   *Visual Basic Script*. → *Skript*-Programmiersprache im → *Web-
                             Browser* Microsoft Internet Explorer, in Konkurrenz zu → *JavaScript*.

VDSL   *Very-high-data-rate Digital Subscriber Line*. Schnelles Übertra-
                             gungsverfahren über → *POTS*, bis zu 52 Mbit/s. Siehe auch → *ADSL*.

Verbindungsprot.   Verbindungsprotokoll für → *Remote Access* an ein → *Netzwerk*, z.B.
                             → *PPP*.

Verschlüsselung   Verhinderung unberechtigten Zugriffs auf nicht freigegebene Daten
                             durch unleserlich machen der Daten mit → *Kryptosystem* wie → *DES*,
                             → *IDEA*, → *RSA*, → *PGP* oder → *SSL*.

Virtual Host   Siehe → *virtueller Server*.

Virtual Reality   Virtuelle (nicht wirklich vorhandene) im Computer dargestellte Welt.
                             Im → *Internet* über → *VRML* (→ *X3D*) realisiert.

Virtueller Server   Auf einem → *Web-Server* können mehrere Server mit jeweils eigener
                             → *Internet-Adresse* und eigenem → *Domain-Namen* eingerichtet sein.
                             Mit → *HTTP* 1.1 können auch verschiedene virtuelle Server auf
                             einem Rechner unter einer → *IP-Nummer* betrieben werden.

Visits   Anzahl der Besuche auf einem → *Web-Server*. Siehe auch → *Hits* und
                             → *PageImpressions*.

VLAN   *Virtual LAN*. Durch Filtertechniken in → *Switches* oder → *Routern*
                             ermöglichte Aufteilung des Netzes (→ *LAN*). Unterdrückung von
                             Broadcasts und ortsunabhängiger Netzaufbau.

VM   *Virtual Machine*. Siehe auch → *JVM*.

VoIP   *Voice over IP*, manchmal auch VIP abgekürzt. Internet-Telefonie.
                             Siehe auch → *IA* der → *IMTC*.

VPN	*Virtual Private Network*. Kopplung von Nodes oder → *LANs* z.B. über → *PPTP* zu privaten → *Netzwerken*. Siehe auch → *Extranet*.
VR	Siehe → *Virtual Reality*.
VRML	*Virtual Reality Modeling Language*. Sprachstandard zur Erstellung von und Navigation in virtuellen → *3D*-Welten im → *Internet*. Siehe auch → *X3D*.
W3C	*World Wide Web Consortium*. WWW-Spezifikationen (http://www.w3.org).
WAN	*Wide Area Network*, Weitverkehrsnetzwerk. Im Gegensatz zum → *LAN*. Z.B. über → *ISDN* oder → *Internet*.
WAN Switch	Auch WAN Access Switch genannt. → *Switch* als Dial-In-Verbindung für → *WANs*. Bietet vielen Telefoneingängen gleichzeitig unter nur einer Telefonnummer Anschluß an ein Netz, z.B. das firmeninterne → *LAN*. Bei vielen Anschlüssen sind WAN Switches günstiger als → *Remote Access Server*.
WAP	*Wireless Application Protocol*. Schnittstelle für → *Internet*-Anwendungen für → *GSM*-Handies.
Web	Netz. Oft statt → *WWW* (World Wide Web) benutzt.
Web3D	Das Web3D Consortium als Nachfolgeorganisation des → *VRML*-Konsortiums plant mit → *X3D* einen neuen → *3D*-Standard.
Web-Browser	→ *Client*-Programm, mit dem → *HTML*-kodierte Dateien (→ *Web-Seiten*) eines → *Web-Servers* im → *Internet* oder → *Intranet* dargestellt werden können und weitere Internet/Intranet-Dienste genutzt werden können. Die bekanntesten *Web-Browser* sind Netscape Navigator und Microsoft Internet Explorer.
Web-Chat	Unterhaltung (→ *Chat*) in Diskussionskanälen über eine → *Online*-Verbindung, wobei die schriftlichen Beiträge der anderen Teilnehmer sofort sichtbar werden. Per → *Web-Browser* benutzbar, während → *IRC* spezielle Clients benötigt.
WebNFS	Möglicherweise zukünftiges weiteres Protokoll (entwickelt von Sun) zur Dateiübertragung im → *Internet*. In Konkurrenz zu → *FTP* und → *CIFS*.
Web-Page	Siehe → *Web-Seite*.
Web-Publishing	Veröffentlichen im → *Web*.
Web-Seite	→ *HTML*-kodierte → *WWW*-Datei, wird mit einem → *Web-Browser* betrachtet.
Web-Server	→ *Server*, der → *Web*-Seiten im → *Internet* oder → *Intranet* über das → *HTTP*-Protokoll versendet. Auch HTTP-Server genannt.

Web-Site	Site heißt wörtlich übersetzt: Platz, Ort. Mit Web-Site ist die Gesamtheit der → *Web-Seiten* und dazugehörende Programme und Datenbanken auf einem → *Web-Server* im → *Internet* gemeint.
WFC	*Windows Foundation Classes* (früher AFC, Application Foundation Classes). Microsofts Gegenstück zu → *JFC* und → *IFC*.
WfM	*Wired for Management*. Spezifikation von Intel zur Fernwartung von PCs. Stützt sich auf → *DMI*.
WFMS	*Workflow-Management-System*. Siehe → *Workflow*.
WINS	*Windows Internet Name Service* von Microsoft. Dynamischer Dienst zur Namenserkennung und Übersetzung der → *NetBIOS*-Namen zu Adressennummern in → *LANs* mit Windows NT. Siehe auch → *DNS*.
WinSock.dll	Über diesen in Windows integrierten Programmbestandteil (→ *TCP/IP*-Treiber) können diverse Applikationen (sogar gleichzeitig) → *Internet*-Dienste nutzen. Siehe auch → *WSock32.dll*.
Workflow	Workflow-Management oder Workflow-Computing bezeichnet die Automatisierung von Arbeitsabläufen zwischen verschiedenen miteinander vernetzten Abteilungen und den automatischen Aufruf unterschiedlicher Programme unter Bereitstellung von Daten. Siehe auch → *CSCW*.
World Wide Web	Siehe → *WWW*.
WOSA	*Windows Open Systems Architecture*. Schnittstellen zwischen Anwendungen und Hardware-spezifischen Device Drivern, von Microsoft definiert.
WSock32.dll	32bit-Version der → *WinSock.dll*.
WWW	*World Wide Web*, weltweites Netz, auch → *Web* genannt. Der grafische Teil des → *Internet*-Netzes mit → *HTML*-Seiten, → *Hyperlinks*, Grafiken, Multimedia-Effekten u.s.w.
WWW-Browser	Siehe → *Web-Browser*.
x2	Alter proprietärer → *Modem*-Standard für 56 kbit/s der ehemaligen US Robotics (jetzt 3Com). Durch das standardisierte → *V.90* abgelöst.
X.25	→ *ITU*-Spezifikation und → *ISO/OSI*-Standard für Network Services, Datenübertragungsprotokoll im → *WAN*, in Deutschland Datex-P genannt. Schicht 3 (Network Layer) im → *ISO/OSI*-Sieben-Schichten-Referenzmodell. In der Regel mit Datenübertragungsraten bis zu 64 Kbit/s, in Ausnahmen bis zu 2 Mbit/s, erhältlich. Wird zunehmend durch das modernere und schnellere → *Frame Relay* ersetzt. Siehe auch → *Packet Switching*.
X3D	*Extensible 3D*. Vom Web3D Consortium als Nachfolger für → *VRML* geplant.

X.400 $\rightarrow$ *ITU*-Spezifikation und $\rightarrow$ *ISO/OSI*-Standard für Message Handling Systems (MHS). Regelt wie E-Mail-Mitteilungen und -Antworten versendet, verwaltet, weitergeleitet und identifiziert werden.

X.500 $\rightarrow$ *ITU*-Spezifikation und $\rightarrow$ *ISO/OSI*-Standard für Verzeichnissysteme (siehe $\rightarrow$ *Directory Services*). Siehe auch $\rightarrow$ *DIT*, $\rightarrow$ *NDS* und $\rightarrow$ *LDAP*.

X.509 X.509 Authentication Framework. $\rightarrow$ *ITU*-Standard für $\rightarrow$ *Authentifizierung* und $\rightarrow$ *Zertifizierung* in $\rightarrow$ *Netzwerken*, z.B. für $\rightarrow$ *Verschlüsselungs*verfahren, wie $\rightarrow$ *SSL*, $\rightarrow$ *S/MIME* und $\rightarrow$ *PEM*.

X.75 Asynchrones $\rightarrow$ *ISDN*-Übertragungsprotokoll (64.000 bit/s). Beinhaltet Fehlerkorrektur. Siehe auch $\rightarrow$ *HDLC*.

XML *Extensible Markup Language.* XML 1.0 wurde Anfang 1998 vom $\rightarrow$ *W3C* als Standard verabschiedet (http://www.w3.org/xml). Könnte der Nachfolger von $\rightarrow$ *HTML* werden. XML ist als Metasprache erweiterbar und ist ebenso wie HTML eine Untermenge von $\rightarrow$ *SGML*.

Z39.50 $\rightarrow$ *ISO*-Standard für die Vernetzung von Datenbankanwendungen. In der Version 3 für das $\rightarrow$ *Internet* optimiert. Weltweit ca. 300 Datenspeicher, z.B. Bibliotheken und Fachinformationszentren (FIZ). Abfrage-Client z.B. Liman Scout.

ZAW *Zero Administration Windows.* Eine Windows-Erweiterung von Microsoft, die die $\rightarrow$ *TCO* in $\rightarrow$ *LANs* erheblich reduzieren sollen. Siehe auch $\rightarrow$ *NetPC* und $\rightarrow$ *NC*.

Zertifizierung Beglaubigung. Z.B. bei $\rightarrow$ *SSL* die Echtheitsbestätigung durch einen Dritten ($\rightarrow$ *CA* als $\rightarrow$ *TTP*) oder bei Sicherheitseinrichtungen (etwa $\rightarrow$ *Firewall*) die Überprüfungsbescheinigung eines Institutes (z.B. $\rightarrow$ *BSI* oder $\rightarrow$ *ICSA*).

17 Index

H

T

www.ingramcontent.com/pod-product-compliance
Lightning Source LLC
Chambersburg PA
CBHW081524190326
41458CB00015B/5453